Alsace

2022/2023

Cofondateurs : Philippe GLOAGUEN et Michel DUVAL

Directeur de collection et auteur
Philippe GLOAGUEN

Secrétaire général
Gavin's CLEMENTE-RUIZ

Rédacteurs en chef
Amanda KERAVEL (France)
Benoît LUCCHINI (Étranger)

Directrice administrative
Bénédicte GLOAGUEN

Conseiller à la rédaction
Pierre JOSSE

Responsable voyages
Carole BORDES

Direction éditoriale
Élise ERNEST

Rédaction
Isabelle AL SUBAIHI
Emmanuelle BAUQUIS
Mathilde de BOISGROLLIER
Marie BURIN des ROZIERS
Camille CAMPET
Véronique de CHARDON
Laura CHARLIER
Florence CHARMETANT
Fiona DEBRABANDER
Anaëlle HASCOËT
Géraldine LEMAUF-BEAUVOIS
Alain PALLIER
Anne POINSOT
Alexia POULAIN

hachette

TABLE DES MATIÈRES

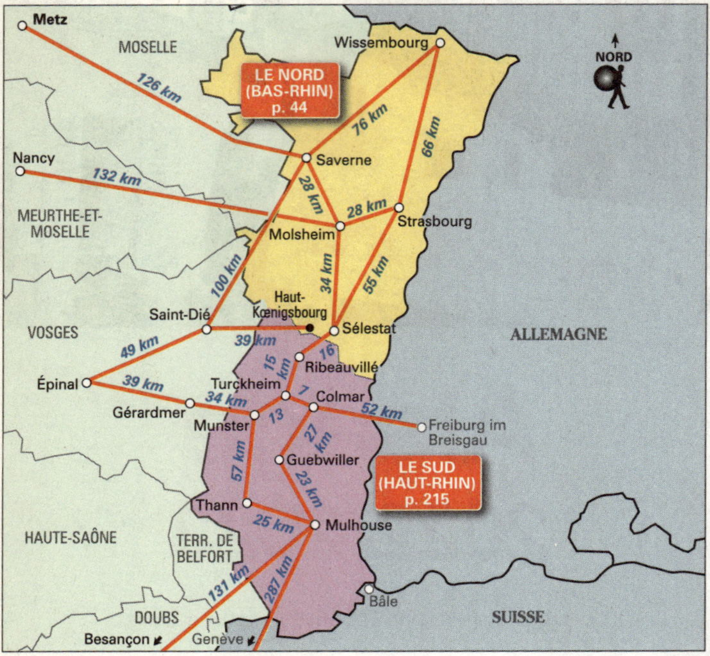

PRÉAMBULE

COMMENT Y ALLER ? 34

BON À SAVOIR AVANT LE DÉPART 38

LE NORD (BAS-RHIN) 44

☎ **112 :** c'est le numéro d'urgence commun à la France et à tous les pays de l'UE, à composer en cas d'accident, agression ou détresse. Il permet de se faire localiser et aider en français, tout en améliorant les délais d'intervention des services de secours.

« OSONS LE PAS DE CÔTÉ »

Le surtourisme ? Tous concernés. Et pourtant, à l'écart des grands flux touristiques, il existe plein de pépites méconnues, souvent oubliées des circuits trop encombrés. Ici, un site ignoré ; là, un quartier secret ; plus loin, un village caché au charme discret, avec un troquet d'une autre époque. Il existe une infinité de lieux peinards que l'on a envie de mettre en avant avec ce pictogramme. Un vagabondage enfin calme favorisé aussi par les **visites aux heures creuses.** Vive le *slow trip* !

#osonslepasdecote

Turckheim et son vignoble

Pictogrammes du Routard

Établissements

- Hôtel, auberge, chambre d'hôtes
- Camping
- Restaurant
- Terrasse
- Pizzeria
- Boulangerie, sandwicherie
- Pâtisserie
- Glacier
- Café, salon de thé
- Café, bar
- Bar musical
- Club, boîte de nuit
- Salle de spectacle
- Boutique, magasin, marché

Infos pratiques

- Office de tourisme
- Poste
- Accès Internet
- Hôpital, urgences
- Adapté aux personnes handicapées

Sites

- Présente un intérêt touristique
- Point de vue
- Plage
- Spot de surf
- Site de plongée
- Recommandé pour les enfants
- Inscrit au Patrimoine mondial de l'Unesco
- Pas de côté

Transports

- Aéroport
- Gare ferroviaire
- Gare routière, arrêt de bus
- Station de métro
- Station de tramway
- Parking
- Taxi
- Taxi collectif
- Bateau
- Bateau fluvial
- Piste cyclable, parcours à vélo

Bretzels à la pâtisserie Marx, Eguisheim

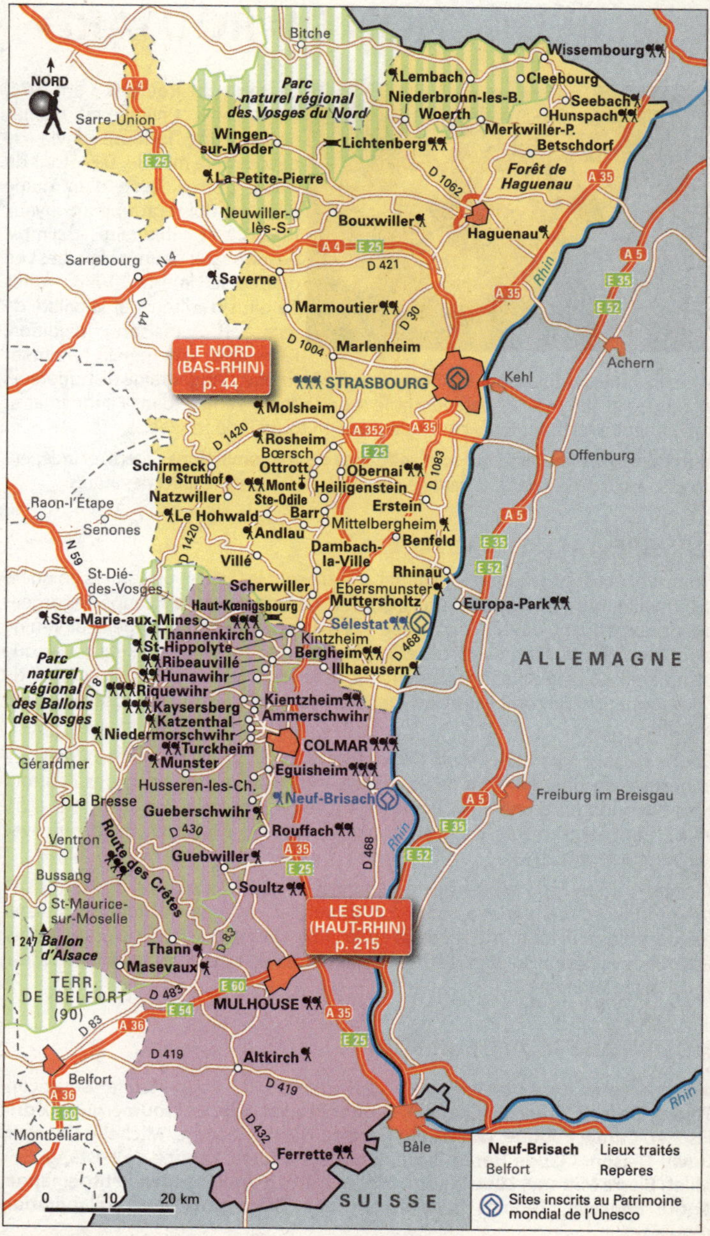
NORD
Bitche
Wissembourg
Lembach
Cleebourg
Parc naturel régional des Vosges du Nord
Niederbronn-les-B.
Seebach
Woerth
Hunspach
Sarre-Union
Wingen-sur-Moder
Lichtenberg
Merkwiller-P.
Betschdorf
La Petite-Pierre
Forêt de Haguenau
Neuwiller-lès-S.
Bouxwiller
Haguenau
Sarrebourg
Saverne
Marmoutier
Marlenheim
LE NORD (BAS-RHIN) p. 44
STRASBOURG
Kehl
Achern
Molsheim
Rosheim
Bœrsch
Ottrott
Obernai
Offenburg
Schirmeck
le Struthof
Mont Ste-Odile
Heiligenstein
Natzwiller
Raon-l'Étape
Senones
Le Hohwald
Barr
Erstein
Mittelbergheim
Andlau
Benfeld
Dambach-la-Ville
Villé
Rhinau
St-Dié-des-Vosges
Scherwiller
Ebersmunster
Muttersholtz
Haut-Kœnigsbourg
Europa-Park
Ste-Marie-aux-Mines
Sélestat
Thannenkirch
Kintzheim
St-Hippolyte
Bergheim
Ribeauvillé
Illhaeusern
ALLEMAGNE
Parc naturel régional des Ballons des Vosges
Hunawihr
Riquewihr
Kientzheim
Kaysersberg
Ammerschwihr
Katzenthal
Niedermorschwihr
Turckheim
COLMAR
Gérardmer
Munster
Eguisheim
Husseren-les-Ch.
La Bresse
Neuf-Brisach
Freiburg im Breisgau
Gueberschwihr
Route des Crêtes
Rouffach
Ventron
Guebwiller
Bussang
Soultz
St-Maurice-sur-Moselle
LE SUD (HAUT-RHIN) p. 215
1 247 Ballon d'Alsace
Thann
Masevaux
TERR. DE BELFORT (90)
MULHOUSE
Altkirch
Belfort
Montbéliard
Ferrette
Bâle
SUISSE
Rhin
A 4
E 25
A 35
A 5
E 35
E 52
A 352
E 60
E 54
A 36
N 4
N 59
D 44
D 421
D 30
D 1004
D 1062
D 1420
D 1083
D 468
D 8
D 430
D 83
D 483
D 419
D 432
0
10
20 km
Neuf-Brisach Lieux traités
Belfort Repères
Sites inscrits au Patrimoine mondial de l'Unesco

L'ALSACE

LA RÉDACTION DU ROUTARD

La saga du *Routard* : en 1971, 2 étudiants, Philippe et Michel, avaient une furieuse envie de découvrir le monde. De retour du Népal germe l'idée d'un guide différent qui regrouperait tuyaux malins et itinéraires sympa, destiné aux jeunes fauchés en quête de liberté. 1973. Après 19 refus d'éditeurs et la faillite de leur 1re maison d'édition, l'aventure commence vraiment avec Hachette. Aujourd'hui, le *Routard*, c'est plus d'une cinquantaine d'enquêteurs impliqués et sincères. Ils parcourent le monde toute l'année dans l'anonymat et s'acharnent à restituer leurs coups de cœur en toute indépendance.

Merci à tous les Routards qui sont solidaires de nos convictions : liberté et indépendance d'esprit ; découverte et partage ; sincérité, tolérance et respect des autres.

NOS SPÉCIALISTES ALSACE

Amanda, Mathilde et Marie : quand l'une arpente les routes bretonnes en quête de la meilleure pâte à crêpes, l'autre explore le bocage normand à coups de gorgées de cidre, pendant que la 3e chausse ses skis pour dégoter le meilleur refuge alpin. La curiosité, l'enthousiasme et la gourmandise sont leur meilleur sonar, que complètent 2 décennies d'expérience à user leurs semelles sur les routes de l'Hexagone. Un trio complice et indépendant qui essaie, entre 2 voyages, de garder la ligne.

Cédric Fischer : grandir entouré de voyageurs, ça donne la bougeotte ! Mais peu importe la destination. Pour lui, le voyage, c'est d'abord les rencontres... surtout hors piste autour d'une spécialité locale (capital !) et d'un bon cru (tout aussi vital !). L'appel de la route, ce fut en stop dès le lycée et à la fac d'histoire, puis avec le *Routard* depuis 2000.

Carole Fouque : elle est rentrée au *Routard* en 1997. Sa passion des terroirs et des produits authentiques a nourri son amour des voyages, l'incitant à repousser toujours plus loin les frontières de sa curiosité gourmande. Depuis plus de 20 ans, éclectique et hédoniste dans l'âme, elle prend plaisir à partager ses belles découvertes avec les lecteurs.

NOS ENQUÊTEURS-FURETEURS

Nous tenons à remercier tout particulièrement Loup-Maëlle Besançon, Thierry Bessou, François Chauvin, Grégory Dalex, Fabrice Doumergue, Cédric Fischer, Carole Fouque, Guillaume Garnier, Nicolas George, Michelle Georget, David Giason, Claude Hervé-Bazin, Emmanuel Juste, Fabrice de Lestang, Éric Milet, Pierre Mitrano, Louis Nagot, Olivier Page, Jean-Sébastien Petitdemange, André Poncelet, Thomas Rivallain et Jean Tiffon pour leur collaboration régulière.

Guillem Aurenche, Andrea Blin, Jean-Jacques Bordier-Chêne, Gérard Bouchu, Philippe Coupy, Agnès Debiage, Jérôme Denoix, Tovi et Ahmet Diler, Clélie Dudon, Agustina Ernesta, Alain Fisch, Hermine Frachon, Adrien et Clément

Gloaguen, Simon Hafi, Chloé Iacono, Lawrence Lemoine, Maeva Libessart, Marine Lucas, Lise Machu, Elisa Moreau, Martine Partrat, Odile Paugam et Didier Jehanno, Orianne Pouchard, Marva Prevost, Alexia Rambaud, Prakit Saiporn, Lara Tantawi, Sarah Toson, Lucas Truffier-Blanc, Emma Vadillo Quesada.

UN GRAND MERCI À NOS AMI(E)S SUR PLACE

Dans le Nord (Bas-Rhin) :

- **Catherine Lehmann,** de l'Alsace Destination Tourisme ;
- **Christelle Schwebel,** de l'OT intercommunal du mont Sainte-Odile ;
- **Emmanuelle Conrad,** de l'OT d'Obernai ;
- **Anne Meyer,** de l'OT du Pays de Barr ;
- **Nathalie Petit,** de Sélestat-Haut-Kœningsbourg-Tourisme ;
- **Anne-Catherine Ostertag,** de l'OT de la vallée de la Bruche ;
- les offices de tourisme de Molsheim, Saverne, du Kochersberg, du Grand Ried, du pays de Hanau et de la Petite-Pierre, de la vallée de Villé, ainsi que l'équipe de l'office de tourisme de Strasbourg.

Dans le Sud (Haut-Rhin) :

- **Olivia Gobilliard-Shreck,** de l'OT de Colmar ;
- **Laurianne Gross** et **Morgane Marcot,** de l'OT du pays de Ribeauvillé et Riquewihr ;
- **Christophe Bergamini** et **Martine Occhioni,** de l'OT de la vallée de Kaysersberg ;
- toute l'équipe (et on dit bien toute !), de l'OT du Val d'Argent ;
- **Aurélie Behra,** de l'OT de Masevaux-Niederbruck ;
- **Johny Royer,** de l'OT de Munster ;
- **Thomas Studer,** de l'OT de la vallée de Guebwiller ;
- **Clémence Saycocie,** de l'OT de Mulhouse ;
- **Élodie Smeda,** de l'OT de Thann-Cernay ;
- **Vianney Muller** et **Christine Dubs,** de l'OT du Sundgau.

DU CÔTÉ D'HACHETTE LIVRE

Direction : Sidonie Chollet

Direction éditoriale : Élise Ernest

Édition : Matthieu Devaux, Olga Krokhina, Gia-Quy Tran, Julie Dupré, Amélie Ramond, Margaux Lefebvre, Lucie Léna, Joséphine Bonneau, Morgane Zambrelli, Tony De Sousa

Ont également collaboré : **Estelle Gaudin, Anne Le Bigot** et **Clémence Toublanc**

Cartographie : Frédéric Clémençon et **Aurélie Huot**

Contrôle de gestion : Jérôme Boulingre et **Yannis Villeneuve**

Marketing : Clotilde Tougeron et **Margot Guinotte**

Assistance : Julia Lorrain

Fabrication : Nathalie Lautout, Liza Sacco et **Aude Cauchet**

Relations presse : COM'PROD, **Fred Papet** et **Laëtitia de Cerval.** ☎ 01-70-69-04-69. • info@comprod.fr • / **Martine Levens** (Belgique) ☎ +32-47-568-35-76.

Contact Partenariats : Jérôme Denoix • jeromedenoix@gmail.com •

Contact Partenariats et régie pub : Florence Brunel-Jars • fbrunel@hachette-livre.fr •

Silhouette du Routard : Clément Gloaguen (d'après Solé)

Couverture : le-bureau-des-affaires-graphiques.com ; Maquette intérieure : le-bureau-des-affaires-graphiques.com, Thibault Reumaux et **npeg.fr**

Nid de cigognes

« Les gens de Mulhouse se moquent bien que les Strasbourgeois pissent dans le Rhin. »
Proverbe alsacien

Pour qui reviendrait en Alsace après un long moment passé dans des pays où l'on ne trouve pas de **cigognes faisant leur nid** sur les toits, de **marchés de Noël** où flottent des parfums de vin chaud et de pain d'épice, de villages fortifiés avec des auberges où la choucroute et le coq au riesling sont toujours de saison, quel bonheur de retrouver un monde en apparence inchangé.
Méfions-nous des apparences pourtant. Les **hôtels de campagne** sont toujours là, mais ils ont des spas, la déco à la Hansi tend maintenant vers un design alsacien épuré, les chambres d'hôtes sont plus zen. Les villes ont toujours leur **centre ancien** qui se visite en barque, à pied ou à vélo, mais la muséographie des musées se veut désormais contemporaine et passionnante. Le passé ici n'est pas oublié, mais sur les murs comme dans l'assiette, il s'adresse à un nouveau public.
Amateur d'insolite, rassurez-vous, vous ne serez pas en reste. Il est au coin de la rue, du marais, de la forêt et dans nos pages. **Strasbourg, capitale de l'Alsace éternelle,** est aussi celle d'une **région transfrontalière dynamique** qui va vous surprendre, si vos pas vous portent au-delà d'une Petite France pour touristes sur laquelle on ne peut faire l'impasse. L'Europe de demain commence ici, et la **visite des institutions européennes** est aussi passionnante que celle du **quartier impérial allemand,** libéré du poids du passé.
Strasbourg vit, **Mulhouse** bouge, **Colmar** change, mais les repères sont nombreux et nos repaires toujours là. Et il suffit, pour se rassurer, d'emprunter une **célèbre route des Vins.** Ou de poursuivre l'œil rivé sur la ligne bleue des Vosges, à la découverte d'une **route des Crêtes** qui continue d'offrir des paysages fabuleux et des repas marcaires, invitation au **ski en hiver** et à se mettre au vert aux beaux jours. Vous tomberez forcément sur une fête cultivant une tradition centenaire.

Le col du Grand Ballon

NOS COUPS DE CŒUR

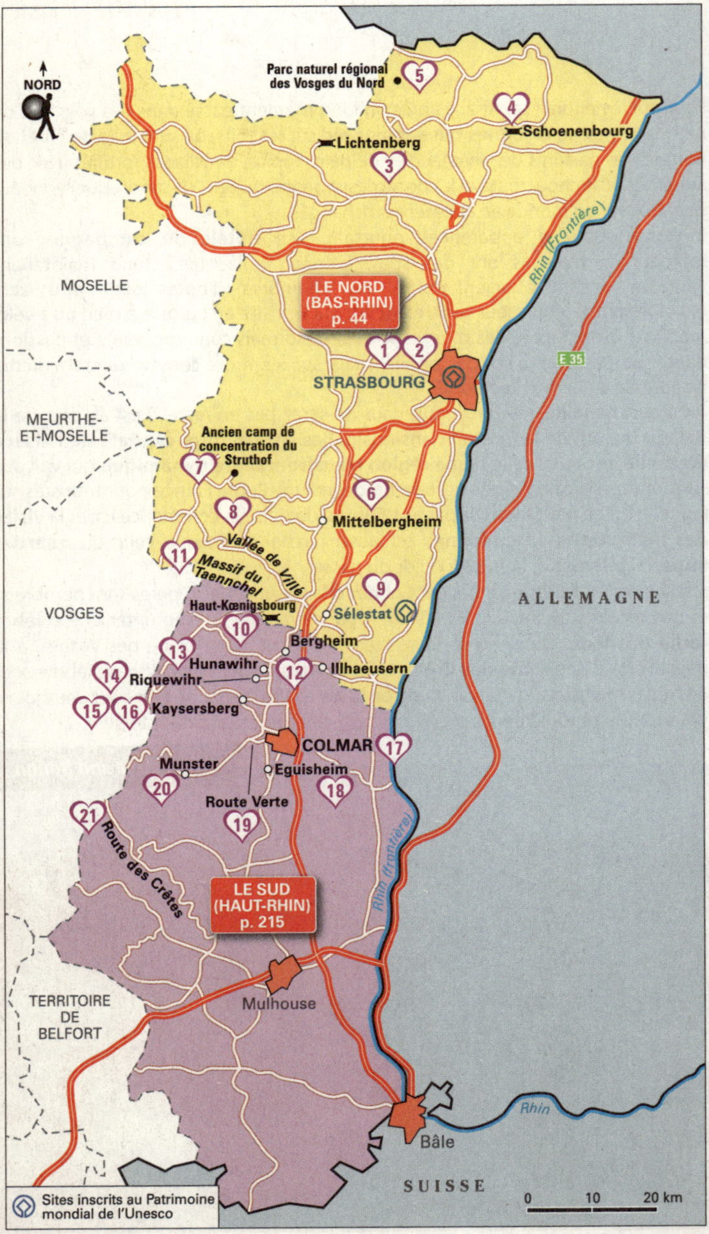

DANS LE NORD (BAS-RHIN)

1 **S'imprégner de la majesté de la cathédrale de Strasbourg tôt le matin, quand on est seul sur le parvis.**

Un chef-d'œuvre absolu de l'art gothique, festival d'arcatures, colonnettes, aiguilles, pinacles, projetés en avant de la façade. Une véritable dentelle de pierre. La flèche, haute de 142 m, achevée en 1432, est un bijou de légèreté et d'élégance. Jusqu'au XIXe s, la cathédrale fut l'édifice le plus élevé de toute la chrétienté. *p. 71*

2 Découvrir les ruelles magiques de la Petite France, tard le soir, quand les restos ferment derrière les derniers clients.

Ici l'Ill se divise en 5 bras, ce qui permit la construction de moulins et l'installation de tanneries. Un ancien quartier de tanneurs, pêcheurs et meuniers qui, bizarrement, a été épargné par les vicissitudes de l'histoire : vieilles demeures se mirant dans l'eau, écluses, saules pleureurs, cygnes… *p. 85*

3 Se prendre pour un chevalier en allant visiter le château de Lichtenberg.

L'un des plus beaux châteaux forts en Alsace. Un vrai de vrai, en haut d'une colline à plus de 400 m d'altitude. Le site est remarquable, mis en valeur grâce à un parcours « découverte » bien fait, jalonné de panneaux intéressants. On parvient au château après avoir passé glacis, escarpes, contrescarpes, corps de garde, et un long couloir voûté avec d'anciens emplacements de herse. *p. 186*

4 **S'engouffrer dans le fort de Schoenenbourg près de Hunspach, et comprendre le quotidien des soldats pendant la 2de Guerre mondiale.**

Le plus grand ouvrage visitable de la ligne Maginot en Alsace. Prévoir des vêtements chauds, avant de s'enfoncer, à 30 m de profondeur, dans les impressionnants souterrains qui desservent les postes de combat et les quartiers des 630 soldats de la garnison. Cuisines, salles des machines, infirmerie et tous les habituels espaces de vie sont reconstitués avec un étonnant souci du détail. Au cours des journées désespérées de juin 1940, le site reçut un déluge d'obus allemands, mais il ne fut pas détruit pour autant. *p. 206*

5 **S'oxygéner dans le parc naturel régional des Vosges du Nord, sillonné par quelque 2 000 km de sentiers, à la découverte des différents milieux et de la richesse de la flore.**

À pied, à vélo, ou à cheval pourquoi pas. *p. 175*

© Bringard Denis/hemis.fr

6 **Admirer les maisons de vignerons à Mittelbergheim.**

Situé sur une colline, voilà bien l'un des 164 « Plus Beaux Villages de France ». Ensemble homogène de grosses maisons de vignerons typiques. Hôtel de ville du XVIe s, là aussi l'un des plus beaux d'Alsace. Beaucoup d'enseignes vigneronnes dans la rue principale et alentour : Seltz, Wittmann, Rieffel, Boeckel, Gilg, etc. *p. 122*

© PRILL/Shutterstock.com

7 **Prendre le temps de s'arrêter au camp de concentration du Struthof (à proximité de Rothau).**

Évidemment pas un « coup de cœur » en tant que tel, mais un site incontournable de la région, qui abrite aujourd'hui le Centre européen du résistant déporté. *p. 161*

8 **Partir à la découverte des traditions rurales dans la vallée de Villé.**

La vallée de Villé offre de beaux paysages ouverts avec de nombreux petits villages aux solides fermes vosgiennes, où se maintiennent nombre de traditions rurales. Patrie du célèbre kirsch (pour visiter des distilleries, se renseigner à l'office de tourisme de Villé). Pour avoir une idée d'ensemble, grimper tout au bout de la vallée jusqu'au hameau du Climont, qui abrite quelques maisons blotties sur un plateau défriché au XVIIe s par une communauté mennonite. Vous ne serez pas déçu… *p. 150*

9 À Sélestat, s'offrir un voyage médiéval à la Bibliothèque humaniste (Unesco), le nez dans un trésor de manuscrits et de premiers livres imprimés.

Une escale d'autant plus incontournable que la bibliothèque s'est offert quelques années de cure de jouvence, entre les mains de l'architecte Rudy Ricciotti. La récente muséographie rend la richesse des ouvrages sur le fond et sur la forme aussi accessible que possible. *p. 138*

10 **Grimper jusqu'au château du Haut-Kœnigsbourg, perché sur son nid d'aigle à près de 800 m d'altitude.**

L'un des sites les plus visités de France. Avec raison. Perché au sommet de son éperon, il devient vite omniprésent dans le champ de vision pour qui sillonne la région. Le château le plus imposant des Vosges, superbement restauré, servit de cadre au film *La Grande Illusion*, le chef-d'œuvre de Jean Renoir. Par temps très clair, on y aperçoit, paraît-il, le mont Blanc. À vous de vérifier ! *p. 242*

DANS LE SUD (HAUT-RHIN)

11 **Profiter d'une promenade sur le massif du Taennchel pour faire le plein d'ondes cosmo telluriques.**

Près de 40 espèces de mammifères et 80 espèces d'oiseaux ont été répertoriées sur le Taennchel et sur tout le territoire. Évidemment, beaucoup de superbes randonnées en perspective. Si vous ressentez d'étranges vibrations en marchant, ne soyez pas surpris car, selon des érudits locaux, ce massif fait partie des « hauts lieux vibratoires de la santé » et serait particulièrement riche en ondes « cosmo-telluriques ». Ne venez pas ici sans vos géodynamètres ! *p. 245*

12 **Flâner le nez en l'air entre les maisons anciennes de Bergheim, une des petites villes les plus typiques d'Alsace.**

C'est en venant de Saint-Hippolyte que l'on a le meilleur point de vue sur cette incroyable petite cité, encore ceinturée de sa ligne de fortifications. Ici, peu de traces du modernisme sur les façades des maisons, joliment entretenues et délicieusement fleuries. À Bergheim, on remonte le temps pour atterrir en plein âge d'or de la civilisation rhénane (ni vraiment la France ni tout à fait l'Allemagne, mais une fusion des 2 !). *p. 242*

13 **Découvrir à son rythme les maisons de vignerons d'Hunawihr et se laisser tenter par un verre de riesling.**

Classé parmi les « Plus Beaux Villages de France », Hunawihr est un village vigneron typique et paisible. Nature et culture, agriculture et habitations sont intimement juxtaposées, offrant une atmosphère harmonieuse. Au nord du village, sur une petite colline coiffée par des bois, s'étend un terroir viticole exceptionnel : le *Rosacker,* qui tiendrait son nom de l'églantier (rosier sauvage), naguère abondant dans le vignoble. Laissez-vous tenter par un verre de riesling grand cru *Rosacker,* au parfum poivré et aux arômes pointus qui s'arrondissent en vieillissant. *p. 252*

14 **Se laisser surprendre par la beauté ancienne de Riquewihr, dont le centre est à l'image d'un décor de cinéma d'un autre siècle, puis emprunter son fameux sentier viticole ; un des plus beaux d'Europe !**

Archétype du village alsacien et canon architectural régional, niché entre des collines couvertes de vignes, Riquewihr est, lui aussi, classé parmi les « Plus Beaux Villages de France ». L'un des lieux de visite incontournables d'Alsace, qui surprend par son charme pittoresque, entre ses maisons de vignerons à colombages (du XVIe au XVIIIe s) et celles d'architecture Renaissance, blotties au sein des fortifications qui, encore de nos jours, enserrent la ville. *p. 255*

© Bringard Denis/hemis.fr

15 **Arpenter les ruelles fleuries de Kaysersberg, magnifique village médiéval animé et authentique.**

Adorable petite ville fleurie, encadrée par des monts couverts de vignes. Tout ou presque ici porte la marque de l'histoire de la civilisation rhénane qui a tant imprégné les lieux et les gens d'Alsace. *p. 266*

© Mattes René/hemis.fr

16 **Flâner sur les marchés de Noël, pour s'immerger au cœur d'une fête ancestrale.**

C'est le marché de Noël qui symbolise le mieux la tradition en Alsace. Il existe depuis 500 ans, et on en trouve plus d'une cinquantaine aujourd'hui. C'est une orgie de lumière, d'animation, de couleurs scintillantes, d'effluves chauds et odorants. Une fête magique avant le grand jour. Impossible de les énumérer tous tant ils sont nombreux et valent le détour. Citons quand même le plus ancien, celui de Strasbourg, ou d'autres reconnus comme authentiques : Kaysersberg ou Eguisheim. *p. 380*

17 À Colmar, découvrir le musée Unterlinden – il abrite notamment le fameux retable d'Issenheim.

Puis déambuler – en bateau pourquoi pas ? – entre les ponts et canaux de la Petite Venise. À la tombée de la nuit, les vendredi et samedi, la vieille ville s'illumine comme un décor de théâtre. Magique ! *p. 229, 235*

© Rieger Bertrand/hemis.fr

18 S'arrêter à Eguisheim, l'un des 7 plus ravissants villages de la route des Vins.

Ses ruelles pavées aux maisons colorées et à colombages semblent directement sorties d'une aquarelle de Hansi. Cité papale car Léon IX y est né ; l'originalité de cette coquette bourgade réside dans sa forme presque « ronde », qui fait le bonheur des photographes qui prennent des vues aériennes. *p. 281*

© Jon Arnold Images/hemis.fr

© Bringard Denis/hemis.fr

19 Suivre à vélo la remarquable Route Verte qui relie les Vosges à la Forêt-Noire.

Depuis plus de 40 ans, elle relie par des pistes cyclables aménagées sur plus de 250 km, les Vosges à la Forêt-Noire en passant par la Haute-Alsace. *p. 216*

© Kauffmann Alain/hemis.fr

20 Parcourir la vallée de Munster, célèbre pour son savoureux fromage, sans oublier de s'offrir un typique repas montagnard dans une ferme-auberge.

Imaginez un grand Y composé de 2 adorables petites vallées (verdoyantes, tranquilles, boisées) descendant depuis les cols jusqu'à Munster pour ne former qu'une seule grande vallée, un peu moins intime mais belle quand même, jusqu'au vignoble et Colmar. Bien sûr, on peut la découvrir en voiture, mais c'est par étapes et à pied, ou même à skis (de fond) en hiver, que l'on conseille de la parcourir si l'on veut tomber amoureux de la vallée de Munster. *p. 308*

21 **Cheminer sur la route des Crêtes, le long du GR 5 entre le col de la Schlucht et le Grand Ballon.**

Comme son nom l'indique, elle suit la ligne des crêtes du massif vosgien, du nord au sud. On est en plein parc naturel régional des Ballons des Vosges. Au total, près de 80 km de paysages époustouflants, d'échappées lointaines sur les forêts de sapins, les dômes arrondis, les pâturages et les lacs secrets. L'hiver, cette belle route, souvent fermée pour cause de neige, se transforme en piste pour les skieurs (de fond). En été, ce sont les randonneurs sac au dos qui ont la part belle. Difficile d'imaginer que ces lieux superbes furent le théâtre des pires atrocités pendant la Grande Guerre (chaque mémorial vaut le détour). *p. 302*

© Rieger Bertrand/hemis.fr

L'église de Sainte-Hune à Hunawihr

ITINÉRAIRES CONSEILLÉS

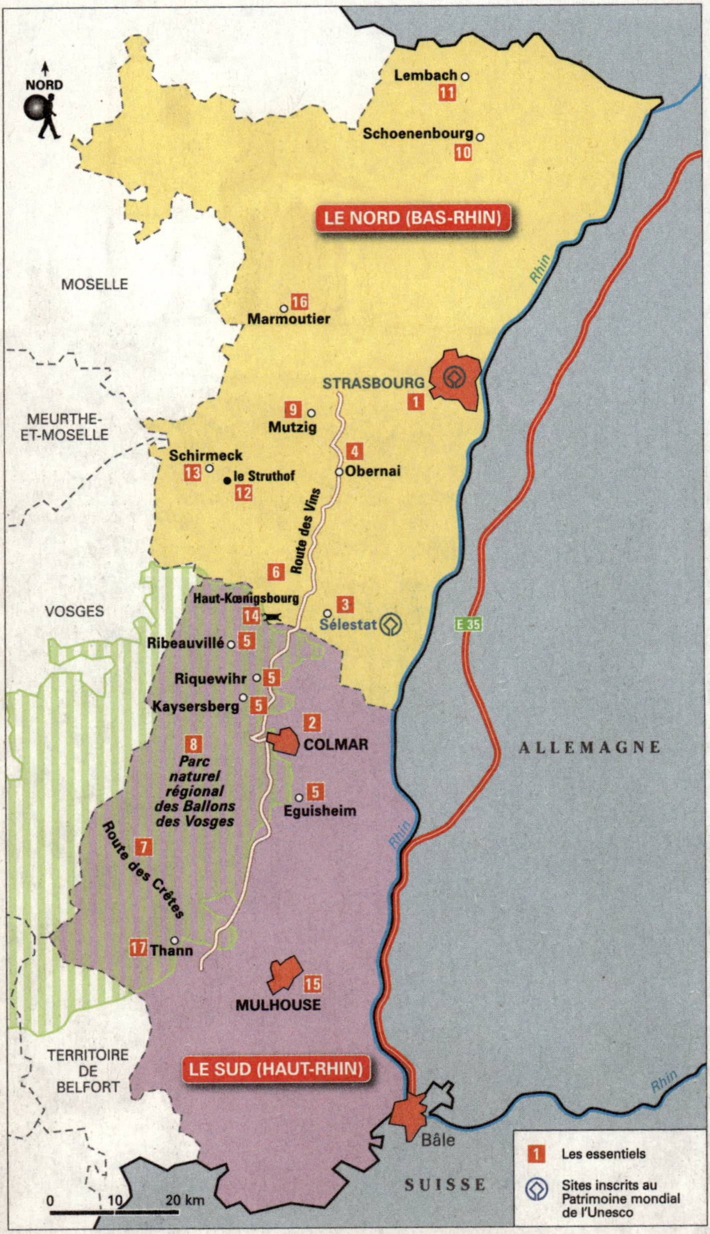

Les essentiels

De l'Alsace éternelle à celle d'aujourd'hui, le dépaysement est assuré !

Commençons par **Strasbourg (1)** bien sûr. Sa cathédrale millénaire abrite une horloge astronomique, véritable chef-d'œuvre de la Renaissance, et voisine avec de riches musées, dont celui de l'Œuvre Notre-Dame, ou encore les Musée historique, des Beaux-Arts… Prenez le temps de flâner dans le quartier de la Petite France, où les vieilles demeures se mirent dans les eaux de l'Ill. À **Colmar (2),** une superbe vieille ville sillonnée par de multiples canaux, le musée Unterlinden mérite une halte prolongée, notamment pour découvrir le célèbre retable d'Issenheim, dont la magie des couleurs juste restaurées force l'admiration. Entre les 2, **Sélestat (3)** et **Obernai (4),** pour ne citer qu'elles, leurs quartiers anciens jalonnés de maisons à colombages aux façades colorées, égayées par les incontournables pots de géraniums, une beauté pittoresque que l'on retrouve à l'échelle de nombreux villages : **Eguisheim, Ribeauvillé, Riquewihr (5)** notamment, ou encore l'adorable cité médiévale de **Kaysersberg.** Mais surtout, à Sélestat, c'est la superbe Bibliothèque humaniste restaurée qu'il ne faut pas manquer !

Tout aussi incontournables, la **route des Vins** (**6** ; voir aussi l'itinéraire qui lui est consacré), et la **route des Crêtes (7),** à parcourir en voiture pour découvrir les émouvants **champs de bataille de la Grande Guerre** (dont le col du Linge), ou le long des chemins de GR pour profiter au maximum des paysages à couper le souffle ! Justement, la randonnée est l'activité par excellence à pratiquer dans cette région, où le vénérable Club vosgien entretient près de 15 000 km de sentiers balisés. À vos godillots ! Amoureux de la nature, découvrez aussi les richesses du **parc naturel régional des Ballons des Vosges (8).**

Une bouffée de grand air avant les émouvantes visites des **forts de Mutzig (9)** et de **Schoenenbourg (10),** et le **four à chaux à Lembach (11),** témoignages de la vie des troupes dans les ouvrages fortifiés pendant les Première et Seconde Guerres mondiales (uniquement la Seconde pour Schoenenbourg, ouvrage de la ligne Maginot). Sinistre vestige de cette dernière guerre, le **camp de concentration du Struthof (12),** dont la visite est à compléter par celle du **mémorial de l'Alsace-Moselle** à **Schirmeck (13).**

À la frontière du Nord et du Sud alsaciens, le fameux **château du Haut-Kœnigsbourg (14),** impossible à louper sur son éperon à 800 m d'altitude. Mais ne vous en tenez pas à cette vision lointaine, la visite est passionnante !

Incontournables également : la **Cité de l'Automobile – Collection Schlumpf** (le « Louvre de la voiture ») et la **Cité du Train,** à **Mulhouse (15),** passionneront même les néophytes ; à compléter avec le **musée de l'Impression sur étoffes,** toujours à Mulhouse, et l'excellent Mémorial de Haute Alsace à Dannemarie. Pour terminer en grâce son tour d'Alsace, ne pas manquer l'**église abbatiale** de **Marmoutier (16),** vestige d'une très puissante abbaye, et la **collégiale Saint-Thiébaut,** à **Thann (17),** rien moins que la plus belle église gothique d'Alsace après la cathédrale de Strasbourg.

Avec des enfants

L'Alsace est le royaume des enfants. On peut y voir des animaux au **NaturOparC** à **Hunawihr (1)** ou, à deux pas, s'émerveiller du vol gracieux des papillons au **Jardin des Papillons (2).** On peut s'activer un peu plus en participant au nourrissage des cigognes au **parc à Cigognes** à **Cernay (3).** Et on combine faune et flore au **parc zoologique et botanique** de **Mulhouse (4).**

NORD
LE NORD (BAS-RHIN)
MOSELLE
STRASBOURG 11 1
Balbronn 2
Molsheim 3
MEURTHE-ET-MOSELLE
4 Ottrott
5 Heiligenstein
Station de ski du champ du Feu 15
6 Mittelbergheim
7 Dambach-la-Ville
VOSGES
9
13
Haut-Kœnigsbourg
6 Sélestat
Europa-Park 14
E 35
Ste-Marie-aux-Mines
St-Hippolyte 8
Ribeauvillé 9
1 2 10 Hunawihr
Bestheim 12
11 Riquewihr
Kientzheim 13
Station de ski du lac Blanc 15
ALLEMAGNE
Eguisheim 7 8
Metzeral
15 Station de ski du Markstein
Ungersheim 5
3 Cernay
MULHOUSE 4 10
TERRITOIRE DE BELFORT
LE SUD (HAUT-RHIN)
12 Vieux-Ferrette
Bâle
SUISSE
0 10 20 km
1 Avec les enfants
1 Se mettre au verre
Sites inscrits au Patrimoine mondial de l'Unesco

Toujours du côté des activités nature, le très bel écomusée d'Alsace vous attend à **Ungersheim (5).**

Aux portes de Sélestat, la **forêt de l'Ill (6)** est un bel écrin pour se dégourdir les jambes le long du **sentier d'interprétation** (environ 2h), ou **se laisser glisser en barque sur l'Ill,** balade aussi bien historique que naturaliste (départ entre Enwihr et Muttersholtz).

Après un bon bol d'air, on peut suivre la **route des Châteaux (7)** ou la **route touristique des Cinq Châteaux** du côté d'**Eguisheim (8).** Mais n'allez pas les découvrir avant d'avoir poussé la porte du plus spectaculaire château de la région : le fameux **Haut-Kœnigsbourg (9).** Vous trouverez, en y montant, diverses attractions : la **Montagne des Singes,** la **Volerie des Aigles** et **Cigoland.**

Gardez un peu de jus pour ces musées qui valent le détour : **Mulhouse (10)** peut à elle seule faire l'objet d'une longue escale en famille, puisque la ville abrite l'étonnante **Cité de l'Automobile,** la **Cité du Train** et le **musée Électropolis,** où quelques expériences permettent d'expliquer l'électricité aux enfants, et bien sûr, l'**écomusée d'Alsace,** le plus grand musée à ciel ouvert de France. Autre lieu pour découvrir les sciences et apprendre en s'amusant : le **Vaisseau,** à **Strasbourg (11).** Dans un tout autre registre, le **musée du Sapeur-Pompier d'Alsace (12),** à **Vieux-Ferrette,** émerveille toujours autant petits et grands avec ses superbes engins de tous les âges, tandis que le **parc minier Tellure (13),** à **Sainte-Marie-aux-Mines,** offre émotion et frisson avec ses activités originales, voire uniques, dans les galeries des anciennes mines d'argent.

Et pour passer un **moment purement ludique** en famille après ces virées culturelles : le **parc du Petit Prince** à **Ungersheim,** et, côté allemand, le gigantesque parc d'attractions **Europa-Park (14),** à 30 mn de l'autre côté du Rhin.

Quand vient l'hiver (… et son manteau blanc, parfois), l'Alsace a quelque chose de magique. Les nombreux **marchés de Noël** qui quadrillent la région (réservez votre hébergement longtemps à l'avance !) nous font tous retomber en enfance. Magie des illuminations, de la musique et des chants, des odeurs d'épices et de vin chaud, et, avec un peu de chance, saupoudrés de quelques flocons… Les amateurs d'or blanc seront heureux d'apprendre qu'on trouve aussi en Alsace une poignée de petites stations de sports d'hiver : les **stations du lac Blanc, du Markstein** et celle **du champ du Feu (15).**

Se mettre au verre

À cheval sur le Nord (Bas-Rhin) et le Sud (Haut-Rhin), la route des Vins d'Alsace suit un itinéraire ponctué de 51 grands crus composés de 4 cépages nobles : le gewürztraminer, le riesling, le pinot gris et le muscat. Une merveilleuse balade à entreprendre le coffre vide ou à vélo, le long de la véloroute qui rallie, du nord au sud, Marlenheim à Thann. En guise de préambule, on recommande de commencer par la **cave historique des hospices de Strasbourg (1).** Suivie d'une embardée à la **distillerie artisanale Hagmeyer de Balbronn (2)** pour ses remarquables eaux-de-vie. À **Molsheim (3),** le bruderthal, grand cru classé, tient le haut du pavé, tout comme l'altenberg voisin (à Wolxheim). Après Obernai, le village viticole d'**Ottrott (4)** doit sa réputation à son pinot noir. Halte à **Heiligenstein (5)** pour goûter un cépage confidentiel, le *klevener de Heiligenstein,* un savagnin rose (mais un blanc !). Situé sur une colline, **Mittelbergheim (6),** classé parmi les « Plus Beaux

Villages de France », est le point de départ pour découvrir le terroir de Zotzenberg, lové dans une cuvette couverte de vignes et qui produit des vins d'une grande finesse. De cru en cru, on zigzague d'Andlau jusqu'à Kintzheim. En chemin, intéressants sentiers viticoles à **Dambach-la-Ville (7),** qui possède le plus grand vignoble d'Alsace, et à Scherwiller. À **Saint-Hippolyte (8),** au pied du célèbre château du Haut-Kœnigsbourg, le « rouge de Saint-Hippolyte » jouit d'une renommée méritée. L'une des plus vieilles caves vinicoles de France est à **Ribeauvillé (9),** dont on apprécie le charme entre 2 verres de blanc. À **Hunawihr (10),** laissez-vous tenter par un riesling grand cru *Rosacker,* et profitez des belles couleurs de l'automne pour visiter l'incontournable village de **Riquewihr (11).** Un merveilleux sentier viticole balisé (17 km) et jalonné de panneaux thématiques traverse le vignoble en une journée de marche, ou en 2h à vélo. Génial pour découvrir les grands crus ! Allez vous piquer pour le crémant (100 % pinot blanc) de la **cave coopérative de Bestheim (12),** qui vaut bien des champagnes ! Révision générale au **musée du Vignoble et des Vins d'Alsace** de **Kientzheim (13),** à un saut de puce de Kaysersberg. Il reste encore un chapelet de villages : Ammerschwihr, Katzenthal, Niedermorschwihr et Turckheim, adorable cité enrichie au XVe s grâce au commerce du vin. Moins touristique, les secteurs autour d'Eguisheim et de Guebwiller recèlent également d'excellents vins, de même que du côté de Thann. Bonne route et restez sobre !

Le pont fortifié de Kaysersberg

© Rieger Bertrand/hemis.fr

Interview #experienceroutard

Par la rédaction du *Routard*

En quoi cette destination est-elle si particulière ?

Dans la vie quotidienne, la région compte bien des spécificités, liées à son histoire : les trains roulent à droite, les habitants bénéficient de 2 jours fériés supplémentaires, le droit cultuel est différent... Et culturellement, la région a une identité forte : une langue encore vivante, un patrimoine architectural dépaysant, des traditions bien ancrées, une histoire récente particulière. Une forte identité qui explique que la majorité des Alsaciens a d'ailleurs souhaité conserver son identité dans la région Grand Est : l'Alsace est désormais devenue collectivité européenne d'Alsace depuis 2021.
Quant au terroir, il est aussi riche côté verre que côté assiette (on compte plus d'une trentaine de restos étoilés, rien qu'en Alsace !). Et on y sent aussi l'énergie d'une région transfrontalière et européenne.

Une expérience à découvrir ?

Dans la montagne vosgienne, là où paissent les vaches qui donnent leur lait pour la fabrication du munster, on aime s'attabler devant un repas marcaire, le menu caractéristique des gardiens de troupeaux : potage, tourte, viande de porc fumée et pommes de terre longuement cuisinées au beurre et au lard, fromage de munster évidemment, et fromage blanc fermier arrosé au kirsch... Aujourd'hui il est servi dans les fermes-auberges ; parfait après une rando ou après avoir suivi la transhumance printanière des vaches !

Dans quel livre se plonger ?

Dans *Histoires extraordinaires de « malgré-nous »,* de Nicolas Mengus. Ce recueil de témoignages compte parmi les livres qui abordent le sujet mal connu des « malgré-nous », ces dizaines de milliers d'Alsaciens et Mosellans, incorporés de force dans l'armée allemande durant la 2de Guerre mondiale et donc contraints de se battre contre les Alliés...

Un grand moment à partager ?

S'immerger dans l'ambiance du festival *Décibulles,* grand festival de musiques actuelles en plein air, qui bat son plein 3 jours autour de mi-juillet, dans la vallée de Villé. La tête dans les étoiles, du rock, du hip-hop, de l'électro dans les oreilles, et les forêts vosgiennes devant les yeux... On profite aussi de spectacles d'arts de rue, et on a la certitude de découvrir un beau panel de bières artisanales et locales... Autre ambiance, autre saison : on peut vivre une journée de vendangeur. Selon les formules, on vendange un peu bien sûr, puis on découvre le processus de fabrication du vin, ensuite sonne l'heure de la dégustation, avant, éventuellement de partager le repas des vendangeurs. L'Alsace par l'autre bout de la lorgnette en somme !

● *alsace-du-vin.com* ●

COMMENT Y ALLER ?

PAR LA ROUTE

– ***Tarifs autoroutiers :*** pour connaître le coût de l'usage des principaux tronçons autoroutiers de l'Hexagone, consulter le site • *autoroutes.fr* • (onglet « Tarifs des autoroutes »).

Le covoiturage

Le principe est simple, écologique et convivial. Il s'agit de mettre en relation un chauffeur et des passagers afin de partager le trajet et les frais, que ce soit de manière régulière ou de manière occasionnelle. L'inscription est gratuite. • *blablacar.fr* •

Location de voitures

■ ***BSP Auto :*** ☎ *01-43-46-20-74 (tlj 9h-21h30, w-e 20h).* • *bsp-auto.com* • *Réduc de 5 % aux lecteurs de ce guide avec le code « routard22 ».* Les prix proposés sont attractifs et comprennent le kilométrage illimité et les assurances. *BSP Auto* propose exclusivement les grandes compagnies de location sur place, assurant un très bon niveau de service. Les plus : vous ne payez votre location que 5 jours avant le départ.

En bus

Le réseau de bus longues distances s'étant développé ces dernières années, le plus pratique est de consulter le comparateur de billets • *comparabus.com* • qui regroupe et compare les prix des différentes compagnies présentes en France. À vous de voir en temps réel les liaisons existantes. Un lien vers les compagnies permet d'acheter ses billets en direct.

EN TRAIN

Au départ de Paris et de la province

– ***De Paris,*** les départs se font de la gare de l'Est.
➢ ***Paris-Strasbourg :*** nombreux A/R tlj. Compter 1h45 de trajet.
– Quelques A/R par j. depuis l'aéroport Charles-de-Gaulle (min 1h50), ainsi que 1 ou plusieurs trains directs/j. depuis Lille (3h), Nantes (5h), Rennes (5h ; 4h avec correspondance à Paris), Bordeaux (5h) et Massy (2h30).
➢ ***Paris-Colmar :*** TGV direct ; nombreuses correspondances depuis Strasbourg. Compter 2h20 de voyage.
➢ ***Paris-Mulhouse :*** TGV direct. Compter min 2h40 de trajet.
– ***De la province,*** trains directs depuis Dijon (1h), Lyon (3h10), Marseille (min 5h).

Pour voyager au meilleur prix

La SNCF propose des services et tarifs adaptés à chacun de vos voyages.
➢ ***Prem's :*** des petits prix disponibles toute l'année. Billets échangeables et remboursables (offres soumises à conditions). Impossible de poser des options de réservation sur ces billets : il faut les payer immédiatement.
➢ ***Les cartes de réduction***
Pour ceux qui voyagent régulièrement, profitez de 30 % de réductions avec les cartes *Avantage Famille, Jeune, Week-end* ou *Senior* + (49 €, valables 1 an).

Renseignements et réservations

– ***Internet :*** • *sncf-connect.com* •
– ***Téléphone :*** ☎ *36-35 (0,40 € TTC/mn).*

– Également dans les gares, les boutiques SNCF et les agences de voyages agréées.

Comment circuler en Alsace ?

La SNCF et la région Grand Est proposent des tarifs régionaux accessibles à tous pour voyager en train ou en car TER :
– **les *P'tits Prix,*** valables tous les jours sur tous les trains à partir de 3 €.

Et pour ceux qui prévoient de voyager plusieurs fois :
– **la carte *Fluo,*** pour bénéficier tous les jours de 50 % de réduction sur tous les billets TER *Fluo,* pour 20 € par an et seulement 1 € pour les moins de 26 ans.

Pour tout renseignement

– ***Internet :*** • *ter.sncf.com/grand-est* •
– ***Téléphone :*** ☎ *0805-415-415 (service et appel gratuits).*

EN AVION

✈ ***Aéroport de Strasbourg-Entzheim :*** ☎ *03-88-64-67-67.* • *strasbourg.aeroport.fr* • Liaisons régulières avec une quinzaine de villes en France. Liaisons complémentaires pendant les vacances. Liaisons quotidiennes très fréquentes de la navette (train) entre l'aéroport et la gare de Strasbourg, en 8 mn.

✈ ***Aéroport de Bâle-Mulhouse-Freiburg (Euroairport) :*** *à* ***Saint-Louis.*** ☎ *03-89-90-31-11.* • *euroairport.com* • *À env 30 km au sud de Mulhouse, près de la frontière.* Plus de 80 vols réguliers à destination de l'Europe, de l'Afrique du Nord, du Moyen-Orient et de l'Amérique du Nord. Liaisons fréquentes en navette entre l'aéroport et la gare de Saint-Louis ; de là, pour rejoindre Mulhouse, on prend un train.

▲ **AIR FRANCE**

Rens et résas au ☎ 09-69-39-36-54 (appel non surtaxé), sur • airfrance.fr •, en agences de voyages. Également à votre écoute tlj, 24h/24, sur Messenger, Facebook et Twitter.

➢ Env 3 vols/j. entre Paris-CDG et Mulhouse-Bâle.

Air France propose à tous des tarifs attractifs toute l'année. Pour consulter les offres et promotions du moment sur Internet, consultez la page « Nos meilleures offres » sur • *airfrance.fr* • *Flying Blue,* le programme de fidélité gratuit d'Air France-KLM, permet de gagner des *Miles* en voyageant sur les vols Air France, KLM et grâce à de nombreux partenaires aériens et non aériens... Les *Miles* peuvent ensuite être échangés contre des billets d'avion ou des services (surclassement, bagage supplémentaire, Menu à la Carte...) ainsi qu'auprès des partenaires. Pour en savoir plus, rendez-vous sur • *flyingblue.com* •

D'autres compagnies desservent certaines des destinations évoquées plus haut. Voir directement sur le site internet des aéroports.

Entrez et faites entendre votre voix
VISITEZ
LE PARLEMENT EUROPÉEN
HÉMICYCLE
PARLAMENTARIUM SIMONE VEIL
GRATUIT
Parlement européen

BON À SAVOIR AVANT LE DÉPART

ABC de l'Alsace

- ***Appellation :*** collectivité européenne d'Alsace, qui a vu le jour en 2021 et réunit le Nord (Bas-Rhin) et le Sud (Haut-Rhin) et siège à Strasbourg.
- ***Superficie :*** 8 280 km^2.
- ***Population :*** 1 898 530 hab.
- ***Préfectures :*** Strasbourg et Colmar.
- ***Densité de population :*** 228 hab/km^2.
- ***Point culminant :*** le Grand Ballon (Sud), 1 424 m
- ***Particularités :*** le Nord, comme le Sud (ainsi que la Moselle), applique, dans certains domaines (commercial, associatif, religieux...), le droit local, principalement issu du droit allemand. Quant à la nouvelle collectivité européenne d'Alsace, elle est inédite à l'échelle de l'Hexagone ; outre les compétences départementales, elle détient des compétences spécifiques.

AVANT LE DÉPART

Informations utiles

Alsace Destination Tourisme : ☎ *03-89-20-10-68.* • *alsace-destination-tourisme.com* • Envoi de brochures sur demande par courrier, ou à télécharger sur le site internet.

Gîtes de France : ☎ *0826-10-44-44 (résas tlj 9h-21h, 0,18 €/mn).* • *gites-de-france.com* • Librairie en ligne. Les réservations sont à faire auprès des relais départementaux des *Gîtes de France* (indiqués dans ce guide en introduction de chaque département).

Carte d'adhésion internationale aux auberges de jeunesse (carte FUAJ)

Cette carte vous ouvre les portes des 2 400 auberges de jeunesse du réseau *HI-Hostelling International* en France et dans le monde. Elle permet aussi de bénéficier de tarifs préférentiels avec les partenaires des auberges de jeunesse *HI* (locations de voitures, excursions et activités variées). Il n'y a pas de limite d'âge pour séjourner en auberge de jeunesse. Il faut simplement être adhérent ; carte valable 1 an à compter de la date d'achat (sur Internet ou dans les AJ).

Renseignements et inscriptions

– ***En France :*** • *hihostels.com* • *Tarif 11 €.*
– ***En Belgique :*** • *lesaubergesdejeunesse.be* •

– ***En Suisse :*** ● *youthhostel.ch* ●
– ***Au Canada :*** ● *hihostels.ca* ●
Si vous prévoyez un séjour itinérant, vous pouvez réserver plusieurs auberges de jeunesse en une seule fois en France et dans le monde.

Carte internationale d'étudiant (carte ISIC)

Elle prouve le statut d'étudiant dans le monde entier et offre de nombreuses réductions (billets d'avion, hôtels et auberges de jeunesse, assurances, parcs d'attraction, location de voitures...).

Renseignements et inscriptions

– ***En France :*** ● *isic.fr* ● *Tarif : 13 € pour 1 année scolaire.*
– ***En Belgique :*** ● *isic.be* ●
– ***En Suisse :*** ● *isic.ch* ●
– ***Au Canada :*** ● *isiccanada.com* ●

BUDGET

Nous vous indiquons plus bas l'échelle des tarifs auxquels nous nous référons pour l'ensemble de nos guides en France.

Recommandation à ceux qui souhaitent profiter des réductions et avantages proposés dans le *Routard* par les hôteliers et les restaurateurs.

À l'hôtel, pensez à les demander au moment de la réservation ou, si vous n'avez pas réservé, **à l'arrivée.** Ils ne sont valables que pour les réservations en direct et non cumulables avec d'autres offres promotionnelles (notamment sur Internet). Au restaurant, parlez-en **au moment** de la commande et surtout **avant** que l'addition ne soit établie. Poser votre *Routard* sur la table ne suffit pas : le personnel de salle n'est pas toujours au courant et une fois le ticket de caisse imprimé, il est souvent difficile de modifier le total. En cas de doute, montrez la notice relative à l'établissement dans le ***Routard* de l'année** et, bien sûr, ne manquez pas de nous faire part de toute difficulté rencontrée.

Hébergement

D'une manière générale, nous indiquons des fourchettes de prix allant de la chambre double la moins chère en basse saison à la plus chère en haute saison. Ce qui implique parfois d'importantes fourchettes de prix, pas toujours en adéquation avec la rubrique dans laquelle l'établissement est cité. Le classement retenu est donc celui du prix moyen des chambres et de leur rapport qualité-prix.
– Les tarifs des ***campings*** sont calculés sur la base d'un emplacement pour 2 avec voiture et tente en haute saison. Ils sont classés en tête de rubrique « Où dormir ? ».
– Pour les ***auberges de jeunesse,*** le tarif indiqué est celui du lit en dortoir et/ou parfois de la chambre double, quand il y en a.
– En ***chambres d'hôtes,*** les prix sont donnés sur la base d'une chambre double. Ils incluent presque toujours le petit déjeuner. Les cartes de paiement sont rarement acceptées. En cas contraire, nous indiquons « petit déj en sus » et « CB acceptées ».

– Concernant les ***hôtels,*** le prix retenu reste celui d'une nuit en chambre double (sans petit déjeuner). La fourchette de prix englobe toutes les saisons, mais il est important de noter que dans les grandes villes, les prix baissent significativement le week-end. Lorsque l'établissement dispose de chambres familiales, nous l'indiquons sans précision de prix.
– ***Bon marché :*** jusqu'à 60 €.
– ***Prix moyens :*** de 60 à 90 €.
– ***Chic :*** de 90 à 120 €.
– ***Plus chic :*** de 120 à 150 €.
– ***Beaucoup plus chic :*** au-delà de 150 €.
Des centraux de réservations proposent des tarifs attractifs sur leurs sites, prélevant au passage une commission plus ou moins importante sur la marge de l'hôtelier. Pour pallier cette dépendance, les chefs d'établissement alignent volontiers leurs tarifs sur leur propre site ou par téléphone.

– ***Logis*** est la 1re chaîne de restaurateurs-hôteliers indépendants en Europe avec 2 200 établissements répartis dans 8 pays. Fort de ses 70 années d'expérience, le réseau offre l'assurance d'un accueil personnalisé et chaleureux, d'un hébergement de qualité ainsi que d'une restauration faite maison mettant à l'honneur produits locaux et de saison. Engagés sur les territoires, tous les Logis sont impliqués dans une démarche d'économie locale, privilégiant les circuits courts et les produits régionaux. Plus d'infos : ● *logishotels.com* ●

Restaurants

Notre critère de classement est le prix du 1er menu servi le soir (hors boissons). Les notions de « Prix moyens » ou « Plus chic » n'engagent donc que les prix, pas le cadre, même s'ils vont souvent de pair. Ainsi, certains restos gastronomiques (et chics) qui proposent parfois d'intéressantes formules au déjeuner seront malgré tout classés dans la rubrique « Plus chic » en raison des tarifs pratiqués le soir. Ne boudez donc pas cette rubrique qui recèle parfois d'intéressantes pépites.
Enfin, la rubrique « Sur le pouce » référence des adresses que l'on recommande pour les sandwichs et plats à emporter. Les tarifs correspondent généralement à la rubrique « Très bon marché ».
– ***Très bon marché :*** moins de 15 €.
– ***Bon marché :*** de 15 à 25 €.
– ***Prix moyens :*** de 25 à 35 €.
– ***Chic :*** de 35 à 50 €.
– ***Plus chic :*** plus de 50 €.

JOURS FÉRIÉS

ATTENTION : en Alsace le ***Vendredi saint*** (qui précède le dimanche de Pâques) et le ***26 décembre*** (Saint-Étienne) sont des jours fériés du fait du droit local. Tout est évidemment fermé... Mais en général, les 24 et 25 décembre, de nombreux commerces le sont également.

POURQUOI LE 26 DÉCEMBRE EST-IL FÉRIÉ ?

Autrefois, la Saint-Étienne – 1er martyr chrétien – était fériée partout. La France renonça à ce jour chômé en 1905, lors de l'adoption de la loi de séparation entre l'Église et l'État. Mais à cette époque, l'Alsace et la Moselle étaient allemandes. Quand, en 1918, ces territoires redevinrent français, ils décidèrent de garder leur jour chômé.

MUSÉES

■ ***Museums Pass Musées :*** *☎ 03-89-33-96-29 (en France) ou 061-205-00-40 (en Suisse). • info@passmusees.com • museumspass.com • Achat en ligne ou dans l'un des sites participants.* Tarif pour le passeport annuel : compter 112 € (+ 8 € si achat sur Internet) pour 1 adulte et jusqu'à 5 enfants de moins de 18 ans accompagnant l'adulte ; tarifs réduits. Cette carte, valable 1 an, donne accès à quelque 335 musées, châteaux et jardins, dans 3 pays ; elle est vendue dans les offices de tourisme et les sites concernés. Impulsée par les Suisses, voilà une bonne initiative et un vrai bon plan, qui incite à se rendre dans les musées gratuitement, mais aussi à passer les frontières. Cette carte est indispensable pour les frontaliers, qui pourront ainsi profiter à volonté et à l'année de tous les musées de la région du Rhin supérieur et même au-delà, que ce soit en Suisse, en Allemagne ou en France. Elle concerne les musées majeurs et incontournables de la région.

■ ***Pass Alsace :*** valable de 1 à 5 jours sur 14 jours glissants (consécutifs ou non), il donne accès à une cinquantaine de sites partenaires répartis entre Nord (Bas-Rhin) et Sud (Haut-Rhin) : châteaux forts, parcs animaliers, musées. Compter 25-60 € (1-5 jours) pour 1 adulte. Également des *passes* enfants à découvrir. *• pass-alsace.com •*

PERSONNES HANDICAPÉES

Tourisme et Handicap

Tourisme & Handicap est la seule marque d'État qui labellise des sites touristiques accessibles aux personnes en situation de handicap (campings, restaurants, musées, monuments...). Elle permet aux touristes en situation de handicap de vivre leurs vacances comme tout un chacun. Les sites sont identifiés grâce à un logo qui symbolise chacune des quatre familles de handicap (auditif/mental/moteur/visuel) et garantit un maximum d'autonomie :

TOURISME & HANDICAP.

Les informations et sites labellisés sont disponibles sur : *• tourisme-handicap.gouv.fr •*

En complément, **Acceslibre** est une **plateforme collaborative** portée par le ministère de la Transition écologique. Des informations d'accessibilité essentielles aux personnes en situation de handicap y sont collectées et affichées sur des cartes pour savoir si un lieu leur est accessible ou non. Sur mobile ou ordinateur, ce service permet de préparer au mieux sa sortie ou de collaborer en partageant de nouvelles informations.

Pour contribuer et/ou profiter d'Acceslibre : *• acceslibre.beta.gouv.fr •*

Par ailleurs, dans notre guide, nous indiquons par le logo ♿ les établissements qui possèdent un accès ou des chambres pouvant accueillir des personnes handicapées. Certaines adresses sont équipées selon les critères les plus récents.

D'autres, plus simples, plus anciennes aussi, sans répondre aux normes actuelles, favorisent l'accueil des personnes handicapées en facilitant l'accès à leur établissement, tant sur le plan matériel que sur le plan humain. Appelez donc auparavant pour savoir si l'équipement de l'hôtel ou du resto est compatible avec votre niveau de mobilité.

SITES INTERNET

• ***routard.com*** • Le site de voyage n° 1, avec près de 800 000 membres et plusieurs millions d'internautes chaque mois. Pour s'inspirer et s'organiser, près de 300 guides destinations actualisés, avec les infos pratiques, les incontournables et les dernières actus, ainsi que les reportages terrain et idées week-end de la rédaction. Partagez vos expériences avec la communauté de voyageurs : forums de discussion avec avis et bons plans, carnets de route et photos de voyage. Enfin, vous trouverez tout pour vos vols, hébergements, voitures et activités, sans oublier nos suggestions pour réserver votre voyage au meilleur prix.
– ***Bon à savoir :*** entre 2 parutions, des événements fortuits (conditions d'accès aux sites, fermetures inopinées, etc.) peuvent intervenir et modifier vos projets de voyage ou de visite. Pour éviter les déconvenues, nous vous recommandons de consulter la rubrique « Inspirations » par région et cliquer sur l'onglet « Actus ».
• ***dna.fr*** • Le site du grand journal alsacien *Dernières nouvelles d'Alsace* : pour se balader la tête dans l'info, l'estomac dans les recettes régionales ou les jambes dans les sentiers vosgiens et, enfin, pour sortir « strasbourgeois »...
• ***routes-alsace.com*** • 8 « routes » thématiques (route des Crêtes, routes des Potiers, route des Vins...), que l'on peut personnaliser selon ses centres d'intérêt.
• ***route-des-vins-alsace.com*** • Toutes les infos pratiques sur les villages et vignobles de la fameuse route des Vins d'Alsace : cépages, grands crus, sentiers viticoles... De quoi faire le tour de la question en un clic !
• ***visit.alsace/activites-et-loisirs/velo-alsace/itineraires-vtt/*** • Plus de 1 300 km d'itinéraires balisés en Alsace. Selon vos centres d'intérêt et votre « profil » sportif, citons par exemple la route des Trois-Pays, la véloroute du Vignoble, la traversée du massif des Vosges.
• ***musees.strasbourg.eu*** • Pour découvrir en quelques clics l'actualité des différents musées de la ville.
• ***jds.fr*** • Agenda des sorties et loisirs en Alsace ; également une appli.

VÉLO

Cyclistes et amateurs de plein air, réjouissez-vous : avec plus de 2 500 km d'itinéraires de véloroutes et voies vertes aménagés, l'Alsace est une terre de vélo ! Sécurisés et confortables, ils filent sur le halage des canaux et rivières, sur l'ancien ballast de voies ferrées et sur de petites routes tranquilles.
Nous consacrons d'ailleurs un guide à l'EuroVelo 6 qui relie Bâle à Nevers et traverse le Haut-Rhin. Cartes en couleur, étapes avec hébergement et restos, locations et réparations de vélos... En vente dans toutes les bonnes crèmeries.
En selle !
• *alsaceavelo.fr* •

LE NORD (BAS-RHIN)

• Carte *p. 46-47*

Depuis le 1er janvier 2021, on ne parle désormais plus que d'une Alsace, de la collectivité européenne d'Alsace plus précisément, sorte de « super département ». Une réponse aux nombreux Alsaciens qui considéraient l'identité alsacienne trop diluée dans la nouvelle région Grand Est. Comme pour le moment il restera question de « Haut-Rhin » et « Bas-Rhin » dans l'esprit de tous, vous continuerez souvent à lire ces appellations à travers ces pages.

Le Bas-Rhin est le département qui, sur une carte, se place au-dessus du Haut-Rhin. Ah bon, pas en dessous ? Non, parce que le Rhin coule dans l'autre sens ! Même si, pour les géographes, le Bas-Rhin est dans la zone du Rhin supérieur. Enfin, bref...

Dans le Bas-Rhin donc, on trouve d'abord Strasbourg, la capitale régionale. Cette ville grande ouverte sur l'Europe, qu'elle accueille en son sein, est devenue un lieu de vie comme de balades. Ici, il suffit de passer le pont (il y en a même 2) pour découvrir cet « Eurodistrict » qui intègre les rives françaises et allemandes du Rhin.

Ville dynamique et romantique tout à la fois, Strasbourg se transforme sans cesse mais sans perdre son identité.

À l'ouest de Strasbourg, le Kochersberg, région de terres richissimes qui ne s'est jamais trop intéressée au tourisme, jusqu'à présent, préférant garder ses villages typiques, ses houblonnières, ses fermes où l'on va manger les tartes flambées pour les locaux. Au sud, le Ried, réserve naturelle humide, se battant contre la tyrannie montante du maïs, permet à ceux qui veulent éviter les embouteillages sur la route des Vins de rejoindre Sélestat, et sa célèbre Bibliothèque humaniste.

À Marlenheim, sur les contreforts des Vosges, débutent les 1ers villages de la lumineuse route des Vins. Nichés dans des vallons au climat privilégié, vignobles opportunément placés sur les pentes les plus ensoleillées, ils prennent le soir des teintes or. Nos coups de cœur : Rosheim, Boersch, Heiligenstein, Mittelbergheim, Dambach-la-Ville, Scherwiller, Obernai, etc. Toute la magie des colombages sur une façade bien léchée et abondamment fleurie. Décor idéal pour un imaginaire fleur bleue assumé, avant de partir à l'assaut de la forteresse du Haut-Kœnigsbourg, à la limite sud du Bas-Rhin. Nulle jalousie ou rivalité avec le Haut-Rhin. Vous constaterez qu'au-delà de ce nid d'aigle frontière, les villages prolongent harmonieusement la chaîne du charme.

Au nord du département s'étendent les vieux pays aux noms chantants quelque peu obsolètes : Alsace bossue, Outre-Forêt, pays de Hanau. Pour les mettre d'accord, une seule entité désormais : le parc naturel régional des Vosges qui leur permet de se partager le titre prestigieux accordé par l'Unesco de... « Réserve mondiale de la biosphère ». Si, avec ça, le Bas-Rhin ne se hausse pas du col ! Justement, de cols, il en est question dans la vallée de Villé et la vallée de la Bruche, dans les Vosges moyennes, une Alsace très différente. Ici, la mythologie cède un peu la place à une autre qualité d'accueil, une autre architecture, d'autres aspects insolites de la culture alsacienne. Et puis, on y découvre Le Ban-de-la-Roche et l'histoire de son pasteur Oberlin, un des hommes qui ont fait du Bas-Rhin une terre unique.

STRASBOURG

(67000) 283 745 hab. *Carte Le Nord (Bas-Rhin), C3*

• Pour les plans de Strasbourg, se reporter au plan détachable en fin de guide.

Capitale régionale, économique et culturelle de l'Alsace et capitale européenne depuis 1949 avec le Conseil de l'Europe puis le siège du Parlement européen, officiellement acquis à Strasbourg en 1992, la belle Alsacienne profite pleinement de ces honneurs. La présence de ces institutions, riches d'élus aisés et de leurs collaborateurs qui ne le sont pas moins, représente une sacrée manne pour la ville. Dans certains secteurs, les prix de l'immobilier rivalisent avec ceux des beaux quartiers parisiens ou niçois. Les difficultés économiques que l'Europe nouvelle vit au quotidien ont amené la ville à plus d'humilité, depuis quelques années. Même s'il est plus que difficile de se loger ici pendant les sessions parlementaires (il faut alors pousser jusqu'au Kochersberg), on peut trouver des hébergements à prix raisonnables, surtout si l'on sait jouer des promos à certaines périodes. Pour séduire un public qui, de plus en plus nombreux, vient passer ici un week-end en amoureux ou quelques jours en famille. Strasbourg ne manque pas d'atouts, hiver comme été, d'ailleurs. Des marchés traditionnels au toujours très couru marché de Noël en passant par le festival Musica, Strasbourg sait s'y prendre pour vous charmer.

Le succès n'est pas monté à la tête d'une ville passée quasiment sans transition du statut de capitale régionale tranquille à celui de ville européenne. Elle ne s'est pas jetée frénétiquement dans les bras des promoteurs pour un lifting bétonné mode XXIe s, même si son nouveau statut de métropole d'une région élargie la pousse désormais à aménager de nouveaux quartiers, le long du Rhin ou aux portes de la ville ancienne. Ce n'est pas un hasard si son centre historique, une vraie grande île rendue à la vie par un plan de circulation bien étudié, d'où l'on a en grande partie chassé la voiture, fut le 1er centre urbain en France à être inscrit par l'Unesco au Patrimoine mondial. L'ancien quartier impérial allemand : la Neustadt l'est également depuis 2017.

Mais n'allez surtout pas croire, en découvrant le nombre impressionnant de monuments et de quartiers attendant votre visite, que c'est une ville figée dans l'histoire qui vous accueille.

Strasbourg, qui a su mettre à sa tête des femmes de caractère comme des hommes adroits, naviguant habilement entre droite et gauche, est une ville qui a aussi démontré son dynamisme industriel et commercial. Elle a su attirer une école aussi prestigieuse que l'ENA (désormais remplacée par l'Institut national du service public, l'INSP). Et elle a prouvé qu'elle savait gagner ses paris : le TGV Est européen est là, mettant Paris à 1h50 de la capitale alsacienne ; le tramway a permis de réorganiser tout le centre-ville et de rendre certaines places à la vie : tout le vieux Strasbourg est largement piéton désormais, et les cyclistes y règnent en maîtres. Bref, outre son riche patrimoine architectural, vous découvrirez une ville à l'exceptionnelle qualité de vie, qui a su retrouver une denrée rare : le silence et le chant des oiseaux !

Et si les sacro-saintes *winstubs,* qu'on croyait éternelles, ont disparu pour la plupart après le départ à la retraite de ceux et celles qui ont fait leur réputation (elles en ont gardé le nom mais sont devenues des restos pour touristes essentiellement), les salons de thé, les terrasses, les lieux tendance,

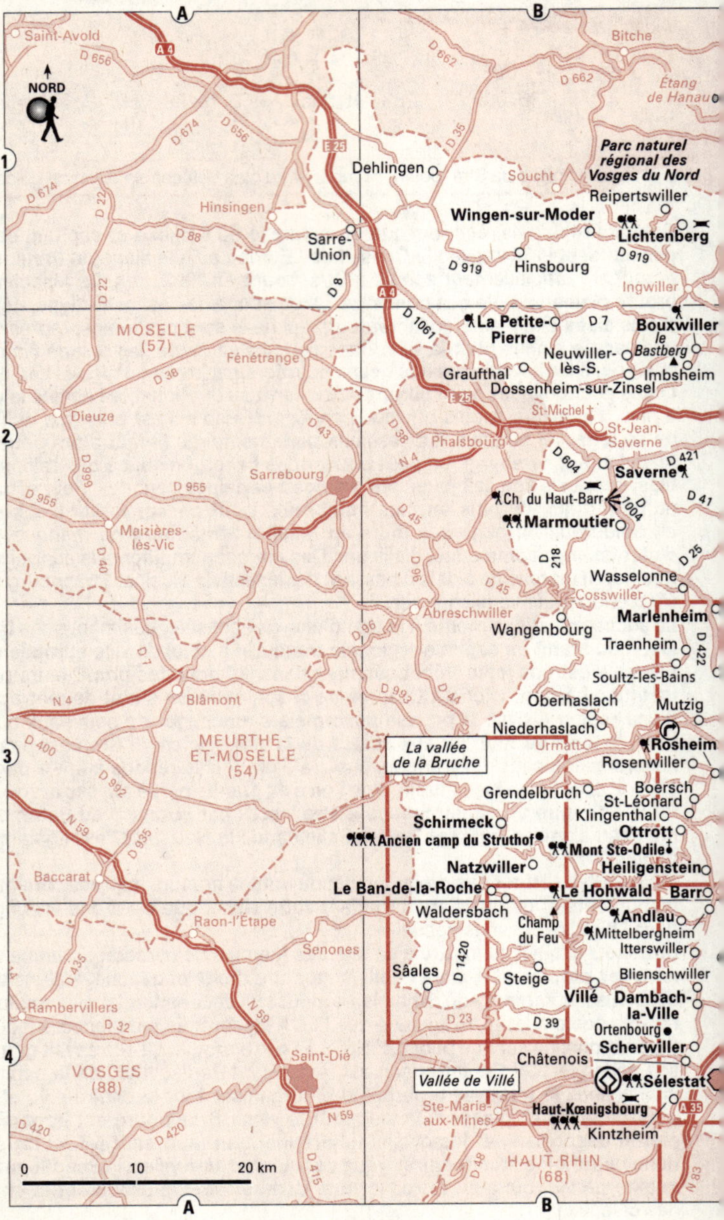
A
B
1
2
3
4
NORD
Saint-Avold
Bitche
Étang de Hanau
Parc naturel régional des Vosges du Nord
Dehlingen
Soucht
Reipertswiller
Hinsingen
Sarre-Union
Wingen-sur-Moder
Lichtenberg
Hinsbourg
Ingwiller
La Petite-Pierre
Bouxwiller
le Bastberg
Neuwiller-lès-S.
Imbsheim
Graufthal
Dossenheim-sur-Zinsel
MOSELLE (57)
Fénétrange
Dieuze
St-Michel
St-Jean-Saverne
Phalsbourg
Saverne
Sarrebourg
Ch. du Haut-Barr
Maizières-lès-Vic
Marmoutier
Wasselonne
Cosswiller
Abreschwiller
Wangenbourg
Marlenheim
Traenheim
Soultz-les-Bains
Blâmont
Oberhaslach
Mutzig
Niederhaslach
Urmatt
Rosheim
MEURTHE-ET-MOSELLE (54)
La vallée de la Bruche
Rosenwiller
Grendelbruch
Boersch
St-Léonard
Klingenthal
Schirmeck
Ottrott
Ancien camp du Struthof
Mont Ste-Odile
Natzwiller
Heiligenstein
Baccarat
Le Ban-de-la-Roche
Le Hohwald
Barr
Waldersbach
Champ du Feu
Andlau
Raon-l'Étape
Mittelbergheim
Senones
Itterswiller
Sâales
Steige
Blienschwiller
Villé
Dambach-la-Ville
Rambervillers
Ortenbourg
Scherwiller
Saint-Dié
Châtenois
VOSGES (88)
Vallée de Villé
Sélestat
Ste-Marie-aux-Mines
Haut-Kœnigsbourg
Kintzheim
HAUT-RHIN (68)
A 4
A 35
E 25
N 4
N 59
N 83
D 656
D 674
D 22
D 88
D 662
D 35
D 919
D 8
D 1061
D 7
D 38
D 43
D 955
D 999
D 604
D 421
D 41
D 1004
D 45
D 218
D 96
D 25
D 40
D 422
D 993
D 44
D 400
D 992
D 935
D 435
D 1420
D 23
D 39
D 32
D 420
D 415
D 48
0
10
20 km

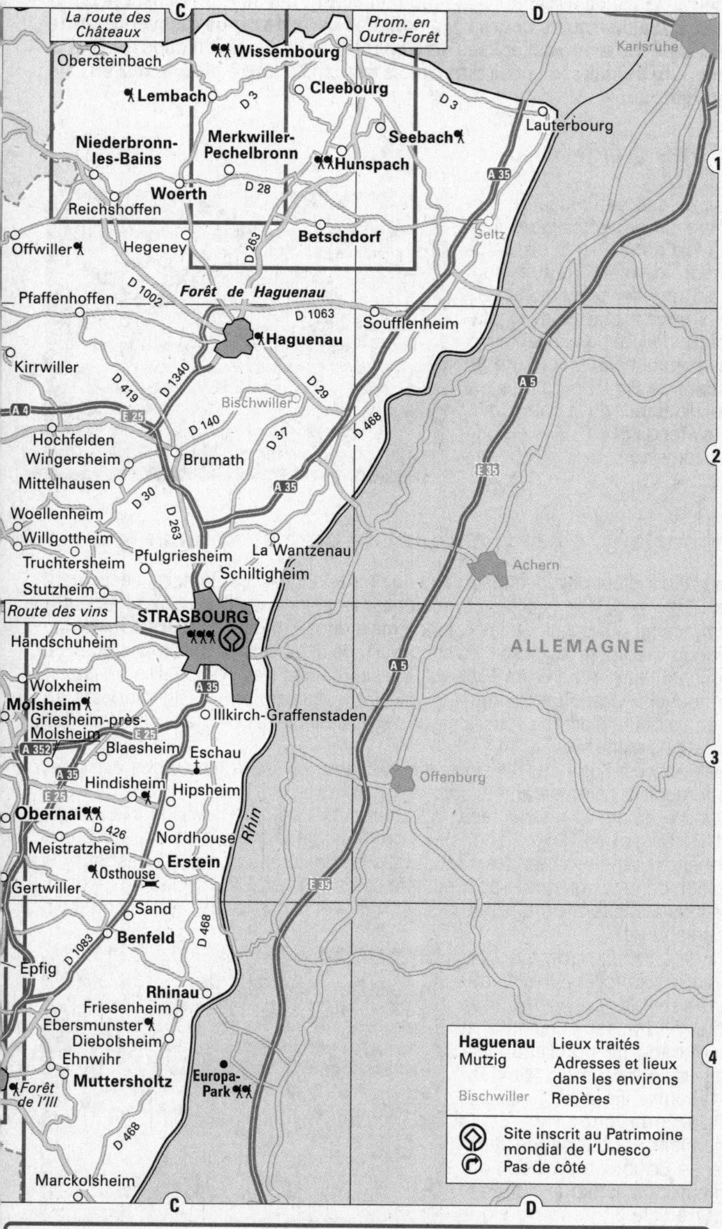

LE NORD (BAS-RHIN)

et même de vraies *winstubs* à la mode d'aujourd'hui ouvrent dans des quartiers jusqu'alors moins courus. Ce sont des lieux de repos bienvenus entre 2 visites de musées ou d'églises, une balade sur les quais ou dans les parcs. Strasbourg se visite, on ne le dira jamais assez, d'abord à pied, le nez en l'air, à son rythme...

UN PEU D'HISTOIRE

Si les guides de l'office de tourisme incitent les visiteurs à se rendre d'abord au pied de la cathédrale, c'est autant pour saluer l'importance du monument en lui-même que son emplacement : difficile de trouver mieux pour commencer à vous narrer l'histoire de Strasbourg puisque c'est ici, autour de la cathédrale, que s'étendait la 1re ville de garnison romaine.

ET LA CATHÉDRALE FUT PROTESTANTE

Fait unique en France, l'édifice est devenu protestant en 1529, et le fut jusqu'en 1681, lorsque Louis XIV prit Strasbourg. Encore aujourd'hui, des offices œcuméniques se déroulent régulièrement dans la chapelle Saint-Laurent (entrée, côté gauche). À cette occasion, protestants et catholiques prient ensemble.

L'important, c'est (toujours) de choisir son camp !

À ce site carrefour déjà occupé à l'âge du bronze ancien, les Romains découvrent vers 12 av. J.-C. des qualités stratégiques. Ils construisent un camp, *Argentoratum* ; camp qui gagne en importance mais dont il ne reste plus que ruines au début du Ve s après les passages successifs de Germains et d'Alamans quelque peu chahuteurs. À partir de 496, les Francs, maîtres de l'Alsace, font ressurgir une nouvelle ville, *Strateburgum* (« ville forte des routes »). Fort modeste au départ, le bourg s'affirme sous le règne des Carolingiens comme le carrefour des civilisations rhénanes.

Strasbourg est l'une des 1res villes à se débarrasser de la tutelle des évêques, la bourgeoisie commerçante s'affirmant comme le vrai pouvoir, n'hésitant pas à prendre les armes pour écraser militairement l'armée de l'évêque à la bataille de Hausbergen en 1262. La construction de la cathédrale va de pair avec une prospérité grandissante : dès 1336, Louis de Bavière accorde à Strasbourg le privilège de foire ; un grand pont est jeté sur le Rhin en 1388 ; bois, vins, coton, poissons transitent du nord au sud et vice versa via le port (et la douane !) de Strasbourg.

Le Saint Empire romain germanique comprend qu'il doit ménager les susceptibilités d'une ville aussi puissante et lui concède de nombreux privilèges. Strasbourg devient de fait une vraie petite république indépendante. Et le dynamisme économique de la ville se double d'un bouillonnement intellectuel et culturel : Gottfried de Strasbourg signe au début du XIIIe s son *Tristan et Isolde,* Albert le Grand dispense ses cours de théologie, Gutenberg, fuyant Mayence pour raisons politiques, se réfugie à Strasbourg et met au point sa géniale invention.

C'EST INJUSTE !

Gutenberg, en mettant au point l'imprimerie, fit faillite. Et ce fut pourtant l'invention la plus importante de l'époque. Faut dire que ces bibles de 1 200 pages étaient complexes à fabriquer et compliquées à vendre. Et pourtant, aujourd'hui, elles valent plus de 30 millions de dollars chacune ! Il s'en retourne dans sa tombe.

L'âge d'or et l'âge de raison !

Les XVe et XVIe s représentent l'âge d'or d'une ville qui s'enthousiasme dès 1519 pour la Réforme. La messe est carrément abolie à Strasbourg le 20 février 1529 et la ville accueille, venus de toute l'Europe, de nombreux protestants comme Calvin fuyant les persécutions. Au XVIIe s, Strasbourg connaît un certain déclin, mais échappe aux destructions de la guerre de Trente Ans grâce à une habile politique de neutralité. En 1648, par le traité de Westphalie, l'Alsace devient française, à l'exception de Strasbourg et de Mulhouse. Isolée politiquement et économiquement, la ville ne tarde pas à passer côté français. C'est fait en 1681. Et elle y gagne plus qu'elle n'y perd. Car si la cathédrale revient au culte catholique, Strasbourg conserve sa religion, son université, ses institutions, ses droits, etc. Vauban se hâte de doter la ville d'ouvrages défensifs, et Strasbourg retrouve la vocation qu'elle possédait du temps des Romains : garder l'œil sur l'Est ! Pour surveiller Strasbourg elle-même, Louis XIV nomme un préteur royal, le représentant auprès de la municipalité. Pour accélérer la lutte contre le protestantisme, il impose l'alternance des fonctions municipales entre catholiques et protestants. En outre, « l'immigration française » est bien sûr favorisée pour faire pièce à la vieille bourgeoisie luthérienne.
Strasbourg devient un modèle de coproduction franco-allemande au niveau culturel. Le XVIIIe s symbolise ce syncrétisme intellectuel. La réputation de l'université y attire Goethe et Metternich ; Mozart y donne des concerts. Sur le plan architectural, la ville se couvre de prestigieux palais et édifices publics. En un siècle, la population double. Les idées du Siècle des lumières y trouvent, bien entendu, un terreau favorable, Beaumarchais s'installant à Kehl pour éditer l'œuvre de Voltaire.

MONSIEUR HENRI, FEMME BOURREAU

Marguerite Le Paistour naît en 1720 à Cancale. Détestée par sa belle-mère, elle se rebelle contre sa famille, s'enfuit, et pour passer inaperçue, s'habille en homme. Sous le prénom d'Henri, elle devient servant de messe, soldat, puis bourreau à Strasbourg et à Lyon. Démasquée, elle termine derrière les barreaux, puis se marie à sa sortie de prison. Et tout rentre dans l'ordre !

La Révolution française

À la Révolution, Strasbourg devient très vite républicaine. Cela se gâte en 1792 avec la déclaration de guerre à l'Autriche. Cette déclaration de guerre va surtout radicaliser la Révolution à Strasbourg. De Dietrich personnalise l'aile libérale et tolérante de la bourgeoisie protestante. Un maire doctrinaire (et savoyard) lui succède. La Terreur frappe à Strasbourg comme partout en France : un certain Euloge Schneider fait fonctionner la guillotine à plein régime, la cathédrale devient le temple de la Raison, et des révolutionnaires, pour beaucoup parisiens, suggèrent d'abattre son unique flèche sous prétexte d'égalité. Elle est sauvée par un fidèle qui propose

LA MARSEILLAISE ? UN PLAGIAT !

On dit que Rouget de Lisle imagina l'hymne national en une seule nuit, à Strasbourg. Pas si compliqué, quand on constate d'étranges similitudes avec Esther, *un oratorio d'un certain Grisons, compositeur à Saint-Omer. Note pour note. À écouter sur Internet ; c'est édifiant ! Il faut dire que Rouget de Lisle fut capitaine de garnison à Saint-Omer. Tiens, tiens. Pas étonnant qu'il ait composé* La Marseillaise *en une nuit !*

d'y hisser un immense bonnet phrygien en métal. Son argumentation est convaincante : « Il faut montrer aux Prussiens où commence la France de la liberté ! » La plupart des institutions séculaires de la ville disparaissent d'ailleurs, à l'exception de l'Œuvre Notre-Dame.
La proximité du front provoque le décret « ordonnant de déchausser tous les aristocrates pour chausser 10 000 hommes nu-pieds dans l'armée »...

Le XIXe s et la question identitaire

Avec Napoléon, Strasbourg retrouve opulence et prospérité grâce au blocus continental et à sa position centrale dans la stratégie de conquête européenne de l'Empereur. La vie mondaine reprend de plus belle et l'impératrice Joséphine se fend de 2 fastueuses visites. Le français remplace l'allemand dans les actes de la vie publique. L'université retrouve tout son lustre du XVIIIe s. Restauration des Bourbons, monarchie de Juillet, révolution de 1848 : les soubresauts de l'Histoire n'entament pas la nouvelle prospérité de Strasbourg.
Mais l'unification de l'Allemagne progresse, et les rumeurs de conflit s'amplifient. En 1870, Napoléon III déclare la guerre à la Prusse pour stopper son expansion. Au bout du compte, la Prusse y gagnera... l'Alsace et un pan de la Lorraine. Strasbourg assiégée reçoit 202 000 obus prussiens. La ville, qui avait échappé aux terribles destructions de la guerre de Trente Ans et des sièges de 1814-1815, perd des centaines de maisons, dont l'inestimable bibliothèque et ses milliers de manuscrits, ravagés par les flammes. Ce faisant, beaucoup de Strasbourgeois optent pour la France. Le nouveau conseil municipal de 1871, francophile, est dissous et la ville administrée directement par le Reich. Pourtant, la germanisation de Strasbourg ne s'effectue pas à marche forcée. En 1886, ses habitants retrouvent le conseil municipal et le maire, Otto Back, qui dirigeaient auparavant la cité. Ce dernier lance de grands travaux d'urbanisme sous la direction de l'architecte Conrath, ancien élève de Haussmann. Remparts abattus, création de la « ville allemande » de l'autre côté de la place Broglie (aujourd'hui la « Neustadt »), nouvelle gare en 1883 et larges boulevards. La ville connaît une réelle expansion économique. Certaines de ses industries existent d'ailleurs toujours (*Grands Moulins, Forges,* etc.). Avant même que la France ne le décrète, la scolarité est rendue obligatoire.
Alsaciens de souche et Allemands importés vivent côte à côte, sans intimité exagérée. Jusqu'en 1914 se maintient toutefois une agitation culturelle francophile et, à la veille de la guerre, on constate un net raidissement de l'Administration allemande. La guerre elle-même ne touche pas Strasbourg.

LA CARTE POSTALE

Elle naquit d'abord en Autriche, en 1869. Pendant le siège de Strasbourg de 1870, les autorités prussiennes autorisèrent les blessés à communiquer avec leur famille, à condition que les écrits soient lisibles par la censure, donc sans enveloppe. Ainsi, aucun secret militaire ne pouvait être divulgué. La carte postale était née.

L'entre-deux-guerres

Le 22 novembre 1918, les troupes françaises s'offrent une entrée triomphale dans Strasbourg. Pourtant, rapidement, les gouvernements français vont commettre bourde sur bourde : réimposition de la langue française, tentative de suppression des lois concordataires, hypercentralisation administrative, application dogmatique de toutes les lois de la République. Les Alsaciens, qui ont, sur certains points, connu une situation politique et sociale en avance sur la France, ne veulent légitimement pas tout perdre. Ces maladresses favorisent la montée des idées autonomistes, avec même un début de guerre scolaire.

En 1939-1940, Strasbourg est évacuée, et beaucoup de ses habitants sont envoyés dans le Périgord. Il ne reste sur place que quelques centaines de fonctionnaires. Cependant, la ville n'est quasiment pas bombardée lors de l'offensive de juin 1940. Après l'arrivée des nazis, au contraire de 1871, Strasbourg connaît une germanisation forcenée.
En août et septembre 1944, la ville subit de violents bombardements... américains. Des bombes destinées aux industries de la banlieue tombent sur la cathédrale, mais la vieille ville n'est pas touchée dans sa structure.
À Koufra, en Libye, le général Leclerc avait juré de libérer Strasbourg et d'y faire flotter le drapeau français. Le 23 novembre 1944, les chars de la 2e division blindée, fonçant depuis Saverne, réalisent sa promesse.

UNE RÉVOLTE BOLCHÉVIQUE

En novembre 1918, l'Allemagne avait perdu la guerre. Et pourtant, des amiraux allemands voulaient continuer le combat. Une gigantesque mutinerie s'ensuivit à Kiel. Le mouvement traversa le Rhin. Très vite, des Conseils d'ouvriers se créèrent en Alsace. Le drapeau rouge flotta sur la cathédrale de Strasbourg. Puis s'envola.

LA RADIO MENTAIT

Edgar Braun, un Alsacien qui avait rejoint la division Leclerc, contribua fortement à désorganiser la défense de la Wehrmacht en se faisant passer par radio pour un officier allemand. Faisant croire que les Français venaient d'entrer dans Strasbourg, il réussit à faire quitter ses positions à un gros point militaire allemand. Ce 24 novembre 1944, la confusion fut à son comble dans le camp ennemi...

UNE MÉTROPOLE EUROPÉENNE AUX MULTIPLES VISAGES

En 1949, du fait de sa situation géographique et de son histoire, symbole de la réconciliation, Strasbourg est choisie comme siège du Conseil de l'Europe par les 10 États fondateurs.
1 an plus tard, Strasbourg accueille la Cour européenne des Droits de l'homme. Puis, en 1952, la Communauté européenne du charbon et de l'acier ; en 1969, l'Institut des Droits de l'homme ; en 1972, le Centre européen de la jeunesse. En 1979, le Parlement européen est élu pour la 1re fois au suffrage universel.
Le quartier européen, créé de toutes pièces à partir de la fin des années 1970, est posé comme un satellite à l'orée d'un ancien village de maraîchers, La Robertsau, devenu banlieue chic de la ville. Un quartier européen qui intrigue les visiteurs, à défaut de les fasciner comme « la Grande Île » ou la Neustadt, ancien quartier impérial allemand, tous 2 aujourd'hui inscrits au Patrimoine mondial de l'Unesco.
Strasbourg est « une ville qui a bien grandi », disait Le Corbusier. Plus de 70 ans après la fin de la 2de Guerre mondiale, Strasbourg est vraiment devenue une métropole européenne dont la dernière ligne de tramway permet de rejoindre Kehl, en Allemagne. Ville culturellement très riche, Strasbourg entend préserver son patrimoine sans figer l'espace. Son label « Ville d'art et d'histoire » consacre d'ailleurs la réappropriation par les habitants de l'architecture et du patrimoine de leur ville jusque dans des quartiers dits jusqu'alors périphériques.

La reconquête du Rhin

Aujourd'hui de nouveaux quartiers transforment la ville, poussant de plus en plus vers le sud, mais aussi vers le nord-ouest et vers l'est, annonçant la création dans les années à venir d'une agglomération sans voitures ou presque, où les moyens

de transport nouveaux permettront à nombre d'habitants de rejoindre à vélo ou en tram leur lieu de travail tout en vivant dans des banlieues vertes.
Il suffit aussi de passer le pont, celui du Rhin, si l'on est en voiture, ou la passerelle des Deux-Rives, si l'on est cycliste ou bon marcheur, pour rejoindre en quelques minutes la rive allemande. Quant à la récente ligne de tram, elle permet de relier Kehl au centre de Strasbourg en enjambant un nouveau pont sur le Rhin.
Rien de plus facile depuis Strasbourg que d'aller prendre l'air côté Allemagne et faire une marche dans la Forêt-Noire, avant de partager un dessert du même nom, dans une auberge hors du temps. Ou même d'aller en bus rejoindre le plus grand parc d'attractions d'Allemagne, Europa-Park (pour ceux qui arrivent en voiture, accès direct depuis Rhinau, dans le Ried, voir plus loin).

Le plus vieux marché de Noël de France

Et c'est à Noël qu'il vous faudra revenir pour découvrir un Strasbourg hors du temps et des modes. Son marché, souvent décrié pour son aspect très commercial, est et restera le plus ancien marché de Noël de France. Autour du 6 décembre, dès le Moyen Âge, se tenait près de la cathédrale le « Sankt Klausenmarkt » (marché de la Saint-Nicolas) durant lequel étaient distribués aux enfants dits sages jouets et cadeaux. Johannes Flinner, pasteur peu catholique, réclama et obtint sa suppression. Mais ce prédicateur luthérien ne fut pas le seul à lutter contre les traditions catholiques attachées au nom de saint Nicolas. La bourgeoisie locale suivit. C'est ainsi qu'en 1570 fut créé le « Christkindelsmärik » (le marché de l'Enfant Jésus). Il faudra attendre 3 siècles (1870) pour que le « Christkindelsmärik » rejoigne son emplacement définitif : la place Broglie. Aujourd'hui, des maisonnettes en bois ont non seulement investi tout le centre-ville mais fait des petits un peu partout en France (avec plus ou moins de bonheur) et dans le monde. L'atmosphère, elle, n'a pas (trop) changé : pains d'épice, crèches, santons, couronnes de l'Avent, boules de Noël, illuminations et artisanat se mêlent aux odeurs de vin chaud et de *bredele.* Et c'est un bonheur de voir des touristes asiatiques acheter ici des cigognes en provenance directe de Chine... Par ailleurs, chaque année un pays invité se mêle à la fête et s'ajoute aux quelque 500 animations qui se tiennent dans toute la ville.

Les quartiers de la ville

– ◎ ***La « Grande Île » et la Petite France :*** cerné par l'Ill et son canal, c'est effectivement une grande île charmante, le centre historique de Strasbourg où il fait bon se balader à pied jour et nuit. Difficile de se perdre : pour se repérer, il suffit de chercher la flèche de la cathédrale.
– ***Le quartier de la Krutenau :*** au sud de la « Grande Île ». Vieux quartier populaire, jadis habité par les pêcheurs et les bateliers. D'importantes rénovations y ont été réalisées : certains immeubles ont été restaurés, d'autres démolis et remplacés sans souci de considérations sociales et esthétiques. Bars et restos dans l'air du temps, galeries et boutiques branchées l'ont largement investi.
– ***Le quartier du Finkwiller :*** prolongement de celui de la Krutenau, délimité à l'est par la rue des Bouchers et celle de la Première-Armée, au nord et à l'ouest par l'Ill et le barrage Vauban. Longtemps quartier à caractère rural et offrant de nombreux jardins maraîchers, il tient d'ailleurs son nom des pinsons qui y chantaient (les *finken*). Là aussi, aujourd'hui, l'urbanisation a violemment entamé son caractère bucolique, ses canaux ont été transformés en rues au XIXe s mais, de-ci de-là, subsistent quelques coins de rues encore villageois.
– ◎ ***La Neustadt (quartier impérial allemand) :*** au nord-est de la vieille ville. Autour de la place de la République, largement décrite plus loin, tout un quartier (la « nouvelle ville ») édifié à partir de 1880 et depuis 2017 inscrit au Patrimoine mondial de l'Unesco. Intéressant sur le plan architectural, mais peu animé la nuit (ses habitants n'y tenant guère !).

– ***Le quartier de la gare :*** toujours populaire et métissé, c'est le quartier à suivre dans les années à venir avec ses hôtels revisités, ses bars populaires le jour envahis le soir par une clientèle hétéroclite, ses restos innovants. On peut y débusquer pas mal d'œuvres de *street art*.
– ***Le quartier européen :*** quartier aéré où se trouvent toutes les institutions européennes ; le palais de l'Europe, le Parlement européen, le palais des Droits de l'homme...
– ***Le quartier Deux-Rives :*** c'est ici que se construit, depuis plus d'une vingtaine d'années, le Strasbourg de demain, qui bientôt ne fera plus qu'un avec Kehl en Allemagne. Écoquartiers, lieux emblématiques, balades au fil de l'eau. Intéressant, architecturalement et socialement parlant.

Adresses et infos utiles

Infos touristiques

■ ***Office de tourisme*** *(zoom détachable C4,* ***1****)* **:** *17, pl. de la Cathédrale, BP 70020, 67082 Strasbourg Cedex. ☎ 03-88-52-28-28.* • *visitstrasbourg.fr* • *Tlj 9h-18h.* Le guide *Balades strasbourgeoises*, vendu autour de 4,50 €, présente 6 itinéraires architecturaux par périodes historiques. Vente du *Strasbourg Pass* (voir plus loin). Visites guidées (de Strasbourg, des environs et des musées) pour individuels et groupes.
– Excellentes ***visites thématiques*** de la ville avec un guide conférencier : *juil-août, tlj à 15h et 18h30 (sam à 15h) ; déc, tlj à 15h, visite supplémentaire sam à 16h30 ; le reste de l'année, horaires variables, mais toujours 2 visites sam à 14h30 et 15h à partir d'avr. Durée : 1h30. Tarif : 9 € ; réduc ; gratuit moins de 12 ans.* De nombreux thèmes sont proposés. Programme sur demande.
– ***Visite audioguidée de la ville :*** *5,50 € ; réduc ; gratuit moins de 12 ans. Prévoir une pièce d'identité en caution.*
■ ***Boutique Culture :*** *le 5e Lieu, 5, pl. du Château. ☎ 03-88-23-84-65.* • *5elieu.strasbourg.eu* • *Mar-sam 11h-19h, dim 11h-17h.* Une structure quasi unique en France où on trouve tous les billets (sans commission) pour – presque – tous les spectacles de la ville et des environs, et des conseils avisés en plus. Un véritable lieu de rencontre et d'échanges. En dehors des heures d'ouverture, l'agenda hebdomadaire des spectacles est affiché en vitrine.
■ ***Boutique Batorama*** *(zoom détachable C-D4,* ***12****)* **:** *pl. de la Cathédrale (à droite de l'office de tourisme). ☎ 03-69-74-44-04.* • *batorama.com* • *Billetterie en ligne ou sur place. Fin mars-fin oct, ttes les 30 mn 10h-20h ; le reste de l'année, 4-8 départs/j. 10h-16h ; horaires spécifiques en déc : 20 départs/j. 9h45-18h30. Durée : 1h10. Tarif : 14 € ; réduc ; gratuit moins de 4 ans.* Également des circuits plus courts autour du centre ancien *(1 seul départ à 10h45 ; durée 45 mn, tte l'année sauf janv-mars et juil-août ; 10,70 €, réduc ; gratuit moins de 4 ans).* Boutique aménagée au pied de la cathédrale, vous avez le temps de visiter le quartier en attendant le départ du bateau.
■ ***Alsace Destination Tourisme*** *(hors plan détachable par B6)* **:** *☎ 03-89-20-10-68.* • *alsace-destination-tourisme.com* • Pour toute info sur le département. Pas d'accueil sur place.
■ ***Relais départemental des Gîtes de France du Bas-Rhin :*** *4, rue Bartisch. ☎ 03-88-75-56-50.* • *gites-67.alsace* • Service de réservation « Loisirs et tourisme vert en Alsace », pour les gîtes, chambres d'hôtes, etc.

Transports

■ ***Gare SNCF*** *(plan et zoom détachables A4)* **:** *rens au ☎ 36-35 (appel gratuit).*
■ ***Gare routière*** *(plan et zoom détachables B3)* **:** *pl. des Halles. ☎ 0972-67-67-67 (appel non surtaxé).* La compagnie *CTBR* (• *ctbr67.fr* •) assure des liaisons régulières entre Strasbourg et les principaux villages et villes du département. Également des lignes qui

desservent toutes les communes de l'Eurométropole.

– **Les navettes :** le conseil départemental a développé un excellent système mettant en liaison bus et TER pour permettre aux visiteurs de rallier sans véhicule différents sites du Nord (Bas-Rhin). Au départ de Strasbourg, la *Navette des Neiges* (ligne 258 ou la ligne 257 en été) dessert par exemple les secteurs d'Obernai, du mont Sainte-Odile et du champ du Feu. Le ticket de transport permet même de bénéficier de réductions dans certains sites payants. *Infos au ☎ 09-72-67-67-67 ou sur le site • ctbr67.fr •*

✈ **Aéroport international de Strasbourg** *(hors plan détachable par A6) :* *route de Strasbourg, 67960* **Entzheim** *(à env 15 km). ☎ 03-88-64-67-67. • strasbourg.aeroport.fr • Pour rejoindre l'aéroport ou le centre de Strasbourg, liaisons en train avec la gare SNCF d'Entzheim, située en face de l'aéroport (compter 10 mn de trajet) : départs très fréquents lun-ven 5h20-22h40, ttes les 30 mn sam 6h30-22h30 et env ttes les heures dim et j. fériés 7h50-22h. Les dernières liaisons sont effectuées par des bus de remplacement. Ticket train + correspondance avec le tram : compter 4,50 €. Rens (en sem) : ☎ 03-88-77-70-70. • cts-strasbourg.fr •*

Marchés

– **Marchés traditionnels :** *pl. Broglie, mer et ven tte la journée ; bd de la Marne, mar et sam mat ; pl. de Zurich, mer mat.*

– **Brocante et marché aux puces :** *pl. de l'Étal et pl. de la Grande-Boucherie, mer et sam jusqu'en milieu d'ap-m.*

– **Marché aux livres :** *pl. Kléber et rue des Hallebardes, mar-mer et sam tte la journée.*

– **Marché des producteurs :** *rue de la Douane, sam mat.*

– **Marché de la montagne et de l'artisanat :** *pl. du Marché-aux-Poissons, sam jusqu'en milieu d'ap-m.* Petit, mais on y trouve les produits de la montagne : miels, gâteaux, macarons, poulets fermiers, bonbons vosgiens.

– **Marchés de Noël :** *sur ttes les places de la vieille ville.* **Christkindelsmärik,** *pl. Broglie. Dernier w-e de nov-fin déc.* Une ambiance unique et magique, en particulier à la tombée de la nuit. Illuminations, marchés traditionnels, concerts et animations pour les enfants. Attention, foule énorme (500 000 personnes chaque week-end !) et hébergements pris d'assaut dès le jeudi soir (réserver très longtemps à l'avance). Parkings obligatoires aux alentours (encore faut-il trouver de la place !) Sinon pensez aux parkings Relais-Tram.

Musées, *Strasbourg Pass* et *Pass Musées*

– **Infos pratiques :** *les musées sont ouv tlj sauf mar 10h-18h (4 exceptions : le musée de l'Œuvre Notre-Dame, le Musée historique et le musée d'Art moderne et contemporain qui, eux, sont fermés lun ; et l'Aubette, mer-sam 14h-18h). Fermés 1er janv, Vendredi saint, 1er mai, 1er et 11 nov, et 25 déc. Entrée gratuite 1er dim du mois et moins de 18 ans. Gratuité aussi pour l'Aubette, mer-sam. Pour tte autre info concernant les musées : ☎ 03-68-98-51-60 et • musees.strasbourg.eu •*

– **Pass Musées :** *pass 1 j. 12 €, 3 j. 18 € ; réduc.* Ce *pass* donne un droit d'entrée dans tous les musées de la ville. Rentable dès le 2e musée. Voir aussi le *Museums Pass Musées (passeport annuel 98 €)* dans « Bon à savoir avant le départ », rubrique « Musées ».

– **Pass Alsace :** permet de visiter plus de 20 sites pendant 3 jours pour 20-40 €.

Comment se déplacer en ville ?

En tram

Circule du lundi au samedi de 4h30 à 0h30, avec une fréquence de 5 mn en moyenne dans la journée ; le dimanche de 5h30 à 0h30. Même tarif que pour le bus. Plan disponible à l'office de tourisme. *Pour en savoir plus :* **CTS**

(Compagnie des transports strasbourgeois). Infos au ☎ 03-88-77-70-70. • cts-strasbourg.fr •
6 lignes existent : la ligne A va du parc des Sports à Graffenstaden ; la ligne B relie Lingolsheim-Tiergaertel à Hoenheim-gare ; la ligne C va de la gare centrale à Neuhof-Rodolphe-reuss ; la ligne D (qui suit en partie le trajet de la ligne A) relie Poteries au Port-du-Rhin ou à Kehl (1 rame sur 2) ; la ligne E relie le campus d'Illkirch à Robertsau-Boecklin en passant par le quartier européen ; enfin, la ligne F va de Comtes (Koenigshoeffen) à la place d'Islande. Toutes passent (sauf la ligne E) par la place de l'Homme-de-Fer, au cœur du centre-ville. Les lignes B, C, E et F traversent la Neustadt.

En voiture

Un bon conseil, si vous logez à proximité, utilisez la formule « Parkings Relais-Tram ». Infos au ☎ 03-88-77-70-70. • cts-strasbourg.eu • Pour 4,20 € (4,70 € pour le parking *Tram Rotonde*), vous stationnez 1 jour (10 € par jour supplémentaire), et chaque occupant de la voiture (7 personnes maximum) dispose d'un ticket aller-retour en tram et/ou en bus. 11 parkings (tlj, 24h/24) : *Ducs d'Alsace* et *Rotonde* pour les lignes A et D ; *Baggersee* et *Krimmeri-stade de la Meinau* pour les lignes A et E ; *Elsau, Rives de l'Aar* et *Hoenheim-gare* pour la ligne B ; *Poteries* pour la ligne D ; *Boecklin* pour la ligne E ; *Parc des Romains* pour la ligne F ; et *Espace Européen de l'Entreprise* pour le bus de la ligne G qui emmène à la gare centrale.
Pour qui voudrait se garer en ville, compter entre 0,80 et 2,40 € l'heure selon le lieu de stationnement. Pour en savoir plus : • parcus.com •

En bus

Bon réseau ville-banlieue avec la *Compagnie des transports strasbourgeois (CTS)*. Infos au ☎ 03-88-77-70-70. • cts-strasbourg.fr •
Ticket *24h Individuel*, qui permet de voyager un nombre illimité de fois sur les réseaux de bus et de tram pendant 24h pour 4,50 €. À noter aussi, le ticket *Trio* permettant, pour 6,90 €, à 3 personnes de prendre le bus et le tram à volonté pendant 1 jour. En vente à l'agence **CTS** (9, pl. Saint-Pierre-le-Vieux), dans les distributeurs de chaque station de tram, ainsi qu'à l'office de tourisme.
Les *Hibus* (3 lignes de nuit) fonctionnent les jeudi, vendredi et samedi soir de 23h30 à 5h30. Départ toutes les heures de la place du Corbeau. Elles relient tous les lieux de vie nocturne de Strasbourg à une dizaine de quartiers de l'Eurométropole.

À vélo

Couloirs bien matérialisés, nombreuses lignes et points de location de vélos tout autour du centre ancien : une excellente solution pour se balader à Strasbourg et autour à moindre prix. À ce jour, plus de 500 km de pistes cyclables et 15 % d'usagers (le plus fort taux pour la France). Plan des pistes cyclables disponible dans les offices de tourisme.

Vélhop : • velhop.strasbourg.eu • ☎ 03-67-70-70-70 (numéro commun aux 5 boutiques). Loc en boutique : La Grande Verrière (zoom détachable A4, **10**), pl. de la Gare, au niveau – 1 ; et au 3, rue d'Or (zoom détachable C5, **11**), Ⓣ Porte-de-l'Hôpital. Avr-oct, lun-ven 8h-19h, sam-dim et j. fériés 9h30-19h ; nov-mars, lun-ven 8h-19h, sam 9h30-12h30 et 14h-17h30. Autres stations : Université, 23, bd de la Victoire ; Koenigshoffen, 67, rue des Romains ; et Schiltigheim, 3, rue Saint-Charles ; vérifier horaires sur leur site. Pour une loc de longue durée (au-delà de 3 j.), 1er passage obligé dans l'une des boutiques pour présenter une pièce d'identité et déposer une caution de 150 €. Compter 1 €/h, 5 €/12h (payable directement avec votre CB en station automatique) ; sinon, en boutique, formule 6 ou 18 € (1 ou 7 j.). Diverses possibilités d'abonnement également (notamment pour les étudiants). Les vélos sont acceptés dans les tramways (mais pas dans les bus).
Véloparc : liste des stations Véloparc sur le site • cts-strasbourg.fr •

Gratuit pour les détenteurs d'une carte à puce Badgeo (rechargeable) ; pour le parc de la Rotonde, il faut se procurer un titre « vélo » (gratuit aussi) en réservant sur le site internet. L'idée, c'est de combiner le vélo et les transports en commun. Il s'agit de gagner une station à vélo, le garer dans le véloparc, prendre le bus ou le tram pour la destination souhaitée, et de récupérer le vélo au retour.

En bateau

Batorama (*zoom détachable C-D4,* **12**) **:** *billets disponibles à la boutique près de la cathédrale, voir plus haut infos pratiques.* Jolie balade commentée sur l'Ill et bonne introduction à la visite de la ville ; de la Petite France (barrage Vauban) au palais de l'Europe. Également des circuits plus courts autour du centre ancien.

Marin d'eau douce : *5, quai de Woerthel. • marindeaudouce.fr • Loc de l'heure à la journée. Compter 70 €/2h (1-5 pers).* Si on préfère opter pour la location d'un bateau sans permis.

En taxi

À Strasbourg, ce n'est guère dans les habitudes d'attraper les taxis au vol, vous risqueriez d'attendre quelque temps. Il est conseillé d'appeler plutôt *Taxi 13* (☎ 03-88-36-13-13) ou de réserver sur • *taxi.fr* •

À pied

Comme toujours, le meilleur moyen pour se déplacer et découvrir les trésors cachés de la ville, ses façades, ses balcons. On peut très bien passer plusieurs jours à Strasbourg sans éprouver le besoin de prendre un quelconque moyen de transport.

Où s'informer ?

– ***Spectacles :*** mensuel gratuit qui traite des événements culturels en ville et dans la région. Distribué à l'office de tourisme et à la *Boutique Culture.* Jetez un œil aussi à *Coze,* mensuel culturel bien fait.

– ***Dernières nouvelles d'Alsace :*** le grand quotidien alsacien propose une page « Vos sorties culture et loisirs » qui recense toutes les manifestations du jour. Cette page est par ailleurs affichée dans les différents bureaux de l'office de tourisme et consultable par tous. • *dna.fr* •

– ***Strasbourg Magazine :*** mensuel gratuit édité par la mairie. Tout sur la vie municipale (projets, travaux en cours, manifestations diverses). On le trouve dans les mairies de quartier et à l'office de tourisme.

– ***Le Strassbuch :*** guide réalisé chaque année par des étudiants de l'IECS (Institut d'études commerciales supérieures) et distribué gratuitement en place publique, place Kléber, place Broglie ou place Gutenberg, ça dépend des années. On le trouve aussi à l'office de tourisme. Il recense les bonnes adresses de la ville, mais aussi les infos pratiques concernant la vie étudiante. • *lestrassbuch.fr* •

Où dormir ?

Attention, ***il y a 12 sessions du Parlement européen par an,*** qui se déroulent généralement du lundi au jeudi. ***À ces périodes-là, il est donc très difficile de se loger en ville. Pensez à réserver votre hôtel longtemps à l'avance !*** Sans oublier que le prix des chambres triple. Consultez les dates des sessions sur • *strasbourg-europe.eu* •

À toute autre période, n'hésitez pas à vous renseigner sur les tarifs auprès de l'hôtel de votre choix ou sur le site de l'office de tourisme. Les « promos » ne s'affichent pas forcément mais, certains mois et surtout certains week-ends (plus particulièrement hors saison), les remises sont importantes.

Par ailleurs, ***si vous pensez venir passer Noël en famille ici, attention*** :

LE BAS-RHIN

les prix grimpent à partir de fin novembre (bien vérifier sur les sites). Comme la plupart des hôtels affichent complet pendant le fameux marché, pensez à réserver bien à l'avance bien sûr (et évitez de venir en voiture, si possible).

Camping

⛺ ***Camping Indigo Strasbourg*** *(hors plan détachable par A6,* ***20****)* **:** *9, rue de l'Auberge-de-Jeunesse. ☎ 03-88-30-19-96. • info@camping-strasbourg.com • camping-strasbourg.com • ♿ Tte l'année. Réception 8h-21h en hte saison (20h hors saison). Tente 17,50-30,40 € ; locatifs. 178 empl. Loc de vélos.* Camping avec des emplacements tranquilles, plutôt spacieux dans un site bien arboré et très vert bordé par une petite rivière. Côté hébergement, des chalets, des roulottes, des cottages, des tentes de toile et de bois... Bel espace de vie avec bibliothèque, espace jeux, épicerie, café-restaurant (l'été). Piscine chauffée *(mai-sept).*

Bon marché

🏠 🍽 ***Auberge de jeunesse des Deux-Rives*** *(hors plan détachable par G4,* ***22****)* **:** *rue des Cavaliers. ☎ 03-88-45-54-20. • strasbourg@hifrance.org • hifrance.org • Bus n° 2, arrêt « Jardin-des-Deux-Rives », ou Ⓣ ligne D puis bus n° 2. De l'arrêt, env 5 mn à pied. ♿ À 5 km à l'est de la ville, en direction de Kehl. Bar ouv presque tlj à partir de 19h. Nuitée 23-29 €/pers en dortoir, avec draps et petit déj ; double env 73 €. Formule 12,60 € ; carte env 13 €. Apéritif maison ou café offert sur présentation de ce guide.* Un bâtiment de 2 étages, avec plus de 260 lits, à 2 pas du Rhin et isolé en pleine verdure. Dortoirs classiques corrects (la plupart avec douche et w-c privés), salle TV, bar avec billard, laverie, consigne, et quelques éléments de cuisine à dispo (frigo et four). Heureusement, vu l'éloignement, possibilité de louer des vélos et d'emprunter la piste cyclable, pour rejoindre l'autre rive ou se balader au fil de l'eau...

🏠 🍽 ***C.I.A.R.U.S.*** *(plan détachable C3,* ***23****)* **:** *7, rue Finkmatt. ☎ 03-88-15-27-88. • ciarus@ciarus.com • ciarus.com • À un petit ¼ d'heure à pied de la gare ou bus n° 10, arrêt « Place-de-Pierre », puis 5 mn à pied. ♿ Tte l'année selon disponibilités pour les voyageurs de passage. Env 32 €/pers en dortoirs 3-6 lits, avec draps et serviette ; doubles 60-99 € ; familiales ; petit déj 8,50 €. Repas 10,50-11,50 €.* Le Centre international d'accueil et de rencontre unioniste de Strasbourg (ouvert à tous malgré la référence religieuse) occupe un bâtiment stratégiquement situé à faible distance de la gare et du centre-ville. Une sorte d'AJ moderne très confortable et fort bien tenue. Resto en self-service qui propose pas mal de produits bio et issus du commerce équitable. Coffre de sécurité, veilleur de nuit... Accueil sympa.

De prix moyens à plus chic

🏠 ***Hôtel Tandem*** *(zoom détachable A4,* ***30****)* **:** *2, pl. de la Gare. ☎ 03-88-22-30-30. • reservation@hotel-tandem.fr • hotel-tandem.fr • Doubles 90-245 €, voire 365 € en très hte saison (Noël, etc.) ; familiales ; petit déj 17 €. Prix négocié avec un parking voisin. Loc de vélos.* En face de la gare, un hôtel de 70 chambres, entièrement rénové dans un bel esprit contemporain et écologique : sobre, élégant et cosy. Au bar, bières alsaciennes et vins produits en biodynamie (mais aussi des en-cas confectionnés avec les légumes du potager aménagé sur le toit !). Mention spéciale pour le magnifique buffet du petit déjeuner, à base de produits bio, de pâtisseries maison et de charcuteries artisanales. Que ceux qui préfèrent se réveiller avec un simple café-croissant se rassurent, ils pourront opter pour une formule plus basique.

🏠 ***Hôtel Graffalgar*** *(zoom détachable A4,* ***24****)* **:** *17, rue Déserte. ☎ 03-88-24-98-40. • contact@graffalgar.com • graffalgar.com • Doubles 100-120 € ; familiales ; parking payant 15 €. Réduc de 10 € sur le prix de la chambre sur présentation de ce guide en basse* *saison.* Une adresse à part, où des artistes de rue locaux ont reçu carte blanche pour personnaliser chacune des petites chambres, dont le mobilier a également été confié à des artisans du cru. De la personnalité donc. Et lieu de vie tout autant qu'hôtel, le *Graffalgar* propose des expos, des « concerts en chambre », des manifestations ludiques et autres activités en lien avec les artistes maison. Bar-brasserie au rez-de-chaussée (*La Graffateria* ; voir rubrique « Où manger ? »).

Hôtel Le Kléber *(zoom détachable C4,* ***25****) : 29, pl. Kléber. ☎ 03-88-32-09-53. • info@hotel-kleber.com • hotel-kleber.com • Tte l'année. Doubles 55-155 € ; familiales.* Bien situé, trop même, car pour le calme, vous repasserez hors saison ! Quant au tramway, c'est un bruit de fond qui peut devenir lancinant. Mais l'accueil et la situation sont aussi des atouts certains, comme les prix. Colorées, bien conçues et confortables (bien que pas très grandes dans l'ensemble et dotées de salles de bains exiguës), les chambres respirent le charme, le style et l'envie de plaire.

Etc Hôtel *(zoom détachable C5,* ***26****) : 7, rue de la Chaîne. ☎ 03-88-32-66-60. • info@etc-hotel.com • etc-hotel.com • Bien desservi par les lignes A et D du tram, qui s'arrête juste à côté. Réception à l'étage. Doubles 57-149 €.* Une adresse jeune et dynamique au design original. 35 petites chambres contemporaines qui jouent la carte couleur, autour de thèmes qui changent selon les étages, et au calme, ce qui est très appréciable dans le secteur (c'est en revanche assez mal insonorisé à l'intérieur, comme dans toutes les bâtisses de l'époque). Excellent accueil.

Hôtel Roses *(zoom détachable D4,* ***32****) : 7, rue de Zurich. ☎ 03-88-36-56-95. • info@hotelroses.fr • hotelroses-strasbourg.com • Doubles 60-160 € ; familiales.* À l'orée du quartier de la Krutenau, une trentaine de chambres, remises au goût et à l'humeur du moment, avec des thèmes qui rendent le sourire (aventuriers ou héros de la littérature), et en feraient même oublier la mauvaise insonorisation, mal inhérent à nombre d'hôtels de la ville. Personnel aimable qui ne vous envoie pas sur les roses !

Chambres d'hôtes La Célestine *(plan détachable E5,* ***49****) : 2 A, rue des Planches. 📱 06-48-13-14-75. • contact@la-celestine.fr • la-celestine.fr • Résa conseillée. Doubles 115-165 € ; familiales. CB acceptées. Parking vélos.* On se sent vraiment bien à *La Célestine* : l'accueil est sympa et serviable, la maison très chaleureuse (jolie salle à manger colorée, prolongée par une cuisine commune pimpante), et les chambres pleines de charme (déco thématique soignée, salles de bains modernes et tout le confort actuel). Une excellente adresse, dans une rue plutôt tranquille de la Krutenau.

Fink'Neschtel *(zoom détachable B5,* ***48****) : 26, rue de Finkwiller. ☎ 03-88-25-07-57. • finkstuebel@orange.fr • restaurant-finkstuebel.com • Congés : vac scol de fév et 3 sem en août. Doubles 88-98 € ; petit déj 14 €.* Les anciens propriétaires de la winstub *Fink'Stuebel* (voir « Où manger ? ») ont aménagé une poignée de chambres dans la maison voisine. Accessibles par un escalier en colimaçon, elles se révèlent nickel, personnalisées dans un style alsacien coquet. Celle du dernier étage, organisée en duplex (et avec kitchenette), est impeccable pour 3 personnes.

Hôtel de l'Ill *(zoom détachable D5,* ***27****) : 8, rue des Bateliers. ☎ 03-88-36-20-01. • info@hotel-ill.com • hotel-ill.fr • À 2 pas des quais, dans une rue tranquille. Congés : 2-10 janv. Résa conseillée. Doubles 89-104 € ; familiales.* Sympathique hôtel d'une trentaine de chambres tenu en famille et avec le sourire. Chambres nickel, fonctionnelles, entièrement rénovées (il y a même désormais un ascenseur) et dotées d'une literie impeccable. Certaines d'entre elles (les familiales) disposent d'une terrasse. Petite cour intérieure. Une de nos bonnes adresses à prix sages (pour Strasbourg).

Hôtel des Tonneliers *(zoom détachable C5,* ***28****) : 6, rue des Tonneliers. ☎ 03-90-23-76-98. • hoteldestonneliers@gmail.com • Doubles 79-149 €.* Petit hôtel d'une quinzaine de chambres pas immenses mais bien tenues et confortables (salles de bains impeccables, double vitrage bienvenu), rénovées dans un style contemporain plutôt agréable. Une bonne option à 2 pas de la cathédrale. Fait aussi resto.

Hôtel Couvent du Franciscain *(zoom détachable C3, **29**) : 18, rue du Faubourg-de-Pierre. ☎ 03-88-32-93-93. • info@hotel-franciscain.com • hotel-franciscain.net • ♿ Dans le quartier de la pl. des Halles, à 10 mn à pied de la gare et de la cathédrale. Doubles 65-150 € ; familiales. Parking 14 € (réserver !).* Chambres contemporaines, fonctionnelles et confortables (clim). Réparties dans 2 bâtiments, certaines donnent sur cour, d'autres sur rue. Accueil chaleureux et serviable. Caveau pour prendre son petit déj devant une fresque qui révèle des moines franciscains un peu paillards ! Et pour les familles, chambres triples et quadruples spacieuses.

The Originals Le Bristol *(zoom détachable A4, **31**) : 4-5, pl. de la Gare. ☎ 03-88-32-00-83. • contact@hotel-lebristol.com • hotel-strasbourg.com • ♿ Doubles 80-240 € ; familiales.* Face à la gare, des chambres récemment rénovées dans un style plutôt contemporain. Salon à l'entrée, pour prendre un café express le matin, ou un verre, plus tard, et accueil très pro mais personnalisé. Dommage que l'hôtel ait troqué son resto pour une annexe de la poste, c'est certes plus calme la nuit, mais quand même...

De plus chic à beaucoup plus chic

Appart'hôtel Odalys Green Marsh *(zoom détachable B3, **44**) : 27-29, rue du Marais-Vert. ☎ 03-90-20-45-45. • greenmarsh@odalys.fr • odalys-vacances.com • Compter 90-250 €/nuit en studio 2 pers (linge de lit et de toilette fourni, lits faits à l'arrivée et ménage tlj).* Situé à 500 m de la gare et à 10 mn à pied du centre historique, ce grand appart'hôtel, récent et fonctionnel, bien insonorisé, est composé de 56 studios et appartements (de 2 à 4 personnes) avec kitchenette. Sur place, espace détente et hammam (accès libre, mais sur résa ; prévoir sa serviette). Bel accueil.

Hôtel Gutenberg *(zoom détachable C5, **34**) : 31, rue des Serruriers. ☎ 03-88-32-17-15. • info@hotel-gutenberg.com • hotel-gutenberg.com • Tte l'année. Doubles 109-310 € ; petit déj 16 €.* À 2 pas de la cathédrale, cette séduisante maison du XVIIIe s a fait peau neuve dans un esprit tendance très actuel : parties communes contemporaines ; belles chambres sobres et épurées dotées d'un très bon niveau de confort. Celles des derniers étages, joliment mansardées, offrent une vue intéressante sur les toits. Accueil agréable.

Hôtel Suisse *(zoom détachable D4-5, **35**) : 2-4, rue de la Râpe. ☎ 03-88-35-22-11. • info@hotel-suisse.com • hotel-suisse.com • Tte l'année. Doubles 95-165 € ; familiales. 1 petit déj/chambre et par nuit offert (hors marché de Noël) sur présentation de ce guide.* Un hôtel qui a une âme, un grand sens de l'accueil et des chambres douillettes, pour passer des nuits paisibles. Celles avec vue sur la cathédrale sont un vrai bonheur. D'autres s'avèrent plus petites, mais toutes sont impeccables et rénovées avec goût (couettes et rideaux en kelsch...). Le petit déj-buffet (avec produits locaux, fromages affinés par un MOF et le fameux kougelhopf Felder), servi dans une salle à la déco typiquement alsacienne (où l'on peut également goûter l'après-midi), est des plus agréable. Aux beaux jours, vous pourrez le prendre en terrasse, avec vue sur la cathédrale.

Hôtel CHUT *(zoom détachable B5, **45**) : 4, rue du Bain-aux-Plantes. ☎ 03-88-32-05-06. • lechut@lechut.fr • ♿ Resto fermé 15 j. en janv. Doubles 110-170 €.* Cette belle bâtisse typiquement alsacienne a su allier design et tradition. Juste 7 chambres, de taille et de luminosité variables, mais toutes adorables avec leur mobilier chiné et leur salle de bains dans la chambre (juste cloisonnée par une verrière, certes jolie mais qui préserve peu l'intimité... vous voilà prévenu). Une atmosphère empreinte de bien-être, que l'on retrouve dans le salon commun douillet et la courette, aux beaux jours... Fait aussi restaurant, et c'est la patronne elle-même qui se met au piano.

Hôtel Hannong & Wine Bar *(zoom détachable B4,* ***36****) : 15, rue du 22-Novembre. ☎ 03-88-32-16-22. • info@hotel-hannong.com • hotel-hannong.com • ♿ Fermé 1re sem de janv. Doubles 79-489 € ; familiale ; petit déj 16 €.* Derrière une opulente façade classique aux frontons triangulaires, de belles chambres alliant le respect de l'histoire des lieux (cet hôtel est ouvert depuis 1920) à un modernisme discret et chaleureux bien de notre époque, comme le confort (clim, double vitrage...). Bar à vins, plutôt chic, au rez-de-chaussée. Belle terrasse. Accueil impeccable.

Hôtel Monopole Métropole *(zoom détachable B4,* ***37****) : 16, rue Kuhn (entrée par le 14, rue Kageneck). ☎ 03-88-14-39-14. • infos@bw-monopole.com • bw-monopole.com • ♿ Tte l'année. Doubles 110-225 € ; familiales ; petit déj 15 €. Parking 15 €. Réduc de 10 % sur le prix de la chambre (résa effectuée en direct) sur présentation de ce guide.* À 2 pas de la gare, un vrai grand hôtel historique (ouvert depuis 1895), avec un service à l'ancienne et un accueil très professionnel. Chambres toutefois très contemporaines et des plus confortables. Jolis salons pour les nostalgiques de l'Alsace éternelle. Beau petit déj.

Hôtel Cathédrale *(zoom détachable C4,* ***38****) : 12-13, pl. de la Cathédrale. ☎ 03-88-22-12-12. • booking@hotel-cathedrale.fr • hotel-cathedrale.fr • Tte l'année. Doubles 95-290 € ; familiales ; petit déj 7-19 €. Parking payant. Prêt de vélos.* Un bel établissement familial aux chambres contemporaines dispersées au hasard d'un labyrinthe de couloirs. Essayez d'en obtenir une donnant sur la cathédrale et la maison *Kammerzell* (fort recherchées, malgré le brouhaha occasionné par la foule). Si le confort est partout assuré, les tailles sont très inégales : les chambres les moins chères sont même plutôt petites. Salon et bar très chic. Beau buffet au petit déj à 19 € (ou une option plus simple à 7 €). Accueil très courtois.

Hôtel du Dragon *(zoom détachable C5,* ***39****) : 12, rue du Dragon. ☎ 03-88-35-79-80. • sleep@dragon.fr • dragon.fr • Tte l'année. Doubles 109-300 €, voire 500 € ; petit déj 15 €.* Installé dans une belle maison du XVIIe s dont l'intérieur a été totalement repensé. Les chambres comme les parties communes sont décorées dans un style résolument contemporain très réussi, et parfaitement équipées. Le lieu est franchement paisible et l'accueil très aimable. Copieux petit déj (servi par beau temps dans la cour pavée, sous le tilleul).

Le Grand Hôtel *(zoom détachable A4,* ***40****) : 12, pl. de la Gare. ☎ 03-88-52-84-84. • info@le-grand-hotel.com • le-grand-hotel.com • ♿ Tte l'année. Doubles 89-390 €, petit déj compris ; familiales. Parking public à prix négocié.* Austérité des lignes, ampleur des volumes... le bâtiment témoigne de l'architecture des années 1950. Vaste hall d'où s'élance un ascenseur de verre (un prototype de l'époque, modèle unique). La rénovation, comme dans nombre d'hôtels autour de la gare, s'est effectuée avec un sens du confort et de l'esthétique rassurant. Service impeccable.

Hôtel Beaucour *(zoom détachable D5,* ***42****) : 5, rue des Bouchers. ☎ 03-88-76-72-00. • info@hotel-beaucour.com • hotel-beaucour.com • Tte l'année. Doubles 90-270 € ; familiales ; petit déj 17 €. Parking public payant en face.* Au fond d'un long porche et d'une séduisante allée entourée de plantes vertes, dans 5 maisons alsaciennes (à colombages, donc !) du XVIIIe s, classées, un des hôtels les plus recherchés de la ville. Le charme et le confort réunis. Les chambres, toutes différentes (certaines joliment mansardées, avec poutres apparentes), sont pleines de cachet et parfaitement équipées.

Hôtel Mercure Centre Petite France *(zoom détachable B4,* ***43****) : 3, rue du Maire-Kuss. ☎ 03-88-32-80-80. • H1813@accor.com • all.accor.com • ♿ Tte l'année. Doubles 89-229 € ; familiales ; petit déj 15 €. Parking public à prix négocié.* Tranchant radicalement avec la belle et très classique façade du XIXe s, tout l'intérieur de l'hôtel a été revu dans un style résolument contemporain sur le thème de l'Europe du voyage : hall d'accueil design, chambres confortables (climatisées et insonorisées) à la déco actuelle... Mais la vraie surprise, ce sont les chambres thématiques complètement inattendues : baignoire ronde et incroyable miroir sur pied pour la « Femme » ; chaussures, club et green de golf aux murs pour l'« Homme » ; accessoires futuristes pour la « 2030 », chambre « ado » ou encore « 30 Glorieuses »... Insolite !

Hôtel D *(zoom détachable C3, **46**) : 15, rue du Fossé-des-Treize. ☎ 03-88-15-13-67. • sleep@hoteld.fr • hoteld.fr • ♿ Tte l'année. Doubles 109-330 € ; petit déj 16 €. Parking payant et loc de vélos.* Bel hôtel d'un design d'aujourd'hui et au confort total. Préférer les chambres mansardées et même celles de l'étage en dessous, pour profiter de la lumière sur le canapé d'angle, autant que de la vue sur les toits de la ville. Accueil très attentionné, bon petit déjeuner-buffet, pas donné, certes, dans une salle aux couleurs pimpantes. Salle de sport, spa.

Beaucoup plus chic

Hôtel & spa Le Bouclier d'Or *(zoom détachable B-C5, **33**) : 1, rue du Bouclier. ☎ 03-88-13-73-55. • contact@lebouclierdor.com • lebouclierdor.com • ♿ Tte l'année. Doubles 150-450 € ; petit déj 22 €. Loc de vélos.* Aux proches abords de la Petite France, organisé autour d'une cour intérieure, un hôtel particulier du XVIe s restauré avec goût du détail et respect de son histoire (les fresques d'époque dans le salon ont, par exemple, été conservées !). Chambres et suites, toutes de bonne taille, décorées dans un style régional plutôt chic (somptueux meubles d'antiquaires, parquet à l'alsacienne). Bar séduisant et bel espace bien-être avec sauna, jacuzzi et hammam.

Les Haras *(plan détachable B5, **47**) : 23, rue des Glacières. ☎ 03-90-20-50-00. • info@les-haras-hotel.com • les-haras-hotel.com • ♿ Tte l'année. Doubles classiques 150-670 € ; suites et familiales ; petit déj 25 €. Parking.* Un hôtel de prestige aménagé au sein des anciens haras construits au milieu du XVIIIe s le long des remparts médiévaux. L'architecte en a conservé l'esprit et la structure tout en créant des espaces de vie contemporains, lumineux mais douillets. Le succès est au rendez-vous, puisque l'hôtel vient de doubler sa capacité d'hébergement. Bon accueil, et superbe petit déjeuner-buffet. Spa et bassin bien-être (non accessibles aux moins de 16 ans).

Où dormir dans les environs ?

Voir aussi nos autres adresses au départ de la route des Vins et dans le Kochersberg voisin, où se retrouvent ceux et celles qui cherchent à se loger au calme, à quelques dizaines de minutes de Strasbourg.

Chambres d'hôtes À l'Arc-en-Ciel *: 57, rue du Maréchal-Foch, 67113 **Blaesheim.** ☎ 03-88-68-93-37. • alarcenciel@wanadoo.fr • alarcenciel.net • ♿ À env 18 km au sud-ouest de Strasbourg (et à 12 mn de l'aéroport). Congés : janv. Doubles 70-80 € ; familiale. CB acceptées. Réduc de 10 % pour 2 nuits consécutives, sur présentation de ce guide.* Vous allez aimer ce gentil village traditionnel avec ses belles demeures à colombages. Au centre, on ne rate pas cette ancienne ferme datant de 1839, reconnaissable à ses volets colorés. Anne a aménagé il y a 20 ans déjà 4 agréables chambres d'hôtes et 2 nouveaux petits meublés, tous avec entrée indépendante, joli cadre, vénérable mobilier et certaines chambres équipées d'une cuisine. L'ensemble possède bien du charme. Beau petit déj, accueil au diapason.

Où manger ?

La ville abrite bien des adresses dans l'air du temps, et vous pouvez très bien passer quelques jours ici sans manger une seule fois la traditionnelle

choucroute. Ce qui serait dommage, surtout à l'approche de l'automne ! Même si vous regretterez, comme nous, la disparition de quelques vénérables winstubs traditionnelles...
Et si vous voulez goûter une vraie bonne tarte flambée à l'ancienne, faites comme les Strasbourgeois : allez la manger le soir à la campagne (voir nos bonnes adresses dans le Kochersberg, dans les environs de Strasbourg) !

Dans le centre ancien (la Grande Île et la Petite France)

De très bon marché à bon marché

I●I ⛱ ***F.E.C.*** *(foyer des étudiants catholiques ; zoom détachable D4,* ***61****) : 17, pl. Saint-Étienne. ☎ 03-88-35-36-20. • contact@fec-strasbourg.org • ♿ Tlj sauf sam. Fermé 2 sem début août et 24 déc-début janv. Menu 8 € (moins cher pour les étudiants).* Un resto universitaire ouvert depuis 1925 et très réussi dans son genre : le vieux bâtiment a été bien restauré, impeccablement tenu et arrangé de manière relativement cosy pour ce genre de lieu (salle pimpante, annexe type bar à pâtes et terrasse sympa dans la cour). Accueille tout le monde, même les non-étudiants. Les portions sont copieuses et la qualité tout à fait correcte.

I●I ⛱ ***Pur Etc*** *(zoom détachable D4,* ***76****) : 15, pl. Saint-Étienne. ☎ 09-81-02-33-37. • contact@pur-etc.fr • ♿ Lun-sam 11h-18h, dim 10h-16h. Formule 14 € ; carte env 15 €. Café offert sur présentation de ce guide.* Une sympathique adresse au discours écolo, un peu militant et dans l'air du temps : pour manger sain, favorisons les circuits courts et les produits bio de saison ! Le résultat se retrouve dans l'assiette, sous forme de salades à composer soi-même, de soupes, de lasagnes et autres hachis. Ajoutez un jus de fruits frais et un bon dessert maison, et vous dépassez le fameux seuil des 5 fruits et légumes recommandés chaque jour ! À emporter, ou à déguster dans une petite salle pimpante et colorée, décorée d'innombrables ustensiles de cuisine où sur la petite terrasse. Accueil jeune et dynamique. Et comme c'est une minichaîne, plusieurs autres adresses à Strasbourg : *122, Grand-Rue, ☎ 09-83-78-38-79, lun-ven 11h30-15h30, sam-dim 10h30-18h (17h dim) ; 24, pl. des Halles, ☎ 09-81-09-10-40 ; et 11, presqu'île Malraux, ☎ 09-83-31-08-62.*

I●I ***231 East St*** *(zoom détachable D4,* ***67****) : 3, pl. Saint-Étienne. ☎ 03-88-16-96-13. Tlj 11h-1h. Menus 12,50-14,50 €.* L'enseigne fait référence à l'adresse new-yorkaise de la célèbre *Factory* d'Andy Warhol. Déco très pop art donc pour ce tout petit fast-food aux burgers des plus réussis : le pain est aussi frais que la viande, le cheddar est sélectionné par le meilleur fromager de la ville, les frites sont maison... À ce prix-là, on en redemande ! D'autant que l'ensemble est servi avec le sourire et jusque tard le soir.

Bon marché

I●I ⛱ ***L'Épicerie*** *(zoom détachable C4,* ***62****) : 6, rue du Vieux-Seigle. ☎ 03-88-32-52-41. Tlj sauf certains j. fériés 11h30-23h. Tartines variées et copieuses env 5-8 € ; carte env 12 €. Café offert sur présentation de ce guide.* Petite salle astucieusement aménagée pour cultiver la nostalgie du bistrot d'autrefois et de la vieille épicerie de campagne : boîtes en fer-blanc, chaises dépareillées, longues tables de bois conviviales et nappes à carreaux. Clientèle d'habitués et d'étudiants qui viennent se régaler de tartines chaudes, généreuses et variées, ainsi que de jolies parts de gâteau. Terrasse sympa aux beaux jours et super atmosphère.

I●I ⛱ ***Secrets de Table*** *(zoom détachable C4,* ***63****) : 39, rue du 22-Novembre. ☎ 03-88-21-09-10. • contact@secretsdetable.fr • Tlj sauf dim et j. fériés 8h30-18h. Formules et carte 11-20 €.* Sandwichs classiques ou plus étonnants à base de pain maison, soupes inventives, tartines consistantes et rustiques, sans oublier quelques salades. Très mode, certes (l'adresse appartient au fils du célèbre cuisinier Antoine Westermann), mais pratique. La formule fait aussi les beaux jours des *Galeries Lafayette*, au 3e étage.

La Binchstub *(zoom détachable D4, **70**) : 6, rue du Tonnelet-Rouge. ☎ 09-82-35-50-30. Tlj sauf lun 12h-14h30, 18h30-1h. Carte env 18-20 €.* C'est en quelque sorte le résistant de la tarte flambée au centre-ville. Tenue par une équipe de puristes qui ne jurent que par les producteurs locaux et bio, cette adresse large comme un couloir et décorée avec du matériel d'échafaudage est définitivement atypique. La pâte est travaillée avec de la farine artisanale, les ingrédients proviennent des fermes du coin, et mon tout cuit comme il se doit au feu de bois. *Autre adresse : 28, impasse de l'Écrevisse.*

Prix moyens

Au Pont Corbeau *(zoom détachable D5, **79**) : 21, quai Saint-Nicolas. ☎ 03-88-35-60-68. Tlj sauf sam et dim midi (tlj en déc) ; service jusqu'à env 23h. Formule déj 15,50 € ; menu 33,60 € le soir ; carte 30-35 €.* Le changement de génération n'a pas entaché la réputation de cette winstub toujours plébiscitée par les locaux. L'accueil est nature, la cuisine généreuse, et le cadre élégant ; c'est, de plus, l'une des rares adresses ouvertes le dimanche soir en plein centre-ville. Et puis le jambonneau grillé pommes sautées (le must) et les bonnes spécialités maison chantent les louanges de l'Alsace éternelle. Et ça, voyez-vous, ça n'a pas de prix !

Salon de thé Grand'Rue *(zoom détachable B4, **75**) : 80, Grand-Rue. ☎ 03-88-32-12-70. Mar-sam (tlj pdt le marché de Noël), 8h30-18h. Petits déj 6-10 € ; plats 11,50-17 €.* On y vient non seulement pour la pause sucrée (voir plus loin « Où manger une bonne pâtisserie ?... »), mais aussi pour s'attabler devant un plat du jour frais et bien ficelé ou un classique maison comme le vol-au-vent. Patron adorable et équipe souriante. Clientèle féminine, mais pas que, qui aime ce douillet refuge où l'on se sent bien, même si les tables sont un peu au coude à coude. Bout de terrasse, dès que le temps le permet.

Chez Tante Liesel *(zoom détachable B5, **66**) : 4, rue des Dentelles. ☎ 03-88-23-02-16. • cheztanteliesel@icloud.com • Tlj midi et soir (jusqu'à 21h30). Fermé 6-15 janv. Formule déj en sem 17 € ; carte env 25-30 €.* Une douillette petite winstub dans la tradition, côté déco (inévitables nappes à carreaux) comme côté plats : choucroute, bouchées à la reine et *spätzle*, foie gras maison... La cuisine est pleine d'allant, le service adorable et les prix savent se tenir.

Le Tire-Bouchon *(zoom détachable D5, **65**) : 5, rue des Tailleurs-de-Pierre. ☎ 03-88-22-16-32. • reservation@letirebouchon.fr • Tlj 11h30-15h, 18h-23h. Menus déj en sem (hors marché de Noël) 21,90-26,90 € ; plats 14,90-39,90 €.* Dans cette minuscule ruelle à 2 pas de la cathédrale, cette célèbre winstub aux salles pleines de cachet fait l'effort de nourrir son monde à des prix démocratiques, et fort honorablement, depuis plus de 10 ans. Une adresse aussi authentique que sympathique, régulière en qualité.

Au Coin des Pucelles *(zoom détachable D4, **82**) : 12, rue des Pucelles. ☎ 03-88-35-35-14. • aucoindespucelles@gmail.com • Tlj sauf sam (sauf marché de Noël)-lun midi et j. fériés. Formule déj 23 € ; carte env 30 € (plats 16-50 €).* Dans cette ruelle pittoresque un rien à l'écart de la cathédrale, la foule se fait plus rare. Tant mieux, vous serez plus à l'aise pour déguster la cuisine copieuse de cette minuscule et chaleureuse winstub, où les mets classiques sont à l'honneur : le foie gras et l'entrecôte ne souffrent aucun reproche, sans oublier la tourte Reine Elisabeth et la tête de veau en pot-au-feu.

Aedaen Place *(zoom détachable B4, **81**) : 4-6, rue des Aveugles. ☎ 03-90-00-90-01 ou 03-88-25-02-00 (pizzeria). • contact@aedaen-place.com • Brasserie tlj 11h-1h30, à partir de 10h le w-e. Pizzeria tlj midi et soir (jusqu'à 23h30). Formule et menu déj en sem 11-20 € ; carte env 20 €. Petits déj et brunchs (dim et j. fériés) 3,50-28 €.* Aedaen, ça veut dire « *Art every day and every night* ». Il y a donc d'un

LE BAS-RHIN

côté de la rue une galerie d'art contemporain, de l'autre un café littéraire, un coin boudoir, charmant, et, au fond, un espace brasserie façon jardin d'hiver, où l'on mange midi et soir une cuisine maligne. Possibilité de grignoter à toute heure : salades, wraps, planches de charcuterie ou de fromage. Sans changer de trottoir, on peut aussi pousser la porte de la pizzeria de la maison (qui, outre de bonnes pizzas, cache une vraie surprise : voir la rubrique « Où boire un verre ?... »). Et juste en face, *Spuntino,* dédié à la gastronomie italienne. Partout beaucoup d'inventivité, de glamour, voire d'humour dans le décor et de sourire dans le service.

De prix moyens à chic

La Table de Christophe *(zoom détachable D4,* ***69****) : 28, rue des Juifs. ☎ 03-88-24-63-27. • tabledechristophe @gmail.com • Tlj sauf dim-lun. Formule déj en sem 13,90 € ; menu 32 € ; carte 35-40 €.* Coquette petite salle pour une excellente cuisine de marché qui ne triche pas, à l'image du chef. Les saveurs s'additionnent et se mêlent sans heurts, avec délicatesse, dans des assiettes présentées avec modernité. Accueil et service très prévenants. Pas étonnant que les parlementaires se refilent l'adresse entre les sessions !

L'Éveil des Sens *(zoom détachable B5,* ***90****) : 2, rue Escarpée. ☎ 03-88-32-81-01. Tlj sauf mar. Congés : 1er-15 janv. Formules déj 19-24 € ; menus-carte 35-45 €.* Glissez-vous près de la fenêtre, sur la banquette, pour profiter du décor avec fresques anciennes de la salle, ou réservez en terrasse, aux beaux jours. Au piano, un talentueux chef qui a fait ses gammes en Belgique, pour des plats de saison travaillés avec finesse et brio et quelques recettes traditionnelles belges donc. Service dynamique.

Utopie *(zoom détachable B4,* ***77****) : 10, petite rue des Dentelles. ☎ 03-88-52-02-91. • utopierestaurant strasbourg@gmail.com • Tlj sauf lun-mar le soir plus sam-dim le midi. Résa obligatoire. Menu unique 46 €.* Avec sa minisalle, sa microcuisine et ses 16 couverts, une belle adresse qui a tout d'une grande ! Lui, concentré en cuisine ; elle, pétillante en salle... et nous, heureux clients, partageant un beau moment de joie gourmande et complice. Chaque jour, un menu surprise... avec une farandole de 6 (mini) plats, sans compter les amuse-bouches. En vedette, des légumes et des fruits « oubliés » (pas par tout le monde heureusement !) ou « d'antan » tellement dans le vent ! Pas veggie, encore moins vegan, le chef utilise poissons et viandes comme « condiments », comme jeu de texture, pour la mâche (et le plaisir !), et agrémente le tout d'épices du papi réunionnais. C'est étonnant, créatif, bluffant même ! Un coup de cœur comme on en a peu.

Le Bistrot d'Antoine *(zoom détachable D4,* ***74****) : 3, rue de la Courtine. ☎ 03-90-24-93-25. • contact@le bistrotdantoine.com • Tlj sauf dim-lun. Menus-carte 27-35 €.* Il règne un bel esprit dans ce joli resto, dont l'adresse se transmet entre gourmands comme un secret qui se mérite. À notre tour d'en faire notre coup de cœur ! On a craqué pour cette cuisine de copains, cette bistronomie de terroir, généreuse et conviviale. Carte de saison comme il se doit : pâté en croûte au ris de veau et foie gras, cuisses de grenouilles, sandre au potimarron et crumble de châtaigne, foie de veau en persillade, cocotte luttée de poulet jaune aux morilles... autant de plats intemporels et fédérateurs. On adore ! Pas étonnant que le resto ait été « Bib Gourmand France 2021 » !

La Vieille Tour *(zoom détachable B5,* ***91****) : 1, rue Adolphe-Seyboth. ☎ 03-88-32-54-30. • restaurantlavieille tour@gmail.com • Tlj sauf dim-lun (ouv dim midi en déc). Le midi en sem, formule 29 € ; menu 39,90 € ; carte env 60-70 €. Apéritif maison offert sur présentation de ce guide.* Salle façon auberge d'autrefois, intime et tranquille, avec cheminée et un immense tableau noir qui décline les alléchantes propositions du jour. Le chef a été un des piliers de l'univers Westermann et sa cuisine, si elle reste bien ancrée dans la tradition alsacienne, est tout en précision : caille farcie au foie gras, piments farcis à la chair de tourteau, lièvre à la royale... Un bonheur rare...

|●| ***La Maison Kammerzell*** *(zoom détachable C4,* ***78****) : pl. de la Cathédrale. ☎ 03-88-32-42-14. • info@maison-kammerzell.com • Tlj. Menus 33,75-47,80 € ; choucroutes 23,60-28,90 €.* Cette sublime maison de 1427 est l'un des symboles de Strasbourg. Autant dire une véritable institution ! Très touristique, forcément, et la cuisine s'en ressent un peu. Pourtant, les locaux continuent à y emmener leurs amis de passage en ville. Pour leur montrer fièrement son architecture labyrinthique et son somptueux décor Art nouveau d'inspiration médiévale (boiseries, fresques et verres soufflés à tous les étages) et, quand même, pour y goûter au plat iconique depuis sa création en 1970, la choucroute de poisson. Plus historique que gastronomique donc, *La Maison Kammerzell* reste un endroit où l'on a grand plaisir à s'attabler.

Dans les quartiers de la gare et de Cronenbourg

De bon marché à prix moyens

|●| ***La Graffateria*** *(zoom détachable A4,* ***24****) : 17, rue Déserte. ☎ 03-88-24-98-40. • contact@graffalgar.com • Tlj sauf dim soir. Petits déj 6-15 € ; carte env 20 € ; brunch sam-dim 24 € (résa obligatoire). Cocktail maison offert en fin de repas sur présentation de ce guide.* Au rez-de-chaussée du *Graffalgar* (voir la rubrique « Où dormir ? »). On y accède d'ailleurs via la réception de l'hôtel, mais le lieu est ouvert à tous du petit déjeuner jusqu'au soir pour un verre, voire plus si vous avez la chance de tomber sur un des multiples événements organisés par l'équipe du *Graffalgar* ou la nouvelle génération des acteurs culturels strasbourgeois. Sur les tables de bois, le midi, des plats du jour d'ici ou d'ailleurs, des soupes, des quiches... Simple, frais et bon.

|●| ***Au Marché-Gare*** *(plan détachable A1,* ***105****) : 55, rue du Marché-Gare. ☎ 03-88-28-19-68. • contact@marche-gare.com • Tlj sauf w-e et j. fériés 5h-15h. Plat du jour 9 €.* Très grande salle colorée et aérée où, dès l'heure du déjeuner, les tables se remplissent de mines réjouies (en fait, dès l'aube, le service est continu). Cuisine traditionnelle servie généreusement, grand choix de viandes et de salades, plus des plats spéciaux quotidiens. Sympathique carte des vins. Service affable et efficace, atmosphère conviviale et addition plutôt raisonnable.

|●| ***Le Botaniste*** *(zoom détachable A4,* ***68****) : 3, rue Thiergarten. ☎ 03-88-15-96-46. • lebotaniste.strasbourg@gmail.com • Service le soir mar-sam, plus le midi jeu-sam. Congés : 20 déc-4 janv. Formule unique surprise en 3 étapes 39 €, ou 5 étapes 59 €. Pas de plats à la carte.* Quelques plantes vertes (dans un décor vintage comme on en fait aujourd'hui) pour ne pas faire mentir l'enseigne. Mais aussi et surtout une jolie cuisine, pleine d'inventivité, à base de produits parfois sinon souvent étonnants (légumes oubliés, plantes aromatiques...) à accompagner, si l'envie vous en prenait, de cocktails des plus inventifs ou de vins naturels. Des plats gastronomiques dans une ambiance à la cool.

Dans les quartiers de la Krutenau et du Finkwiller

De bon marché à prix moyens

|●| ***Restaurant de la Victoire*** *(plan détachable E4,* ***97****) : 24, quai des Pêcheurs. ☎ 03-88-35-39-35. • restaurant-de-la-victoire@orange.fr • À l'angle du quai des Pêcheurs et du bd de la Victoire. Tlj sauf w-e et j. fériés (ouv sam pdt le marché de Noël) ; service jusqu'à minuit ou 1h. Carte env 15-25 €.* Une institution locale, des plus populaire. Le cadre lambrissé est aussi typique que chaleureux, l'ambiance animée et détendue, le service efficace, et la cuisine sans chichis, familiale et de qualité régulière. Bon plan le midi si vous êtes dans le quartier.

|●| ***Le Tarbouche*** *(plan détachable E4-5,* ***98****) : 22, rue de la Krutenau.*

☎ 03-88-35-00-48. • letarbouche@orange.fr • Tlj sauf dim. Assiettes 9,50-13,40 €. Un populaire resto-snack de quartier dispensant une honnête cuisine syro-libanaise à prix plutôt modérés. Quelques tables à l'intérieur et agréable terrasse sur cette place (très strasbourgeoise...) aux beaux jours. Généreux plats traditionnels (à emporter aussi) : taboulé, *moutabal, laban,* houmous, *shawarma,* falafel, brochettes, foies de volaille. Service rapide, efficace et accueil chaleureux. Ne pas oublier de conclure par un thé parfumé à la fleur d'oranger...

Diable Bleu/Soul Meat *(plan détachable E4,* ***64****) : 1, rue Saint-Guillaume. ☎ 03-88-35-26-84. Tlj 12h-14h, 19h-23h. Carte 25-30 €.* Poussez la porte de ce petit bistrot tout en longueur, et la 1re chose que vous verrez, c'est le frigo avec les morceaux de viande suspendus ! Comme ce n'est pas que de la déco, on les débite à la commande en steaks, entrecôtes ou carpaccios, et on les dévore sans façons avec un bol de frites maison. Les affamés pourront aussi se laisser tenter par les burgers... au format démentiel ! Plus ludique que gastronomique, c'est certain, mais c'est sympa, l'ambiance est bonne, et le service à rallonge est bien pratique.

East Canteen *(zoom détachable D5,* ***103****) : 2, pl. des Orphelins. ☎ 03-67-68-01-08. Tlj 12h-23h. Carte 15-20 €.* Une adresse complètement à l'East, et ils s'en vantent. On se perche sur un tabouret ou on se cale sur une chaise de cantine, dans un décor asiatico-décalé et, pour changer de la choucroute, on s'envoie une soupe miso, un *pad thaï* au poulet ou des crevettes sautées au curry. Terrasse aux beaux jours sur une charmante placette.

De prix moyens à chic

Fink'Stuebel *(zoom détachable B5,* ***48****) : 26, rue Finkwiller. ☎ 03-88-25-07-57. • finkstuebel@orange.fr • Tlj sauf dim-lun, jusqu'à 22h. Congés : vac scol de fév et 3 sem en août. Carte env 35 €.* Fréquentée par nombre de Strasbourgeois, une winstub à l'ancienne tenue par un chef de talent et d'une grande gentillesse. De la vraie gastronomie aux yeux de ceux qui désespéraient de pouvoir retrouver un jour le vrai goût du pâté en croûte ou de la tourte briochée au foie gras, qu'on déguste en prenant son temps, dans une petite salle rustique un peu hors du temps. Assiettes particulièrement généreuses. Terrasse aux beaux jours pour se chauffer au soleil. Également quelques jolies chambres d'hôtes, douillettes et dans un style lui aussi très tradi (voir « Où dormir ? »).

La Cuiller à Pot *(zoom détachable B5,* ***71****) : 18 bis, rue Finkwiller. ☎ 03-88-35-56-30. • restaurant.lacuillerapot@orange.fr • Mer-sam midi et soir, plus mar pdt le marché de Noël. Le midi en sem, formules 22-28 € ; carte env 40 €.* Discret et charmant, voici un restaurant comme on les aime. Si la cuisine est raffinée et inventive, élaborée avec des produits d'une fraîcheur exceptionnelle (délicieuses écrevisses, mirabelles du jardin), les portions sont plus que généreuses. Quant à l'accueil, il est d'une gentillesse irrésistible, car ici on s'emploie à préserver une simplicité qui met tout le monde à l'aise.

La Choucrouterie *(zoom détachable C5,* ***102****) : 20, rue Saint-Louis. ☎ 03-88-36-52-87. • restaurant@choucrouterie.com • Tlj le soir mar-dim. Plats 11-24 €.* Roger Siffer, célèbre chanteur folk alsacien, a créé ce restaurant-théâtre dans un ancien relais de poste du XVIIIe s, qui fut auparavant le siège de la dernière choucrouterie de Strasbourg. La gaieté, l'humour, la musique (belle collection d'instruments de musique) et l'érotisme (regardez bien les gravures accrochées ici et là) sont de la partie. La cuisine rythme le temps qui passe et coupe les discussions quand c'est nécessaire. Bien entendu, la choucroute est de la revue !

Autour du quartier européen

Prix moyens

La Vignette *(hors plan détachable par G1,* ***107****) : 29, rue Mélanie,* *à la Robertsau. ☎ 03-88-31-38-10. • contact@restaurantlavignette.fr • ♿ Depuis le nord de la ville, suivre l'av. de l'Europe, l'allée des Droits-de-l'Homme et la rue Boecklin. Arrivé au carrefour, prendre la rue Mélanie à droite. Lun-ven, midi et soir ; fermé w-e. Menu 32 € ; carte env 40 €.* Sous ses airs de vraie guinguette à l'ancienne, avec sa belle terrasse, son lierre et ses lampions colorés, se cache l'un des restos « tendance » de la ville. Déco rétro très « bistrot » à l'intérieur, avec ses nappes à carreaux, ses murs laqués lie-de-vin et son épais rideau portière en velours rouge. Dans l'assiette, une cuisine traditionnelle délicieuse et roborative, à moins d'opter pour les suggestions bistrotières du moment.

Chic

Les Semailles : *10, rue du Petit-Magmod, 67610* **La Wantzenau.** *☎ 03-88-96-38-38. • info@semailles.fr • À 12 km au nord-est du centre de Strasbourg, direction la Robertsau puis La Wantzenau. Tlj sauf mar-mer, ainsi que le soir dim et j. fériés. Congés : courant août. Formule et menu déj en sem 36 € ; formule 40 € le soir et menus 80-110 € le soir ; carte env 75 €.* Le chef réalise ici, depuis des années, une cuisine généreuse et goûteuse faisant la part belle aux produits de saison. À la carte, les mets font le grand écart entre tradition et originalité. Salle coquette, agrémentée d'une véranda et d'une terrasse ombragée par une glycine centenaire.

Où manger une bonne pâtisserie ?
Où prendre un thé ? Où grignoter sur le pouce ?

Tradition oblige, Strasbourg compte un nombre étonnant de pâtisseries-salons de thé où l'on se réfugie quand le froid est piquant, le vent pénétrant. Et aussi de nombreux *coffee shops* un peu hype (à la new-yorkaise ou à la berlinoise...) tout aussi fréquentables.
Un bon gros gâteau, un thé brûlant... que du bon pour repartir du bon pied !

Pâtisserie Riss *(zoom détachable C4,* ***125****) : 35, rue du 22-Novembre. ☎ 03-88-32-29-33. • patisserie.riss@wanadoo.fr • ♿ Lun 13h30-18h30 (sauf mai-sept), mar-sam 8h-18h45. Plat du jour env 8,50 €. Réduc de 10 % (avt encaissement) sur présentation de ce guide.* Un grand classique (hmm... les truffes au whisky !) qui dispose, à l'étage, d'un espace intime où poser ses courses et déguster son gâteau. Des dames y ont leurs habitudes, et l'on pourra, si l'on est un monsieur distingué, les gratifier d'un sourire courtois en se goinfrant d'un mendiant ou d'un florentin... Atmosphère un rien guindée, alors tenez-vous bien.

Pâtisserie Christian Meyer *(zoom détachable C5,* ***127****) : 10, rue Mercière. ☎ 03-88-22-12-70. • patisserie.christian@wanadoo.fr • Tlj sauf dim-lun et j. fériés 8h-18h. Formule env 11 € ; carte env 15 €.* La large palette de saveurs que propose cette excellente pâtisserie depuis des décennies guidera vos pas comme les cailloux du Petit Poucet. Le salon de thé à l'atmosphère chic et classique est au 1er étage, qu'on gagne par un bel escalier à vis. Propose également le midi une petite sélection de plats salés. *Autre adresse : 12, rue de l'Outre (zoom détachable C4) ; ☎ 03-88-32-04-41.*

What's the Cake *(zoom détachable B4,* ***128****) : 51, rue du Fossé-des-Tanneurs. ☎ 03-69-08-21-41. Tlj sauf dim-lun et j. fériés 12h-18h30. Fermé début août. Carte 10 €. Café offert sur présentation de ce guide.* Un salon de thé un peu décalé à la berlinoise. Couple sympa à l'accueil. Déco de bric et de broc(ante), très tendance. Cheesecake, cupcakes, brownies... tout un monde de douceur(s) qui réchauffe le cœur. Bout de terrasse.

Le Thé des Muses *(zoom détachable C5,* ***129****) : 19, rue Sainte-Barbe. ☎ 03-88-37-13-77. ♿ Tlj sauf dim-lun mat 10h-19h.* Bel espace contemporain pour tremper ses lèvres dans une tasse d'un excellent thé, choisi parmi quelque 300 variétés proposées et commentées par de grands connaisseurs. Animations régulières (dégustations, expos, vernissages...).

Au Fond du Jardin *(zoom détachable D4, **73**)* **:** *6, rue de la Râpe. ☎ 03-88-24-50-06. Teatime complet mer-sam à 14h30 (résa fortement conseillée). Teatime env 19 € ; brunchs sam (à 13h)-dim (à 10h et 13h) env 39-47 €, boissons comprises.* Des roses, des plantes vertes, quelques tables, des couples sur la coquette terrasse si le temps s'y prête... À l'intérieur, même les jours gris, on voit la vie en rose. Un *teatime* façon Agatha Christie, mais sans cadavre au dessert. Tous les âges et toutes les modes se côtoient dans cette formidable bonbonnière, connue pour ses gâteaux savoureux et ses créations de madeleines d'une finesse et d'une inventivité surprenantes. On se promet de revenir... et l'on revient, car c'est fort réussi, pour un brunch dominical raffiné !

Salon de thé Grand'Rue *(zoom détachable B4, **75**)* **:** *80, Grand-Rue. ☎ 03-88-32-12-70. Mar-sam, 8h30-18h (tlj pdt le marché de Noël). Congés : 2 sem en été et 1 sem à Noël. Carte 6-17 € ; petits déj 6-10 €.* Une adresse étonnante où l'on a souvent du mal à trouver de la place au déjeuner (voir « Où manger ? »). On se console avec le petit déj ou le service de l'après-midi, dès 15h. Bons gâteaux maison, au fromage, aux fruits, au chocolat, originaux et savoureux, qu'on déguste des yeux, dans leur vitrine, avant de les goûter en ronronnant de plaisir (intérieurement !).

Où déguster une bonne glace ?

Le Glacier Franchi *(zoom détachable C4, **132**)* **:** *5, rue des Francs-Bourgeois. ☎ 03-88-23-16-15. Tlj jusqu'à 23h en été, 19h hors saison. Fermé 5 sem janv-fév.* Toujours très fréquenté, un bon glacier qui s'efforce depuis 1934 de proposer des dizaines de parfums étonnants, dont certains aussi inédits que régionaux ! Belle terrasse. 2 autres adresses dans le quartier européen *(plan détachable G2)* : un petit kiosque au coin de l'allée de la Robertsau, à 2 pas de l'entrée du parc de l'Orangerie et au 8, avenue de l'Europe (avec, également, de bons petits plats à l'italienne).

Où boire un verre ? Où sortir ? Où danser ?

Sans offrir les nuits de Barcelone ou de l'East Village à New York, Strasbourg peut quand même être fière de sa vie nocturne. Ça bouge dans pas mal de quartiers, et c'est suffisamment éclectique pour satisfaire les plus fêtards. Plus que jamais, vous constaterez que Strasbourg est une ville étudiante, une ville jeune... Aujourd'hui, c'est du côté de la Krutenau que ça remue le plus !

Dans le centre

La Mandragore *(zoom détachable C4, **146**)* **:** *1, rue de la Grange. ☎ 03-88-22-38-71. • barlamandragore@gmail.com • Tlj sauf lun 16h-1h (à partir de 15h sam et jusqu'à 23h dim).* Un peu planqué à l'angle de petites rues, un drôle d'endroit qui ressemble définitivement plus à un cabinet de curiosités du XVIIe s (avec renard empaillé, peaux de serpents, vitrines d'insectes...) qu'à un bar. Bonnes bières (souvent artisanales), superbe accueil, la clientèle bien mélangée qui fait les bonnes ambiances : peut-être bien (sûrement même !) un de nos bars préférés en ville.

Les Aviateurs *(zoom détachable D4, **135**)* **:** *12, rue des Sœurs. ☎ 03-88-36-52-69. • contact@les-aviateurs.com • ♿ Tlj 22h-4h.* Passez la porte, et vous découvrirez un bar tout en longueur à la déco très fifties, une institution locale pour les plus de 30 ans. Bonne ambiance ; on écluse les godets dans une joyeuse atmosphère battue par des pales qui brassent l'air... et encadré par un bric-à-brac de photos d'aviateurs et d'affiches de théâtre.

Le Café de l'Opéra *(zoom détachable D4, **131**) : 19, pl. Broglie. ☎ 03-88-22-98-51. • david@cafedelopera.fr • Tlj sauf j. fériés, jusqu'à 22h (minuit s'il y a un concert). Le midi en sem, formule 12,50 € et menu 15,50 € ; carte env 15 € ; brunch à volonté dim (11h-16h) 25 €.* On s'installe dans le grand salon haut de plafond, enfoncé dans de profonds fauteuils rouges, au décor... d'opéra. Mais quand il fait beau, il n'y a rien de plus agréable que de prendre place en terrasse, superbement installée sous les lourdes colonnes du péristyle qui domine la place Broglie. Petite restauration toute la journée, mais c'est pour le brunch qu'on se presse ici le dimanche.

Le Trolleybus *(zoom détachable C4, **138**) : 14, rue Sainte-Barbe. ☎ 03-88-32-47-96. Tlj 11h (14h dim)-1h30 (4h ven-sam).* Le petit troquet de quartier qui rassure pas mal de Strasbourgeois, sûrs, en terrasse comme dans la petite salle ornée de fresques très pop, de croiser une connaissance. De fait, un rendez-vous idéal pour une blanche, rousse, brune ou blonde, avant d'aller dîner... ou après, d'ailleurs.

Le Speakeasy d'Aedaen *(zoom détachable B4, **81**) : 6, rue des Aveugles. ☎ 03-88-25-02-00. • contact@aedaen-place.com • Tlj 18h-1h30.* Pour découvrir cet endroit presque secret, poussez la porte de la pizzeria sous l'enseigne *Aedaen Place* (voir « Où manger ? »), suivez la file des aficionados qui patientent, au fond, devant une porte basse et traversez le miroir façon Alice aux pays des merveilles. Vous voilà, invité privilégié d'un incroyable speakeasy à l'alsacienne. Un lieu pour découvrir, autour d'un cocktail, le Strasbourg qui bouge, rêve, commerce.

Dans le quartier de la gare

La Laiterie – Artefact *(hors plan détachable par A6, **148**) : 17, rue du Hohwald. ☎ 03-88-23-72-37. • artefact.org • ♿ Bar à partir de 19h, seulement les soirs de concert et pour les soirées spéciales.* La salle de « musiques actuelles » historique de Strasbourg. Comme son nom l'indique, c'est dans une ancienne laiterie que ces 2 salles proposent une programmation délibérément éclectique : rock, rap, reggae, en passant par la house et la techno... Concerts pratiquement tous les soirs.

Kitsch'n Bar *(zoom détachable B4, **145**) : 8, quai Charles-Altorffer. ☎ 03-88-36-31-20. Tlj sauf dim 10h-0h30 (jusqu'à 1h30 jeu-ven, 16h30-1h30 sam).* Effectivement très kitsch, tout en formica fifties, du comptoir aux tables et chaises, et rempli d'une telle foule de bibelots et autres vieilles affiches publicitaires qu'on pourrait se croire dans une brocante. Habitués du quartier comme étudiants font le plein tous les jours ou presque. Bonne ambiance, des plus décontractée. Quelques petits plats en cas de faim de jour ou de nuit.

Dans le quartier de la Krutenau

Café Atlantico *(plan détachable E4, **140**) : 9 A, quai des Pêcheurs. ☎ 03-88-35-77-81. • contact@cafe-atlantico.net • Tlj 7h-1h30. Plats 7,50-15 €. Brunch.* Petit bar très sympa installé sur une bonne vieille péniche. Musique éclectique en fond sonore, anciens du quartier comme étudiants, quelques concerts de temps en temps, terrasse ad hoc sur le pont arrière. Impeccable pour faire la pause à toute heure, du petit déj ensoleillé à l'apéro entre copains. Plats du jour (souvent exotiques) à déjeuner et brunch le week-end.

Wawa Bar *(plan détachable E5, **149**) : 4, pl. Saint-Nicolas-aux-Ondes. ☎ 03-88-23-07-75. Lun-sam 15h (17h sam)-1h30, dim 11h-17h. Carte env 10-15 €.* L'un de ces nouveaux bars strasbourgeois dont il faudrait au moins la moitié de ce guide pour vous décrire la déco plus que décalée. Grosse clientèle étudiante (normal, vu le quartier). Carte de brasserie d'aujourd'hui entre salade César, burgers et tartes flambées et quelques bricoles (nachos, hot dogs ou nuggets) pour se sustenter le soir. Terrasse sur la place.

Il Vino Bar *(plan détachable E4, **140**) : péniche Bacchus, 19 A, quai des*

Pêcheurs. 📱 *07-49-06-94-75.* • *info@illvino.com* • *Mar-mer 18h-minuit, jeu-sam 18h-1h30, dim 11h-15h.* Un des bars à vins chics et tendance de strass, installé douillettement dans la péniche... *Bacchus !* Plus de 700 étiquettes, dont certaines parmi les plus prestigieuses. Pas donné, mais sympa pour un apéro accompagné de planchettes de charcuterie et fromage.

Living Room (*plan détachable E5,* **141**) **:** *11, rue des Balayeurs (entrée à l'angle, par la rue des Planches).* ☎ *03-88-24-10-10.* • *booking@le-living.fr* • *Page Facebook.* ♿ *Mer-sam 23h-4h.* Un bar un peu design qui fait le plein en fin de semaine et où l'on se trémousse souvent dès les 1res heures de la nuit, même si ce n'est pas une boîte à proprement parler. Clientèle assez mode, donc sélection un peu musclée à l'entrée.

La Salamandre (*plan détachable E5,* **144**) **:** *3, rue Paul-Janet.* ☎ *03-90-41-87-27.* • *contact@lasalamandrestrasbourg.com* • *lasalamandrestrasbourg.com* • ♿ *Jeu-sam 23h-7h.* Une institution locale que cette *Sala.* À la fois resto et boîte avec une programmation variée : house, hip-hop, musiques électroniques... Pas mal de soirées étudiantes y sont organisées.

Molly Malone (*zoom détachable D5,* **147**) **:** *1, pl. d'Austerlitz.* ☎ *03-88-52-94-26.* ♿ *Tlj sauf dim-lun 11h-1h. Formule déj 10 € ; carte env 20 €.* Le pub irlandais classique comme on l'aime : décor fait de bois un peu usé et d'objets hétéroclites (des instruments de musique... et une pirogue !), bonne odeur de bière brune, clientèle jeune et étudiante, musique plutôt rock'n'roll, quelques tables dehors aux beaux jours... Concerts (et inévitables diffusions de matchs) régulièrement. Petite restauration.

Fat (*zoom détachable D5,* **143**) **:** *3, rue Klein.* • *fatblack.booking@gmail.com* • *Page Facebook. Tlj 18h-4h.* Comme beaucoup de lieux de sortie à Strasbourg, un petit endroit un peu caché avec bar au rez-de-chaussée et *dance floor* en sous-sol. Programmation plutôt axée Black music (de la soul au hip-hop en passant par les sons jamaïcains) avec des groupes ou des DJs venus d'à côté ou de très loin mais que vous verrez de très près.

Croque-Bedaine (*hors plan détachable par D6,* **150**) **:** *104, route du Polygone.* ☎ *03-67-97-62-50.* • *neudorf@lecroquebedaine.fr* • *Tlj sauf sam midi et dim 12h-14h, 17h-1h. Formules déj 9,90-15 € ; carte env 15 €.* Le croque-monsieur associé au meilleur de la bière belge et à des frites maison, il fallait y penser. Bon, pas cher et sympa. Du coup, cette rue hors circuit est devenue la nuit un des repaires de la jeunesse strasbourgeoise. Humour décalé, déco vintage, personnel sympa, ne reste plus qu'à essayer de se frayer un chemin pour arriver au bar.

Dans la Neustadt

Café Brant (*plan détachable E4,* **137**) **:** *11, pl. de l'Université.* ☎ *03-88-36-43-30.* • *info@cafe-brant.fr* • *Tlj 7h-20h (8h-19h dim). Plat du jour 14,50 € ; carte (le midi) env 30 €.* Adresse quasi mythique. Ouvert depuis 1898, hier des plus populaire et fréquenté par des générations et des générations d'étudiants, ce vaste café accueille aujourd'hui, dans un décor années 1930, très Mitteleuropa, une clientèle plutôt bien comme il faut autour d'un verre ou d'une cuisine de marché avec de l'idée (mais pas donnée). Grande terrasse en été.

Où acheter de bons produits ?

Porcus (*zoom détachable C4,* **114**) **:** *6, pl. du Temple-Neuf.* ☎ *03-88-23-19-38.* • *porcus.fr* • *Tlj sauf dim-lun. Resto mar-sam 11h45-14h30. Plats 12-26 €.* Ici, vous trouverez les véritables *knacks,* les meilleures saucisses de foie truffées ou aux herbes à griller, les viandes salées ou fumées, et des produits plus rares comme le lard de côtes, la hure de Thüringen, etc. Enfin, possibilité de déjeuner (non, pas comme un porc !) au 1er étage (ou en terrasse aux beaux jours) avec pas moins de 10 recettes de choucroute au choix, dont une aux 10 viandes !

Maison Lorho *(zoom détachable C4,* ***115****) : 3, rue des Orfèvres. ☎ 03-88-32-71-20. Lun 11h-19h15, mar-jeu 9h-19h15, ven 8h30-19h15, sam 8h-19h.* L'une des plus belles sélections de fromages de la ville, dont bien sûr les munsters fermiers ou au gewurztraminer. Sur les 300 fromages répertoriés en France, on vous en propose plus de la moitié !

Pâtisserie Thierry Mulhaupt *(zoom détachable C-D5,* ***116****) : 18, rue du Vieux-Marché-aux-Poissons. ☎ 03-88-23-15-02. Mar-jeu 8h45-12h15; 13h30-18h30 ; ven-sam 8h30-18h30 ; dim 8h30-12h.* Un professionnel qui collectionne les titres et les récompenses (meilleur jeune pâtissier de France, meilleur kougelhopf, etc.). Superbes gâteaux, bien sûr, déclinés en collection, au fil des saisons.

Maison Artzner *(zoom détachable C4,* ***117****) : 7, rue de la Mésange. ☎ 03-88-32-05-00. Tlj sauf dim-lun 9h-19h (18h sam).* Historiquement (2 bons siècles d'histoire), le plus ancien fabricant de foie gras de la ville. Pas donné, évidemment, mais excellent.

Cafés Reck *(zoom détachable C4,* ***118****) : 8, rue de la Mésange. ☎ 03-88-32-37-22. Mar-sam 8h30-18h30 ; fermé dim-lun.* Existe depuis 1884. Une bonne vieille maison spécialisée dans les thés et les cafés (plus de 30 variétés), avec ses tiroirs bois et cuivre. D'ailleurs, possibilité de les déguster dans un cadre chaleureux (café et mélange du mois et de la semaine). Excellentes sélections d'Éthiopie, du Guatemala, du Costa Rica, etc. Quelques idées cadeaux également, confitures, chocolats...

Pains Westermann *(zoom détachable C4,* ***119****) : 1, rue des Orfèvres. ☎ 03-88-22-56-45. • pains@westermann.fr • ♿ Tlj sauf dim (hors marché de Noël) 8h30 (9h lun)-19h.* C'est la boulangerie du grand chef alsacien Westermann. Pains délicieux, mais aussi toutes sortes de sandwichs, feuilletés, pâtés en croûte, pâtisseries...

Pain d'épices Mireille Oster *(zoom détachable B5,* ***113****) : 14, rue des Dentelles. ☎ 03-88-32-33-34. • mio@mireilleoster.com • ♿ Tlj 9h-19h.* Prenez un savoir-faire familial, un amour tout à la fois de la tradition et des voyages, dont Mireille rapporta saveurs, arômes et ingrédients inédits, et vous comprenez comment cette ambassadrice de l'Alsace a su révolutionner le pain d'épice sans rien concéder d'essentiel à la tradition. *Une 2de boutique au 17, rue des Moulins :* on y trouve une création récente de pain d'épice à la liqueur de poires et poires confites, et un supplément d'anis étoilé...

La Nouvelle Douane *(zoom détachable C-D5,* ***120****) : 1 A, rue du Vieux-Marché-aux-Poissons. ☎ 03-88-38-51-70. • lanouvelledouane.com • Tlj sauf dim 9h-19h30 (sam 8h-18h30).* Une vingtaine de producteurs alsaciens installés dans un bâtiment historique rénové proposent en vente directe leurs productions : charcuteries, fromages, pains, fruits et légumes, confitures et autres produits d'épicerie fine. Vente de sandwichs et plats à emporter. Également une belle représentation de flacons. L'assurance de consommer bon et local !

À voir

AUTOUR DE LA CATHÉDRALE

La cathédrale Notre-Dame *(zoom détachable D4)*

Pl. de la Cathédrale. • cathedrale-strasbourg.fr • ♿ (entrée par le portail Saint-Laurent, côté nord). Tlj 8h30-11h15, 12h45-17h45. Dim et j. fériés réservés aux offices, pas de présentation de l'horloge ; visite libre seulement, 13h30-17h30. GRATUIT. Pour la démonstration de l'horloge astronomique, entrée par le portail sud. L'horloge se met en marche à 12h30, mais les portes ferment à 12h.

Entrée : 3 € ; réduc ; gratuit moins de 6 ans. Petit conseil : ne vous pressez pas le long de la barrière, c'est en fait du fond qu'on voit le mieux.
Montée à la plate-forme : entrée par la tour sud (sur le côté droit) ; 9h30-20h en été (nocturne ven-sam), 10h-18h en hiver. Entrée : 8 € ; réduc ; gratuit 1er dim du mois.

1 000 ans d'histoire

Il y aurait d'abord eu ici un temple romain, remplacé par une cathédrale dès le VIIe s. En 1015 est posée la 1re pierre de cette bâtisse destinée à remplacer une construction d'époque carolingienne, victime d'une série d'incendies. L'intérieur de l'édifice actuel n'a été achevé qu'en 1275 et présente 2 styles faciles à identifier : le chœur roman, reconstruit en 1176 après – une fois encore – un incendie et la nef gothique, construite de 1240 à 1275. La rosace date, elle, du XIVe s.
Même siècle pour les 2 tours carrées qui pointent à 66 m d'altitude depuis 1365. Les bons bourgeois de la ville eurent l'idée incongrue de combler le vide entre ces tours (soi-disant pour y installer les cloches et, peut-être, une petite flèche centrale !). L'édification de l'octogone et de la flèche côté nord commença au début du XVe s et prit une quarantaine d'années (1439).
Le gros de l'œuvre (façade et flèche) demanda un siècle et demi de labeur. Plusieurs architectes se succédèrent. Le plus célèbre fut Erwin de Steinbach, qui imagina de décaler les sculptures, arches, colonnettes et autres ornementations à 30 cm de la façade, ce qui donne cet aspect unique au monde de légèreté, de grès rose ciselé dans l'espace.
Mais pourquoi une seule flèche ? N'a-t-on jamais tenté d'en construire une 2de ? Les architectes y songèrent mais renoncèrent vite, à cause de l'instabilité du sol : les fondations reposaient sur une épaisse couche de lœss, consolidée par des pieux en chêne, et supportaient déjà avec peine la 1re tour. D'ailleurs, de 1906 à 1926, on dut injecter des centaines de tonnes de béton sous l'édifice pour renforcer les fondations.
Avec le triomphe de la Réforme, Notre-Dame devint cathédrale protestante. Ce n'est qu'en 1681, date à laquelle Strasbourg devint française, qu'elle fut rendue au culte catholique.
Par la suite, peu d'adjonctions : la galerie extérieure côté sud au XVIIIe s, et la tour de croisée néoromane en 1878. À noter que, contrairement aux autres cathédrales françaises, des constructions ont toujours occupé l'arrière du chœur, empêchant de faire le tour de l'édifice.

SAUVÉE PAR UN BONNET...

Pendant la Révolution française, certains élus veulent la démolition de la flèche de la cathédrale au motif que sa hauteur « blesse le sentiment d'égalité ». Pour éviter sa destruction, le conseil général de la commune de Strasbourg décide que la flèche sera coiffée d'un bonnet phrygien géant (plus de 10 m de haut !) en tôle de fer rouge, qui gardera sa place jusqu'en 1802.

La visite extérieure

La façade principale

Le grès rose des Vosges, largement utilisé pour la construction de l'édifice, s'avère fragile, friable et poreux. Mais, heureusement, les pierres sont assez facilement remplaçables. Ce qui explique les différences de couleur en façade, et l'effet de damier. Une quarantaine d'artisans travaillent en permanence sur la restauration de la cathédrale, et ce depuis le Moyen Âge !
On peut parler ici de « dentelle de pierre » sans exagération, au vu de la multitude de colonnettes, d'une finesse et d'une légèreté incroyables qui accentuent le sentiment d'élévation et de verticalité. Quant aux portails, ils subirent de plein fouet les excès de la Révolution. De nombreuses statues furent alors détruites.

Les autres ont été peu à peu remplacées pour éviter leur dégradation. On peut admirer les plus belles sculptures originales au musée de l'Œuvre Notre-Dame (voir plus loin).
Les tympans des 3 portails illustrent la vie et la passion du Christ, et le Jugement dernier. Prenez le temps de détailler le ***portail droit*** célèbre pour sa parabole des Vierges sages et des Vierges folles. Les Vierges sages, sur la droite, portent une lampe à huile, utilisée pour les mariages. Elles s'apprêtent à accueillir le Christ. Les folles, quant à elles, ont leurs lampes renversées, cassées, elles ne sont donc plus dans la lumière du Christ. Il faut dire que sur leur gauche se tient le prince séducteur, drôle, décontracté, offrant sa pomme à croquer. Mais attention, quand on regarde bien, dans son dos, à gauche, grimpent d'affreux crapauds et serpents, symboles du Vice. Le ***tympan central*** évoque la passion du Christ. À ses pieds, le squelette d'Adam, et de chaque côté, l'Église et la Synagogue, cette dernière reconnaissable à ses yeux bandés. De part et d'autre du tympan, sous les dais, les prophètes. Dominant le porche, la ***magnifique rose de 14 m de diamètre.***

GUIDE DES RECORDS

Avec sa flèche de 142 m, la cathédrale de Strasbourg a été l'édifice le plus haut du monde jusqu'en 1847 (donc pendant 600 ans !). Elle fut alors dépassée par l'église Saint-Nicolas de Hambourg ainsi qu'Ulm, Cologne et Rouen au XIXᵉ s.

LE BAS-RHIN

Les flancs sud et nord

Jeter d'abord un œil au portail du transept sud. Sur une construction encore romane, on ajouta les tympans à l'époque du gothique. Celui de gauche, de 1230, évoque la Dormition de la Vierge. Visages dont le pathétique se révèle finement rendu, délicatesse des voiles et draperies. À droite, le Couronnement de la Vierge. S'attarder sur les statues encadrant les portes. Celle du milieu figure Salomon : de belle facture, mais refaite au XIXᵉ s. En dessous, scène tragique des mères s'arrachant le bébé. Ce Salomon est-il là pour trancher entre les 2 femmes ou pour juger plutôt l'Église et la Synagogue de part et d'autre ? Symbolisent-elles d'un côté le Nouveau Testament, de l'autre l'Ancien, ou l'allégorie va-t-elle plus loin ? À gauche, l'Église (avec la croix) triomphante, sûre d'elle, avec un brin de hauteur. À droite, la Synagogue (avec les Tables de la Loi), tête baissée (humble ou humiliée ?), lance brisée, couronne perdue, yeux bandés. Mais curieusement, c'est la statue la plus sensuelle, au déhanchement presque surréaliste. Il s'agit de copies. Les originales se trouvent au musée de l'Œuvre Notre-Dame, où, évidemment, on peut bien mieux observer les détails (voir plus loin). Sur le côté droit du portail, la statue d'Erwin de Steinbach, l'architecte de la façade.
Quant au portail du flanc nord, il est consacré à saint Laurent et à son martyre (copie moderne).

L'intérieur de la cathédrale

– La construction de la ***nef*** (au XIIIᵉ s) représenta un record de rapidité (une quarantaine d'années). Les grandes cathédrales de l'époque (Reims, Saint-Denis, Paris, Troyes) servirent de modèle. Belle ampleur, mais sentiment d'élévation moins puissant qu'à Amiens ou ailleurs, car son plan épouse les contraintes de l'ancienne basilique romane, qui était très large. Elle a conservé la plupart de ses ***verrières d'origine.*** Celles du

LA MAIN NOIRE

Ce mouvement clandestin antinazi était composé, pour beaucoup de ses membres, d'enfants de chœur de la cathédrale. Certains avaient à peine 14 ans. Ils cambriolaient des commerces pro-allemands pour financer des attentats. Certains furent emprisonnés, puis enrôlés de force dans l'armée allemande, d'autres exécutés. Respect.

transept dateraient partiellement de la basilique romane (fin du XIIe s) et auraient été remontées lors de la construction de la cathédrale. Les plus anciennes se trouvent dans le ***bas-côté nord de la nef.*** Il s'agit d'une galerie de portraits des rois, empereurs et princes du Saint Empire romain germanique (fin du XIIe s, et surtout XIIIe s). Ils sont tous là jusqu'à Frédéric Ier Barberousse. Les 1ers vitraux furent réalisés à l'époque romane de la cathédrale, dans un style figé, un rien byzantin (les 7 premiers sur la gauche). S'attarder ensuite dans le transept sur le vitrail de Salomon et de la reine de Saba, ainsi que sur celui de Salomon et David (2 panneaux dans la partie basse, de 1230). Les 2 saints et la Vierge au-dessus, au graphisme serré, sont encore plus anciens (1175 environ).

- ***La chaire :*** magnifique chaire de style flamboyant, sculptée en 1485 pour le grand prédicateur Geiler de Kaysersberg, précurseur de la Réforme. Pour quelqu'un qui prêcha plus de 30 ans avec succès, elle est effectivement à la hauteur de sa notoriété. Admirable travail de dentelle de pierre, très en profondeur, où s'intègrent pas moins d'une cinquantaine de statuettes.

NOS AMIES LES BÊTES

Au pied de l'escalier de la chaire, on devine le museau d'un petit chien sculpté ; celui, paraît-il du grand prédicateur, Geiler, qui avait fait interdire la présence d'animaux dans les lieux religieux. Lui-même, propriétaire d'un animal de compagnie, ne pouvait donc plus l'amener dans l'enceinte sacrée. Le sculpteur lui en a ciselé un exprès pour lui. Sympa.

- ***L'orgue :*** il présente l'un des plus beaux buffets d'Alsace. Accroché à la nef, en bois sculpté polychrome, il date de 1385 (le soufflet, de 1489). La clé pendante présente un Samson chevauchant un lion. Sur les côtés, statue d'un *Rohraffe* (sorte de marchand des rues) et un héraut de la ville. Au Moyen Âge, un employé de la cathédrale dissimulé dans la tribune de l'orgue s'amusait à la Pentecôte à critiquer à voix haute le prédicateur. Ça plaisait beaucoup aux fidèles.
- Dans le ***bas-côté sud,*** toute la verrière raconte les scènes de la vie de la Vierge et du Christ. Véritable B.D. du XIVe s, sorte de bible du pauvre, pour l'édification des âmes faibles, qui a conservé de chatoyantes couleurs. Voir encore (si elle est accessible à la visite) la *chapelle Sainte-Catherine.* Édifiée par un évêque au XIVe s pour recevoir son tombeau. Hautes verrières de 1340, dans une alternance magique de fonds rouges et bleus. Une alternance désormais décoiffée par l'installation, durant l'été 2015, de 2 verrières contemporaines réalisées par Véronique Ellena en collaboration avec le maître verrier dijonnais Pierre-Alain Parot dans le cadre d'une commande publique pilotée par l'État. Sur la 1re verrière, un christ monumental dont le visage est directement inspiré d'une toile du peintre primitif flamand Hans Memling, mais constitué par les photos de quelque 150 visages anonymes de personnes qui ont accepté de contribuer au projet. Sur la 2de, l'immense main du Christ bénissant rend hommage aux beautés de la nature, à travers des photos d'animaux d'Alsace – et de végétaux.
- Le ***chœur,*** à partir duquel s'effectua la reconstruction de l'édifice, présente encore un style roman, mais qui laisse déjà deviner des pointes d'influences gothiques. Tout au fond, fresques d'imitation byzantine du XIXe s. Le vitrail central du chœur fut le seul qui ne fut pas démonté lors de la dernière guerre : réalisé au XIXe s, il ne présentait pas le même intérêt que les autres. Détruit par une bombe américaine en 1944, il a été remplacé par un autre, réalisé en 1956, où apparaît le drapeau européen (il fut offert par le Conseil de l'Europe). En dessous, la crypte romane, seul vestige de l'ancienne cathédrale.
- L'***horloge astronomique,*** chef-d'œuvre de la Renaissance (1547). *Accès payant pour voir le défilé des Apôtres (infos pratiques plus haut).* Fusion harmonieuse des techniques, des arts et des sciences. Mathématiciens et horlogers suisses travaillèrent de concert. Le buffet fut peint par Tobias Stimmer et subsiste encore aujourd'hui. De 1788 à 1838, l'horloge ne fonctionna pas. Jean-Baptiste Schwilgué, qui

travailla longtemps à Sélestat, la remit alors en route, y intégrant de nouveaux mécanismes. Sa réalisation fut l'œuvre de la maison Ungerer, qui avait la charge de son entretien. Juste à gauche de l'horloge, la grosse tourelle carrée renferme le système de poids, remonté chaque semaine.

TOUS FRÈRES DEVANT DIEU

Louis XIV offrit la chapelle Saint-Laurent (flanc gauche) au culte protestant. Des prières communes y ont toujours lieu avec parfois la présence d'un pope orthodoxe.

Les éléments les plus intéressants sont, bien sûr, les petits personnages allégoriques animés, notamment les « âges de la vie » : toutes les 15 mn, un ange frappe un coup, tandis qu'un des 4 âges de la vie (l'enfant, l'adolescent, l'adulte, le vieillard) défile devant la Mort. Toutes les heures, la Mort sonne, puis un ange retourne son sablier. C'est évidemment à 12h30 que le maximum de personnages s'anime. Les apôtres défilent devant le Christ, qui les bénit un par un tandis qu'un coq chante. À la fin, le Christ bénit l'assistance.

– Devant l'horloge s'élève l'un des chefs-d'œuvre de la cathédrale et de la statuaire du XIIIe s, le merveilleux ***pilier des Anges.*** Pilier octogonal, complètement recouvert de fines colonnettes où alternent des statues sous dais, représentant le Jugement dernier. Dans la partie inférieure, les évangélistes et leurs attributs. Au niveau intermédiaire, les anges sonneurs de trompette. En haut, le Christ, avec les ressuscités à ses pieds, et 3 anges portant les instruments de la Passion.

Accès à la plate-forme de la tour sud : on grimpe 330 marches, à 66 m d'altitude. Vue superbe sur les Vosges, la Forêt-Noire... et Strasbourg évidemment.

Autour de la cathédrale

La place de la Cathédrale *(zoom détachable C-D4)* **:** on y notera, plus particulièrement hors saison bien sûr, la persistance d'un fort vent frais, froid ou glacial (suivant la saison), tournant autour de la cathédrale. Ce phénomène ne se percevant qu'à cet endroit dans la ville, il faut bien se rabattre, en l'absence d'explication rationnelle, sur quelque légende locale. La plus populaire met en scène le diable qui, ayant été refoulé de la cathédrale, tournerait sans cesse avec l'espoir d'y pénétrer un jour. C'est sa queue, s'agitant en tous sens, qui provoquerait ce « courant d'air ».

Au nº 16, la ***maison Kammerzell*** *(zoom détachable C4)*, abrite un hôtel-restaurant éminemment touristique (voir « Où manger ? »). Magnifique demeure, témoignage précieux de l'architecture urbaine pendant la Renaissance. Elle présente une admirable façade à colombages de bois sculpté, surmontée d'un pignon pointu. Certaines fenêtres dites « en cul de bouteille » sont d'origine. Le rez-de-chaussée à arcades de pierre date du XVe s. Les étages furent édifiés par un riche négociant, en 1589. L'ornementation des colombages évoque notamment les signes du zodiaque. Le poteau d'angle rappelle les 3 vertus théologales : la Foi, l'Espérance et la Charité (le pélican est le symbole de la charité chrétienne). On y verra encore des personnages de l'Ancien Testament, les 5 sens, les âges de l'homme, les anges musiciens, etc.

ÇA COINCE !

Un célèbre pilier trône sur la place de la Cathédrale, à l'angle de la rue Mercière. C'est un « Buchmesser » (mesureur de ventre). À partir du XVIe s, les membres du Conseil de la ville devaient passer entre le mur et la colonne pour évaluer leur embonpoint. Il faut dire que toutes les corporations avaient l'habitude de leur offrir ripaille.

À l'entrée de la rue Mercière *(zoom détachable C4-5)*, au nº 8, l'***ex-pharmacie du Cerf,*** ouverte en 1268 qui, jusqu'à sa fermeture en 2000, a été la plus ancienne en activité de France. Goethe la fréquenta en son temps. Le lieu abrite aujourd'hui une boutique éphémère spécialisée dans les objets d'artisanat. Belles voûtes gothiques, et quelques fresques murales (voir l'alchimiste qui mélange ses potions, en allant chercher des médicaments contre la toux).

Place du Château *(zoom détachable D4-5),* au sud de la cathédrale, s'élèvent le *palais Rohan* (et ses musées) et, à côté, un des trésors de Strasbourg, le *musée de l'Œuvre Notre-Dame* (infos et description plus bas). Collé à la cathédrale, au fond, le *lycée Fustel-de-Coulanges* (ancien collège des jésuites au XVIIIe s). Et depuis peu, un 5e Lieu...

Le 5e Lieu – Centre d'interprétation de l'architecture : *5, pl. du Château. ☎ 03-88-23-84-65. • 5elieu.strasbourg.eu • Tlj sauf dim 11h-19h (17h dim). GRATUIT (mais visite guidée et certains ateliers payants).* À 2 pas de la cathédrale (vue sublime depuis les étages !), ce lieu est une bonne introduction à la découverte de Strasbourg, « Ville d'art et d'histoire ». Très pédagogique, l'exposition permanente « Un voyage à Strasbourg » donne toutes sortes de clés pour comprendre la ville, son histoire, son urbanisme, son architecture... Outre cet espace muséographique de près de 1 000 m², on trouve à l'accueil un espace dédié à la promotion de la programmation culturelle. Festivals, expos, concerts, conférences, visites, spectacles, etc., vous trouverez tous les renseignements (ainsi qu'une billetterie !). Par exemple, des ouvrages en vente ou des fiches thématiques gratuites présentent des parcours dans différents quartiers de la ville ; ces focus sont autant d'occasions de s'aventurer un peu dans des lieux moins fréquentés par les touristes.

Le musée de l'Œuvre Notre-Dame – Arts du Moyen Âge *(zoom détachable D5)* ***:*** *3, pl. du Château. ☎ 03-68-98-50-00. • musees.strasbourg.eu • ♿ (partiellement). Tlj sauf lun et certains j. fériés 10h-18h. Entrée : 6,50 € ; réduc ; gratuit moins de 18 ans et pour ts le 1er dim du mois. Plan dispo à l'accueil et audioguide gratuit sur demande. Parcours pour les non- et malvoyants et jeux pour les enfants.*
C'est le grand musée des arts du Moyen Âge à la Renaissance. Il regroupe en particulier des collections provenant de la cathédrale romane puis gothique, dont il est en quelque sorte la mémoire vivante.
En tout, 42 salles.

Rez-de-chaussée
– ***L'art roman en Alsace :*** linteau de 1050, une des plus anciennes sculptures romanes d'Alsace. Très simple et décor stylisé d'arbres et animaux (évocation du paradis ?). Reconstitution d'une partie du cloître de l'abbaye d'Eschau du XIIe s. Coffres anciens. Voir la *Tête du Christ de Wissembourg,* du milieu du XIIe s. Base de colonnes avec personnages hybrides s'empoignant. Curieux.
– ***Les vitraux romans et gothiques :*** voir surtout l'*Empereur en majesté,* provenant de la période romane de la cathédrale. Pièce remarquable. Également 2 vitraux de la *Visitation* (Vierge et sainte Élisabeth), du XIIe s.
– ***La cour principale :*** restée quasiment en l'état ; avec consoles gothiques et Renaissance.
– ***La salle de la loge des maçons et tailleurs de pierre de la cathédrale :*** ancienne salle de réunion, réalisée comme le reste du bâtiment vers 1580 et couverte de peintures murales à motifs de grotesques. Une partie du plafond, dans un angle, présente une voûte dessinée à la fin de la Renaissance, mais de style gothique. Cette salle abrite quelques-unes des statues originales de la cathédrale, notamment celles du portail nord (Saint-Laurent) dont une superbe Vierge à l'Enfant.
– ***La salle des sculptures gothiques de la cathédrale :*** cette belle salle évoquant une chapelle abrite une partie de la statuaire du XIIIe s, placée là au début du XXe s dans un but de préservation. Ceux qui ont déjà fait la visite de la cathédrale reconnaîtront certaines pièces. Les 2 chefs-d'œuvre sont évidemment l'Église et la

Synagogue, qui flanquaient le portail sud. Élancées, déhanchées et au visage plein d'émotion, tout leur corps est sensuel et irréel à la fois. Si féminin et pourtant sans épaules ni poitrine. Étonnant de sensibilité. Le visage de l'Église, plus net, semble détenir la vérité. La Synagogue, yeux bandés, lance brisée, se détourne du « bon chemin ». Mais quelle grâce ! À voir encore, les Vierges sages et les Vierges folles, avec leur tentateur au dos couvert de crapauds et serpents. Les folles ont fait tomber leur lampe à huile, qui éclairait leur chemin. Voir le grand gâble du portail principal (lionceaux et êtres hybrides) et, juste en face, une reconstitution partielle de l'ancien jubé.

– Après un petit tour au jardin médiéval (fermé en hiver), où poussent plantes médicinales, aromatiques et d'agrément, on débouche après quelques marches dans 2 petites salles exposant des ***objets d'art*** et quelques autres œuvres d'orfèvrerie. À voir, entre autres, les tables de poinçons des orfèvres strasbourgeois.

2e étage : présentation des arts du XVe s

Dans l'escalier qui y mène, admirer au passage la fresque représentant la Dormition (sommeil éternel) de la Vierge.

– ***Vitraux alsaciens*** des XIVe et XVe s, provenant de différentes églises de la région. Voir notamment les œuvres de Peter Hemmel d'Andlau, qui domina cet art de 1447 à 1505. Son influence dépassa largement les limites de l'Alsace.

– ***Peinture et sculpture*** du XIVe au XVe s (ensemble de 6 salles) : le XVe s, c'est le siècle d'or de l'art alsacien. Superbe cadre (boiseries provenant d'une maison du XVe s). *Salle 23,* vous ne pourrez échapper au tableau des *Amants trépassés,* de 1470, où le couple mort est rongé par la vermine ; même dans la mort l'humain ne trouve aucun répit. Le recto de ce panneau présentait un couple de fiancés charmant. Dans la série, nous sommes bien peu de chose... *Salle 25,* découvrez l'une des merveilles du musée : *Sainte Madeleine et sainte Catherine,* de Konrad Witz (1444). Ce peintre bâlois d'origine souabe est considéré comme le plus grand représentant de la peinture allemande avant Dürer.

Sculptures de Nicolas Gerhaert de Leyde, originaire de Hollande mais qui exerça son talent à Strasbourg. 2 œuvres majeures : *Tête d'homme barbu au turban* et, surtout, *Buste d'homme accoudé.* Cette dernière démontre une admirable maturité dans le trait et une grande finesse (voir les doigts), ainsi qu'une puissante intériorité du personnage. Voir aussi la *Tête masculine à paralysie faciale,* qui exprime le goût du réalisme particulièrement exacerbé ici, et rare à cette époque. *Salle 26,* admirer le magnifique retable de saint Sébastien de 1520.

3e étage

Il est consacré à une collection unique d'une trentaine de dessins d'architecture médiévaux (l'un des ensembles les plus importants d'Europe). La salle de conservation permet de découvrir 4 d'entre eux, dont la fragilité contraint à limiter l'ouverture au public à 3h par semaine *(visites commentées dim à 11h sur inscription).* La salle d'interprétation, ouverte en permanence, présente l'ensemble de la collection sous forme numérique, tout en retraçant l'histoire et la technique des dessins, ainsi que l'univers des bâtisseurs de cathédrales. De là, redescendre.

1er étage

Une dizaine de salles qui proposent également leur pesant d'œuvres remarquables, essentiellement des XVIe et XVIIe s. À commencer par une pièce consacrée aux œuvres de Hans Baldung Grien, peintre humaniste, très grand portraitiste qui travailla avec Dürer. Voir *La Vierge à la treille,* où l'angelot facétieux pince les fesses de l'Enfant Jésus. Splendide salle décorée de bois et marquetée de style Renaissance des administrateurs de l'Œuvre Notre-Dame. Au fond, le cabinet de travail du receveur et la chambre forte des archives. Des pièces conservées dans leur jus. Avant de repartir, vous allez pouvoir admirer une riche collection d'armoires alsaciennes, fleuron de l'art strasbourgeois des XVIIe et XVIIIe s, ainsi que quelques natures mortes du peintre Sébastien Stoskopff (1597-1657).

*** **Le palais Rohan** (zoom détachable D5) : 2, pl. du Château. ☎ 03-68-98-50-00. ● musees.strasbourg.eu ● ♿ Tlj sauf mar et certains j. fériés 10h-18h. Entrée : 6,50 € ; réduc ; gratuit moins de 18 ans et pour ts le 1er dim du mois.

Un peu d'histoire

Un palais construit entre 1732 et 1742, à l'initiative du cardinal prince-évêque de Strasbourg, Armand-Gaston de Rohan-Soubise (fils illégitime de Louis XIV et d'Anne de Rohan-Chabot, pour ne rien vous cacher !). La réalisation du palais fut complexe : irrégularité et déclivité du terrain n'arrangent rien. Les plans de Robert de Cotte, 1er architecte du roi, reprenaient le concept des hôtels particuliers parisiens entre cour d'honneur et jardin (ici la terrasse sur l'Ill). Séduisante architecture visant à asseoir l'autorité ecclésiastique catholique, à impressionner les élites locales et à servir de propagande au génie architectural français. Imposante façade sur l'Ill avec sa colonnade corinthienne centrale, surmontée d'un fronton armorié. Beaucoup d'hôtes prestigieux, au fil du temps : Louis XV, Marie-Antoinette, Napoléon Ier, qui avait reçu le château en cadeau de la part de la Ville.
Aujourd'hui, le palais Rohan abrite 3 musées (prévoir du temps).

L'AFFAIRE DU COLLIER DE LA REINE

Louis de Rohan, évêque de Strasbourg, veut entrer dans les bonnes grâces de Marie-Antoinette, qui ne l'aime pas. Une intrigante, Mme de La Motte, suggère de lui offrir un somptueux collier. Rohan sert d'intermédiaire, s'endette considérablement. Énorme scandale qui rejaillit sur la reine elle-même ! Louis de Rohan fut emprisonné à la Bastille avant d'être absous par le Parlement et exilé en Auvergne.

Le musée des Arts décoratifs

Il occupe les ***appartements des cardinaux,*** au rez-de-chaussée, ainsi que les ***appartements royaux,*** dont l'ordonnancement est le même qu'à Versailles. Ils sont très représentatifs du goût français au XVIIIe s, même si la grande majorité du mobilier original fut dispersée à la Révolution. Strasbourg, à l'époque, est une ville riche et les arts décoratifs se portent au mieux, notamment dans le domaine de l'orfèvrerie, de la faïence et de la ferronnerie.

– Début de la visite par la ***salle du synode.*** C'est en quelque sorte l'entrée des appartements. Grandes vasques de marbre surmontées de décors évoquant le thème de l'eau, et personnages en stuc. Colonnes sculptées de trophées évoquant la chasse, la pêche et la musique et faux marbres peints. 2 tableaux animaliers d'Oudry. Puis le ***salon des évêques.*** Dans les panneaux, les vertus civiques qui remplacèrent les portraits en pied des évêques de Strasbourg (brûlés en 1793 quand l'édifice devint hôtel de ville).

– ***La chambre du roi :*** salle au riche décor rocaille. C'est là que dormit Louis XV en 1744. Marie-Antoinette y passa sa 1re nuit en France. Dans l'alcôve, 3 belles tapisseries du début du XVIIe s d'après des cartons de Rubens. Elles illustrent la vie de l'empereur Constantin. Les 5 autres de la série sont accrochées dans les salles suivantes. Décor rocaille. Tabourets et fauteuils d'origine.

– ***Le salon d'assemblée :*** lambris dorés qui mériteraient rénovation mais décor rocaille de belle facture. Plafond délicat, avec, aux angles, les 4 parties du monde. Tapisserie d'origine, tout comme les consoles.

– ***La bibliothèque :*** d'origine, ainsi que le parquet. Énormes portraits de Louis XIV et Louis XV. Toujours les tapisseries sur la vie de Constantin. Bibliothèque en acajou massif et copies de tableaux anciens, réalisées au XVIIIe s. La copie de tableaux anciens était très à la mode à l'époque et constituait un art en soi.

– ***La chapelle :*** astucieusement disposée au fond de la bibliothèque. Quand on avait besoin de place, on ouvrait les portes battantes entre les 2 salles, ainsi

la bibliothèque devenait nef et la chapelle se faisait chœur. Au sol, tapis d'Aubusson aux armes du cardinal. Murs recouverts de *scagliola,* mélange de stucs et de poudre de marbre.
– ***L'ancienne aile des écuries :*** plusieurs salles abritent une remarquable collection de faïences de la célèbre manufacture strasbourgeoise Hannong, fondée en 1721. Ce sont les seules porcelaines qui furent produites à Strasbourg et dans la région, et pendant une soixantaine d'années seulement. Car Sèvres, manufacture royale, ne supporta pas la concurrence et l'atteinte au monopole. Une barrière douanière ruina la faïencerie strasbourgeoise, qui ne manquait pourtant pas de créativité.
– ***La salle consacrée à l'horlogerie :*** on y trouve la 1re horloge astronomique de la cathédrale, ainsi que son fameux coq, un automate en métal et bois articulé, datant de 1350 environ. C'est tout simplement le plus ancien au monde connu à ce jour.
– ***Les salles d'orfèvrerie :*** somptueuses pièces d'orfèvrerie, d'argent et de vermeil, dont d'étonnants nécessaires de chasse ou de toilette en vermeil du XVIIIe s.
– ***À l'étage :*** également une émouvante sélection de ***jeux et jouets mécaniques,*** collection ayant appartenu au dessinateur Tomi Ungerer et qu'il légua à la Ville.
– ***Les appartements du prince-évêque, au rez-de-chaussée :*** dans la garde-robe, portraits de 3 des 4 cardinaux et vitrines de porcelaines. Voir ici le seul cabinet d'aisance des appartements. Cabinet de travail sous les princes-évêques, chambre à coucher de l'Empereur sous le Premier Empire. Chambre du cardinal. Beau canapé à confidents original. Dans l'antichambre, voir le cabinet d'époque Louis XIV.

ATTENTION AUX IMITATIONS !

Georges Strass, bijoutier strasbourgeois, eut l'idée de tailler de faux diamants à partir du cristal. La mode fut telle à la cour de Louis XV qu'il reçut le titre envié de joaillier du roi. Grâce à lui, certains nobles désargentés purent arborer des bijoux fantaisie. Il mourut très riche, et son nom est devenu un nom commun.

Le musée des Beaux-Arts
Au 1er étage du palais.

Intéressant ***panorama de la peinture italienne, française et hollandaise, de la Renaissance au XIXe s.*** La richesse des collections est due à une histoire mouvementée. Créée par Napoléon puis détruite lors de la guerre de 1870, une nouvelle collection fut constituée par Wilhelm von Bode, directeur des musées royaux de Prusse. Homme de goût, il achète italien, flamand et hollandais. Aucun français évidemment ! Les acquisitions de peinture hexagonale viendront plus tard.
Une 1re salle introductive présente quelques grands maîtres : Memling, Gérard David et, de Giotto, une *Crucifixion* (1320)...
– ***Peinture italienne :*** parmi les plus belles pièces, une *Vierge à l'Enfant* de Botticelli (milieu XVe s), et une autre de Lorenzo di Credi. De Raphaël, *Portrait de jeune femme,* réalisé avec une finesse inouïe et un superbe travail sur le turban. Du Corrège, voir *Judith et la servante.* C'est le 1er nocturne de la peinture italienne. De Véronèse, remarquable *Céphale et Procris,* sujet tiré des *Métamorphoses* d'Ovide. On y découvre encore des œuvres du Tintoret, du Titien, de Lotto, Donatello, Lippi, Sassoferrato... À signaler, un magnifique intrus dans ces salles vouées à la peinture italienne : un Greco (un Espagnol !) avec sa *Mater Dolorosa* (fin XVIe s) qui annonce l'allongement des visages qui caractérisera sa peinture, mais qui s'apparente davantage ici aux icônes byzantines.
– ***Peinture du Nord, Renaissance et maniérisme :*** ces salles réunissent pêle-mêle les peintures allemande, flamande, française. Pittoresque *Création du monde* (attribuée à Bocksberger) ; de Simon Vouet, *Loth et ses Filles,* où le père incestueux n'a plus l'excuse de la sénilité. Il enlace ses filles sans retenue. Une salle est consacrée aux suiveurs du Caravage, pas mal d'Italiens, forcément, mais, là encore, un Espagnol « égaré » mais exceptionnel : Zurbarán.

– ***L'Europe, le XVIIe s, la Grande Guerre :*** on y croise Tiepolo, Vouet, Le Guerchin, Rubens, Van Dyck, Jan Van Goyen et encore Jordaens... Impossible de manquer cet admirable triptyque du Maître des demi-figures (qui, pourtant, ne faisait point les choses à moitié !). Grande délicatesse des traits, paysages exquis. *Les Fiancés* est une des œuvres majeures de Lucas de Leyde. Philippe de Champaigne présente un excellent *Portrait du cardinal de Richelieu* : profil précis, net, sans fioritures. À voir aussi, *La Belle Strasbourgeoise* de Nicolas de Largillière, où tout le raffinement porté aux détails s'exprime ici pleinement, et le remarquable *Portrait de Bernardo Iriarte* de Goya. Après quelques salles consacrées aux natures mortes, dont un drôle de *Tableau d'oiseaux* (anonyme de l'école française) et une fascinante *Tourte au cassis* de Willem Claez Heda, on retrouve quelques grands noms de la peinture hollandaise du XVIIe s : Ruisdael, Jan Steen, de Witte, de Hooch...
– ***Le XIXe s, paysages :*** on verra dans ces 2 dernières salles, l'essentiel de la peinture française avec des œuvres de Fragonard, Delacroix, Rousseau, Chassériau, Corot *(L'Étang de Ville-d'Avray),* Courbet, Henner, et le défilé du bestiaire de bronzes par Barye...

Le Musée archéologique
Au sous-sol du palais Rohan. ♿ Expos temporaires souvent surprenantes.
D'importantes collections d'archéologie régionale illustrent plusieurs millénaires de l'histoire alsacienne, de la préhistoire (600 000 ans av. J.-C.) jusqu'à l'aube du Moyen Âge (800 apr. J.-C.). Vous pourrez y découvrir, entre autres :
– ***Du Paléolithique au Néolithique :*** la vie quotidienne des chasseurs de mammouths. Ossements d'animaux du Quaternaire, restes de rhinos laineux, de mammouths et outils en pierre fabriqués par les hommes du Paléolithique. Présentation du Mésolithique, avec le début de la domestication des animaux, le réchauffement de la planète (déjà !). Puis le Néolithique, avec les 1ers agriculteurs. Voir les outils en pierre, en os, polissoir en grès, céramiques, jarres de stockage, bijoux en coquillages.
– ***Les âges du bronze et du fer :*** riches sépultures de la protohistoire et sites de l'Alsace celtique, en particulier la reconstitution d'un char funéraire d'un prince celte.
– ***La vie en Alsace à l'époque gallo-romaine :*** lorsque Strasbourg-Argentoratum était un camp légionnaire sur le Rhin. Innombrables petits objets de la vie quotidienne : vases, lampes à huile, serrures, parures, peignes en os, fibules, jeux, etc. Reconstitution d'une maison romaine, avec ses fresques. Nombreuses stèles funéraires et votives, et sanctuaire du dieu solaire Mithra.
– Le ***sanctuaire du Donon*** permet d'appréhender la survivance des divinités gauloises et celtiques, souvent intégrées par les Romains.
– ***La civilisation mérovingienne :*** connue en Alsace surtout grâce aux armes, bijoux précieux (tombe de la princesse de Hochfelden, de la fin du Ve s), céramiques décorées, verreries retrouvées dans les nombreuses nécropoles du VIe au VIIIe s. Intéressant travail du métal. Les épées étaient tellement tranchantes qu'un seul coup pouvait fendre un crâne (celui présenté le prouve !). Casque mérovingien princier du VIe s.
– Le ***couloir central*** présente des stèles et des inscriptions funéraires ainsi que des sarcophages en pierre et en plomb.

BALADE AU CŒUR DU VIEUX STRASBOURG

Difficile de résister au plaisir d'une balade dans ce vieux Strasbourg qui a si joliment traversé les siècles, au cœur de cette « Grande Île » inscrite par l'Unesco sur la liste du Patrimoine mondial de l'humanité. Elle commence à la porte du musée historique de la ville de Strasbourg, lieu idéal, ludique et passionnant, pour prendre ses repères, avant de partir flâner dans le quartier.

*** **_Le Musée historique de la Ville de Strasbourg_** *(zoom détachable D5)* **:** *2, rue du Vieux-Marché-aux-Poissons. ☎ 03-68-98-50-00. • musees.strasbourg.eu • Tlj sauf lun et certains j. fériés 10h-18h. Entrée (avec audioguide) : 6,50 € ; réduc ; gratuit moins de 18 ans et pour ts le 1er dim du mois.* Ce vaste musée, installé dans l'ancienne grande boucherie, bel édifice du XVIe s, est une des plus remarquables machines à remonter le temps que cette ville éminemment culturelle a su mettre en place. Sa muséographie à la fois ludique, claire et précise permet d'appréhender l'histoire singulière de Strasbourg depuis le Moyen Âge, ville à la frontière de la France et de l'Allemagne qui conserva malgré la succession des régimes – Saint Empire romain germanique, couronne française, république, Empire allemand – sa prospérité économique et son rayonnement intellectuel.

La visite s'effectue en suivant un parcours audioguidé très bien conçu, habilement soutenu par une scénographie contemporaine et colorée s'adressant à tous les publics. Le discours s'appuie sur différents objets emblématiques pour développer telle ou telle thématique (l'émancipation de la ville, les corporations de métiers, la naissance de l'imprimerie...), mais laisse à chacun le loisir de s'attarder devant les nombreuses vitrines, ou de s'essayer à coiffer un casque médiéval !

Après les 1res salles, on grimpe quelques marches pour découvrir une des pièces majeures du musée : le plan-relief de la ville réalisé à la demande de Louis XV en 1727, qui mesure 11 m sur 7 m et rend compte de la topographie de la région au XVIIIe s. Une jolie présentation audiovisuelle retrace sa conception et son histoire. Posez-vous, reposez-vous, avant d'aborder la 2de partie, consacrée aux XIXe et XXe s. La période napoléonienne est notamment illustrée par quelques-uns des 60 000 soldats de papiers peints par les Strasbourgeois. La maquette du théâtre place de la République en 1821 s'avère une façon comme une autre de faire entendre la langue française. La révolution de 1848 voit l'adhésion des habitants aux idées démocratiques et républicaines. Et on découvre alors une ville à la croisée des chemins... par le rail d'abord, par voie d'eau ensuite, grâce aux canaux.

LES 1ers DROITS D'AUTEUR

Relation, *considéré comme le 1er journal imprimé de l'histoire, fut créé à Strasbourg en 1605 par Carolus. L'encre du journal à peine sèche, cet imprimeur s'est empressé d'adresser une pétition au conseil municipal de la ville, pour protéger son invention contre les reproductions !*

Le Strasbourg que l'on devine, casque aux oreilles, à travers des documents sonores souvent étonnants, est encore une ville provinciale dont les murs n'ont pas bougé depuis la fin du XVIIe s. Tout va changer très vite : guerre franco-prussienne, capitulation, et voilà Strasbourg sacrée capitale de la terre d'empire Alsace-Lorraine. Problèmes d'identité, de culture, posés intelligemment, auxquels chacun de nous peut répondre, dans sa tête, tout en continuant d'avancer dans le temps. On comprend mieux que par de longs discours comment l'agrandissement de la ville de plus des 2/3 avec ses quartiers regroupés désormais sous le terme « Neustadt » a changé le visage de Strasbourg.

1914-1944 : d'une guerre à l'autre, d'un chantier à l'autre, la ville continue de se développer. Mouvements de troupes, mais aussi mouvements de population, souvent mal compris vus de l'extérieur. Pour mieux comprendre les heurs et malheurs d'une ville frontière, le visiteur est invité à se pencher sur le destin de certaines villes sœurs auxquelles il ne pensait pas forcément.

Un beau musée au contenu très riche, où l'on passerait volontiers des heures, hors du temps. Avant d'avoir envie de se replonger dans le présent...

* **_La place du Marché-aux-Cochons-de-Lait_** *(zoom détachable D5)* **:** cette pittoresque place, où l'on venait acheter des porcelets, a à peu près conservé son visage d'autrefois. Belles demeures dont, au no 1, la seule en ville à galeries

extérieures. Construite en 1617 sur un rez-de-chaussée en pierre bien plus ancien. Sur le toit, une girouette en forme de chaussure, en souvenir d'une paire de bottes achetée ici même en 1414 par les dames de la ville à l'empereur Sigismond (arrivé à Strasbourg fourbu et crotté après un long voyage dans la neige). Au n° 8, maison de 1562. Élégantes fenêtres reposant sur des consoles à volutes.

Rue du Maroquin, maisons d'artisans aux n°s 27 et 29, avec fenêtres sculptées, et belle maison bourgeoise au n° 4 (partie prenante du musée de l'Œuvre Notre-Dame). Jeter un œil au n° 25 à l'immeuble décoré par Edgar Mahler, peintre contemporain qui a redécoré nombre de maisons dans l'esprit de la Renaissance.

La maison de Cagliostro *(zoom détachable D4)* **:** *12, rue de la Râpe.* Derrière le portail rococo de cette demeure de 1747 a vécu le célèbre comte de Cagliostro de 1780 à 1783. On se rappelle qu'il s'était acoquiné avec le cardinal de Rohan pour fabriquer soi-disant de l'or et qu'il fut impliqué dans l'affaire du collier de la reine. À côté, au 8, *rue des Écrivains,* jeter un œil sur l'élégant ancien hôtel de style Régence des Dames Nobles d'Andlau. Enfant, Gustave Doré habitait juste à côté, au n° 6.

Vous êtes à 2 pas de la ***place du Marché-Gayot*** *(zoom détachable D4),* créée en 1769 par l'abattage d'un ancien hôtel noble resté longtemps à l'abandon. Terrasses animées les soirs d'été.

La place Saint-Étienne *(zoom détachable D4)* **:** pas mal de charme, notamment grâce aux imposantes maisons à « l'Arc-en-ciel » aux n°s 11 et 12. Très jolie façade à colombages sculptés fin XVIe s, de style Renaissance, ainsi qu'une ouverture en anse de panier ciselée. Au n° 17, l'ancienne résidence des Böcklin von Böcklinsau fut édifiée en 1598. Façade large avec pignon Renaissance et 2 oriels (fenêtres en encorbellement) à l'allemande. Dans la cour, tourelle d'escalier (aujourd'hui, le bâtiment abrite le *F.E.C.,* avec son resto universitaire ; voir « Où manger ? »). En face, belle demeure à colombages et cornière d'angle sculptée. L'immeuble d'angle présente également de délicats colombages ciselés et une jolie console d'angle en pierre (genre sirène de proue de navire). Au n° 7, noble demeure de grès rouge, fenêtres avec masques, consoles de pierre, balcon en fer forgé.

La rue des Juifs *(zoom détachable D4)* **:** ancien axe est-ouest du camp romain. Lors de l'épidémie de peste de 1349, la communauté juive qui vivait dans ce quartier fut soupçonnée d'avoir empoisonné les puits. Elle fut chassée de la ville jusqu'en 1789 et n'eut plus le droit d'y séjourner la nuit. Peu de vestiges de sa présence, si ce n'est un bain rituel (le *miqvé*) datant des années 1200 (on y accède dans le cadre des visites guidées organisées par l'office de tourisme). Du 14 au 20, belle suite de demeures à colombages.

Continuez par la ***rue des Hallebardes*** qui prolonge la rue des Juifs. Au n° 31, maison bourgeoise avec un oriel de 1574 et console à voûte d'ogives. D'autres aux n°s 22 (de 1528) et 5 (de 1654).

Le quartier XVIIIe s : après 1681, la présence française s'affirme non seulement politiquement et militairement, mais aussi d'un point de vue architectural. Ça bâtit à tout-va, et le style XVIIIe s va devenir hégémonique sur une grande partie de la vieille ville. *Rue du Dôme (zoom détachable D4),* à l'angle de l'impasse du Tiroir, bel exemple de rococo strasbourgeois. Demeure de l'orfèvre Frédéric Spach. Beaucoup de têtes sculptées. En face, au n° 17, la maison du négociant Claude Sare (de 1753). Au n° 10, l'hôtel Livio (de 1789). Style néoclassique dans toute sa rigueur. En face, au n° 7, la demeure du maître maçon Joseph Gallay (de 1745). C'est lui qui sélectionna les pierres et matériaux pour le palais Rohan.

La rue Brûlée *(zoom détachable D4)* **:** peut-être dénommée ainsi parce que, à 2 pas, la rue de la Comédie rappelle qu'un théâtre s'y élevait et qu'il brûla plusieurs fois. Plus sûrement parce qu'il s'y déroula un pogrom des juifs qu'on avait rendus responsables de la peste.

Rue bordée d'élégants édifices du XVIIIe s (la plupart côté jardin). Au n° 2, l'ancien hôtel de Marmoutier (de 1747). Maison de ville de l'abbaye de Marmoutier à la monumentale façade aux éléments rococo. Au n° 9, le dos de l'hôtel de ville. Portail monumental orné de trophées. Dans la cour, élégante façade convexe, festival d'ouvertures. Au n° 13, hôtel du gouverneur militaire, de style Régence (1754). Porche imposant. Au n° 16, le luxueux hôtel de l'Évêché (1724), côté jardin (entrée principale rue du Parchemin). Enfin, au n° 19, hôtel de la Préfecture (1730), de styles Régence et rococo. Noter le fort beau portail côté jardin et l'élégante façade côté quai. Statue du préfet Adrien Lezay-Marnésia, administrateur éclairé qui créa la 1re École normale à Strasbourg, en 1811. Aux nos 8-10-12, rue des Charpentiers, belle série de demeures à colombages.

***La place Broglie** (zoom détachable C-D4) :* ancien marché aux chevaux et, jusqu'au XVIe s, aire de tournoi pour les chevaliers. Aménagée en 1740 par le maréchal de Broglie, alors commandant militaire de la place. Au milieu, le monument au général Leclerc (avec le serment de Koufra).
Au n° 1, immeuble style Art nouveau (1900). On notera ici l'adaptation de l'oriel (élément caractéristique de l'architecture strasbourgeoise) au décor Jugendstil. Au n° 12, maison Mogg et Capaun (1745) avec porche rocaille. Au coin, belle maison à colombages et encorbellement. En face, l'imposante façade de l'hôtel de ville. Construite en 1731 comme hôtel particulier dans un style Régence classique. À côté, l'hôtel du gouverneur militaire. Au bout de la place, le théâtre municipal (achevé en 1821).
Dans un angle de la place, face au théâtre, vestiges de l'ancien grenier à grains municipal de 1441. Initialement, il allait jusqu'au canal et abritait le blé de réserve en cas de famine. Aujourd'hui, annexe du théâtre. *Quai Schoepflin* (et *rue des Clarisses* ; *plan détachable D4*), la tour de dépôt d'artillerie, l'un des plus anciens édifices de Strasbourg (1200).
Au n° 25, *rue de la Nuée-Bleue (plan détachable C4),* l'ancien hôtel d'Andlau de 1731. Façade classique Régence avec oriel, comme à la Renaissance, fronton triangulaire ornementé et jolie série de lucarnes en oculus.

***L'église Saint-Pierre-le-Jeune** (zoom détachable C4) : sur la place du même nom. ☎ 03-88-32-41-61. Mars-oct, tlj 12h-18h ; nov et fév-mars, mer et ven-dim 12h-18h ; déc-janv, tlj 12h-18h ; visites de groupes sur demande.* Cette église luthérienne est une ancienne collégiale, fondée au VIIe s. De la période romane subsistent une partie du cloître (le seul existant à Strasbourg) et la base du clocher-porche. Le reste du cloître est de style gothique. Belle collection de pierres tombales. L'église est dotée d'un superbe jubé et de fresques datant du XIVe s, dont une réplique de *La Navicella* de Giotto.

***L'Aubette 1928** (zoom détachable C4) : 31, pl. Kléber. ☎ 03-68-98-50-00. • musees.strasbourg.eu • ♿ Mer-sam 14h-18h. GRATUIT (audioguide compris, pièce d'identité en caution).* Au XVIIIe s, le grand architecte Blondel entama la réalisation d'une prestigieuse place d'armes. Le projet ne fut pas mené à terme. Subsiste l'*Aubette,* ce long édifice de style néoclassique. Un ancien corps de garde (on y sonnait l'aube !) construit en 1765, partiellement reconstruit après un incendie lors du siège de 1870, avec adjonctions multiples (médaillons et noms de musiciens, etc.). L'aile droite abritait, à partir de 1928, un complexe de loisirs d'avant-garde (foyer-bar, ciné-dancing, salle des fêtes…) à la déco signée notamment Jean Hans Arp, Theo Van Doesburg et Sophie Taeuber-Arp. Déco d'ailleurs un peu trop innovante pour les nouveaux propriétaires, qui l'avait fait disparaître à la fin des années 1930. 2 campagnes de restauration ont permis de reconstituer une partie du décor d'époque (sur un seul des 4 niveaux d'origine) : vitraux, superbe escalier, fresques géométriques, meubles très utilitaires donnent une petite idée de ce que pouvait être cette « chapelle Sixtine de l'art moderne »…

La place Kléber *(zoom détachable C4)* **:** la place piétonne la plus connue de Strasbourg. Au milieu, la statue de Kléber, posée en 1840. Ses cendres sont dans un caveau en dessous. Quelques demeures intéressantes autour, notamment, au n° 30, la maison de l'orfèvre Imlin (de 1748), un des meilleurs exemples de rococo strasbourgeois.
À l'entrée sud de la place Kléber, au 33, *rue des Grandes-Arcades,* anciens magasins construits en métal et verre, avec éléments Art nouveau (de 1899).

À 2 pas, la ***place de l'Homme-de-Fer,*** rendez-vous de tous ceux qui prennent le tramway, puisqu'au croisement des lignes principales. Statue de l'Homme de fer, reproduction d'un hallebardier, ancienne enseigne d'armurier. Au n° 2, immeuble de 1750, mélangeant harmonieusement styles Régence et rococo.

La place Gutenberg *(zoom détachable C4-5)* **:** retour vers le quartier de la cathédrale par l'un des anciens centres économiques et politiques de la ville, ex-place du Marché-aux-Herbes. Au n° 10, la *chambre de commerce (Neue Bau),* de 1585, considérée comme le plus bel exemple d'architecture Renaissance en ville. Façade monumentale où l'on retrouve les 3 ordres qui se superposent. À l'intérieur, de belles voûtes gothiques. Noter également l'imposant toit percé de nombreuses lucarnes avec frontons à volutes.

DU PRESSOIR À LA PRESSE

C'est en voyant fonctionner un pressoir à vin à Strasbourg que Gutenberg eut l'idée d'inventer le nouveau procédé d'impression qui lui permit de produire 180 bibles en l'espace de 3 ans, alors qu'il fallait le même temps à un moine pour en recopier une seule.

Au centre de la place, la *statue de Gutenberg,* œuvre de David d'Angers. Érigée en 1840, pour le 4e centenaire de l'invention de l'imprimerie. Le génial inventeur (avec, bien sûr, une presse à côté) tient dans ses mains une feuille où est écrit : « Et la lumière fut. » Les bas-reliefs de bronze représentent, grâce aux écrivains, penseurs, musiciens et philosophes les plus connus de l'époque, les applications bienheureuses de l'imprimerie pour la diffusion de la pensée sur les 4 continents (l'Océanie étant à l'époque mal connue).

La rue des Tonneliers *(zoom détachable C5)* **:** au n° 23, s'attarder sur la maison dite « au Pigeon », de 1580. Beaux colombages au riche décor.

La rue des Serruriers *(zoom détachable C5)* **:** on y trouvait tous les métiers liés au fer : métalliers, forgerons, maréchaux-ferrants, fabricants d'étain...
– Au coin des rues de la Chaîne et des Serruriers, belle maison d'angle à colombages sur consoles de pierre. En face, au n° 17, oriel d'angle.
– Au n° 20, superbe *hôtel particulier du négociant Braun* (1746). Architecture classique assez rigoureuse (style Régence finissant). Peu de tape-à-l'œil, presque pas de décor, à part l'élégant balcon en fer forgé et les consoles de pierre sculptée.
– Au n° 29, l'« ancien poêle du Miroir », siège de la corporation des marchands, datant de 1757. Il abritait une salle de concerts où Mozart joua en 1778. Hautes baies ornées de têtes supposées symboliser les continents. À droite, on a bien reconnu l'Amérique, mais les autres ?

La rue de l'Épine *(zoom détachable C5)* **:** elle doit son nom au bel hôtel particulier situé au n° 9, qui appartenait à la famille Dorn (Épine, en v.f.). Porte ciselée et cartouche d'une grande finesse d'exécution au-dessus, avec le nom de l'hôtel. Au n° 11, maison bourgeoise (1731) avec toit brisé à la Mansart et portails de style Renaissance. Au n° 10, demeure d'artisan cuvelier (1740).

Prendre la ***rue de l'Ail*** *(zoom détachable C5).* Au coin, jeter un œil sur la maison basse à colombages et sa jolie cour Renaissance (ouverte car elle abrite un lieu animé, la *Pop'Artiserie*). Au n° 19, la *maison aux Trois Lièvres* (1735). Portail baroque à pilastres.

L'ancienne douane *(zoom détachable C-D5)* **:** *rue du Vieux-Marché-aux-Poissons et rue de la Douane.* Le quartier était le centre de la vie commerciale jusqu'au XIXe s (avec les activités portuaires). Cet entrepôt pour les marchandises en transit, taxées au passage, date de 1358 mais a été reconstruit après les bombardements de la 2de Guerre mondiale. Haut pignon crénelé. En face, 3 belles demeures : au 3, rue de la Douane, la maison Lauth du XVIe s, avec 2 oriels, et un pignon à architecture sophistiquée à volutes ; au n° 9, une maison du XVIIIe s, ainsi qu'au n° 13. Vous pourriez être tenté de passer sur l'autre rive. Patience, on ira !

L'ancienne Caisse d'épargne *(zoom détachable C5)* **:** *pl. Saint-Thomas.* Superbe et imposant édifice, typique du Strasbourg impérial allemand. Construit en grès rouge dans un style assez élaboré (1904).

L'église Saint-Thomas *(zoom détachable C5)* **:** *pl. Saint-Thomas (et rue Martin-Luther). ☎ 03-88-32-14-46. Avr-oct, tlj 10h-18h ; fév-mars et nov-déc, tlj 10h-17h. Fermé janv-début fév. Dim mat, réservé aux offices. Visite guidée sur demande.* La plus grande église de Strasbourg après la cathédrale. Construite à partir du XIIe s, succédant à quelques ouvrages romans, c'est une église-halle (nef et collatéraux de la même hauteur). « Cathédrale luthérienne » dès 1524.
Elle contient le mausolée du maréchal de Saxe, œuvre particulièrement grandiloquente du sculpteur Pigalle. Le vainqueur de la bataille de Fontenoy (1745) marche d'un pas assuré vers un tombeau ouvert par la Mort, avec, derrière lui, une pyramide, symbole de l'immortalité, tandis que la France tente de repousser la Mort. À noter que les vitraux médiévaux ont été enlevés (ils sont au musée de l'Œuvre) à la demande du sculpteur, qui ne voulait pas que le regard soit détourné de son œuvre, justement. Seuls demeurent, à gauche du tout petit orgue (sur lequel répéta Mozart en 1778), un petit vitrail rond du XIIIe s figurant un pélican et, à droite, un minuscule panneau avec un Christ en croix (intégré en bas d'un grand vitrail du XIXe s). Et, à propos d'orgue, on y découvre surtout l'orgue *Silbermann,* bien connu car Albert Schweitzer y joua pour financer son projet d'hôpital à Lambaréné (Gabon).

BALADE AUTOUR DE LA PETITE FRANCE

Depuis la place Saint-Thomas (voir itinéraire précédent), on peut aisément rejoindre la Petite France avant de revenir vers le centre ancien par la Grand-Rue (après un détour pour découvrir 2 musées parmi les plus originaux de la ville).

La rue des Dentelles *(zoom détachable B5)* **:** *porte d'accès à la Petite France.* Au n° 10, belle demeure de tanneur à colombages sculptés et cartouche daté (1575). Au n° 9, ancien *hôtel de Rathsamhausen* (1587). Grande porte charretière donnant sur une cour carrée, flanquée de part et d'autre par les tourelles de 2 escaliers à vis. Sur l'arche, côté cour, les signatures des tailleurs de pierre.

La Petite France *(zoom détachable B5)* **:** le quartier le plus célèbre de Strasbourg. Ici, l'Ill se divise en 5 bras, ce qui permit la construction de moulins et l'installation de tanneries. Ancien quartier des tanneurs, pêcheurs et meuniers donc, qui, bizarrement, a été épargné par les vicissitudes de l'Histoire : vieilles demeures de charme se mirant dans les eaux d'une petite Venise

UN PRÊTÉ POUR UN RENDU

L'origine de la dénomination « Petite France » est insolite. Elle provient du « mal français », cette maladie vénérienne que les soldats mercenaires strasbourgeois de François Ier avaient rapportée des campagnes d'Italie et qu'ils faisaient soigner dans un hôpital surnommé « Zum Französel » *(« À la Petite Française »). Est-ce par vengeance que la syphilis était plutôt appelée en France « mal de Naples » ?*

de l'Est, écluses, saules pleureurs, cygnes, recoins secrets, etc. Éminemment touristique, ça va de soi, mais choisissez d'y errer à certaines heures : les matins y sont particulièrement lumineux et les nuits romantiques à souhait.

La rue du Bain-aux-Plantes *(zoom détachable B4-5)* **:** l'incontournable ! Son nom rappelle qu'elle a longtemps abrité le quartier des tanneurs, dont les anciennes demeures sont toujours bien présentes. Renaissance, à colombages et encorbellement, elles se caractérisent également par un toit supplémentaire, largement ouvert (longue lucarne) pour le séchage des peaux. Au nº 33, bel exemple d'immeuble d'angle avec la rue du Fossé-des-Tanneurs ; 3 étages à encorbellement. Au nº 42, en face, maison dite des Tanneurs, de 1572, l'une des plus pittoresques. À côté, au nº 40, oriel sur rue et galerie sur l'Ill. Au nº 27, la maison Henri-Haderer, de 1591 comme indiqué sur la pierre en coin (bien que le portail soit marqué 1663). À côté, au nº 25, la maison dite *Lohkäs,* du nom alsacien du tanin qui, récupéré après le séchage des peaux, était transformé en combustible bon marché.

Une curiosité : au 4, *rue des Cheveux,* une jolie bâtisse rococo avec blason du XVIIIe s. Elle fut démontée en 1840 suite à une opération immobilière dans un autre quartier et remontée ici. À vous de découvrir les autres, **_rue des Moulins,_** le long des quais et des ruelles finissant dans l'eau. En particulier au 1, rue des Moulins, demeure présentant des colombages très décoratifs en forme de croix de Saint-André. Les maisons avec double encorbellement sont rares, très rares, on en trouve une ici (nº 2). Puis accès au pont du Faisan. À droite, au 6, rue des Moulins, on passe sous une voûte pour faire une petite balade au bord de l'Ill.

Les ponts couverts *(zoom détachable B5)* **:** autre image célèbre. Ces 3 tours du XIIIe s, vestiges des anciennes fortifications, semblent continuer à monter la garde à l'entrée de Strasbourg. Des passerelles en bois recouvertes d'une large toiture sont à l'origine du nom. En 1863, des ponts en pierre les remplacèrent. Les tours servirent d'hôpital et de prison. Plus loin, une 4e tour, quai de Turckheim, était appelée « tour du Bourreau ».

Le barrage Vauban (zoom détachable B5) **:** *passage ouv tlj 6h-21h ; terrasse panoramique accessible tlj mai-août, 7h15-21h ; hors saison, 8h-19h (8h30-16h nov-fév).* Long bâtiment jeté sur toute la largeur de l'Ill. Édifié entre 1686 et 1700 sur des plans de Vauban. En cas d'attaque, il permettait, en fermant les vannes, d'inonder le front sud de la ville pour le rendre inaccessible à l'ennemi. Terrasse panoramique d'où l'on possède une des plus belles vues sur la Petite France. Sur le côté du barrage s'élève l'architecture moderne de l'hôtel du Département. À gauche du barrage, les vestiges de l'ancienne *commanderie des Chevaliers de Saint-Jean de Jérusalem,* du XVIe s, devenue prison, et désormais le siège de l'INSP (Institut national du service public), ex-ENA.

Le musée d'Art moderne et contemporain de Strasbourg *(MAMCS ; zoom détachable A5)* **:** *1, pl. Hans-Jean-Arp (parking Sainte-Marguerite). ☎ 03-68-98-50-00. Tlj sauf lun et certains j. fériés 10h-18h (nocturnes à l'occasion de certaines manifestations). Fermé lun et certains j. fériés. Entrée : 7 € ; réduc ; gratuit moins de 18 ans et pour ts le 1er dim du mois.* Le musée d'Art moderne occupe un imposant bâtiment en verre et granit rose réalisé par Adrien Fainsilber. Fort de son espace (environ 5 000 m² de salles d'exposition), il propose une large collection couvrant l'art moderne et contemporain de 1870 à nos jours, enrichie par d'importants dépôts de particuliers, mais aussi du musée d'Orsay, du Centre Georges-Pompidou, ainsi que du Fonds national d'art contemporain.

L'actuel accrochage présente près de 200 œuvres, datées de 1870 à 2016, qui dialoguent dans cette nouvelle présentation, intitulée *Joyeuses frictions.* La 1re salle est emblématique : elle fait se rencontrer une Nana épanouie et voluptueuse de Niki de Saint Phalle avec une nature morte et colorée de Paul Gauguin. L'art

moderne et l'art contemporain sont ainsi associés sur les 2 niveaux du musée, pour témoigner de préoccupations artistiques déterminantes nées au XIXe ou au XXe s. On découvre, par exemple, une section consacrée à la touche avec des tableaux de Monet, de Signac, de Gontcharova et des œuvres plus récentes de Bertrand Lavier. Les artistes importants de la collection ont donné le ton à certaines des 12 sections. Les 2 Strasbourgeois les plus connus, Gustave Doré, avec son monumental tableau *Christ quittant le prétoire,* et Hans Arp, ont fourni au thème du sacré ou de l'informe les œuvres les plus marquantes. On retrouve Pablo Picasso et Auguste Rodin dans la section *Nu, corps et nudité,* alors qu'une sélection d'œuvres de François-Rupert Carabin est réunie après une importante donation. Et une des grandes salles de l'étage accueille une bête gigantesque, mécanique, mobile et à l'humour grinçant : *L'Araignée* d'Alain Séchas, aussi appelée *Les Riches, le retour.* Tout aussi spectaculaire, le *Torso* de Didier Marcel (sculpture grandeur nature moulée sur un platane bicentenaire) clôt le parcours d'une salle intitulée « Histoires naturelles ».
De nouveaux espaces de médiation et de pratiques créatives, comme le Studio et les salles parenthèses, offrent un regard décalé sur la collection. Quant à ExpériMAMCS, il s'agit d'un parcours expérimental original : on y découvre le corps et la matière sous toutes les formes, on déplace des objets et on devient le sujet d'une performance filmée.

Art Café : *1, pl. Jean-Hans-Arp. ☎ 03-88-22-18-88. • artcafe@mamcs.com • Mar-dim 12h-14h, 19h-22h. Plat du jour le midi en sem 13,50 € ; formule déj 19,90 € ; brunch dim 24 €.* Stratégiquement situé à l'étage du musée, un bel espace très design, évidemment. Grande fresque d'Aki Kuroda, immenses baies vitrées, grande terrasse et belle vue sur le quartier de la Petite France et la cathédrale. Petite restauration colorée dans le ton maison.

Le château Vodou *(hors plan détachable par A5)* **:** *4, rue de Koenigshoffen. ☎ 03-88-36-15-03. • chateau-vodou.com • Mer-dim 14h-18h. Entrée : 14 € (audioguide compris) ; réduc. Expos temporaires.* À 5 mn du MAMCS, dans un quartier n'incitant pas vraiment à la flânerie, voilà un musée privé hors normes à tous points de vue. Le lieu : un château d'eau construit sous la domination allemande, entre 1878 et 1883, massif, octogonal. Il servait de réservoir pour les locomotives à vapeur, et les employés pouvaient prendre un bain au 1er étage.
Un lieu entièrement réhabilité pour accueillir la collection de Marc Arbogast, ancien patron de la brasserie Fischer-Adelshoffen, qui s'est passionné, pendant un demi-siècle, pour l'Afrique de l'Ouest en général et l'ancien royaume du Dahomey (l'actuel Bénin) en particulier, foyer originel du vaudou avec son voisin le Togo. Collection exceptionnelle (la plus importante d'objets vaudous au monde), qui ne se limite pas à de grandes sculptures anthropomorphes, mais restitue bien l'univers de cette culture, de cette religion dont on a souvent une vision assez négative, nourrie par un imaginaire provenant des films hollywoodiens.
Sur les 1 100 objets de la collection, seuls 250 sont présentés, par thèmes, au travers d'une muséographie sensible (et les commentaires de l'audioguide sont passionnants). On plonge dans le panthéon vaudou, avant de pouvoir entrer dans le monde des secrets, au 2e, et de partager la danse des revenants Egunguns et leurs chatoyants costumes, au 3e étage.

L'église Saint-Pierre-le-Vieux *(zoom détachable B4)* **:** *pl. du même nom et rue du 22-Novembre.* Construite du XIIe au XVe s, elle devint protestante au moment de la Réforme. Louis XIV attribua le chœur aux catholiques après la prise de Strasbourg. Au XIXe s, une nouvelle église de style néogothique consacrée au culte catholique fut construite tout à côté de la 1re. À l'intérieur de l'église protestante *(visible normalement jeu-ven 9h-12h),* beau jubé du début du XVe s en pierre sur voûtes ogivales et surmonté d'une balustrade flamboyante. Traces de fresques du XVe s. Tribune de 1607 couverte de petites scènes peintes racontant la vie de Jésus. Dans l'église catholique, panneaux peints du XVe s dans le chœur et le transept droit.

La Grand-Rue *(zoom détachable B-C4-5)* **:** depuis le Moyen Âge, elle est restée la grande rue commerçante de Strasbourg. Un des grands axes de circulation (aujourd'hui piéton) de la ville, qui suit toujours le tracé gallo-romain.
– Aux nos 4, 6 et 8, 3 superbes demeures à colombages. Au no 4, la *maison du Chasseur Magique* (XVIIe s). Au no 6, maison marquée 1614, encadrement de fenêtre ciselé et consoles ornées de feuilles d'acanthe. Celle du no 8 est une maison d'artisan avec des colombages encore plus travaillés. Au no 58, élégante maison bourgeoise de style rococo strasbourgeois (XVIIIe s). Beau travail de fer forgé sur les balcons. Noter une curiosité : la richesse ornementale de la façade décroît du 1er au 3e étage (balcons et encadrements de fenêtre). Au dernier étage, les têtes ont même disparu. Beau jeu des courbes, façade harmonieuse.
Au no 80, immeuble du XVIIIe s qui abrite depuis sa construction une pâtisserie. Remarquer les bretzels (tenus par des lions) qui ornent le balcon en fer forgé. Au no 65, ancienne maison à colombages dont la façade fut totalement transformée au XVIIIe s pour des raisons de standing social. Le reste de la maison, côté rue de l'Argile, a cependant conservé son aspect médiéval.
Au no 88, imposante bâtisse de 4 étages à colombages (de 1720). Ce sera l'un des derniers édifices à pans de bois de la ville (lion en pierre à l'angle). En face, maison à arcades et haut pignon. Au no 79, l'ancien hôtel du négociant Ferrier, habitation de l'historien Fustel de Coulanges de 1860 à 1870. Fort élégant immeuble reconstruit au XVIIIe s. Orné de hauts pilastres à chapiteaux corinthiens et de belles ferronneries. Noter le charmant mouvement en vague de la façade qui rompt la monotonie.
On continue à longer cette rue pour découvrir, au no 120, l'ancien hôtel des Zorn de Bulach au spectaculaire oriel (balcon en forme de bow-window).
Au no 126, s'élève un vaste hôtel de 1765 de style rococo strasbourgeois. Rouget de Lisle y aurait habité en 1792. Au 1er étage, splendide balcon en fer forgé, tout en arabesque, avec un fin décor végétal. Au no 117, adorable demeure d'angle à colombages et encorbellement, encore soutenu par de rugueuses consoles de bois. Remarquer la pierre avec 1549 et une rose. C'était l'enseigne d'une boulangerie : *À la Rose.* Fin de l'itinéraire Grand-Rue au no 134. *Maison à la Chaîne* de 1522. Elle abrite, depuis 1649, une brasserie : *À la Chaîne d'Or.*
– Reprendre la rue Gutenberg et longer la rue du Vieux-Marché-aux-Poissons (voir plus haut) pour revenir au départ du circuit. Il suffit ensuite de passer le pont (celui du Corbeau, ou le pont Saint-Nicolas) pour rejoindre la Krutenau et le Finkwiller.

LES QUARTIERS DE LA KRUTENAU ET DU FINKWILLER

Le quai Saint-Nicolas *(zoom détachable C-D5)* **:** bordé de belles demeures Renaissance et XVIIIe s. Appelé jadis le « quai des Seigneurs », car de nombreux nobles y demeuraient. Miraculeusement, il a conservé ce « non-alignement » qui fait le charme des vieilles villes. Au no 24, maison dite « au Sanglier », de 1528, avec oriel et console Renaissance. Au no 23, édifice de 1603 (qui abrite, comme son voisin, le Musée alsacien, voir ci-après). Au no 22, immeuble « Jugendstil sage » de 1907. Au no 20, ancienne maison Dietrich. Rez-de-chaussée du XVIe s. Colombages et oriel du XVIIIe s richement ornés (tête sur le côté). Le propriétaire était Dominique de Dietrich, créateur de la célèbre fonderie. Au no 16, maison de 1575 ayant appartenu à un tailleur (armoiries au-dessus du portail). C'est l'une des plus pittoresques avec ses encorbellements et colombages à croisillons. Au no 9, l'*église Saint-Nicolas* (saint patron des bateliers), construite au XIVe s et qui a connu Albert Schweitzer comme pasteur. Large toit à très forte pente percé de 3 étages de lucarnes. Au nº 8, noble petit palais (1737, de style Régence) et, au nº 7, ancien hôtel Franck (1759), à la façade ciselée (mélange des styles Régence, rococo et baroque) avec un grand balcon. C'est là qu'habitait le banquier Jacques-Philippe Franck, qui, dit-on, hébergea Mozart durant 3 semaines en 1778. Il y tenait également salon et recevait de nombreux artistes, écrivains et savants.

🔭🔭🔭 ***Le Musée alsacien*** *(zoom détachable D5)* **:** *23-25, quai Saint-Nicolas. ☎ 03-68-98-50-00. • musees.strasbourg.eu • Tlj sauf mar 10h-18h. Entrée : 6,50 € ; gratuit moins de 18 ans et pour ts le 1er dim du mois.* Remarquable musée d'arts et traditions populaires, vieillissant mais sympathique. On y trouve le meilleur du patrimoine rural, abrité dans des demeures bourgeoises du XVIIe s, pleines de charme, qui étaient situées face au port de l'époque. Pittoresque parcours où l'on traverse de belles cours à galeries de bois sculpté. Et où l'on remonte le temps, sourire aux lèvres.

Petit tour de chauffe pour tout savoir, d'entrée, sur les colombages extérieurs, le ***système de chauffage*** d'une maison alsacienne, avec ses poêles en faïence et en fonte, et son ***mobilier polychrome*** aux décors floraux qui témoignent de l'influence de l'Europe centrale. Bel intérieur bourgeois du XVIIe s provenant d'une maison vigneronne d'Ammerschwir, particulièrement cossue et confortable. Cuisine traditionnelle avec sa grande hotte qui rassemblait toutes les fumées et communiquait avec les étages supérieurs où l'on en profitait pour fumer les viandes. Puis salle des céramiques avec des ***poteries*** de *Betschdorf* (grès gris à décor bleu) aux décors originaux, des moules à gâteaux...

Tous les ***grands moments de la vie*** sont ensuite évoqués, des chaises d'accouchement et du berceau de baptême aux stèles funéraires en bois, en passant par les robes de communion et le trousseau de la mariée, avec les taies d'édredon en kelsch (tissu à carreaux bleus et rouges). Les 3 confessions de la région sont aussi présentes : ex-voto catholiques, estampes protestantes, objets cultuels juifs...

On traverse une galerie présentant une insolite série de ***dégorgeoirs de moulin*** en forme de masques prophylactiques pour éloigner les mauvais esprits... Et on se retrouve, à l'arrière du bâtiment, en train d'admirer la taille des nœuds des costumes traditionnels, avant de s'intéresser aux jouets et traditions de Noël. Une porte à pousser et on se retrouve dans une ***stub*** paysanne : le coin chambre (l'alcôve avec le lit à ciel), le coin du père avec un petit casier contenant la Bible (et le... schnaps) et le coin du Bon Dieu avec le crucifix.

Dans la cave, l'incontournable tonnellerie, avec les gros tonneaux aux bois sculptés (les verrous de fûts sculptés évoquent des monstres marins). Pressoir du XVIIIe s et objets liés à la viticulture, En remontant, l'atelier du forgeron est toujours là, dans la courette, avec tout son matériel... et ses croix tombales en fer forgé.

🔭 Depuis le quai Finkwiller *(zoom détachable C5)*, beau panorama sur l'autre rive et l'imposant édifice du séminaire protestant (de 1772) ***quai Saint-Thomas.*** Austère, massif, toiture à combles brisés, avec les tours de grès rouge qui se découpent derrière. Le pont Saint-Thomas, qui traverse l'Ill ici, fut réalisé en fonte par les frères de Dietrich (1841).

🔭 ***L'ancien Hôtel du Dragon*** *(zoom détachable C5)* **:** *3, quai Charles-Frey.* Édifice de style néo-Renaissance germanique tardive, construit en 1895. Façade abondamment sculptée. C'est de l'impérial plutôt costaud. On n'hésita cependant pas à détruire un hôtel du XVIe s, quelque peu décrépit, où dormit Louis XIV en 1681, pour édifier cette école. Tous les moyens, semble-t-il, étaient bons pour accélérer la germanisation et affirmer aussi le nouveau pouvoir allemand sur le plan architectural. Remords tardif ou cynisme délibéré : ce cartouche sur l'angle de la façade avec une représentation de l'hôtel détruit. À l'angle, saint Georges terrassant le dragon. Aujourd'hui lycée professionnel (représentation d'outils au-dessus de la porte).

***La place de l'Hôpital et l'hôpital** (plan détachable C5-6) :* la place est dominée par une haute tour du XIIIe s (porte de l'Hôpital), rare vestige de l'ancienne enceinte de la ville. Sur le côté extérieur de la tour, *Crucifixion* du XIVe s. Au n° 1, chapelle Saint-Erhard du XVe s, qui servit de salle d'anatomie à l'hôpital au XVIIIe s. C'est sur sa gauche que se trouvait l'entrée de la salle de dissection de l'hôpital (Goethe étudiant venait assister à des cours). Une ouverture permettait d'y jeter les cadavres non réclamés par les familles (noyés, suicidés, condamnés à mort). Les 1res dissections publiques ont eu lieu en 1490. À droite de la chapelle, on entre dans l'hôpital par l'une ou l'autre d'une des 3 portes en arcade.

LA MÉDECINE DES ODEURS

Au XIXe s, on repérait les maladies par leur odeur : viande avariée pour la fièvre jaune, pain chaud pour la typhoïde ou poulet grillé pour la rubéole. Une technique bien peu efficace. Et pourtant, aujourd'hui, certains chiens repèrent le cancer de la vessie ou certains cancers de la prostate en reniflant l'urine.

Avant d'entrer dans l'hôpital, jeter un œil sur l'angle du long bâtiment à gauche (à hauteur du 1er étage). On y distingue une protubérance ronde bizarre : c'est, dit-on, un sein laissé en ex-voto par une malade pour une guérison (une tumeur probablement). Elle figurait déjà sur les gravures montrant le bâtiment avant le grand incendie qui détruisit une partie de l'hôpital et a été réinsérée dans le nouvel édifice lors de la reconstruction de 1717.
Large toiture traditionnelle avec nombreuses lucarnes sur 4 rangées et gargouilles Renaissance (tout au bout, clocheton à lanternon qui abrite la cloche de l'hôpital). En vis-à-vis, le long bâtiment de la vieille pharmacie, avec arcades et encorbellements. Elle date de 1537 (non visitable). À la fin du XVe s, c'est dans cet hôpital qu'est établi en Occident le plus ancien règlement de sages-femmes connu et qu'est rendue officielle l'obligation d'avoir un médecin de garde. Enfin, en 1528, Jean de Gersdorff y publie un important traité de chirurgie, bien avant celui d'Ambroise Paré, chirurgien d'Henri IV. Mais c'est ce dernier qui restera dans l'histoire !

***La cave historique des hospices de Strasbourg** (plan détachable C5) : 1, pl. de l'Hôpital. ☎ 03-88-11-64-50. Entrer dans l'hôpital, longer le 1er bâtiment, prendre le 1er passage sur la gauche, puis tourner à gauche à nouveau (c'est fléché). Lun-ven 8h30-12h, 13h30-17h30 ; sam 9h-12h30. GRATUIT (audioguide parfois dispo, se renseigner : 3 € et pièce d'identité en caution).* Fondées en 1395, les caves des hospices sont un remarquable exemple d'architecture médiévale, 2 longs vaisseaux séparés par des colonnes de pierre. Au sol, dalles de grès rose d'origine (7 siècles après, les joints sont intacts).
Pour les amateurs de vin, vrai musée et superbe conservatoire de la tonnellerie. Certains tonneaux montrent des sculptures et des barres joliment ciselées, avec nom du vigneron et parfois du tonnelier. Le plus grand (de 1881) contient 26 700 l. Et les plus vieux datent de 1519, 1525 et 1472. Ce dernier contient encore du vin d'origine, ce qui en fait, dit-on, le plus vieux du monde ! Dans une niche de la cave, possibilité d'admirer une fiole de ce précieux vin et sa belle couleur ambrée. Il ferait encore 7,5° ! Tout au fond, un vénérable pressoir de 1727. Il y a une vingtaine d'années, des fûts historiques furent réparés et rénovés pour pouvoir perpétuer la tradition des hospices. Une quarantaine

IN VINO TRANQUILLITAS

La vente du vin des hospices permettait d'offrir les soins aux indigents. À l'époque, les 2 grands remèdes étant la prière et le vin ; un seul avait une petite efficacité. L'ivresse calmait la douleur tout en favorisant le sommeil. Et redonnait un peu le moral. Les malades avaient droit à 2 L par jour sans perdre de points.

de vignerons confièrent alors leurs meilleurs vins pour qu'ils soient vinifiés à l'hospice. La mise en bouteilles est effectuée sur place, ainsi que leur mise en vente. On trouve également dans la boutique une intéressante sélection de vins de toutes régions. Petite caractéristique du vin des hospices (comme à Beaune) : les bénéfices sont aujourd'hui encore réinvestis dans l'achat de matériel médical pour l'hôpital.

Le pont du Corbeau *(zoom détachable D5)* **:** s'appelait aussi le pont des supplices. C'était le lieu d'exécution par noyade des infanticides, parricides et femmes adultères (il y a comme une disparité dans les fautes !). Cousus dans des sacs, ils étaient balancés par-dessus le pont. Les condamnés à des peines moins graves (vols, blasphèmes, etc.) étaient plus simplement enfermés dans des cages en fer et plongés quelques instants dans les eaux nauséabondes, chargées des immondices de la grande boucherie voisine.
À l'angle gauche de la place du Corbeau et de la rue d'Austerlitz, un obus est resté depuis 1870 fiché dans un coin d'immeuble.

Le quai des Bateliers *(zoom détachable D5)* **:** au Moyen Âge, y vivaient et travaillaient les fabricants de bateaux, les pêcheurs et, naturellement, les bateliers. Pittoresque alignement de demeures qui ne plaisait cependant pas aux locataires du riche palais Rohan en face. Au point que, lors de la visite du roi Louis XV (en 1744) et de la reine Marie-Antoinette (en 1770), ils firent cacher les façades du quai des Bateliers par de grandes toiles en trompe l'œil représentant des façades plus élégantes ou les jardins de Schönbrunn.

La cour du Corbeau *(zoom détachable D5)* **:** *1, quai des Bateliers.* Entrer dans la cour pour admirer cet ensemble architectural unique en bois sculpté. Galeries, tourelles d'escalier, fenêtres plombées. Beaucoup de charme, de quoi rêver aux grandes heures de l'*Hostellerie du Corbeau* qui fonctionna de 1528 jusqu'au milieu du XIXe s (trop loin de la gare, elle cessa son activité, victime du chemin de fer). Un lieu chargé d'histoire que des têtes bien pleines ou des têtes couronnées voyageant incognito honorèrent de leur présence. On dit même que Mozart y dormit une nuit également, mais dut vite en partir et accepter l'hospitalité d'un riche ami (au 7, quai Saint-Nicolas), parce qu'il était totalement fauché à l'époque. Aujourd'hui, c'est un hôtel chic qui a pris possession de ces lieux.

Petite promenade agréable dans les ruelles du quartier : rue Sainte-Madeleine, rue des Couples (au n° 9, le *Kuppelhof,* bel hôtel rococo de 1762), jusqu'à la tranquille ***place des Orphelins.*** C'est du 23, rue des Orphelins, le 30 octobre 1836, que partit la 1re tentative de coup d'État bonapartiste du futur Napoléon III contre le roi Louis-Philippe. Tentative lamentable qui n'impliqua finalement qu'un seul régiment de Strasbourg et qui, bien sûr, échoua. Le roi écrasa l'affaire et se contenta d'exiler Louis Bonaparte au Brésil... Cela ne l'empêcha pas de récidiver 4 ans plus tard dans le Pas-de-Calais, mais ça, c'est une autre histoire.

L'église Sainte-Madeleine *(zoom détachable D5)* **:** *sur la place du même nom. Rarement ouverte...* Du XVe s, elle a été reconstruite en 1910 et n'a conservé que son chœur gothique. Jean Calvin y prononça ses 1ers sermons, et l'église fut ensuite le 1er lieu de culte réformé en langue française au monde. C'est ici que, en 1849, se maria Louis Pasteur, alors jeune professeur à la faculté des sciences de Strasbourg. On y trouve quelques fresques médiévales. Derrière l'église, rue du Fossé-des-Orphelins, une surprise : des vestiges du rempart de la ville du XIIIe s avec ses larges créneaux. Encadré par 2 édifices de style néo-alsacien. L'élégante voûte Renaissance (1576) au centre est une pièce rapportée. À 2 pas, à l'angle des rues Modeste-Schickelé et des Trois-Gâteaux, un « grenier d'abondance », réserve à grains du XIVe s (modifié à la Renaissance).

La rue de la Krutenau et la rue de Zurich *(plan détachable E5)* **:** ici persiste une certaine vie de quartier. Vieilles boutiques, cafés ouvriers et immigrés. La rue de Zurich, ancien canal recouvert, rappelle la solidarité des Zurichois venus

secourir Strasbourg en 1870. Autre témoignage, la *fontaine des Zurichois,* place du Pont-aux-Chats. Édifiée en style néo-Renaissance en 1884 pour commémorer le fameux voyage que ces Zurichois effectuèrent en 1576 de Zurich à Strasbourg, ville alliée... en 17h seulement, empruntant 4 rivières (la Limmat, l'Aar, le Rhin et l'Ill). Pour démontrer la rapidité de leur aide, ils transportèrent un chaudron de millet qui était encore chaud à l'arrivée. Des bas-reliefs de bronze relatent cette aventure.
Au nº 7 de la Krutenau (et rue Calvin), la masse imposante de l'ancienne *manufacture des tabacs* – spécialisée dans la fabrication des cigares de 1849 à 2010 – témoigne de l'importance de cette industrie en Alsace.

Rue du Renard-Prêchant, une belle bâtisse isolée a échappé aux destructions. Pour moitié, c'est une chapelle néogothique. Ce « renard prêchant » qui a donné son nom à un resto évoque la fable du renard qui prêchait devant les canards avant de les manger.

L'église Saint-Guillaume *(plan détachable E4)* **:** *à l'entrée du quai des Pêcheurs (rarement ouverte).* Date de 1300 (et clocher du XVIIe s). Dédiée au culte protestant au XVIe s. Architecture gothique pas incontournable ; voir cependant les très beaux vitraux du XVe s. Intéressants tombeaux et tombes armoriés.

L'école municipale des Arts décoratifs *(plan détachable E4)* **:** *1, rue de l'Académie.* Date de 1892, œuvre de l'architecte Ott. Façades décorées de belles céramiques, travail des élèves de l'école. Elles représentent les figures allégoriques des matières enseignées dans l'école : peinture, sculpture, architecture, etc. Elles marquent aussi la volonté de rompre avec le style historiciste en vogue à l'époque et annoncent déjà le Jugendstil. Grandes baies pour faire entrer un maximum de lumière dans les ateliers.

LA NEUSTADT *(LE STRASBOURG IMPÉRIAL ALLEMAND)*

Pour l'Empire allemand, vainqueur en 1870, il importe d'asseoir politiquement son pouvoir sur l'Alsace et de fournir à ce Reichsland d'Alsace-Lorraine une capitale digne de la gloire impériale. Il convient donc avant tout de déplacer le centre de gravité de Strasbourg. Pour cela, on appellera un architecte posthaussmannien de renom, U. G. Conrath.
Sur 400 ha, il va s'ingénier, au nord-est de la Grande Île, à tracer une ville aérée et fonctionnelle, avec des rues larges, régulières, et des places elliptiques conçues comme échangeurs pour la circulation. Avec une priorité pour les espaces verts, les arbres, leur harmonisation avec le bâti. Prestige oblige, ce secteur sera bien sûr réservé aux bâtiments officiels. À commencer par le plus prestigieux d'entre eux : le *palais impérial.*
Aujourd'hui, il n'y a quasiment plus d'antagonisme architectural et politique à l'égard de la « ville allemande ». Elle se révèle au contraire fort bien adaptée au tissu urbain strasbourgeois, au point qu'elle est à présent intégrée à l'extension de la « Grande Île » à la Neustadt au Patrimoine mondial de l'Unesco. Cela afin de valoriser la cohérence historique de l'espace bâti. En outre, à cause des bombardements de la 2de Guerre mondiale, il ne reste guère d'ensembles architecturaux identiques dans les pays germaniques (à part Vienne peut-être). Strasbourg demeure donc un témoignage unique de cet urbanisme posthaussmannien.

La place de la République *(zoom détachable D3)* **:** collant symboliquement à la vieille ville, elle se voulait le véritable centre politique et administratif de la ville (ancienne place de l'Empereur).
– Le palais impérial (palais du Rhin) : *1-3, pl. de la République.* Construit entre 1883 et 1888 par Hermann Eggert, pour servir de résidence au Kaiser Guillaume Ier lors de ses séjours en Alsace. Mais, pas de chance, il mourut avant

UN MONUMENT AUX MORTS... PACIFISTE

Sur la place de la République, la sculpture représente une mère (symbole de Strasbourg) pleurant ses 2 fils en train de mourir. L'un est allemand, l'autre français. Ils ne portent plus d'uniforme, ce qui rappelle leur égalité face à la mort.

d'avoir le bonheur d'y séjourner. Guillaume II vint l'inaugurer, mais il y dormit au maximum 5 fois. Pendant la 1re Guerre mondiale, le palais servit d'hôpital militaire avant, en 1920, d'abriter la plus ancienne institution européenne : la Commission centrale pour la navigation du Rhin (1815), d'où son nom actuel de « palais du Rhin ». De 1940 à novembre 1944, le palais hébergea la Kommandantur nazie. Le général Leclerc y rédigea sa proclamation solennelle sur la réalisation du serment de Koufra, en Libye (le 2 mars 1941, après une victoire remportée sur l'armée italienne dans l'oasis de Koufra, le colonel Leclerc prête avec ses hommes ce serment : « Jurez de ne déposer les armes que lorsque nos couleurs, nos belles couleurs, flotteront sur la cathédrale de Strasbourg. »).
En 1953, il fut question de démolir ce monument mal aimé, ce symbole de l'occupation allemande, mais quelques édiles de bon sens se battirent pour le sauver.
Façade imposante surmontée d'un dôme avec, au centre, un grand balcon à colonnades corinthiennes. Entre les fenêtres, les symboles des grandes villes allemandes. Fronton lourdement sculpté avec, bien sûr, l'aigle impérial. Sur les colonnes du porche, représentation des activités traditionnelles du nouveau Reichland : agriculture, chasse, vigne et élevage...
– ***La Bibliothèque nationale et universitaire :*** *6, pl. de la République. ☎ 03-88-25-28-00. • bnu.fr •* ♿ Construite entre 1889 et 1894, elle succéda à celle qui termina tragiquement dans les flammes de la guerre de 1870. L'émotion fut si grande que l'empereur lui-même offrit plusieurs milliers de bouquins de sa collection personnelle pour débuter la reconstitution d'un fonds que de nombreuses donations (suite à un appel international) complétèrent. Et en 1914, c'était la 3e bibliothèque d'Allemagne. Façades ornées des effigies des plus grands écrivains, philosophes, théologiens allemands et européens, plus quelques allégories de la photographie, lithographie, gravure, imprimerie, etc. Ce bâtiment classé abrite aujourd'hui la 2e plus importante collection de France avec plus de 3 millions de volumes, des milliers de manuscrits et d'incunables. Carte obligatoire pour accéder aux rayonnages, mais vous pouvez toujours pousser jusqu'à l'entresol pour découvrir l'étonnant escalier hélicoïdal contemporain (ou une des fréquentes expos temporaires, gratuites).
– ***L'ancien palais du Langtad – Théâtre national de Strasbourg :*** *7, pl. de la République. ☎ 03-88-24-88-00. • tns.fr •* Construit entre 1888 et 1889 pour abriter d'abord les séances de la Délégation d'Alsace-Lorraine puis, en 1911, celles du Langtad (parlement régional). 2 énormes sculptures surplombent le toit à l'italienne de ce massif édifice à la fois néoclassique et néo-Renaissance : à droite, l'Alsace, à gauche, la Lorraine avec marteau et enclume. Il a, sur l'arrière, été prolongé dans les années 1950 d'un bâtiment contemporain qui abrite le Théâtre national de Strasbourg. Seul théâtre national à être implanté en région, le TNS, comme on dit ici, c'est une troupe permanente, une réputée école supérieure d'art dramatique formant comédiens, metteurs en scène, dramaturges, scénographes et régisseurs.
Et dans 3 salles, créations et accueil de spectacles français et étrangers.
– Enfin, la place est fermée, au nord, par les ***anciens ministères du Reichsland d'Alsace-Lorraine.*** Au no 4, le bâtiment construit entre 1892 et 1902 dans un style néoclassique abrite aujourd'hui la Trésorerie générale. Au no 5, les services de la Préfecture se sont installés dans le même genre d'immeuble, même s'il a été construit un peu plus tard (1907-1911).

Le musée Tomi-Ungerer – Centre international de l'illustration *(zoom détachable D4)* **:** *2, av. de la Marseillaise.* ☎ *03-68-98-50-00.* • *musees.strasbourg.eu* • *Tlj sauf mar et certains j. fériés 10h-18h. Entrée : 6,50 € ; réduc ; gratuit moins de 18 ans et pour ts le 1er dim du mois.* Si Ungerer a reçu l'héritage artistique de Gustave Doré et de Hansi, il affiche son indépendance et son talent à travers une œuvre prolifique originale. La ville avait eu l'intelligence de rendre hommage à cet artiste, mort en 2019, de son vivant ! Ce musée, installé dans la charmante villa Greiner (XIXe s), au sein de la Neustadt, retranscrit admirablement l'éclectisme de son œuvre.

L'artiste a fait don d'un fonds colossal de plus de 14 000 dessins et de 1 500 jouets ; la collection est visible par roulement, à l'occasion d'expositions thématiques renouvelées en principe tous les 4 mois. Vous découvrirez des sélections d'illustrations de livres pour enfants, de dessins satiriques, ou encore d'affiches publicitaires, présentées au moyen d'une muséographie moderne et ludique mettant en valeur les différentes facettes de sa création artistique. Une puissance créatrice impressionnante, jusque dans ses engagements politiques ou les dessins érotiques exposés au rez-de-jardin. Et toujours cet humour omniprésent, souvent grinçant et sarcastique, qui s'accompagne d'une autodérision bien particulière. Régulièrement des expos temporaires consacrées à d'autres illustrateurs du XXe s et d'aujourd'hui.

Trek urbain autour de la place de la République *(plan détachable D2-3-4, C3, E3)* **:** toutes les rues qui rayonnent autour de la place recèlent moult ***immeubles Art nouveau*** (ou plutôt Jugendstil, puisqu'on est dans un quartier autrefois allemand) et autres demeures néogothiques, néo-Renaissance, néochose et toutes les variantes de l'éclectisme historicisant. On démarre par la rue du Maréchal-Foch avec l'***ancien siège des assurances Union,*** au n° 43 (1890 et néo-Renaissance pour le coup !). Au 9, rue du Général-Frère, sont installées les anciennes ***écuries du Kaiser*** (1888) et à côté au n° 11, un très chouette immeuble Jugendstil. Ne pas louper non plus le superbe ***immeuble de rapport,*** au 22, rue du Général-de-Castelnau (angle Foch), sûrement le plus bel édifice Art nouveau de Strasbourg. Se poser ensuite quelques instants au 10, rue du Général-Rapp, devant la jolie façade de la ***maison « égyptienne »*** (1905) qui mélange Art nouveau et orientalisme. La voisine rue Sellénick mérite aussi qu'on y use un peu ses semelles avec, au n° 7, le superbe ***palais des Fêtes*** (désormais rénové) où, pour la 1re fois (1901), le béton armé a été utilisé à Strasbourg. Même esprit entre Renaissance et Art nouveau pour les immeubles voisins (aux nos 3 et 1). À 2 pas, au 30, rue Oberlin, porte surmontée d'une belle figure d'Alsacienne. L'immeuble Art nouveau du 23 de la même rue mérite aussi le coup d'œil. Retour vers la place de la République via l'avenue des Vosges. À l'angle de la rue Gouraud, imposant immeuble qui mêle, dans une débauche de décoration, style historicisant et éléments d'Art nouveau. On se laisse ensuite dériver vers l'avenue de la Liberté qui se partage avec celle de la Marseillaise, la plus grande poste encore en activité en France (1899). Immanquable (avec ses 6 500 m²), cet *ancien hôtel impérial des Postes,* spectaculaire bâtiment néogothique tout en rosaces, colonnades et chapiteaux ciselés. À 2 pas, au 11, avenue de la Liberté, plus discrète (encore que...), façade de briques de l'ancienne *direction impériale des Douanes* (1893). Via l'avenue de la Marseillaise et la rue Massol, on se glisse ensuite sous les délicates ferronneries de la *passerelle du Faux-Rempart* pour, depuis le quai Lezay-Marnésia, s'offrir une vue d'ensemble de l'extravagant (entre gothique et Renaissance allemande) *lycée international des Pontonniers,* ex-lycée impérial de jeunes filles.

La grande synagogue de la Paix *(plan détachable D-E3)* **:** *1 A, rue René-Hirschler (au long de l'av. de la Paix). Ne se visite pas.* Édifiée en 1958 en remplacement de celle incendiée par les nazis en 1940, c'est la 2e plus grande synagogue d'Europe après celle de Budapest. 12 colonnes intérieures et extérieures évoquent les 12 tribus d'Israël. Façade sud ornée d'un candélabre à 6 branches (et non 7), symbolisant les 6 millions de juifs victimes de la Shoah.

L'église réformée Saint-Paul *(plan détachable E3-4) : pl. du Général-Eisenhower. Rarement ouverte...* Construite en 1889 mais inspirée d'une église allemande du XIIIe s, donc d'une remarquable architecture néogothique : gracieuse façade à 3 portails, grande rose et 2 clochers élancés tutoyant les nuages à 75 m. Jusqu'en 1918, c'était l'église de la garnison protestante. Original : 16 portes permettaient aux militaires allemands d'y accéder en fonction de leur grade.

Le pont Kennedy *(plan détachable E3) :* orné de 4 statues grandeur nature symbolisant les métiers liés à l'eau (pêcheur, haleur, etc.). À l'époque, certains habitants de ce quartier très résidentiel avaient été choqués de l'irruption de ces rudes prolétaires chez eux et demandé... qu'on les mette ailleurs !

Le Palais universitaire *(plan détachable E-F4) : 9, pl. de l'Université. Lun-ven 8h-19h.* Construit de 1879 à 1884 sur les plans d'Otto Warth. Architecture moins lourdingue que certains autres bâtiments officiels du quartier. Peut-être à cause de ses 125 m de façade qui s'étirent et de son style Renaissance italienne (génoise pour être précis). L'une des 1res réalisations que les Allemands aient entreprises à leur « retour » en 1940 fut de le repeindre. Au moment de l'annexion, il fut la vitrine des sciences allemandes avec pas moins de 36 statues de savants et érudits... C'est le général de Gaulle qui vint lui-même, le 5 octobre 1945, réinstaller l'université qui s'appelle aujourd'hui Marc-Bloch (du nom du père de l'histoire moderne, résistant et assassiné en mars 1944). Hall d'entrée monumental avec colonnes de marbre. Immense atrium central sous verrière, autour duquel s'ordonnent les salles de cours et les bibliothèques. Le sous-sol abrite le musée Adolf-Michaelis *(en principe lun, mer et ven 14h-18h ; GRATUIT)* qui expose notamment des moulages en plâtre de statues antiques.
Devant le palais, la statue de Goethe, étudiant à Strasbourg en 1770.

Devant le Palais U (comme on dit ici), à l'angle du boulevard de la Victoire et du quai du Maire-Dietrich, l'***ancien siège des assurances Germania.*** Intéressante grosse bâtisse de 1885, de style néo-Renaissance germanique du Nord (aujourd'hui cité et resto U, rebaptisée *Gallia*).

Les bains municipaux *(plan détachable E4) : 10, bd de la Victoire. ☎ 03-88-25-17-58. • bainsmunicipauxstrasbourg.fr • Tlj 7h-21h (10h-20h pour l'espace spa et l'espace bien-être).* Cet incontournable bâtiment du quartier de la Neustadt, de style *Jugendstil* (l'équivalent de l'Art nouveau en Allemagne), vient de rouvrir ses portes après restauration et réaménagement. Si l'envie vous prenait d'aller piquer une tête, c'est assurément là-bas qu'il faut aller ! Le bassin principal et le petit bain ont conservé leurs cabines et faïences d'origine, et les bains romains sont toujours là. Une piscine extérieure et un nouvel espace bien-être (avec sauna, jacuzzi, douches massantes et grotte de sel) ont par ailleurs été aménagés. Également, au menu de ces bains, des concerts, des projections. Bref, un vrai lieu de vie et de relaxation.

Le Musée zoologique *(plan détachable F4) : 29, bd de la Victoire. ☎ 03-68-98-51-60.* ***Fermé pour travaux jusqu'en 2023.***

Le planétarium *(plan détachable F4) : 4, rue de l'Observatoire. ☎ 03-68-85-24-50. • jardin-sciences.unistra.fr/planetarium •* ***Fermé pour travaux ; réouverture prévue fin 2022.*** Plusieurs activités possibles : visite guidée de la grande coupole et de sa lunette astronomique (avec ses 34 t, c'est la 3e plus grande de France), espace muséographique moderne pour tout découvrir des sciences liées à l'espace, observations nocturnes, projections de longs-métrages en lien avec l'astronomie...

La cité Spach *(plan détachable G4) :* une des plus importantes parmi ces cités ouvrières apparues à Strasbourg en 1884. Celle-ci a été construite, entre les rues Edel et de Flandre en 1889, grâce au legs d'un secrétaire général de la Ville de

Strasbourg. Longue rue aux gros pavés, bordée de façades couleur saumon, avec d'élégants oriels (bow-windows) d'angle aux 2 entrées.

L'allée de la Robertsau *(plan détachable F2-3)* **:** elle mène au palais de l'Europe. Pour les amateurs, cette belle allée est bordée, elle aussi, de villas et immeubles de rapport intéressants. Notamment aux n°s 20, 39 et 52 (riche décor néorococo). Au n° 56, bel immeuble de rapport Jugendstil avec bas-reliefs, mosaïque, fer forgé. Puis au n° 64, et surtout au n° 76, où vous découvrirez une belle villa à l'italienne avec un décor végétal original.

LE QUARTIER DES INSTITUTIONS EUROPÉENNES *(plan détachable F-G1-2)*

Le lieu d'Europe (hors plan détachable par G1) **:** *8, rue Boecklin. ☎ 03-68-00-09-10. Ⓣ terminus Robertsau-Boecklin (ligne E). Tlj sauf lun et j. fériés 10h-18h. GRATUIT.* Dans une ancienne villa et son jardin, une très didactique exposition permanente autour de la naissance de l'Europe, de la présence des institutions et des enjeux actuels. Riche centre de documentation.

Le palais des Droits de l'homme (plan détachable G1) **:** *quai Ernest-Bevin. Ⓣ Droits-de-l'Homme (ligne E). Ne se visite pas.* On aime bien la façade, le long de l'Ill. Esthétique, légère, plaisante, très high-tech. Gros cylindre de verre du hall d'accueil entre 2 tambours sur pilotis. C'est le siège de la *Cour européenne des Droits de l'homme.* Elle est composée d'un nombre de juges égal à celui des États ayant ratifié la Convention.

Le palais de l'Europe (plan détachable G1-2) **:** *av. de l'Europe. ☎ 03-88-41-20-29. Ⓣ Droits-de-l'Homme (ligne E) ou bus n°s 6, 30 et 72, arrêt « Palais-de-l'Europe ». Visite possible (sur résa seulement, lun-ven 9h-12h, 14h-17h30) pour des groupes de 15 pers min ; possibilité de se greffer à un groupe, selon programme. Téléphoner à l'avance. GRATUIT.* Construit en 1977 par l'architecte H. Bernard. Siège permanent du **Conseil de l'Europe** et des 47 États membres. Ses objectifs : défendre les Droits de l'homme, favoriser l'identité culturelle européenne, rechercher des solutions communes aux problèmes de société, développer la stabilité démocratique en Europe. Façades inclinées engendrant une vision d'immense pyramide en devenir. À l'intérieur, l'hémicycle est coiffé d'une audacieuse coupole soutenue par 12 faisceaux de bois jaillissant en éventail de derrière la tribune de la présidence. On retrouve ces lignes bondissantes dans le grand hall d'entrée. Le bâtiment regroupe plus de 1 300 bureaux et de nombreuses salles de commission.

Le Parlement européen, bâtiment Louise-Weiss (plan détachable F-G1) **:** *allée du Printemps. ☎ 03-88-17-20-07. • europarl.europa.eu • Ⓣ Parlement-Européen (ligne E). Visite guidée (pièce d'identité obligatoire) lun-sam avec des horaires des plus variables selon période et sur inscription préalable (voir le site • europarl.europa.eu/visiting/fr •) ; durée env 1h. Elle comprend l'hémicycle (possibilité d'assister aux séances lors des sessions plénières) et le Parlamentarium Simone-Veil. GRATUIT.*

Mis en service en 1999. Immense façade de verre et de métal suivant le tracé de la berge et que domine une tour, haute de 60 m, échancrée en direction de la cathédrale. Sessions parlementaires de 1 semaine une fois par mois environ (en principe la dernière du mois). Durant la visite du bâtiment, informations sur le Parlement : rôle, composition, etc.

Le Parlement européen s'est installé progressivement à Strasbourg (1re élection des députés du Parlement en 1979). La participation directe des citoyens à la construction européenne est sa raison d'être première. Ses députés sont élus au suffrage universel tous les 5 ans. Ils votent les lois de l'Union européenne.

Depuis quelques années, on peut y découvrir, grâce à un écran de cinéma 360°, la simulation d'une session parlementaire, et accéder à la terrasse du 13e étage, pour respirer l'Europe à pleins poumons.
Installé au sein du Parlement, le ***Parlamentarium Simone-Veil*** permet de découvrir de façon ludique le fonctionnement de l'Union européenne à travers 3 activités : une salle de cinéma et des bornes interactives qui présentent le travail des députés européens ; et un jeu de rôles pour simuler le travail législatif du Parlement européen.

Le parc de l'Orangerie *(plan détachable G2) :* *av. de l'Europe et av. du Président-Edwards. Tlj 7h-20h. GRATUIT.* 1er parc à la française, créé en 1692. En 1804, une donation de l'État français à la Ville permit la construction d'une orangerie dans laquelle l'impératrice Joséphine aimait à se promener lors de ses visites à Strasbourg. Aménagement à l'anglaise du parc en 1836 et doublement de la superficie en 1895, à l'occasion d'une grande exposition industrielle. Création d'un lac avec rochers, d'une grotte, etc. À cette occasion, on remonta le Buerehiesel, belle maison à colombages datant de 1607 et provenant de Molsheim (il abrite toujours un restaurant haut de gamme estampillé Westermann, voir la rubrique « Où manger ? »). Canotage, jeux pour les enfants, petit zoo avec singes et cigognes...

La cité-jardin Ungemach *(plan détachable E-F1) :* *entre la rue Lauth et le parc des Expositions (rue du Printemps).* Léon Ungemach, patron d'une usine de conserves, créa une fondation « destinée à aider les jeunes ménages en bonne santé, désireux d'avoir des enfants et de les élever dans de bonnes conditions d'hygiène et de moralité ». En 1923 fut donc créée cette cité-jardin de 140 pavillons. Les rues portent des noms de fleurs et de plantes. Aujourd'hui, les clauses d'admission sont toujours respectées. Quand elle fut construite à l'époque, la cité se trouvait de fait quasiment à la campagne. Insolite de la découvrir aujourd'hui à quelques minutes en voiture à peine du centre-ville, avec son architecture, son urbanisme, son côté bucolique quelque peu décalé, dominée par la moderne et massive silhouette du Parlement européen.

LE QUARTIER DEUX-RIVES

La presqu'île Malraux *(plan détachable D-E-F6) :* Ⓣ *Winston-Churchill (lignes E ou C).* Superbe exemple de rénovation urbaine que cette presqu'île qui concentrait jusqu'en 2000 une bonne partie de l'activité portuaire de Strasbourg. Les anciens entrepôts Seegmuller construits dans les années 1930 accueillent aujourd'hui l'immense médiathèque André-Malraux (qui a, depuis 2008, laissé son nom à la presqu'île), une résidence universitaire, et le surprenant centre dédié aux nouvelles technologies, *Shadock.* L'autre quai est occupé par un vaste centre commercial et un cinéma. Et les vieilles grues métalliques sont toujours là qui, joliment éclairées, dessinent à la nuit tombée un étonnant paysage urbain. Sur et autour de cette presqu'île se dessine le Strasbourg du futur avec des immeubles très contemporains comme celui de la Cité de la musique et de la danse, les 3 bâtiments tout de noir vêtus des Black Swans ou, à 2 pas, la tour Elithis (à énergie positive) que prolonge l'écoquartier Danube qui devrait être achevé d'ici 2023. Et les nombreuses ouvertures d'hôtels, de restos et de bars devraient en faire un quartier qui compte d'ici peu de temps.

Le Vaisseau *(plan détachable G6) :* *1 bis, rue Philippe-Dollinger. ☎ 03-69-33-26-69. • levaisseau.com • ♿ Du centre (Neustadt),* Ⓣ *ligne C (direction Neuhof) ou E (direction Baggersee). Tlj sauf lun et certains j. fériés 10h-18h (17h billetterie). Entrée : 8 € ; enfant 7 € ; après 16h30, 4 € pour ts (enfant 3,50 €). Intéressant pass pour les familles 25 € (4 pers).* Apprendre en s'amusant... et s'amuser en apprenant ! Ou découvrir les sciences et les techniques au travers d'expos interactives (en collaboration avec la Cité des sciences et de l'industrie de la Villette, à Paris) et d'expos temporaires (2 par an). Jeux de piste, parcours dans le jardin pédagogique, spectacles, films en 3D, stages...

Le jardin des Deux-Rives : *Ⓣ Port-du-Rhin (ligne D), puis bus n° 2, côté français. Ⓣ Kehl-Bahnhof (ligne D), côté allemand (c'est à 300 m à pied de la gare).* Joli jardin contemporain aménagé sur d'anciennes friches industrielles, des installations portuaires désaffectées, des terrains militaires abandonnés... de part et d'autre du Rhin, évident symbole de l'amitié franco-allemande. Piétons et cyclistes franchissent le fleuve via une aérienne passerelle, joli geste architectural signé Marc Mimram. Sur la rive allemande, la plutôt futuriste tour panoramique *Unbekanntes Forstobjekt* (objet forestier non identifié en v.f. !) mérite qu'on grimpe ses 210 marches pour une vue assez saisissante : le Rhin, Strasbourg, Kehl, la Forêt-Noire... Côté Allemagne toujours, de rigolos jeux pour les enfants (avec notamment, aux beaux jours, l'aire aquatique et ses jets d'eau).

L'EURODISTRICT

Kehl : une ligne de tram (ligne D) relie Strasbourg à la 1re ville qu'on rencontre outre-Rhin. Et l'on peut également y accéder à pied ou à vélo en empruntant la passerelle des Deux-Rives. Les Strasbourgeois ont l'habitude de s'y rendre pour faire certaines de leurs emplettes... D'ailleurs, les habitants de Kehl font pareil ! Imitez-les : passez le Rhin pour découvrir cette ville à l'histoire étroitement liée à celle de Strasbourg. Phénomène récent : de plus en plus de familles françaises viennent s'installer sur la rive allemande. En effet, dans cette aimable petite cité de 35 000 habitants, l'immobilier est moins cher qu'à Strasbourg, de même que le coût de la vie.

Manifestations à Strasbourg et dans les environs

– ***Strasbourg mon amour :*** *mi-fév (autour de la Saint-Valentin). • strasbourg-monamour.eu* • Toute la ville se met au diapason pour fêter les amoureux. Spectacles de danse, musique, bal...
– ***Festival Les Giboulées de la marionnette :*** *au TJP, plusieurs spectacles fin mars. ☎ 03-88-35-70-10. • tjp-strasbourg.com* • Comme son nom l'indique : autour de la marionnette.
– ***Le Printemps des bretelles :*** *fin mars, à* ***Illkirch-Graffenstaden.*** *☎ 03-88-65-31-06. • printempsdesbretelles.com* • Festival des rois du piano à bretelles, pour les inconditionnels de l'accordéon.
– ***Festival des Artefacts :*** *mi-avr, à La Laiterie et au Zénith. Rens : ☎ 03-88-23-72-37. • artefact.org* • Historiquement (il a été créé en 1996), le 1er grand festival consacré aux musiques actuelles dans la région.
– ***Drôles de zèbres :*** *mars. • droles-de-zebres.com* • Festival autour de l'humour avec plusieurs one-man shows.
– ***Les Nuits électroniques de l'Ososphère :*** *une dizaine de jours fin sept-oct, quartier de La Laiterie. • ososphere.org* • Dans le quartier de La Laiterie, un festival urbain autour des cultures numériques et de la musique électronique.
– ***Musica :*** *de fin sept à mi-oct. ☎ 03-88-23-46-46. • festivalmusica.org* • Festival des musiques d'aujourd'hui, à la Cité de la musique et de la danse. Une des plus grandes manifestations consacrées à un genre (la musique contemporaine), avec plus de 20 ans d'existence et près de 20 000 spectateurs chaque année.
– ***Jazzdor :*** *nov. ☎ 03-88-36-30-48. • jazzdor.com* • Ça swingue et ça « jamme » à mort pendant le Jazzdor. Pour être à l'écoute des voix singulières de la création.

DANS LES ENVIRONS DE STRASBOURG

ILLKIRCH-GRAFFENSTADEN (67400)

Desservie par les lignes A et E du tramway, cette ville de 27 000 habitants fait partie intégrante de la métropole strasbourgeoise. On y va pour le ***Printemps des bretelles,*** fin mars, et pour son *Auberge de l'Écluse,* toute l'année.

Où manger ?

Auberge de l'Écluse : *33, rue du Muguet. ☎ 03-88-39-03-04. Tlj sauf dim, et le soir lun-mar.* Jolie terrasse au bord du canal du Rhône au Rhin. On y va pour la tarte flambée mais pas que : jolies pièces de viande et poissons bien travaillés. Accueil chaleureux, service efficace. Intérieur design, extérieur glamour. On regarde passer les plats et les bateaux, et ça donne faim.

À voir dans les environs d'Illkirch-Graffenstaden

L'abbatiale Saint-Trophime d'Eschau : *au sud, à 5 km d'Illkirch-Graffenstaden. Lun-ven 10h-12h, 14h-18h (17h ven), sam 9h-12h.* Les reliques de sainte Sophie y sont arrivées 7 ans après la fondation de l'abbaye, en 770. Elle fut détruite en 926 par les Hongrois, et reconstruite à partir de 996. L'église abbatiale Saint-Trophime est l'un des plus beaux édifices d'art roman du Nord (Bas-Rhin). Décor assez dépouillé et lignes rigoureuses. Plan cruciforme classique à 3 nefs. Nef principale d'une largeur peu habituelle pour une église romane. À la croisée du transept, 4 arches de hauteur différente. L'ensemble, aux lignes très épurées, donne une impression de solidité et de sérénité tout à la fois. Dans le transept gauche, ravissante statue polychrome de sainte Sophie et de ses 3 filles : *Foi, Espérance* et *Charité.* Habillée comme au XVe s, d'une grâce infinie. Châsse en grès de la même époque. Elle contint jusqu'à la Révolution les reliques de sainte Sophie, qui disparurent dans la tourmente révolutionnaire. En 1938, le pape en offrit d'autres (ouf !). Dans la baie axiale de l'abside, vitrail du XIVe s provenant d'une église de Strasbourg et représentant le Christ portant un globe et bénissant. Dans le transept droit, statue polychrome de 1500 figurant sainte Barbe. Elle tient une tour, symbole du lieu où elle fut enfermée avant son martyre. En face de la statue de sainte Catherine, un saint Sébastien du XVIe s sculpté dans le même bloc de bois. Beaux plafonds charpentés. Le campanile roman, en revanche, est récent.
– En face de l'abbatiale, très beau ***jardin monastique*** *(visite libre ou guidée mai-sept sam-dim 14h30-18h ; et sur rdv en téléphonant à la mairie au ☎ 03-88-64-03-76).* Plantes médicinales et aromatiques (de 350 à 400 espèces). Elles étaient déjà connues et cultivées par les moniales de l'abbaye Sainte-Sophie, lesquelles avaient fondé en 1143 un « hôpital pour pèlerins de toutes parts venant » sur la *strata romana,* à l'entrée de la villa d'Eschau. Plaisir exquis que de découvrir toutes ces plantes astringentes, pectorales, stomatiques, tinctoriales et autres, au milieu des roses trémières...

SCHILTIGHEIM (67300)

Petite cité industrielle dynamique, capitale de la bière, à 4 km au nord de Strasbourg. La 1re brasserie s'y installa en 1396. Aujourd'hui, on y brasse encore la *Heineken.* Hélas ! c'en est fini de la *Fischer* et de la *Schutzenberger,* qui était la dernière brasserie à capital familial. Ces bâtiments industriels sont considérés comme la plus intéressante architecture de brasserie du XIXe s (beaux clochetons et frises). La brasserie *Fischer,* quant à elle, avait été fondée en 1884. L'auberge de style néo-alsacien à côté date de 1905.

Agréable centre rénové (place de la Liberté, rue Principale) et quelques témoignages du vieux Schiltigheim. En particulier sur la rue Principale, voir l'auberge *Le Cheval Blanc,* puis, au n° 15, une autre jolie maison. Profiter d'être rue Principale pour voir, au n° 24, l'église protestante qui remonte au XIVe s. Elle hérita d'un décor baroque au XVIIIe s et fut *simultaneum,* c'est-à-dire servant les cultes protestant et catholique en même temps, de 1736 à 1899 (date à laquelle elle fut exclusivement consacrée au culte protestant). Intéressante demeure au n° 30, construite à la fin du XIXe s et mélangeant les styles gothique et Art nouveau. Au n° 10, le tribunal cantonal de 1898. Au 22, rue d'Adelshoffen, ferme très ancienne (1675). Une autre au 6, rue du Brochet, du début du XVIIIe s.

Pour les amateurs, la *roseraie* compte 390 variétés et plus de 5 000 rosiers *(rue Contades ; juin-sept, lun et mer 9h-12h, w-e et j. fériés 14h-18h ; GRATUIT).*

Pour ceux qui ne vivent pas que de roses et d'eau fraîche, une nouvelle adresse gastronomique s'installe dans cette ville qui a vu passer des chefs originaux au fil du temps.

– ***Fête de la Bière :*** *début août.*

La Fabrique : *32, rue de la Gare. ☎ 03-88-83-93-83. • contact@lafabrique-restaurant.com • Fermé sam-dim. Congés : 1 sem à Pâques, 3 sem en été et vac de Noël. Formule déj 19 € ; carte 45 €.* Xavier Jarry, ancien chef étoilé d'Anne-Sophie Pic, revient au pays pour ouvrir son propre resto aux côtés d'Anouk. Au menu : une cuisine bistronomique qui évolue régulièrement selon les saisons. Ne manquez pas la tarte au citron meringuée, spécialité du chef. Terrasse intérieure.

LE KOCHERSBERG

Pays des céréales et de la bière, situé au nord-ouest de Strasbourg, le Kochersberg reste encore méconnu. Il apparaît depuis l'autoroute avec les grandes perches de ses houblonnières, entre Brumath et Saverne. Unique et seule image ? Il offre pourtant un paysage de mosaïques de cultures, qui peut charmer le touriste curieux. Et s'il ne reste qu'un lieu de passage, il se fait tranquille, loin du tumulte. Séjourner dans le Kochersberg, c'est la vie à la campagne à une vingtaine de kilomètres de Strasbourg. Ne serait-ce que pour découvrir ses petits villages, ses fermes typiques et ses clochers-donjons. Et pour terminer la soirée autour d'une tarte flambée, dans une de ces auberges qui restent l'attrait n° 1 du pays.

Adresse et info utiles

Office de tourisme : *4, pl. du Marché, 67370* ***Truchtersheim.*** *☎ 03-88-21-46-92. • eskapade.alsace • Mai-sept et déc, lun-ven 9h-12h30, 13h30-18h (19h ven) ; le w-e 14h-18h. Oct-avr, mar-ven 9h-12h, 14h-17h30 (19h ven) ; le w-e 14h-17h.* À 15 km au nord-ouest de Strasbourg, au cœur d'un paisible village devenu la « Kapitale » du Kochersberg. Outre l'office de tourisme, on peut y découvrir un musée d'arts et traditions populaires d'Alsace (la Maison du Kochersberg, voir ci-après), un atelier d'artiste, un espace de projection à 180° et d'immersion dans le Kochersberg et un restaurant... italien ! Surprenant.

■ ***Maison du Kochersberg :*** *même entrée que l'office de tourisme. Tarif : 4 €.* Cette maison joliment rénovée et considérablement agrandie abrite un espace d'exposition permanente dans lequel elle valorise les objets de sa propre collection, au 1er rang de laquelle se trouve une prestigieuse collection de coiffes alsaciennes. Le 1er étage de l'espace musée est dédié à des expositions temporaires.

Où dormir ? Où manger ?

Hôtel-restaurant à L'Étoile : *21, rue de la Hey, 67170* ***Mittelhausen.*** *☎ 03-88-51-28-44. • info@hotel-etoile.fr • hotel-etoile.eu • ♿ À 18 km au nord-ouest de Strasbourg et à 8 km à l'ouest de Brumath. Resto fermé dim soir-lun. Congés : 2 sem début janv et 3 sem en juil-août. Doubles 80-105 € (les plus chères sont plus grandes et dotées d'un balcon). Formule déj en sem env 13 € ; menu 39 €. Parking.* La belle *Étoile* que voilà, maintenue au firmament régional du Kochersberg par la même famille Bruckmann depuis 1983 ! Côté table, dans la petite taverne ou la grande salle cossue, une cuisine traditionnelle revisitée avec passion. Côté chambres, celles qui occupent la maison principale font dans le traditionnel cosy, tandis que celles de l'annexe moderne, qui abrite un espace bien-être, ont été aménagées dans un style contemporain. Une étape coup de cœur conviviale. Service très agréable en prime.

Gîte Hansel et Gretel : *chez Liliane Lanoix, 1, rue de la Forge, 67170* ***Mittelhausen.*** *☎ 03-88-51-43-27. 06-17-09-24-12. • contact@gitelanoix.com • gitelanoix.com • Tte l'année. Gîte uniquement, 500 €/sem pour 4.* Une ancienne ferme à colombages typique du Kochersberg, datant de 1802, rénovée avec un goût certain et le souci du confort. Des boiseries d'époque habillent la superbe *stub,* salle de séjour en bois polychrome d'origine. Le monde de Liliane Lanoix est plein de couleurs, de parfums, de saveurs, d'œuvres d'art et d'objets chinés et son accueil étourdissant de chaleur et de gentillesse. Bref, du charme à revendre !

L'Oie Gourmande : *51, rue Principale, 67370* ***Willgottheim.*** *☎ 03-88-69-90-65. • oiegourmande@orange.fr • oiegourmande.fr • ♿ Ouv le midi jeu-ven et dim, plus le soir mer-dim. Congés : 15 j. de mi-août à début sept et vac de Noël. Menus déj 10-13,50 € en sem, 28 € dim ; carte env 25 €. Apéritif maison offert sur présentation de ce guide.* Au cœur même du Kochersberg, une maison à l'ancienne, dans un village lui-même à l'ancienne. Accueil chaleureux et atmosphère jouant à fond la carte de la tradition, à l'image des salles rustiques à la déco un peu chargée. Également une grande véranda et une terrasse très agréable donnant sur le jardin. Lieu idéal pour les amateurs de spécialités régionales : choucroute de canard, magret de canard au foie gras poêlé, joues de cochon, un vrai régal... Tartes flambées le soir.

LE BAS-RHIN

Où déguster une vraie bonne tarte flambée à l'ancienne ?

Les vrais Strasbourgeois quittent la ville pour s'offrir, de temps à autre, une plongée dans le passé autour de cet ancien plat du pauvre que l'on faisait, tous les 15 jours, avec les restes de pâte, au four à bois. Fromage blanc, crème, oignons, lardons : en ces temps héroïques, on savait faire simple et bon. Pas besoin d'aller bien loin : le Kochersberg compte nombre d'adresses pour les repas de famille ou entre amis.

L'Aigle : *22, rue Principale, 67370* ***Pfulgriesheim.*** *☎ 03-88-20-17-80. • lydia.roth@wanadoo.fr • ♿ À env 10 km au nord-ouest de Strasbourg. Tlj sauf dim-lun 18h-22h. Plats env 11-15 €. Café offert sur présentation de ce guide.* Dans un charmant petit village, une ancienne ferme familiale transformée en auberge de campagne. L'accueil est très chaleureux, et les 3 salles, aux tables joliment nappées et aux chaises alsaciennes, sont prises d'assaut par les Strasbourgeois venus prendre l'air et goûter aux plats revigorants de la maison, cuisinés à l'ancienne : tourte chaude à la pomme de terre, au lard et au vin blanc, jambonneau braisé à la bière brune... ainsi qu'à une vraie tarte flambée au feu de bois. Beaux et bons desserts. Par beau temps, le jardin d'été fait également le plein.

Auberge À l'Espérance : *5, rue Principale, 67117* ***Handschuheim.*** *☎ 03-88-69-00-52. À 13 km à l'ouest de Strasbourg. Seulement le soir mer-dim et j. fériés. Fermé lun-mar. Congés : 15 j. fin août. Carte env 20 €.* La maison, à colombages et bien fleurie, est des plus accueillante. L'adresse est très prisée des amateurs de *flammekueche* : il est vrai qu'elle est faite à l'ancienne, cuite au feu de bois, ce qui lui donne son parfum et sa légèreté. Également de bons desserts maison. Familles entières, tablées de copains, l'ambiance est chaleureuse. Une valeur sûre depuis 20 ans.

Le Marronnier : *18, route de Saverne, 67370* ***Stutzheim-Offenheim.*** *☎ 03-88-69-84-30. • restlemarronnier@orange.fr • À 11 km au nord-ouest de Strasbourg. Ouv ts les soirs, ainsi que le midi w-e et j. fériés. Fermé le midi en sem. Résa conseillée. À la carte 15-25 €.* Dans une vénérable demeure typique. Accueil et décor chaleureux, à l'unisson d'une bonne cuisine alsacienne classique, dont les célèbres tartes flambées. Beaucoup de monde, surtout le week-end où les places s'arrachent.

LE BAS-RHIN

À voir. À faire

➢ **Balade houblonnière :** *à* ***Wingersheim,*** *capitale du houblon. À 20 km au nord-ouest de Strasbourg et à 2 km au nord de Mittelhausen. Départ du sentier à l'entrée du village, à gauche sur le petit parking après l'école.* Un parcours initiatique et instructif de 2h environ (accessible aussi aux VTT), au cœur des houblonnières d'Alsace, sur la route de la bière. De panneau en panneau, toutes les étapes de la culture du houblon jusqu'au breuvage... houblonné (on n'utilise pour cela que les inflorescences femelles). Évidemment, la balade est plus verte à la fin de l'été, et plus odorante en période de floraison. Mais au printemps, on peut voir travailler les houblonniers sur leurs drôles d'engins pour réparer les fils, supports de cette plante très grimpante. Promenade sympa en remorque aménagée.

LA PLANTE DU DIABLE

Personne ne sait vraiment pourquoi, au Moyen Âge, le houblon était surnommé ainsi. Peut-être parce qu'il est de la même famille que le chanvre... et le cannabis !

La Villa Meteor : *entrée rue du Général-Gouraud, 67270* ***Hochfelden.*** *☎ 03-88-02-22-44. • brasserie-meteor.fr • Juin-sept et déc, mar-dim 10h-18h. Hors saison, mer-ven 10h-12h30, 14h-17h ; dim 10h-18h. Fermé janv-mars. Entrée : 9 € ; réduc ; gratuit moins de 16 ans.* L'occasion unique de découvrir une brasserie indépendante alsacienne fondée en 1640 (le plus ancien site brassicole de France). Visite conçue de façon ludique et savoureuse : après le jardin, la maison familiale, la serre qui abrite les laboratoires, la cour d'honneur et la salle de brassage, la salle de fermentation et maturation, la salle des machines, on déguste la bière maison en suivant les conseils du barman.

Le musée du Pays de la Zorn : *12, pl. du Général-Koenig, 67270* ***Hochfelden.*** *☎ 03-88-91-56-06. Ouv sur demande. Entrée : 3 € ; gratuit moins de 16 ans.* Ce musée offre surtout l'occasion de découvrir le bâtiment, une des dernières synagogues à avoir conservé son architecture du XIXe s, discrètement construite en retrait de la rue. Intérieur classique avec *bima* (table de lecture) au centre, armoire sainte, fontaine d'ablutions. Une audace architecturale toutefois : la galerie des femmes, suspendue à la charpente. Collections permanentes : archéologie, histoire, arts et traditions populaires... Expositions temporaires.

Pfulgriesheim *(67370) : à 13 km au nord-ouest de Strasbourg par la D 31.* Village d'agriculteurs au cœur du Kochersberg. Dans la rue principale, plusieurs fermes traditionnelles des XVIIe et XVIIIe s, qui n'ont quasiment pas changé. Pas mal de charme.

Le Gaveur du Kochersberg : *14, route de Hochfelden, 67370* ***Woellenheim.*** *☎ 03-88-69-90-77. • gaveur-kochersberg.fr • Tlj sauf dim.* Les Nonnenmacher ont à cœur de perpétuer un savoir-faire paysan hérité de leurs ancêtres. Dans cette exploitation tournée essentiellement vers l'élevage de canards et la récolte d'asperges, ce sont 2 générations qui se côtoient. Leurs produits maison ainsi que ceux des fermes voisines sont proposés à la vente, à prix doux.

LA ROUTE DES VINS D'ALSACE

• Carte *p. 105*

DE MARLENHEIM À OBERNAI

Depuis Marlenheim au nord jusqu'à Thann, au sud de l'Alsace, une centaine de communes accueillent les amateurs de vin sur 170 km, tout au long d'une route plus que sexagénaire mais encore très sexy pour son âge. Sur ce territoire s'aligne une soixantaine de communes viticoles. Ce 1er tronçon démarre à la sortie de Strasbourg. Prendre la N 4 jusqu'à Furdenheim, puis la direction de Kuttolsheim et Nordheim pour rejoindre Marlenheim, porte nord de la route des Vins.

MARLENHEIM

(67520) 4 250 hab. *Carte Le Nord (Bas-Rhin), B3*

Les Mérovingiens – dont le bon roi Dagobert – auraient eu un palais ici, histoire de mieux profiter sans doute du grand cru local, le *steinklotz.* À Marlenheim, l'extrémité de la route des Vins ne croisait pas encore la voie rapide Strasbourg-Saverne (on est à mi-chemin des 2, en fait). Oubliez-la, d'autant plus que la déviation vous permettra de profiter au mieux de cette petite ville pittoresque. Surtout si vous avez décidé de prendre la véloroute qui rallie Marlenheim à Thann (Haut-Rhin).

– Représentation *Le Mariage de l'ami Fritz* les 14 et 15 août, qui donne au bourg un air de fête à ne pas manquer.

Où dormir ?

Chambres d'hôtes chez Paul Goetz : *86, rue du Général-de-Gaulle (D 1004). ☎ 03-88-87-52-94. • goetz.paul@wanadoo.fr • Près de la poste. Tte l'année. Doubles 43-47 € ; familiale ; gîtes 2-3 pers.* Dans une ancienne ferme, hermétique au bruit, 3 chambres d'hôtes simples et datées mais suffisamment confortables, avec entrée indépendante. Salle de jeux (ping-pong). Parking dans la vaste cour. Kitchenette à disposition dans la salle du petit déj.

Où acheter de bons produits dans les environs ?

***Distillerie Hagmeyer :** 119, rue Principale, 67310 **Balbronn.** ☎ 03-88-50-38-99. • distillerie-hagmeyer.com • À 10 km au sud-ouest de Marlenheim. Tlj sauf dim et j. fériés 9h-12h, 14h-18h.* La distillerie Hagmeyer est aujourd'hui l'une des rares distilleries artisanales. Superbes eaux-de-vie (de 25 à 30 sortes), dont une poire williams et une mirabelle d'Alsace remarquables, un bon marc de gewurztraminer et même un whisky (bio) d'Alsace ! Visite de la distillerie ainsi que du verger (sur demande). Et puisque vous êtes là, profitez-en pour jeter un œil à l'église et au cimetière fortifiés du village.

À voir. À faire

Le bourg ancien : prenez le temps de découvrir ce qu'on aime à Marlenheim : les rues larges, les vieilles maisons à tourelles et pignons, l'hôtel de ville du XVIIIe s, l'église manucurée, les vignes qui bordent les dernières maisons du bourg...

– Sur les 132 ha de ceps, un sentier viticole (d'où l'on aperçoit le mont Sainte-Odile), un chemin de croix coiffé d'une chapelle, et même un vignoble témoin expliquant le calendrier des travaux de la vigne.

DANS LES ENVIRONS DE MARLENHEIM

À découvrir, les petits villages discrets de la route des Vins et leurs trésors cachés.

Traenheim : église avec tour romane et nef du XVe s. *Simultaneum* (partage du culte entre protestants et catholiques) pratiqué jusqu'en 1913. Belles maisons de vignerons. Sentier viticole.

Bergbieten** (67310) **: commune du célèbre grand cru altenberg. Rendre visite au *domaine Roland Schmitt* (35, rue des Vosges ; ☎ 03-88-38-20-72 ; • roland-schmitt.fr •), une vigneronne passionnée, amoureuse de son terroir et qui produit, avec ses 3 enfants, des petits vins harmonieux, fruités, élégants. Superbe altenberg ! Domaine certifié bio.

MOLSHEIM (67120) 9 312 hab. *Carte Le Nord (Bas-Rhin), C3*

Au débouché de la vallée de la Bruche, une petite cité bien plaisante et à l'intéressant patrimoine architectural. Molsheim résista au protestantisme et accueillit les ordres religieux de Strasbourg, chassés par la Réforme. Il en reste de très beaux ouvrages. De-ci, de-là, vestiges significatifs des remparts qui ont su préserver le charme du vieux centre. Et, pour commencer la route des Vins, un grand cru classé, le *bruderthal.*

En 1900, à l'Exposition internationale de Milan, sa ville natale,

LE BLEU BUGATTI !

En 1909, quand cet Italien commence à travailler à Molsheim avec une vingtaine d'ouvriers, Bugatti annonce vite la couleur : il a choisi l'Alsace comme terre d'élection et la France comme patrie d'adoption. Il le prouvera en faisant revêtir ses bolides de la couleur bleu de France. Une bonne façon de s'intégrer !

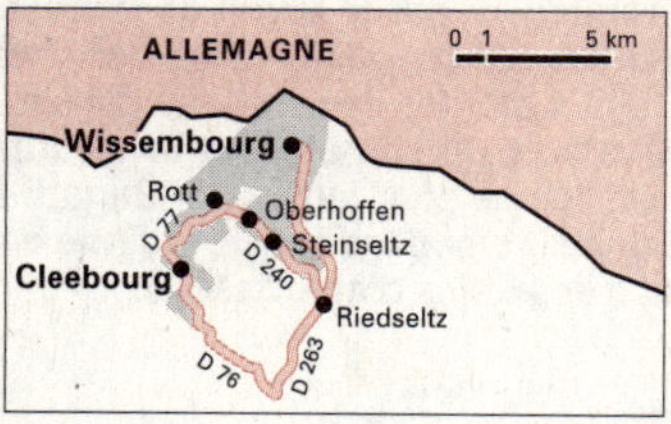

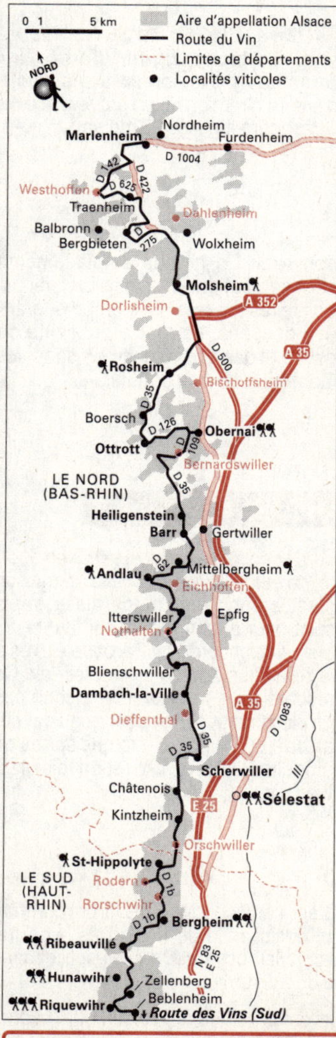

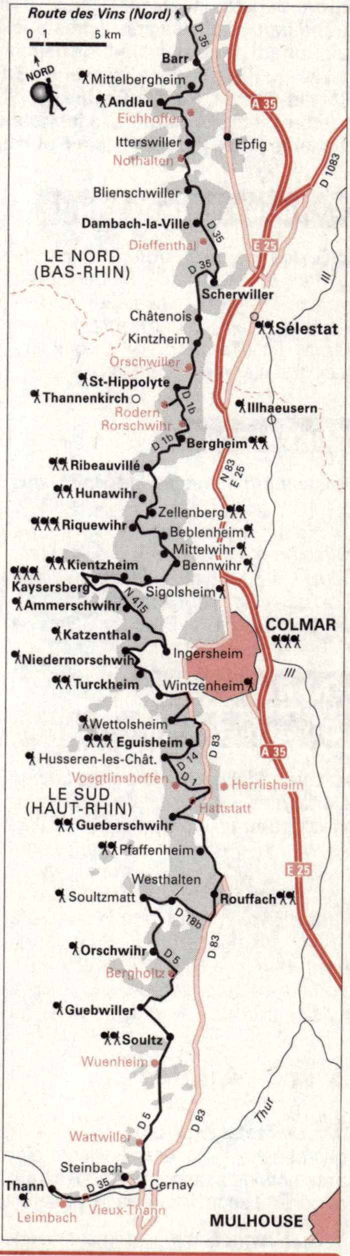

LA ROUTE DES VINS

Ettore Bugatti, ingénieur génial, se fait remarquer par le baron de Dietrich, grand industriel alsacien. Après quelques années passées à travailler chez lui, Bugatti se retrouve à Molsheim en 1909 à monter des voitures d'avant-garde qu'il a conçues lui-même. En 1912 sort de ses ateliers la célèbre Roland-Garros. Puis la Royale en 1926 et, 10 ans plus tard, la 1re Bugatti à compresseurs. À sa mort, la fabrication des automobiles cesse, la firme est rachetée par le groupe Hispano et fabrique des trains d'atterrissage.

Adresse et info utiles

Office de tourisme : *19, pl. de l'Hôtel-de-Ville. ☎ 03-88-38-11-61. • ot-molsheim-mutzig.com • Tlj de juin à mi-oct, sinon lun-sam (sauf janv-mars et nov).* En juillet-août, visites commentées gratuites (se renseigner).

Gare SNCF : *☎ 36-35 (appel gratuit).* Ligne ***Épinal/Saint-Dié/Strasbourg.*** Nombreux trains quotidiens en direction ou en provenance de Strasbourg (ttes les 20 mn env).

Où camper ?

Camping municipal de Molsheim : *6, rue des Sports. ☎ 03-88-49-82-45 ou 58-58. • camping@molsheim.fr • camping-molsheim.com • Avr-oct. Tente 16 € ; mobile homes. 95 empl. Loc de vélos.* Un camping municipal en bordure de la Bruche. Calme et convivial. De grands emplacements sans séparation nette mais bien tenus. Sanitaires anciens mais propres, grandes douches. Le tout à proximité du centre et des aires d'activités sportives (accès à la piscine gratuit).

Où manger ?
Où acheter du foie gras dans les environs ?

Maison du foie gras Lucien Doriath : *30 A, route de Molsheim, 67120* ***Soultz-les-Bains.*** *☎ 03-88-47-98-98. • infos@lucien-doriath.fr • lucien-doriath.fr • Boutique ouv tlj 9h-19h (dim 10h-17h). Resto ouv le midi mer-dim, plus le soir ven-sam. Menu déj en sem 13,50 € ; menu gastronomique 31 € ; carte env 45 €. Forfaits comprenant repas et ateliers cuisine (truffes, foie gras...), visite du domaine... Café offert sur présentation de ce guide.* Avec le succès, la maison s'est agrandie et modernisée, mais sans pour autant rogner sur la qualité, avec des canards de Barbarie élevés à la ferme, en Alsace et en plein air. Ce respect de la tradition n'empêche pas un élan créatif et l'on peut déguster sur place – ou emporter – toutes sortes de produits 100 % canard, et du foie gras, bien sûr !

À voir. À faire

La Metzig : *pl. de l'Hôtel-de-Ville.* C'est l'ancien siège de la corporation des bouchers. Superbe édifice à pignons Renaissance de 1583. Très large toit avec horloge surmontée d'une tourelle. Balcon flamboyant. Double escalier avec perron. Au centre de la place, belle fontaine du XVIe s.

Rue Jenner, longue demeure à encorbellement. En face, maison du Chapitre avec oriel et un vaste porche voûté. ***Place du Marché,*** c'est l'ancien grenier des Comtes (XVIIe s) qui attire le regard. Descendre la ***rue de Saverne*** ; au no 14, belle demeure bourgeoise avec oriel d'angle et colombages sculptés. Angle ***place***

de la Liberté et rue des Tanneurs, maison avec l'emblème des tanneurs (1533). ***Rue de la Monnaie,*** imposant édifice de l'ancien hôtel de la Monnaie (1573), aujourd'hui salle des fêtes et d'expos. Prendre la rue Notre-Dame pour visiter l'église des Jésuites.

L'église des Jésuites : *ouv dans la journée (horaires variables).* Édifiée en 1615-1617 par les jésuites qui, comme toujours, voyaient ample. Curieux clocher à bulbes allant en se rétrécissant. Transept original avec un gracieux pignon Renaissance et une haute verrière gothique. À l'intérieur, nef aux lignes harmonieuses, élégance des croisées d'ogives. S'attarder sur les chapelles des transepts aux remarquables stucs et dorures. Dans celle de Saint-Ignace, fresques retraçant la vie du fondateur de l'ordre des Jésuites, et dans celle de la Vierge, gisant polychrome d'un évêque du XIVe s. Belle chaire baroque. Nombreuses statues des XVIIe et XVIIIe s.

La porte des Forgerons : élevée au XIVe s, c'était la porte principale de la ville médiévale. On y trouve la plus ancienne cloche d'Alsace (1412). Elle menait, par la rue de Strasbourg (au n° 15, maison avec pignon Renaissance de 1618), à la Metzig.

Le musée de la Chartreuse et la Fondation Bugatti : *4, cour des Chartreux. ☎ 03-88-49-59-38. De mi-mai à mi-oct, lun et mer-ven 14h-17h (de mi-juin à mi-sept, 10h-12h, 14h-18h plus le w-e 14h-17h. Entrée : 4 € ; réduc.* Musée d'archéologie, d'art et d'histoire installé dans les bâtiments conventuels de l'ancienne chartreuse (1598-1792). On découvre le quotidien des moines, en visitant le cloître et les cellules, avant de remonter plus loin dans le temps, jusqu'au Moyen Âge et aux ordres religieux de l'époque. Le petit espace consacré à la Fondation Bugatti permet de retracer l'histoire fascinante de l'aventure technique et humaine de la marque, à travers l'exposition de documents rares, de photos, de matériel et d'objets du patrimoine familial. Seulement 3 superbes voitures exposées, dont un modèle de sport de 1926, qui éveillent la nostalgie. 10 ans après le rachat de la marque par un constructeur allemand populaire (Volkswagen, pour qui aurait un doute !), Bugatti a sorti le 450e et dernier exemplaire de la mythique Veyron des ateliers de SAS Bugatti, situés à l'entrée de Molsheim. Place désormais à la Bugatti... Chiron ! La « supercar de série la plus puissante, rapide, luxueuse et exclusive du monde ». Expos temporaires.

Pistes cyclables : de nombreuses pistes originales (et fléchées) permettent de découvrir la région de Molsheim. Emprunter le canal de la Bruche ou l'ancienne voie ferrée. Renseignements à l'office de tourisme.

DANS LES ENVIRONS DE MOLSHEIM

WOLXHEIM *(67120)*

À 3 km au nord-est de Molsheim.
Le canal de Wolxheim (à ne pas confondre avec Wolxheim-le-Canal !) dépose les canards au cœur du village, sur des petits prés entre les maisons. Colombages et toits moussus, grosses fermes endormies les unes contre les autres, en ronde autour de l'église, parfum de feu de bois... À chaque porte cochère, un écriteau vous propose du vin : les coteaux qui dominent le bourg portent un grand cru (en riesling notamment), l'altenberg. Son sentier viticole fléché domine les communes avoisinantes.
Pour déguster un bon riesling de Wolxheim, un grand cru ou encore un crémant dans un vieux domaine (bio) familial, *Joseph Scharsch (12, rue de l'Église ; ☎ 03-88-38-30-61)* devrait satisfaire votre palais. Dégustations sur rendez-vous.

MUTZIG (67190)

Gentille petite ville au nom rendu fameux par une non moins fameuse bière. De l'enceinte médiévale subsiste la porte de Strasbourg du XIVe s. Pour la petite histoire, c'est là que naquit en 1833 Chassepot (l'inventeur du fusil à aiguille qui porta son nom). Pour la petite histoire de la petite histoire, ce fusil de l'armée impériale en 1870 était techniquement supérieur à celui des Allemands. Manque de pot, les munitions firent défaut !

Renseignements touristiques : *à la mairie, ☎ 03-88-38-31-98. Lun-ven.*

Où dormir ? Où manger ?

L'Ours de Mutzig : *pl. de la Fontaine. ☎ 03-88-47-85-55. • hotel@lours-de-mutzig.fr • lours-de-mutzig.fr • Resto ouv tlj 18h30-21h. Doubles 49-128 € ; familiales. Plats 15-24 € ; tarte flambée env 8-12 €. Parking. Réduc de 10 % sur le prix de la chambre sur présentation de ce guide hors marché de Noël.* Une adresse plus que centenaire revitalisée par une équipe dynamique très sympa. Chambres pimpantes et confortables. Bonne cuisine du terroir servie dans une salle traditionnelle ou dans le coin brasserie. Et bien sûr, de nombreux oursons planqués dans le décor... Petite piscine à l'arrière.

Les pÂtissiers Christophe Felder et Camille Lesecq : *29, rue du Maréchal-Foch. ☎ 03-88-38-13-21. • lespatissiers@orange.fr • Tlj sauf lun.* Un must pour les becs sucrés ! Ces 2 pâtissiers aiment innover, revisiter les classiques et leurs créations s'arrachent, tout comme leur traditionnel kougelhopf (uniquement le week-end). Salon de thé pour déguster sur place.

À voir. À faire dans le coin

À l'***hôtel de ville,*** un automate tire la langue aux touristes (c'est pas bien, ça !). C'est en souvenir de la guillotine qui déambulait dans la ville sous la Révolution.

➢ ***Le circuit pédestre de la vieille ville :*** par le canal de la Bruche, la rue du Château ou le passage des Lavoirs. Compter 1h30 pour ce circuit fléché au départ de la mairie.

Le sentier viticole : une petite flânerie sur les pentes du vignoble, au départ de la place de la Mairie, en passant à droite de l'église (environ 2h de balade). Voir aussi, à ***Still,*** le ***chemin de croix,*** de 15 stations (une de plus que les chemins de croix traditionnels), sculpté par un artiste de Benfeld.

Le fort de Mutzig : *situé à 5 km du centre (très bien indiqué). 06-08-84-17-42. • fort-mutzig.eu • Juil-août, tlj en visite libre 10h-16h ; avr-juin et sept-oct, visites guidées lun-ven à 14h30, le w-e ouverture 10h-16h en visite libre ; nov-mars, lun-ven à 14h (13h-15h en visite libre le w-e). Prévoir env 2h30. Entrée : 12 €.* La décision de fortifier la colline de Mutzig a été prise en janvier 1893 par l'empereur Guillaume II. 254 ha de superficie, 6 km de tranchées, 10 km de barbelés, une cinquantaine de bâtiments et 22 tourelles cuirassées. Cette forteresse colossale, la 1re à avoir été bétonnée et électrifiée, servira de prototype pour la fortification moderne, prélude à la future ligne Maginot, et constituait en 1914 le plus puissant bastion allemand. La visite, captivante, permet de découvrir 2 vastes abris enterrés prévus respectivement pour 300 et 400 hommes, accessibles par des casemates puissamment défendues et reliées par des galeries. Une impressionnante présentation des équipements remis en état donne une idée du quotidien des soldats : de la cuisine aux canons en passant par les dortoirs, l'infirmerie, la salle des machines, etc. Après une halte dans les salles d'exposition, direction les défenses extérieures pour profiter, entre 2 postes de tir, du panorama somptueux sur la plaine. Un site hors normes à ne pas manquer !

ROSHEIM

(67560) 5 149 hab. *Carte Le Nord (Bas-Rhin), B3*

L'illustrateur Hansi a probablement dû écrire quelques lignes enthousiastes sur cette petite ville abritant l'une des plus ravissantes églises romanes d'Alsace. En suivant la rue principale, on franchit plusieurs portes représentant les vestiges des 2 enceintes de la ville. Avec un peu d'attention, vous retrouverez sur certaines façades de maison, gravés dans la pierre ou dans le bois, des emblèmes de métiers : ici, un bretzel ou un pain pour le boulanger, là, une grappe de raisin ou une serpette pour le vigneron. Mais aussi, manifestation d'orgueil, des sortes d'armoiries bourgeoises que certaines riches familles, bien que roturières, aimaient arborer à la Renaissance.

Adresse et info utiles

Office de tourisme intercommunal du mont Sainte-Odile : *94, rue du Général-de-Gaulle. ☎ 03-88-50-75-38. • mso-tourisme.com • Tte l'année : mai-sept lun-sam 9h-12h, 14h-17h (18h juil-août) ; dim 10h-12h. Janv-avr et oct-déc, lun-ven 10h-12h, 14h-17h (fermé mar mat) ainsi que les 3 premiers w-e de déc 14h-19h. Loc de vélos électriques en saison (une franche bonne idée !* Movelo : *voir détails à Obernai).* Visites thématiques de la ville destinées aux familles, en particulier les « Balades espiègles à travers Rosheim », 4 parcours de découverte sous forme de jeux de piste, adaptés aux enfants comme aux adultes. Livret en vente à l'office : 2 € (crayons de couleur inclus !). Également un « Parcours du vigneron » qui nous mène dans les vignes à la découverte des terroirs et savoir-faire des vignerons.

Gare SNCF : *à env 2 km du centre-ville. ☎ 36-35 (appel gratuit).* Env 10 trains/j. ligne Sélestat-Strasbourg.

Où dormir ? Où manger dans le coin ?

Ne quittez pas Rosheim sans avoir goûté à la spécialité locale : la *ropfkueche.* Une galette briochée aux noisettes, amandes et cannelle. On trouve la version la plus traditionnelle chez ***Rohmer*** *(104, rue du Général-de-Gaulle ; ☎ 03-88-50-41-73)* qui serait la plus vieille boulangerie de France, mais également chez ***Kapfer*** *(54, rue du Général-de-Gaulle ; ☎ 03-88-50-41-79).*

Chic

Hostellerie du Rosenmeer : *45, av. de la Gare. ☎ 03-88-50-43-29. • info@le-rosenmeer.fr • le-rosenmeer.com • À 5 km de Molsheim. Resto et winstub fermés dim soir-lun ; resto également fermé mar-mer. Congés : 15 fév-5 mars et 25 juil-7 août. Doubles 79-162 €, familiales. Côté winstub, formule déj 10,50 €, plats 12-30 € ; côté resto, menu 47 € (2 verres de vin compris), carte env 78 €. Parking.* Un hôtel moderne aux chambres classiques et confortables, parfois agrémentées de boiseries blondes à l'image des traditions alsaciennes. Hubert Maetz, un des chefs les plus brillants (et discrets) de la région, rend hommage aux terroirs de France en sélectionnant les meilleurs produits de saison pour les transcender avec talent. Si vous ne voulez pas casser votre tirelire, régalez-vous sagement à la winstub.

L'Auberge de la Chèvrerie : *rue des Puits, 67870* ***Griesheim-près-Molsheim.*** *☎ 03-88-38-83-59. • info@chevrerie.com • À 5,7 km à l'est de Rosheim. Fermé dim soir-mar. Menu 24 € le midi mer-ven ; autres menus 48-69 €.* À 5 mn de Rolsheim, mais aussi de Molsheim ou d'Obernai, voici un restaurant qui a tout compris à l'évolution actuelle, puisqu'ici on parle moins terroir que produit, inventivité que sincérité. Yann Eber chouchoute ses producteurs comme ses clients, à qui il propose une carte de saison enthousiasmante. Cuissons justes, assaisonnements pertinents. Plein de bonnes raisons pour s'offrir une escale au déjeuner ; les prix du dîner, c'est une autre histoire... Belle terrasse fleurie pour les beaux jours.

À voir. À faire

L'église romane Saints-Pierre-et-Paul : chef-d'œuvre construit au XIIe s dans un grès jaune qui prend des couleurs miel doré au soleil couchant. En revanche, le clocher du XIVe s est en grès rouge et de style gothique. Grande richesse de l'ornementation des façades. Sur le toit, 2 sculptures : l'une, un ermite, symbolise la prière ; l'autre, un personnage accroupi en train de mendier, évoque la charité. Portail sud superbe présentant une grande fantaisie dans l'ornementation. À l'intérieur, intéressants chapiteaux aux décors multiples. L'un d'entre eux présente des têtes humaines du même style que celles rencontrées sur les faces extérieures de l'église. Une curiosité : les rainures à l'extérieur, sur le mur du transept sud. Ce sont les tisserands installés sur la place qui y affûtaient leurs navettes.

La place de l'Hôtel-de-Ville : mairie du XVIIIe s à l'élégante façade et, surtout, fort beau puits Renaissance qui subvint aux besoins de la population jusqu'en 1906. Au 63, rue du Général-de-Gaulle, belle demeure du XVIe s marquée des symboles du viticulteur et du tonnelier.

L'église Saint-Étienne : noble façade classique du XVIIIe s sur colonnes imposantes de grès rouge. Elle possède toujours son clocher d'origine romane.
À l'angle de la rue Principale et de la rue de l'Église, jolie maison à colombages. Sur le poteau d'angle (on dit ici « poteau cornier »), personnage sculpté et symbole du boulanger.

La maison païenne ou maison romane : *à la hauteur du no 24 de la rue Principale. 06-32-29-60-67. Avr-oct, sur résa seulement. GRATUIT.* Ce serait le plus ancien bâtiment civil en pierre d'Alsace (1154). Construit sur plan carré, il présente un solide appareillage de pierres en bossage avec de minuscules ouvertures romanes. Restaurée, la maison a retrouvé son aspect originel plus proche d'une tour fortifiée, avec son escalier extérieur en bois et ses latrines suspendues. Elle abrite une petite expo sur l'historique du bâtiment et sur le quotidien au Moyen Âge. Avant de partir, n'oubliez pas de jeter un coup d'œil au jardin médiéval reconstitué juste à côté.

Portes Bonheur, le chemin des carrières : entre Rosheim et Saint-Nabor, une voie verte aménagée par l'architecte norvégien Reiulf Ramstad sur l'ancienne voie de chemin de fer relie les jolis villages de Bœrsch, Saint-Léonard et Ottrott. 11 km de balade à faire à pied ou, encore mieux, à vélo entre vignobles et anciennes carrières. Des éléments ferroviaires ont été préservés et des œuvres d'art contemporain intégrées au paysage. Même avec un vélo électrique, il vous faudra pousser le « turbo » pour grimper au belvédère... Mais quel plaisir d'apercevoir la flèche de la cathédrale de Strasbourg ! Lointaine, certes, mais bien nette ! Une dizaine d'autres circuits peuvent se combiner au départ de la voie verte (fiches disponibles à l'office de tourisme).

DANS LES ENVIRONS DE ROSHEIM

ROSENWILLER (67560)

À 3 km à l'ouest de Rosheim. Voici un petit village viticole, un peu en dehors des sentiers battus. Jolie **église** à la Vierge à l'intérieur (mobilier, verrières, statuettes de bois de l'avant-chœur, très rare saint-sépulcre avec grille...), et le plus ancien

cimetière juif d'Alsace (bien fléché). Après avoir été chassés des grandes villes, les juifs durent se réfugier dans les campagnes et les bourgades les plus tolérantes. Rosheim fut l'une d'entre elles. Autour, un environnement assez sauvage et serein à la fois, en marge de la forêt d'Eichwald. Au départ de l'autre cimetière du village (à l'entrée de Rosenwiller, en venant de Rosheim), un ***sentier de découverte*** permet de se familiariser avec la faune et la flore locales, et de comprendre grâce à des bornes d'interprétation les particularités des collines sèches sous-vosgiennes (4 km).

BOERSCH *(67530)*

Longue rue unique reliant 2 portes des anciens remparts du XIVe s, dont il reste des portions significatives, notamment la rue du Fossé-des-Tours. Venant de Rosheim, porte Basse (Niedertor). Vers Ottrott, porte Saint-Médard (Obertor, ou porte Haute). Jolie place de la Mairie avec un magnifique puits Renaissance à 3 poulies. Mairie de la même époque avec tourelle et oriel d'angle. Prendre la rue du Rempart (au no 15, maison typique), jusqu'à la tour arrière et son puits. Rue des Vosges, demeures intéressantes avec pierres ou poutres sculptées du XVIe s. Non loin, le joli ***parc de la Léonardeau.***

Adresse utile

Mairie : *pl. de l'Hôtel-de-Ville. ☎ 03-88-95-82-43. • boersch.net • Ouv lun-ven 8h-12h, plus mer-ven 14h-18h.*

Où dormir ?

Chambres d'hôtes Clos Saint Léonard : *chez Béatrice Muller-Spindler, 52, route de Saint-Léonard. 06-71-65-27-35. • bmullerspin@gmail.com • clos saintleonard.com • Doubles 110-130 €.* Cette magnifique maison n'est autre que celle de la famille Spindler... Une maison d'artiste qui ravira et charmera tous ceux qui aiment les atmosphères douillettes et les décos de bois, chargées... Il faut dire que les pièces et les chambres sont entièrement meublées des œuvres de Charles Spindler (voir ci-après), des chefs-d'œuvre de marqueterie Art nouveau ! Au petit déj, vous pourrez goûter aux créations de la nouvelle génération Spindler. Avec ses confitures originales, Mathieu s'impose lui aussi comme un artiste (goûtez donc celle au potimarron épicé). Superbe jardin...

À voir

La marqueterie d'art Spindler : *3, cours du Chapitre (pour les GPS : 46, route de Saint-Léonard, Boersch),* ***Saint-Léonard.*** *☎ 03-88-95-80-17. • spindler.tm.fr • À 1 km de Boersch par la D 35. Fermé dim et j. fériés. Prendre rdv. GRATUIT.* Depuis plus de 120 ans, de Charles à Jean-Charles Spindler, 3 générations d'artistes se sont succédé au sein de cet atelier labellisé « Entreprise du patrimoine vivant » (EPV) pour travailler à la création de tableaux de marqueterie d'une facture remarquable montrant des scènes de la campagne alsacienne et des créations contemporaines. Les œuvres de cette famille d'artistes sont visibles dans moult winstubs, restaurants et hôtels d'Alsace, ainsi que dans quelques autres lieux, comme l'église du mont Sainte-Odile (le *Chemin de croix* de Charles Spindler) ou à l'hôtel du Département ainsi qu'au musée d'Art moderne de Strasbourg. Sans oublier le Clos Saint Léonard, qui n'est autre que l'ancienne maison familiale, entièrement meublée Spindler (voir plus haut « Où dormir ? ») ! Galerie d'exposition avec des œuvres qui vous montreront ce que la marqueterie contemporaine peut avoir de sublime.

GRENDELBRUCH (67190)

À une quinzaine de km par la D 204. Un des coins les plus prisés pour la randonnée l'été et le ski de fond l'hiver.

Où dormir ?

Chambres d'hôtes La Couronne : *15, route de Schirmeck. 07-67-64-25-27. • am.metzger67@orange.fr • Congés : 1er janv-31 mars. Double 60 €. Table d'hôtes 22 €, vin compris.* Ambiance familiale sympa dans cette maison de centre-bourg. On la doit à la souriante Anne-Marie, qui accueille ses hôtes avec gentillesse et propose des chambres simples et agréables à l'esprit champêtre. Salon commun à disposition et terrasse sur le côté, prolongée par une grande cour. Un bon rapport qualité-prix.

OTTROTT (67530) 1 546 hab. *Carte Le Nord (Bas-Rhin), B3*

Prospère village viticole réputé pour sa production de pinot noir, le fameux *rouge d'Ottrott.* Bien sûr, très touristique avec ses maisons de vignerons traditionnelles. Bourg étendu et divisé en Ottrott-le-Haut et Ottrott-le-Bas. Chapelle Saint-Nicolas avec porche du XIIe s et Vierge polychrome du XIIe s également.

Adresse utile

Bureau d'accueil : *46, rue Principale. ☎ 03-88-50-75-38. • msotourisme.com • Mêmes horaires que le bureau de Rosheim mais fermé mar.*

Où dormir ? Où manger ?

De prix moyens à chic

Chambres d'hôtes Chez Mado : *11, rue du Roedel, à Ottrott-Roedel. ☎ 03-88-95-80-12. 06-74-82-33-58. • mado.maurer@free.fr • chambres-chez-mado.com • Congés : janv-mars. Doubles 70-75 € ; familiale. Parking. Réduc de 10 % dès la 4e nuit et un petit pot de confiture offert sur présentation de ce guide.* Grande cour de ferme fleurie au charme évident. Un grand classique depuis plus de 30 ans. Le maïs sèche sur les portes, le tas de bois attend les 1ers frimas et la terrasse tend les bras aux visiteurs. Chambres impeccables au style champêtre dont 2 rénovées, et accueil charmant. Bon petit déj (gâteaux et confitures maison) servi dans une belle salle rustique.

À l'Ami Fritz : *8, rue des Châteaux, à Ottrott-le-Haut. ☎ 03-88-95-80-81. • info@amifritz.com • amifritz.com • Resto fermé mer. Congés : 2 sem en janv. Doubles 130-165 € ; familiales ; petit déj inclus pour 2 pers. Menus 36-75 € ; carte env 45 €. Parking.* La maison du XVIIe s a fière allure. Chambres de charme joliment décorées, fraîches et colorées (le must : la *Maison de Sophie,* plus intimiste, juste en face). Annexe à la sortie du village, aux *Chants des Oiseaux,* à 500 m de la maison mère (moins de charme mais piscine pour compenser). Salle à manger élégante, de style rustico-cossu alsacien (parquet et boiseries à l'ancienne), service efficace. Patrick Fritz concocte une cuisine régionale maligne qui permet à tous de se faire plaisir, des quenelles de brochet farcies aux écrevisses au soufflé glacé à la vieille prune. Adorable terrasse ombragée par des platanes centenaires.

DANS LES ENVIRONS D'OTTROTT

KLINGENTHAL (67530)

Le nom de ce village, situé tout près du mont Sainte-Odile, signifie « vallée des lames ». Il doit ce nom à la manufacture royale d'armes blanches qui y était installée au XVIIIe s.

Où dormir ? Où manger ?

À L'Étoile – L'Étape 9 : *pl. de l'Étoile. ☎ 03-88-95-82-90. • contact@restaurantaletoile.fr • restaurantaletoile.fr • Résa conseillée. Doubles 120-160 € ; familiales. Formule déj 15,50-19,80 € ; carte env 42 € (plats 18,50-32 €).* Les Alsaciens sont des bons vivants, ce n'est pas une légende. Vous n'avez qu'à aller dans ce village pour vous en rendre compte. Car ce n'est pas tant son musée qui attire les foules mais bien cette merveilleuse auberge, cette table qui fait honneur à sa région. Quel bonheur de voir ces grandes tablées, ces sourires gourmands, joyeux et débonnaires, ces habitués qui viennent ici se taper la cloche entre amis, en famille. Parmi les spécialités : os à moelle, rognon et ris de veau, sandre sur choucroute et truite du vivier. Sachez que les desserts ne sont pas en reste ! Après un tel festin, une poignée de chambres récentes aménagées dans un bâtiment annexe vous tendent les bras : ultra-confortables, à la déco – un peu trop ? – soignée. Jacuzzi.

À voir

La Maison de la manufacture d'armes blanches : *2, rue de l'École. ☎ 03-88-95-95-28. • klingenthal.fr • Mars-déc, mer-dim et j. fériés 14h-18h. Fermé janv-fév ainsi que 1er mai et 25-26 déc. Entrée : 4-6 €.* L'Association pour la sauvegarde de Klingenthal a su faire revivre la riche histoire d'une manufacture d'armes célèbre dans le monde entier, et qui avait fermé ses portes pendant 40 ans. La visite permet de pénétrer le mystère des armes blanches et de leur fabrication. Autour d'un atelier de forgeur reconstitué, chaque étape nécessaire à la réalisation d'une arme est évoquée en détail, avant d'aller découvrir en connaissance de cause les belles collections du musée. Intéressantes expos temporaires et démonstration de la forge *(1er dim du mois mars-déc, 14h-18h).*

LE MONT SAINTE-ODILE

Carte Le Nord (Bas-Rhin), B3

Petit détour pour vous mettre au vert (vous avez eu largement le temps de vous mettre au verre, si vous nous suivez depuis le début de la route des Vins !). À 763 m, la 1re « montagne » des Vosges est ce promontoire couvert de forêt et chapeauté au sommet d'abruptes falaises de grès rose. Pas étonnant qu'elle ait attiré Celtes, Romains (pour des raisons stratégiques), puis ordres religieux (lesquels ont toujours su choisir avec goût leurs sites).

Au VIIe s, le duc d'Alsace y construit un 1er couvent de femmes. Sa fille Odile en devient l'abbesse. Réputée pour sa grande charité, elle est considérée comme une sainte à sa mort, en 720, et fait l'objet d'un grand culte populaire (au point de devenir la sainte patronne de l'Alsace). L'abbaye prospère, mais, en 1546, à la suite d'un violent incendie, les religieuses abandonnent le site. L'évêque de Strasbourg charge alors des moines prémontrés de reconstruire le monastère. Le tombeau de sainte Odile devient lieu de pèlerinage. À la Révolution, les moines sont chassés, les bâtiments vendus. En 1853, l'évêque de Strasbourg organise une grande collecte dans toute l'Alsace et rachète le monastère pour en faire un lieu de pèlerinage et de séjour. Restauré dans la 1re moitié du XXe s, il abrite toujours une poignée de religieuses qui assurent l'accueil des pèlerins. Le mont Sainte-Odile constitue aussi un des lieux clés des sentiers de Saint-Jacques-de-Compostelle en Alsace. Les pèlerins arrivent d'Allemagne par le pont de l'Europe à Strasbourg, puis le canal de la Bruche, Molsheim, Rosheim et Ottrott, à travers les vignes. Outre les couvents d'Ergersheim et de Rosheim, ils trouvent gîte au mont, dans les bâtiments conventuels *(● mont-sainte-odile.com ● ; voir aussi le topoguide complet des chemins de Saint-Jacques en Alsace et le site ● saint-jacques-alsace.org ●).*

➢ ***Pour y aller de Strasbourg et Obernai :*** Réseau 67, ☎ *09-72-67-67-67. Ligne 257, sam-dim et j. fériés Pâques-sept (tlj juil-août).*

Où dormir ? Où manger ?

L'Hostellerie du Mont Sainte-Odile : ☎ *03-88-95-80-53. ● info@mont-sainte-odile.com ● mont-sainte-odile.com ● Doubles 75-85 € ; familiales. Promos et formules ½ pens. Au resto, plats env 14-27 €.* L'hostellerie a été entièrement rénovée, dans un style sobre et contemporain, respectant l'esprit monacal du lieu, mais non dénué de charme, avec 71 chambres confortables, pouvant accueillir de 1 à 5 personnes. Ce n'est évidemment pas l'endroit le plus gai pour résider, mais on peut en revanche être sensible au grand calme qui règne ici. Surtout, cette nuit de retraite permet d'assister au lever du soleil sur la vallée et le mont. Quand le grès rose se met à flamboyer aux 1ers rayons, c'est franchement magique ! Au restaurant *Saint Léon IX,* outre une belle vue et une déco de bois contemporaine, on profite d'une honnête cuisine alsacienne, à base de produits locaux : *bibeleskäs* (fromage blanc aux pommes de terre), choucroute et (énorme !) bouchée à la reine... Pour ceux qui ne font que passer en journée, self-service dans la salle des pèlerins.

À voir

L'abbaye : *visite indispensable, maintenant que vous êtes là. Rens : ☎ 03-88-95-80-53. Site tlj 8h-21h. Audioguide : env 5 €.*

Sitôt franchi le bâtiment d'entrée, on pénètre dans la grande cour aux tilleuls bicentenaires. À gauche, l'hôtellerie et la réception. Au fond, la salle des pèlerins et l'église.

– ***L'église :*** reconstruite au XVIIe s après la guerre de Trente Ans sur des éléments de l'église du XIIe s. Aspect trapu et harmonieux tout à la fois. Intérieur divisé en 3 nefs égales par des colonnes toscanes. Belle boiserie du chœur. Stalles de style Renaissance. Noter les confessionnaux sculptés du début du XVIIIe s, les plus beaux d'Alsace, dit-on. Remarquable chemin de croix en marqueterie également.

– Par la cour du cloître, son ravissant jardin avec la statue de sainte Odile, on parvient aux ***chapelles*** (accès également par une porte de l'église). D'abord, la *chapelle de la Croix,* du XIIe s, la partie la plus ancienne du mont. Voûte basse soutenue par une colonne centrale avec chapiteau sculpté. Curieusement, 2 personnages tirent la langue. Ça a presque l'aspect d'une crypte romane. Sarcophage

d'Adalric en grès rouge avec une alvéole pour la tête. Ensuite, bien sûr, la *chapelle Sainte-Odile,* avec son chœur ogival et le tombeau abritant le sarcophage en calcaire de la sainte (datant du VIIIe s). Tout autour, élégants lambris de chêne du XVIIIe s et peintures retraçant des épisodes de sa vie.
– Puis on accède au *cloître* fermé et à la grande *terrasse. Chapelle des Larmes* où venait prier sainte Odile. *Ancien cimetière* avec 9 tombes, creusées dans le roc, disposées en éventail. La *chapelle des Anges,* qui s'accroche au rocher, date des XIe-XIIe s. Décor intérieur en mosaïque. Passage obligatoire par l'ancien chemin de ronde qui mène à la grande terrasse, avec sa superbe vue sur les Vosges.

Le mur païen : c'est l'une des énigmes archéologiques les plus puissantes d'Europe. Autour du mont Sainte-Odile court un rempart de pierre d'une dizaine de kilomètres de long, disposé en 3 boucles. Les experts ne sont pas d'accord sur sa datation. Certains avancent le Xe s av. J.-C., d'autres le IVe s. Mais plus nombreux sont ceux qui penchent pour des origines celtes, le datant aux alentours du IIe s av. J.-C. Sur son utilité, là aussi, les avis divergent. Immense parc à bestiaux au IVe s, place fortifiée au IIe s en prévision d'invasions menaçantes, etc. Ce qui frappe les historiens, c'est le manque de points d'eau dans le périmètre fortifié.
On évalue qu'il fallut environ 300 000 blocs de pierre de 150 kg pour édifier le mur. De nombreuses carrières jalonnant l'ouvrage montrent qu'il ne fallut pas aller bien loin chercher les matériaux. Ces pierres étaient entassées sur 4 à 5 m de haut sur 1,80 m de large. Un ingénieux système de tenons et mortaises permettait de solidariser les pierres entre elles. Le mur fut en partie restauré par les Romains au IIIe s apr. J.-C., en prévision des invasions barbares. On trouve d'ailleurs des vestiges de voies romaines. Au Xe s, quelques éléments du rempart, les plus proches du sommet, furent à leur tour renforcés à l'approche des attaques magyares. Après, le mur fut définitivement abandonné et servit de carrière pour les châteaux alentour. Aujourd'hui, sous sa mousse, le mur païen n'a pas fini d'intriguer.

À faire

➢ Le mont est le point de départ d'intéressantes « ***balades sur les sentiers autour du mont Saint-Odile*** » mises au point par le Club vosgien (descriptif disponible dans les offices de tourisme : • *clubvosgiens-amis-mont-saint-odile.com* •). Entre autres, *Ottrott* par le sentier des Pèlerins (1h30), *Hagelschloss* en direct (1h), circuit nord par *Hagelschloss* (1h15) et de nombreux autres circuits.

OBERNAI

(67210) 11 279 hab. *Carte Le Nord (Bas-Rhin), C3*

• Plan *p. 117*

Une ville avenante et éminemment touristique. Ne pas manquer le marché du jeudi matin. En plus de l'agriculture et de la vigne prospères, l'existence d'un tissu industriel actif mais discret contribue à donner à Obernai ce côté opulent de bourgade en bonne santé. Et inutile d'insister auprès de l'office de tourisme pour tenter de découvrir les secrets de fabrication de l'usine *Kronenbourg* installée depuis bientôt 50 ans près d'Obernai, et qui produit en moyenne 7,3 millions d'hectolitres chaque année : la plus importante des brasseries françaises ne se visite toujours pas. Consolez-vous avec le chou, dont vous pourrez entrevoir la récolte, en partant à vélo de bon matin sur les petits chemins côté plaine d'Alsace...

Adresse et info utiles

Office de tourisme *(plan A1) : pl. du Beffroi. ☎ 03-88-95-64-13. • info@tourisme-obernai.fr • tourisme-obernai.fr • Avr-oct et déc, tlj 9h-12h (12h30 juil-août), 14h-18h ; le reste de l'année, horaires réduits. Fermé 1er janv, 1er et 11 nov et 25 déc.* De juin à septembre et pendant les vacances scolaires, l'office de tourisme propose un programme d'animation diversifié et des visites guidées sur différents thèmes. En juillet-août, le mercredi à 9h30, visite guidée gratuite du sentier viticole, suivie d'une dégustation gratuite.

Movelo : *loc de vélos à assistance électrique à l'office de tourisme en saison. Compter 17 € la ½ journée, 28 € la journée et 112 € pour 5 j. (prévoir 120 € de caution).* Possibilité de forfaits avec déjeuner ou goûter dans un resto partenaire ou même d'un pique-nique. Une solution idéale pour découvrir le vignoble sans souffrir des dénivelées.

Où dormir ?

Nombreuses chambres d'hôtes à Obernai et dans les environs, consulter le magazine ou le site de l'office de tourisme.

Camping

Le Vallon de l'Ehn : *1, rue de Berlin. ☎ 03-88-95-38-48. • camping@obernai.fr • camping-obernai.fr • À 1 km au nord-ouest de la ville ; à 15 mn à pied. De mi-mars à début janv. Tente 16,20-17,90 € ; chalets. 145 empl. Réduc de 5 % hors juil-août sur présentation de ce guide.* Un camping 3 étoiles très agréable et bien situé, au calme à 2 pas de la vieille ville. Sanitaires impeccables, bon accueil, équipements très convenables : aire de jeux pour les enfants, ping-pong, minigolf, épicerie. À proximité immédiate, piscine, tennis et pistes cyclables.

De prix moyens à chic

Le Gouverneur *(plan B2, **2**) : 13, rue de Sélestat. ☎ 03-88-95-63-72. • info@hotellegouverneur.com • hotellegouverneur.com • ♿ Ouv tte l'année. Doubles 70-125 €. Petit déj 12 €. Parking payant. 1 petit déj/chambre et par nuit offert sur présentation de ce guide.* Cette adresse idéalement située occupe une bâtisse du XVIe s, organisée autour d'une cour intérieure où il fait bon se reposer en terrasse. Tout autour, des galeries desservent des chambres tout confort, dont les couleurs thématiques suivent le cours des saisons. Quant au petit déj, il est servi dans une salle résolument contemporaine, pour changer ! Accueil dynamique.

De chic à beaucoup plus chic

Les Jardins d'Adalric *(hors plan par B1, **3**) : 19, rue du Maréchal-Kœnig. ☎ 03-88-47-64-47. • info@lesjardinsadalric.com • lesjardinsadalric.com • ♿ À 1,3 km du centre. Tte l'année. Doubles 89-129 € ; familiales. Parking.* Excentré mais au calme, un bâtiment sans grâce qui cache un établissement chouchouté par une sympathique propriétaire passionnée de déco. L'ensemble est bien tenu, et fréquemment revu dans un style contemporain dans l'air du temps. Chambres claires et colorées, certaines, plus spacieuses, avec balcon. Belle véranda donnant sur la piscine, le parc ombragé et le court de tennis.

Le Colombier *(plan B2, **4**) : 6-8, rue Dietrich. ☎ 03-88-47-63-33. • info@hotel-colombier.com • hotel-colombier.com • ♿ Tte l'année. Doubles 94-185 € ; familiales. Promos conséquentes sur le site. Parking payant. Loc de vélos.* Un hôtel récent, à 2 pas de la Grand-Place : derrière une façade qui n'a pas eu à se forcer pour s'intégrer au paysage, une quarantaine de chambres

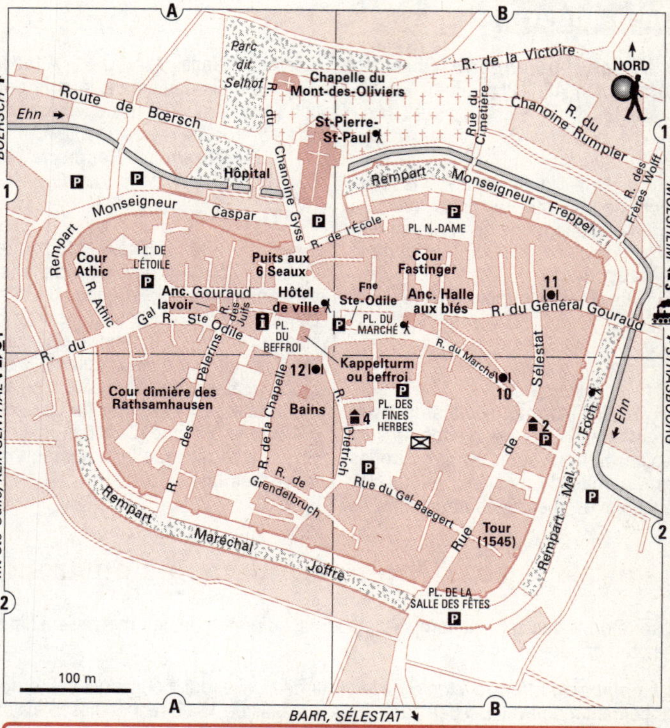

OBERNAI

■ **Adresse utile**

- Office de tourisme (A1)

Où dormir ?

1 Le Parc Hôtel (hors plan par A2)
2 Le Gouverneur (B2)
3 Les Jardins d'Adalric (hors plan par B1)
4 Le Colombier (B2)

Où manger ?

10 Restaurant Les Remparts (B2)
11 Le Freiberg (B1)
12 L'Éden boulangerie libre de gluten (A2)

lumineuses et paisibles, au confort irréprochable et à la déco contemporaine. Belle vue du dernier étage. Accueil très professionnel. Espace bien-être.

Le Parc Hôtel *(hors plan par A2, **1**) : 169, route d'Ottrott. 03-88-95-50-08. • info@leparchotel.fr • leparchotel.fr • Doubles 160-300 €. Au resto, ts les soirs, menu 80 €. Brunch dim midi 80 €.* Ce magnifique 4-étoiles, à la déco de bois et agrémentée de belles marqueteries Spindler, est une belle adresse pour une petite folie. Élégant, feutré, cosy, on y resterait volontiers confiné le temps d'un week-end en amoureux. Il faut dire que tout est prévu pour que l'on n'ait plus envie de sortir... Cuisine gastronomique au resto. Sur place, piscine et magnifique spa de 2 500 m², plusieurs fois primé *(day spa et soins sur résa au ☎ 03-88-95-03-08 ou sur • leparchotel.fr/fr/yonaguni-spa-alsace •).*

Où manger ?

L'Éden boulangerie libre de gluten (plan A2, **12**) : *2, rue Dietrich. ☎ 03-88-97-24-80. • contact@boulangerie-eden.fr • ♿ Mar-sam 8h30-18h30, dim 9h-18h30. Formules env 9-17 €.* Une boulangerie-pâtisserie-salon de thé qui cartonne avec sa gamme végétarienne sans gluten élaborée sur place. Plat du jour dans le même esprit.

Le Freiberg (plan B1, **11**) : *46, rue du Général-Gouraud. ☎ 03-88-95-53-77. • le.freiberg@gmail.com • ♿ Fermé mar-mer. Formule déj en sem 15 € ; menus 29-45,50 € ; carte env 36 €.* Charmante winstub avec sa petite salle typique où l'on se sent si bien. Surtout après avoir goûté les bons menus du midi, ou, mieux, les savoureuses spécialités traditionnelles cuisinées dans les règles. À moins d'opter, mais seulement le soir, pour une tarte flambée... L'accueil est bon, on se promet de revenir bientôt !

Restaurant Les Remparts (plan B2, **10**) : *3, rue du Marché. ☎ 03-88-95-15-52. Fermé lun-mar en hte saison, et dim-lun hors saison. Carte uniquement env 30-35 €.* Petit resto tout en longueur, joliment aménagé dans une vieille maison à colombages du XVIIe s. Cuisine simple, au goût du jour et de saison : *spätzle* à la fondue de munster et spécialités maison comme le filet de bœuf au sel de cèpe. Sinon, en été, rassurez-vous, l'assiette de poissons grillés *a la plancha* n'est pas mal non plus. Petite terrasse bien agréable sur la rue piétonne.

À voir. À faire à Obernai et dans les environs

Enserré dans ses anciens remparts, Obernai se prête bien sûr merveilleusement à la promenade.

La place du Marché *(plan B1)* **:** le cœur de la ville, qui a conservé son ordonnancement médiéval. Bordée par la halle aux blés de 1554, reconnaissable à son haut toit percé de lucarnes. Fontaine Sainte-Odile. À 2 pas, beau puits Renaissance à 6 seaux (faites un vœu en jetant une pièce !).

L'hôtel de ville *(plan A1)* **:** présente un corps de bâtiment gothique et Renaissance de 1523, avec une belle balustrade flamboyante sur consoles à têtes sculptées. Oriel richement ornementé. Impressionnant beffroi *(kappelturm)* de près de 60 m, vestige d'une chapelle du XIIIe s et qui hérita au XVIIe s d'un dernier étage avec une galerie à échauguettes en grès jaune.

Les anciens remparts : le rempart Foch *(plan B2),* la portion la mieux conservée, se trouve à la hauteur de la synagogue (parallèle à la rue de Sélestat). Tours semi-circulaires. Promenade en boucle sympa de 1,2 km sur le terre-plein central.

L'église Saints-Pierre-et-Paul *(plan A-B1)* **:** construite au XIXe s de style néo-gothique. Le plus grand sanctuaire d'Alsace après la cathédrale de Strasbourg. Voir, à l'intérieur, l'autel du Saint-Sépulcre polychrome flamboyant du début du XVIe s.

➢ Une ***petite balade*** au départ de la place de l'Étoile avec un ensemble de belles demeures (dont une avec toit polychrome) à admirer. Descendre vers la rue des Pèlerins : au no 8, *cour dîmière des Rathsamhausen* avec une belle bâtisse du XIIIe s à baies romanes, remaniée à la Renaissance. Puis, remonter la rue du Général-Gouraud, où se concentre une bonne partie des plus belles maisons à colombages d'Obernai ; voir par exemple au no 61 ou au no 68, la *cour Fastinger* avec ses galeries du XVIIe s et son puits. Rue de Sélestat, intéressantes maisons de vignerons... Revenir par la rue du Marché, où vous attendent d'autres belles maisons et retour à la halle aux blés.

➢ Original : la visite d'une choucrouterie à ***Meistratzheim,*** à 5 km, dans la plaine d'Alsace. Prendre rendez-vous auprès de la maison *Le Pic (☎ 03-88-69-54-95 ; • lamaisondelachoucroute@lepic.fr • ; lun-ven, mat et ap-m ; tarif : 5 €)* ou auprès de l'office de tourisme en saison.

Manifestations

– ***Marché de printemps à Obernai :*** *fin mars-début avr.* Près de 80 artisans qui exposent en ville le temps d'un week-end.
– ***Pisteurs d'étoiles :*** *fin avr-début mai. Rens : ☎ 03-88-95-68-19.* Festival consacré aux « nouveaux cirques », spectacles sous chapiteau et dans les rues de la ville.
– ***Estivales d'Obernai :*** *sam de fin juil à mi-août.* Concerts de plein air gratuits sur la place du Marché. Soirées folklore et tartines le mercredi.
– ***Rêvez Noël à Obernai :*** *fin nov-31 déc.* Marché de la gastronomie et de l'artisanat de Noël *(tlj sauf 25 déc),* exposition de crèches, concerts, balades contées nocturnes...

D'HEILIGENSTEIN AU HAUT-KŒNIGSBOURG

HEILIGENSTEIN

(67140) 965 hab. *Carte Le Nord (Bas-Rhin), B3*

Joli village de la route des Vins. Possède la particularité d'exploiter un cépage original, le *klevener de Heiligenstein,* un savagnin rosé (du même type que celui du Jura), rapporté en 1742 par le maire de l'époque. Hôtel de ville du XIXᵉ s à clocheton. Fontaine de 1558 dont l'auge est un sarcophage mérovingien. À l'angle de la rue de l'Ours, belle demeure à colombages du XVIᵉ s, appelée « maison aux nids d'hirondelles ». Dans les environs proches, nombreuses occasions de randonnées balisées dans la forêt.

Où dormir ? Où manger ?

Relais du Klevener : *51, rue Principale. ☎ 03-88-08-05-98. • relaisduklevener@wanadoo.fr • relaisduklevener.com • ♿ Resto fermé mer ainsi que le midi lun et jeu. Congés : janv-fév. Doubles 65-75 € ; familiales. Plats 11,50-23,50 € ; tartes flambées à volonté 8-12 €. Parking.* L'hôtel domine les vignobles, et l'on peut admirer la plaine du Rhin et la Forêt-Noire depuis une partie des chambres (simples et parfois mansardées, mais toutes bien propres et d'un confort suffisant). Pittoresque resto proposant à la carte des plats revigorants. Terrasse panoramique pour prendre un verre de... klevener, par exemple. Une très bonne adresse familiale, tenue par des gens charmants.

Chambres d'hôtes chez Charles Boch : *6, rue Principale. ☎ 03-88-08-41-26. • contact@vins-boch.fr • vins-boch.fr • ♿ Congés : fin août. Double 55 € (2 nuits min, réduc à partir de la 3ᵉ nuit).* Ce bon vigneron, qui fait un excellent klevener, propose plusieurs chambres dans sa maison donnant sur le vignoble. Elles sont confortables, fonctionnelles, et équipées de salles d'eau impeccables. Distinguées, racées et tout en harmonie, les vieilles vignes de Charles Boch se révèlent parmi les meilleures en klevener. Accueil chaleureux et généreux.

BARR

(67140) 7 240 hab. *Carte Le Nord (Bas-Rhin), B3*

Capitale viticole du Nord (Bas-Rhin), Barr, ville commerçante et carrefour routier, fut longtemps spécialisée dans le travail du cuir (tanneries, etc.). Aujourd'hui, elle joue la carte du tourisme avec un certain succès. Malgré les vicissitudes de la 2de Guerre mondiale, elle possède encore un riche patrimoine de demeures anciennes.

Adresse et info utiles

Office de tourisme du Pays de Barr : *pl. de l'Hôtel-de-Ville. ☎ 03-88-08-66-65. • paysdebarr.fr • juil-août, tlj 9h30-12h30, 14h-17h30 ; avr-juin et sept-oct, tlj sauf dim ap-m 9h30-12h, 14h-17h30 ; janv-mars et nov-déc, mer-sam 10h-12h, 14h-17h. Loc de vélos électriques en saison (Movelo : voir détails à Obernai).* Bon matériel touristique et plan de ville.

Gare SNCF : *☎ 36-35 (appel gratuit).* Trains pour Strasbourg, Obernai, Sélestat, Rosheim, Molsheim, etc. Billetterie automatique seulement.

Où dormir ? Où manger ?

Hôtel-restaurant À la Maison Rouge : *1, av. du Dr-Marcel-Krieg. ☎ 03-88-08-90-40. • resa.maisonrouge@orange.fr • maisonrouge-barr.fr • Resto fermé mer-jeu. Double 70 € ; familiales. Tartes flambées 9-14 €, sinon plats 15-25 €.* Hôtel qui ne manque pas de cachet, donnant sur une petite place avec une séduisante terrasse d'été, face à la rue piétonne. Chambres simples et agréables, de bon confort et bien tenues. Certaines ont vue sur le vignoble. Au resto, spécialités alsaciennes servies dans une ambiance conviviale, et des suggestions renouvelées.

Chambres d'hôtes du domaine Noëlle Bachert : *35 A, rue du Dr-Sultzer. ☎ 03-88-08-95-89. • domainebachert@yahoo.fr • bachert.fr • À 5 mn du centre-ville en direction d'Heiligenstein. Doubles 55-75 € ; familiale avec kitchenette. Possibilité de planter sa tente dans le verger pour 5 €. Parking. Dégustation du vin de la propriété sur présentation de ce guide.* Idéalement situées sur une colline et entourées de vignes. L'accueil est sympathique et décontracté, avec une dégustation des vins de la propriété (klevener, pinot noir). Les chambres sont dans le même esprit, simples et champêtres, profitant d'une belle vue sur les vignes et les villages environnants. La moins chère, toute petite, est bien mimi, idéale pour les petits budgets. Quant aux aventuriers, ils choisiront la cabane dans le vieux chêne ! Le petit déj est servi sous la tonnelle.

Au Potin : *11, rue du General-Vandenberg. ☎ 03-88-08-84. Tlj sauf dim-lun. Formule déj 12,50 € ; carte env 30 €.* Légèrement à l'écart du vieux centre, dans une petite maison toute bleue, on trouve ce joli resto au décor convivial et rétro à souhait. On s'y régale d'une savoureuse cuisine bistronomique... avec une carte courte mais suffisamment équilibrée pour plaire à tout le monde (y compris aux végétariens). Les viandards sont particulièrement gâtés avec du bœuf Herdshire, une belle côte de veau ou du gibier sauvage en saison. Tartes flambées en soirée. Dommage que l'accueil soit si peu chaleureux pour les gourmands de passage...

Pâtisserie J. Oster : *31, rue du Collège. ☎ 03-88-08-92-49. Tlj sauf lun.* Pâtisserie et salon de thé pour une pause sucrée (ou salée) ; spécialité de tartes aux fruits, de cakes aux myrtilles, au chocolat, de chinois (à la crème d'amande et aux raisins), kougelhopf... Bref, le choix ne manque pas et le débit assure la fraîcheur.

À voir. À faire

La place de la Mairie : belle unité architecturale, ensemble de charme. Un vrai décor de théâtre avec sa fontaine, les vieilles demeures et les enseignes. Au milieu, l'hôtel de ville de style Renaissance avec oriel, construit en 1640. Large toit pentu et un gracieux pignon à volutes. Jeter un œil côté cour pour l'escalier à double montée. Plusieurs maisons remarquables autour de la place.

Le musée de la Folie-Marco : *30, rue du Dr-Sultzer. ☎ 03-88-08-94-72. • musee-foliemarco.com • Mai-sept, tlj sauf mar 10h-12h, 14h-18h. Entrée : 5 € ; gratuit moins de 16 ans. Visite guidée (env 45 mn) et visite libre.* Ancienne « folie » Louis XV construite par le bailli de la seigneurie de Barr. On a l'impression de pénétrer dans l'intimité d'une famille bourgeoise quelque part entre le XVIIe et le XIXe s : mobilier d'époque, luxueuse vaisselle, étains, faïences de Hannong, etc. Restaurant sur place, dans le caveau du musée *(tlj sauf sam midi).*

Petite balade en ville : *rue Neuve.* C'est l'une des rues ayant le mieux conservé son aspect et son tracé médiévaux. Petites cours intérieures (au n° 28), passages étroits. Au n° 16, courette et arche en grès marquée « 1625 ». Rue du Collège : tannerie Degermann, dernière tannerie de Barr qui comptait 7 tanneries industrielles au XIXe s. Au 4, rue des Maréchaux, demeure de pharmacien datant de 1705 (13 générations de pharmaciens s'y sont succédé depuis). Au 22, rue des Cigognes, accès à une enfilade de cours intérieures. Pittoresque rue de la Kirneck, traversée par une petite rivière canalisée et bordée d'anciennes maisons de tanneurs, comme au n° 28, avec des ouvertures sur le toit.

Fête et manifestations

- ***Foire aux vins :*** *mi-juil.*
- ***Fête des Vendanges :*** *1er dim d'oct.*
- ***Marchés de Noël :*** *3 premiers w-e de déc.*

DANS LES ENVIRONS DE BARR

GERTWILLER (67140)

À 2 km au nord-est de Barr. Il y avait encore 7 à 9 fabricants de pain d'épice au début du siècle dernier à Gertwiller, petit village viticole et tranquille (1 250 habitants). Aujourd'hui, il n'en reste que 2. 2 artisans, chez qui l'on vous conseille de bien vérifier la (trop) longue liste des ingrédients car beaucoup de recettes « originales » cachent en réalité des additifs peu orthodoxes.

Où acheter de bons produits ?

Fortwenger – Palais du Pain d'Épices : *144, route de Strasbourg. ☎ 03-88-08-04-26. • palaisdupaindepices.com • Tlj 9h (10h dim)-11h30,*

14h-17h30. Visite du Palais du Pain d'Épices *et de l'atelier de fabrication selon le planning de production (sauf de début janv à mi-fév et 25 déc) : 4 € ; réduc ; gratuit moins de 5 ans.* Depuis 1768, date de sa fondation, cette bonne maison régale petits et grands. Découverte ludique, culturelle et forcément gourmande du pain d'épice d'Alsace. Parcours sensoriel, jeux interactifs, boîte à rêves et jardin de contes de fées pour finir évidemment les bras pleins de cadeaux. Nombreux points de vente dans les principaux sites touristiques.

Lips – musée du Pain d'épices et de l'Art populaire alsacien : *110, rue Principale. ☎ 03-88-08-93-52. • paindepices-lips.com • Lun-sam 8h-12h, 13h30-18h30 (18h sam), dim 9h30-12h, 14h-18h (le musée ferme 30 mn plus tôt). Fermé 2 sem début janv. Entrée du musée : 3 € ; gratuit moins de 13 ans.* Artisan « à l'ancienne » dont les produits ont la saveur d'antan (en semaine, on peut assister à la fabrication du pain d'épice), M. Habsiger a installé au-dessus du fournil, dans l'ancienne grange dîmière datant de 1756, un musée sur une surface de 350 m². Ce musée est le fruit de 40 ans de collection, avec près de 8 000 pièces exposées, dont une superbe collection de moules à chocolat et à kougelhopf (le plus ancien date du XVIIIe s). Intéressant aussi, tout ce qui se rapporte à saint Nicolas (images, jouets...), la reconstitution de la *stub,* pièce principale de toute ferme alsacienne et une expo de faïences du XVIIIe s. La maison, fondée en 1806, a été labellisée « Entreprise du patrimoine vivant ».

MITTELBERGHEIM *(67140)*

Situé sur une colline, l'un des « Plus Beaux Villages de France » séduit par la simplicité et l'homogénéité de ses maisons de vignerons, aussi imposantes que typiques. Hôtel de ville du XVIe s, là aussi l'un des plus beaux d'Alsace. Grand escalier extérieur en pierre menant à un palier-loggia avec toit à bulbe. Au 2, rue de la Montagne, belle maison avec tourelle du XVIe s. Dans la rue Principale, voir le n° 7 au pittoresque pignon, le n° 27, ancienne maison de la dîme. Beaucoup d'enseignes typiques vigneronnes dans la rue Principale et alentour : Seltz, Wittmann, Rieffel, Boeckel, Gilg, etc.

Où dormir ? Où manger ?

Prix moyens

Au Raisin d'Or : *1, rue Principale. ☎ 03-88-08-93-54. • dietrich-seltz6@orange.fr • raisindor-mittelbergheim.com • Au centre du village. Tlj sauf lun-mar. Congés : 3 sem janv-fév, 15 j. début juil et 10 j. en nov. Double 77 €, petit déj inclus. Formules déj en sem 11,40-14,80 € ; plats env 16-22 € ; menus 24,50-38 €.* Décor typique (comprendre nappes à carreaux, carrelage et poutres) et bonne cuisine régionale, typique elle aussi, servie par une équipe sympa. Gibier en saison. Carte winstub avec des tartes flambées midi et soir. Agréable terrasse dans la cour, où donnent les 4 chambres d'hôtes aménagées avec goût par la famille Dietrich... dans l'ancienne grange à foin.

Am Lindeplatzel : *71, rue Principale. ☎ 03-88-08-10-69. Tlj sauf mer-jeu. Carte env 48 €.* Une belle maison traditionnelle où le chef, Thierry Baltzinger, fait souffler un léger vent de modernité, à l'image de sa choucroute « autrement » (aux épices, lard, saucisse de canard maison, joue de cochon marinée et foie gras poêlé). À l'ardoise, quelques suggestions du moment pour une cuisine au plus près des saisons et qui s'éloigne volontiers de l'Alsace. Beau choix de vins nature, servis au verre pour certains.

À voir

Le moulin à huile : *35, rue Principale (au fond d'une cour). Donation bienvenue.* Datant du XVIIIe s, c'est un des rares moulins à huile d'Alsace à n'avoir subi aucune dégradation. Il s'agit d'un ensemble impressionnant (meules, pressoirs et fourneau à bois), dont le mécanisme était autrefois entraîné par un cheval de trait. Au n° 7 de cette même rue, un nid accueille un couple de cigognes tous les ans, au printemps.

Ne pas manquer, à la sortie nord du bourg, le point de vue sur le ***terroir de Zotzenberg.*** Vaste cuvette couverte de vignes prenant des tons dorés au soleil couchant. À l'arrière-plan, le château d'Andlau, point de départ de belles promenades dans le vignoble. Le terroir du guilleret *zotzenberg,* un des grands crus alsaciens, est connu depuis 1364. Il produit des vins de longue garde, de grande finesse. Il fut longtemps terre de sylvaner, ce qui lui vaut une appellation « Alsace grand cru » unique dans la région.

Fête et manifestations

- ***Fête du Vin :*** *mi-juil.*
- ***Marché du terroir :*** *juil-août, mer 17h-20h.*
- ***Marché de Noël, Bredelmarik :*** *1er dim de déc.* Vente de petits gâteaux.

ANDLAU

(67140) 1 740 hab. *Carte Le Nord (Bas-Rhin), B4*

Autre agréable village de la route des Vins, assez touristique. Lové dans une douce vallée, le val d'Éléon. Célèbre pour son importante abbaye, fondée au IXe s par Richarde, femme de l'empereur Charles le Gros. La légende raconte que sainte Richarde, voyant une ourse enterrer son bébé mort, prit celui-ci contre son sein et le réchauffa pour le ramener à la vie. L'endroit fut choisi pour la construction de l'abbaye. Andlau abrite 3 grands crus : le mœnchberg, le kastelberg et le wiebelsberg.

Où dormir ? Où manger ?

Zinck Hôtel : *13, rue de la Marne. ☎ 03-88-08-27-30. • contact@zinckhotel.com • zinckhotel.com • Dans le bas du village. Congés : 20 déc-20 mars. Doubles 65-95 €.* Coup de cœur depuis des années pour cet hôtel pas comme les autres, installé dans un ancien moulin à eau et flanqué d'une annexe très contemporaine. 18 chambres à thème (la « Pop », la « Baroque », la « Zen », etc.), toutes confortables et parfois ô combien originales. Très bon petit déjeuner, que l'on prend en terrasse ou au pied de l'ancienne roue du moulin. Verger agréable pour un moment de détente au vert et piscine en inox.

Hôtel-restaurant Le Kastelberg : *10, rue du Général-Koening. ☎ 03-88-08-97-83. • info@kastelberg.com • kastelberg.com • Doubles 69-167 €. Nombreuses formules séjour et ½ pens. Resto ouv ts les soirs et dim midi. Loc de vélos électriques.* À l'entrée du village, et bénéficiant d'une belle vue sur le vignoble, un 3-étoiles plus coquet qu'il n'y paraît de l'extérieur. Rénové dans un style sobre et douillet, il convient bien aux séjours « clé en main » avec toutes sortes d'activités proposées et des formules demi-pension avantageuses. À la carte, pour ceux qui tiennent à manger alsacien, *baeckehoffe* et kougelhopf glacé.

***Au Bœuf Rouge :** 6, rue du Dr-Stoltz. ☎ 03-88-08-96-26. • auboeufrouge@wanadoo.fr • Fermé jeu ainsi que mer soir de mi-juil à fin août. Congés : 22 fév-3 mars, 28 juin-11 juil et 2-8 nov. Le midi en sem, formule 12 € et menu 17 € ; menus 29 et 39,80 €. Un blanc-cassis ou un jus de pomme bio offert sur présentation de ce guide.* La salle de resto, aux tables joliment nappées, respire l'authenticité et le plaisir de la bonne chère. La salle de la winstub est plus petite, mais la belle terrasse permet de prendre ses aises. Bonne cuisine avec des quenelles de brochet et autres plats traditionnels remis à l'honneur et des tartes flambées en soirée. Bonne carte des vins représentative du vignoble alentour. Accueil sympathique.

Où boire une bière locale dans les environs ?

***Brasserie La Saint-Pierre :** 30, rue Principale, 67140 **Saint-Pierre.** ☎ 03-88-08-82-95. • info@lasaintpierre.com • lasaintpierre.com • À 3 km à l'est par la D 425. Tlj sauf dim 9h-18h.* Microbrasserie installée dans un ample bâtiment moderne. Une grande salle sobre tout en boiseries blondes ouvre sur les installations de la brasserie et une terrasse ensoleillée où goûter la production maison : blonde, ambrée, brune, blanche, *IPA*, etc. Possibilité de visite guidée avec dégustation *(à 11h et 14h30 ; 6 €/pers).*

Où déguster et acheter de bons vins ?

***Marc Kreydenweiss :** 12, rue Deharbe. ☎ 03-88-08-95-83. • kreydenweiss.com • Tlj sauf dim et j. fériés (et sam janv-fév). Dégustation sur rdv.* Adepte de la biodynamie, ce vigneron d'exception excelle sur les meilleurs terroirs (Kritt, Moenchberg, Kastelberg), à commencer par son subtil assemblage riesling-pinot gris du val d'Éléon. Le marc de gewurztraminer s'avère aussi divin... sur 20 !

À voir

L'abbatiale : Profondément remaniée au XVIIIe s (nef et clocher), elle n'en garde pas moins, avant tout, son charme roman. Une ***superbe frise historiée de 30 m de long*** court à l'extérieur. Datant de 1130, elle est considérée comme le 1er bas-relief en Alsace. Cette fresque illustre moult actions de héros mythologiques, mélangées à des scènes de la vie quotidienne. Et mène naturellement les fidèles vers le portail, avec son porche avancé.

La façade donne une impression de puissance. Sur le tympan, le Christ en majesté encadré de saint Pierre aux clés et de saint Paul au livre. De part et d'autre, l'arbre qui meurt (symbole du paradis disparu et du péché) et la vigne prospère avec une colombe (symbole de l'arbre de vie). Linteau racontant la Genèse en 5 tableaux.

À l'intérieur, intéressant mobilier. Nef soutenue par des piliers à chapiteaux corinthiens et parcourue de tribunes à balustres. Chaire de 1715 de style baroque renaissant, portée par un puissant Samson. Superbes stalles du XVe s dans le chœur. Dans le transept gauche, accès à la crypte du XIe s, typique de l'art roman primitif. Derrière l'autel enfin, ne pas manquer cette ravissante Vierge en bois du XVe s.

Au fil de la balade en ville, on passe par la ***place de la Mairie,*** aux demeures rénovées au XVIIIe s. Fontaine Sainte-Richarde. Sur la gauche de la mairie, la « maison Rouge », maison de style Renaissance. Au nº 17, rue du Docteur-Stoltz, ravissante maison à colombages. Porte sur cour marquée « 1573 ».

Les Ateliers de la Seigneurie : *☎ 03-88-08-65-24. Tarifs, horaires (tlj sauf lun ; variables selon saison) et inscriptions sur • paysdebarr.fr/ateliers-de-la-seigneurie* • Dans l'ancienne seigneurie datant de 1582 a été installé le 1er CIP du coin. Aujourd'hui, ces centres d'interprétation du patrimoine sont devenus monnaie courante dans une région qui entend mettre en avant les traditions, les métiers, le savoir-faire, par le biais d'ateliers, de conférences, de dégustations, de rencontres, de concerts... Ludiques et pédagogiques, ces lieux interactifs invitent petits et grands à découvrir le savoir-faire des anciens.

Ne pas manquer le point de vue de la ***colline de Brandhof*** (direction Itterswiller). Au 1er plan, l'église Saint-André et, au fond, Andlau, gentiment niché au creux du vallon. Au passage, si Saint-André est ouverte, fresque du XVe s dans le clocher et autels latéraux du XVIIIe s.

DANS LES ENVIRONS D'ANDLAU

ITTERSWILLER *(67140)*

Charmant petit village, (très) fleuri et cerné par les vignes, qui possède une intéressante église avec un clocher partiellement gothique. À noter, à l'intérieur, une belle peinture murale du XIIIe s.

Où dormir ? Où manger ?

Hôtel-restaurant Arnold : *98, route des Vins. ☎ 03-88-85-50-58. • arnold-hotel@wanadoo.fr • hotel-arnold.com • Resto fermé dim soir-mar midi. Doubles 106-164 € ; familiales. Le midi en sem, formule 25 € et menu 33,50 € ; carte env 46 €.* Cette belle maison connue de longue date continue à séduire les gourmands avec une solide cuisine traditionnelle, dont les savoureuses spécialités, comme l'incontournable (et très généreux !) *baeckeoffe,* sont servies dans une winstub pleine de cachet. À 2 pas, dans un 2d bâtiment intimiste et paisible, les chambres douillettes ont du charme à revendre et un petit balcon qui permet de jouir d'une vue remarquable sur le vignoble environnant. Profitez du spa avec sauna, piscine, hammam. Une halte de choix.

Le Domaine du Vieux Pressoir : *71, route des Vins. ☎ 03-88-57-81-21. • domaineduvieuxpressoir@orange.fr • auvieuxpressoir.fr • Tlj sauf lun-mar. Double 85 €. Le midi en sem, formule déj 10,50 € ; menus 24-34 €.* Dans une maison vigneronne traditionnelle, une adresse toute simple mais typique. Le caveau, avec son grand pressoir, est un resto populaire où les familles du coin aiment se retrouver pour ripailler allègrement (pensez à réserver le week-end !). 3 chambres d'hôtes sur place, confortables, coquettes et décorées de bois. Joli petit déjeuner servi dans une petite salle rendant hommage à Hansi.

EPFIG *(67680)*

Grosse commune viticole. Sentier qui vous mène à la découverte du plus grand vignoble du Nord (Bas-Rhin). Voir la chapelle Sainte-Marguerite, adorable oratoire de cimetière du XIe s. Plan roman cruciforme auquel on a adjoint au XIIe s une rare galerie-porche à colonnettes et chapiteaux cubiques. Une des petites chapelles latérales est gothique. Ossuaire datant de la révolte des paysans (1525).

BLIENSCHWILLER (67650)

Mignon village de 321 habitants, proche de Dambach-la-Ville, aux charmes discrets et sûrs : ruelles paisibles, colombages sculptés, façades fleuries. À noter : un curieux puits à spirale et une jolie fontaine de la Metzig du XVIe s, à découvrir avant de suivre le sentier des Poètes. Un autre sentier dans les vignes « Du cep au verre » au départ de la fontaine. En mai, Rendez-vous des saveurs, en juillet, fête du Vin.

Où dormir ? Où manger ?

Hôtel Winzenberg : *58, route des Vins. ☎ 03-88-92-62-77. • winzenberg@orange.fr • hotel-winzenberg.fr • Doubles 57-65 € ; familiale. Confiture maison offerte sur présentation de ce guide.* Précédé par une charmante courette fleurie où il fait bon s'installer en terrasse, ce petit hôtel familial est une étape de choix : l'accueil très sympathique et les 10 chambres confortables régulièrement rénovées, avec ou sans balcon, garantissent un séjour aussi douillet que reposant. Joli mobilier alsacien, salles de bains impeccables. Et vrai bon petit déjeuner local.

Le Pressoir de Bacchus : *50, route des Vins. ☎ 03-88-92-43-01. • lepressoirdebacchus@wanadoo.fr • Fermé lun soir-mer midi. Menus 27-58 €.* Cette maison est tenue par 2 passionnés : en salle, monsieur, fin connaisseur du vignoble local, a toujours quelque chose d'intéressant à faire découvrir, tandis qu'aux fourneaux, madame s'inspire du marché pour mitonner une cuisine de saison ancrée dans le terroir, mais travaillée avec ce qu'il faut de modernité. C'est soigné, c'est savoureux, on se régale ! Mais attention, avec moins de 10 tables, la réservation s'impose...

DAMBACH-LA-VILLE

(67650) 2 201 hab. *Carte Le Nord (Bas-Rhin), B4*

Petite cité fortifiée adorable offrant au visiteur un joli centre ancien, préservé, restauré et, là encore, très fleuri. Elle possède, en outre, le plus grand vignoble d'Alsace (surtout en riesling) et les nombreux caveaux (souvent pluricentenaires), où l'on peut déguster au coin de chaque rue, ne sont pas sans charme. Comme vous aimez les anecdotes, en voici une. En 1444, la ville fut assiégée par le dauphin Louis, futur Louis XI, à la tête des troupes royales. Au cours du siège, le dauphin reçut un carreau d'arbalète dans le genou. Pour apaiser la colère du prince, l'évêque de Strasbourg lui offrit 2 chevaux richement harnachés.

Adresse et infos utiles

Office de tourisme du Pays de Barr : *4, pl. du Marché. ☎ 03-88-92-61-00. • paysdebarr.fr • Juil-août : lun-sam 9h30-12h30, 14h-17h30 ; dim et j. fériés 10h-13h. Avr-juin et sept-oct : lun-sam 9h30 (10h oct)-12h, 14h-17h30 (17h oct). Janv-mars et nov-déc : mer-ven 10h-12h, 14h-17h.* Plan de la ville avec un intéressant itinéraire de visite illustré. Pour toute la famille, balade ludique à travers la cité médiévale sur un parcours ponctué d'énigmes (livret de jeux).

Gare SNCF : *☎ 36-35 (appel gratuit).* Trains pour Strasbourg, Obernai, Sélestat, Rosheim, Molsheim, etc.

– **Marché paysan :** *en été, lun 17h-20h.* Un marché artisanal et artistique, qui réunit plusieurs dizaines de producteurs, artisans et artistes régionaux dans les anciens remparts du XIVᵉ s. Animations musicales gratuites à partir de 18h30.

Où dormir ?

Chambres d'hôtes et caveau Nartz : *12, pl. du Marché. ☎ 03-88-92-41-11. ● nartz.michel@wanadoo.fr ● Au centre du bourg. Fermé 28 déc-1ᵉʳ avr. Doubles 70-75 €. CB acceptées. Un verre de muscat offert sur présentation de ce guide.* Dans une belle maison classée du XVIIᵉ s, propriété de sympathiques viticulteurs qui peuvent se targuer d'afficher 4 décennies de bons et loyaux services, 5 chambres rustiques de bon confort et bien entretenues, dont les salles de bains viennent d'être rénovées. La plus grande donne sur la place. Caveau de dégustation ouvert en semaine de 15h à 19h en été, et le samedi hors saison.

Où acheter de bons vins ?

Ruhlmann : *34, rue du Maréchal-Foch. ☎ 03-88-92-41-86. ● ruhlmann-schutz.fr ● Tlj sauf dim et j. fériés pour le domaine et la boutique (visite de la cave sur résa). Fermé 1ᵉʳ janv et 25-26 déc.* Il faut découvrir les vins de création de ce domaine familial, comme l'Étoile de Rose (pinot noir vinifié comme un vin blanc), les vins de cépages, les vins de terroirs (sylvaner vieilles vignes Amphithéâtre, pinot gris des Amoureux ou riesling Cristal Granit) et les grands crus.

À voir. À faire

La place du Marché : n'a pas dû beaucoup changer en 3 siècles. Adorable hôtel de ville de 1547 avec façade à créneaux. À droite, le restaurant *La Couronne* est une pittoresque demeure à encorbellement et haut toit sacrément pentu de la même époque. Sa façade donne une dose d'humanité et de naturel à l'ensemble. Au nº 12, ravissante maison Renaissance. D'autres belles demeures, restaurées au XVIIIᵉ s. Fontaine Renaissance (1543) surmontée de l'ours amateur de raisin, emblème de la ville.

➢ ***Petite balade dans les ruelles étroites et alentour :*** au 55, rue du Maréchal-Foch, belle maison à colombages du XVIᵉ s, une des plus séduisantes. Construite par un certain Burrus, cousin du roi tombé amoureux de la ville. D'autres demeures pittoresques rue de la Dîme, rue de l'Église et rue des Tonneliers. Si vous avez le temps, agréable promenade autour des remparts. La ville a conservé ses 3 portes quasiment intactes.

➢ Intéressant ***chemin des vignes*** de 20 mn environ (pas en boucle), bien balisé. À partir de la chapelle Saint-Sébastien vers les hauteurs du Frankstein (grand cru) avec de très belles vues. Ce chemin plat, pour adultes et enfants, est jalonné de panneaux d'information relatifs à la faune et le travail de la vigne. La *chapelle Saint-Sébastien* est l'ancienne église d'un village disparu au XIIIᵉ s. Tour-clocher romane. Si la porte est ouverte, admirez sa nef gothique et, surtout, un bel autel baroque du XVIIᵉ s. Vierge à l'Enfant du XVᵉ s. Derrière l'autel, vitrail de la même époque. À l'extérieur : ossuaire où seraient déposés les restes des paysans tués lors de la révolte de 1525 ou ceux de l'ancien cimetière d'Oberkirch.

➢ Plus haut, les fières ***ruines du château de Bernstein,*** partiellement détruit lors de la guerre de Trente Ans. Étonnant donjon pentagonal. Balade de 2h aller-retour. Bien fléché à partir de la chapelle.

LE BAS-RHIN

SCHERWILLER

(67750) 3 195 hab. *Carte Le Nord (Bas-Rhin), B4*

L'archétype de l'Alsace fleurie. Ici, l'attrait tient à l'Aubach, la minuscule rivière qui le traverse et que suit la rue principale. Passerelles, anciens lavoirs et berges fleuries agrémentent l'ensemble. Nombreuses maisons de vignerons, avec un porche de grès rose en arc de cercle. Belle place de la Mairie (pour l'aspect esthétique). Gare SNCF (pour le côté pratique).

UN PEU D'HISTOIRE

Au début du XVIe s, exaspérés par leur condition misérable, les paysans de Basse-Alsace se révoltèrent. Dans cette énième jacquerie, ils acquirent le surnom de « rustauds ». L'intérêt porté aux idées de la Réforme, ajouté au ras-le-bol des seigneurs et au désir de justice et de liberté, poussa les vignerons de la région à se joindre avec enthousiasme à la révolte des paysans. Cependant, la réaction des seigneurs fut brutale. Après une 1re victoire à Saverne sur les gueux, le duc de Lorraine marcha sur Sélestat pour écraser le reste de la rébellion.

QUESTION DE TENUE

Le 25 mai 1525, les paysans livrèrent l'ultime bataille à Scherwiller. Mais, mal armés, ils avaient vraiment peu de chances face aux canons et aux cruels mercenaires du duc de Lorraine. Ils résistèrent pourtant 8h avant de se faire massacrer. Selon la tradition, c'est en souvenir de cette héroïque bataille que les paysans alsaciens se mirent à porter, le dimanche, un gilet rouge... sang !

Où dormir ? Où manger ?

🏠 |●| ***Auberge Ramstein :*** *1, rue du Riesling. ☎ 03-88-82-17-00. • info@hotelramstein.fr • hotelramstein.fr • ♿ Resto ouv le soir mar-sam, et dim midi en saison. Fermé 1re sem de janv. Doubles 88-112 €. Menus 49-75 € (vin compris pour ce dernier).* Cette grosse maison moderne environnée par les vignes est une bien bonne étape. Côté logis, les chambres classiques et confortables viennent en partie d'être rénovées (les chambres standard). Côté restaurant, le chef élabore une belle et franche cuisine de saison inspirée par le terroir. La présentation soignée et le service charmant achèvent de combler d'aise. Atmosphère tranquille et reposante, à l'image de la piscine et du jacuzzi bien agréables entre 2 balades.

|●| ⛱ ***Restaurant À la Couronne :*** *2, rue de la Mairie. ☎ 03-88-92-06-24. • couronne@couronne.com • Tlj midi et soir ; service jusqu'à 22h. Fermé 24-25 déc et 31 déc-2 janv. Plat du jour 11 € ; carte env 30 €. Apéritif de tante Philomène offert sur présentation de ce guide.* Une table de caractère, au décor hors du temps réjouissant. On s'attable au choix dans la magnifique salle à l'impressionnante hauteur sous plafond, ou en terrasse, dans la belle cour intérieure fleurie et ombragée. Le chef propose des menus du jour bien ficelés, de délicieuses tartes flambées traditionnelles, et des plats généreux de terroir tels que la tête de veau et les rognons blancs au riesling. Simple, bon, régulier, et servi rapidement avec le sourire, ce qui explique l'affluence. Avant de partir, arrêt obligatoire dans les toilettes délirantes, façon *Nautilus* !

Où boire un verre ?
Où acheter du vin ou de la bière ?

Achillée : *50, rue de Dambach. ☎ 09-54-49-19-16. • contact@achillee.alsace • achillee.alsace • Boutique et bar à vins, tlj 10h-19h. Planchettes 17-35 €.* Un nouveau domaine viticole, ce n'est pas si fréquent, surtout dans une région où les familles sont fières de se transmettre les vignes depuis de longs siècles... Pour ces nouveaux vins élaborés en biodynamie, les producteurs ont choisi un bâtiment en paille à l'architecture ultra-contemporaine et écoresponsable. Outre une dégustation classique, comme lors de toute vente au caveau, vous pourrez vous installer en terrasse avec vue sur le vignoble et les châteaux, ou dans la belle salle donnant sur les chais, le temps d'une véritable dégustation, avec l'ensemble de la gamme proposé au verre. Le tout est accompagné de charcuteries ou de fromages bio (pique-nique autorisé). Ces vins « nature » et monocépages sont l'occasion de bien saisir l'importance du terroir, dans sa plus pure expression, et de comprendre comment se comporte un riesling sur une parcelle de schiste ou de graves. Passionnant et très pédagogique. C'est, en outre, l'occasion de se réconcilier avec les vins nature.

Brasserie L'Altruiste : *13, allée de Fautenbach. ☎ 03-68-05-63-56. • brasserie-laltruiste.fr •* Brasserie artisanale biologique. Visite commentée et dégustation possibles.

LE BAS-RHIN

À faire

➢ ***Le sentier viticole et touristique de Scherwiller :*** balisé en jaune, petit circuit de 1h (2 km) pour les moins courageux et de 2h (6 km) pour les plus sportifs. Ce dernier vous fera traverser la route romaine (2 bornes milliaires restées intactes attestent la présence de cette voie), apercevoir le *château de l'Ortenbourg,* construit vers 1252 et apprécier le vignoble (280 ha) sereinement, en respirant le bon air. Permet de rejoindre les communes voisines de Châtenois et Dieffenthal.

DANS LES ENVIRONS DE SCHERWILLER

LA FORTERESSE DE L'ORTENBOURG

Se rendre jusqu'au restaurant *La Hühnelmühle* (parking), puis prendre le GR 5 (rectangle rouge) : belle balade de 3 km environ par un sentier assez abrupt. Au passage, château de Ramstein. Au-dessus, celui de l'Ortenbourg, l'une des ruines les plus impressionnantes de la région. Juché sur un étroit éperon, un chef-d'œuvre de l'architecture militaire avec sa chemise haute et son donjon pentagonal de 32 m de haut.

CHÂTENOIS (67730)

Aux portes de Sélestat, au carrefour de la route des Vins et de la route de la vallée de Sainte-Marie-aux-Mines, c'est une petite cité industrielle (textile, travail du bois) dotée d'un vieux centre intéressant. C'est aussi l'une des rares villes à avoir possédé 2 enceintes : celle de la ville et celle du quartier du château.

Adresse et info utiles

Sélestat Haut-Kœnigsbourg Tourisme – accueil de Châtenois : *98, rue du Maréchal-Foch. ☎ 03-88-58-87-20. • selestat-haut-koenisbourg.com • Mai-sept.* Jeu de piste sur le vignoble pour les familles.

– **Marché :** *jeu mat, pl. de la Mairie.*

À voir

Le quartier du château : siège fortifié d'une seigneurie épiscopale, le château servait de résidence ponctuelle à l'évêque de Strasbourg. Il en reste la superbe porte des Sorcières, du XVe s, avec sa partie supérieure à colombages sur un bel appareillage de pierre. Vestige d'un morceau de la muraille. Mi-juin, fête des Remparts avec défilé en costumes d'époque et restauration sur place *(rens auprès de l'office de tourisme).*

L'église Saint-Georges : édifiée en 1759, elle se repère de loin grâce à sa tour romane du XIIe s qui hérita, 4 siècles plus tard, d'un étage aux fenêtres géminées et, surtout, d'un curieux clocher à 4 pans avec de jolies échauguettes.

Le vieux Châtenois : le long de la rue principale, quelques belles demeures, comme l'hostellerie de l'Aigle (du XVIe s). Également une pittoresque maison ancienne juste avant l'hôtel *Beysang.* Hôtel de ville de 1493 avec un bel escalier à vis. Mignonne fontaine avec Vierge à l'Enfant. Voir aussi, rue de la République, un pigeonnier de 1596 avec ses boulins maçonnés.

LE CHÂTEAU DU HAUT-KŒNIGSBOURG

(67600) *Carte Le Nord (Bas-Rhin), B4*

Perché au sommet de son éperon, à près de 800 m d'altitude, voici le château le plus important des Vosges. L'un des sites les plus visités de France. Avec raison. Il servit de cadre au film *La Grande Illusion,* le chef-d'œuvre de Jean Renoir.
Pour qui arrive en voiture, sortie de l'autoroute à Kintzheim, village viticole traditionnel de la route des Vins. Dans la rue montante principale, les habituelles grosses demeures cossues à colombages et une fontaine de grès rouge. Le vignoble (grand cru classé du Praelatenberg) est bien sûr la principale richesse du village. Avec le château en toile de fond, c'est l'un des plus beaux coteaux de la région.

UN PEU D'HISTOIRE

Normal qu'une telle position en nid d'aigle ait éveillé de bonne heure quelque intérêt. Dès le XIIe s, on y repère un 1er château. Détruit en 1462 pour cause d'utilisation par les chevaliers brigands, il est reconstruit peu après par la famille Tierstein qui l'avait reçu en fief des Habsbourg. En 1633, les Suédois le prennent et l'incendient. Le château restera à l'état de ruines grandioses jusqu'au XIXe s. En 1865, c'est la Ville de Sélestat qui l'acquiert, le consolide et le sécurise. Mais la charge financière d'une restauration totale se révèle bien trop lourde pour une petite ville. En 1899, profitant du passage opportun de Guillaume II, la municipalité, qui connaissait ses goûts pour le revival romantique des châteaux, l'offre à l'empereur.

En assurant la reconstruction du Haut-Kœnigsbourg, celui-ci saisit l'occasion de réaffirmer de façon spectaculaire la germanité séculaire de l'Alsace. Les travaux sont menés rondement. Une voie de chemin de fer est même installée pour le transport des matériaux d'un bout à l'autre du site. En 8 ans, tout est réglé. Que les lecteurs se rassurent. Il aurait pu en sortir un château mode Troubadour ou à la Walt Disney, sauce Louis II de Bavière. Il n'en est rien. S'appuyant sur l'essentiel des anciennes structures (significatives), l'architecte reconstitue brillamment l'ensemble sans romantisme excessif, ni dérapage folklorique. Même si quelques libertés ont été prises (notamment avec la hauteur du donjon), c'est complètement crédible et impressionnant. Puis, 10 ans après son inauguration, le Haut-Kœnigsbourg redevenait français. Fallait pas déclencher la guerre, gros moustachu !

100 ans plus tard, le château devient le 1er monument national transféré à une collectivité territoriale. Une nouvelle vie commence, avec des activités nouvelles et des travaux qui s'étaleront au fil des ans.

ET QUI FINANCE LA LOTERIE ? LE KAISER !

En 1871, l'Alsace est annexée par l'Allemagne. Manquant de moyens pour relever le château de ses ruines, la Ville de Sélestat hésite : soit elle organise une loterie pour financer la restauration, soit elle l'offre à l'empereur, dans un geste intéressé. La suite est connue : Guillaume II l'a fait reconstruire et, 100 ans plus tard, c'est le Bas-Rhin qui a gagné le gros lot.

Comment y aller ?

Le château est situé sur la commune d'***Orschwiller.***

➢ Une ***navette*** fonctionne depuis la gare de Sélestat. Voir les horaires sur le site. • *haut-koenigsbourg.fr* • *Tarif : 2,50 €/trajet ; réduc. Entrée du château sur présentation du ticket de la navette à prix préférentiel : 7 € ; pour la Volerie des Aigles et la Montagne des Singes 8 € et Cigoland 15,50 €.* Les horaires sont fonction de l'arrivée des trains TER de Strasbourg, Colmar, Mulhouse. *Rens et résas : ☎ 09-72-67-67-67 ; lun-ven 7h30-19h, sam 8h-14h.*

➢ ***En voiture :*** A 35 sortie n° 17 via Kintzheim ou sortie n° 18 via Saint-Hippolyte. N 59 via Lièpvre.

➢ ***À pied :*** sentier balisé à partir d'Orschwiller (min 2h de grimpette à l'aller et 1h30 au retour).

Adresse utile

ℹ ***Sélestat Haut-Kœnigsbourg Tourisme – accueil de Kintzheim :*** *route de Sélestat. ☎ 03-88-58-87-20.* • *selestat-haut-koenigsbourg.com* • *Mai-sept, tlj.*

Où manger à Kintzheim et dans les environs ?

Voir bien sûr nos bonnes adresses à ***Thannenkirch,*** le village voisin, dans « Le Sud (Haut-Rhin) ».

🍴 ***Auberge Saint-Martin :*** *80, rue de la Liberté. ☎ 03-88-82-04-78.* • *contact@auberge-saintmartin.fr* • *♿ Fermé mar-mer. Tarte flambée env 9 €.* L'une des auberges les plus populaires de la région, réputée pour ses tartes flambées au feu de bois et servies, chose rare, midi et soir. Très touristique évidemment, avec un accueil qui s'en ressent parfois. Terrasse aux beaux jours.

La visite au château

Rens : ☎ 03-69-33-25-00 (lun-ven). • haut-koenigsbourg.fr • Lun tte l'année, ouverture à 10h30. Avr-sept, tlj 9h15-16h45 (17h30 juil-août) ; mars et oct, tlj 9h30-16h45 ; nov-fév, tlj 9h30-12h, 13h15-16h15 ; ***dernier billet vendu 1h avt fermeture.*** *Fermé 1er janv, 1er mai et 25 déc. Entrée : 9 € ; gratuit moins de 6 ans, sauf en groupe scol ou extrascol ; gratuit pour ts le 1er dim du mois nov-mars. Visite commentée, se renseigner sur place.*

Possibilité de visites guidées « théâtralisées en famille » avec guides costumés (en principe, quotidiennes pendant les vac scol, se renseigner sur le site internet ; plus de créneaux en juil-août). Compter un supplément de 2 €/pers. Ateliers et diverses programmations tt au long de l'année. Divers services pour faciliter la visite aux personnes handicapées, à mobilité réduite, déficients auditifs ou visuels : maquette tactile, audioguides avec audiodescription. Visites adaptées pour les groupes sur résa ; se renseigner à l'avance par tél.

– ***L'entrée principale :*** de là s'élève la grande façade d'origine (jusqu'aux petites fenêtres romanes murées). Sur la 2e porte, armoiries impériales. Sur certains blocs de pierre, de curieux signes cabalistiques : ce sont les signatures des tailleurs de pierre.

– ***Le portail des Lions :*** accès par un pont-levis. Le portail date du XVe s, mais le linteau est du XIIe s. En 1876, un touriste américain, J. Coopefert, a marqué son passage dans le grès rose. Puits de 62 m de profondeur, qu'il fallut creuser dans la roche.

– ***Le cellier :*** transformé en salle d'accueil. Brève histoire de la restauration et grande maquette du château.

– ***La cour intérieure ou cour d'honneur :*** galeries à balustrades de bois qui assuraient la circulation extérieure du logis seigneurial. Corbeaux et fenêtres d'origine. Le château de Valère, à Sion, inspira les fresques *Les Neuf Preux* (Arthur, Charlemagne, Godefroi de Bouillon...). Ancienne cuisine médiévale. Foudre de 8 000 L de 1670 avec le devant sculpté.

– ***La tour polygonale :*** elle mène aux appartements. Blason de la famille Tierstein. Bel escalier à vis sur 3 colonnettes.

– ***La chambre de l'impératrice :*** chasublier roman et coffre gothique du XVe s.

– ***La salle des fêtes :*** salle de prestige pour Guillaume II, qui y venait une ou 2 fois par an (il ne dormit jamais dans le château). Aigle impérial au plafond. Tribune des musiciens avec armoiries des ancêtres de Guillaume II ; la 2e à droite avec les lions normands sur le bouclier rappelle ses ascendances anglaises (sa grand-mère maternelle était la reine Victoria). Fresques intéressantes de Léo Schnug (1912), représentant notamment le 1er siège du château qui se déroula en 1462, avec de beaux effets de perspective.

– ***La chambre Lorraine :*** mobilier offert par la Société d'archéologie de Metz. Noter les stucs du plafond. Accès au niveau supérieur de la chapelle.

– Dans l'une des ***chambres*** suivantes, on voit un meuble représentatif des 1res armoires créées (en fait, 2 coffres superposés), ainsi qu'une autre à 7 colonnes de style Renaissance (1594). Dans une autre, une ravissante armoire à colonnes torsadées, abondamment sculptée. Bahut Renaissance de 1607 avec superbe travail de marqueterie. On repasse dans la chapelle.

– ***La salle des trophées de chasse :*** chaque bois de cerf est gravé d'une couronne et du W (de Wilhelm). Une anecdote : le Kaiser chassait à Schorfheide (une forêt près de Berlin), puis ce fut Goering, et enfin... Honecker !

– ***La salle d'armes :*** le plafond provient d'une maison strasbourgeoise. Armes authentiques, notamment les arbalètes de guerre (à 100 m, le carreau pouvait transpercer une armure). Au point que le 2e concile de Latran l'avait interdite en tant qu'arme déloyale (mais pas contre les infidèles, cependant !). Beau poêle monté sur lions, de style autrichien, copie assez proche d'un poêle exceptionnel conservé au château de Salzbourg.

– ***Le haut jardin :*** après avoir franchi la fosse aux Ours, on parvient au jardin « reconstitué ». L'architecte eut la bonne idée de conserver les arbres sauvages qui avaient poussé. Par terre, les débris originaux du tympan de la porte (retrouvés lors des travaux). Pont-levis pour parvenir au grand bastion ouest. Blason sculpté.
– ***Le grand bastion ouest :*** est-il besoin de décrire le panorama ? Souvent le château se trouve au-dessus de la mer de nuages qui laisse apparaître la barre sombre de la Schwarzwald (ou « Forêt-Noire ») au loin. Dans le bastion sud, on voit bien le village de Thannenkirch et le massif du Taennchel. C'est le long du grand mur, au pied de la tour carrée, que Pierre Fresnay se fait tirer dessus dans *La Grande Illusion.* Expo de quelques pièces d'artillerie, du « perrier » au grand canon de siège (monté grâce au cabestan qui se trouve sous la toiture).

À voir en cours de route

À noter que le billet de transport de la navette pour le château du Haut-Kœnigsbourg (ligne 500) qui dessert aussi la Montagne des Singes, la Volerie des Aigles et Cigoland donne droit à des réductions sur les entrées des différents sites.

La Volerie des Aigles : *sur la route du Haut-Kœnigsbourg. ☎ 03-88-92-84-33. • voleriedesaigles.com • Fin mars-fin oct, 2-5 spectacles/j. selon période (voir le site), dès 13h30 (10h juil-août et certains j. fériés). Ouv 1h avt le 1er spectacle. Entrée : 11 € ; enfant 7 € ; gratuit moins de 5 ans.* Ces démonstrations ont lieu dans la cour du château : dressage et vol d'aigles, vautours, condors et autres. Assez spectaculaire ! Annulation pour cause de mauvais temps possible. Longue file d'attente en haute saison.

La Montagne des Singes : *au-dessus de la Volerie des Aigles. ☎ 03-88-92-11-09. • montagnedessinges.com • Ouv juil-août, tlj 9h30-18h. Fin mars-juin et sept-début nov, horaires très variables ; consulter le site internet. Entrée : 11 € ; enfant 7 €.* Immersion parmi plus de 240 macaques de Barbarie en liberté qui n'hésitent pas à s'approcher pour prendre dans votre main le pop-corn distribué à l'entrée. En prime, belle vue sur le Haut-Kœnigsbourg et les environs.

Cigoland Alsace : *route de Sélestat. ☎ 03-88-92-05-94. • cigoland.fr • Ouv fin mars-début nov, tlj 10h-18h. Entrée : 16-18 € selon âge ; gratuit moins de 3 ans.* Parc d'attractions et de loisirs avec moult manèges, petits trains et montagnes russes, ainsi que des spectacles et bien sûr d'authentiques cigognes !

SÉLESTAT ET LE GRAND RIED D'ALSACE

À l'est de Sélestat s'étend le Grand Ried d'Alsace. Entre Ill et Rhin, une région de type bocagère de forêts et prés humides, souvent marécageuse. Ried (*Rieth* en allemand) signifie « jonc », « roseau ». Les nappes phréatiques affleurent à la surface. Au printemps, de nombreux champs sont inondés. Paradis des pêcheurs, ça va de soi, et à l'origine d'une des spécialités les plus savoureuses d'Alsace : la matelote, une « bouillabaisse » de poissons de rivière avec une sauce au riesling et à la crème.
Avec une faune et une flore riches (on s'en doutait), le Ried est le royaume du courlis cendré, des vanneaux huppés, hérons et daims. Au milieu, des orchidées, glaïeuls palustres, jacinthes sauvages et iris de Sibérie. Un écosystème fragile, de plus en plus menacé...

SÉLESTAT (67600) 19 252 hab. *Carte Le Nord (Bas-Rhin), B4*

• Plan *p. 135*

Plus intime, bien sûr, que Strasbourg, moins touristique que Colmar, Sélestat possède une personnalité vraiment propre. 3e ville d'Alsace pour la richesse de ses monuments protégés (35 en tout), elle abrite également un patrimoine écrit exceptionnel (inscrit au registre de la Mémoire du monde à l'Unesco) et un patrimoine naturel remarquable (réserve de l'Illwald, l'une des plus grandes réserves régionales de France). Zone industrielle discrète et cités coexistent sans trop de heurts avec la vieille ville. Sélestat fait beaucoup d'efforts pour rattraper son retard d'aménagement. Même ses boutiques d'un autre temps sont regardées aujourd'hui comme des témoins d'un passé en voie de disparition par ceux qui viennent visiter le Fonds régional d'art contemporain (le Frac, autrement dit). Tout cela fait de Sélestat une ville attachante, dont le combat pour préserver et transmettre les patrimoines dont elle a la charge lui a valu l'obtention du label « Ville d'art et d'histoire ».

UN PEU D'HISTOIRE

Au VIIIe s, Sélestat possède déjà une relative importance puisque Charlemagne y réveillonne au Noël 775. La ville connaît un certain rayonnement grâce à la venue des moines du monastère Sainte-Foy de Conques (dans le Rouergue). Avec pour résultat, en 1152, la construction de l'église Sainte-Foy de Sélestat. Frédéric II lui accorde le statut de ville libre impériale. D'autres ordres religieux s'y installent au XIIIe s et les monastères des environs y ont tous leur « maison de ville ». Dans le même temps, Sélestat connaît un développement économique important car, depuis l'ouverture du col du Saint-Gothard par le couloir rhénan, c'est l'un des passages obligés du commerce entre l'Italie et les grandes cités du Nord. La ville s'entoure de remparts. Sélestat connaît son âge d'or à la Renaissance (1441-1525) avec son école latine dont le rayonnement s'étend à toute l'Europe, en liaison avec les grands centres humanistes d'Italie et des Pays-Bas. Elle comptera en 1515 jusqu'à 1 000 élèves. La Réforme a cependant des effets très négatifs sur l'humanisme alsacien, et l'école latine connaît un rapide déclin. D'autant plus qu'à la même époque (1525), l'Alsace est ravagée par la révolte des Paysans. Puis viennent la peste, la famine, la guerre de Trente Ans.

Le rattachement de l'Alsace à la France en 1648 limite Sélestat à un rôle défensif. Les murailles de 1217 sont rasées et remplacées par les fortifications de Vauban. Dans le même temps, victoire de la Contre-Réforme et retour des jésuites (qui seront plus tard expulsés par Louis XV).

Le XVIIIe s se révèle plutôt favorable pour Sélestat, qui devient une ville de garnison commerçante et prospère. En revanche, le XIXe s témoigne de son déclin.

MON BEAU SAPIN

C'est à Sélestat qu'est conservée la plus ancienne mention connue de l'arbre de Noël. Il s'agit d'un écrit datant de 1521. La chrétienté avait récupéré l'antique habitude des Romains, qui décoraient leurs maisons de branches vertes en l'honneur du dieu Janus : elle finit par dresser des sapins entiers sur les parvis ou dans le chœur des églises, porteurs de pommes. Il faudra attendre quelques siècles pour que des boules multicolores viennent les remplacer !

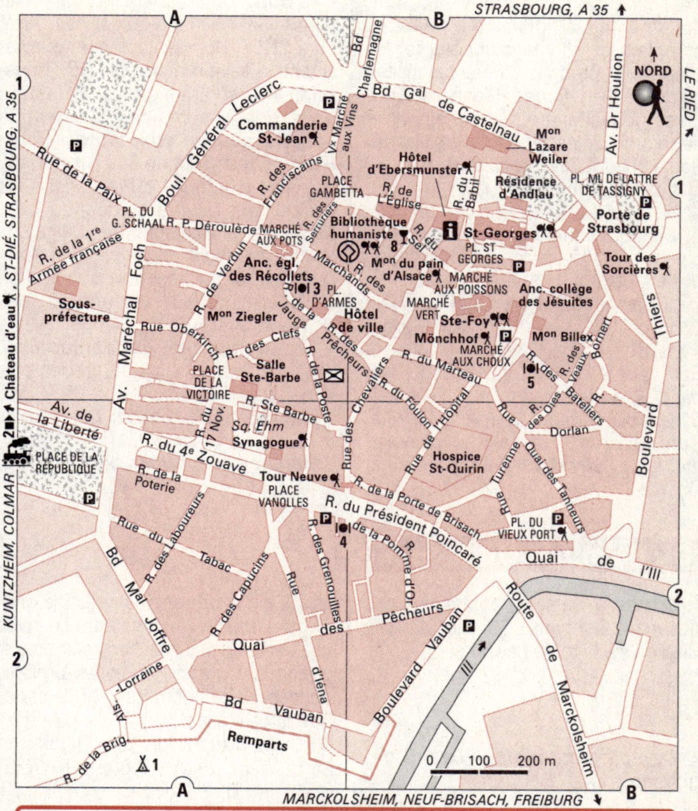

SÉLESTAT

■ **Adresse utile**	**2** Hôtel Vaillant (hors plan par A2)
i Sélestat Haut-Kœnigsbourg Tourisme (B1)	**3** La Vieille Tour (A1)
Où dormir ? Où manger ?	**4** Auberge de la Paix (A-B2)
1 Camping municipal Les Cigognes (A2)	**5** Au Bon Pichet (B1)
	Où boire un verre ?
	8 Clothilde et Édouard Faller (B1)

Prisonnière des remparts, ne pouvant s'étendre géographiquement à cause de l'environnement inondable, elle subit plus durement la concurrence redoutable de Colmar. En 1874, les remparts sont rasés par les occupants allemands. Le boulevard extérieur qui ceinture la ville marque aujourd'hui le tracé de la vieille ville.

Adresses utiles

i ***Sélestat Haut-Kœnigsbourg Tourisme*** *(plan B1)* *: maison du Parvis, 2, pl. du Dr-Maurice-Kubler.* ☎ *03-88-58-87-20.* • *selestat-haut-koenigs* *bourg.com* • Excellent accueil, documentation, plans de ville très complets et équipe compétente. En juillet-août, propose différentes visites guidées thématiques. Plusieurs itinéraires pédestres permettent sinon de découvrir Sélestat en toute liberté. Petite boutique de produits locaux.

■ ***Les Tanzmatten :*** *quai de l'Ill.* ☎ *03-88-58-45-45.* • *tanzmatten.fr* • ♿ Musique, théâtre, danse, galerie d'exposition. Un lieu qui vit tout au long de l'année.

Gare SNCF *(hors plan par A2) :* ☎ *36-35 (appel gratuit).* Trains pour Paris, Strasbourg, Colmar, Mulhouse et Bâle. Sur la ligne TGV Est avec 1 A/R par j. vers Paris. Ligne A07 ***Sélestat-Strasbourg*** par Dambach-la-Ville, Barr, Obernai, Rosheim, Molsheim, etc. Ligne **Strasbourg-Mulhouse** par Colmar.

Bus : pour Saint-Dié, par Châtenois, Sainte-Marie-aux-Mines. Arrêt gare SNCF. Pour les communes avoisinantes, liaison bus avec *TIS* (Transport intercommunal de Sélestat ; • *tis-selestat.com* •). Également la ***navette pour le château du Haut-Kœnigsbourg*** (ligne 500 ; mars-nov ts les w-e, j. fériés et vac scol, puis uniquement les w-e en déc) qui dessert aussi la Montagne des Singes, la Volerie des Aigles et Cigoland. À noter que le billet de transport donne droit à des réducs sur les entrées des différents sites.

– ***Grand marché hebdomadaire :*** *mar mat au centre-ville.* L'un des plus importants d'Alsace.

– ***Marché des produits du terroir :*** *sam mat, pl. Vanolles.*

– ***Marché des produits bio :*** *sam mat, arsenal Saint-Hilaire.*

Où dormir ? Où manger ?

1 journée à Sélestat suffisant, vous pouvez aussi bien séjourner dans le Ried ou sur la route des Vins.

Camping

Camping municipal Les Cigognes *(plan A2,* ***1****) : rue de la 1re-DFL.* ☎ *03-88-92-03-98.* • *camping@ville-selestat.fr* • *camping.selestat.fr* • ♿ *D'avr à mi-oct et fin nov-Noël. Tente 15,50-17,85 €.* Petit camping fleuri dans un environnement urbain pas très excitant, mais à proximité du centre-ville et des loisirs (tennis, piscine, canoë...). Tout le confort de base pour les campeurs qui veulent visiter la ville sans voiture. Mi-ombragé et au calme.

De prix moyens à chic

Hôtel Vaillant *(hors plan par A2,* ***2****) : 7, rue Ignace-Spies.* ☎ *03-88-92-09-46.* • *info@hotel-vaillant.com* • *hotel-vaillant.com* • *Doubles 60-85 € ; familiales. À 500 m à pied de la tour Neuve.* Pratique, car situé entre la gare et le centre-ville (parking aisé), cet hôtel, construit en 1967, a fait peau neuve il y a une poignée d'années. Le résultat est plus que réussi ; tout à la fois chic, élégant, design et chaleureux, avec une déco qui marie les tons sombres et profonds, les matières et les lumières douces. Beau buffet de petit déjeuner. Bar et resto sur place.

Au Bon Pichet *(plan B1,* ***5****) : 10, pl. du Marché-aux-Choux.* ☎ *03-88-82-96-65. Tlj sauf dim-lun. Formule déj 25 € ; menu 34 € ; carte 45 €.* Repérable de loin à sa belle façade ornée de fresques, une sympathique winstub au cadre de bois, accueillant et chaleureux. Généreuse cuisine traditionnelle préparée dans les règles avec de bons produits frais, mais aussi des viandes d'anthologie (le père est un ancien boucher). Des standards maison et quelques plats plus élaborés au dîner, à arroser au choix d'une bière pression ou d'un quart d'edelzwicker. Dès que le temps le permet, la terrasse déploie ses charmes.

Auberge de la Paix *(plan A-B2,* ***4****) : 44, rue du Président-Poincaré.* ☎ *03-88-92-14-50.* • *brunolentz@aubergedelapaix.net* • *Fermé dim-lun. Plats 20-26 €.* Bruno Lentz, aujourd'hui aux commandes de l'*Auberge de la Paix,* perpétue la vocation familiale, puisque l'auberge est dans la famille depuis l'après-guerre. Une fois la porte franchie, on est accueilli avec le sourire dans la vaste salle par la femme du chef, l'énergique Alexia. Dans l'assiette ? Tartare de saumon au yuzu, millefeuille de rognons et ris de veau... Et, pour les amateurs, un fameux carpaccio de bœuf sur commande. Hmm... Service efficace. Terrasse.

La Vieille Tour *(plan A1, **3**) : 7-8, rue de la Jauge. ☎ 03-88-92-15-02. • vieille.tour@wanadoo.fr • Tlj sauf mar-mer ; service jusqu'à 21h. Plats env 18-35 €.* Belle maison historique incluant une tour des remparts datant du XIIIe s. Décor agréable d'un classicisme bon teint (meubles cirés, poutres) et patiné par les ans. Mais on vient surtout pour se régaler d'une cuisine soignée et savoureuse, élaborée en fonction des saisons et du terroir... et en partie revisitée avec originalité et modernité. De belles surprises à la carte.

Où dormir ? Où manger dans les environs ?

Pour les inconditionnels de pizzas, sachez que c'est un pizzaiolo de Sélestat qui a remporté la coupe du monde 2021 de la meilleure pizza ! Vous le retrouverez à la pizzeria **Le Calabrais** *(12, route de Colmar. ☎ 03-88-57-91-67).*

De prix moyens à plus chic

Auberge L'Illwald *: route de Marckolsheim, **Le Schnellenbuhl,** 67600 Sélestat. ☎ 03-88-85-35-40 (resto) ou 03-90-56-11-40 (hôtel). • contact@illwald.fr • illwald.fr • Un lieu-dit à 7 km au sud-est de Sélestat, sur la D 424 en direction de Fribourg. Resto fermé mar-mer. Résa conseillée. Doubles 130-170 € ; triples ; petit déj 18 €. Formule déj en sem 15 € ; dim midi, menu unique 45 € ; carte 38-67 €. Loc de vélos.* Ce très bel ensemble de caractère ne manque pas de charme ni d'attraits, malgré la proximité de la départementale (loger de préférence sur l'arrière). Côté hostellerie, 16 chambres tout confort, lumineuses et à la déco séduisante. Chaleureuse auberge, dont la généreuse cuisine va droit au cœur. Formule imbattable au déjeuner en semaine. Belle carte des vins d'Alsace. Agréable terrasse en été et jardin d'hiver. Piscine extérieure.

Les Prés d'Ondine : *5, rue de Baldenheim, 67600 **Rathsamhausen.** ☎ 03-88-58-04-60. • message@presdondine.com • presdondine.com • À 1,5 km à l'est de Sélestat par la D 21, puis la D 209. Doubles 89-149 €. Table d'hôtes, sauf mer et dim soir, sur résa la veille 39 €, tt compris (sinon 21-26 €).* Un petit hôtel intimiste avec des prestations haut de gamme (espace sauna-hammam-jacuzzi). 12 chambres, toutes différentes, dont chacune tire son nom et son atmosphère d'un extrait de poème. Stéphane Dalibert n'a rien d'un hôtelier traditionnel, il met à votre disposition un salon-bar-bibliothèque où chacun peut se servir ; et un jardin, les pieds dans l'Ill. Table d'hôtes élaborée avec les produits du marché, et digne des meilleures maisons.

Où boire un verre ?

Clothilde et Édouard Faller *(plan B1, **8**) : 47, rue des Chevaliers. 06-62-41-50-23. • edouard.faller@orange.fr • Tlj 10h-22h. Restauration à tte heure.* Belle trouvaille que ce bar à vins, ouvert en plein centre par un couple de vignerons. À 2,50 € (!) le verre de bon vin, c'est devenu le QG des papis du coin mais aussi des familles, des amoureux qui se bécotent et des touristes qui commentent leur dernière expo. Et, ô merveilleuse Alsace, tout ce petit monde varié, finit par se saluer, se sourire, se parler... Bref, LE super bistrot de quartier comme on en rêve... populaire, chaleureux et convivial. S'il est un peu tôt pour l'apéro, vous pourrez vous rabattre sur une bière locale artisanale ou un jus de pomme maison. Tartes flambées (salées ou sucrées – malheureusement réchauffées) en cas de fringale. Belle terrasse sur la place piétonne, en face de la Bibliothèque humaniste.

À voir

➢ Pour vous accompagner dans votre balade, la ville a créé 2 parcours de découverte à travers Sélestat :
– « Dans les pas du Lion et du géant Sletto » invite à suivre au sol la signalétique. *Compter 2h au départ de la commanderie Saint-Jean, brochure – gratuite – en main pour faire le tour des 24 sites (raccourcis possibles).*
– « L'Ill aux trésors » est un sentier de 5 km qui permet de découvrir en 12 étapes le patrimoine naturel de l'Ill Wald.

La commanderie Saint-Jean *(plan A1)* **:** *entre le bd du Général-Leclerc et la pl. du Vieux-Marché-aux-Vins.* Fondée au XIIIe s. La plupart des bâtiments sont des XVe et XVIe s, notamment la maison du Prieur. Remarquer la très belle voûte flamboyante, ainsi que l'escalier à vis de la tourelle.

L'église Saint-Georges *(plan B1)* **:** *pl. Saint-Georges.* Une des plus belles églises gothiques d'Alsace. C'est dans un sanctuaire antérieur que Charlemagne fêta Noël. Commencée au XIIIe s en style roman (dont subsiste sur le flanc un portail) et achevée en gothique flamboyant. Tour de 60 m, reposant sur un narthex au décor raffiné. Balustrades ajourées, rosaces, pinacles, pignon à arcatures, vitraux et verrières du XVe s composent un ensemble exquis.

L'église Sainte-Foy *(plan B1)* **:** *pl. du Marché-Vert.* Architecture originale à 3 tours qui est un des charmes de cette église romane avec l'alternance de grès rouge et de granite, d'un bel effet graphique. Tour et flèche en pierre de la croisée du transept, véritable chef-d'œuvre de l'art roman. Riche décor de baies géminées contrastant avec la sobriété de la flèche. À l'intérieur, 3 travées reposant sur des piliers alternant forts et faibles, avec chapiteaux à décor végétal. De l'ouragan architectural et décoratif jésuite ne subsiste que la chaire de 1753. Près du baptistère, intéressant bas-relief roman du XIIe s (mais plus de têtes). Crypte (entrée à droite du chœur), vestige d'une chapelle antérieure.

La Bibliothèque humaniste de Sélestat *(plan B1)* **:** *1, pl. du Dr-Maurice-Kubler. ☎ 03-88-58-07-20. • bibliotheque-humaniste.fr • ♿ Mai-sept et déc, mar-dim 10h-12h30, 13h30-18h ; fév-avr et oct-nov, mar-dim 13h30-17h30. Fermé lun et certains j. fériés. Entrée : 6 € ; réduc ; gratuit moins de 6 ans. Visite guidée + 2 € (vaut vraiment le coup). Animations enfants.*
Plusieurs années de travaux ont permis à l'architecte Rudy Ricciotti (Mucem à Marseille) d'opérer la mue de l'ancienne halle au blé, vaste vaisseau édifié au milieu du XIXe s, qui abrite la Bibliothèque humaniste depuis 1889, inscrite en 2011 au registre Mémoire du monde de l'Unesco. Le style néoroman de la halle donne parfois l'impression d'être dans une église. Des colonnes en grès des Vosges habillent désormais l'extension qui laisse la part belle à l'entrée de la lumière.
Sélestat, autrefois ville du Saint Empire romain germanique et foyer intellectuel, abritait une école latine qui préparait l'élite de l'humanisme rhénan à l'entrée à l'université. Les élèves y étudiaient les textes religieux, les classiques de l'Antiquité, et apprenaient à développer leur esprit critique. Le mouvement d'idées humaniste, qui s'appuie sur le savoir et la transmission, s'est largement répandu grâce à l'invention et au développement de l'imprimerie, et plus rapidement encore à compter de l'invention de caractères mobiles métalliques au milieu du XVe s. Dans la bibliothèque, la muséographie reproduit l'environnement d'un atelier de moines copistes, et, au fond, le trésor est protégé dans un cube de verre.

La bibliothèque abrite aujourd'hui de précieux ouvrages, manuscrits et livres imprimés des XVe (incunables pour certains, c'est-à-dire comptant parmi les 1ers livres imprimés, entre 1450 et 1500) et XVIe s. Ils proviennent principalement de la bibliothèque paroissiale, fondée mi-XVe pour les besoins du clergé et de l'école latine ; un fonds complété un siècle plus tard par la collection léguée par Beatus Rhenanus, ancien élève de l'école. Manuscrits ou imprimés sur vélin (peau de veau mort-né) pour les plus luxueux. Cet ensemble a permis de mesurer l'étendue des savoirs de l'époque, dans les domaines des sciences, des arts et des lettres, ou en théologie.

Un petit siècle après l'invention de l'imprimerie, Beatus Rhenanus, figure de l'humanisme du XVIe s et ami d'Érasme dont il fut l'éditeur posthume, constitua sa bibliothèque de 670 ouvrages manuscrits médiévaux, imprimés et lettres, qu'il légua à sa ville natale. Parmi les chefs-d'œuvre de sa collection, un lectionnaire (livre liturgique mérovingien du VIIe s), sa pièce la plus ancienne, une bible dite « de la Sorbonne » du XIIIe, un exemplaire de l'*Éloge de la folie* d'Érasme, l'*Introduction à la cosmographie* de Ptolémée de 1507 qui contient la 1re mention de l'Amérique, ainsi que le cahier d'écolier de Beatus Rhenanus, qui contient, comme tout bon cahier d'écolier, son lot de griffonnages et graffitis !

Bien sûr, l'importance et la richesse de ces ouvrages échappent aux néophytes... Mais heureusement, la récente muséographie est dotée de moyens destinés à attirer notre attention sur de nombreux éléments : de larges écrans permettent de feuilleter les ouvrages numérisés, de zoomer sur une enluminure, et de percer les secrets d'un ouvrage grâce à la sélection de « points d'intérêt ». On découvre par exemple qu'à l'époque, les copistes utilisaient de nombreuses abréviations, même pour des ouvrages érudits ; économie de temps... et de parchemin ! Support qui fut longtemps précieux, à tel point d'ailleurs qu'on découvre aussi comment certaines pages écrites sont réemployées après que l'encre a été grattée. On les appelle alors des palimpsestes. La fatigue ou l'inattention du copieur, travaillant parfois à la lueur d'une bougie, a bien sûr aussi entraîné des erreurs, qui se sont parfois retrouvées dans des copies ultérieures...

Amusant aussi : certains parchemins affichent des lacunes, des trous liés à la morphologie de l'animal.

Bref, aussi intéressant qu'amusant, et une façon de se rapprocher de ces hommes du Moyen Âge et de la Renaissance et de leur travail, à l'origine de richesses qui ont traversé les siècles.

La Maison du Pain d'Alsace *(plan B1) : 7, rue du Sel. ☎ 03-88-58-45-90. • maisondupain.alsace • Juin-sept : mar-dim 9h-18h. Janv-mai et oct-nov : mar-sam 9h-18h ; dim 9h-12h30, 14h-18h. Déc : tlj 9h-18h (18h30 mar et ven). Fermé 2de quinzaine de janv. Entrée : 5 € ; réduc ; forfait famille 12 €.* Aménagée dans les étages de l'ancienne « Zunft » ou « guilde » des boulangers, une maison de 1522 qui présente d'une manière didactique l'histoire du pain et du blé, son lien intime avec la bière. Une histoire universelle mais très ancrée en Alsace, comme en témoignent les nombreuses spécialités locales (belle collection de moules). Un espace de vente associé à un vrai fournil en accès libre au rez-de-chaussée permet d'assister le matin à la fabrication de pains et autres spécialités régionales, comme le kougelhopf ou les bretzels.

BAGUETTE MAGIQUE

Autrefois, la boule était le pain traditionnel français. En 1919, une loi interdit aux boulangers de travailler avant 4h du matin. La boule prit alors une forme allongée, permettant une cuisson plus rapide. La baguette commença ainsi sa carrière.

Le Frac (Fonds régional d'art contemporain) – Agence culturelle d'Alsace : *1, espace Gilbert-Estève, route de Marckolsheim. ☎ 03-88-58-87-55. • frac.culture-alsace.org • ♿ Mer-dim 14h-18h en période d'exposition. GRATUIT. Visites guidées gratuites de l'exposition.* Dominant l'Ill de ses grandes verrières,

LE BAS-RHIN

un bâtiment qui a poussé Sélestat à soutenir le défi du XXIe s. Un espace d'expositions temporaires exclusivement consacré à l'art contemporain (photos, dessins, sculptures, installations et architecture). Le Frac participe tous les 2 ans à la *Biennale d'art contemporain de Sélestat* (voir plus loin « Manifestations »). Belle promenade le long de l'Ill.

L'hôtel d'Ebersmunster *(plan B1)* **:** *rue de l'Église et 2, pl. du Dr-Maurice-Kubler.* Achevé en 1541. C'est là que résidaient en ville les moines d'Ebersmunster. Ils donnaient peu dans la simplicité. Côté cour des Prélats, vaste grenier pentu (plus du tiers de la hauteur globale !). Ils y entassaient les revenus en nature de leurs terres dans la région (ah ! on comprend mieux). Jolie tourelle avec escalier à vis. Côté rue de l'Église, entrée principale avec magnifique portail style Renaissance. L'office de tourisme est abrité dans la maison accolée à droite du bâtiment, côté Maison du Pain.

LE BAS-RHIN

Rue Sainte-Foy *(plan B1),* le ***Mönchhof,*** grenier d'abondance de 1601. Après la place du Marché-aux-Choux, au n° 8, ***maison Billex,*** remarquable exemple de demeure bourgeoise (1615) de style Renaissance (très tardive), avec oriel sur grosse console de grès rouge. Lieu historique également, puisque Louis XIV y passa la nuit du 14 octobre 1681 et qu'il y reçut la reddition des notables de Strasbourg.

La tour des Sorcières *(plan B1)* **:** *rue de la Grande-Boucherie.* L'un des derniers vestiges de la 1re enceinte (1216). Elle servit de prison aux sorcières du XVIIe s, époque profondément misogyne, où les femmes furent accusées d'avoir séduit le diable et d'être responsables de tous les malheurs de la ville. La moindre personne suspectée de sorcellerie passait en jugement. Près de 100 « sorcières » allèrent au bûcher entre 1629 et 1642. La porte de Strasbourg, en face, est également la dernière subsistant de l'enceinte de Vauban.

Le ***vieux quartier*** *(plan B2),* ancien village rattaché à la ville, a été réhabilité par la municipalité, qui lui a conservé son caractère et son charme. Le tracé médiéval des rues est demeuré intact.

La place du Vieux-Port *(plan B2)* **:** pour des raisons d'ensablement, le port fut déménagé au XVe s directement sur l'Ill qui coule plus bas. Restent une large place, une atmosphère sereine et quelques demeures qu'on devine intéressantes sous leur patine. Au n° 3, râpe de tanneur sculptée sur le linteau. À côté, une niche avec inscription. Au n° 8, 2 petites fenêtres gothiques. Entre les rues Sylo, de la Porte-de-Brisach, de l'Hôpital, on devine l'hospice Saint-Quirin, vaste ensemble du XIIIe s (remanié aux XVIIIe et XIXe s), seul survivant des monastères de la ville. Cloître gothique et ancienne église de l'époque.

La tour Neuve ou tour de l'Horloge *(plan A-B2)* **:** une des portes de l'enceinte médiévale de 1280, qui a hérité de son toit au XVIIe s. À côté, rue de la Porte-de-Brisach (jusqu'à la rue de l'Hôpital), une curiosité : l'*arsenal Saint-Hilaire,* du XVIe s, qui fut le lieu de stockage des armes, de la poudre et du plomb de la garnison.

À voir encore, la ***synagogue*** *(plan A2),* dans une impasse donnant sur la place Vanolles. Date du XIXe s. Gravement endommagée par les nazis. Au 6, rue Sainte-Barbe, splendide portail Renaissance de l'ancien ***hôtel Fels*** (XVIIIe s). Place de la Victoire s'élève la façade avec son pignon crénelé caractéristique de l'***ancienne douane*** du XVe s, devenue arsenal Sainte-Barbe par la suite. Escalier monumental du début du XXe s. À 2 pas, 18, rue de Verdun, s'élève la ***maison Ziegler*** *(plan A1)* de 1538, construite en style Renaissance pour l'architecte de la ville. À côté, au 4, impasse Plobmann, demeure natale de Martin Bucer, grand leader de la Réforme. Rue des Franciscains, splendide ***hôtel de Chanlas.***

Dernier « monument » : le ***château d'eau*** *(hors plan par A1-2),* l'un des plus élégants de la région, labellisé « Patrimoine du XXe s ». Construit en 1905, avec des réminiscences Art nouveau.

Manifestations

– ***Carnaval des « Machores » :*** *fév ou mars.* Grande cavalcade avec plus de 70 chars et de nombreux groupes de musique, ainsi que la dégustation de la traditionnelle saucisse de carnaval de Sélestat ou *narreklepfer.*
– ***Corso fleuri :*** *2e sam d'août. • selestat.fr • Entrée gratuite et tribunes payantes ; gratuit moins de 12 ans.* Grand défilé (à 18h et 22h) de chars fleuris décorés de 500 000 dahlias. Un spectacle qui attire une large foule, depuis 1929. Animations de rue, expositions, concerts, fanfares, feu d'artifice...
– ***Biennale d'art contemporain « Sélest'Art » :*** *début oct, ts les 2 ans (les années impaires).* Le grand rendez-vous de la création contemporaine nationale et internationale.
– ***Noël à Sélestat :*** *fin nov-début janv.* Nombreuses expositions de traditions et animations autour du sapin.

DANS LES ENVIRONS DE SÉLESTAT

EBERSMUNSTER (67600)

À 8 km au nord de Sélestat. Ebersmunster est reconnue comme la petite capitale de la matelote, ancien plat typique du Ried ! Bout de plaine dominée par la plus belle église baroque du Nord (Bas-Rhin). Les 3 bulbes vernissés des clochers de l'abbatiale s'épanouissent en point de mire, bien avant qu'on arrive au village.

Où manger ?

Aux Deux Clefs : *23, rue du Général-de-Gaulle. ☎ 03-88-85-71-55. • contact@restaurantauxdeuxclefs.fr • Tlj sauf lun et mer. Menu 41 € ; carte env 50 €.* Juste en face de l'église baroque, un petit havre chaleureux de gastronomie régionale. Dans la salle de style bistrot, dans la « belle » salle du dimanche et sur la terrasse, Alexandre Baur continue de proposer la copieuse matelote du Ried aux 3 poissons (anguille, sandre et brochet), spécialité maison créée par sa grand-mère Angèle il y a plus d'un demi-siècle. Également de bons plats locaux comme le filet de sandre ou la friture d'anguilles.

À voir

L'église abbatiale : *tlj 9h-18h en été, 9h-17h en hiver.* L'abbaye fut fondée au VIIe s. La 1re abbatiale fut détruite lors de la guerre de Trente Ans (1632). Reconstruite au tout début du XVIIIe s au moment de la vogue du baroque allemand, elle brûla en 1717 et fut à nouveau reconstruite de 1720 à 1726. C'est ainsi que nous avons cette insolite façade avec clochers à bulbes. L'intérieur rappelle les grandes abbayes baroques autrichiennes. Le décor (stucs, peintures et sculptures), bien que très riche, ne donne jamais l'impression d'être surchargé. Somptueux mobilier, dont l'une des dernières œuvres d'André Silbermann : le grand orgue ! Difficile de ne pas admirer les belles fresques des voûtes tout comme ce fascinant Samson supportant la chaire, dû au ciseau des frères Winterhalter, auteurs de l'autel de l'église Saint-Sébastien de Dambach et des devants d'autels de l'abbatiale. On doit les stalles à un auteur anonyme ayant travaillé à la fin du XVIIe s dans l'esprit de la Renaissance. En revanche, les statuettes dans les niches des dossiers datent du XIXe s. Chef-d'œuvre du sculpteur J.-L. Meyer de Sélestat, le maître-autel est surmonté d'une immense couronne. Du fond de l'église, noter l'effet de resserrement des piliers et autels latéraux permettant, par un effet d'optique, de le mettre en valeur. À noter aussi, le joli travail sur les confessionnaux et les bancs des fidèles.

– Chaque année, à partir de mai, « Les Amis de l'église abbatiale d'Ebersmunster » proposent ***Les Heures musicales d'Ebersmunster,*** une série de concerts remarquables dans l'enceinte de l'église. *Rens au ☎ 03-88-85-78-32.*

MUTTERSHOLTZ

(67600) 2 013 hab. *Carte Le Nord (Bas-Rhin), C4*

Petit village de pêcheurs tranquille respirant la sérénité, entouré d'une nature préservée. Quelques maisonnettes à colombages, des jardins caressés par la rivière. Pour une expérience plus ludique, trouvez les indices et résolvez les énigmes du jeu de piste « Les mystères du Ried » (carnet de route à retirer à l'office de tourisme).

Où acheter ou déguster une bonne bière ?

Les Brasseurs du Ried : *32, Ehnwihr, Muttersholtz. ☎ 09-67-23-31-83. • brasseurs-du-ried.fr •* Micro-brasserie pour amateurs de bières artisanales. Possibilité de les déguster sur place, dans le *biergarten* et la *bierstub,* accompagnées de tartes flambées ou de charcuteries.

DANS LES ENVIRONS DE MUTTERSHOLTZ

La Maison de la nature du Ried : *35, hameau d'**Ehnwihr,** à Mutterholtz. ☎ 03-88-85-11-30. 📱 06-03-78-74-14. • maisonnaturemutt.org • Accueil en fonction des activités (standard téléphonique lun-ven 8h30-12h). Fermé à Noël.* Organise différentes sorties guidées pédagogiques s'adressant aux petits et grands pour découvrir le riche patrimoine du Ried (sorties champignons, atelier cuisine sauvage). Également une expo permanente, un sentier pieds nus (SensoRied) qui vaut le détour *(mai-sept)* : 2 km de promenade en posant les pieds sur du foin, de la terre, du gravier, de la boue... jalonnés par quelques jeux nature ; également 2 circuits de découverte au départ de la Maison de la nature avec panneaux explicatifs tout au long du trajet. En été, programme écotouristique avec de nombreuses activités de découverte et d'animations : sorties en calèche, nuits sous tipi (sur réservation), etc.

La forêt de l'Ill *(Ill Wald)* ***:*** *à quelques km au sud-ouest de Mutterholtz.* Réserve naturelle où vit le plus grand troupeau de daims sauvages de France. Sillonnée par plusieurs bras de l'Ill, c'est, en hiver et au printemps, une zone inondable de plusieurs centaines d'hectares. Chausser ses bottes pour parcourir cette formidable alliance de l'eau et des arbres. Un sentier d'interprétation balisé « L'Ill aux trésors » (12 étapes, 2h) au départ de la place du Vieux-Port à Sélestat (voir plus haut).

➢ ***Promenade en barque sur l'Ill :*** *résas chez **Le Batelier du Ried,** ☎ 03-88-85-13-11. • contact@batelier-ried.com • batelier-ried.com • Pâques-Toussaint (sur résa). Accueil et rdv sur le parking entre Ehnwihr et Muttersholtz. Compter 20-27 €/pers (min 6 pers) ; 15-16 € moins de 12 ans.* Patrick Unterstock, dit « le batelier du

Ried », est le dernier « calfat » enregistré officiellement à la chambre des métiers : il fabrique lui-même ses barques à fond plat sur lesquelles il vous emmènera à la découverte d'une région attachante, au gré de l'onde. Une visite aussi bien historique que naturaliste. 2 circuits différents par jour, d'une durée d'environ 3h, où vous découvrirez la faune et la flore de l'Ill, l'artisanat local d'antan et d'aujourd'hui et, selon que vous soyez du matin ou de l'après-midi, l'abbatiale d'Ebersmunster ou le château d'Ehnwihr.

MARCKOLSHEIM *(67390)*

Ville-rue, Marckolsheim s'étend le long de la D 468, aux confins du département, à 20 km au sud-est de Sélestat et 25 km de Rhinau. Ici, peu de vestiges du passé ; et pour cause, détruite à plus de 80 %, c'est une des villes martyres de la 2de Guerre mondiale, théâtre à 2 reprises de violents combats.

Adresse utile

Office de tourisme du Grand Ried – bureau de Marckolsheim : *13, rue du Maréchal-Foch. ☎ 03-88-92-56-98. • grandried.fr • ♿ Lun-ven 9h-12h, 14h-18h (17h hors saison), plus sam 9h-12h avr-sept.*

À voir

L'église néogothique Saint-Étienne : la « cathédrale du Ried » (un qualificatif qu'elle doit à ses dimensions), pour ses fresques et peintures.

Le mémorial-musée de la ligne Maginot : *20, route du Rhin, au sud de Marckolsheim. ☎ 03-88-92-56-98 (office de tourisme). ♿ De mi-juin à mi-sept, tlj 9h-12h, 14h-18h ; de mi-mars à mi-juin et de mi-sept à mi-nov, dim et j. fériés. Entrée : 4 € ; réduc ; gratuit moins de 7 ans.* Le musée est installé dans cette casemate qui fut l'enjeu d'âpres combats du 15 au 17 juin 1940 et la nuit du 31 janvier 1945. Étonnant : une casemate avec son dortoir, sa salle des machines, ses chambres de tir... Muséographie un peu désuète. À l'extérieur, sur l'esplanade, exposition de gros matériel militaire (char Sherman, automitrailleuse, canons...).

RHINAU (67860) 2 698 hab. *Carte Le Nord (Bas-Rhin), C4*

Rhinau tire son nom du fleuve. Elle a la particularité d'avoir des terres situées en Allemagne, à cause d'une des plus grandes crues du fleuve, qui eut lieu en 1541. Depuis, le fleuve est retourné dans son lit initial, mais la ville a gardé de cet épisode quelque 997 ha de terres. Le paysage autour de la ville est sauvage et authentique.
Sinistrée à 75 % lors de la 2de Guerre mondiale, elle a été reconstruite dans un style moderne propre aux années 1950-1960. Restent quelques rares vieilles maisons et un beau chœur gothique du XVIe s dans l'église Saint-Michel (totalement détruite, cette église qui datait de 1519 a été reconstruite comme le reste).
Un bac permet de franchir le Rhin dans les 2 sens. Nombreux sont les Alsaciens qui l'empruntent pour se rendre à Rust, à 6 km, localité qui abrite l'incontournable parc d'attractions Europa-Park.

Adresse et infos utiles

Office de tourisme du Grand Ried – bureau de Rhinau : *35, rue du Rhin. ☎ 03-88-74-68-96. • grandried.alsace • Avr-sept : lun-ven 9h-12h (12h30 juil-août), 14h-18h (17h avr) ; w-e et j. fériés 9h-13h, 14h-17h. Hors saison : lun-mar et jeu-ven 10h-12h, 14h-17h. Janv : lun-mar et jeu-ven 14h-17h. Loc de vélos et vélos électriques tte l'année.* Visites guidées et circuits à pied, à vélo ou en barque à fond plat, seul moyen pour découvrir l'écosystème préservé de l'île de Rhinau.

– Le **Conservatoire des sites alsaciens** propose une visite passionnante de l'île de Rhinau *(en été, selon programme sur leur site).* Résas auprès de l'office de tourisme. Visite intimiste pour mieux comprendre la réserve naturelle, la centrale hydraulique, les crues, la vie autour de l'ancienne frontière (2h environ).

Bac de Rhinau : *à côté de l'office de tourisme.* Ce bac est gratuit, été comme hiver. 1 traversée ttes les 10 mn ou en continu en cas d'affluence.

Où camper ?

Camping Ferme des Tuileries : *1, rue des Tuileries. ☎ 03-88-74-60-45. 06-85-74-98-97. • camping.fermetuileries@neuf.fr • fermedestuileries.com • Avr-fin sept. Tente 13,20 € ; chalets. Ni chèques (sauf chèques-vacances), ni CB, ni chiens : autant le savoir... 150 empl.* Sans doute un des campings les plus sympa de la région tant il propose de quoi s'occuper (piscine, vaste plan d'eau bordé d'une belle plage, toboggan aquatique, pétanque, football). Et quelques animaux (ânes, poules) pour ne pas faire mentir l'enseigne. Si vous avez des enfants, vous ne les verrez pas beaucoup ! Cadre verdoyant, sanitaires nickel, accueil plus que serviable. Également quelques chalets agréables pour 4 à 6 personnes.

Où dormir dans les environs ?

Chambres d'hôtes Ambiance Jardin : *chez Pierrette et Jean-Luc Kieny, 12, rue de l'Abbé-Wendling, 67230* ***Diebolsheim.*** *☎ 03-88-74-84-85. • pkieny@gmail.com • ambiance-jardin.com • À 5 km au sud de Rhinau. Doubles 88-98 € ; familiale. Parking.* Au calme, à l'arrière de la maison des propriétaires, c'est tout un bâtiment qui a été réservé à l'accueil des hôtes. Ravissement et confort douillet dans les 4 chambres fleuries, aux meubles patinés et aux objets chinés un peu partout. Pour prolonger le plaisir, lumineuse salle à manger et salon ouverts sur le superbe jardin, cultivé amoureusement par Pierrette, qui organise des séances de rattrapage pour qui n'a pas, comme elle, la main verte. Cuisine à disposition (avec supérette vendant des produits fermiers locaux au coin de la rue). Un vrai coup de cœur pour la sérénité et l'accueil.

Au P'tit Bonheur Alsacien : *6, rue de la Chapelle, Zelheim, 67860* ***Frisenheim.*** *☎ 03-69-33-52-13. • contact@au-ptit-bonheur-alsacien.com • au-ptit-bonheur-alsacien.com • Double 105 €. Réduc de 10 % sur le prix de la chambre en mars-avr sur présentation de ce guide.* À l'étage d'une vieille grange en grès rose, retapée et transformée en maison douillette et charmante, 2 belles chambres coquettes et confortables. Marie-Laure, qui aime la déco et la magie des fêtes, aime aussi mettre sa maison en scène à Pâques et à Noël, et c'est d'autant plus volontiers que l'on profitera du salon et de son poêle traditionnel. Pour parfaire le tout, un superbe jardin arboré et fleuri où il fait bon prendre le petit déjeuner ou se prélasser au bord de la piscine.

Fête

– ***Fête des Bateliers :*** *1er dim d'août.* Promenade en barque et animations.

DANS LES ENVIRONS DE RHINAU : EUROPA-PARK

MANÈGE STORY

En 1870, la famille Mack construit déjà des manèges forains et des carrousels. Elle fournit le célèbre cirque Krone et, en 1921, réalise son 1er grand huit en bois transportable. Une nouveauté pour l'époque ! Après la 2de Guerre mondiale, la petite entreprise familiale s'attaque au marché américain. Dans les années 1970, les Mack décident de racheter le château Balthasar et son parc pour exposer leurs manèges... et ouvrent le parc au public en 1975. Aujourd'hui, ce sont leurs attractions que l'on retrouve dans les parcs d'attractions du monde entier.

Europa-Park : *Europa-Parkstr. 2, 77977* ***Rust, Allemagne.*** *☎ 00-49-78-22-77-66-88. • europapark.de • Entre Fribourg et Baden-Baden, par l'autoroute A 5 (sortie n° 57 B). Au départ de Strasbourg (50 km), bus CTBR ligne 271 au départ de la gare routière ; au départ de Sélestat, bus CTBR ligne 531 ; également accessible en bus au départ de Fribourg (bus SBG, à la gare routière ; ☎ 0761-36-80-388). Fin mars-début nov, 9h-18h (horaires prolongés en été) ; fin nov-début janv, 11h-19h (fermé 24-25 déc). Fermé le reste de l'année. Entrée : 47 € moins de 12 ans ; 55 € adulte ; tarifs réduits en hiver (heureusement !). À cette période, certaines attractions sont fermées mais d'autres les remplacent : patinoire, piste de luge... Les enfants dont c'est l'anniversaire (jusqu'à 12 ans) le jour de la visite entrent gratuitement. Parking 7 €. Signalétique trilingue.* Baby switch *pour éviter aux parents de faire 2 fois la queue à demander au personnel du parc. Pour bien profiter du parc et des attractions, prévoyez 2 j.*

Le plus grand parc d'attractions d'Allemagne s'étend sur 95 ha très agréablement arborés, avec de nombreux lacs, rivières, et propose plus de 100 attractions et des spectacles pour tous les âges. Comme son nom l'indique, Europa-Park permet de faire un tour de l'Europe à travers 15 quartiers, de l'Islande (particulièrement réussi avec son petit port) à l'Espagne (et ses arènes) en passant par la France (très kitsch, il y a même une statue de Jeanne d'Arc), l'Angleterre, mais aussi la Russie, la Grèce (on s'y croirait) ou l'Italie *(bellissimo).* Styles architecturaux, cultures, cuisines et paysages sont représentés et les attractions décorées dans le style du pays. Des montagnes russes aux tournois de chevaliers en passant par la découverte d'Atlantis, les fans s'y retrouveront ! Surtout ceux que rien n'effraie puisque le parc propose 13 grands huits dont le *Silver Star* (le plus long et le plus haut grand huit d'Europe) le *Wodan* tout en bois et le *Blue Fire Megacoaster* (le must) qui décoiffe véritablement avec plusieurs loopings et vrilles. Vous nous en direz des nouvelles ! Mais inutile de préciser quelle est l'attraction phare du moment ! Vous allez craquer à votre tour pour *Arthur au royaume des Minimoys* mis en scène dans des décors gigantesques et avec des effets spéciaux créés par Luc Besson sous un dôme de 15 m de haut. Et plus récemment *Voletarium* qui permet de découvrir l'Europe en survolant différents pays à bord d'une nacelle.

Également de nombreuses attractions aquatiques, fort agréables en été, à condition d'aimer se faire tremper ! Les plus jeunes ne sont pas oubliés avec la forêt enchantée de Grimm ou des grands huits adaptés à leur taille et à leur âge comme *Pegasus,* en Grèce. Ne manquez pas non plus les spectacles qui changent chaque année et sont aussi un des atouts forts du parc.

Et désormais, aux portes d'Europa-Park, on peut découvrir le nouvel univers aquatique de *Rulantica* (25 attractions, 17 toboggans...). *• europapark.de • Entrée : 39 € moins de 12 ans, puis 42 €.*

Où dormir ? Où manger à Europa-Park ?

Outre de nombreux restaurants, self, kiosques, etc., on peut pique-niquer agréablement au bord de la rivière sur les pelouses à l'ombre des grands arbres centenaires.
Un resto original à signaler, le *Food Loop,* où les plats arrivent sur votre table après avoir effectué des loopings sur des rails qui circulent au-dessus de vos têtes. Assez amusant.
Côté hébergement, *Europa-Park Resort* propose 6 hôtels thématiques (on aime... ou pas l'idée) 4 étoiles avec restos, bars, piscines, spa et toutes sortes de délassements pour les parents, et de jeux pour les enfants :

🏠 🍽 ***Bell Rock :*** reconstitution d'un hôtel et d'un port de plaisance de la côte Est des États-Unis au XVIIIe s avec son phare, ses voiliers, son resto sur le thème de la mer. Très chic.
🏠 🍽 ***Colosseo :*** très spectaculaire avec la reconstitution de la façade du Colisée. À l'hôtel, personnel en toge, et bien entendu thermes romains. Et surtout une adorable place avec des terrasses de cafés, des jeux d'eau et du linge qui pend aux fenêtres. Idéal pour un verre en fin de soirée. C'est la *dolce vita* !
🏠 🍽 Mention spéciale au ***Santa Isabel,*** dans le style d'un monastère portugais. Il y a même une chapelle où l'on peut se marier. Le soir, atmosphère magique quand le cloître est illuminé par les bougies. La piscine est installée dans une chapelle, le resto dans un jardin à l'image d'un jardin monastique et de sa pharmacie, et le service est assuré par des moines en robe de bure.
🏠 🍽 Également ***El Andaluz*** pour partir en Andalousie et le *Castillo Alcazar* pour faire un saut au Moyen Âge.
🏠 🍽 Plus décontracté et plus économique, on peut choisir de coucher au ***Camp Resort*** avec des tipis, des roulottes et des maisons en rondins pour jouer aux cow-boys et aux Indiens, de manière confortable quand même. Sans oublier un camping.

ERSTEIN

(67150) 10 630 hab. *Carte Le Nord (Bas-Rhin), C3*

Erstein a vu son image changer lorsque l'entrepreneur allemand Reinhold Würth inaugura sur un terrain, en zone industrielle, un musée d'art moderne que ce mécène ajouta à la douzaine d'autres créés par lui en Europe.
C'était à l'origine un bourg essentiellement agricole qui tirait ses ressources de ses champs, ses rivières et ses forêts, et pouvait subsister en complète autarcie. Au XIXe s, industries textiles et sucrières s'y sont installées. Cette dernière activité est encore très présente, puisque les sucrières d'Erstein (unique exploitation française gérée par les producteurs eux-mêmes) drainent encore aujourd'hui l'ensemble de la production alsacienne de betteraves.
Cette agréable cité à 7 km du Rhin, qui connaît un développement harmonieux (gare SNCF très pratique), est riche en souvenirs du passé, que le flâneur saura apprécier à leur juste valeur. Quelques balades nature à faire aussi autour de Krafft, dont la réserve naturelle accueille presque autant d'oiseaux migrateurs que la Camargue.

Adresses utiles

ℹ ***Office de tourisme du Grand Ried – bureau d'Erstein :*** *16, rue du Général-de-Gaulle.* ☎ *03-88-98-14-33.* • *grandried.fr* • *Avr-sept, tlj sauf sam ap-m et dim ; hors saison, horaires réduits.* Visites guidées en barque à fond plat, circuits à pied ou vélo pour observer la faune et la flore locales (dont un circuit vélo familial de 18 km intitulé « Balade sucrée », une suggestion éventuelle pour les familles, avec plan et itinéraire disponibles). Également des visites pour découvrir le patrimoine industriel.

■ ***Etappenstall – Musée expo :*** *même bâtiment que l'office de tourisme.* ☎ *03-90-29-93-55. Ouv pdt les expos, tlj sauf mar, sam et certains j. fériés 14h-18h. GRATUIT.* Lieu de culture et de découverte pour tous. Expos temporaires (patrimoine, sciences, art plastique), ateliers créatifs, visites commentées.

Où dormir ? Où manger dans les environs ?

🏠 ***Chambres d'hôtes La Moutonneraie Fleurie :*** *9, rue des Prés, 67150* ***Hipsheim.*** ☎ *03-88-64-94-28.* • *contact@lamoutonneraiefleurie.com* • *À 5 km au nord par la D 288. Double 95 €.* Isolée à l'extrémité du village, au calme face aux prés, cette vaste villa cossue organise ses bâtiments autour d'une belle piscine avec jacuzzi, ourlée de terrasses où il fait bon lézarder. Les chambres ne déparent pas : décorées avec goût et dotées d'un confort impeccable, elles se partagent un salon commun et occupent une maison indépendante. Très cosy et relax, comme l'accueil.

🏠 |●| ⛱ ***Hôtel À la Ferme – Restaurant L'Aigle d'Or :*** *10, rue du Château, 67150* ***Osthouse.*** ☎ *03-90-29-92-50 (hôtel) ou 03-88-98-06-82 (resto).* • *hotelalaferme@wanadoo.fr* • *hotelalaferme.com* • ♿ *À 4 km au sud par la D 288. Resto fermé lun-mar. Doubles 99-210 € ; familiales. Au resto, menus 28,50-92 € ; à la winstub, formule déj 14 €, sinon plats 18,50-26,50 €.* Très belle ferme familiale datant du XVIIIe s, métamorphosée en un vrai hôtel chic de campagne. 15 chambres toutes différentes, à la déco soignée mêlant harmonieusement l'ancien et le contemporain. Très classe. Petit déj gourmand dans le coquet jardin aux beaux jours. Restaurant à 200 m, pour déguster selon l'humeur des plats de terroir classiques à la winstub, ou une cuisine traditionnelle travaillée finement, dans une salle rustique et cossue.

|●| ***La Clé des Champs :*** *171, rue de l'École, 67150* ***Nordhouse.*** ☎ *03-88-98-10-92. À 3,4 km au nord d'Erstein. Ouv le midi lun-sam, plus le soir jeu-sam. Résa quasi obligatoire. Plats 10-14,50 €.* En arrivant dans ce village tranquille, on n'imagine pas y trouver un si beau coup de cœur. Un joli bistrot de village, relooké au goût du jour qui fait le plein à chaque service, mêlant locaux habitués (cadres, VRP ou cantonniers) et touristes mis au parfum. Il faut dire qu'entre la formule rapide et l'ardoise du jour, tout le monde y trouve son compte. Surtout que le choix, succinct, propose des plats d'ailleurs pour les locaux et des plats locaux pour les gens d'ailleurs. Nous avons opté pour les saveurs alsaciennes, bien sûr ! Avec un foie gras remarquable (accompagné de chutney de figues maison et d'un (non moins) merveilleux pain aux graines de courge), du veau fermier aux girolles et des fabuleux *spätzle* maison, fabriqués avec de la farine de blé ancien provenant du moulin voisin et sautés au beurre (beaucoup de beurre !). Et pour finir, une crème glacée au kirsch, histoire de digérer. Sage précaution : Alsace oblige, c'était aussi copieux que délicieux !

À voir

👁👁 ***Le musée Würth :*** *en dehors du centre, dans la zone industrielle près de la gare, à côté de l'entreprise du même nom.* ☎ *03-88-64-74-84.* • *musee-wurth.fr* • *Mar-sam 10h-17h (18h dim). GRATUIT ; visite guidée dim à 14h30 (10 €).* Musée privé d'art moderne et contemporain, créé par le riche industriel allemand Reinhold Würth, pour y abriter ses collections personnelles. 2 expositions annuelles permettent aux visiteurs de découvrir par roulement quelques-unes des 18 000 œuvres,

gravures, peintures, dessins, sculptures qui constituent une collection (elle est suffisamment singulière pour qu'on évite le pluriel) initiée dans les années 1960 et qui ne cesse d'évoluer. Le « roi de la vis » a joliment réussi son coup : Monet, Pissarro, Sisley, Munch, en têtes d'affiche pour la section « impressionnisme-expressionnisme » ; Picasso, Ernst, Magritte pour suivre les grandes lignes de l'art moderne ; Kupka, Poliakoff, Hartung, Vasarely, entre autres représentants incontournables de l'abstraction. Ceux que les tendances figuratives des années 1970 et 1980 intriguent et passionnent trouveront également leur compte.
ATTENTION : vérifiez bien le thème de l'année avant d'entrer. Au cas où vous espéreriez retrouver tous les artistes cités ici, vous pourriez être déçu.

Fête et manifestations dans le secteur

– ***Festival du Sucre :*** *dernier w-e d'août.* Corso fleuri, défilés de groupes folkloriques, musique...
– ***Fête des Récoltes d'antan :*** *1er w-e de sept, à* ***Hindisheim.*** Cours des fermes ouvertes au public, défilé sur les métiers d'antan.
– ***Parfums de Noël :*** *2e w-e de déc.* De quoi donner des caries à saint Nicolas. Vente de douceurs et ateliers.

DANS LES ENVIRONS D'ERSTEIN

Hindisheim : *à une dizaine de km au nord-ouest d'Erstein.* Méconnu et pourtant superbe village typique de la plaine d'Alsace, avec ses maisons à colombages (la plus ancienne date du XVIe s) alignées le long de larges rues. Petite chapelle du XVe s flanquée d'un clocher, à colombages lui aussi. Hindisheim vivait autrefois de la culture du tabac – et plutôt bien, si l'on en croit l'opulence des maisons.

Le château d'Osthouse : *à 4 km au sud d'Erstein. Visite guidée (1h) du site en été, sur résa auprès de l'office de tourisme d'Erstein.* Jeter un coup d'œil à l'élégante façade du XVIe s de ce château encore entouré de douves. Seuls les extérieurs se visitent.

BENFELD (67230) 5 753 hab. *Carte Le Nord (Bas-Rhin), C4*

Retour vers Sélestat pour boucler le circuit du Grand Ried. Construit sur l'un des sites les plus anciens d'Alsace (des fouilles effectuées en 1990 ont abouti à la découverte de vestiges de maisons datant de l'époque du Rubané, 2 000 ans av. J.-C.), Benfeld est situé au cœur de la plaine d'Alsace entre la rivière Scheer (à l'ouest) et l'Ill (à l'est). C'est une ville dont la richesse historique (maisons d'époque Renaissance, hôtel de ville de 1531), quoique discrète, vaut le plaisir de la découverte. Tout comme ses environs immédiats, Huttenheim et sa chapelle Notre-Dame du Grasweg de 1420, avec ses fresques médiévales et sa statue de la Vierge à l'Enfant, l'un des chefs-d'œuvre de la sculpture alsacienne.

Adresse et info utiles

Office de tourisme du Grand Ried – bureau de Benfeld : *1, pl. de la République (hôtel de ville). ☎ 03-88-74-04-02. • grandried.fr • Avr-sept,* *lun-ven, plus sam mat en juil-août ; hors saison, lun-mer et ven, horaires restreints.* En juillet-août, l'office organise sur résa des visites guidées de l'hôtel de ville et des ateliers. Propose également des ateliers d'orpaillage (recherche de pépites d'or !).

Gare SNCF : *☎ 36-35 (appel gratuit).* Trains pour Strasbourg, Colmar, Mulhouse et Bâle.

Où dormir ? Où manger dans les environs ?

Hostellerie La Charrue : *4, rue du 1er-Décembre, 67230* **Sand.** *☎ 03-88-74-42-66. • info@lacharrue.com • lacharrue.com • À 3 km au nord de Benfeld. Resto ouv le soir lun-sam (service jusqu'à 21h), dim midi et certains j. fériés. Doubles 75-90 € ; familiales. Carte env 15-30 €.* Une très bonne étape dans un village tranquille, avec quelques vieilles maisons pleines de charme et un antique lavoir. Dans un bel ensemble de caractère organisé autour d'une vaste cour intérieure (terrasse agréable), chambres confortables et chaleureuses arborant, selon les goûts et les envies, une déco traditionnelle ou résolument contemporaine. Au resto, toutes les saveurs du terroir dans une carte bien équilibrée (grenouilles et carpe-frites en saison). Buffet alsacien au petit déj. VTT à disposition (divers circuits touristiques dans la région). Accueil très sympathique.

À voir. À faire

L'hôtel de ville : *pl. de la République.* Il s'impose d'office au regard par sa taille et la qualité de son architecture. Dit « Laube », il fut construit en 1531. Son jaquemart monté en 1619 est remarquable. Il présente 2 cadrans surmontés d'un disque lunaire et entourés de 3 personnages. Celui de droite, le prince-évêque de Strasbourg, représente la Sagesse ; avec son marteau, il frappe les quarts d'heure. Celui de gauche, la Mort, tient dans sa main gauche une faux et dans sa main droite un sablier qui tourne quand sonnent les heures. Dans la lucarne au-dessus, un homme en buste, le *Schultheiss* (bourgmestre), soulève à chaque heure son bâton prévôtal et ouvre la bouche autant de fois qu'il y a d'heures ; la bourse qu'il tient symbolise le pouvoir et l'argent. Encore appelé *Stubbehansel,* c'est le personnage le plus célèbre de Benfeld.

Un ***circuit du patrimoine*** permet la découverte du centre historique en 1h, au départ de l'hôtel de ville : *• patrimoine-benfeld.org •*

➢ **Randonnées :** plusieurs balades familiales sympa dans le secteur, comme le *circuit de l'Ill* (10 km ; 3h15) ou celui *de la Lutter* (5 km ; 1h45) au départ du plan d'eau de Benfeld (aménagé pour la baignade).

Autour de Benfeld, plusieurs boucles de 40 km permettent de pédaler en toute liberté, dont un circuit vélo familial de 20 km intitulé « Le tour de l'horloge », qui traverse les villages alentour, au départ de l'hôtel de ville *(infos auprès de l'office de tourisme de Benfeld).* Revenir sur Sélestat par les petites routes, pour profiter du Ried une dernière fois, après un pique-nique sur le plan d'eau de Benfeld (très propre, propice à la baignade, surveillée en été ; l'accès à la baignade est alors payant, compter 2 €).

LES VALLÉES VOSGIENNES

Pour remonter sur Strasbourg par les chemins de traverse ou poursuivre en direction du parc naturel régional des Vosges du Nord, petite balade au départ de Sélestat dans une Alsace méconnue : les *Vosges moyennes.*

LA VALLÉE DE VILLÉ ET LE HOHWALD

• Carte *p. 151*

Du fait de la faible altitude de ses cols, c'est une voie de passage historique, avec le Val d'Argent voisin, entre Alsace et Lorraine. La vallée de Villé offre de beaux paysages ouverts avec de nombreux petits villages aux solides fermes vosgiennes, où se maintiennent nombre de traditions rurales. Patrie du célèbre kirsch (pour visiter des distilleries, se renseigner à l'office de tourisme de Villé). Voir le beau château de plaine à *Thanvillé,* la distillerie *Massenez,* à *Dieffenbach-au-Val,* la plus vieille demeure du val de Villé (de 1571) à *Saint-Pierre-Bois,* oubliée par les Suédois ! Pour avoir une 1re idée d'ensemble, grimper tout au bout de la vallée jusqu'au *hameau du Climont,* qui abrite quelques maisons blotties sur un plateau défriché au XVIIe s par une communauté mennonite. Vous ne serez pas déçu...

VILLÉ

(67220) 1 834 hab. *Carte Le Nord (Bas-Rhin), B4*

Au confluent des vallées de Steige et d'Urbeis, petite capitale régionale et lieu de naissance du grand aquarelliste René Kuder. Les Suédois y ont été particulièrement destructeurs, il reste peu de maisons antérieures au XVIIe s (mais le XVIIIe s n'est pas si mal !).

Adresse utile

Office de tourisme de la vallée de Villé : *14, pl. du Marché. ☎ 03-88-57-11-69. • tourisme-valdeville.fr • Juin-sept, ouv lun-sam 9h-12h, 14h-18h ; dim et j. fériés de juil-août 10h-13h. Le reste de l'année ouv lun-sam 9h-12h, 14h-17h (fermé jeu en janv et nov).* En été, différentes visites guidées de la ville et des environs (gratuites). Départ à l'office de tourisme. Compter 2 bonnes heures.

Où dormir dans les environs ?

Camping Campéole Le Giessen : *route de Villé, 67220* ***Bassemberg.*** *☎ 03-88-58-98-14. • giessen@campeole.com • campeole.com • ♿ Début avr-fin sept. Tente 26,60 € ; hébergements locatifs pour 4-8 pers. 158 empl.* Un camping très moderne et bien équipé, joliment traversé par une petite rivière. Location de mobile homes et de *pagans* jusqu'à 8 personnes. Bar et snack (en été), terrain de volley, ping-pong, tennis, pétanque, aire de jeux pour les enfants, etc. Et accès gratuit au centre aquatique. Piscine.

La Ferme de la Fontaine : *182, rue du Col-de-Fouchy, 67220* ***Fouchy.*** *☎ 03-88-57-37-02. • la-ferme-de-la-fontaine@wanadoo.fr • la-ferme-de-la-fontaine.com • À 6,5 km au sud-ouest de Villé. Double 70 € ; familiale (min 2 nuits).* Après quelques lacets, on arrive dans cette belle ferme en grès rose dominant la vallée depuis 1778. Pour un séjour en pleine nature, une adresse parfaite pour les familles qui pourront partir en randonnée avec ânes et poneys (qui porteront les enfants et le pique-nique !), mais aussi nourrir les chèvres, les poules... 2 beaux gîtes (pour 4 et 8 personnes) et 2 chambres d'hôtes (pour une seule et même famille) à la déco rustique et chaleureuse. Au petit déjeuner, du jus de pomme et du miel maison !

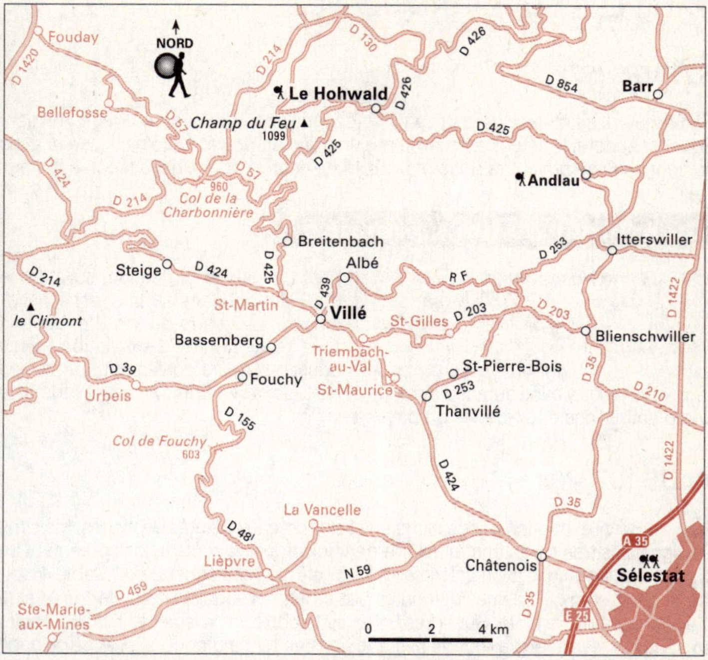

LA VALLÉE DE VILLÉ

Où manger ?

|●| *Restaurant Wendling :* *5, pl. Charles-de-Gaulle. ☎ 03-88-57-26-36. • restaurant-wendling@hotmail.com • ♿ Tlj sauf dim soir, lun, mar soir et mer soir. Plat du jour le midi 10,50 € ; carte 35-40 €. Café offert sur présentation de ce guide.* Une adresse pour changer des spécialités locales traditionnelles puisque ce restaurateur-traiteur est surtout connu pour ses spécialités de poisson. Traiteur événementiel et à domicile du mardi au dimanche ! Et ça marche fort ! Carte terre-mer attractive.

À faire

➢ ***Randonnées :*** 350 km de sentiers balisés, soit une vingtaine de circuits dans la vallée. Cartes IGN en vente à l'office de tourisme. Quelques belles balades dans les forêts du massif de l'Altenberg, autour du rocher du Coucou (854 m) ou des ruines du château de Frankenbourg, dans le massif du Schlossberg. Un *sentier de découverte* à Dieffenbach-au-Val (1h30) autour d'un ruisseau et de mares. 7 *sentiers du Patrimoine* (environ 2h chacun) au départ d'Urbeis (ferme pédagogique Humbert à visiter sur place).

VTT : 160 km de circuits balisés. Topoguide à l'office de tourisme.

DANS LES ENVIRONS DE VILLÉ

STEIGE *(67220)*

Remarquer les linteaux de porte XVIIIe s des maisons de ce gros village vosgien. Pour l'anecdote, le 1er patient mordu par un chien enragé et traité par Pasteur avec son nouveau sérum antirabique était un jeune garçon de Steige, Joseph Meister.

Où acheter de bons produits ?

Distillerie Nusbaumer : *23, Grande-Rue. ☎ 03-88-57-16-53. Ouv mar-sam 9h-12h et 14h-18h, plus les dim en déc. Résa obligatoire pour la visite (pas de visite de mi-nov à fin déc).* Le propriétaire vous parlera avec autant d'humour que d'amour des eaux-de-vie du pays. Petit film sur la fabrication, suivi d'une dégustation dans la très belle salle-musée. Les eaux-de-vie d'exception sont réellement... d'exception ! Bien bonnes liqueurs également. La maison est labellisée « Entreprise du patrimoine vivant ».

ALBÉ *(67220)*

Au nord de Villé, mignon village niché entre des coteaux plantés de vignes. Maisons de vignerons très caractéristiques. Perpendiculaires à la route, elles présentent un pignon à colombages avec galerie en bois, porte cochère et porte de l'étable. Habitation au 1er étage. Certaines demeures possèdent un soupirail qu'on ferme à l'aide d'une grosse pierre plate. Superbes linteaux de porte. Le village est illuminé 3 soirs en août. Rondes avec veilleur de nuit et guides en tenue d'époque : « Albé en habit de lumière » ! Enfin, en contrebas de l'église, n'oubliez pas de rendre hommage au vénérable tilleul qui ombrage charitablement la jolie place depuis 1795.

À voir

Le musée de la Vallée de Villé : *4, pl. du Tilleul. ☎ 03-88-57-08-42. • musee@valleedeville.fr • Mai-sept, mar, jeu-ven et dim 14h-18h. Visite audioguidée : 3,50 € ; réduc ; gratuit moins de 12 ans.* Dans un bel ensemble de maisons du village : accueil dans une demeure d'ouvrier journalier de 1616, à colombages et jolie fenêtre Renaissance. Et visite, de la cave au grenier (compter 1h, avec un audioguide), d'une grosse ferme vosgienne du XVIIIe s qui abritait une famille de paysans viticulteurs. Les nombreuses sections, riches et pleines de nostalgie, s'intéressent tour à tour à l'activité minière dans la vallée autrefois, à l'habitat traditionnel (reconstitution de la cuisine, de la *stub,* d'une chambre), à l'école (salle de classe), aux métiers anciens (ateliers de sabotier, de cordonnier...), ou encore à la tonnellerie. De l'autre côté de la place, un voyage dans le temps encore plus insolite.

LE HOHWALD

(67140) 505 hab. *Carte Le Nord (Bas-Rhin), B3-4*

Situé à 569 m d'altitude, le site fut longtemps propriété des seigneurs de Villé et de l'évêché de Strasbourg. Après les ravages de la guerre de Trente Ans, on fit venir des colons de Suisse et d'Autriche pour défricher

ces hautes terres. Leurs descendants sont toujours là, dans cette clairière ensoleillée gagnée sur la forêt.
Le Hohwald connut au XIXe s une grande vogue touristique. Auberges gastronomiques et randonnées au grand air attirèrent les foules. En 1865 déjà, la bourgade était reliée à Barr par télégraphe et diligence. Anatole France, Sarah Bernhardt, le maréchal Joffre, la reine de Hollande aimaient venir y séjourner. Quelques « grands hôtels », qui ont retrouvé aujourd'hui leur lustre d'antan, témoignent de cette époque et donnent au Hohwald une atmosphère à la Modiano.

UNE 2[DE] GUERRE DE CENT ANS !

Une homérique bataille juridique débuta en 1780 entre Strasbourg et Barr pour la possession d'une forêt mitoyenne. Elle dura presque un siècle, pendant lequel aucun arbre ne fut abattu. Strasbourg gagna le procès, et il en résulta cette situation originale : Strasbourg possède près de 900 ha de forêts, presque autant que l'État, les 26 communes du périmètre et les propriétaires privés réunis !

Adresse utile

Office de tourisme : *sq. Kuntz. ☎ 03-88-08-33-92 ou 66-65. • paysdebarr.fr • Avr-oct, lun-sam (ainsi que dim mat en juil-août) 10h-12h, 14h-17h.* Accueil très sympa et compétent.

Où dormir ? Où manger ?

De prix moyens à chic

Chambres d'hôtes La Forestière : *chez Catherine et Éric Marchal, 10 A, chemin du Eck. ☎ 03-88-08-31-08. • laforestiere.alsace@orange.fr • laforestiere-alsace.fr • Doubles 97-107 € (tarifs dégressifs dès la 2e nuit) ; familiale. Table d'hôtes 36 €, boisson comprise.* Voici une très belle maison d'hôtes qui plaira tout à la fois aux amoureux du cocooning et à ceux du design avec ses chambres rustico-contemporaines chics et cosy, et son jacuzzi extérieur. Idéal pour se ressourcer en profitant non seulement du silence et de la vue sur la montagne, les forêts, mais aussi des balades, et des tartes maison ! Beaux petits déjeuners familiaux. Très bonne table d'hôtes. Jacuzzi extérieur. Bel accueil.

La Petite Auberge : *6, rue Principale. ☎ 03-88-08-33-05. • infolapetiteauberge@orange.fr • lapetiteauberge-hohwald.com • ♿ (hôtel uniquement). Resto fermé mer midi. Congés : 1er janv-2 fév et 21 juin-5 juil. 7 chambres-duplex confortables env 96-142 €. Formule 19,80 € (en sem) ; carte env 14-30 €.* Une petite adresse chaleureuse, où les chambres réunies dans un chalet indépendant sont en réalité des duplex sobres et bien arrangés, avec terrasse donnant sur le parc où paissent les animaux de la maison. L'ambiance est tout aussi détendue et reposante à l'auberge, à 2 pas : salle rustique et tables pimpantes pour des spécialités locales qui tiennent la forme. Service prompt et accueil épatant.

Ferme-auberge Lindenhof : *11, route du Kreutzweg (sur la route de Villé). ☎ 03-88-08-31-98. • vincent.deissler@wanadoo.fr • ferme-auberge-lindenhof.fr • Accès fléché depuis le centre. Ouv le midi seulement, sur résa ; fermé mer-jeu. Double 59 €. Menu env 22 €.* Cuisine basique réalisée avec les produits de la ferme familiale et servie dans une salle aux fenêtres largement ouvertes sur les prés environnants. Vente à emporter des produits de l'exploitation : tomme, gruyère et fromage blanc entre autres. Également des chambres nickel et confortables, impeccables pour un séjour en pleine nature.

DANS LES ENVIRONS DU HOHWALD

BREITENBACH (67220)

En allant au champ du Feu, arrêtez-vous dans ce village mignon avec un bon sentier de découverte (le sentier Maurice ; 2h pour partager la vie du village). Fête de la Cerise et du Kirsch, à Breitenbach, fin juin.

– ***Le parc Alsace Aventure :*** *col du Kreuzweg. ☎ 03-88-08-32-08. • parc-alsace-aventure.com • À 800 m d'altitude, juste au passage du col, sur la D 425. Juil-août, tlj 10h-19h ; avr-juin et sept-nov, mer (sur résa), sam et vac scol (zone B) 13h-18h, dim et j. fériés 10h (13h oct-nov)-18h. Certaines activités sur résa. Parcours aventure dans les arbres (2-4h) : à partir de 14 € 3-6 ans, 16 € 7-11 ans, 25 € à partir de 12 ans. Flightline 16 €. Pass 28-41 €.*
Bonnes sensations au rendez-vous sur 10 niveaux de difficulté et près de 170 ateliers. Parcours « Pitchouns » spécifiquement adapté aux enfants de 3 à 6 ans ; puis parcours référencés par couleurs en fonction du niveau de difficulté (de 2 à 20 m au-dessus du sol), « L'aigle noir », étant réservé aux voltigeurs ! Attraction star, la « Vallée des tyroliennes », réellement impressionnante : descentes (muni d'un harnais quand même, faut pas pousser !) le long de câbles de 3 000 m. Vue imprenable sur toute la vallée. Pour une sécurité optimale, l'ensemble des parcours est équipé d'un système de ligne de vie continue.
Également la « Tour de l'extrême », de plus de 30 m de haut, avec toboggan géant et saut fantastique exclusif, le *Flightline.* Pour rester sur le plancher des vaches (et des humains sujets au vertige !), le « sentier des Fourmis » est un parcours pédagogique qui présente l'histoire des p'tites bêtes et des végétaux de la forêt. Mais aussi paintball, tir à l'arc, espace défis... Restauration sur place.

LE CHAMP DU FEU

Accès depuis Villé, par la D 425 et le col de la Charbonnière, via Breitenbach ; on bascule ici en vallée de la Bruche. Si la faim vous empêche d'avancer, arrêtez-vous au col à l'*Auberge de la Charbonnière,* pour dévorer une chapeaurade (spécialité locale... du Valais suisse).

Adresse utile

Bureau d'accueil du champ du Feu : *150, La Serva,* ***Belmont.*** *☎ 03-88-97-39-50. • valleedelabruche.fr • De mi-juin à sept, lun-sam jusqu'à 18h (17h sam), plus dim 10h-13h juil-août ; d'oct à mi-juin, lun-ven sauf mar mat 10h-12h, 14h-17h.*

À voir

À 1 099 m d'altitude (c'est le point culminant du Bas-Rhin), on découvre le ***champ du Feu*** dont la tour marque l'entrée sur le domaine skiable. Site de ski de fond fameux l'hiver (110 km de pistes, accès gratuit) et 14 pistes de ski alpin. Activités nordiques : chiens de traîneau, sorties à raquettes, tubing, champs de luge, ski joëring, nuit en igloo, etc.
D'où vient le nom « champ du Feu » ? 2 hypothèses assez séduisantes :
– la présence de feux follets sur les tourbières aurait donné naissance à une légende : des fées les allumaient pour indiquer aux voyageurs égarés la bonne route. « Champ des Fées » aurait ensuite été transformé en « champ do Fé » (en patois vosgien, *fé* signifie « feu ») ;

– les habitants des régions entourant le massif appelaient le sommet *Vehfeld*, « champ du Bétail ». Les francophones ont traduit *feld* par « champ » mais ont gardé *veh* dans le langage oral : Vehfeld est devenu alors « champ do Fé » (« champ du Feu ») en patois.

LA VALLÉE DE LA BRUCHE

• Carte *p. 157*

La Bruche, trait d'union entre le massif granitique du champ du Feu et le massif gréseux du Donon, jaillit du Climont pour finir presque à Strasbourg. Une stèle au pied du massif marque désormais l'emplacement de la source et évoque le parcours de la rivière de sa source jusqu'au Rhin, en passant par l'Ill. C'est l'une des plus longues vallées alsaciennes et depuis toujours une voie de communication : Romains, marchands de bestiaux du Moyen Âge se rendant dans les foires allemandes, envahisseurs de tout poil connaissaient bien cette large vallée s'ouvrant en Lorraine et allant mourir dans la plaine d'Alsace. La forêt y occupe une place prépondérante (70 % de la surface pour 25 % de la moyenne nationale). Pas étonnant qu'on y trouve la plus grande scierie de France. La frontière linguistique entre le français et le dialecte alsacien se situe quelque part vers Lutzelhouse, au nord de Schirmeck. En dessous, en effet, la vallée est quasiment francophone. Les tables de patois durant lesquelles se réunissent les patoisants permettent de maintenir le welche, cette vieille langue romane qu'on utilisait encore couramment au début du siècle passé, dans certains villages de la Bruche, de la vallée de Villé et, plus au sud, dans le val d'Orbey.

Voici d'adorables petites vallées perpendiculaires ou parallèles à la haute vallée de la Bruche et qu'on rejoint par de petites routes paisibles à souhait. Ainsi, ne pas manquer celle du Ban-de-la-Roche, du château de Salm, de Ranrupt, vers le col de Steige et tant d'autres offrant des paysages tranquilles, ronds, rarement abrupts. Prés, bois, sous-bois, étangs alternent gentiment au rythme des randonneurs, livrant des points de vue au charme sauvage et serein tout à la fois. Étonnez-vous qu'on y trouve encore blaireaux, chats sauvages, martres, hiboux grands ducs...

DE GROS EFFORTS CÔTÉ ENVIRONNEMENT

Les paysages de la vallée de la Bruche, empreints d'un double passé économique industriel et agricole – les 2 aspects étant liés –, ont évolué avec le déclin de l'industrie des années 1960, mettant fin à la double activité des ouvriers paysans. D'une utilisation des moindres parcelles induisant un paysage ouvert quasi jardiné, on aboutit à un abandon progressif des prés en terrasses et en fond de vallée puis des espaces cultivés. Le paysage affiche peu à peu le visage de la résignation.

Refusant la friche comme une évolution inéluctable, soucieux de retrouver un environnement harmonieux qui exprime la réconciliation des gens du pays avec leur terroir, les habitants et les élus décident de réagir et de se donner les moyens de créer un cadre de vie de qualité en adéquation avec le mode de vie actuel.

Petit à petit, les fonds de vallée s'ouvrent, les villages se dévoilent, les prairies verdoyantes prennent le pas sur la friche, les méandres de la Bruche et de ses affluents réapparaissent. Les vaches, les moutons, les chèvres paissent à nouveau. Les agriculteurs expriment leur savoir-faire à travers de savoureux produits du terroir et nous font découvrir un paysage de montagne de grande qualité... Un espace d'accueil et de convivialité à consommer sans modération.

LA RANDONNÉE, UNE 2DE NATURE

En outre, le Club vosgien a balisé des centaines de kilomètres de sentiers. 450 km de sentiers balisés (dont les grands sentiers de randonnée GR 5, GR 532, GR 53), 80 circuits, 5 sentiers de sculptures, un programme estival de sorties pédestres accompagnées entièrement gratuites, de nombreux parcours thématiques... Entre forêts et chaumes d'altitude, ces espaces naturels de toute beauté éveillent une irrésistible tentation... celle d'enfiler ses chaussures ! Pour ceux qui aiment randonner en toute indépendance et découvrir des lieux et des histoires insolites, beau panel de sentiers thématiques en boucle de 2 à 11 km jalonnés de bornes informatives. 8 petits carnets disponibles gratuitement à l'office de tourisme racontent chacun un morceau d'histoire : sentier de la Poésie, des Mennonites, des Passeurs, etc.
Ajouter à cela nombre de petits restos aux prix doux, de fermes-auberges, chambres d'hôtes, hôtels de charme où vous aurez l'opportunité de goûter à l'hospitalité chaleureuse des gens de la Bruche, dans une Alsace atypique qui échappe aux clichés. Notre vallée coup de cœur !

Adresse et infos utiles

Office de tourisme de la vallée de la Bruche : *114, Grand-Rue, 67130* ***Schirmeck.*** *☎ 03-88-47-18-51 ou 03-88-97-39-50 (bureau d'accueil en hiver, au champ du Feu ; voir plus haut). • tourisme@valleedelabruche.fr • valleedelabruche.fr • D'oct à mi-juin, lun-ven sauf mar mat 10h-12h, 14h-17h ; de mi-juin à fin sept, lun-sam 9h-12h, 14h-18h (17h sam), plus dim 10h-13h juil-août.* Animateurs compétents et passionnés, et tout un panel d'activités à pratiquer. Espace boutique avec cartes de randonnées exclusives, produits locaux, etc. Mais aussi des escapades à la journée ou à la demi-journée avec location de vélos électriques. Certaines formules comprennent un déjeuner, un goûter, des entrées dans les musées ou un après-midi spa. Se renseigner aussi au sujet des « Sentiers plaisirs », des balades accompagnées depuis plus de 30 ans par les habitants de la vallée. Également, 5 « expériences buissonnières » qui permettent de partager un moment avec des artisans producteurs passionnés et de s'initier à leurs savoir-faire...
• rando-bruche.fr • Ce site internet est entièrement dédié à la randonnée avec plus de 80 balades en boucle, à effectuer à pied ou à vélo, en version pdf ou trace GPX téléchargeables librement avec le balisage du Club vosgien. Suggestion destinée aux cyclistes : emprunter la véloroute de la vallée de la Bruche (41 km).

LES HAMEAUX DE LA VALLÉE DE LA BRUCHE

Carte Le Nord (Bas-Rhin), B3

Puisque nous étions dans la vallée de Villé et au Hohwald, nous allons aborder la vallée de la Bruche par les D 424 ou D 214 via le col de Steige (doté d'un sympathique étang).
La Bruche prend sa source à 600 m d'altitude puis traverse une vaste cuvette, la clairière du Hang (traversée par le GR 532). C'est là que des fermiers anabaptistes, connus sous le nom de mennonites, ont choisi dès le XVIIIe s de s'installer et de vivre une vie pastorale et communautaire. Durant tout le XVIIIe s et la 1re moitié du XIXe s, les anabaptistes ont excellé en tant que

LA VALLÉE DE LA BRUCHE

cultivateurs grâce à leurs techniques agricoles extrêmement poussées. Leur savoir-faire s'est aussi exprimé dans le travail du verre à la verrerie du Hang, construite en 1723, et exploitée jusqu'en 1770. L'épuisement des ressources forestières les a conduits à se déplacer vers Baccarat vers 1790. Aujourd'hui, nombreux sont ceux qui, partis d'Alsace, ont essaimé au Canada, en Pennsylvanie, au Belize, au Paraguay, etc.

Au sud-ouest, on croise *Saâles,* gros village qui marquait, entre 1871 et 1918, la frontière entre France et Allemagne. La D 424 traverse la belle *vallée de Ranrupt.* Beaucoup d'occasions de promenades, des hameaux

(*Fonrupt* et *Stampoumont*) qui abritent de jolis spécimens de fermes vosgiennes et de sympathiques fermes-auberges. Si les Hautes-Vosges sont souvent connues pour leurs anciennes marcaireries devenues fermes-auberges, la vallée de la Bruche n'est pas en reste avec pas moins de 6 fermes-auberges.

Où dormir ?
Où manger dans la haute vallée de la Bruche ?

De bon marché à prix moyens

Ferme-auberge Promont : *chez Marlyse et Corinne Schynoll, 37, Les Hauts-Prés, 67420* ***Ranrupt.*** *☎ 03-88-97-62-85. Tlj le midi sauf mer et ven. Congés : janv. Résa obligatoire. Carte 21 €. Café offert sur présentation de ce guide.* Perdue à 800 m d'altitude, au milieu des prés et des forêts, cette ferme est la halte idéale pour les amoureux de la nature. Corinne et Marlyse élèvent des vaches vosgiennes et fabriquent des fromages. Jolie salle rustique et cosy, à l'ambiance familiale et chaleureuse, ou belle terrasse dominant les environs. Parmi les spécialités, toujours la tourte à la viande, le pâté en croûte et le fromage au kirsch, le *siaskass.* Viandes et produits garantis de la ferme ! Ambiance décontractée ; une adresse qu'on aime beaucoup et un excellent rapport qualité-prix-convivialité.

Chambres d'hôtes Bluets et Brimbelles : *4, rue de l'Église, 67420* ***Saulxures.*** *06-32-09-99-78. • info@bluetsetbrimbelles.fr • bluetsetbrimbelles.fr • Doubles 85-95 € (prix dégressifs). Table d'hôtes 27 € tt compris sur résa. CB acceptées.* 4 chambres d'hôtes qui ne manquent pas de saveur dans cette ferme familiale joliment rénovée. Catherine est pâtissière de formation, le petit déjeuner ici est un grand moment à partager, tout comme la table d'hôtes, d'ailleurs, dont on profite l'été en terrasse, sous les sapins. Et pour les fanas de voitures anciennes, Thierry réserve une jolie surprise. Excursions privées en 2 CV et traction avant à la découverte du patrimoine local.

Où acheter de bons produits ?

– La vallée de la Bruche et le val de Villé possèdent le plus grand nombre de bons producteurs des Vosges alsaciennes : des yaourts du Climont aux pigeonneaux de chair du Ban-de-la-Roche, en passant par le munster de Steige, les eaux-de-vie de la distillerie *Neuhauser* *(☎ 03-88-97-06-81)* ou les foies gras de la *Ferme-auberge du Charapont,* à Natzwiller *(☎ 03-88-97-98-46 ; voir plus loin).*

Marché des produits de montagne de la vallée de la Bruche : *halles de l'hôtel de ville, 67420* ***Saâles.*** *Rens : ☎ 03-88-47-18-51 (office de tourisme). Juin-août, ts les ven 15h-18h30, hors saison le 2e ven du mois.* Un grand marché pittoresque où vous trouverez tout ce que les hommes des environs produisent. À manger, à voir, à boire, les couleurs et les senteurs du pays. Des produits de qualité et une atmosphère très conviviale. Marché également avant les fêtes.

Turlupain : *chemin de la Pierre-chelle, 67420* ***Saâles.*** *☎ 03-88-47-76-39. • turlupain.com • Ouverture du fournil à Saâles lun et ven 14h-19h30 et sam 7h30-12h30.* Cet artisan boulanger bio approvisionne de nombreux magasins bio en Alsace ; également des viennoiseries. Possibilité de prendre le petit déjeuner au fournil le samedi matin. À noter que la boulangerie artisanale se trouve à côté de la *Laiterie du Climont* (yaourts, fromages blancs et frais fameux) ! Le vendredi, possibilité de cumuler les 2 visites avec le marché en un après-midi.

Les Confitures du Climont : *La Salcée, 67420 **Ranrupt.** ☎ 03-88-97-72-01. • confituresduclimont.com • ♿ Du col de Steige, direction Saint-Dié. Mar-sam 10h-12h, 14h-18h, plus dim et j. fériés Pâques-sept.* Poète des confitures, Fabrice Krencker a transmis son savoir-faire à sa fille Perrine qui tient aujourd'hui les rênes de la maison. Nos préférées : le confit de fleurs de pissenlit, l'églantine (appelée aussi cynorhodon, gratte-cul, gréki, rose des chiens, « chaupécu » en patois local... fin du quart d'heure gastro-ethno), la banane au schnaps, la poire au gingembre, le sureau, l'aubépine, etc. Sur le côté, la fabrication est visible en direct, pour qui souhaiterait plus d'infos encore...

LE BAN-DE-LA-ROCHE

Carte Le Nord (Bas-Rhin), B3

Microrégion bien particulière, y compris au sein de la Bruche. C'est l'ancien nom d'un comté qui regroupait 8 villages protestants. Vallée dégageant une impression d'intimité et à l'habitat très caractéristique. Malgré l'âpreté des sols et l'agriculture difficile, les habitants réussirent à vivre harmonieusement avec cette nature, grâce au petit élevage familial et à une cohésion sociale et culturelle exceptionnelle. En outre, pas mal de familles possédaient un métier à tisser à domicile et travaillaient à façon.
Quant au protestantisme, très fort en Bruche, et surtout dans Le Ban-de-la-Roche, il se révélait un facteur supplémentaire de cohésion. C'est ici que le pasteur Oberlin mit en pratique ses idées géniales (pédagogiques et économiques), tellement d'avant-garde pour l'époque.

FOUDAY (67130)

Village en marge de la D 1420. Voir le temple protestant *(ouv tlj),* qui a conservé totalement sa physionomie intérieure depuis 1778. Atmosphère d'une touchante austérité. Tour datant du XIIᵉ s. Dans le cimetière, tombe de Jean-Frédéric Oberlin.

Où dormir ? Où manger ?

Hôtel-restaurant Julien & spa : *sur la D 1420. ☎ 03-88-97-30-09. • info@hoteljulien.com • hoteljulien.com • ♿ Resto (plutôt cuisine régionale) tlj sauf lun midi, mar midi et mer midi ; autre resto sur place, tlj celui-ci (entrecôtes, bouchées à la reine...). Congés : 3 sem en janv. Résa très conseillée (min 2 nuits le w-e). Doubles 137-194 € en ½ pens. Menus 27-31 € ; dim midi 34-46 € ; carte 18-30 €. Parking.* L'un des établissements les plus populaires de la Bruche. Ses nombreuses extensions l'ont métamorphosé en un grand hôtel, dans les 2 sens du terme : le confort est digne des meilleurs pour ce vaste ensemble en bordure de la départementale. Les chambres donnent de l'autre côté, sur le jardin paysager enserrant la Bruche et les pentes verdoyantes du mont Saint-Jean. Large gamme, des plus simples, mais confortables, aux suites habillées de bois et disposant d'un grand balcon. Cadre intérieur d'un style rustique cossu. Bois, fleurs et plantes vertes partout. Vastes et chaleureuses salles à manger aux plafonds de bois pour déguster une excellente et inventive cuisine régionale. Bons vins sélectionnés par la maison ! Service en costume régional revisité. Terrasse. Spa. Piscine intérieure et extérieure.

À faire

➢ Au départ du temple, à 100 m de la gare de Fouday (ligne Strasbourg/Saint-Dié), belle balade balisée à flanc de montagne vers le musée Oberlin : le ***sentier Oberlin.*** Retour possible par l'allée des Fiancés, le col de Perheux, autour du mont Saint-Jean. Facile, en terrain dégagé, il permet d'apprécier la douceur des Vosges moyennes.

WALDERSBACH (67130)

Un de nos villages préférés. Dans un environnement ondoyant, paisible, au milieu de beaux arbres. Beaucoup de charme. Et puis, effectivement, si « habité » ! C'est ici que vécut pendant plus d'un demi-siècle Jean-Frédéric Oberlin, né en 1740 à Strasbourg, dans une famille d'enseignants.

La fantastique histoire du pasteur Oberlin

De 1767 à 1826, Oberlin va accomplir ici, en plus de ses activités propres de pasteur, un travail pédagogique extraordinaire : construction d'une école par village, formation permanente des instituteurs, évaluation du travail scolaire, scolarité jusqu'à 16 ans, aide aux familles pauvres pour acquérir des livres. Le plus révolutionnaire est la formation des jeunes filles à l'éducation des enfants à partir de 4 ans. Oberlin les appelle les « conductrices de la tendre enfance ». Réunis 3 fois par semaine dans ce qu'il appelle une « poêle à tricoter », ancêtre de la maternelle et du jardin d'enfants, les loupiots apprennent grâce à elles histoire, géo, histoire de la Bible, chansons, etc.

LA NAISSANCE DU DROIT DU TRAVAIL

L'œuvre du pasteur Oberlin influença nombre de gens, notamment l'industriel Legrand. En effet, ce dernier soutint le vote d'une loi interdisant le travail aux enfants de moins de 12 ans. Elle fut bien votée en mars 1841, mais appliquée seulement aux moins... de 8 ans !

Mais Oberlin ne s'en tient pas à la pédagogie, il se préoccupe aussi des problèmes de la population. Les moyens de communication terrestre étant désastreux, il prône de meilleures méthodes techniques pour ouvrir des routes. Il désenclave la vallée par l'élargissement de la route de Strasbourg. Les rendements agricoles étant faibles, il pousse à l'amélioration des sols, au drainage des prairies, à l'introduction de nouvelles semences, aux cultures d'essai, à la plantation de nouvelles espèces d'arbres fruitiers, à la systématisation de la greffe, etc. Des jeunes sont envoyés en apprentissage pour créer dans la vallée les métiers qui lui font cruellement défaut : charrons, maçons, menuisiers, forgerons, etc. Une pharmacie est installée au presbytère. Oberlin envoie aussi des jeunes filles à Strasbourg recevoir une formation de sage-femme. En 1785, il crée, pour soulager les dettes des paysans, une caisse d'amortissement qui permet de prêter de petites sommes sans caution ni intérêts. Pendant le long hiver, il organise le travail du tissage à domicile.
Oberlin, bien entendu, accueillit favorablement la Révolution. En 1815, l'empereur Alexandre de Russie, qui connaît bien son œuvre, ordonne la protection du Ban-de-la-Roche contre tout dérapage de la guerre. Jean-Frédéric Oberlin meurt le 30 mai 1826. On le disait « visionnaire du ciel et ouvrier de la terre ». Il a dû créer là-haut un club avec le docteur Schweitzer, Norman Bethune, mère Teresa et l'abbé Pierre.

Où dormir ? Où manger dans les environs ?

Ferme-auberge du Ban de la Roche : *66, rue Principale, 67130* ***Bellefosse.*** *☎ 03-88-97-35-25. • bandelaroche.fermeauberge@gmail.com • ferme-auberge-bellefosse.fr • Ouv mer-dim sur résa. Fermé lun-mar. Double 64 € ; chambres familiales. Plats à la carte 9,50-14,50 €.* L'un des restaurants à la ferme les plus cotés du pays, au centre d'un village proche du champ du Feu, la station de ski la plus proche de Strasbourg (voir plus haut). On se régale avec les productions de la ferme, des pommes de terre au munster fermier en passant par le bœuf aux carottes maison. Pensez à réserver votre tarte aux myrtilles, il n'y en aura pas forcément pour tout le monde en fin de repas. 5 chambres toutes simples, spacieuses, confortables et particulièrement bien tenues. La patronne a du caractère, à l'image de sa maison.

Ferme-auberge de la Perheux : *97, chemin du Salcy, col de la Perheux, 67130* ***Wildersbach.*** *☎ 03-88-97-96-07. • contact@fermeaubergedelaperheux.com • Avr-oct, ouv le midi mer-dim et 1 soir/sem (en principe le ven, vérifier). Le reste de l'année, ouv uniquement dim midi. Résa obligatoire au moins 24h avt. Plats et suggestions 13-21 €. On peut acheter les produits de la ferme mer et dim 11h-17h, tte l'année.* À 680 m d'altitude, dans un environnement magnifique et préservé, au cœur d'une exploitation spécialisée dans l'élevage de bovins de race vosgienne, une sympathique ferme-auberge communale gérée par un frère et une sœur très investis. Cuisine rustique et savoureuse, comme il se doit, à base de produits fermiers, où le bœuf, forcément, tient une bonne place.

À voir

Le musée Oberlin : *25, montée Oberlin. ☎ 03-88-97-30-27. • musee-oberlin.eu • Avr-fin sept, tlj sauf mar 10h-19h ; le reste de l'année, tlj sauf mar 14h-18h. Entrée : 6 € ; réduc. Sur résa, possibilité de visites guidées et ateliers pédagogiques pour les enfants.* Toute une vision du monde et toute une vie racontées ici. Quelques souvenirs significatifs, dont l'alphabet méthodique de J.-G. Stouber, le curieux tableau de réconciliation, le découpage des ombres chinoises pour connaître le caractère des enfants, les jouets pédagogiques, l'herbier, éveil à la connaissance de l'autre et du monde, etc. Seul, on évolue dans le musée en tirant des tiroirs et, chacun à son rythme, on découvre l'œuvre du pasteur. Sûrement l'un des musées les plus ludiques qui soient. On visite également le jardin botanique et l'église. Au départ du musée, une balade de 3 km format jeu de piste « à la façon d'Oberlin » est à découvrir en famille.

LE CAMP DE NATZWEILER-STRUTHOF

Carte Le Nord (Bas-Rhin), B3

À 8 km de Rothau. Accès par la D 130 ; bien signalé. Situé sur la commune de Natzwiller, ce fut le seul camp de concentration nazi implanté sur le territoire français. Le contraste entre la beauté de cette vallée et l'horreur qu'évoque le Struthof est saisissant.
Le site est une invitation permanente à réfléchir sur les idéologies totalitaires pour que la paix, les libertés et le respect de la personne humaine triomphent.

C'est la présence d'une carrière de granit, à 1 500 m du camp, qui décida de l'implantation de ce camp, qui fut ouvert en mai 1941. Les travaux s'effectuèrent dans des conditions très difficiles. Il fallut acheminer les pierres de la carrière dans le rude hiver vosgien, puis construire les 9 plates-formes en terrasses à flanc de montagne.

LA TRISTE HISTOIRE D'UN CAMP DE CONCENTRATION

Prévu pour 2 000 à 2 500 détenus, le camp de Natzweiler-Struthof finit par en héberger un peu moins de 6 000 en septembre 1944, date de leur évacuation vers Dachau. Le nombre de déportés ayant transité par le camp de Natzweiler ne peut être donné qu'approximativement. Certaines personnes envoyées dans des commandos furent en effet immatriculées sans même passer par le camp. On estime que 52 000 détenus au moins y ont été immatriculés. Plus de 20 000 personnes sont décédées au cours de leur déportation.
Si les effroyables conditions de vie quotidienne (la faim, le froid, l'épuisement, la maladie) furent le lot commun de beaucoup de camps de concentration, il faut ajouter ici, comme dans certains autres camps, les expérimentations médicales. Sans entrer dans les détails, disons seulement qu'elles portèrent sur la prévention et la thérapeutique des lésions dues à des gaz comme l'ypérite, et sur des essais de vaccination contre le typhus. Enfin, juste avant l'évacuation du camp vers Dachau, 106 membres du réseau de résistance française Alliance y furent exécutés avec 35 membres du groupe mobile Alsace-Vosges. Le 23 novembre 1944, des membres de la 3e division d'infanterie pénétraient dans le camp abandonné.

À voir

Le CERD (Centre européen du résistant déporté) : *☎ 03-88-47-44-67. Tlj, 9h-17h30. Fermeture billetterie à 17h. Fermé dim de Pâques, 1er mai et Noël-fin janv. Visite libre (durée : 2-3h) ou visite guidée (tlj à 10h, 11h30, 14h et 15h30 ; durée : 1h max). Entrée : 8 € ; réduc et billet jumelé avec le mémorial de l'Alsace-Moselle. Billets et infos à la caisse.* Situé juste à l'extérieur de l'enceinte du camp, c'est par lui que commence la visite. Dès le hall, on découvre l'histoire des principaux camps de concentration et d'extermination nazis à l'aide des 13 bornes interactives en libre accès. On peut ensuite accéder à l'espace d'exposition temporaire en mezzanine. De l'autre côté du hall, un couloir d'ombre et de lumière mène à la projection d'un court-métrage sur l'histoire du camp. On pénètre ensuite au sous-sol dans une vaste et inquiétante salle creusée par les détenus, dont on ne connaît toujours pas la fonction exacte. Elle abrite une exposition permanente consacrée, d'une part, au régime nazi, de sa naissance à sa chute et, d'autre part, à tous les courants de résistance qui le combattirent à travers l'Europe.
En quittant le Centre européen, on est naturellement mené vers le site de l'ancien camp, très impressionnant. De véritables remparts de barbelés ponctués de miradors encerclent un immense terrain très pentu, aménagé en terrasses où se dressaient les bâtiments. Il en reste certains, dont celui qui accueille le ***musée,*** où une exposition de quelque 900 documents retrace l'histoire de Natzweiler-Struthof et de ses camps annexes. Tout en bas, la ***prison,*** avec ses sinistres blocs cellulaires, et la ***salle d'opération*** occupant la même bâtisse que le ***crématoire,*** ne peuvent qu'imposer silence et réflexion.
Le ***mémorial de la Déportation,*** monument haut de 40,50 m, symbolise la flamme du souvenir, mais aussi la liberté qui s'élève. Tout autour du monument sont inhumés 1 118 déportés, rapatriés de divers camps d'Europe.
Un chemin s'éloigne de l'entrée du camp et conduit à une villa avec piscine. C'est ici qu'habitait occasionnellement le commandant du camp.

Une dernière visite s'impose, celle de la ***chambre à gaz*** *(réouverture prévue au printemps 2022, sans date précise ; se renseigner directement par téléphone).* En contrebas du camp, une partie d'une dépendance de l'hôtel du Struthof a été transformée, à partir du printemps 1943, en chambre à gaz expérimentale.

NATZWILLER

(67130) 610 hab. *Carte Le Nord (Bas-Rhin), B3*

Pour se laver la tête de toute cette noirceur, continuer la D 130. Les points de vue sur la vallée de Natzwiller et le plateau du champ du Messin sont remarquables.

Où dormir ? Où manger ?

De bon marché à chic

Auberge Metzger : *55, rue Principale. ☎ 03-88-97-02-42. • contact@hotel-aubergemetzger.com • hotel-aubergemetzger.com • (resto). À 6 km au sud-est de Schirmeck. Resto fermé lun-mar. Congés : tt le mois de janv, 1 sem en juil et Noël. Doubles 120-145 €. Menus 19 € (le midi en sem), puis 28-69 € ; carte env 35 €.* Une excellente étape. La famille Metzger veille avec sérieux au confort de ses hôtes. Les chambres sont aussi vastes que confortables et décorées avec un goût certain. Du bistrot de village fondé par les grands-parents d'Yves reste le côté humain et convivial. À table, la carte s'appuie sur les bases solides d'une cuisine classique traitée avec modernité. Les assiettes généreuses évitent les travers des modes culinaires actuelles. Voilà un chef qui a l'art d'aller à l'essentiel pour flatter le produit sans le dénaturer. Terrasse côté vallée aux beaux jours.

Ferme-auberge du Charapont : *5, route de Rothau. ☎ 03-88-97-98-46. • colette.baecher@gmail.com • Ouv de mi-mars à mi-nov : ts les midis sauf lun en juil-août, et sinon dim midi seulement. Résa nécessaire. Formule déj en sem 17 € ; menus 20-30 €.* En fait, une ancienne usine textile transformée en ferme-auberge, où se pratique l'élevage des volailles. Oies, poulets, canards, dindes finissent donc directement dans votre assiette : tourte de canard, suprême de pintade... Tout est fait maison. Vente de produits fermiers. Une adresse réconfortante, où l'on s'attable avec plaisir dans une chaleureuse salle rustique. Très bon accueil.

SCHIRMECK

(67130) 2 230 hab. *Carte Le Nord (Bas-Rhin), B3*

Petite ville industrielle et commerçante, qui connut de beaux jours avec le textile, mais possède encore quelques activités de métallurgie et d'électronique.

Adresse utile

Office de tourisme de la vallée de la Bruche : *114, Grand-Rue. ☎ 03-88-47-18-51. • valleedelabruche.fr • Voir plus haut l'intro de « La vallée de la Bruche ».*

À voir. À faire

Le château : *site accessible depuis la pl. du Marché. Rens à l'office de tourisme.* Date du XIIIe s. Fut en grande partie brûlé par les Suédois en 1633. Visite extérieure.

➢ ***Le chemin de la Mémoire et des Droits de l'homme :*** *brochure dispo à l'office. Infos : • chemin-europe-memoire.org •* Le « chemin » relie Schirmeck à Rastatt (en Allemagne) en passant par la vallée de la Bruche. Par ailleurs, le Club vosgien a créé un sentier pédestre reliant Schirmeck au Hohwald, par le Struthof.

Le mémorial de l'Alsace-Moselle : *☎ 03-88-47-45-50. • memorial-alsace-moselle.com • ♿ (dans Schirmeck, suivre les panneaux « Mémorial » où figure le picto Handicap). Tlj 9h30-18h sauf 1er janv, 1er mai, 24, 25 et 31 déc. Fermeture guichet à 17h. Entrée : 11 € ; réduc et billet jumelé avec le CERD (14 €, disponible à l'office de tourisme) ; gratuit moins de 8 ans.* Dressé sur une hauteur faisant face au camp du Struthof, éloigné de quelques kilomètres à peine à vol d'oiseau, ce mémorial rappelle qu'ici, à Schirmeck, fut ouvert un « camp de redressement » pour les réfractaires alsaciens à la normalisation nazie. Il n'en reste presque rien, mais ce vaste bâtiment moderne renferme un espace muséographique consacré à toute l'histoire de cette région et de ses habitants de 1870 à nos jours, avec un accent mis sur les années 1939-1945. L'espace Euphoria est consacré à la construction de l'Europe depuis 1945. Au forum, une projection à 360° vous plonge dans l'histoire de l'Europe.

DANS LES ENVIRONS DE SCHIRMECK

LE HAMEAU DE SALM *(67130)*

Ici, la nature se fait totalement hospitalière. Paysages d'une remarquable sérénité et propices, vous vous en doutez, aux randonnées les plus sympa. De la D 392, prendre une petite route paisible, en direction du Haut-Fourneau ; on arrive sur un vaste plateau. La région fut longtemps habitée par des anabaptistes – mennonites qui vinrent au XVIIIe s de Suisse allemande. Ils émigrèrent aux États-Unis à la fin du XIXe s. En face d'une ancienne ferme de grès rose, un petit cimetière aux curieuses stèles rappelle leur souvenir (dans une propriété privée). Après le gîte d'étape, continuer tout droit sur quelques centaines de mètres. Sur la gauche, dans une clairière, un magnifique chêne de plus de 200 ans qui aurait été planté par les mennonites en mémoire de l'exemption de 1793. Plus haut, sur une colline, aire de pique-nique des Trois-Planchers.

À voir. À faire

Le château de Salm : à 809 m, sur le mont dominant le plateau, on découvre les restes du château des comtes de Salm. Construit au XIIe s et probablement abandonné au XVIe s. Il fut le centre de la petite principauté (ou royaume de Salm) qui possédait les mines de fer de Grandfontaine. Aujourd'hui, il subsiste des pans de mur, une citerne voûtée et la base d'une tour demi-circulaire, envahie par la végétation.

➢ ***Le sentier des Passeurs :*** lorsque, en juin 1940, l'Alsace fut annexée, l'ancienne frontière de 1871 fut évidemment rétablie. Elle correspondait à la ligne actuelle, séparant le Bas-Rhin des Vosges. La région fut un haut lieu de passage pour les prisonniers en fuite et les réfractaires alsaciens. Un des principaux itinéraires reliait Salm à Moussey (14 km aller ; compter 4h), en Lorraine. Aujourd'hui, possibilité de suivre ce sentier des Passeurs librement (et pas en entier, bien sûr !), ou bien en excursion. *Brochure et rens à l'office de tourisme : ☎ 03-88-47-18-51.* Ne pas manquer d'en profiter pour grimper sur le mont de la Chatte-Pendue. De là, panorama circulaire tout à fait exceptionnel.

LE MASSIF DU DONON

Sur la route du Donon, prenez le temps de vivre, plus que jamais.

À voir

Le Donon : *accès de Schirmeck par la D 392. Du parking de la maison forestière, juste après le col, compter env 2h30 A/R par un chemin bien balisé pour accéder au sommet.* Documentation à l'office de tourisme pour découvrir à son rythme ce point culminant des Basses-Vosges (1 008 m), à la frontière des 4 départements. Ancien lieu de culte celtique, on y trouve aussi quelques vestiges d'un sanctuaire gallo-romain dédié au dieu Mercure. Mais les pièces les plus belles sont aux musées archéologiques de Strasbourg et d'Épinal. Sur le point le plus élevé du Donon, un pastiche de temple romain, édifié sous Napoléon III. Superbe panorama sur les Vosges, cela va sans dire ! Table d'orientation et sentier archéologique jalonné de panneaux explicatifs. Avis à ceux qui veulent fonder une famille : le Donon bénéficie d'un microclimat particulièrement littéraire. La preuve : Victor Hugo aurait été conçu sur ses pentes.
Le Donon, point stratégique entre l'empire de Guillaume II et le territoire français, a été le théâtre des 1res confrontations entre les armées dès août 1914. En témoigne le sentier des stèles au départ de la maison forestière du haut Donon.

➢ À découvrir, faisant écho à la même page d'histoire, le ***sentier du Drapeau,*** à ***Plaine.*** L'histoire d'un carré d'étoffe frappé de l'aigle impérial, tombé entre les mains du 1er bataillon des chasseurs à pied le 14 août 1914 lors de la bataille de Saint-Blaise-la-Roche, une 1re victoire sur l'armée ennemie, un camouflet infligé à la superbe allemande. 120 soldats pris en étau se réfugient dans la ferme de Niargoutte après de violents combats. Parmi eux, le porte-drapeau veut sauver à tout prix l'emblème qui lui a été confié. Quelques heures plus tard, le sergent Foulfoin du 1er BCP trouvera le drapeau caché dans la grange de la ferme de Niargoutte. Il le remet au commandant Georges Tabouis qui, à 5h du matin, le présentera aux 2e, 3e et 5e compagnies en leur disant : « Vous vouliez de la gloire mes enfants, en voilà. » Arrivé le 17 août au ministère de la Guerre à Paris, l'événement de la « prise héroïque du drapeau » fait grand bruit. Plaine, Saint-Blaise-la-Roche et la vallée de la Bruche entrent dans l'histoire et seront désormais connus de la France entière. 3 jours plus tard, le 18 août, le commandant du fort reçoit l'ordre de lancer une contre-offensive : 291 obus tomberont entre Urmatt et Lutzelhouse, ce seront d'ailleurs les seuls jamais tirés du fort de Mutzig (voir le chapitre « La route des Vins d'Alsace »).

LA VALLÉE DE LA HASEL ET LA SUISSE D'ALSACE

Vallée perpendiculaire à la Bruche, les (discrets) reliefs qui bordent la vallée de la Hasel sont couverts d'une des plus grandes forêts d'Alsace, prétexte évident à quelques jolies randonnées. Bienvenue dans la Suisse d'Alsace, nom d'un autre temps, déjà, mais autre vrai paradis des randonneurs, aux portes de la vallée de la Bruche et de la métropole strasbourgeoise.

NIEDERHASLACH (67280)

Tranquille village-rue à ne pas manquer pour l'ancienne ***collégiale Saint-Florent*** *(ouv tte l'année).* Belle construction en grès rose du XIIIe s, rebâtie le siècle suivant pour cause d'incendie. La nef est l'œuvre du fils d'Erwin de Steinbach (qui succéda à son père sur la cathédrale de Strasbourg). Les Suédois (encore eux) la bombardèrent en 1633 (mais pas suffisamment, pour une fois !). Élégante tour-porche avec tourelles. Sculptures du portail racontant la vie de saint Florent dont les reliques sont dans l'église. Belles sculptures dans les chapelles latérales, dont un *Mont des Oliviers* du XVe s. Les vitraux des XIIIe et XIVe s, aux couleurs éclatantes, constituent le véritable joyau de l'église.

OBERHASLACH (67280)

Un haut lieu touristique du piémont vosgien. Les légendes contées par les frères Grimm autour du Nideck, le massif forestier voisin, raviront les randonneurs qui s'arrêteront au village pour découvrir la chapelle Saint-Florent et ses ex-voto, avant de partir à l'assaut de 3 châteaux en ruine *very romantic.*

Où dormir ? Où manger ?

Lotel : *24, rue de Molsheim. ☎ 03-88-50-99-60. • weber.benedicte@wanadoo.fr • Facebook. En arrivant par le sud, à gauche peu après l'entrée du village, dans la rue principale. Ouv mer-sam (sam seulement le soir). Doubles 70-80 € ; familiales. Menus 30-40 €.* Faire ses classes au *Crocodile* ou au *Lac,* ça forge le caractère et garantit une solide expérience. C'est la tête sur les épaules et plein de bonnes idées que Vincent Chartier est retourné chez lui, pour ouvrir un établissement intimiste dont la salle rustico-tendance donne sur un jardin orné des sculptures de son papa. La carte, courte, à l'ardoise, a tout de la bistronomie de saison : de beaux produits travaillés avec précision, pour des réalisations soignées tout en couleurs et en saveurs. Accueil et service en salle assurés par le frère Victorien. 5 chambres d'hôtes gérées par les parents à l'étage. Une affaire de famille...

➢ Belle ***route d'Oberhaslach à Wangenbourg.*** Nombreux sites en chemin. Ruines du *château de Ringelstein* détruit au XVe s et, plus haut, celles de celui de *Hohenstein.* Belvédère pour admirer la vue sur la vallée. Arrivée au *château* et à la *cascade du Nideck.* Laisser son véhicule au parking ; départ d'un sentier fléché (compter un peu plus de 1h A/R). Château supérieur, gros donjon du XIVe s, accroché au rocher. En contrebas, tour carrée du XIIIe s. Tous 2 furent détruits au XVIIe s. Environnement particulièrement romantique. Chemin menant à la cascade qui se jette spectaculairement d'une brèche dans la paroi de porphyre.

WANGENBOURG-ENGENTHAL (67710)

Wangenbourg est une petite station de villégiature, avec un important ***château*** du XIIIe s qui appartient à l'abbaye d'Andlau, accessible par une passerelle qui remplaça le pont-levis. À l'intérieur, imposant donjon pentagonal avec des murs épais de 2,50 m et hauts de 24 m. Panorama exceptionnel sur la région. Sur cette vaste commune, l'habitat se disperse en villages miniatures dans un très joli paysage de moyenne montagne, judicieusement surnommé « la Suisse d'Alsace ».

Adresse utile

Office de tourisme intercommunal Mossig et Vignoble : *32 A, rue du Général-de-Gaulle. ☎ 03-88-87-33-50. • mossig-vignoble-tourisme.fr • Lun (fermé mat)-ven 9h30-12h, 14h30-17h, plus sam-dim et j. fériés juil-août.* Renseignements complets sur les superbes circuits VTT du secteur.

Où dormir ? Où manger ?

Camping

Camping Les Huttes : *route du Nideck, à* **Schneethal.** *☎ 03-88-87-34-14 ou 31-46 (mairie). • campingleshuttes@orange.fr • camping-wangenbourg-engenthal.com • De mi-avr à mi-oct. Tente 11 € ; également 1 mobile home, 2 pods et des chalets (4-6 pers).* Petit camping tout simple, fort sympathique par son accueil et son cadre de petite montagne (400 m d'altitude). Bloc sanitaire bien tenu. Jeux pour enfants, terrain de pétanque. Rien de fantastique, mais des emplacements agréables séparés par des haies et du caractère.

Chic

Parc Hôtel : *39, rue du Général-de-Gaulle. ☎ 03-88-87-31-72. • parchotel@orange.fr • parchotelalsace.com • Fermé de mi-nov à mi-mars. Resto ouv ts les soirs et dim midi et j. fériés. Doubles 87-120 € ; chambre familiale. Menus 23-47 €.* Dans la même famille depuis le milieu du XIXe s, un bel hôtel de villégiature un peu hors du temps, dont Proust ou Fitzgerald auraient pu faire le décor d'un de leurs romans. Grand jardin avec parc botanique, échiquier géant, piscine couverte, sauna, jacuzzi, tennis... Salons cossus, chambres à l'ancienne très classiques dotées de tout le confort, certaines avec quelques petites touches plus contemporaines. Cuisine du moment, rassurante, dans le ton de la maison. Accueil cordial.

WASSELONNE (67310)

Autre destination suisse d'Alsace (pour redonner son nom à toute cette microrégion) : cette ancienne place forte, jadis dominée par un château fort dont il reste encore quelques vestiges. La ville est un centre économique actif entre Strasbourg et Saverne. 2 circuits de découverte du patrimoine industriel ont été élaborés au départ du parking de la rue du 23-Novembre.

Adresse utile

Bureau d'accueil : *13, pl. du Marché. ☎ 03-88-62-31-01. • mossig-vignoble-tourisme.fr • Lun-ven 9h30-12h, 14h30-17h ; fermé ven ap-m et dim.*

Où dormir dans les environs ?

Prix moyens

Chambres d'hôtes La Ferme de Sophie : *chez Sophie Huet, 13, rue de l'Église, 67440* **Kleingœft.** *☎ 03-88-70-87-22. 📱 06-08-76-15-75. • sophie@lafermedesophie.fr • lafermedesophie.fr • À la sortie de Wasselonne, tourner à droite vers Hoengœft, traverser les villages jusqu'à Westhouse, puis prendre direction Wolscheim. Double 80 € ; familiale.*

LE BAS-RHIN

Un village reculé, une magnifique ferme à colombages superbement restaurée, 3 chambres de charme ô combien confortables, qui raviront ceux et surtout celles qui ont toujours rêvé d'avoir une maison de poupée. Douillet, au sens vrai. Théière à disposition, pour ceux qui ne peuvent pas attendre le petit déjeuner, servi ici avec de vraies spécialités. Sinon, pour vous tenir compagnie, en dehors des hôtes, adorables, il y a des poules, des chats, et 2 chevaux non vapeur qui s'ébattent dans le terrain de 2 ha qui s'étend à l'arrière de la maison.

Chambres d'hôtes La Ferme de Louise : *11, rue Principale, 67310* ***Hohengœft.*** *☎ 03-88-87-14-22. • lafermedelouise@orange.fr • lafermedelouise.net • À 3 km au nord-est de Wasselonne par la D 25. Double 72 €, petit déj inclus ; 15 €/pers supplémentaire (9 € pour les enfants). Table d'hôtes 25 € tt compris.* En plein centre du village, 4 chambres agréables et nickel, dotées de belles salles de bains. Très confortable. Copieux petits déjeuners et table d'hôtes animée. Accueil dynamique vraiment sympa.

LA ROUTE DES VOSGES DU NORD

LE PAYS DE SAVERNE

Zone de transition entre la route des Vins et le parc naturel régional des Vosges du Nord, Saverne est une ville moyenne qui affirme son influence sur une des microrégions les plus structurées d'Alsace.

MARMOUTIER

(67440) 2 600 hab. *Carte Le Nord (Bas-Rhin), B2*

Bourg tranquille peu avant Saverne. C'est aussi la ville natale du banquier et philanthrope Albert Kahn (1860-1940), qui décida de consacrer sa fortune à la connaissance entre les peuples et à « l'établissement de la paix universelle » (un musée et un magnifique jardin portent son nom à Boulogne-Billancourt, banlieue parisienne qui jouxte le 16e arrondissement). Ne pas manquer la magnifique église abbatiale fondée dès le VIe s par un disciple de saint Colomban, célèbre moine irlandais. Cette abbaye, très puissante au XIIe s, fut ravagée pendant la guerre de Trente Ans. Redressement et travaux au XVIIIe s, mais la Révolution fait disparaître définitivement le monastère. Un des monuments les plus remarquables d'Alsace.

ALBERT KAHN ET LES ARCHIVES DE LA PLANÈTE

Riche banquier et mécène, il enverra, entre 1910 et 1931, des opérateurs dans 50 pays, y compris la Chine et le Japon. Le but consistait à photographier et filmer le quotidien des gens ordinaires. Toutes ces activités humaines et traditions vouées à disparaître. Ces archives sont toujours consultables au musée Albert-Kahn de Boulogne, près de Paris, qui vient d'ailleurs d'être rénové.

Adresse et infos utiles

Bureau d'information touristique : *50, rue du Couvent. ☎ 03-88-91-80-47. • tourisme-saverne.fr • Juil-août, mer 14h-17h30, jeu 10h-17h30, ven 14h-17h30 ; fév-juin et sept-déc, mer-ven 14h-17h30.* Organise d'intéressantes visites guidées.

Bus : *☎ 09-72-67-67-67.* Liaisons Wasselonne-Marmoutier-Saverne (ligne 420), env 20 fois/j. en sem et 6 fois/j. sam.

– ***Marché :*** *mer 16h-19h et sam mat, rue du Général-Leclerc.*

À voir

L'église abbatiale : *☎ 03-88-91-80-47 (bureau d'information touristique). De mai à mi-sept, tlj 9h-18h ; hors saison, tlj 9h-11h30, 13h30-16h30. Fermé pdt les offices. Entrée de la crypte : 2 €.* Bien que sa façade romane fût édifiée vers 1140, son caractère massif évoque des réminiscences carolingiennes. Une originalité : l'appareillage de pierres où alternent grès jaune et rouge. Porche à 3 arcades. 2 gros chapiteaux cubiques aux délicats motifs végétaux. L'austérité de la façade est largement tempérée par les monstres et animaux sculptés, les frises d'arceaux qui courent dessus et le long des pignons, ainsi que par les ravissants encadrements de fenêtre ciselés.

La nef gothique a été reconstruite au XIIIe s et le chœur au XVIIIe s, dans un style néogothique qui s'harmonise bien avec le reste. Magnifiques boiseries et stalles rococo sans lourdeur, à part les 4 sièges de dignitaires avec leurs grandiloquents palmiers. Orgues d'André Silbermann de 1710, à la sonorité exceptionnelle. Il ne reste en Alsace que 2 exemplaires authentiques sur la trentaine conçue par ce célèbre facteur.

Dans le transept, monuments funéraires, beaux exemples de la Renaissance allemande tardive, très abîmés à la Révolution (habituel acharnement sur les têtes et les blasons). Chaire en pierre de 1561. À gauche de la croisée de transept, jolie *pietà* du XVe s.

Mais le vrai must, c'est la petite ***crypte*** aménagée en musée lapidaire. Présentation et signalétique remarquables. Voir les vestiges de l'église du temps de saint Maur (724) et de celles qui suivirent : tombes, fondations, absidiole et reste de l'autel ; objets funéraires retrouvés (dont une coiffe en bandelette de fil doré) ; très rare sarcophage en bois de chêne encore en l'état (an 800 environ). À l'époque, d'après les traditions ou légendes germaniques, un arbre était planté à la naissance de l'enfant, abattu à la mort de l'adulte. Également un sarcophage en calcaire (comme celui de sainte Odile au mont) et un autre de style roman réutilisé dans les fondations. Le dallage en terre cuite indique le niveau de l'église précédente.

CIP Point d'Orgue : *☎ 03-88-71-46-84. • cip-pointdorgue.fr • Ouv tte l'année sauf janv. Pour les j. et horaires d'ouverture, pas définis à l'heure nous bouclons cette édition, se reporter au site internet. Entrée : compter 5 € ; réduc.* Installé, tout comme le bureau d'information touristique, dans l'enceinte de l'ancienne abbaye bénédictine (cave et grange dîmière). Un bel espace pour découvrir le monde de l'orgue. Parcours interactif. Il abrite également Organum XXI, un orgue du XXIe s, qui place le visiteur au cœur de l'instrument, et une collection de flûtes du monde. Original et vraiment intéressant. Expos temporaires et animations.

Le musée du Patrimoine et du Judaïsme alsacien : *6, rue du Général-Leclerc. ☎ 03-88-02-36-30. Ouv tte l'année sur rdv. Juil-sept : mer-sam 14h-17h ; dim et j. fériés 10h-12h, 14h-18h. Mai-juin et oct-nov : sam 14h-17h ; dim et j. fériés 10h-12h, 14h-18h (sauf 1er et 8 mai, et 1er nov). Déc : 3 premiers dim 10h-12h, 14h-18h. Entrée (visite guidée) : 4 € ; gratuit moins de 14 ans.*

Le musée est abrité dans une pittoresque demeure à colombages de 1590, qui a longtemps été réservée au rabbin de l'importante communauté juive qui vécut pendant une dizaine de siècles à Marmoutier. La collection qui évoque la vie de ces juifs ruraux est considérée par les spécialistes comme l'une des plus remarquables de l'est de la France : rouleaux de la Torah, rideaux d'armoire sainte, objets de tous les jours (vaisselle de la Pâque, couteaux d'abattage...).
Également d'intéressantes collections d'art et de traditions populaires. Reconstitution d'une cuisine et d'une *stub*, d'un atelier de forgeron complet, belle collection d'objets de culte, de moules à pâtisserie, de fers à gaufre et à hostie, de mobilier traditionnel, de vêtements... Expositions temporaires.

Fêtes et manifestations

- ***Concert de l'Épiphanie à l'abbatiale de Marmoutier :*** *1er dim de janv.*
- ***Chasse et pêche aux œufs à l'arboretum de Marmoutier :*** *lun de Pâques.*
- ***Marche de nuit des moines :*** *1er sam de mai.*
- ***Cycle des messes à l'abbatiale :*** *dim, mai et juin à 10h30.*
- ***Estivales de l'Orgue à l'abbatiale :*** *dim de juil-août à 17h.*
- ***Messti (fête foraine, brocante, braderie) :*** *1er dim de sept.*
- ***Crèche authentique et remarquable – Hengwiller :*** *déc et janv.*

SAVERNE

(67700) 11 200 hab. *Carte Le Nord (Bas-Rhin), B2*

• Plan *p. 171*

Importante ville à la fois administrative, commerçante, industrielle et carrefour routier au débouché des voies franchissant le massif des Vosges. Au XVIIIe s, on disait : « Saverne est la clé de la province d'Alsace. » Vieux centre tout à fait plaisant offrant, malgré les vicissitudes des guerres, nombre de témoignages d'un brillant passé. Et quelques très jolies adresses (les Romains appelaient d'ailleurs déjà Saverne « la ville aux 3 tavernes » !).

UN PEU D'HISTOIRE

Implantation romaine inévitable vu l'emplacement stratégique. Comme vous l'aviez deviné, vu l'intro, le nom de Saverne provient des *Tres Tabernæ* (3 tavernes, signifiant « relais ») qui gardaient l'entrée des Vosges, sur la voie Metz-Strasbourg. La ville fait peu parler d'elle au haut Moyen Âge. C'est au XIIIe s que l'évêque de Strasbourg lui donne de l'importance en y installant son administration temporelle. Saverne connaît son lot de malheurs : épidémies, mais surtout guerres et révoltes. En 1525, pendant la guerre des Paysans, les autorités de la ville décident d'abandonner la place aux rustauds révoltés. Le 13 mai au soir, des milliers d'insurgés pénètrent dans la ville sans avoir à livrer combat. Le duc de Lorraine en fait le siège. Lorsqu'ils se rendent contre la promesse d'avoir la vie sauve, c'est le massacre. La ville est pillée et incendiée. Lors de la guerre de Trente Ans, la ville subit à nouveau 2 sièges, en 1622 et en 1632. Par la suite, elle respire quelque peu tandis que Phalsbourg devient la place forte de la région. Au XVIIIe s, c'est le règne somptueux des cardinaux de Rohan. Après la Révolution, la ville s'endort jusqu'à l'arrivée du chemin de fer et la construction du canal de la Marne au Rhin.

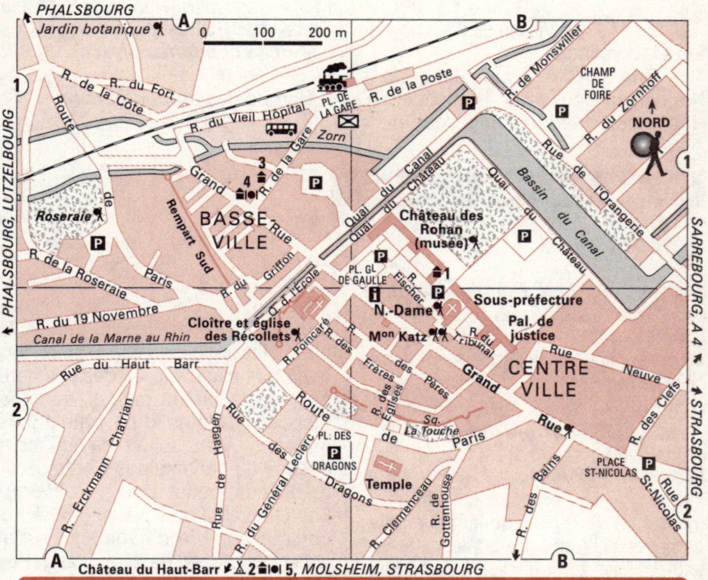

SAVERNE

■ Adresse utile	
ℹ Office de tourisme (B2)	2 Camping Les Portes d'Alsace (hors plan par A2)
Où dormir ? Où manger ?	3 Hôtel Europe (A1)
1 Auberge de jeunesse du château des Rohan (B1)	4 Hôtel-restaurant Chez Jean (A1)
	5 La Villa (hors plan par A2)

En 1871, elle devient allemande à l'instar de toute l'Alsace-Moselle annexée après la défaite française et retrouve sa vocation de ville de garnison. Il faudra du temps pour que les choses bougent. En 1913, l'Alsace, annexée à l'Empire germanique depuis plus de 40 ans, connaît un certain degré d'assimilation. À Saverne, un officier prussien traite un jour de voyous de jeunes recrues alsaciennes, et y ajoute quelques brimades. C'est le scandale. Les Savernois protestent, mais l'officier, couvert par sa hiérarchie, en rajoute. L'affaire prenant de l'ampleur, des renforts de gendarmes sont envoyés. La presse répercute largement les faits. Dans une ville en état de siège, les Savernois, indignés, se rendent compte qu'ils seront toujours, aux yeux des Prussiens, des citoyens allemands de 2de zone : un sentiment d'opposition à l'annexion et un regain de francophilie se font jour. L'« affaire de Saverne » allait libérer les esprits.
Le 22 novembre 1944, la ville tout entière est libérée par la 2e division blindée du maréchal Leclerc.

Adresse et infos utiles

ℹ ***Office de tourisme*** *(plan B2)* **:** *37, Grand-Rue. ☎ 03-88-91-80-47. • tourisme-saverne.fr • Mai-sept, lun-sam 9h30-12h, 13h30-17h30, plus dim et j. fériés (fermé 1er mai) 10h-12h et 14h-17h. Janv-avr et oct-déc, lun-sam*

9h30-12h, 13h30-17h30 (plus dim de l'Avent 14h-18h). Visites guidées payantes à la demande.

Bus SNCF *(plan A1)* **:** pour Haguenau, Bouxwiller, Pfaffenhoffen. *Réseau 67* (départ gare routière) : Marmoutier, Wasselonne, Marlenheim, Sarre-Union, Strasbourg.

– ***Marché hebdomadaire :*** *jeu 8h-12h, pl. du Général-de-Gaulle.*

– ***Marché des producteurs :*** *mar 16h-19h, sur le parvis de la gare.*

Où dormir ? Où manger ?

Camping

Camping Les Portes d'Alsace *(hors plan par A2,* ***2****)* **:** *40, rue du Père-Libermann. ☎ 03-88-91-35-65. • contact@camping-lesportesdalsace.com • camping-lesportesdalsace.com • Ouv 1er avr-30 oct. Forfait 28 € pour 2 en hte saison avec électricité, sinon à partir de 20 € ; chalets et mobile homes 380-790 €/sem pour 4-6 pers. 139 empl.* À l'écart de l'agitation (modérée) de la ville, de larges emplacements à l'ombre des bouleaux et des saules. Bien tenu et bien équipé (animations familiales, marché du terroir, bar à manger, aire de jeux...). Piscine couverte et chauffée *(tte la durée d'ouverture).*

Bon marché

Auberge de jeunesse du château des Rohan *(plan B1,* ***1****)* **:** *château des Rohan. ☎ 03-88-91-14-84. • accueil@aj-saverne.com • aj-saverne.com • Dans l'aile droite du superbe château des Rohan, au-dessus d'une école et du musée. Congés : fin déc-fin janv. Env 17,50 €/pers en dortoir ; chambre 20,50 €/pers ; petit déj 5,50 €. Adhésion obligatoire.* L'intérieur neutre tranche avec l'apparat et la solennité de l'extérieur, mais cette structure fonctionnelle est bien tenue et plus que bien située. Au total, 90 lits répartis en chambres et dortoirs classiques de 1 à 8 couchages, avec sanitaires communs. Espace commun, et petite cuisine à disposition.

De prix moyens à chic

Hôtel Europe *(plan A1,* ***3****)* **:** *7, rue de la Gare. ☎ 03-88-71-12-07. • contact@europesaverne.com • hotel-europe-fr.com • À 5 mn de la gare et du château des Rohan (centre-ville). Congés : 10 j. fin déc. Doubles 85-116 €. Parking payant.* Un hôtel classique de belle facture. Bon confort et espace, avec des chambres cosy parfaitement tenues, certaines disposant même d'un bain hydromassant. L'atmosphère de bon ton, le charme du bar Jugendstil et la qualité du petit déj-buffet assurent à l'*Europe* une clientèle fidèle parmi laquelle on compte nombre d'habitués du Parlement européen de Strasbourg. Pour les familles, l'hôtel dispose aussi d'un appartement dans une maison attenante.

La Villa *(hors plan par A2,* ***5****)* **:** *42, rue du Général-Leclerc. ☎ 03-88-71-02-02. Doubles et suites 92-142 € ; petit déj 12 €. Resto fermé mer, sam midi et dim soir.* Élégante villa Jugendstil (version allemande de l'Art nouveau), aujourd'hui perdue au milieu d'un quartier pavillonnaire tranquille. Un hôtel de charme où se retrouvent meubles anciens chinés ici ou là et aménagements contemporains. 7 chambres seulement, toutes différentes, toutes charmantes, certaines avec balcon ou terrasse. Resto de poche avec tout autant de charme, où l'on sert une cuisine simple et savoureuse. Jardin d'hiver, vaste terrasse très cosy, piscine irrésistible. Une adresse accueillante et délicieuse, qui comblera d'aise les amoureux.

Hôtel-restaurant Chez Jean *(plan A1,* ***4****)* **:** *3, rue de la Gare. ☎ 03-88-91-10-19. • contact@chez-jean.com • chez-jean.com • Resto fermé dim-lun ; service jusqu'à 21h. Congés : resto fermé 20 déc-5 mai. Doubles 92-115 €. Formule déj en sem env 16 €.* Installé dans un ancien couvent du XVIIe s, qui s'est joliment agrandi. Chambres impeccables et tout confort, dans un style régional soigné (très cossu pour les catégories supérieures). Sauna, solarium et espace bien-être. Pour manger, qu'on joue la carte tradi (spécialités alsaciennes) ou plus contemporaine, on a le choix entre une salle classique et la belle winstub *S'Rosestiebel*. Terrasses pour profiter des beaux jours.

À voir. À faire

***Le château des Rohan** (plan B1) :* ☎ *03-88-71-63-95. Mer 14h-18h ; sam-dim 10h-12h, 14h-18h. Fermé 1er janv, Vendredi saint, 1er mai, 1er nov et 25-31 déc. Entrée : env 4 € ; réduc ; gratuit moins de 16 ans. Entrée musée + accès au toit du château : env 5 €.* Au XVIIIe s, les cardinaux de Rohan, qui avaient oublié le vœu de pauvreté, en avaient fait un petit Versailles alsacien. Louis XIV (en 1681), Marie Leszczyńska, Louis XV et Goethe l'honorèrent de leur présence. En 1779, un incendie ravagea totalement le château épiscopal. Louis de Rohan (celui de l'affaire du collier de la reine) entama une luxueuse reconstruction. Il fit édifier, côté canal, une façade somptueuse de 140 m de long, de style néoclassique. Au centre, un péristyle soutenu par 8 colonnes corinthiennes. Nul doute que le peuple, pressuré de taxes et d'impôts pour payer cette folie, s'en souvint au moment de la Révolution. Les travaux s'arrêtèrent en 1790. L'intérieur ne fut jamais achevé.

Pendant des dizaines d'années, il resta quasi inoccupé. On envisageait de le démolir lorsque, dans les années 1850, Napoléon III décida de le transformer en résidence pour les veuves de hauts fonctionnaires et officiers morts au service de la France. L'avant-corps central, côté ville, date de cette époque. En 1870, il devint caserne de l'armée allemande. C'est en 1952 que la Ville le racheta pour y loger musée, centre culturel, école et auberge de jeunesse.

– ***Section « archéologie » :*** *au sous-sol, dans les caves.* Collection lapidaire gallo-romaine, trouvailles effectuées à Saverne et dans les environs, monuments funéraires, stèles votives, objets domestiques, verres, monnaies, etc.

– ***Section « art et histoire » :*** *au 2e étage.* Collection témoignant du passé prestigieux de la ville en tant que capitale politique des territoires de l'évêché de Strasbourg : macaron sculpté, ployants miniatures du XVIIIe s...

– ***Section « Louise-Weiss » :*** *au 2e étage.* Histoire de la ville, sculpture religieuse médiévale, très belle *Nativité* du XVe s, souvenirs divers du château, vestiges des châteaux environnants. Peintures du XVIIe au XXe s. Plus la donation Louise-Weiss. Cette journaliste, écrivaine, européenne de la 1re heure et féministe (rien que ça !), légua à la Ville ses propres tableaux, divers dessins de Vlaminck, de Van Dongen, de Dufy, du mobilier, des céramiques, des sculptures et des objets rapportés de ses multiples voyages.

***Lanternon** (fermé en cas d'intempéries) :* le petit supplément vaut le coup pour accéder à une plate-forme aménagée sur le toit du monument. En chemin, on découvre les impressionnantes charpentes, en grande partie d'origine. Depuis ce lanternon, superbe vue dégagée sur les toits de la ville et, au-delà, la campagne chahutée par les Vosges. Table d'orientation pour se repérer.

***L'église Notre-Dame de la Nativité** (plan B2) :* tour-porche romane du XIIe s. Les 2 derniers étages furent construits au XIVe s, en pleine expansion du gothique, mais l'architecte respecta l'harmonie de l'ensemble. À l'intérieur, très intéressante chapelle sépulcrale à gauche du chœur. Belle grille en fer forgé de 1778. À gauche, bas-relief (vestige de retable). Visages des apôtres particulièrement expressifs, dus au ciseau de l'atelier du célèbre Nicolas de Haguenau (1486). La plupart des vitraux sont du XVe s.

À gauche de la nef, fonts baptismaux de 1615. Dans le chœur, crucifix du XVe s. À droite, monument funéraire où un vent ludique fait flotter le vêtement du Christ. Dans le bas-côté droit, Déploration du Christ (à mi-corps) assez pathétique.

À droite du chœur, vestiges de fresques et *Vierge à l'Enfant* de Nicolas de Haguenau. Enfin, chaire en pierre, œuvre de Hans Hammer, qui réalisa celle de la cathédrale de Strasbourg *(tte l'année ; GRATUIT).*

***La maison Katz** (plan B2) : 80, Grand'Rue.* L'une des plus jolies demeures d'Alsace. Édifiée en 1605 par Henri Katz, receveur général de l'évêché, dans un style Renaissance allemande tardive. Colombages fantaisie, poutres abondamment sculptées de femmes dénudées, motifs végétaux, grappes de fruits, masques, etc. Elle devint par la suite boucherie, tonnellerie, avant d'abriter un restaurant dans la grande tradition alsacienne.

***La Grand'Rue** (plan A1-B2) :* elle suit le tracé de l'ancien axe de la ville romaine. Malgré les tribulations de l'histoire, elle conserve bien des petits clins d'œil architecturaux du passé. Tout au long, on trouvait nombre d'auberges et artisans signalés dans la pierre.

***Le cloître des Récollets** (plan A2) : rue Poincaré. Site accessible tte l'année. GRATUIT.* Pour son beau cloître flamboyant et son jardin de curé au milieu. Tout un côté orné de peintures murales du XVIIe s, représentant des scènes bibliques : *Le Choix du vrai bien, Allégorie du bon combat, Annonciation, Adoration des bergers,* etc. Dans l'église, grand retable du XVIIIe s, crucifix du XVe s, orgues de 1763. Sous la tribune, monument funéraire avec Vierge percée de 7 couteaux.

La basse ville : après le canal s'étend la « basse » ville. Belles maisons alsaciennes du XVIIIe s.

***La roseraie de Saverne** (plan A1) : route de Paris, à gauche de la D 1004, à la sortie de la ville (vers Nancy-Metz). 07-49-51-50-99. • roseraie-saverne.fr • De mi-mai à fin août, tlj 14h-19h (dim 10h-19h) ; sept, tlj 14h-18h. Entrée : 3 € ; gratuit moins de 16 ans.* Une collection magnifique de 8 500 rosiers – avec quelque 550 variétés – contribue à faire de Saverne « la cité des roses ».

– ***L'Océanide :** 10, rue du Centre-Nautique. ☎ 03-88-02-52-80. • loceanide.fr • Voir les différents horaires sur le site internet. Tarifs : env 6 € (env 13 € avec sauna et hammam) ; env 4,50 € 3-17 ans et plus de 70 ans.* Beau complexe nautique de 3 000 m² : piscine intérieure et extérieure, vaste bassin sportif, toboggan, jeux d'eau, mais aussi jacuzzi, sauna, hammam (espace où le maillot de bain est interdit, on le précise, pour éviter les malentendus !)...

➢ ***Itinéraires pédestres :*** la région dispose d'un réseau de 260 km de sentiers balisés par le Club vosgien. Également des circuits thématiques (infos à l'office de tourisme).

Itinéraires cyclables du district de la région de Saverne : très bons circuits bien balisés permettant une découverte de Saverne et des communes environnantes... Une piste cyclable longe le canal de la Marne au Rhin, en passant par Saverne, et peut vous mener jusqu'au plan incliné de Saint-Louis-Arzviller (13 km) ou, à l'opposé, à Strasbourg (à 42 km). Plusieurs circuits VTT balisés partent de l'écluse de Saverne pour rejoindre la forêt. L'office de tourisme dispose d'une carte des pistes cyclables et de circuits VTT.

Fêtes et manifestations

– ***Cavalcade carnavalesque internationale :*** *fév-mars.*
– ***Rives de l'Art :*** *juin.*
– ***Fête des Roses :*** *juin.*
– ***Fête du Kougelhopf :*** *début août.*
– ***Fête de la Bière :*** *fin août-début sept.*
– ***Féerie de Noël à Saverne :*** *fin nov-début janv.*

DANS LES ENVIRONS DE SAVERNE

Le jardin botanique du col de Saverne (hors plan par A1) : *à 2 km, sur la D 1004 direction Nancy-Metz, à mi-chemin entre la ville et le col. 06-33-85-37-38. • jardin-botanique-saverne.eu • Mai-août, tlj 10h-18h ; sept, tlj 14h-18h ; avr et oct, w-e et j. fériés 14h-18h. Entrée : env 3 € ; visite guidée et animations : env 3,50 € ; gratuit moins de 16 ans.* Fondé en 1931 par un pharmacien botaniste de Saverne, il réunit un arboretum, un alpinum (belles plantes de montagne), un bassin, des tourbières avec de nombreuses plantes carnivores, la plus grande collection d'orchidées indigènes de France ainsi qu'une importante collection de fougères. À la sortie, chemin menant au saut du Prince-Charles, avec un beau point de vue sur la plaine d'Alsace.

La grotte Saint-Vit et le jardin alpestre : *1h de marche depuis Saverne ou 20 mn depuis la maison forestière Kaltwiller (accès en voiture par la D 1004).* Une belle initiative des bénévoles de l'association « Les Amis de la grotte Saint-Vit », qui ont cultivé avec soin ce joli jardin alpestre, très fleuri, qui s'étend en terrasses sur un promontoire rocheux. Superbe panorama depuis la clairière et environnement très bucolique. Vue sur la plaine d'Alsace et les ruines des châteaux du Haut-Barr et du Grand-Geroldseck. En contrebas, la grotte abrite une petite chapelle et un autel en pierre de taille moderne, érigés en l'honneur de saint Vit.

Le château du Haut-Barr : *à 5 km au sud-ouest de Saverne. Prendre la D 102, puis la D 171. GRATUIT.* Édifié au XIIe s, agrandi au XVIe s par un évêque chassé de Strasbourg lors de la Réforme, démantelé par les Français après la conquête de l'Alsace en 1648. Le château est appelé « œil d'Alsace » pour la vue imprenable qu'il offre, à la fois sur la vallée de la Zorn et sur la plaine d'Alsace. Il est construit sur 3 rochers, à 470 m d'altitude. Après le passage du portail Renaissance et d'une arche, jolie petite chapelle castrale. Par un escalier, on accède à un point de vue remarquable. Par ciel particulièrement limpide, on peut distinguer la flèche de la cathédrale de Strasbourg.

La tour de l'ancien télégraphe Chappe : *500 m avt d'arriver au château. Infos au 06-75-97-07-35. De fin avr à mi-sept, tlj sauf mar 13h-18h. Entrée : env 3 €.* Elle faisait partie de la ligne qui fonctionna de 1798 à 1852 entre Paris et Strasbourg, et elle est la seule de la ligne (47 tours à l'époque) à subsister aujourd'hui. Évocation du 1er réseau de télécommunications au monde et de son inventeur. Démonstration de l'appareil reconstitué et animation informatique interactive.

Tout proche, pour les *castle addicts*, le **Grand-Geroldseck** et le **Petit-Geroldseck.** Le grand s'aperçoit de loin avec son donjon de 22 m de haut.

BALADE AU SUD DU PARC NATUREL RÉGIONAL DES VOSGES DU NORD

Le pays de Saverne est la porte d'entrée sud d'un parc que vous allez découvrir, mais en partie seulement, au cours de cette balade dans l'Alsace du Nord qui boucle le circuit Bas-Rhin.
Ne cherchez pas ici ballons ou vallées encaissées. Le relief des Vosges du Nord, usé, érodé par les siècles et les éléments, présente un visage serein, d'une grande douceur : des vallées boisées, entrecoupées de prairies et d'étangs, parsemées de sentiers de randonnée balisés par le Club vosgien (ne pas oublier ses cartes !).

Classées parc naturel depuis 1975, les Vosges du Nord restent encore méconnues. On y trouve 3 reliefs : le piémont alsacien, le plateau lorrain et le massif forestier. Quelques espèces protégées : la pipistrelle commune, la chouette chevêche, le faucon pèlerin, le chat sauvage *(Felis silvestris)*, la gélinotte des bois, la sérotine de Nilsson, la libellule quadrimaculée, de drôles de bovins, les Highland cattle (qu'on appelle ici « poilus-cornus », vous comprendrez pourquoi). Et beaucoup de châteaux pour baliser les itinéraires. Possibilité de randonnées pédestres ou à vélo sans bagages de 3 à 11 jours ; les hôteliers se chargent de transporter vos affaires à l'étape suivante. Renseignez-vous à la Maison du parc (voir « Adresse utile » ci-après).

À cheval sur l'Alsace et la Lorraine, compris dans le triangle Wissembourg-Saverne-Volmunster (1 200 km²), le parc regroupe 102 communes, dont ⅓ en Moselle, où il jouxte le parc naturel du Palatinat en Allemagne. Outre le massif des Vosges du Nord, le parc englobe ce qu'on appelait autrefois l'Outre-Forêt (voir plus loin). Possédant 65 % de couverture forestière, il a été déclaré « Réserve mondiale de la biosphère » par l'Unesco. Mais le parc compte également une vingtaine de musées.

Adresse utile

🛈 ***Maison du parc :*** *château, BP 24, 67290* ***La Petite-Pierre.*** ☎ *03-88-01-49-59.* • *parc-vosges-nord.fr* • La documentation – peut aussi être téléchargée sur Internet : agenda des randonnées accompagnées ou libres, des sorties, activités du parc et des nombreux événements.

L'ALSACE BOSSUE

Carte Le Nord (Bas-Rhin), A-B1

Regardez une carte routière : le Bas-Rhin possède une sorte de « coin » s'enfonçant profondément dans la Lorraine, un nez en quelque sorte. Ce qui faisait dire que les Alsaciens aiment « fourrer leur nez dans les affaires lorraines » !

Le Bas-Rhin compte, dit-on plus de pasteurs que de curés. Ici, le pourcentage est le plus élevé : pas moins de 70 clochers font de ce « coin caché » le pays le plus protestant de France !

Autour de Sarre-Union, on appelait la région « l'Alsace bossue ». Peut-être en raison de son relief légèrement bosselé. En tout cas, à Hinsingen, c'est déjà presque le plateau lorrain.

CHAPEAU, LE CANOTIER !

En 1832, lorsqu'elle se lança dans la fabrication de chapeaux de paille, la famille de Langenhagen tenta un sacré pari. On importa la paille d'Italie, on en produisit sur place, on confia le tressage aux femmes des paysans (et aux enfants !), dans toute l'Alsace bossue : 10 000 chapeaux par jour, dit-on. Le monde entier se coiffa du fameux canotier, du moins jusque dans les années 1930 ! La fabrique eut beau s'adapter, rajouter même des rubans et des plumes, la fin arriva dans les années 1970, avec le décès de son égérie, Maurice Chevalier.

Porte d'entrée à l'ouest du parc naturel régional, Diemeringen aligne une série de linteaux remarquables sur les portes en grès. Témoins autant de la richesse de la région que du savoir-faire des sculpteurs locaux : écussons, chapeaux de gendarme, guirlandes...

À voir

L'espace culturel du Temple : *rue des Églises, 67260* ***Sarre-Union.*** *☎ 03-88-00-36-15 (mar ap-m). 06-04-18-72-56. Ouv mar 14h-17h, et sur demande en appelant le numéro de portable.* Bel exemple d'église réformée (calviniste) baroque du XVIIIe s, construite par l'architecte Frédéric Joachim Stengel (qui réalisa une dizaine d'autres édifices dans la région et la Ludwigskirche à Sarrebruck). À l'intérieur, une expo permanente sur l'architecture religieuse en Alsace bossue et la Ville-Neuve à Sarre-Union.

Les 2 visages de Sarre-Union : poumon économique de la région, la ville a été formée en 1794 par la fusion de 2 villages situés de part et d'autre de la rivière Sarre : Bockenheim (Bouquenom) et Neu-Saarwerden, la ville neuve de Saarwerden, fondée en 1706 sur un plan en damier. Unique en France, car 100 % protestante avec une église luthérienne gothique classique (rare) et un temple réformé (calviniste). Il suffit de passer le pont pour découvrir ce qui subsiste du passé dans la ville ancienne : la fontaine aux boucs, bien sûr, quelques belles maisons de style Renaissance et l'hôtel de ville de 1684. Belle série de vieilles portes sculptées en grès rose (nous sommes au pays des tailleurs de pierre).

La Villa (Centre d'Interprétation du Patrimoine) : *5, rue de l'Église, 67430* ***Dehlingen.*** *☎ 03-88-01-84-60. • cip-lavilla.fr • À 20 km au nord-est de Sarre-Union et à 26 km au nord-ouest de La Petite-Pierre. Juil-août, mar-ven, dim et j. fériés 14h-18h ; avr-juin et sept-oct, mer-ven 14h-17h. Entrée : 5 € ; réduc ; gratuit moins de 12 ans ; forfait famille 12 €. Expos et animations (spectacles, veillées...).* Abrité dans un logis du XVIIe s (et une extension contemporaine en pisé), l'espace permet au visiteur de se glisser dans la peau d'un archéologue pour découvrir l'histoire d'une ferme gallo-romaine telle qu'il en existait ici autrefois. Et depuis peu, la visite du musée et du site archéologique du Gurtelbach a été enrichie avec la réalité augmentée, révélant au visiteur le passé antique de Dehlingen...

LA PETITE-PIERRE

(67290) 620 hab. *Carte Le Nord (Bas-Rhin), B2*

Accrochée à son promontoire rocheux, ancienne petite place forte qui surveillait le plateau lorrain. Peut-être le plus beau village de la région, avec un château en étrave, autrefois complètement isolé de la ville par un pont-levis. Objet de convoitise, bien sûr, pris et repris pendant la guerre de Trente Ans. Depuis, ce sont les touristes qui l'ont pris d'assaut.

Adresse utile

Office de tourisme intercommunal de Hanau – La Petite-Pierre : *2 A, rue du Château. ☎ 03-88-70-42-30. • tourisme.hanau-lapetitepierre.alsace • Juil-août, tlj 9h-12h, 14h-18h ; mai-juin et sept, tlj 10h-12h, 14h-17h ; janv-avr et oct-déc, lun-sam 10h-12h, 14h-17h (16h janv-fév). Ouv dim pdt vac scol.* Entre autres des infos sur le *pass Hanau-La Petite-Pierre* (permet d'obtenir des réductions), disponible à l'entrée des sites payants.

LE BAS-RHIN

Où dormir ? Où manger ?

Camping

⛺ ***Aire naturelle de camping Le Steinberg :*** *1, rue de l'Église, 67290 Hinsbourg. ☎ 03-88-01-52-65. 📱 06-24-71-17-99. • verorene67@orange.fr • ♿ À 7 km au nord-ouest de La Petite-Pierre. Avr-oct. Forfait env 11,50 € pour 2. 25 empl.* Dans un joli petit coin de nature, à peine à l'écart du village, sur un plateau au-dessus de la vallée de Frohmuhl. Vraiment champêtre et plaisant, avec des emplacements semi-ombragés profitant d'une très belle vue. Équipements corrects : barbecue, boulodrome à portée de main, tennis, jeux pour enfants.

Bon marché

🏠 ***Chambres d'hôtes chez Jeanne Brehm :*** *32, rue Principale. ☎ 03-88-70-46-80. Dans le centre du village. Tte l'année. Doubles 45-48 € ; également un petit appart (jusqu'à 3 pers) plaisant, avec jardin, à louer 320 €/sem (ou 52 €/nuit). Pas de petit déj.* M. Brehm, ébéniste de métier, a réalisé (il y a quelques décennies déjà !) une déco de bois empreinte de la tradition locale dans les chambres. Simples et agréables, elles profitent d'un accès indépendant. L'une d'elles dispose d'une kitchenette. Appartement refait à neuf.

De prix moyens à chic

🏠 |●| 🍸 ***Auberge d'Imsthal :*** *3, route Forestière. ☎ 03-88-01-49-00. • auberge.imsthal@wanadoo.fr • petite-pierre.com • ♿ Doubles 79-115 € ; familiales. Petit déj 11,50 €. Formule déj en sem 16 € ; menu 39 € ; carte 35 €. Café offert sur présentation de ce guide.* Une auberge isolée à l'orée de la forêt et face à l'étang d'Imsthal, à 3 km de La Petite-Pierre (vers Saverne). Des chambres simples et agréables (les plus récentes disposent de belles salles de douche modernes), certaines avec boiseries, d'autres avec balcon et/ou vue sur l'étang. Confort garanti, sauna, hammam... Cuisine régionale à déguster dans la salle à manger ou en terrasse.

🏠 |●| ***Hôtel-restaurant des Vosges :*** *30, rue Principale. ☎ 03-88-70-45-05. • hotel-des-vosges@wanadoo.fr • hotel-des-vosges.com • ♿ Double 83 € ; familiales. Menus à partir de 29,50 €.* Un vaste hôtel au cœur de la vie du village, avec des chambres pour tous les goûts, ou presque. Parmi les moins chères (petites mais confortables), certaines donnent sur le château et le village, superbes le soir au coucher du soleil. Centre de remise en forme complet, avec sauna, bains bouillonnants... Au resto, cuisine d'une stricte orthodoxie régionale, bien amenée : le coq au riesling est la spécialité de la maison (avec le gibier et les truites bleues du vivier). Imposante carte des vins. Sous l'hôtel, une winstub traditionnelle.

De prix moyens à beaucoup plus chic

🏠 |●| ***Hôtel-restaurant Au Lion d'Or :*** *15, rue Principale. ☎ 03-88-01-47-57. • contact@liondor.com • liondor.com • ♿ Tlj jusqu'à 21h. Doubles 78-259 € ; petit déj-buffet 17 €. Formule déj en sem 18 € ; menus 39-65 €. Parking gratuit.* Chambres de belle taille et confortables, certaines (les plus belles) avec vue sur la vallée et parfois un balcon. La déco de l'hôtel, proche de la nature, joue la carte zen. Petit déj-buffet savoureux et local. Cuisine traditionnelle et gastronomique. Vue imprenable sur la forêt et la vallée. Piscine couverte, sauna et jacuzzi. Accueil courtois.

À voir

🏰 ***Le château :*** perché sur un éperon rocheux, le château et ses fortifications ont été construits au XIIe s. On peut en faire le tour par un sentier.

Le musée du Sceau alsacien et le musée des Arts et Traditions populaires : *rue du Château et rue des Remparts.* ☎ *03-88-70-48-65.* ***Attention, les musées sont fermés à l'heure où nous bouclons ces pages.*** Installé dans une ancienne chapelle. Intéressera nos lecteurs fanas d'héraldique et de sigillographie (2 000 sceaux pour remonter jusqu'au Saint Empire romain germanique). Un des très rares musées spécialisés dans le genre en Europe. Dans un ancien magasin d'artillerie, le musée des Arts et Traditions populaires est consacré aux moules à « Springerle », emblématique petit gâteau alsacien.

L'église : édifiée au début du XVe s. Chœur voûté en étoile. Fresques du XVe s redécouvertes sous un badigeon en 1864 (les évangélistes, le Couronnement de la Vierge). Monument funéraire martelé à la Révolution (avec pas mal de conviction, il faut dire).

La maison et le jardin des Païens : *derrière la mairie. GRATUIT.* Cette ancienne tour de guet fut construite en 1534, en bordure de falaise sur un jardin suspendu. Certains lui trouvent des vertus apaisantes pour l'âme et la jugent propice aux vocations artistiques. Des traces de construction dans la cave attestent d'une présence gallo-romaine qui lui a valu son nom.

LE BAS-RHIN

Randonnée pédestre et à VTT

Pour les fous de balades, 350 km de sentiers balisés dans le secteur et 150 km de circuits VTT. Topoguides et cartes IGN en vente à l'office de tourisme.

➢ ***Le sentier des 3 Rochers :*** départ de l'office de tourisme. Parcours de 10 km offrant un magnifique point de vue sur la vieille ville de La Petite-Pierre et permettant la découverte de rochers en grès des Vosges emblématiques du massif des Vosges du Nord. Dépliant disponible à l'office de tourisme.

Manifestation

– ***Festival Au grès du jazz :*** *9 j. autour du 15 août.* Magie des lieux et de la musique jazz du monde au cœur de la nature.

DANS LES ENVIRONS DE LA PETITE-PIERRE

GRAUFTHAL *(67320)*

À quelques km au sud de La Petite-Pierre. Village dominé par une falaise de grès dans laquelle furent creusées, au XVIIIe s, quelques maisons troglodytiques, ou plutôt de rocher, car installées dans des cavités déjà existantes. Elles furent habitées jusqu'en 1958. Elles se visitent *(payant).*

Où manger ?

Au Cheval Blanc : *19, rue Principale.* ☎ *03-88-70-17-11.* • *auchevalblanc@wanadoo.fr* • *Le midi jeu-dim, le soir ven-dim. Formule déj en sem 15 €, menus le soir en sem 28-38 €. Carte 28 €. Café offert sur présentation de ce guide.* Une petite auberge de campagne qui mérite largement le détour. Salle élégante, petite terrasse face aux maisons troglodytiques et très jolie cuisine classico-régionale, au gré du marché et des bonnes idées du chef, maître-cuisinier de France : râble de lapereau farci aux cèpes, parmentier de joue de bœuf aux pépites de cacao... Pizzas et tartes flambées le soir des vendredi, samedi et dimanche.

WINGEN-SUR-MODER

(67290) 1 620 hab. *Carte Le Nord (Bas-Rhin), B1*

Ancienne station romaine sur la voie Bassonica qui reliait l'Italie aux Flandres. C'est ici qu'en 1921 s'implanta la célèbre cristallerie *Lalique,* reprenant une vieille tradition locale. On y réalisa le fameux service de table de la présidence de la République. Abandonnant le cristal taillé pour le verre, René Lalique se lança dans des formes de plus en plus audacieuses. Un musée lui est consacré sur le site du Hochberg, site verrier remontant au Siècle des lumières.
Aujourd'hui, c'est aussi la petite capitale de la randonnée, et un camp de base idéal pour rayonner alentour.
Ne soyez pas surpris par la présence ici d'une clientèle chic : depuis que la villa construite par René Lalique en 1920 a été rénovée pour devenir un hôtel-restaurant de très haut standing, Wingen est devenue une destination à la mode. Et comme les expositions du musée rivalisent chaque année côté muséographie pour attirer de plus en plus de (beau) monde, il vous faudra vous consoler en allant déjeuner sur le pouce au resto du musée.

Info utile

Gare SNCF : *☎ 36-35 (appel gratuit).* Trains pour Strasbourg et Sarreguemines.

Où camper ?

Camping municipal : *rue de Zittersheim. ☎ 03-88-89-71-27 (mairie). • mairie@wingensurmoder.fr • wingensurmoder.fr • Situé entre le stade municipal et le collège. Mai-sept. Tente 10,50 €. CB refusées.* Petit camping tranquille (sauf en période scolaire, où vous ne manquerez pas de vous faire réveiller par les joyeux piaillements du collège mitoyen !). Une trentaine d'emplacements sur 2 niveaux de terrasses, sans haies mais assez ombragés. Équipements sommaires. Nombreux sentiers de promenade aux alentours.

Où manger ?

Vous ne risquez pas de mourir de faim, rassurez-vous, si vous avez eu la bonne idée de programmer une sortie à Wingen pendant l'expo du moment au musée Lalique. Mais mieux vaut réserver et avoir une carte Gold ou Platinum pour s'inviter à la table de Jean-Georges Klein, un grand monsieur de la restauration régionale, qui a rempilé en prenant la direction des cuisines de la ***Villa Lalique*** *(• villarenelalique.com •).* Le cadre est exceptionnel, et le moment passé à table doit l'être tout autant. On vous laisse consulter le site internet.

À voir

Le musée Lalique : *40, rue du Hochberg. ☎ 03-88-89-08-14. • musee-lalique.com • Avr-sept, tlj 9h30-18h30 ; déc, tlj 10h-18h ; le reste de l'année,* *mar-dim 10h-18h. Fermé janv et 25 déc. Entrée : 8 € ; réduc ; entrée famille 18 €. Visites guidées tlj en juil-août ou par visioguides. Ateliers pour enfants pdt les vac scol. Avec le site verrier de Meisenthal et La Grande Place musée du Cristal Saint-Louis : 1 site visité, réduc pour les 2 autres.*

Ce superbe musée célèbre à sa manière le génie d'une maison prestigieuse, initiée par un artiste révolutionnaire : René Lalique. Sur le site d'une ancienne verrerie, sa réalisation a été confiée à l'agence Wilmotte qui a su intégrer avec respect le bâtiment dans son environnement. À la fois œuvre de mémoire et galerie, le musée présente un parcours scénographique moderne et pédagogique de toute beauté, plongeant les visiteurs dans une demi-pénombre propice à faire rejaillir la collection, comme des bijoux dans un écrin. Les quelque 650 pièces somptueuses proviennent d'un dépôt de la maison Lalique, auxquelles s'ajoutent les prêts de collectionneurs ! Dessins, bijoux, luminaires, vases et autres objets décoratifs (des bouchons de radiateur des voitures des Années folles aux verres gravés du *Côte d'Azur Pullman Express* ou du *Normandie*) permettent de mesurer le talent de l'artiste, puis les évolutions apportées par son fils Marc et sa petite-fille Marie-Claude. Parmi les musts, l'indémodable vase *Bacchantes* créé en 1927 (une table de travail montre les différentes étapes nécessaires à sa réalisation), et le fabuleux lustre que Marc Lalique présenta à l'exposition « L'art du verre » en 1951 : une structure métallique de 3 m de haut, supportant 337 pièces en cristal, pour un poids de 1,7 t...

Un beau jardin paysager rend hommage à la nature, une des sources d'inspiration de l'artiste. Boutique pour en savoir plus sur l'homme et son univers.

Pour qui voudrait déjeuner sur place, restaurant très agréable côté jardin : ***Bistrot du musée.*** *☎ 03-88-02-54-04. • bistrotdumusee@scop-resto.fr • Mêmes horaires et ouverture que le musée.*

LE PAYS DE HANAU

Le pays de Hanau, qui s'étend autour de Bouxwiller et fait partie intégrante du parc naturel régional des Vosges du Nord, faisait partie de l'un des plus importants comtés d'Europe, celui des Hanau-Lichtenberg. Véritable entité politique jusqu'à la Révolution, il connut bien avant beaucoup d'autres une administration civile exemplaire : construction d'un hôpital en 1528, adhésion à la Réforme en 1645, création d'un collège en 1612, mise en place d'une organisation forestière du Consistoire.

BOUXWILLER

(67330) 4 160 hab. *Carte Le Nord (Bas-Rhin), B2*

Capitale durant 5 siècles du comté de Hanau-Lichtenberg, la ville s'était alors enrichie, développée et couverte de demeures bourgeoises cossues (on peut en admirer encore certaines). Au XIXe s, une mine de lignite fut même exploitée pendant environ 70 ans, générant des industries chimiques prospères, dont le bleu de Bouxwiller, qui a fait la renommée de cette ville à travers le monde. Spécialités du coin : le bretzel, né dans le pays de Hanau, selon la tradition et les « charbons de Bouxwiller », chocolats évoquant l'industrie minière d'antan.

Adresse utile

Point d'information touristique: *3, pl. du Château. ☎ 03-88-00-38-30. • tourisme@hanau-lapetitepierre.alsace • tourisme.hanau-lapetitepierre.alsace • De juil à mi-sept, mer-ven 10h-12h30, 14h-18h ; w-e et j. fériés 14h-18h. De mi-sept à juin, mer-dim 14h-18h.*

Où dormir ? Où manger ?

La Cour du Tonnelier : *84 A, Grand-Rue. ☎ 03-88-70-72-57. • hotel@courdutonnelier.fr • courdutonnelier.fr • À l'entrée de la ville en venant d'Ingwiller. Resto fermé sam, dim et j. fériés. Doubles 76-97 €. Menus du jour le midi en sem 9,90 et 10,50 € ; le soir, carte seulement, env 35 €. Parking.* Une maison parfaitement tenue, où l'accueil est chaleureux et où les chambres, aménagées dans un style contemporain agréable, sont très confortables. Choisir celles donnant sur les jardins, pour leur calme. Également un sauna. Au resto, steak alsacien conseillé non sans humour (porc gratiné au munster !). On peut aussi se laisser tenter par une formule plus « cuisine bourgeoise » rajeunie. Beaucoup d'habitués le midi. Terrasse l'été.

Où manger dans les environs ?

S'Basterger Stuewel : *25, rue Principale, 67330 **Imbsheim.** ☎ 03-88-70-73-85. • reixel.anny@orange.fr • À 4 km au sud-ouest de Bouxwiller par la D 6. Tlj sauf lun et mar. Plat du jour 9,50 € le midi en sem ; menus 20,50-32,80 €.* Solidement plantée au milieu du village, cette halte connue et appréciée de tous offre un visage avenant. Ravissante façade, terrasses entourées de fleurs, c'est presque trop beau pour être vrai. Tartes flambées et pizzas (le soir) et bons petits plats du pays ne déçoivent jamais.

À voir. À faire

Le musée du Pays de Hanau : *3, pl. du Château. ☎ 03-88-00-38-39. • museedupaysdehanau.eu • De juil à mi-sept, mer-ven 10h-12h30, 14h-18h ; w-e 14h-18h ; hors saison, mer-dim 14h-18h. Fermé janv et certains j. fériés. Entrée : 4,50 € ; réduc.* C'est un musée d'interprétation du territoire (histoire, environnement, arts et traditions populaires), qui présente divers objets domestiques, tels que costumes, vaisselle kelsch, meubles polychromes... 2 salles du musée sont consacrées à l'histoire de la ville et du pays du Hanau, une autre aux richesses naturelles du Bastberg. De plus, 6 circuits thématiques vous feront découvrir le patrimoine de la ville et de la région.

Le Musée judéo-alsacien : *62 A, Grand-Rue. ☎ 03-88-70-97-17. • judaisme.sdv.fr • Début mars-fin oct, mar-ven, dim et j. fériés 10h-13h, 14h-18h (parfois plus tard). Entrée : 7 € ; réduc.* Vous êtes accueilli dans cette ancienne synagogue par une citation en alsacien : « Vivre et laisser vivre. » Cela donne le ton de cette belle mise en scène d'une culture : celle des juifs campagnards pauvres, mis en marge de la société économique, mais ayant développé et maintenu au cours des siècles un art de vivre original. Les objets exposés proviennent d'amateurs parfois maladroits qui ont façonné dans le bois, l'étain, la corne, etc., des objets domestiques ou de culte, ne pouvant acheter des objets manufacturés. Présentations originales et variées, de la reconstitution de scènes grandeur nature ou miniaturisées à l'utilisation de techniques nouvelles : projections, films vidéo. Un musée émouvant.

La place du Château : en plus de l'ancienne chancellerie, la place compte d'autres élégants édifices anciens. Seul le lycée du XIXe s détonne quelque peu dans ce bel équilibre architectural. La poste s'est lovée dans les anciennes écuries seigneuriales (1688). Au no 2, l'ancienne Cour des comptes et la remise des carrosses (1702). Fermant la place, la longue halle au blé du XVIe s. À côté, la chapelle castrale du XIVe s.

Petite balade au fil des rues

➢ ***La rue de la Chancellerie :*** ne pas manquer, sur l'arrière de l'hôtel de ville, la ravissante porte Renaissance. Plus loin, au no 3, mignonne demeure avec une petite aile de 1591. Emprunter la rue des Seigneurs jusqu'à l'adorable place du Marché-aux-Grains et ses demeures du XVIIe s, fort bien restaurées. La maison avec auvent abritait la balance publique.

➢ Retour ***rue des Seigneurs.*** Succession d'imposants et de nobles édifices. Au no 12, la maison Renaissance du conseiller de Cour (1608). Au no 14, l'ancienne pharmacie de la Cour. Au no 5, cour des Geyling d'Altheim (XVIe-XVIIe s). Le no 8 porte la date de 1484.

➢ Enfiler la ***rue du 22-Novembre.*** À l'angle de la rue des Juifs, l'un des ensembles les plus séduisants de la ville. 3 vénérables maisons imbriquées les unes dans les autres, angles dans tous les coins.

➢ ***Rue de l'Église,*** le temple protestant, ancienne chapelle gothique du XIVe s agrandie quand elle changea de culte au début du XVIIe s. À l'intérieur, belle loge seigneuriale, décorée de stucs, chaire en pierre sculptée, bel orgue Silbermann. Au 2, rue de l'Église, magnifique maison à colombages de 1670, avec des sculptures représentant d'étranges masques amérindiens, ainsi qu'un conquistador sur le poteau cornier (d'angle). À l'angle de la rue du Canal, une des plus jolies vues de la ville, avec l'oriel sur console en pierre, le pignon de l'hôtel Specht, les maisons à colombages, le clocher en fond.

➢ ***La Grand-Rue :*** au no 29, emblème de la corporation des cordiers de 1667. Bel oriel (bow-window) orné de masques africains et encadrements de fenêtre sculptés. Plus haut, jolie façade peinte style Renaissance. Plus loin, à droite, la synagogue, aujourd'hui Musée judéo-alsacien.

DANS LES ENVIRONS DE BOUXWILLER

NEUWILLER-LÈS-SAVERNE *(67330)*

Village ayant possédé, il y a longtemps, une importante abbaye et qui fut un lieu de pèlerinage pour ceux qui venaient vénérer les reliques de saint Adelphe.

À voir

L'abbatiale Saint-Pierre-Saint-Paul : *07-88-45-00-18. Début avr-oct, tlj 9h-12h, 14h-18h, sur rdv. Visite guidée, sur rdv également. Les guides sont bénévoles.* Ancienne église de l'abbaye bénédictine, l'une des plus composites qu'on connaisse. Jugez-en : elle possède 2 chapelles superposées, un clocher roman recouvert d'une mitre du XIXe s, une nef gothique et une façade classique du XVIIIe s. Le tout sur des soubassements probablement carolingiens. Malgré cela, elle compose un ensemble harmonieux. L'église renferme les tapisseries de saint Adelphe, illustrant la vie de ce dernier en 4 tableaux, qui présente quelque

165 personnages. Ces tapisseries ont été tissées vers 1500 en fils de laine, d'or et de soie *(visibles seulement à l'occasion des visites guidées).*

La collégiale Saint-Adelphe : *avr-oct, tlj 8h-19h (17h nov-mars).* Reconnaissable à sa sobre façade aux 2 tourelles. Construite spécialement au XIIIe s pour recevoir les reliques du saint et y détourner le pèlerinage de l'abbaye (les moines trouvaient les pèlerins un peu bruyants). Au moment de la Réforme, en 1545, ce fut la 1re église d'Alsace à pratiquer le *simultaneum*, le partage entre les cultes protestant et catholique. Actuellement église protestante.

DOSSENHEIM-SUR-ZINSEL (67330)

Le cœur du village est un ancien refuge fortifié. Les maisons encerclent l'église, en bonne partie adossées aux remparts du XIIIe s. Les paysans s'y réfugiaient pendant les troubles. Une des demeures a été transformée en ***Exposition d'interprétation du site*** *(☎ 03-88-70-00-04 – mairie – ou 04-45 ; juil-août, tlj sauf mar 14h-18h ; hors saison, dim et j. fériés 14h30-17h30 ; fermé nov-mars ; entrée : 2 € ; gratuit enfants/étudiants). Visite guidée du refuge possible sur demande préalable.* Un lieu de mémoire assez unique en France.

LE BASTBERG

À 5 km au sud-ouest de Bouxwiller. Un des lieux de promenade favoris des Bouxwillerois. Colline à 326 m d'altitude avec un sentier géologique balisé (départ dans la rue du Bastberg, signalé par un panneau du Club vosgien). 7 chortens – empilements de pierres sèches –, de 2 à 4 m de haut, jalonnent le sentier. Ils sont composés de pierres différentes provenant du sol alsacien (grès jaune, grès rose, granit, etc.) et sont de formes originales (fusée, œuf, pyramide, etc.). Goethe aimait cet endroit et toutes ces histoires de sorcières qui y sont liées. Quelques jolis villages alentour à ne pas rater : Issenhausen, Buswiller, Schalkendorf, Zutzendorf.

KIRRWILLER (67330)

Minuscule village à quelques kilomètres à l'est de Bouxwiller, plus connu au Japon et en Tasmanie inférieure que nombre de grandes villes alsaciennes. Comment se fait-ce ? Réponse : Pierre Meyer y a créé le music-hall de village le plus populaire de France. Alors que les autres lieux festifs traditionnels s'essoufflent, 4 à 5 fois par semaine, les spectateurs font salle comble. Ils viennent passer quelques heures d'amusement et de plaisir authentiques, dans une atmosphère bon enfant et de bonne humeur totale.

MOULIN-ROUGE EN PLEINE ALSACE

Voilà plus de 40 ans que ça dure ! De toute la France et désormais de l'Europe entière, on vient ici, en bus, en voiture ou à moto (mais c'est rare) pour assister à un vrai spectacle de music-hall encore digne de ce nom : 32 artistes font revivre les grandes heures du 3e cabaret français. 1 000 spectateurs dans la salle mais seulement 543 habitants dans le village. Ça tient de la folie (et pas seulement bergère) !

Un peu d'histoire (!)

Au départ, personne n'y croyait vraiment. Imaginez une campagne tranquille où, depuis 1948, plusieurs générations de paysans venaient trouver leur future épouse sur les planches du dancing du village. En reprenant la succession de

son père, Pierre Meyer eut l'idée, au début des années 1980, de faire venir une strip-teaseuse. Pendant 2 mois, tout le monde en a parlé dans les chaumières. Les 8 années qui suivront verront arriver, le temps de quelques soirées, de jolies filles de toutes les couleurs, de toutes les tailles, envoyées depuis Paris par un tourneur ravi qu'elles soient au vert dans ce coin de France si accueillant.
En 1996, le music-hall s'agrandit et devient un véritable complexe, avec 2 restaurants et un théâtre de 1 000 places permettant d'accueillir dans les meilleures conditions artistes et spectateurs. Le *Royal Palace* a désormais dépassé les 40 ans d'existence, et les vedettes viennent de Londres et New York. Pour Pierre Meyer, le succès est toujours là ! Un spectacle de près de 2h, sur scène et dans la salle, à vivre au moins une fois dans sa vie ! Le spectacle débute toujours assez tard, car le repas lui-même peut durer assez longtemps. Et ce n'est pas fini : quand ils sont bien chauffés, jeunes et vieux ont tout le temps de danser tango et... french cancan (jusqu'à 18h en matinée, et 2h30 en soirée) ! Eh oui : « Ça c'est PALACE ! »
Tout le monde y trouve son compte, dans le pays, à commencer par les hôtels du voisinage, qui font le plein, si toutes les chambres sont prises au ***Rêve,*** la résidence du *Royal Palace (minisuites 120-160 €).*

LE BAS-RHIN

Royal Palace : *20, rue de Hochfelden. ☎ 03-88-70-71-81. • pmeyer@royal-palace.com • royal-palace.com • ♿ Résa conseillée min 1 mois avt (sam, c'est toujours complet longtemps à l'avance). Déjeuner-spectacle 33-56 € (midi), dîner-spectacle 38-59 € (le w-e). Spectacle seul : 43-61 €, avec accès au club dansant.*

PFAFFENHOFFEN (67350)

Grosse bourgade de 1 400 habitants qui mériterait de voir son centre-ville libéré de la circulation incessante des camions et voitures, afin de pouvoir retrouver une vraie qualité de vie. La ville a conservé d'intéressants souvenirs de son passé (maisons des XVIIe et XVIIIe s au hasard des rues du centre) et semble très fière de ses gloires locales : Frédéric Joliot-Curie, qui y résida, et Philippe Schweitzer, grand-père d'Albert (qui fit d'ailleurs ici son 1er sermon de pasteur)... et de Jean-Paul Sartre ! Ici et là, des façades peintes soulignent sa vocation de ville de l'image.

Où dormir ? Où manger ?

Hôtel-restaurant de l'Agneau : *3, rue de Saverne. ☎ 03-88-07-72-38. • info@hotel-restaurant-delagneau.com • hotel-restaurant-delagneau.com • ♿ À l'entrée de la ville en venant d'Ingwiller. Resto fermé dim soir et lun-mar (plus mer soir en basse saison). Congés : début janv, mi-mars, fin juin et sept. Doubles 89-115 € ; petits déj 10-15 €. Le midi en sem, formule 33 € ; le soir, menus 49-75 € ; carte env 58 €. Café offert sur présentation de ce guide.* Anne est la 7e génération aux cuisines de cette vieille maison de famille qui continue d'offrir bonne table et bon gîte aux voyageurs de passage en Alsace du Nord. De la vraie gentillesse, et un travail de pro. Sa sœur au service, le soir, crée une atmosphère de réel bien-être, tandis que la chef sort de sa cuisine pour vérifier si tout se passe bien. Saveurs originales sur une base classique, bons produits, bons vins, un régal. Jardin magnifique, l'été, pour des repas qui n'ont pas envie de s'achever. Et chambres très confortables, rénovées pour certaines (ambiance zen-feng shui) donnant sur l'arrière (la rue, elle, est très passante).

Restaurant L'Orgelstubb : *5, pl. du Marché. ☎ 03-88-07-75-91. 📱 06-40-14-68-00. • remy.mahler@sfr.fr • Ouv mar-ven le midi, et le soir jeu-sam (en réalité, mieux vaut vérifier). Fermé lun. Plats 12-27 € selon les jours.* Un endroit vraiment original, atypique comme on les aime. On le croirait tout droit sorti d'un conte de fées alsacien et, c'est presque vrai, car l'on se trouve ici dans la maison du facteur d'orgue, Rémy Malher, qui y a son atelier, tandis que madame a ouvert sa table. Ici tout est fait maison du sol au plafond (et en cuisine aussi bien sûr !). Déco charmante, chaleureuse, tout comme l'accueil (quelque peu ogresque pour qui manque d'humour !). On se régale de bons petits plats à base de produits bio et fermiers. La carte, réduite au minimum, change tous les jours, selon le marché et l'humeur de la chef. Excellents vins servis au verre. Concerts certains week-ends. Un coup de cœur !

À voir. À faire à Pfaffenhoffen et dans les environs

Le musée de l'Image populaire : *24, rue du Dr-Albert-Schweitzer, Pfaffenhoffen, 67350* ***Val-de-Moder.*** *☎ 03-88-07-80-05. Mai-sept, mer-dim 14h-18h ; oct-avr, mer-dim 14h-17h. Fermé janv et certains j. fériés. Entrée : 3,50 € ; réduc ; gratuit moins de 16 ans.* Ce musée évoque une tradition quelque peu oubliée en Alsace. Pour marquer un événement heureux ou malheureux, on commandait une image à un artiste local. Toutes les techniques sont ici représentées et bien mises en valeur dans ce beau bâtiment design. Collection assez extraordinaire de peintures sous verre, souvenirs de mariage, de régiment... Cet art peut paraître anecdotique, mais chaque type d'image avait son rite : original et joli.

L'ancienne synagogue de Pfaffenhoffen : une des rares synagogues construites en Alsace sous l'Ancien Régime. Classée Monument historique, elle a bénéficié d'importants travaux de restauration. On peut la visiter en s'adressant au musée.

Visite de la brasserie Uberach : *5, rue du Cerf,* ***Uberach.*** *☎ 03-88-07-07-77. • brasserie.uberach@wanadoo.fr • Boutique lun-ven 8h30-12h, 13h30-18h ; visites jeu-ven 10h30 et 16h30 juil-août, et tte l'année sur rdv.* Une brasserie récente qui fait revivre le passé brassicole du val de Moder. Blonde, ambrée, brune, aromatisée et même quelques bio, toutes excellentes ! Et désormais, un whisky (bio).

L'espace de la Locomotive à vapeur : *3, chemin du Sable, 67330* ***Obermodern.*** *☎ 03-88-90-18-04. Tte l'année, jeu et dim 14h-17h. Fermé Vendredi saint, 1er mai, 1er nov et 24-25 déc. Entrée : 3 € ; réduc.* Une quarantaine de machines à échelle variable (ce qui ne veut pas dire qu'on peut monter dessus !). Un impressionnant travail de mémoire et de précision réalisé par un passionné pendant des décennies. Reconstitution complète d'un dépôt vapeur.

LA ROUTE DES CHÂTEAUX

• Carte *p. 187*

LE ÇHÂTEAU DE LICHTENBERG

(67340) *Carte Le Nord (Bas-Rhin), B1*

Situé dans le village de Lichtenberg. L'un des plus beaux en Alsace. Un vrai de vrai, en haut d'une colline à plus de 400 m d'altitude.

LA ROUTE DES CHÂTEAUX

UN PEU D'HISTOIRE

Le château est mentionné pour la 1re fois en 1206 comme propriété des seigneurs de Lichtenberg, famille très influente. Vers 1580, le comte Philippe IV de Hanau-Lichtenberg demande à l'architecte des fortifications de Strasbourg, Daniel Specklin, de réaménager son château en forteresse. Au XVIIe s, la place est prise par Louis XIV. Vauban et ses successeurs en renforceront les protections pour en faire l'un des points clés de leur système de défense des Vosges du Nord. Le château est bombardé par les Wurtembergeois en 1870. La dernière offensive allemande de janvier 1945 est venue mourir à son pied. Et l'histoire suit son cours : un auditorium moderne en cuivre et bois est venu se greffer à l'édifice. Iconoclaste, mais bien dans l'esprit « puzzle » du château. Aujourd'hui, c'est un lieu d'expositions, de rencontre et de spectacles.

Où dormir ? Où manger ?

Au Soleil : *2, pl. de l'Église. ☎ 03-88-89-96-13. • claude.muhlheim@wanadoo.fr • au-soleil-muhlheim.fr • Resto fermé mar-mer. Double 62 € ; chambre familiale. Plat du jour le midi en sem 10 € ; menu 28 € ; carte env 22 €. Parking.* Au pied du château, un petit établissement familial, simple et bon marché. Chambres datées mais d'un confort suffisant, qui remplissent leur fonction pour une étape. Les nos 2 et 4 jouissent d'une belle vue.

Où dormir ? Où manger dans les environs ?

Gîte d'étape du Club vosgien : *rue Ebersberg, 67340* ***Reipertswiller.*** *☎ 03-88-89-98-12. • eric.froehlich@bbox.fr • À 800 m du village, dont 300 m de chemin carrossable. Tte l'année, sur résa. Compter 15,30 €/pers ; réduc. CB refusées.* À l'orée de la forêt, dans un grand chalet en bois, 7 dortoirs classiques de 4 lits avec sanitaires en commun, et un studio tout équipé pour 4 personnes, le tout fort bien tenu. Cuisine à disposition.

Hôtel La Couronne by K : *13, rue de Wimmenau, 67340* ***Reipertswiller.*** *☎ 03-88-89-96-21. • info@lacouronnebyk.fr • lacouronnebyk.fr • Doubles 90-130 €. Formules déj en sem 15-20 € ; menus 38-51 €.* Une jeune équipe est aux commandes de cette maison facilement repérable à sa couronne en guise d'enseigne. Du contemporain qui annonce les chambres, modernes et confortables. Côté jardin, avec balconnet en prime, c'est le calme qui est au rendez-vous. Copieux petit déj. Salle à manger donnant sur prés et étangs et belle cuisine de région, élégante et soignée, qui mérite le détour. Terrasse.

LE BAS-RHIN

À voir

Le château : *rens au ☎ 03-88-89-98-72. • chateaudelichtenberg.alsace • Juin-août, tlj 10h-18h30 (18h juin) ; avr-mai et sept, tlj sauf lun 10h-18h ; mars, oct et 1er nov, tlj sauf lun 10h-17h. Fermeture des caisses 30 mn avt. Compter 45 mn-1h30 de visite. Entrée : 6 € ; réduc ; gratuit moins de 6 ans. Parking dans le village.* Un site remarquable, mis en valeur grâce à un parcours « découverte » bien fait, jalonné de panneaux intéressants. Après avoir passé glacis, escarpes, contrescarpes, corps de garde, long couloir voûté avec anciens emplacements de herse, on parvient au château.

– À droite, élégant ***logis seigneurial*** Renaissance, aujourd'hui restauré, dont on peut distinguer les restes d'un bel oriel, des fenêtres rondes et à meneaux d'origine. Une structure contemporaine, superposée aux vestiges et dialoguant avec elle, abrite des espaces d'exposition et la boutique.

– ***L'arsenal*** *(ou salle des Chevaliers)* **:** construit au XVIe s. Décor Renaissance du portail. Citerne sous l'escalier. Salle d'exposition. Auditorium à découvrir au 1er étage.

– À droite, la ***chapelle,*** du XVIe s. Belle voûte étoilée. Mausolée du comte Philippe V de Hanau-Lichtenberg, un des plus beaux mausolées en marbre Renaissance d'Alsace.

– Derrière, côté remparts, un passage conduit à un réseau de ***casemates,*** qui servirent d'abris aux habitants pendant la dernière guerre.

– Accès aux ***tours*** par un escalier monumental. Petites salles voûtées. L'une d'entre elles présente des culots anthropomorphes. D'en haut, panorama éblouissant, ça va de soi. Par temps lumineux, on aperçoit la flèche de la cathédrale de Strasbourg (une référence, par ici, plus que la ligne bleue des Vosges, d'une banalité !).

DANS LES ENVIRONS DU CHÂTEAU DE LICHTENBERG

Offwiller *(67340)* **:** pittoresque village niché au cœur de verts vallons, dont la rue principale est bordée de solides fermes typiques. L'une d'entre elles, la *maison Offwiller,* du XVIIIe s, présente un habitat traditionnel avec le mobilier, les outils et objets domestiques. *Rens à la mairie : ☎ 03-88-89-31-31. Juin-sept, dim 14h-18h, et tte l'année sur résa. Entrée : env 2 € ; réduc.*

NIEDERBRONN-LES-BAINS

(67110) 4 430 hab. *Carte Le Nord (Bas-Rhin), C1*

Surnommée « la perle des Vosges du Nord », une ravissante station thermale que fréquentaient déjà les Romains et située aujourd'hui au cœur du parc naturel régional des Vosges du Nord. Depuis quelques années, la station commercialise une excellente eau minérale : la *Celtic.* On y trouve aussi le seul casino d'Alsace du Nord et une très intéressante Maison de l'archéologie.

Adresse et info utiles

Office de tourisme : *6, pl. de l'Hôtel-de-Ville. ☎ 03-88-80-89-70. • alsace-verte.com • Mai-sept : lun-sam 9h30-12h30, 14h-17h30 ; dim et j. fériés 15h-18h. Hors saison : mar-sam 10h-12h, 14h-17h ; plus sam-dim 14h-18h en déc.*

Gare SNCF : *☎ 36-35 (appel gratuit).* TER pour Haguenau-Strasbourg et Bitche (bus).

Où dormir ? Où manger ?

Camping Heidenkopf : *route de la Lisière. ☎ 03-88-09-08-46. • camping-niederbronn@laregie.fr • camping-niederbronn.eu • ♿ À 1 km du centre. De mi-juin à fin sept. Tente 13,50 € pour 2 ; tentes équipées. 75 empl.* Pas loin du centre et pourtant déjà dans les bois. Emplacements en terrasses très agréables. Peu de loisirs offerts mais un calme olympien. Et la piscine municipale est à 800 m.

Hôtel-restaurant Muller : *16, av. de la Libération. ☎ 03-88-63-38-38. • contact@hotelmuller.com • hotelmuller.com • ♿ Doubles 96-170 € ; 15 €/pers supplémentaire. Menus 21-27 € en sem, 36-46 € le w-e. Nombreux (et intéressants) forfaits séjours. Garage fermé (payant) et garage à vélos (gratuit).* Cet hôtel est notre meilleure adresse à Niederbronn. Ses 46 chambres offrent un excellent confort et sa table, justement réputée pour ses gibiers et ses viandes (charolais, veau sous la mère...), finit de transformer la simple étape en vrai moment de plaisir. Surtout si l'on prend le temps de profiter du magnifique spa. Chic et cosy, cela n'empêche pas l'hôtel de réserver un accueil privilégié aux enfants, aux cyclistes et aux randonneurs.

Où dormir ? Où manger dans les environs ?

De chic à plus chic

Hôtel Le Moulin : *7, rue du Moulin, 67110* ***Gundershoffen.*** *☎ 03-88-07-33-30. • contact@hotellemoulin.com • hotellemoulin.com • ♿ À env 4 km de Reichshoffen et 10 km au sud de Niederbronn par la D 662. Fléché dans le village. Doubles 99-160 € ; également des suites ; petit déj... 25 €.* Cadre merveilleux et décoration exquise pour cet ancien moulin à grains niché dans un grand parc. Les chambres et les suites, magnifiques (rustiques-cossues ou plus contemporaines), occupent différents bâtiments de caractère noyés dans la végétation.

Le Cygne : *35, Grand-Rue. 67110* ***Gundershoffen.*** *☎ 03-88-72-96-43. Fermé dim soir, lun et jeu. Congés : 2 sem en janv et 3 sem en juil. Formule déj 25 € (sur résa seulement) ; menus 34-58 €.* Fabien Mengus, le chef qui avait décroché ici ses 2 étoiles, est parti à quelques kilomètres (à *L'Arnsbourg,* à Baerenthal), mais il a gardé cette adresse à l'esprit désormais plus bistronomique : œuf poché en cuisson parfaite, purée de marrons ; dos de cerf, purée de panais, compotée de pommes et figues ; poire pochée à déguster dans un très beau cadre, contemporain et épuré.

DANS LES ENVIRONS DE NIEDERBRONN-LES-BAINS

OBERBRONN (67110)

À 2,5 km au sud-ouest de Niederbronn par la D 28. Un village au patrimoine architectural très riche (maisons des XVIe, XVIIe et XVIIIe s). Nombreux vestiges de ce passé gravés dans le grès ainsi que dans les poutres des colombages. Emblème du boulanger (un bretzel) entouré du millésime 1740 sur une maison, celui du boucher (couteaux et hachoirs) avec les dates 1555, 1609 et 1717 sur une autre. Parc à cigognes à côté du cimetière.

REICHSHOFFEN (67110)

La ville est connue pour être celle du maître des forges de Dietrich, qui fit de Reichshoffen la petite capitale de la métallurgie en Alsace.

Où dormir ?

Chambres d'hôtes chez Anny et Jean : *chez Anny et Jean Bundschunn, 60, rue des Chasseurs. ☎ 03-88-80-31-06. 📱 06-65-06-83-38. • annyjean.bundschuh@gmail.com • mittelbuehl.com • Double 71 € ; chambre familiale. Parking.* Près de la forêt, dans un quartier pavillonnaire calme, 3 chambres agréables et confortables réunies dans un bâtiment de plain-pied donnant sur le jardin, à l'arrière de la maison des propriétaires. Accueil chaleureux.

À voir

Le Musée historique et industriel – Musée du Fer : *9, rue Jeanne-d'Arc. ☎ 03-88-80-34-49. • reichshoffen.fr • Mai-nov, mer-dim 14h-18h. Entrée : 3 € ; réduc ; gratuit moins de 14 ans. Expos temporaires régulièrement proposées. Visite guidée dim (gratuit 1er dim du mois à 15h).* Histoire de la ville et de la métallurgie, depuis l'âge du bronze, en passant par l'époque gallo-romaine et le début de l'exploitation du minerai de fer au XIVe s. Au XVIIIe s déjà, 2 hauts-fourneaux fonctionnent à Reichshoffen. 1er travail du fer, outils gallo-romains, coffre de transport de fonds, reconstitution d'une forge de maréchal-ferrant – ou rasoir du bronze final (qui devait laisser quelques traces sur la peau !). Belle collection de fourneaux fabriqués à Mertzwiller, plaques de cheminée, etc. Vierge en ex-voto coulée avec des obus français et prussiens de la guerre de 1870.

LEMBACH

(67510) 1 635 hab. *Carte Le Nord (Bas-Rhin), C1*

Un petit village accueillant, bien placé pour les amateurs, de plus en plus nombreux, du circuit des châteaux forts et à 2 pas d'un des ouvrages les plus importants de la ligne Maginot.

Adresses utiles

Bureau d'information touristique : *2, route de Bitche. ☎ 03-88-86-71-45. ● alsace-verte.com ● Ouv tte l'année ; se renseigner pour les horaires.*

Chalet du Club vosgien de Haguenau-Lembach : *☎ 03-88-93-83-93 (président : M. Jean-Pierre Wolffer). ● cv-haguenau-lembach.fr ●* Pour vous aiguiller sur le terrain, circuits, hébergement en gîte...

Où dormir ? Où manger chic ?

Cheval Blanc Lembach : *4, rue de Wissembourg. ☎ 03-88-94-41-86. ● info@au-cheval-blanc.fr ● au-cheval-blanc.fr ● Congés : 1 sem en janv, 2 sem en fév, 2 sem en juil et 1 sem en nov. Doubles 240-300 € ; petit déj 18 € (magnifique !).* Cet ancien relais de poste du XVIIIe s est l'un des plus beaux établissements du nord du département, l'un des plus prestigieux aussi. Dans le bâtiment principal, des chambres cossues, spacieuses et calmes, décorées dans un esprit traditionnel ou plus contemporain, avec un bout de terrasse pour certaines et balnéo pour d'autres. Et surtout, une très chic et très savoureuse table gastronomique doublement étoilée *(fermé lun, mar plus mer midi ; bons menus 85-140 €...).* Un splendide spa vient compléter ce tableau. Bref, un incontournable où l'on cultive un bel art de vivre et d'hospitalité.

Où dormir ? Où manger dans les environs ?

Hôtel-restaurant Au Cheval Blanc : *11, rue Principale, 67510* ***Niedersteinbach.*** *☎ 03-88-09-55-31. ● contact@hotel-cheval-blanc.fr ● hotel-cheval-blanc.fr ● À 9 km au nord de Lembach. Resto fermé mer et jeu (sauf pensionnaires). Congés : fév, 15 j. en juin et 10 j. fin nov. Doubles 89-122 € ; chambres familiales ; petit déj 15 €. Parking. Menus 34-66 € ; carte env 58 €. Loc de vélos à assistance électrique.* La famille Zinck perpétue la tradition d'accueil depuis 1924 et assure à ses hôtes un grand moment de convivialité. Quel plaisir de loger dans la villa ou dans les chambres de l'annexe à la déco très soignée ! Et quel régal à table ! Superbe et riche cuisine régionale revisitée : cuisses de grenouilles fraîches, truite du vivier, civet de gibier... Service attentionné et souriant. Sauna. Piscine en été. Gros coup de cœur pour cette escale d'un excellent rapport qualité-prix.

Hôtel-restaurant Gimbelhof : *ferme de Gimbelhof, 67510 Lembach. ☎ 03-88-94-43-58. ● info@gimbelhof.com ● gimbelhof.com ● À 10 km au nord par la D 3, puis la D 925 et la route forestière. Resto fermé lun-mar. Congés : 2 sem fin juin-début juil. Double 76 €, petit déj compris. Menus 15 € en sem, env 30 € dim ; carte 25-30 €.* Un resto étonnant, perdu dans la montagne, à la frontière allemande, où l'on se régale sans façons d'une saine nourriture de pays cuisinée avec de bons produits (la viande de bœuf vient de leur ferme). Simple et délicieux ! Réservation obligatoire le week-end car l'adresse est très prisée par nos voisins allemands qui viennent ici en famille (nombreuse)... Et pour les randonneurs et autres promeneurs, pause casse-croûte possible à toute heure (et tarte flambée en fin d'après-midi !). Sympa. Grande véranda d'aspect rétro et terrasse à l'arrière bénéficiant d'une vue panoramique sur le massif vosgien en self-service. Tranquillité garantie.

Restaurant du Pfaffenschlick : *col du Pfaffenschlick, 67510* ***Climbach.*** *☎ 03-88-54-28-84. ● info@pfaffenschlick.com ● À quelques km de Climbach, au carrefour de la D 51 et de la D 65. Tlj sauf lun-mar.*

Congés : 3 sem en janv et 2 sem fin juin. Formule en sem 16 € ; menus 25-40 € ; carte 25-40 €. Pratique car à quelques kilomètres du Four-à-Chaux. La famille Séraphin vous accueillera avec le sourire dans sa petite auberge, complètement perdue en pleine forêt. Salle en bois, ambiance chaleureuse et cuisine sans prétention. Petite terrasse en été. Pour une assiette de jambon ou de fromage, salades, quiches. Pour un repas plus traditionnel, ragoût de sanglier ou, sur commande, poulet fermier farci à l'ancienne et *baeckeoffe*. Service débordé en cas d'affluence.

DANS LES ENVIRONS DE LEMBACH

L'ouvrage du Four-à-Chaux : *à 1 km de Lembach, direction Pfaffenbronn D 65. ☎ 03-88-94-48-62. • lignemaginot.fr • ♿ (visite partielle). Visites guidées uniquement (compter 1h30-2h). Mai-sept : tlj à 10h, 14h et 16h en français ; à 10h30, 13h30 et 15h30 en allemand. Avr et oct : tlj à 14h et 16h en français ; à 13h30 et 15h30 en allemand. Nov-mars : seulement le w-e à 14h30. Fermé 3 j. autour de Noël. Entrée : 8 € ; réduc. Billet jumelé avec le château fort de Fleckenstein : 10,50 € ; réduc.*

L'un des ouvrages les plus importants de la célèbre ligne Maginot. L'heure est venue de faire un petit point historique...

La ligne Maginot

Après la 1re Guerre mondiale, Clemenceau organisa une assemblée pour réfléchir à une défense efficace du pays. Foch était favorable à une armée mobile avec une puissante artillerie, Joffre à des zones fortifiées intermittentes, et Pétain à une fortification continue, type « grande muraille de France ». Après maintes bisbilles, c'est le projet de Joffre qui fut retenu. D'emblée, on rogna cependant sur le budget, jugé trop onéreux. Puis on décida de ne pas trop construire face à la Belgique et au Luxembourg pour ne pas les vexer et mettre en doute leur propre système de défense. Le ministre de la Défense, André Maginot, lança le programme en 1930, qui devait s'achever en 1936. Il y eut, de la ligne nord-est aux Alpes, 22 gros ouvrages, entre lesquels on construisit 31 petits ouvrages. Le concept de la ligne Maginot fut, bien entendu, rendu responsable de la défaite de 1940, accusé non seulement d'avoir coûté trop cher, mais aussi de « n'avoir servi à rien ». Cependant, reconnaissons que la ligne Maginot remplit parfaitement sa mission : en effet, la France fut le seul pays à ne pas avoir été attaqué par surprise par les Allemands. Elle eut même, sous couvert de cette ligne, 9 mois pour se préparer à leur attaque. Bien sûr, on n'avait pas prévu le cas où l'ennemi éviterait les ouvrages...

Un peu d'histoire locale

Le Four-à-Chaux tire son nom d'une carrière toute proche. Les unités qui habitaient la ligne Maginot étaient appelées « équipages » et étaient organisées comme dans un sous-marin, puisqu'elles étaient capables, si besoin, de vivre coupées de l'extérieur pendant 3 mois. Le 24 août 1939, après 3 mobilisations (celles de l'Anschluss, des Sudètes et l'occupation de la Bohême), les soldats français rentrèrent une dernière fois dans l'ouvrage du Four-à-Chaux pour presque 1 an de « drôle de guerre ». Churchill le visita en janvier 1940. Le 1er coup de feu contre une position allemande fut tiré à la même époque. À partir du 14 juin, le Four-à-Chaux fut violemment bombardé par les Stukas. Le 24 juin, il tira ses derniers obus. Le 1er juillet, la garnison se rendait sur ordre du haut commandement français. Restauré, il a rouvert ses portes au public en 1983.

La visite

L'ouvrage est enterré à 25 m dans le rocher et l'épaisseur des murs varie de 1,20 à 3,50 m (ils devaient résister à des obus de 420 mm). Prévoir une petite laine, il n'y fait que 13 °C. Entrée à flanc de colline ne laissant pas présager

l'ampleur du lieu, un vaste réseau souterrain de 4 km de galeries desservant 6 blocs de combat et conçu pour abriter une garnison de 580 soldats ! Le circuit de visite permet d'en découvrir une bonne partie : 1,8 km dans les entrailles de la bête, avec des étapes dans les parties vitales meublées et équipées de tout l'armement de l'époque : la centrale électrique, le puits artésien qui le rendait autonome en approvisionnement d'eau, le plan incliné qui relie les 2 niveaux de galeries, les dortoirs, les douches, la cuisine, le central téléphonique, le bloc opératoire, le poste de commandement, et bien évidemment l'un des blocs de combat, où l'on est invité à manœuvrer à la main une tourelle mobile pesant... 100 t.
Pour terminer, petit musée présentant des armes de l'époque, projectiles divers, uniformes, affiches de propagande.
Aujourd'hui, l'ancienne voie ferrée de la ligne Maginot, qui partait de Haguenau à travers la grande forêt pour rejoindre Walbourg, Woerth et Lembach par la vallée de la Sauer, est devenue une longue piste cyclable en site propre et protégé (le long de la rivière, en contrebas de la D 27) pour le plus grand plaisir des cyclistes, des amateurs de rollers... et des familles.

Le château fort de Fleckenstein : *à 7 km au nord de Lembach, en direction de l'Allemagne. ☎ 03-88-94-28-52. • fleckenstein.fr • Fin mars-fin oct, tlj 10h-17h30 (18h juil-août) ; 26 déc-début janv, tlj 12h-16h ; début janv-fin mars, dim 12h-16h. Fermé nov-25 déc. Entrée : 4,50 € ; réduc. Plusieurs formules de visite (voir ci-après). Prévoir de bonnes chaussures. Navette bus depuis la gare de Wissembourg Pâques-Toussaint. Resto-buvette et espace de pique-nique couvert sur place.*
L'un des plus spectaculaires de la ligne de châteaux qui fut construite du XIIe au XIVe s pour protéger Haguenau et la cour des empereurs Hohenstaufen. Édifié sur une crête rocheuse à 338 m d'altitude, c'est un véritable gruyère troglodytique puisque l'on accède au sommet par un dédale d'escaliers et de salles au cœur même du rocher ! Démantelé par l'armée française en 1680, il possède encore de très beaux restes et a profité de différentes campagnes de restauration. Il y a donc de quoi s'en mettre plein les mirettes, du bastion d'entrée à la tour du puits, de la galerie des ancêtres au logis des seigneurs. Superbe panorama alentour.
– Pour les familles, « ***Le Château des Défis*** » *(mêmes périodes d'ouverture que le château mais ferme 30 mn plus tard ; dernier départ 2h30 avt fermeture ; fermé pdt l'hiver ; entrée : 9,50 € adulte, réduc).* Une manière originale et ludique de partir à la découverte du château de Fleckenstein. Le parcours transporte les visiteurs au Moyen Âge, sur les traces du chevalier fantôme Hugo, à travers la forêt et le château fort. Compter 3h en tout (avec le *P'tit Fleck* compris dans le prix).
– Pour les tout-petits, espace ludique du ***P'tit Fleck*** *(mêmes horaires que le château ; entrée : 4,50 € adulte, réduc).* Une jolie réalisation transfrontalière, dans l'ancienne bergerie en contrebas du château, destinée aux moins de 6 ans, qui pourront se suspendre la tête à l'envers comme une chauve-souris ou suivre les traces des animaux. Aussi instructif qu'amusant.
– ***Semaine des charbonniers :*** *15 j. fin juil-début août.* L'association des charbonniers du Fleckenstein refait du charbon de bois sur les emplacements d'anciennes meules. Concerts, animations et spectacles pour l'occasion. Vraiment trop fort, ce château !

Pas très loin s'élève le ***château du Hohenbourg*** *(à env 30 mn du parking).* Le GR 3 s'enfonce dans les sous-bois et nous hisse, au prix d'une bonne grimpette, sous les remparts en ruine du Loewenstein (540 m) et du Hohenbourg (553 m). Vue superbe. Table d'orientation. Après avoir contourné le rocher du Corbeau, le sentier redescend sur le col du Litschhof (334 m). Retour au château fort de Fleckenstein plus paisible. Randonnée familiale de 2h.

LANGENSOULTZBACH (67360)

À 7 km au sud-ouest de Lembach. La route buissonnière vers Langensoultzbach démarre de Lembach : prendre la C 1 au centre du village (après la mairie) et passer par Mattstall en longeant la D 27. Un circuit découverte (départ au musée ou place Chamborêt) vous emmène au gré des petites rues et des belles maisons à colombages de ce petit village, authentique et paisible.

Le ***site d'exposition gallo-romain*** de Langensoultzbach, situé dans la chapelle attenante à l'église, abrite une exposition étonnante « Dieux, déesses et sanctuaires des Vosges du Nord » *(juin-sept, dim et j. fériés 14h30-17h30, sur demande les autres jours ; le reste de l'année, s'adresser à la mairie, ☎ 03-88-09-31-01 ; GRATUIT).* Une plongée dans l'histoire de l'époque de la mythologie gauloise et de l'Empire romain. Quelques pièces très originales, dont les stèles gallo-romaines (classées Monuments historiques) de l'ancienne église ou la colonne de Jupiter, principaux monuments religieux de la région. Maquette d'un *fanum* (sanctuaire) et carte didactique.

OBERSTEINBACH (67510)

La forêt est à 2 pas. Promenades et randonnées à gogo. Tout autour, des châteaux : ***Schœneck, Wasigenstein, Wineck, Windstein,*** etc. À côté, ***Niedersteinbach,*** joli village aussi. Les sentiers circulent de part et d'autre de la frontière avec le parc naturel du Palatinat. Point de vue sur tous les environs.

Où dormir ? Où manger ?

Hôtel au naturel Alsace-Village : *49, rue Principale. ☎ 03-88-09-50-59. • info@alsace-village.com • alsace-village.com • Resto ouv le soir. Congés : janv-fév. Doubles 52-69 € ; familiales ; ½ pens 68 €/pers. Carte 26 €.* Charmant hôtel labellisé « Hôtel au naturel ». Les chambres tout confort, la plupart avec balcon donnant sur un grand jardin rassemblant plus de 500 variétés de plantes et fleurs, sont réparties entre la maison principale et une annexe posée en contrebas. Également des studios. Au resto, une bonne petite cuisine régionale et les légumes bio du potager. Salle rustique agréable, ou belle terrasse avec vue sur la vallée. Accueil exceptionnel, la propriétaire est capable de vous emmener à la fraîche à la découverte de ce pays qu'elle connaît comme sa poche.

Hôtel-restaurant Anthon : *40, rue Principale. ☎ 03-88-09-55-01. • info@restaurant-anthon.fr • restaurant-anthon.fr • Resto fermé lun-mer midi. Congés : janv. Doubles 95-120 €. Menus 28-58 € ; carte env 60 €. Parking.* Formé chez Loiseau et Westermann, Georges Flaig tient cet établissement fondé par son arrière-arrière-grand-père. Seul, ou presque, au piano, il réalise une cuisine précise, inventive, respectant les recettes d'origine, tout en les retravaillant avec brio. Une carte courte mais de grandes idées, à découvrir dans une belle salle à manger en rotonde... Magnifique carte des vins proposée par un sommelier tonique. Pour mieux profiter de l'occasion, des chambres de très bon confort, avec vue sur le château pour la plupart. Petit sauna et bain de Patagonie dans le jardin.

Où acheter de bons produits ?

Ferme du Steinbach : *6, rue de la Rohrmatt. ☎ 03-88-09-57-42. • fermedusteinbach.fr • Tlj 10h-18h.* Pour les pique-niques, délicieux fromages de chèvre. Dégustation et vente sur place. On peut aussi assister à la traite à partir de 17h.

À voir

La Maison des châteaux forts : 42, rue Principale. ☎ 03-88-09-51-10 ou 50-59 (hôtel Alsace-Village). Pâques-Toussaint, dim et j. fériés 14h30-17h30. Entrée : 2 € pour une visite guidée, sinon gratuit ; réduc. Pour les passionnés de châteaux. Expo complète sur une trentaine de châteaux que l'on peut visiter, et l'occasion, le plus souvent, de superbes promenades. Histoire, choix des sites, techniques de construction, proprios divers, etc.

WOERTH

(67360) 1 774 hab. *Carte Le Nord (Bas-Rhin), C1*

C'est dans la campagne de Woerth, vers Morsbronn, qu'eut lieu le 6 août 1870 la célèbre « charge des cuirassiers de Reichshoffen ». Menacé d'encerclement, Mac Mahon fit charger les cuirassiers – stationnés en bordure de la forêt de Reichshoffen – pour lui permettre de se dégager. On imagine sans mal dans ce paysage de bocages, haies, bosquets, fossés, vignes (autant de chausse-trappes), l'hécatombe des cavaliers chutant lourdement, pêle-mêle, les uns sur les autres. Sans compter les survivants arrivant enfin aux abords de Morsbronn et décimés par la mitraille de l'ennemi. On relèvera le soir 20 000 morts, et les villageois du coin mettront 4 semaines à les enterrer ! Toute la bêtise et l'horreur de la guerre de 1870 sont contenues dans cette sanglante journée, qui marquait le début de la fin.

Où manger ?

Restaurant La Pépinière : *11, rue de la Pépinière (dernière rue à droite, direction Haguenau). ☎ 03-88-09-30-79. • fuchs.olivier@hotmail.com • Tlj le midi jeu-dim. Congés : fév et nov. Menus 35-65 €.* Un bâtiment moderne à la sortie de la ville où l'on vient de loin (surtout le dimanche) pour goûter la généreuse cuisine de région apprêtée avec les herbes du jardin. Buffet d'entrées intéressant. Meilleur vacherin d'Alsace !

Où manger dans les environs ?

Restaurant L'Apogée : *1, route de Haguenau, 67360* ***Hegeney.*** *☎ 03-88-09-32-28. D 27, depuis Woerth, en direction d'Haguenau. Ouv ts les midis et le soir ven-sam ; fermé mer. Formule et menu déj en sem 15 € ; autre menu 34 € ; carte 40 €. Café offert sur présentation de ce guide.* Sur la route de Haguenau, c'est une halte tout indiquée malgré l'absence de vue. L'accueil adorable est aux petits soins pour les hôtes, la salle bien agréable, et la cuisine de qualité. La formule du jour est une vraie bonne affaire (souci de présentation, produits frais très bien cuisinés), tandis que les menus permettent de se régaler d'une cuisine de saison soignée. Impeccable. Terrasse.

À voir

Le musée de la Bataille : *2, rue du Moulin. ☎ 03-88-09-40-96. Ouv avr-sept, mer-ven 14h-17h et w-e 14h-18h.* Bien sûr, tout est focalisé sur cette dramatique journée du 6 août et la guerre de 1870 en général. Armes, uniformes, grande maquette pour mieux comprendre le déroulement de la bataille, vidéo introductive.

À la sortie de Woerth, sur la D 28, ***mémorial*** français de la bataille. Immense escalier en pierre menant au site.

DANS LES ENVIRONS DE WOERTH

L'église de la Paix : *67360* ***Froeschwiller,*** *à 2 km à l'ouest de Woerth par la D 28. ☎ 03-88-09-31-60 (mairie).* Comme le phénix, cette église, qui fut la 1re église protestante d'Alsace, n'a cessé de renaître de ses cendres. Construite en 1552, elle succomba une 1re fois à l'usure du temps. Rebâtie et inaugurée en 1846, elle ne resta pas debout très longtemps. En 1870, l'armée française, sous les ordres du maréchal Mac Mahon qui avait pris position sur le plateau de Froeschwiller, fut attaquée par l'armée allemande commandée par le Kronprinz de Prusse, et l'église fut incendiée. Un officier allemand consola les habitants en leur disant : « Laissez-la brûler ! Après la guerre, nous la reconstruirons. » Et en effet, après la guerre, des collectes furent organisées dans toute l'Allemagne pour sa reconstruction. Inaugurée en 1876, elle fut baptisée « église de la Paix » ainsi qu'« église du Souvenir » en hommage aux 20 000 morts des 2 côtés. À noter, à l'intérieur, un intéressant retable et un orgue Steinmeyer, unique en France.

– ***Le parc d'attractions Didi'land :*** *1, route de Gunstett, 67360* ***Morsbronn-les-Bains.*** *☎ 03-88-09-46-46. • didiland.fr • À 12 km au nord de Haguenau, en fait, par la D 27, direction Woerth. Ouv fin avr-sept. Juil-août, tlj 10h-18h ; avr-juin et sept, jours et horaires d'ouverture variables, se renseigner par tél ou sur Internet. Entrée : 21,50 € ; moins de 12 ans 20 € (pas donné, donc !) ; gratuit en dessous de 1 m (ouf !).* Un grand parc de 7 ha avec une trentaine « d'attractions » pour petits et grands, comme on sait faire par ici.

DE L'OUTRE-FORÊT AU PAYS DE HAGUENAU

• Carte *p. 197*

Regardez une bonne vieille carte Michelin : entre le Palatinat, le Rhin, la forêt de Haguenau et les 1ers contreforts des Vosges à l'ouest, il y a un triangle tout blanc : c'est ce qu'on appelle l'Outre-Forêt ! Plaine légèrement ondoyante où l'on traverse les villages alsaciens les plus séduisants. Une chance, les hasards de la guerre en ont laissé un sur deux intact. C'est aussi une région où sont demeurées bien vivaces beaucoup de coutumes. Le tourisme, s'il existe bien un peu par là, n'a marqué ni les hommes ni le paysage.

MERKWILLER-PECHELBRONN

(67250) 951 hab. *Carte Le Nord (Bas-Rhin), C1*

Au milieu du XVIIIe s, on commence à extraire ici les sables pétrolifères, au moyen de galeries descendant jusqu'à 600 m de profondeur. La 1re raffinerie date de 1857. Puis c'est le pompage, grâce à la découverte des pompes à balancier. En 1911, la production atteint 37 000 t. Chiffre dérisoire, certes, mais la consommation de l'époque était très loin d'être ce qu'elle est

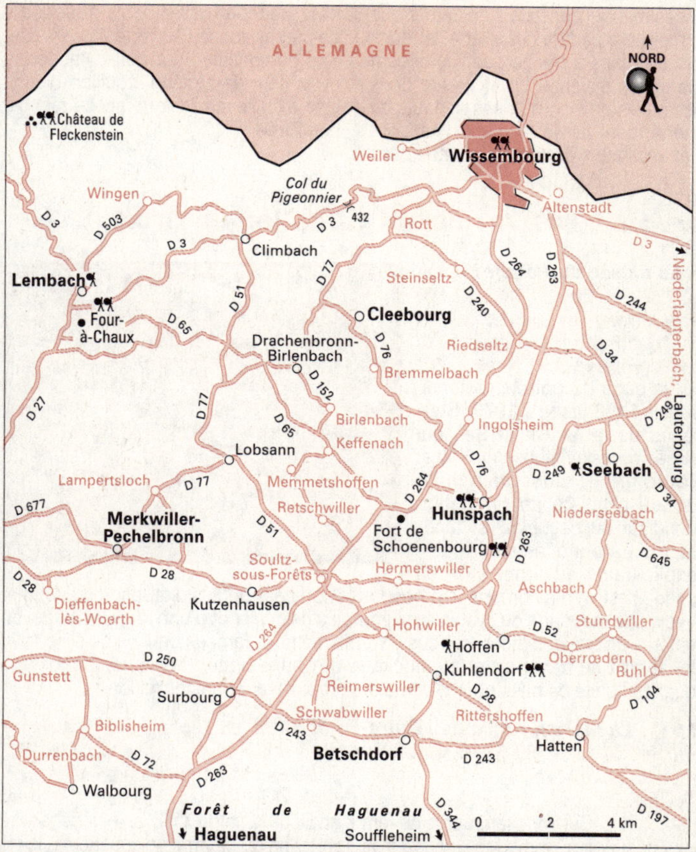

PROMENADE EN OUTRE-FORÊT

aujourd'hui. De plus, la guerre de 1914-1918 et le développement du moteur à essence incitent à se garantir un minimum d'indépendance pétrolière, même si l'extraction en est onéreuse. En 1949, l'exploitation n'est déjà plus rentable, mais il est cependant difficile de renoncer à son indépendance ! Ainsi, à coups de subventions, l'exploitation est maintenue jusqu'en 1962, date à laquelle tout s'arrête définitivement.

Où déguster et acheter de bons produits dans les environs ?

Distillerie artisanale Hoeffler : *10, rue des Jardins, 67250* ***Lobsann.*** *☎ 03-88-80-45-79. • distillerie-hoeffler.com • À 3 km au nord-est de Merkwiller-Pechelbronn. Tlj sauf dim. Se renseigner pour les visites et dégustations.* M. Hoeffler pratique encore la double distillation à l'ancienne, méthode ancestrale qui consiste à ne garder que la meilleure part, le cœur, et c'est dans des alambics à cloche que l'on obtient toutes les saveurs. Le stockage dans des cuves en inox ou dans des fûts de chêne (pour la vieille prune), pendant 1 an minimum, apporte la pureté fruitée et la douceur des alcools et liqueurs de ce passionné. Sa fierté ? La merise. Ses originalités ? La nèfle, l'aspérule ou la fleur de molène (bouillon-blanc). Une excellence ? La mirabelle réserve non filtrée !

À voir à Merkwiller et dans les environs

Le musée du Pétrole : *4, rue de l'École. ☎ 03-88-80-91-08. Avr-oct, mer-ven, dim et j. fériés 14h30-18h (tlj sauf lun et sam juil-août). Entrée : 5 € ; réduc.* Tout sur la saga du pétrole régional, depuis 1498 jusqu'à 1970. Souvenirs de la famille Le Bel, qui dirigea son exploitation au XIXe s. Notamment Joseph-Achille Le Bel, chimiste de réputation mondiale, qui découvrit la « théorie du carbone asymétrique » (explications au tome II de ce guide...) et inventa nombre de procédés et appareils pour la distillation du pétrole. À voir, une maquette du système de pompe à balancier et d'une tour de forage, du matériel divers, des affiches. Vous y verrez même le fameux baril en bois de 159 l qui servait au transport et au stockage de l'huile brute. D'ailleurs, il constitue toujours l'unité de base pour la vente du pétrole avant transformation.

LE PAYS DE L'EAU GRASSE !

C'est dans cette région que les paysans se plaignaient, au Moyen Âge, de l'eau (qu'ils trouvaient « grasse » !), tandis que quelques médecins de l'époque étudiaient déjà cette bizarre substance à des fins thérapeutiques. Eh oui, Pechelbronn reste le berceau de l'industrie pétrolière dans le monde. Allez visiter le musée français du Pétrole, qui retrace l'épopée de « l'or noir ».

La Maison rurale de l'Outre-Forêt : *1, pl. de l'Église, 67250* ***Kutzenhausen.*** *☎ 03-88-80-53-00. • maison-rurale.fr • ♿ Mai-sept, mar-dim 11h-18h ; oct-avr, mer-jeu 11h-17h, w-e et j. fériés 14h-18h. Fermé janv et 25 déc. Entrée : 6 € ; réduc. Billet combiné avec le musée du Pétrole : 8 € ; avec le château de Fleckenstein 7,50 €.* Cet imposant corps de ferme en U, de la fin du XVIIIe s, a été réhabilité pour accueillir un formidable centre d'interprétation du patrimoine consacré à la vie dans ces campagnes entre 1920 et 1950. Une vie en autosuffisance, comme on le découvre au hasard des bâtiments et des étables : des fraises dans le jardin pour les confitures, des ruches pour le miel, des poules pour les œufs et un alambic pour l'eau-de-vie de mirabelle. Pièces traditionnelles joliment reconstituées, comme la cuisine, les chambres, et la *gross'stub,* salle commune où la famille se réunissait. À l'étage, on peut s'essayer à l'écriture à la plume, tandis que d'autres préféreront découvrir la forge (démonstrations occasionnelles) ou l'atelier du cordonnier. Une foule de meubles, d'objets et vêtements traditionnels, et quelques détails architecturaux complètent cette riche visite. De nombreuses animations jalonnent l'année.

CLEEBOURG (67160) 715 hab. *Carte Le Nord (Bas-Rhin), C1*

Charmant village de vignerons, niché dans les coteaux, qui fut jusqu'en 1787 enclave suédoise (parce qu'au XVIIe s le prince Casimir, le seigneur local, avait épousé la fille du roi de Suède). Demeures traditionnelles tout au long de la rue Principale ; une architecture trapue sur de solides assises de grès.

Bel ensoleillement pour les 160 vignerons exploitant les 7 cépages traditionnels du pays situés sur des collines bénéficiant d'une orientation privilégiée. Jolie route jusqu'à Hunspach. Quelques casemates de la ligne Maginot et « tourelles éclipsées », noyées dans la verdure des collines.
Sur la route du Vin (face au caveau), 3 chemins de randonnée thématiques (viticole, arboricole, forestier) avec des panonceaux explicatifs, des haltes chez les producteurs...

Où dormir ? Où manger à Cleebourg et dans les environs ?

Chambres d'hôtes chez Anne Klein : *59, rue Principale, à Cleebourg. ☎ 03-88-94-50-95. 06-21-35-07-91. • annejp.klein@laposte.net • cleebourg.chez.com • Tte l'année. Doubles 62-64 €.* Au centre du bourg, dans une magnifique maison alsacienne calme à souhait. Dans ce havre de paix aux fenêtres joliment fleuries, chambres à la campagne, rustiques, douillettes et d'une propreté exemplaire.

Ferme-auberge du Moulin des Sept Fontaines : *La Oehlmühle, 67160* ***Drachenbronn-Birlenbach.*** *☎ 03-88-94-50-90. • contact@auberge7fontaines.com • auberge7fontaines.com • À env 7 km par la D 77. Bien indiqué. Resto tlj sauf lun et jeu. Doubles 68-78 €. Menus 16,50-24 € (sauf dim midi et j. fériés) ; carte env 25-30 €.* En pleine campagne, dans un environnement vallonné, une fort belle ferme ancienne, constituée de 2 moulins de la fin du XVIIIe s. Plats alsaciens traditionnels préparés avec les produits de la ferme, et servis dans un cadre typique ad hoc. Côté chambres, on fait encore dans le régional champêtre, avec tout le confort nécessaire. Une belle adresse, où les enfants apprécieront les nombreux animaux.

Où acheter de bons vins ?

Cave vinicole de Cleebourg : *route du Vin. ☎ 03-88-94-50-33. • cave-cleebourg.fr • Tlj 8h (10h dim et j. fériés)-12h, 14h-18h. Fermé 1er janv, dim de Pâques et 25 déc.* Regroupe la production des communes de Cleebourg, Oberhoffen, Rott, Steinseltz et Riedseltz. Cadre winstub sympathique pour présenter des vins de lieux-dits (le pinot gris est l'enfant chéri de la cave), de bons crémants (un excellent pinot gris, un superbe rosé fruité et une cuvée prestige) et quelques grandes cuvées sélectionnées (cuvées de la confrérie) à prix très raisonnés. Accueil sympa et conseils avisés.

À faire dans les environs de Cleebourg

Chemin des Cimes Alsace : *route de Schoenenbourg, 67170* ***Drachenbronn-Birlenbach.*** *☎ 03-69-50-86-00. • chemindescimes-alsace.fr • Ouv tlj ; mai-sept, 9h30-19h ; avr et oct, 9h30-18h ; janv-mars et nov-déc, 9h30-16h. Fermé 10-21 janv, 5-16 déc et 24 déc. La caisse ferme 1h av la fermeture. Fermé en cas de très mauvaises conditions météo. Prix : 15 € ; réduc ; gratuit moins de 6 ans. Pass famille (2 adultes + enfants de 6 à 14 ans) : 35 €. Achat des billets sur place ou à l'avance sur billetterie en ligne. Visite entre 1h et 2h. Parking gratuit à côté de la piscine des 7 Fontaines à Drachenbronn. Depuis le parking, un petit train-navette gratuit vous conduira à l'entrée du site (ou alors à pied pour les plus sportifs d'entre vous, prévoir 1h de marche). Service de location de fauteuils roulants et de déambulateurs.* Le **Chemin des Cimes,** une tour en bois culminant à 23 m au-dessus du sol, offre un bien beau panorama sur le parc naturel des Vosges du Nord. Vous retrouverez, tout au long du parcours (1 050 m au total), des aménagements ludiques : ponts de singe, passages sur des grilles, poutres d'équilibriste, etc., ainsi que des panneaux d'interprétation pour décrypter la nature environnante. Après avoir découvert la forêt de haut, on s'engage dans un tube métallique... qui nous fait redescendre sur terre.

WISSEMBOURG

(67160) 7 738 hab. *Carte Le Nord (Bas-Rhin), C1*

• Plan *p. 201*

Wissembourg reste pour ses habitants la « capitale de l'Outre-Forêt », pour redonner son nom à tout le territoire qui, du parc au Rhin, se situe au-delà de la forêt de Haguenau. Jusqu'à l'arrivée du chemin de fer et de l'automobile, la forêt de Haguenau, un des massifs forestiers les plus grands de France, constitua une barrière physique qui limita les déplacements des habitants de l'Outre-Forêt. D'où les nombreux particularismes de la région (voir les pages précédentes).
Une bien agréable cité, riche en monuments qu'on découvre lors de belles flâneries pédestres. Et pourtant, que de guerres, de tensions elle connut ! C'est un miracle qu'elle nous soit parvenue dans un état aussi exceptionnel.

UN PEU D'HISTOIRE

À l'origine, au VIIe s, il y a ici, comme pour beaucoup de villes, une grande abbaye. Celle-ci connaît un grand rayonnement intellectuel (écriture du célèbre *Catéchisme de Wissembourg*). Au XIVe s, c'est même l'une des 10 villes libres d'Alsace formant la Décapole. La Réforme y pénètre dès 1522, c'est-à-dire bien plus tôt qu'ailleurs ; l'église paroissiale devient le 1er temple d'Alsace.
Avec des combats engagés dès 1621, la guerre de Trente Ans y fut particulièrement désastreuse. Toutes les parties (Suédois, impériaux, Français et autres), engagées dans un entrelacs de conflits, y passent et y repassent, pillant et dévastant allègrement. Au moment de la signature du traité de Westphalie en 1648, il ne reste que... 140 habitants. La ville devient française (et de nouveau catholique).
Au XVIIIe s, Wissembourg connaît un hôte célèbre : Stanislas Leszczyński, roi déchu de Pologne alors en exil. Dans la tourmente de la Révolution, la riche bibliothèque de l'abbaye disparaît. En 1870, la 1re bataille contre les Prussiens se déroule devant ses portes. L'ennemi prend possession de l'Alsace et d'une grande partie de la Lorraine qui intègrent le nouvel Empire allemand jusqu'en 1918. Il les reprendra en 1939.
Wissembourg est libérée le 16 décembre 1944 par les troupes américaines, mais reconquise par les Allemands lors de leur ultime offensive *Nordwind.* Ce n'est que le 10 mars 1945 que les habitants pourront enfin dire ouf !

Adresse utile

Office de tourisme *(plan B1) : 11, pl. de la République. ☎ 03-88-94-10-11. • alsace-verte.com • Mai-sept : lun-sam 10h-12h30, 14h-18h ; dim et j. fériés 14h-17h30. Le reste de l'année : lun-sam 10h-12h, 14h-17h30 ; ainsi que les 4 dim de l'Avent. Loc de vélos électriques (mai-oct).*

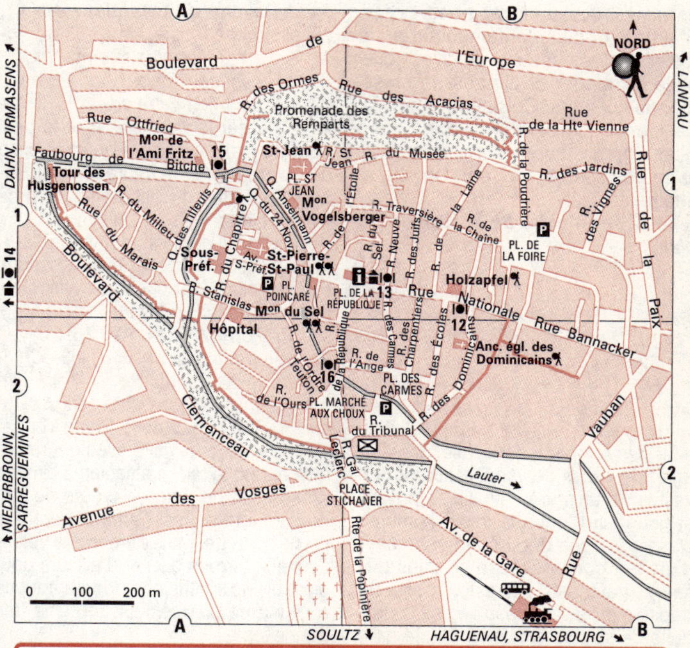

WISSEMBOURG

■ **Adresse utile** ℹ Office de tourisme (B1) **Où dormir ? Où manger ?** **12** Le Petit Dominicain (B1)	**13** Hostellerie au Cygne (B1) **14** Au Moulin de la Walk (hors plan par A1) **15** Caveau du Châtelet (A1) **16** Au Pont M (A2)

Où dormir ? Où manger ?

Prix moyens

Le Petit Dominicain *(plan B1,* ***12****) : 36, rue Nationale. ☎ 03-88-94-90-87. Tlj sauf lun-mar. Formules déj mer-ven 20-25 € ; plats 13-19 €.* Sympathique resto dans la même famille depuis 60 ans, qui offre une cuisine régionalisante revisitée par la nouvelle génération au piano : cordon bleu de veau à la tomme d'Alsace, gravlax de truite et pickles maison... Tartes flambées le soir. Salle chaleureuse et petite terrasse : on s'y sent bien. Vente à emporter.

De chic à plus chic

Hostellerie au Cygne *(plan B1,* ***13****) : 3, rue du Sel. ☎ 03-88-94-00-16. • hostellerie-cygne@wanadoo.fr • hostellerie-cygne.com • Resto fermé mar soir, mer et dim soir. Congés : 15 j. fév-mars, 15 j. début juil et 15 j. début nov. Doubles 85-250 €. Formules 20-22 € (le midi en sem), puis 45 € ; carte env 40 €. Parking.* 2 demeures des XVe et XVIIe s forment cet hôtel de charme offrant des chambres à tous les prix, décorées dans un style simple et rustique pour certaines, cossu et traditionnel pour d'autres, et plus contemporain pour les récentes. Restaurant avec jolie salle à manger et aimable terrasse aux beaux jours. Cuisine de terroir à l'ancienne (savoureux civet de sanglier « grand-mère » servi en saison avec des *spätzle* maison). Une belle affaire familiale.

Au Moulin de la Walk *(hors plan par A1,* ***14****)* **:** *2, rue de la Walk. ☎ 03-88-94-06-44. • info@moulin-walk.com • moulin-walk.com • Resto fermé dim soir, lun et ven midi. Congés : 2-27 janv et 8-21 juil. Doubles 88-95 € ; chambre familiale ; ½ pens 100 €/pers. Menus 40-60 € ; carte env 55 €. Parking. Café offert sur présentation de ce guide.* À l'extérieur des remparts de la ville, dans un agréable cadre de verdure autour des vestiges d'un ancien moulin. Reposant et gourmand tout à la fois. Chambres classiques à la déco contemporaine, d'un vrai confort, réparties dans différents bâtiments. Au resto, cuisine de tradition soignée à base de beaux produits de saison, servie dans une salle lumineuse et élégante.

Caveau du Châtelet *(plan A1,* ***15****)* **:** *65, fg de Bitche. ☎ 03-88-94-16-11. Fermé mer et le soir mar et jeu. Congés : fin sept-début oct. Formule déj en sem 14 € ; carte env 40 €.* Il suffit de passer le vieux lavoir et le petit pont pour découvrir un quartier plein de charme et ce restaurant, en sentinelle à l'entrée du village, en bord de rivière. Cette maison Ohleyer est une vieille et belle demeure datant de 1611, elle servait de résidence au seigneur de Fleckenstein... Cuisine très classique à base de produits maison.

Au Pont M *(plan A2,* ***16****)* **:** *3, rue de la République. ☎ 03-88-63-56-68. • aupontm@orange.fr • Tlj sauf dim soir et lun-mar. Menus 35-50 € ; carte env 50 €.* Au cœur de la Petite Venise, Philippe Meyer revisite avec gourmandise et brio le terroir alsacien à l'image de son filet de porc en croûte de lard paysan ou de sa *flammekueche* à l'huile de truffe. Mais il emprunte volontiers aux terroirs d'ici et d'ailleurs pour une cuisine fraîche et moderne, tout ce qu'il y a de plus réjouissant. Une très bonne table !

À voir. À faire

L'église Saint-Pierre-Saint-Paul *(plan A1)* **:** *accès libre tlj.*
Par son ampleur, on devine presque que c'est le 2e plus grand édifice gothique d'Alsace. 2 périodes de construction bien distinctes : la romane avec le clocher carré, élégant dans sa simplicité et seul survivant de l'abbatiale du XIe s et la partie gothique qui fut achevée au XIVe s. Tour octogonale hérissée de petits pinacles. Curieusement, pas de portail digne de ce nom.
À l'intérieur, une nef particulièrement harmonieuse et de jolis chapiteaux à feuillage. Noter le rappel de l'immense lustre du XIe s, détruit à la Révolution. Sur le bas-côté droit, un saint-sépulcre du XVe s, surmonté d'un baldaquin. Personnages assez expressifs. Ne pas manquer, au-dessus de l'entrée latérale, près de la chapelle de la Vierge, un superbe vitrail du XVe s. On y remarque les 2 donateurs. Belles fresques du XIVe s dans le transept droit (scènes de la Passion, le Christ et les apôtres, etc.). Impressionnant saint Christophe de 11 m de hauteur (le plus grand personnage peint de France). Rosaces et vitraux de l'abside des XIIIe et XIVe s. Au-dessus du petit orgue du transept, le vitrail le plus ancien, une Vierge à l'Enfant du XIIe s.
Ressortir pour admirer d'autres vestiges de la période romane et le majestueux cloître gothique jamais achevé. Arcades très hautes trilobées. On y trouve de nombreuses dalles funéraires des abbés de l'abbaye. À côté du cloître, la chapelle aux 9 colonnes avec chapiteaux cubiques de facture primitive.

La rue du Chapitre *(plan A1)* **:** l'ancien doyenné de la collégiale (1784), aujourd'hui sous-préfecture. Au bout de la rue à droite, vestiges de l'enceinte du monastère (Schartenturm). ***Rue Stanislas,*** l'ancien hôpital, où résida le roi déchu de Pologne. En face de l'ancienne commanderie de l'ordre Teutonique, la longue grange dîmière de l'abbaye. Gros appareillage de pierres où l'on devine d'anciennes fenêtres géminées. Sur le pignon de l'église, bas-relief du moine Otfried. À côté, jolie façade Renaissance peinte, avec pignon à volutes (ancienne hostellerie de l'abbaye).

La Maison du sel (*plan A1*) **:** *pl. du Marché-aux-Poissons.* L'un des plus beaux bâtiments civils de la ville (1450), qui fut le 1er hôpital avant de devenir entrepôt de sel. Assez unique, ce large toit aux ouvertures ondoyantes peu communes qui servaient à l'aération du sel. Bras de la Lauter courant à ses pieds, à suivre pour une charmante promenade dans ce que les habitants appellent leur « Petite Venise ».

L'hôtel de ville (*plan A-B1*) **:** *pl. de la République.* Édifié en 1741 à la place de l'ancien *Rathaus,* incendié par les troupes françaises lors de la guerre de Succession de Hollande. Élégante façade, où nos lecteurs latinistes liront sous le cadran : « Sous le règne de Louis XV, je me suis relevé d'anciennes cendres. »

Le Holzapfel (*plan B1*) **:** *35, rue Nationale.* L'ancienne maison des Corporations du XVe s, puis relais de poste au XIXe s (Napoléon Ier y dormit en 1806). Noter les toutes petites échauguettes.

Les Dominicains (*plan B2*) **:** *rue des Écoles.* Ancienne église désaffectée au XVIe s, puis hôpital, entrepôt, écuries et caserne, avant de devenir (on espère pour toujours) centre culturel. Grandes arcades gothiques.

Belle **demeure bourgeoise** de 1598, rue de la Laine (après la rue Traversière ; *plan B1*). Élégant oriel, encadrements de fenêtre ciselés. À l'angle de la rue des Justiciers, boulet de bombarde dans le mur !

➢ **La balade des Remparts :** *au bout de la rue de la Laine.* Fortifications de 1746 sur l'ancienne muraille du XIIIe s. Le talus avait été prévu pour placer l'artillerie. Tout au fond, à droite, tour du XIIIe s. Promenade sereine et bucolique à souhait.

L'église Saint-Jean (*plan A1*) **:** *pl. Martin-Bucer. Visite libre tlj, avr-oct 9h-18h, nov-mars 10h-16h.* Aujourd'hui temple protestant. Construite au XIIIe s, subsiste le clocher roman. En 1523, Martin Bucer, le célèbre prédicateur de Strasbourg (formé à Sélestat), vint y prêcher la Réforme. En 1684, elle devint un *simultaneum* (le chœur aux cathos, la nef aux parpaillots). En 1725, on y annonça les fiançailles de Louis XV avec Marie Leszczyńska, fille du roi de Pologne. Napoléon rendit l'église au culte protestant.

Le quai Anselmann (*plan A1*) **:** voir la *maison Vogelsberger* de 1540. Porche en grès rouge, petite fresque au-dessus, belle porte ciselée. C'est ici que demeurait Sébastien Vogelsberger, officier de Charles Quint exécuté sur son ordre pour avoir assisté au couronnement d'Henri II à Reims (alors qu'il le lui avait interdit). À côté, la maison *À l'Ancienne Couronne,* de 1491, couverte de vigne vierge. Colombages et encadrements sculptés, beau travail sur les consoles. Adorable courette pavée. Propriété de la famille Bartholdi (l'homme de la statue de la Liberté) au XIXe s.

Au-delà du rempart, le **quartier du Bruch** (*plan A1*) avec quelques demeures intéressantes. C'est là que vivaient les grandes familles patriciennes de la ville. Faubourg de Bitche, voir la maison de tanneur *L'Ami Fritz,* de 1550, bel exemple de la Renaissance alsacienne. Vraiment superbe, avec son oriel, surmonté d'un soleil, elle servit de décor au film tiré du roman d'Erckmann-Chatrian (en 1932). D'autres parsèment le faubourg. Tout au bout, la *tour des Husgenossen* qui date de 1420. De là, promenade recommandée le long des remparts avant de retrouver la rue Stanislas et le centre.

Manifestation

– ***Festival international de musique :*** *3 sem fin août-début sept.* • *wissembourg-festival.com* • Une vingtaine de concerts classiques, organisés au relais culturel, la Nef.

SEEBACH (67160) 1 735 hab. *Carte Le Nord (Bas-Rhin), D1*

Très beau village, quasiment structuré de façon géométrique. 2 rues principales parallèles, coupées par quelques autres à angle droit. C'est le plus étendu de l'Outre-Forêt. Sans aucun doute l'un des plus vrais ! Pure Alsace de façades systématiquement blanches, relevées de poutres noires ! Les couleurs bigarrées n'ont jamais eu cours à Seebach ; tout juste parfois un peu de bleu (de méthylène) dans le blanc. L'habitat se révèle cependant d'une grande richesse et d'une grande beauté architecturale (particulièrement le long des interminables rues des Églises et des Forgerons). Les maisons, bien distancées les unes des autres, sont perpendiculaires à la rue. Les corps de ferme sont disposés autour d'une cour rectangulaire. En fond, parallèles à la rue, les granges. Sur une poutre de la maison d'habitation, la date de construction et les noms des anciens propriétaires, gravés et peints. Église catholique avec clocher-donjon du XIIIe s. Élégante mairie de 1731 dont il faut voir les poteaux corniers (d'angle) torsadés et décorés : des colonnes à vis (ou vis à feu) qui représentent le mouvement solaire et symbolisent l'infini. Un vrai coup de cœur !

MARIAGE À L'ALSACIENNE : C'EST LE BOUQUET !

L'authenticité, à Seebach, reste une valeur forte, mais la tradition se perd : les anciens en costume traditionnel, parmi les plus pittoresques d'Alsace, se font rares le dimanche à la messe. C'est le 1er week-end après le 14 juillet, lors de la Streisselhochzeit (mariage paysan typique), une des plus belles fêtes alsaciennes, que vous pourrez encore les admirer. Seebach perpétue ainsi la mémoire de ses racines.

Info utile

Renseignements à l'***office de tourisme de Wissembourg*** (*☎ 03-88-94-10-11 ; se renseigner sur le site internet* • *alsace-verte.com* • *pour les horaires*).

Où camper dans les environs ?

Camping municipal des Mouettes : *chemin des Mouettes, 67630* ***Lauterbourg.*** *☎ 03-88-54-68-60.* • *camping-lauterbourg@wanadoo.fr* • *camping-lauterbourg.com* • *Sur la route de Wissembourg. 15 avr-15 oct. Tente 20 € ; locatifs.* Très bon camping avec pour paysage un beau lac naturel où il est possible de faire trempette ou tout sport nautique. Plage de bonne taille très agréable à une centaine de mètres, non, vous ne rêvez pas ! Quant aux mouettes, c'est surtout en hiver qu'elles se rassemblent ici, par milliers. À louer, des tipis, des kotas finlandais, des camp'étoiles, des *pods*... Barbecue. Nombreux concerts.

À faire

Libres Ballons de l'Outre-Forêt : *12, rue des Fleurs, 67250* ***Schoenenbourg.*** *06-07-14-71-62. • lbof@hotmail.fr • lbof.fr • Tte l'année, en fonction de la météo, le plus souvent au lever ou au coucher du soleil ; résa obligatoire. Compter 230 €/pers pour 1h30 de vol.* Dans un silence quasi absolu, hormis le bruit de la flamme qui vous porte, on survole la campagne, ses vergers, ses vignobles et ses plus beaux villages. Seebach, Hunspach, Wissembourg, Cleebourg, Pechelbronn, seul le vent décide... Au-delà de l'expérience aérienne, on passe un moment rare en compagnie d'une équipe de passionnés à l'humour potache et à la bonne humeur contagieuse. *Hopla !*

HUNSPACH

(67250) 666 hab. *Carte Le Nord (Bas-Rhin), C1*

Encore un des plus séduisants villages que l'on connaisse, labellisé « Plus Beau Village de France » et élu « Village préféré des Français » en 2020. Aucune faute de goût. Le village fut reconstruit par des Suisses après les ravages de la guerre de Trente Ans (ce qui explique peut-être cette solennité et le côté particulièrement propre). Quelques détails curieux à relever : plusieurs demeures présentent des vitres bombées qui permettaient autrefois de voir dehors tout en préservant son intimité.

Adresse utile

Bureau d'information touristique : *3, route de Hoffen, dans la maison Ungerer. ☎ 03-88-80-41-46. • alsace-verte.com • Juin-sept, tlj 9h-13h, 14h-18h ; oct-mai, mar-ven 10h-12h, 14h-17h.* Bonne documentation touristique. On y propose : visites guidées du village, randonnées, promenades à cheval, visite de fermes, veillées de contes, chants et folklore, découverte de l'artisanat local. Boutique de produits locaux, et point poste.

Où dormir ?

Maison des gîtes Ungerer : *3, route de Hoffen. ☎ 03-88-80-59-39. • contact@maison-ungerer.com • maison-ungerer.com • Au centre du bourg. Tte l'année. Double 76 € ; chambres familiales ; petit déj inclus ; gîtes pour 4-6 pers 425-540 €/sem selon saison et capacité. Parking gratuit. Remise de 10 % sur la chambre sur présentation de ce guide.* La *Maison des gîtes Ungerer* propose, dans un ancien corps de ferme joliment restauré et son annexe moderne, 5 agréables gîtes très bien équipés, et 3 chambres d'hôtes impeccables et tout confort, avec chacune un coin cuisine. Côté *stub,* petit déj-buffet avec produits du terroir, bio pour certains. Une adresse qui cumule les avantages, comme le grand jardin avec balançoire, la location de vélos et l'accès au tennis local. Accueil épatant de l'équipe en charge du site.

Chambres d'hôtes chez Sabine Billmann : *7, rue de l'Ange. ☎ 03-88-54-76-93. 06-98-90-32-25. • contact@gite-billmann.fr • gite-billmann.fr • Compter 75 € pour 2 ; chambre familiale.* Dans l'une des belles fermes traditionnelles qui donnent tout son charme au village, 3 chambres d'hôtes simples mais douillettes. On aime beaucoup la familiale avec sa grande alcôve. Déco rustique, égayée par les rideaux en kelsch que l'on retrouve jusque dans la salle à manger où sont servis les petits déjeuners. Également un gîte à louer à la semaine.

Où acheter des souvenirs originaux ?

Kelsch'idée ! : *76, rue Principale. 06-67-36-25-29. Mar-mer et ven-sam 10h-18h.* Une merveilleuse petite boutique dédiée au kelsch. La preuve que ce tissu traditionnel alsacien n'a pas dit son dernier mot et se prête aux créations les plus folles, en mode comme en déco. La proprio ne manque pas d'idées, vous verrez ! Au fond de la boutique a été reconstitué l'intérieur d'un habitat au début du siècle dernier... Là encore, du kelsch à gogo !

À voir. À faire

Un tour dans le village : classé parmi les « Plus Beaux Villages de France », il mérite vraiment qu'on s'y attarde. Sans être particulièrement spectaculaire, il s'en dégage une grande douceur de vivre. Surtout, ce n'est pas un village-musée, contrairement à beaucoup de villages classés. C'est un village qui vit ! Et vous vous en rendrez compte en suivant une visite guidée.

Fête et manifestations

- ***Fête du Folklore :*** *mi-juin.* Avec bal, expositions temporaires et animations folkloriques (danses, concerts).
- ***Animations estivales :*** *juil-août.*
- ***Soirée folklorique :*** *août.* Visites guidées, animations musicales et gastronomiques.
- ***Marché de Noël :*** *2e w-e de l'Avent.* L'un des plus jolis du nord de l'Alsace, car authentique et à taille humaine.

DANS LES ENVIRONS DE HUNSPACH

Le fort de Schoenenbourg *(67250) : ☎ 03-88-80-96-19. • lignemaginot.com • Dim et j. fériés et juil-août 9h30-11h, 14h-16h (dernière entrée à 16h) ; avr-oct, lun-sam 14h-16h ; vac scol, se renseigner ; en hiver, horaires restreints. Durée de la visite : env 2h (env 3 km). Entrée : 9 € ; réduc.*
Le plus grand ouvrage visitable de la ligne Maginot en Alsace. Prévoir comme d'habitude des vêtements chauds, avant de s'enfoncer dans les impressionnants souterrains qui desservent les postes de combat et les quartiers des 630 soldats de l'équipage. Cuisines, salles des machines, infirmerie et tous les habituels espaces de vie sont reconstitués avec un souci du détail étonnant : des mannequins en uniforme font la pause dans les dortoirs, les celliers regorgent de produits alimentaires vintage... On s'y croirait ! Lors des journées désespérées de juin 1940, c'est le site qui reçut le plus de bombes et d'obus allemands. Mais le fort resta invaincu !

LA « ROSE MAGINOT »

En 1938, nos soldats s'ennuyaient ferme sur la ligne Maginot, attendant les Allemands qui ne venaient pas. 2 généraux parrainèrent une souscription pour fleurir les casemates. En quelques mois, on planta 10 000 rosiers. Les Allemands, eux, continuaient à fabriquer des canons... Leurs tanks ne respecteront même pas les plates-bandes fleuries.

Hoffen *(67250) :* village typique. On aime bien la place principale avec son tilleul multicentenaire, et l'ancienne mairie à colombages, avec une élégante galerie de bois sur colonnes.

BETSCHDORF

(67660) 4 157 hab. *Carte Le Nord (Bas-Rhin), C1*

Là aussi, bourgade très fleurie à l'architecture traditionnelle. Très étendue, Betschdorf résulte de la fusion de 5 villages. C'est l'une des plus intéressantes bourgades de l'Outre-Forêt. Petite capitale de la poterie gris et bleu depuis plusieurs siècles (intéressant musée), son église abrite de ravissantes fresques.

PETITE HISTOIRE DU FAMEUX GRÈS DE BETSCHDORF

Au début du XVIIIe s, un potier venu d'Allemagne s'installe à Betschdorf et importe la technique de la poterie de grès au sel, suivi par d'autres, venant principalement de la région de Coblence. À la veille de la Révolution, on compte une dizaine d'artisans installés dans le village, mais, le climat révolutionnaire ne convenant pas à la cuisson de l'argile, ils émigrent. Retour sous Napoléon Ier et nouvel essor de la profession. En 1865, Betschdorf compte 60 poteries. L'annexion de l'Alsace réduit cependant ce nombre. Aujourd'hui, le village ne compte plus qu'une poignée de potiers.
Cette technique ancienne est assez particulière. L'argile est travaillée et formée au tour. Les artisans gravent ensuite leur décor avec un stylet de buis. Les pièces sont ensuite peintes avec des couleurs à base d'oxydes métalliques, principalement le bleu de cobalt. La cuisson se fait à 1 250 °C. L'échauffement doit être lent et progressif, afin que l'eau puisse se dégager. En fin de cuisson, on projette du sel dans le four. Celui-ci se décompose. Le chlore divorce d'avec le sodium qui fusionne alors avec la silice à la surface des pièces et donne ce vernis très fin, incolore et particulièrement résistant. Cette technique de grès au sel est assez coûteuse. Ce qui explique le prix de cette poterie unique en France.

Adresse utile

Point d'information : *au musée de la Poterie, 2, rue de Kuhlendorf. ☎ 03-88-54-48-07. • musee.betschdorf@orange.fr • 1er avr-25 sept, mar-sam 10h-12h, 13h-18h ; dim 14h-18h.* Des visites sont organisées hors saison sur réservation par mail *(20 pers min).*

À voir

Le musée de la Poterie : *2, rue de Kuhlendorf. ☎ 03-88-54-48-07. Pâques-oct, mar-sam 10h-12h, 13h-18h ; dim 14h-18h. Entrée : 3,50 € ; réduc ; gratuit moins de 10 ans.* Dans une ancienne demeure à pans de bois. Belles collections de grès au sel, production locale, de Rhénanie et d'ailleurs à travers les âges. Grandes cruches du XIXe s, pots à conserver les œufs, barattes, égouttoir à fromage, tonnelet à vinaigre, moules pour chopes de bière, grande « ferme-crapaud », et même robinetterie.

L'église : *Grand-Rue (vers Soufflenheim).* Chœur du XVe s. Fresques de la même époque. Au centre, *L'Agneau de Dieu,* entouré des symboles des 4 évangélistes. Mais la fresque la plus intéressante est *Le Jugement dernier,* qui comprend 64 personnages. La 3e fresque représente le *Moulin eucharistique.* Une représentation rare (il en resterait 13 au monde).

L'enclos à cigognes : *à côté de l'école et de la piscine.*

DANS LES ENVIRONS DE BETSCHDORF

Kuhlendorf : ce village possède l'unique église à colombages d'Alsace. Édifiée en 1820 pour servir d'oratoire et d'école, elle célèbre le culte protestant. Sa construction ne diffère pas de celles des fermes des environs, œuvres des artisans locaux, qui n'ont pas requis d'architecte.

Le musée de l'Abri : à Hatten (67690). ☎ 03-88-80-14-90. • abrihatten.fr • *De mi-mars à mi-nov, tlj 10h-18h (17h en basse saison). Entrée : 7 € ; réduc. CB refusées. Compter 2-3h de visite.* Du 9 au 21 janvier 1945, de violents combats opposent Américains et Allemands. Le village sera entièrement détruit. On vient aujourd'hui à Hatten pour découvrir l'abri qui se situait à 1 km de la ligne Maginot. Impressionnant ! Comme à Schoenenbourg, on visite les lieux de casernement où ont été reconstitués offices, cuisines, infirmerie, dortoirs... À la surface, exposition de matériel et de véhicules militaires et petit musée consacré à l'impitoyable bataille de chars qui se déroula ici. Dans l'une des baraques, belle collection de maquettes, dans une autre, hommage rendu aux « malgré-nous », ces Alsaciens qui furent enrôlés de force par l'armée allemande...

– À Hatten toujours, la ***casemate d'infanterie Esch*** est un bon complément de visite. ☎ *03-88-80-96-19. • lignemaginot.com • Mai-sept, dim et j. fériés 10h-12h, 13h30-18h. Entrée : 3 € ; réduc.*

LA FORÊT DE HAGUENAU

Carte Le Nord (Bas-Rhin), C1-2

Avec 21 000 ha (dont 19 000 ha d'un seul tenant), c'est l'une des plus étendues de France. Au Moyen Âge, elle en faisait 60 000 ! Haguenau se construisit à partir du XIIe s sur la forêt même. Bois de construction, bois de chauffage, nourriture pour les bêtes, glands pour les porcs, tout était à portée de main. Les Hollandais achetèrent énormément de bois pour bâtir leurs navires. C'est Colbert qui mit fin à une déforestation qui devenait dangereuse (un début d'amorce de conscience écolo au XVIIe s, à signaler quand même !). Cette forêt attira également beaucoup d'ermites, et de nombreux couvents et de belles églises s'édifièrent autour. Elle devint la « sainte forêt de Haguenau ».

DANS LES ENVIRONS DE LA FORÊT DE HAGUENAU

Quelques villages à visiter, en lisière de forêt : ***Surbourg,*** pour sa belle collégiale, ***Walbourg,*** qui fut le site d'une célèbre abbaye bénédictine (rasée à la Révolution), pour son église Sainte-Walpurge du XVe s.

SOUFFLENHEIM (67620)

Au sud-est de la forêt, l'autre petite capitale de la poterie de l'Outre-Forêt. Seules les céramiques de Soufflenheim, plus poreuses qu'ailleurs, laissent passer doucement la chaleur et conviennent aux cuissons lentes. Colorées, admirées, elles ne sortent – comme le plat lui-même, jadis pitance ordinaire devenu mets de roi – que pour les grandes occasions ! C'est l'empereur Barberousse qui accorda le droit perpétuel aux habitants du village d'utiliser l'argile de Haguenau. Droit transmissible à tous les descendants mâles des potiers. C'est donc la poterie idéale pour la cuisson du *baeckeoffe,* plat rustique ancestral, genre de potée des familles qu'on faisait avec des restes de viande mélangés avec des pommes de terre, dans une terrine qu'on glissait dans le four *(offe)* du boulanger *(baecke)*. L'autre grand classique de la cuisine alsacienne, avec la choucroute, malheureusement encore trop rare dans les restaurants.

Adresse utile

Bureau d'accueil : *20 B, Grand-Rue. ☎ 03-88-86-74-90. • visitpaysrhenan.alsace • Juil-sept : lun-ven 9h30-12h30, 14h-17h30 ; plus sam et dim 9h30-13h. Avr-juin et déc : lun-ven 10h-12h, 14h-17h ; sam 9h30-13h. Le reste de l'année, se renseigner.*

Où manger ?

Restaurant À La Couronne : *21, Grand-Rue. ☎ 03-88-86-62-41. • restaurant.alacouronne@yahoo.fr • Tlj le midi, et le soir ven-sam. Formules 8-15 €, puis 38 € ; carte env 15 €.* Un resto qui fait dans la tradition, à prix doux, tenu par un couple d'une vraie gentillesse. Prenez le temps de savourer un filet de bœuf Rossini, un savoureux plat du terroir, ou la cuisine du marché, dans la chaleureuse salle fréquentée par de nombreux habitués.

Restaurant Au Bœuf : *48, Grand-Rue. ☎ 03-88-86-72-79. • resto@boeuf-soufflenheim.com • Tlj en continu. Congés : 24-25 déc et 31 déc-1er janv. Le midi en sem, formules 11,50-14 € ; menu 29 € ; carte env 29 €.* Vaste terrasse, noyée sous les géraniums, ou salle classique, décorée de jolies illustrations alsaciennes, pour goûter à une savoureuse et copieuse cuisine familiale. Si, comme son nom le suggère, on y sert de bonnes viandes de bœuf, la spécialité maison, régulièrement récompensée, est la bouchée à la reine, aussi architecturale qu'impressionnante ! Sur plusieurs étages, le restaurant ne désemplit pas, ce qui lui permet d'avoir du débit et une longue carte de plats alsaciens, de poissons, voire de plats végétariens. Service efficace, à l'image des horaires étendus. Chalets sur la terrasse en hiver...

À voir

Une curiosité : dans l'ancien ***cimetière fortifié*** (l'Oelberg), on trouve une cène grandeur nature en céramique, réalisée d'après celle de Léonard de Vinci.

HAGUENAU

(67500) 35 353 hab. *Carte Le Nord (Bas-Rhin), C2*

• Plan *p. 211*

La grande métropole industrielle et commerçante du nord de l'Alsace, à une trentaine de kilomètres de Strasbourg. Elle fut chef-lieu administratif des biens impériaux en Alsace, puis la plus importante des 10 villes qui composaient, au XIVe s, la Décapole. En 1191, Haguenau fut aussi le théâtre du jugement qui vit l'empereur Henri VI condamner Richard Cœur de Lion à une forte rançon au retour de la 3e croisade. Quasiment rien ne subsiste de ce prestigieux passé. L'armée du Roi-Soleil détruisit la ville en 1677. L'essentiel de son architecture date donc du XVIIIe s (c'est déjà pas si mal !).

Malheureusement, la ville connut de nouvelles destructions durant la terrible offensive de l'hiver 1944-1945. Malgré cela, le centre-ville piéton est agréable avec ses quelques beaux édifices du XVIIIe s et, surtout, quelques très intéressants musées.
Moins historique, c'est aussi ici que se fabrique une célèbre barre chocolatée (une technologie alimentaire compliquée) qui fait parfois les poignées d'amour de vos maris et les hanches plantureuses de vos épouses.

Adresse et infos utiles

Office de tourisme *(plan A2)* ***:*** *1, pl. Joseph-Thierry. ☎ 03-88-06-59-99. • visithaguenau.alsace • Tte l'année, mar-sam 9h30-12h et 13h30-17h30 (avr-juin et sept-nov, également dim et j. fériés 10h-12h et 13h30-17h30 ; juil-août et pdt marché de Noël, également lun-13h30-17h30, dim et j. fériés 10h-12h et 13h30-17h30). Fermé 1er janv, dim de Pâques, 1er mai, 1er nov et 25 déc.* En été, propose de nombreuses animations et des visites guidées gratuites de la ville *(également 1 audioguide 1 €)* et des musées. Accueil sympathique.

Gare SNCF *(plan A2)* ***:*** *☎ 36-35 (appel gratuit).* Trains TER pour Strasbourg, Hunspach, Wissembourg, Niederbronn et Bitche.

Cars pour Neuwiller-lès-Saverne et Saverne. Les transports urbains desservent Schweighouse-sur-Moder, Brumath... Rens à l'office de tourisme.

Où dormir ? Où manger ?

De bon marché à prix moyens

L'Ancienne Douane *(plan A2,* ***5****)* ***:*** *16, pl. d'Armes. ☎ 03-88-72-60-45. • lanciennedouane-haguenau@orange.fr • Tlj midi et soir. Tartes flambées 7-13 €. Formule du jour à partir de 9 €.* Après avoir connu plusieurs vies (grenier impérial, douane, entrepôt de marchandises puis salle des fêtes), ce vénérable bâtiment accueille maintenant une brasserie dans un décor traditionnel revisité rouge pimpant bien tonique. On y sert des spécialités régionales bien ficelées à accompagner d'une bière brassée maison ou d'un vin local. De plus, c'est un des seuls endroits en ville où manger une bonne tarte flambée à toute heure. En été, agréable terrasse sur la place piétonne, et chaleureuse véranda en hiver.

De prix moyens à chic

Hôtel-restaurant Les Pins *(hors plan par A2,* ***4****)* ***:*** *112, route de Strasbourg. ☎ 03-88-93-68-40. • contact@hotelrestaurantlespinshaguenau.com • hotelrestaurantlespinshaguenau.com • À env 3 km du centre. Resto fermé ven, sam midi, dim soir et lun midi. Doubles 56-90 €. Formules déj sauf dim 16-28,50 € ; menus 22-59 €.* Ne vous fiez pas à l'aspect motel de l'établissement. Une fois à l'intérieur du bâtiment, on découvre des chambres vastes et agréables, personnalisées, avec vue sur l'arrière ; certaines ont même une terrasse avec vue sur la forêt. La salle de restaurant est chaleureuse avec cheminée l'hiver et pergola l'été pour profiter de la forêt. L'hôtel héberge kangourous, poules et lapins. Succès garanti auprès des enfants. Sans oublier le perroquet qui siffle des airs connus pour vous accueillir !

Champ'Alsace *(plan A2,* ***3****)* ***:*** *1, rue Saint-Georges. ☎ 03-88-93-33-38. • centre@champ-alsace.com • champ-alsace.com • En face de la gare SNCF. Doubles 81-102 €. Parking. Apéritif maison offert sur présentation de ce guide.* Fonctionnel, simple et propre. L'un des rares hôtels du centre-ville, et, ça tombe bien, il a récemment été rénové.

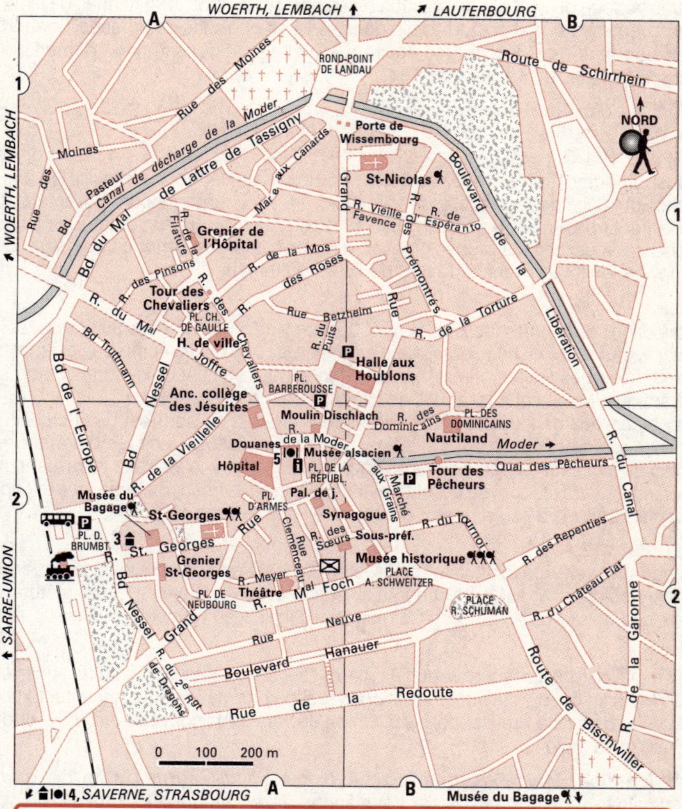

HAGUENAU

■ Adresse utile	Où dormir ? Où manger ?
Office de tourisme (A2)	**3** Champ'Alsace (A2) **4** Hôtel-restaurant Les Pins (hors plan par A2) **5** L'Ancienne Douane (A2)

À voir. À faire

– ***Attention,*** les musées de Haguenau sont tous fermés les lundis, mardis et certains jours fériés ! À signaler aussi (pour les autres jours !) un billet pour les 3 musées (historique, alsacien et du Bagage) : *6 € en plein tarif et 3 € tarif réduit, valable 2 j.*

Le Musée alsacien *(plan A2) : 1, pl. Joseph-Thierry. ☎ 03-88-06-59-99. 1er juil-15 sept, mer-dim 10h-12h30, 13h30-17h30 ; 16 sept-30 juin, mer-dim 14h-17h30. Fermé lun-mar et certains j. fériés. Entrée : 3 € ; réduc.* Abrité dans un édifice de 1486, qui servit de chancellerie à l'hôtel de ville médiéval jusqu'en 1790. Sur la façade, horloge astronomique datant de la restauration 1904 réalisée sur le modèle d'une horloge du XVIe s. La collection rassemble du mobilier traditionnel, de l'imagerie populaire et des costumes typiques, ainsi qu'une série de poteries montrant le savoir-faire des villages des environs. Quelques reconstitutions d'intérieurs caractéristiques complètent la visite.

Le Musée historique *(plan B2)* **:** *9, rue du Maréchal-Foch. ☎ 03-88-90-29-39. 1er juil-15 sept, mer-dim 10h-12h30 et 13h30-18h ; 16 sept-30 juin, mer-dim 14h-17h30. Fermé lun-mar et certains j. fériés. Entrée : 4 € ; réduc.* Édifice construit entre 1900 et 1905, de style néo-Renaissance, pour accueillir les antiquités du maire de l'époque, grand archéologue. Particulièrement représentatif de l'architecture allemande officielle entre 1870 et 1918. Il abrite aujourd'hui l'une des plus riches collections archéologiques d'Europe pour les périodes des âges du bronze et du fer (provenant de plus de 750 sépultures).

Sous-sol

Collections de la protohistoire à la période mérovingienne. De l'âge du bronze, colliers, épingles et très beaux bracelets à spires. De l'âge du fer, nombreux exemples de l'arrivée des Celtes. Intéressantes vitrines des techniques décoratives de la céramique. Magnifiques plaques de ceinture.

La plupart des découvertes furent effectuées à Seltz, au nord-est de Haguenau. Nos coups de cœur : l'atelier d'artisan du IIe s, un casque, une jambière et une fibule de légionnaires romains, le splendide Jupiter Taranis (cavalier terrassant un monstre) en grès rouge, de délicats petits bronzes et le trésor de Seltz, une exceptionnelle batterie de cuisine provenant d'une riche villa romaine.

Rez-de-chaussée

Période Moyen Âge. Statuaire médiévale d'églises, orfèvrerie religieuse, prédelle d'un retable du XVe s (Christ et apôtres), buste-reliquaire. Rare et ancien statutaire (livre des statuts) de la ville de 1450, monnaie, gobelets en vermeil des échevins, etc.

1er étage

Sur le palier, mobilier sculpté, buffets marquetés. Une salle consacrée aux guerres du XVIIe s (la guerre de Trente Ans), présentation d'armes et équipements. Exposition du trésor de Preuschdorf. Collection de verres Art nouveau, Art déco et de céramiques régionales.

L'église Saint-Georges *(plan A2)* **:** *rue Saint-Georges.* Une des plus originales qu'on connaisse par l'avalanche de styles qu'elle propose. Construite au XIIe s, achevée au XVIIe s. Chevet particulièrement composite mais pittoresque. Les petites tuiles patinées et moussues lui donnent un surcroît de charme.

Ses cloches, datant de 1268, sont les plus anciennes encore en service en Europe. À l'intérieur, nef romane aux massives arcades, fine chaire sculptée en pierre, confessionnaux en bois sculpté. Dans le transept gauche, joli petit retable avec Vierge déhanchée. Le chœur gothique fut construit suivant le modèle de celui de Strasbourg.

Dans le transept droit, Jugement dernier. Côté justes, pape, évêque, cardinal et bonne sœur ; côté méchants, que leurs têtes sont vilaines. Enfin, dans le chœur, le chef-d'œuvre de l'église, la tour eucharistique (ou custode), de style gothique fleuri (11 m de haut). Admirable travail de ciselage.

Le musée du Bagage *(plan A2)* **:** *5, rue Saint-Georges. ☎ 03-88-63-44-43. • museedubagage.com • De juil à mi-sept, mer-dim 10h-12h30, 13h30-18h ; mer-dim ap-m seulement le reste de l'année. Entrée : 4 € ; réduc. Visite guidée dim à 15h (comprise dans le tarif d'entrée) ; visite théâtralisée par le théâtre des Deux Haches, 1er sam du mois à 15h (comprise là aussi).* Dans le bâtiment fastueusement rétro de l'ancienne Banque de France, une curiosité initiée par 2 artisans malletiers et maroquiniers, spécialistes dans un domaine qui fait rêver, celui du voyage. Ici, on s'intéresse effectivement aux bagages, qui s'adaptent à chacun en fonction de ses besoins et de son rang (et quelle ingéniosité !). Étonnante collection de malles

(Vuitton !) et de valises qui rappellent l'époque épique des voyages en diligence, bateau et train, avant de s'aventurer dans les avions.

MAIS QUI ÉTAIT LOUIS VUITTON ?

Né en 1821 à Anchay, il devint « emballeur-malletier ». Ce métier consistait à emballer les affaires des riches qui partaient en voyage. Notamment celles de l'impératrice Eugénie. Très vite, il imagina des malles adaptées aux nouveaux transports : chemins de fer et paquebots. En 1896, on créa le monogramme LV pour lutter contre les contrefaçons (déjà !).

➢ ***Petite balade dans le centre-ville :*** Grand-Rue, peu avant l'église, s'élève l'*hôtel Barth*, de 1760 (aujourd'hui une banque). Beau balcon en fer forgé. À sa gauche, l'*hôtel du bailli Hoffmann*, de la même époque. Au 10, rue du Grenier, voir le *grenier Saint-Georges*. Construit en 1527 pour engranger la dîme. À l'angle de la rue du Château et de la rue de la Moder, l'*ancienne douane* du XVIe s. Au 104, Grand-Rue, *maison à pignon* avec bel oriel Renaissance. Console avec saint Michel terrassant le dragon. Toujours Grand-Rue, impressionnante *halle aux houblons* de 1867. Rue des Chevaliers, belle rangée de demeures XVIIIe s et, en fond, la *tour des Chevaliers*, vestige de l'enceinte médiévale.

L'église Saint-Nicolas (plan B1) **:** *au bout de la Grand-Rue, avt d'arriver à la porte de Wissembourg (autre témoin de l'enceinte).* Sa construction tint aux faveurs de Frédéric Barberousse avant qu'il n'entamât une croisade en 1189. Il n'en reste que la tour carrée. Reconstruite en gothique au XIIIe s.

Manifestations

- ***Quinzaine culturelle :*** *mars.* Un pays est mis à l'honneur au travers d'expositions, de spectacles, d'ateliers gastronomiques...
- ***Festival « Humour des notes » :*** *1 sem fin mai-début juin.* Un festival qui rassemble des artistes et groupes européens pour décliner musique, humour et fantaisie. Animations de rue, concerts et spectacles au théâtre de la ville.
- ***Marché des terroirs :*** *pl. de l'Hôtel-de-Ville, 1er dim de juil.*
- ***Festival du Houblon :*** *3e sem d'août.* Festival des rythmes et des couleurs du monde avec 500 danseurs et musiciens des 5 continents...
- ***Marchés de Noël :*** *dernier w-e de nov-30 déc.* Traditionnel marché de Noël *(le seul ouv tlj).* Également un « marché des artistes » *(1 w-e fin nov).*

DANS LES ENVIRONS DE HAGUENAU

BRUMATH *(67170)*

Brumath est un lieu de passage incontournable qu'on a fini par contourner, à 13 km au sud d'Haguenau et à 19 km au nord de Strasbourg : l'autoroute A 4 la contourne par l'ouest, la rivière Zorn traverse la ville et le canal de la Marne au Rhin la longe par le sud-ouest (il relie Strasbourg à Vitry-le-François via Nancy). Une piste cyclable aménagée sur l'ancien chemin de halage permet de relier Strasbourg à Saverne via Brumath à vélo.

Que vous dire d'autre ? Brocomagus (Brumath) est fondée par une tribu celte vers 600 av. J.-C. Vers 60 av. J.-C., elle devient la capitale des Triboques. Entre 14 et 15 av. J.-C., Brocomagus, capitale civile de l'Alsace, faisait partie des places fortes du Rhin supérieur. De nombreux vestiges de ce passé sont présentés au Musée archéologique situé dans le sous-sol du temple protestant, ancien château de résidence des Hanau-Lichtenberg *(☎ 03-88-51-05-15).*

À voir. À faire

Le jardin de l'Escalier : *10, rue de Pfaffenhoffen. 06-08-69-55-68. • parcetjardins.fr • Par l'A 4 de Strasbourg. Début mai-fin sept, jeu-dim 14h-18h. Entrée : 5 € ; réduc.* Un jardin jalonné de sculptures contemporaines et arrangé en plusieurs espaces intimistes : le jardin zen et sa bambouseraie, où le visiteur peut se reposer face à une fontaine apaisante, le potager en carrés, dont on peut apprécier la vue du haut d'une cabane perchée dans les arbres, ou encore un verger. Labellisé « Jardin remarquable » par le ministère de la Culture en 2007, après 10 ans d'existence. On peut juste y prendre un verre, mais aussi bruncher le dimanche sur réservation. On peut aussi séjourner dans des chambres claires et tranquilles, ou s'installer au cœur même du jardin dans un pavillon aux allures japonaises *(double 115 € en saison).*

LE SUD (HAUT-RHIN)

Carte *p. 217*

Tout ce qui fait l'identité alsacienne se trouve ici, à commencer par Colmar, la plus alsacienne des villes d'Alsace, célèbre pour la beauté et le romantisme de sa « Petite Venise », témoin merveilleux de ce que la civilisation rhénane a donné de meilleur à cette partie de l'Europe...
Puis, de Colmar, on part flâner sur la route des Vins d'Alsace, pour explorer tout un monde chaleureux, propre et coquet, à l'image des maisons à colombages aux murs multicolores, débordant de géraniums aux fenêtres. Ainsi, de Saint-Hippolyte, au nord, jusqu'à Thann, au sud des Vosges, on découvre une succession de vieux villages fortifiés hors du temps, miraculeusement préservés des guerres et soigneusement bichonnés. Nos endroits préférés se nomment Turckheim, Bergheim, Gueberschwihr, mais aussi – bien que beaucoup plus touristiques – Eguisheim, Kaysersberg, Riquewihr, Hunawihr ou Ribeauvillé, qu'on visite de préférence au printemps ou à l'automne, plus propices aux balades sereines dans des paysages de rêve.
Ces villages aux allures de contes de fées, proches les uns des autres, sont éparpillés au pied des douces collines vosgiennes, qui montent la garde dans l'arrière-pays verdoyant, enrobé de forêts de sapins, hérissé de ruines de châteaux forts perchés sur des nids d'aigle et dominant la plaine du Rhin.
Ensuite, de belles vallées s'enfoncent dans ces montagnes : comme celle de Munster, célèbre pour son savoureux fromage et ses nombreuses fermes-auberges, la vallée de la Lauch où se cache l'abbaye de Murbach, la vallée de la Thur et celle de la Doller. Autant de points de départ d'étonnantes randonnées à la découverte des lacs d'altitude, des hautes chaumes ; bref, tout un patrimoine naturel unique, naguère labouré par les bombes de la Grande Guerre, et aujourd'hui protégé car inscrit dans le parc naturel régional des Ballons des Vosges...
Et voilà qu'en redescendant vers la plaine apparaît Mulhouse, ville emblématique de la civilisation industrielle, au joli centre ancien. Mulhouse concentre un nombre impressionnant de musées formidables, dont la somptueuse Cité de l'Automobile (collection Schlumpf), l'une des plus importantes collections au monde !
Et pour finir, l'extrême sud nous mène dans le Sundgau et son proche voisin, le Jura alsacien, aux paysages trop méconnus. Ici, pas de vignes, peu de touristes, mais de superbes décors naturels sauvages où alternent collines et vallons verdoyants, à la frontière de la Suisse. Autre dimension de la tradition alsacienne, on y découvre un art de vivre et un monde qui se moquent des clichés, tout en dégustant la carpe frite, grande spécialité culinaire de ce petit coin d'Alsace authentique, discret, calme et reposant.

LA SENSATION « SÈCHE-CHEVEUX »

Le foehn est un vent fort qui se réchauffe en montant sur les Vosges. Il devient chaud quand il redescend sur la plaine d'Alsace. Pas étonnant que Foehn *signifie « sèche-cheveux » en allemand.*

NATURE, PLEIN AIR ET CULTURE

De la plaine du Rhin aux monts des Vosges en passant par la route des Vins, le Sud (Haut-Rhin) se découvre en extérieur. Certains le feront ***à pied*** (voir la présentation dans le chapitre « Hommes, culture, environnement. Randonnées »). Essentiellement le long des sentiers du parc naturel régional des Ballons des Vosges, très dynamique (expos, ateliers, rencontres, guide spécial enfants... voir aussi ci-après « Adresses et infos utiles »).
Également de belles ***balades à vélo*** le long du célèbre fleuve frontalier par la *Véloroute Rhin* – 415 km entre Wiesbaden (Allemagne) et Bâle –, ou encore via la remarquable *Route Verte* reliant, par pistes cyclables aménagées sur plus de 250 km, les Vosges à la Forêt-Noire en passant par la Haute-Alsace. Et pour pédaler à travers les vignes, quelques balisages le long de la route des Vins. Sans oublier les nombreux chemins tracés en forêt vosgienne pour les VTT... Dans l'ensemble, les aménagements sont d'une remarquable qualité et comblent les cyclotouristes novices ou réguliers. À noter, en vente dans les offices de tourisme, une carte IGN du Sud à vélo.
Plus reposant, le coin se découvre aussi à travers ses nombreux ***jardins,*** ouverts au public dès les 1ers beaux jours. Quant à la ***route romane d'Alsace,*** elle présente d'une façon originale le patrimoine alsacien de cette période, notamment les églises de Kaysersberg, Murbach ou Guebwiller.
Autre ***route,*** celle ***du Judaïsme*** traverse toute l'Alsace à la rencontre de musées, cimetières, lieux de culte ou villages à découvrir sur ce thème. Dans le Sud, ses principales étapes sont situées autour de Colmar et de Soultz (● *judaisme.sdv.fr* ●).

AU PAYS DES WINSTUBS ET DES FERMES-AUBERGES

Alsace, terre du bien-manger ! Certes... Vous pouvez vous offrir une virée gastronomique si ça vous tente... mais attention aux prix car la clientèle, qui vient bien souvent de Suisse ou d'outre-Rhin, possède un pouvoir d'achat qui n'est pas toujours le même qu'en France. La solution, c'est la ***winstub,*** ou *wistub,* ancien débit de vin du village, devenu bistrot à la déco traditionnelle, où l'on peut partager une tarte flambée, un *baeckeoffe,* une choucroute, dans une ambiance bon enfant. Certaines sont devenues avec le temps de vraies étapes gastronomiques. Autre formule, les ***fermes-auberges,*** où l'on peut souvent manger et dormir, combinent tourisme et agriculture. Dans un cadre montagnard typique, on y sert les produits de la ferme présentés simplement dans une formule unique, le *repas marcaire* : potages, tourtes ou plats copieux, fromages, tartes... Un guide complet en vente dans les offices de tourisme recense l'ensemble de ces fermes-auberges. Hors saison, il est indispensable de téléphoner pour réserver. La plupart d'entre elles se situent dans le massif des Vosges, autour de Thann, Munster, Guebwiller... Parfois isolées au bout de chemins minés de nids-de-poule, y accéder se mérite !

Adresses et infos utiles

ℹ ***Alsace Destination Tourisme :*** *1, rue Camille-Schlumberger, BP 60337, 68006 Colmar Cedex.* ☎ *03-89-20-10-68.* ● *alsace-destination-tourisme.com* ● Pour obtenir des informations générales sur le Sud (Haut-Rhin) : les gîtes ruraux, les fermes-auberges, les randonnées, les stations de ski, la route des Vins, les sites historiques et culturels, etc.

■ ***Parc naturel régional des Ballons des Vosges :*** ☎ *03-89-77-90-20.* ● *parc-ballons-vosges.fr* ● Se reporter aussi au chapitre « Hommes, culture, environnement » en fin de guide.

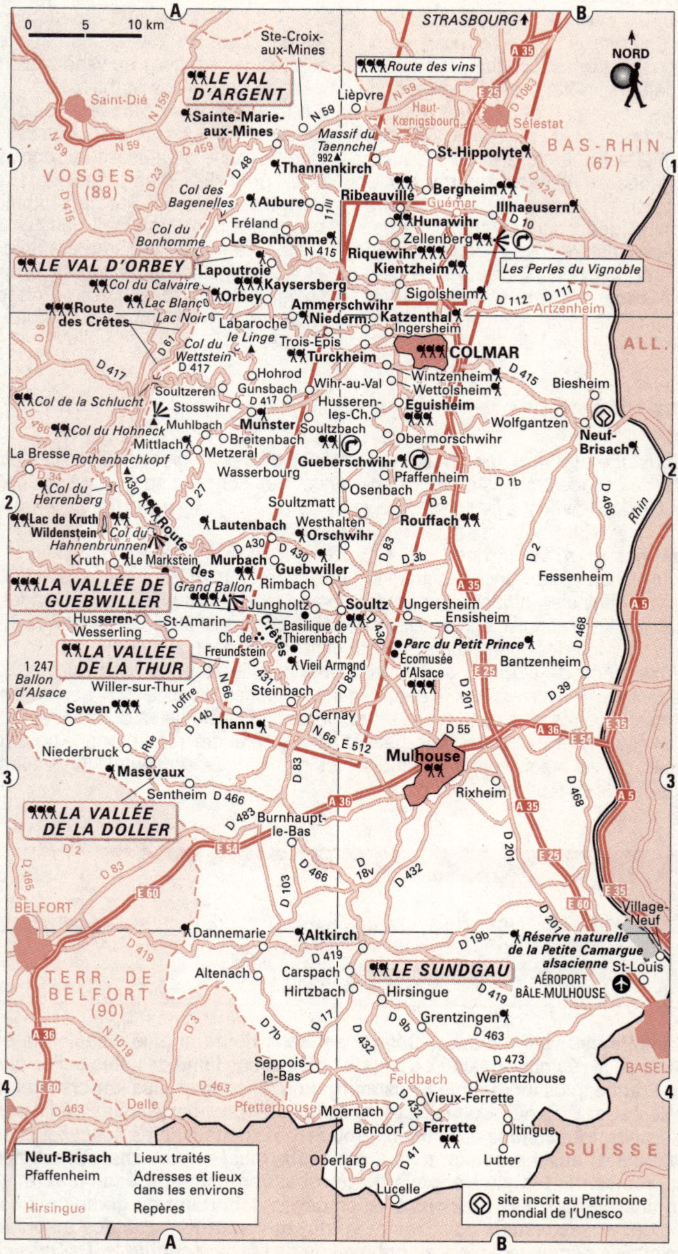

LE SUD (HAUT-RHIN)

■ ***Horizons d'Alsace :*** *28, rue du Général-Dufieux, 68650* ***Lapoutroie.*** *☎ 03-89-78-35-20.* • *horizons-alsace.com* • Cette association, regroupant plusieurs hôtels de la région de Kaysersberg, propose des randos-balades à pied, à vélo, à VTT ou à raquettes, à la carte et sans soucis ; les bagages étant transportés par les hôteliers d'une étape à l'autre. Une très bonne idée pour marcher librement avec la perspective alléchante d'une bonne table pour dîner le soir venu !

■ ***Maison des vins d'Alsace (CIVA) :*** *12, av. de la Foire-aux-Vins, BP 11217, 68012* ***Colmar.*** *☎ 03-89-20-16-20.* • *vinsalsace.com* • Infos sur la route des Vins d'Alsace, ses producteurs, les cépages, les animations dans les villages, les périodes de vendanges et de fêtes, les caves visitables...

– ***Museums Pass Musées :*** plus de détails dans « Alsace utile. Musées ». Une trentaine de musées est concernée, dont les plus importants et incontournables : la Cité de l'Automobile (collection Schlumpf), la Cité du Train et le musée de l'Impression sur étoffes à Mulhouse, le musée Unterlinden à Colmar, l'écomusée d'Alsace à Ungersheim, le musée Bartholdi à Colmar, etc.

Manifestations

– ***Musique et tourisme :*** l'Alsace – « pays des orgues » – présente l'une des plus grandes concentrations d'orgues en France. Des concerts sont organisés dans tout le département d'avril à octobre. *Infos auprès de l'association Découverte des orgues d'Alsace :* • *decouverte/orgue.free.fr* •

– ***Le Fascinant Week-end :*** *oct.* • *routedesvins.alsace* • *fascinant-weekend.fr* • Pour découvrir le vignoble autrement, une série de manifestations très variées, parfois originales, organisées dans les domaines partenaires. Entre les balades à pied, à vélo, à scooter, et bien sûr les dégustations classiques ou thématiques, il y en a pour tous les goûts. Ludique, instructif et hautement gustatif !

– ***Traditions de Noël :*** tous les ans, Noël est fêté tout au long du mois de décembre, et à travers tout le département : marchés, illuminations, décorations, festivals, concerts, calendrier géant de l'Avent... Les touristes du monde entier sont également au rendez-vous, pensez à vous y prendre très à l'avance pour vos résas, car les hôtels sont souvent réservés d'une année sur l'autre ! Infos auprès des offices de tourisme.

COLMAR (68000) 71 445 hab. *Carte Le Sud (Haut-Rhin), B2*

• Plan *p. 220-221*

Capitale des vins d'Alsace, Colmar est sans doute la plus alsacienne des villes de la région. Considérée à juste titre comme l'une des plus belles cités de France, plus intime que Strasbourg ou Mulhouse et plus importante que Sélestat et Obernai, Colmar a tout pour plaire aux nostalgiques de l'Alsace éternelle, tout comme aux curieux, soucieux de découvrir les richesses d'une ville qui vit aussi avec son temps : de beaux musées, des chefs prestigieux qui réinventent la gastronomie du terroir... Son cachet rhénan lui confère un charme fou ! Les maisons à colombages débordant de géraniums sont légion, et ses canaux paisibles et verdoyants sont romantiques à souhait. La cité se découvre à pied, au rythme lent de l'Alsace souriante. Par miracle, elle a survécu aux guerres et à l'usure du temps, et sa proximité immédiate avec la route des Vins d'Alsace est un atout supplémentaire. Bref, la ville de

Bartholdi – le père de la statue de la Liberté y est né – est une superbe étape au cœur de l'Alsace ! Qui plus est dotée d'un microclimat qui en fait l'une des villes les moins humides de France... Alors, prenez des forces, car Colmar se découvre de jour comme de nuit, grâce à l'illumination de ses plus beaux bâtiments. En avril pour l'événement « Colmar fête le Printemps », en juillet pendant le festival de musique classique et en décembre à l'occasion des fêtes de Noël.

UN PEU D'HISTOIRE

Tout a commencé sur les berges de la Lauch, affluent de l'Ill, où Charlemagne installe l'une de ses résidences secondaires. Avec un parrain aussi ambitieux, le lieu-dit *Columbarium* (« pigeonnier » en latin) ne pouvait qu'échapper à la banalité ! Son destin au cœur du monde rhénan et de l'Europe s'esquissa bien avant l'an 1000. À l'époque, le « domaine des Colombes », qui devient Columbra, puis Colmar, n'est qu'une petite cité qui voit passer plus de cigognes dans son ciel que de colombes ! Mais déjà la résidence impériale est entourée d'un vignoble prospère, et la ville s'enrichit avec le commerce du vin. Elle devient au Moyen Âge une cité florissante, confortée par sa position de carrefour à la croisée des grandes routes commerciales européennes, et toute proche du Rhin, plus grande voie fluviale du continent.

UNE VILLE QUI EN A VU DE TOUTES LES COULEURS !

Eh non, toutes les façades des maraîchers n'étaient pas peintes en vert, ni en blanc celle des boulangers, ni en rouge sang-de-bœuf celles des bouchers... Les couleurs saturées ont été rendues possibles avec l'invention des pigments artificiels développés par l'industrie pétrochimique allemande en 1870. Avant, la ville était blanc cassé, jaune pâle, ocre : que des pigments naturels. Alors, pourquoi cette image d'une Alsace en rouge et blanc ? Les géraniums, pardi !

Ville libre du Saint Empire romain germanique

Les marchands colmariens expédient leurs marchandises – du vin surtout – dans tout l'empire, grâce aux 3 ponts sur le Rhin : Bâle, Brisach et Strasbourg-Kehl. Des fortunes se constituent rapidement ! Les bourgeois, plus que les nobles, dirigent les affaires publiques de la cité. Dès 1216, bien avant la France, une sorte de « démocratie bourgeoise » est instaurée, appuyée par un conseil municipal puissamment organisé. La ville est dotée de privilèges et entourée de remparts qui suscitent bien des convoitises ! L'évêque de Strasbourg décide de faire main basse sur cette petite cité prospère (1261). Défenseur ardent de l'indépendance, le prévôt Jean Roesselmann résiste jusqu'au bout avec l'aide de Rodolphe de Habsbourg, protecteur de Colmar. La ville, intégrée au Saint Empire, dépend directement de ce souverain installé dans l'actuelle Vienne, en Autriche. Charles IV, empereur du Saint Empire, membre de la maison du Luxembourg, fonde alors la Décapole, une ligue de 10 villes fédérées au nom du commerce et de la solidarité, dont Colmar deviendra le siège : on y trouve Haguenau, Wissembourg, Obernai, Sélestat, Rosheim, Kaysersberg, Munster, Turckheim, Mulhouse et Colmar, mais pas Strasbourg !

Un joyau de la civilisation rhénane

Sous l'impulsion de cet essor économique et spirituel, la ville s'embellit. De nombreux monuments sortent de terre comme la collégiale Saint-Martin, une kyrielle de couvents (dominicains, franciscains...), une ribambelle de maisons patriciennes

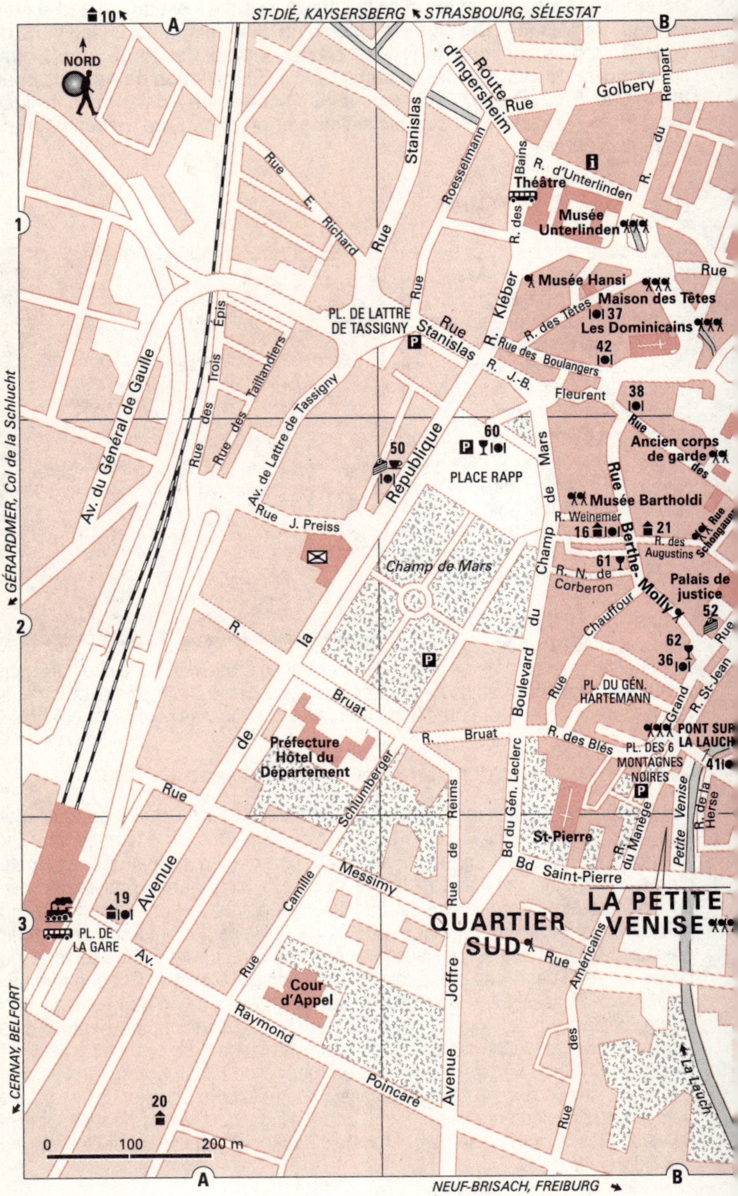

10
ST-DIÉ, KAYSERSBERG
STRASBOURG, SÉLESTAT
NORD
GÉRARDMER, Col de la Schlucht
CERNAY, BELFORT
NEUF-BRISACH, FREIBURG
Route d'Ingersheim
Rue Golbery
Rue du Rempart
Rue E. Richard
Rue Stanislas
Roesselmann
R. des Bains
R. d'Unterlinden
Théâtre
Musée Unterlinden
Musée Hansi
Maison des Têtes
R. des Têtes
37
Les Dominicains
42
Rue des Boulangers
R. J.-B. Fleurent
38
PL. DE LATTRE DE TASSIGNY
Rue Stanislas
R. Kléber
Rue des Trois Épis
Rue des Taillandiers
Av. du Général de Gaulle
Av. de Lattre de Tassigny
50
60
PLACE RAPP
Rue de la République
Rue J. Preiss
Champ de Mars
Ancien corps de garde
Rue des Marchands
Musée Bartholdi
R. Weinemer
16
21
R. des Augustins
Rue Schongauer
61
R. N. de Corberon
Rue Berthe-Molly
Palais de justice
Chauffour
52
62
36
Boulevard du Champ de Mars
Rue Grand
R. St-Jean
PL. DU GÉN. HARTEMANN
R. Bruat
Rue Bruat
R. des Blés
PONT SUR LA LAUCH
PL. DES 6 MONTAGNES NOIRES
41
Préfecture Hôtel du Département
Schlumberger
Rue de Reims
Bd du Gén. Leclerc
R. du Manège
Petite Venise
R. de la Herse
St-Pierre
Bd Saint-Pierre
Rue Messimy
LA PETITE VENISE
QUARTIER SUD
Avenue Joffre
Rue des Américains
19
PL. DE LA GARE
Avenue Raymond Poincaré
Rue Camille
Cour d'Appel
La Lauch
20
0
100
200 m
A
B
1
2
3

Adresse utile

Office de tourisme (B1)

Où dormir ?

10 Auberge de jeunesse Mittelharth (hors plan par A1)
11 La Cour de l'Ange - Maison Jund (C1)
13 Hôtel Les Maraîchers (hors plan par C3)
14 Hôtel Turenne (C3)
15 Hôtel Saint-Martin (C2)
16 Hôtel Le Rapp (B2)
17 Résidence Odalys La Rose d'Argent (hors plan par C1)
18 Hôtel Le Colombier (C2)
19 Best Western Grand Hôtel Bristol (A3)
20 Villa Élyane (A3)
21 Hôtel Quatorze (B2)

Où manger ?

19 L'Auberge (A3)
30 Tables du marché couvert (C2)
31 Auberge du Neuland (hors plan par C3)
32 Jadis et Gourmande (C2)
33 La Kilbe (hors plan par C1)
34 Restaurant-cave à vins Le Petit Bidon (C1)
35 Aux Trois Poissons (C2)
36 La Stub (B2)
37 La brasserie historique de la Maison des Têtes (B1)
38 La Cocotte de Grand-Mère (B1)
39 Aux Amis de la Lauch (hors plan par C3)
40 L'Épicurien (C2)
41 Wistub Brenner (B2)
42 Bartholdi (B1)
43 Wistub de la Petite Venise (C2)

Où boire un café ? Où déguster une pâtisserie ?

32 Jadis et Gourmande (C2)
50 Pâtisserie Schmitt (B2)
52 Pâtisserie Gilg (B2)
53 L'Atelier de Yann (C2)

Où boire un verre ? Où sortir ?

60 Café Rapp (B2)
61 L'Un des Sens (B2)
62 Les 3 Singes (B2)
63 Le Grillen (hors plan par C2)

Où acheter de bons produits ?

11 Domaine Martin Jund (C1)
70 Domaine Karcher Robert et Fils (C1)
71 Fromagerie Saint-Nicolas (C1)
72 Sézanne (C2)

COLMAR

opulentes. Avec les commerçants, les moines stimulent à leur façon la religion (catholique) et l'activité artistique. Ainsi, l'école rhénane trouve à Colmar un de ses creusets les plus féconds, avec des peintres et des graveurs de renom, tels Martin Schongauer, Matthias Grünewald...

Alsacienne, française, européenne et colmarienne

Annexée comme le reste de l'Alsace à l'Empire allemand fondé par Bismarck en 1870, Colmar demeure, pendant cette période de germanisation accélérée, une sorte de capitale de la « fidélité » et de la mémoire. Beaucoup de Colmariens choisissent l'exil, à l'image du sculpteur Bartholdi, qui part chercher des idées de liberté en Amérique ! Et ceux qui restent résistent. Certains même jouent les empêcheurs de tourner en rond, comme l'écrivain et illustrateur Jean-Jacques Waltz, plus connu sous le nom de Hansi. Son arme : la plume et le pinceau. Au travers de ses innombrables aquarelles et dessins, il fustige la présence allemande dans sa région, jamais très méchamment, mais toujours avec un œil acerbe et une ironie mordante. Publiés à la veille de la 1re Guerre mondiale, son *Histoire d'Alsace racontée aux petits enfants de France* et *Mon village* demeurent de violents manifestes politiques dénonçant le ridicule des maîtres prussiens. En tant qu'illustrateur, il fait figure de précurseur d'un style original : la fameuse « ligne claire », utilisée bien plus tard par les auteurs de B.D., Hergé en tête.
De nouveau occupée par les armées allemandes pendant la 2de Guerre mondiale, Colmar est libérée le 2 février 1945 par la 1re armée du général de Lattre de Tassigny, au terme de combats féroces liquidant la fameuse « poche de Colmar », située dans les villages environnants où campaient les soldats allemands. Si les faubourgs de la cité sont gravement endommagés, le vieux Colmar, lui, est préservé ; de Lattre ayant donné l'ordre de l'épargner au maximum.
Avec le statut de « secteur sauvegardé », la vieille ville bénéficie d'ailleurs d'un plan permanent de restauration, et nombreux sont les édifices classés Monuments historiques. Ainsi, Colmar joue à fond la carte de ville d'art et d'histoire, tout en restant une cité dynamique sur le plan économique, parfaitement située au cœur de l'Alsace et de l'Europe.

Adresses et infos utiles

Office de tourisme *(plan B1) : pl. Unterlinden. ☎ 03-89-20-68-92. Résas de séjour et d'hébergement : ☎ 03-89-20-69-09. • tourisme-colmar.com • Lun-sam 9h-18h (17h janv-mars), dim et j. fériés 10h-13h (plus 14h-17h fin nov-fin déc et certains j. fériés).* Plan de la ville, visites guidées à thème (payantes) du vieux Colmar toute l'année, vente du *City Pass,* liste des hébergements, agenda culturel... Accueil sympa et compétent.

Gare SNCF *(plan A3) : 9, pl. de la Gare. ☎ 36-35 (appel gratuit). • sncf-connect • ter.sncf.com/grand-est •* Liaisons TGV quotidiennes avec Paris-Est. Nombreux TER tlj sur les lignes ***Strasbourg-Mulhouse-Bâle*** et ***Colmar-Munster-Metzeral.***

Arrêts des bus : *pl. de la gare (plan A3) et au théâtre pour certaines lignes. • fluo.eu • haut-rhin.fr •* Plusieurs bus/j. sauf dim avec les villages de la route des Vins d'Alsace, et des vallées de Kaysersberg, Munster... L'été, ven-dim, une navette propose un forfait à la journée permettant de monter et de descendre à volonté pdt 1 journée dans les principaux villages du vignoble *(• kutzig.fr •).* Également un bus-navette de Noël (Kaysersberg, Riquewihr, Ribeauvillé et Eguisheim ; les 4 w-e de l'Avent seulement). De son côté, le réseau ***TRACE*** *(☎ 03-89-20-80-80 ; • trace-colmar.fr •)* sillonne Colmar et ses proches environs. Dans l'hypercentre, c'est carrément une navette électrique gratuite qui assure le job. Super !

Taxis : avec les compagnies ***Allô Taxis Services*** *(☎ 09-70-35-84-89),* ***A3TM Taxi Michèle*** *(06-72-94-65-55).*

Location de vélos : *chez* ***Lulu Cycles*** *(plan A2 ; 28, av. de-Lattre-de-Tassigny ; ☎ 03-89-41-42-66 ; ● lulucycles.com ●), pas loin de la gare ;* ***Colmar Vélos*** *(plan A3 ; 9, pl. de la Gare ; ☎ 03-89-41-37-90 ; ● velodocteurs.com ●), à la gare, près de la station de taxis. Compter 13 €/j., dégressif. Loc de vélos électriques en libre-service (37, rue Turenne), résas en ligne sur ● levelolibre.fr ●*

– **Marchés :** *d'abord le* ***marché couvert*** *(plan C2), 13, rue des Écoles ; tlj sauf lun. Également des marchés sam mat, pl. Saint-Joseph ; et jeu mat autour du marché couvert, à l'ambiance traditionnelle : beaux étalages, fruits et légumes de saison... Sans oublier le* ***marché aux antiquités*** *(plan B1) : ven, pl. des Dominicains.*

– **Bon à savoir :** la plupart des restaurants sont fermés le dimanche et le lundi, et les musées le lundi ou le mardi.

Où dormir ?

Auberge de jeunesse

Auberge de jeunesse Mittelharth *(hors plan par A1,* ***10****) : 2, rue Pasteur. ☎ 03-89-80-57-39. ● auberge.jeunesse@colmar.fr ● colmar.fr/auberge-jeunesse ● De la gare, bus n° 3, arrêt « Auberge-de-Jeunesse », ou compter 15 mn à pied. ♿ Congés : de fin déc à mi-janv. Résa en ligne conseillée. Lit en dortoir non mixte (5-9 pers) 14 €/pers ; env 19 €/pers en chambres (2-4 lits) ; petit déj 6 € (draps en sus, compter 7 €/pers) ; double (lits superposés) env 23 €/pers. Parking.* Grand bâtiment moderne mais un peu vieillissant, très bien tenu et calme. À dispo : 120 lits superposés, dispatchés dans des dortoirs et chambres doubles, triples et quadruples, le tout très simple et correct. En revanche, les sanitaires communs sont récents, et on a accès à la cuisine, la salle TV, et, gros plus, à un jardin agréable (ping-pong et barbecue).

De bon marché à prix moyens

La Cour de l'Ange – Maison Jund *(plan C1,* ***11****) : 12, rue de l'Ange. ☎ 03-89-41-58-72. ● location.alsace68@gmail.com ● location.alsace ● Doubles 68-96 € ; apparts (2-5 pers) 100-120 €. Réduc de 10 % sur le prix de la chambre (janv-nov) sur présentation de ce guide.* En plein cœur de Colmar, une belle maison vigneronne du XVIe s dans la même famille de longue date, qui s'articule autour d'une paisible courette fleurie. L'originalité ici, c'est que chaque membre de la famille s'occupe de ses propres hébergements : chacun son style ! Dans l'ensemble, c'est cosy et mignon (w-c ou salle de bains parfois sur le palier). Une adresse simple et efficace, impeccablement tenue par une famille de vignerons bio sympa, produisant sur un domaine de 18 ha les cépages alsaciens classiques. Visite, dégustation et boutique sur place.

De prix moyens à chic

Hôtel Les Maraîchers *(hors plan par C3,* ***13****) : 83, route de Bâle. ☎ 03-89-24-14-79. ● info@les-maraichers.com ● les-maraichers.com ● ♿ À 15 mn à pied du vieux Colmar. Resto fermé sam midi. Doubles 54-140 € ; chambre familiale ; petit déj-buffet 11 €. Parking.* Excentré et pris en sandwich entre 2 routes passantes, cet hôtel de passage – parfaitement isolé – propose une soixantaine de belles chambres confortables et modernes, voire un brin design pour les *premium*, plus spacieuses. Resto sur place. Excellent rapport qualité-prix-accueil.

Hôtel Turenne *(plan C3,* ***14****) : 10, route de Bâle. ☎ 03-89-21-58-58. ● infos@turenne.com ● turenne.com ● ♿ À 5 mn à pied du centre historique. Doubles 62-180 € ; chambre familiale ; petit déj-buffet 11 €. Parking payant (10 €).* L'hôtel est constitué d'un ensemble de bâtiments largement fleuris, qui abritent 93 chambres réparties en 3 catégories, un patio-terrasse, et un spa. L'ensemble vient d'être entièrement rénové de façon chaleureuse et contemporaine. Accueil souriant et disponible.

Hôtel Saint-Martin *(plan C2, **15**) : 38, Grand-Rue. ☎ 03-89-24-11-51. • colmar@hotel-saint-martin.com • hotel-saint-martin.com • ♿ Doubles à partir de 72 € ; petit déj-buffet 12 €.* La belle adresse du centre ancien ! Cette vieille façade traditionnelle pittoresque cache une quarantaine de chambres réparties aussi dans d'autres bâtiments anciens attenants. Chambres plus ou moins spacieuses, parfaitement équipées et tenues, avec quelques variantes dans l'allure traditionnelle. Petite cour intérieure. Bon accueil.

De chic à plus chic

Hôtel Le Rapp *(plan B2, **16**) : 1-3-5, rue Weinemer. ☎ 03-89-41-62-10. • rapp-hotel@calixo.net • rapp-hotel.com • ♿ Resto fermé dim-lun. Congés : resto janv-avr. Doubles 95-250 € ; chambre familiale ; petit déj-buffet 18 €. Parking payant.* Situé dans une ruelle tranquille du centre historique, ce vieil hôtel a fait peau neuve. Une quarantaine de chambres confortables et toutes rénovées avec une touche contemporaine discrète et pratique. Piscinette, sauna et hammam au sous-sol ; massages possibles sur demande. Resto sur place *(fermé dim-lun et sam midi).* Bref, un 4-étoiles à prix raisonnables (sauf le petit déj, mais bon, les produits sont frais et locaux).

Résidence Odalys La Rose d'Argent *(hors plan par C1, **17**) : 15, av. d'Alsace. ☎ 03-89-20-75-38. • rosedargent@odalys.fr • odalys-vacances.com • Studios et apparts (2-4 pers) 140-230 €. Parking payant (12 €).* À 2 pas du vieux Colmar, cette grande structure en bord d'avenue – mais très bien isolée – propose des appartements confortables (clim, kitchenette équipée...) et pratiques, à la déco contemporaine soignée. Ils sont répartis entre la bâtisse principale (où se trouvent la salle de petit déj, la piscine couverte chauffée et la salle de fitness), et une annexe aménagée dans une maison de ville modernisée, reliée de façon insolite par un couloir vitré. Accueil sympa. Une bonne adresse.

Best Western Grand Hôtel Bristol *(plan A3, **19**) : 7, pl. de la Gare. ☎ 03-89-23-59-59. • reservation@grand-hotel-bristol.com • grand-hotel-bristol.com • ♿ Face à la gare. Doubles 90-300 €, petit déj inclus. Parking payant (15 €).* Que l'adresse ne vous fasse pas hésiter : l'environnement de l'hôtel est bien. Chambres spacieuses, certaines de style traditionnel et d'autres modernes ; toutes soignées et bien insonorisées. Également un espace détente : fitness, sauna, hammam *(15h-21h ; inclus).* Réception et salons viennent d'être joliment rénovés. Bon resto sur place, la brasserie ***L'Auberge,*** plébiscitée par les gens du cru (voir plus loin « Où manger ? »).

Hôtel Le Colombier *(plan C2, **18**) : 7, rue de Turenne. ☎ 03-89-23-96-00. • info@hotel-le-colombier.fr • hotel-le-colombier.fr • ♿ Doubles 104-192 € ; petit déj-buffet 16 €. Parking 25 €. Loc de vélos.* Une adresse de charme idéalement située au cœur de la Petite Venise : murs à colombages et tourelle, cour pavée pour prendre le petit déj, et escalier hélicoïdal aérien. Déco qui joue la sobriété et le design. Toujours dans cette tonalité générale, une cinquantaine de chambres agréables et tout confort ; vraiment spacieuses, avec baignoire, et traversantes pour les plus onéreuses. Nos préférées donnent sur la cour. Propose aussi – à 2 pas – des chambres un peu plus cossues mais sensiblement aux mêmes tarifs au ***Colombier Suites*** *(11, rue de la Poissonnerie ; • info@colombier-suites.com • colombier-suites.com •),* mariant à merveille architecture ancienne et moderne. Accueil pro et sympa.

Villa Élyane *(plan A3, **20**) : 26 A, rue Camille-Schlumberger. 📱 06-99-04-55-23. • contact@villa-elyane.com • villa-elyane.com • Suites (2-4 pers) 163-248 €. Parking inclus.* Au cœur d'un quartier résidentiel vert et chic – à 10 mn à pied du vieux Colmar –, cette maison de maître des Années folles, aux pittoresques intérieurs de bois, offre 5 suites bien confortables et aménagées dans un style contemporain qui nous plaît. Certaines disposent d'une terrasse, et les plus spacieuses (et plus chères) peuvent accueillir une famille. Sauna ; vélos à disposition.

Beaucoup plus chic

Hôtel Quatorze (plan B2, **21**) : *14, rue des Augustins. ☎ 03-89-20-45-20. • info@hotelquatorze.com • hotelquatorze.com • Doubles 110-220 € ; petit déj-buffet 16 €. Parking privé payant (18 €).* Idéalement placé au cœur de la vieille ville, petit hôtel de caractère proposant – dans un bâtiment ancien – 13 chambres et suites tout confort, dont la déco répond aux codes du design contemporain : meubles épurés dans les tons noir et blanc, salles de bains ouvertes sur les chambres ; le tout rehaussé de toiles colorées. Les chambres supérieures offrent douche et baignoire. Petite cour au mobilier coloré. Piano. Espace détente et hammam. Accueil chaleureux. Bref, une belle adresse cosy et raffinée.

Où manger ?

Bon marché

Tables du marché couvert (plan C2, **30**) : *13, rue des Écoles. Mar-sam 8h-18h (19h ven, 17h sam) ; dim 10h-14h. Plats 8-15 €.* Au beau milieu des étalages, quelques échoppes pour grignoter sur le pouce ; sur une fesse, ou même 2, car on peut prolonger le moment ! Cuisine simple qui donne dans le traditionnel ou l'exotique, à vous de voir. Plébiscité au déjeuner par ceux qui travaillent dans le quartier.

Jadis et Gourmande (plan C2, **32**) : *8, pl. du Marché-aux-Fruits. ☎ 03-89-41-73-76. • contact@jadisetgourmande.alsace • Tlj sauf dim 8h (11h lun et 9h sam)-18h. Env 15-20 €.* Une petite adresse qui plaît beaucoup aux locaux. Pour son cadre mignon, où torchis, plancher et boiseries ont été rapportés d'une vieille ferme, pour sa terrasse faisant presque le tour du bâtiment, et pour ses bons petits plats du jour, ses tartes maison ou autres douceurs sucrées. Parfait pour un déjeuner sans chichis ou un quatre-heures gourmand.

La Stub (plan B2, **36**) : *72, Grand-Rue. ☎ 09-63-69-12-33. Tlj. Env 8-10 €.* On se sent tout de suite bien, dans ce tout petit local rustique tenu par un couple chaleureux et attentif. Mais si on fait le détour, c'est d'abord pour les flams. Classiques, ou plus originales, comme celles aux orties ou à l'ail des ours préparées avec de la tomme d'Alsace, le Ribeaupierre, elles sont savoureuses et parfaitement croustillantes (la pâte fine vient de chez un boulanger). Un bon plan pour bien manger sans se ruiner.

Prix moyens

La Kilbe (hors plan par C1, **33**) : *37, route de Neuf-Brisach. ☎ 03-89-24-00-23. Ouv midi et soir lun-mar, ven et dim, plus le soir sam. Fermé mer-jeu et sam midi. À 5 mn à pied du centre-ville. Tartes flambées env 8-11 € ; plats et viandes env 24-45 €.* La *kilbe*, c'est une fête traditionnelle synonyme de convivialité, de partage et d'amour du bien-manger. Cette *Kilbe*-là en a tous les attributs. La carte fait la part belle aux belles pièces de viande régionale, maturées, à partager pour certaines (T-bone, côte de bœuf), et des légumes bien mis en valeur. Frites maison. À l'ardoise, les plats (pavé de cabillaud sauce safran...) changent toutes les semaines. Franchement, on s'est régalés. Quelques soirées concerts le samedi soir. Et un bon atout supplémentaire : c'est ouvert le dimanche soir ! Belle terrasse pour couronner le tout.

Restaurant-cave à vins Le Petit Bidon (plan C1, **34**) : *14, rue Étroite. ☎ 03-89-24-97-93. • valerie.leyssens@gmail.com • Tlj sauf w-e et lun midi. Formules déj (en sem seulement) 21-25 € ; menu 42 €. Café offert sur présentation de ce guide.* On est séduit par cette cuisine de marché inspirée, qui travaille de bons produits frais avec peu d'artifices, pour mieux affirmer leur saveur brute. Juste quelques plats à la carte, selon le marché. Mon tout servi avec gentillesse dans une petite salle contemporaine à la déco très *girly*. C'est sûr, on reviendra !

Wistub Brenner (*plan B2*, **41**) : *1, rue de Turenne. ☎ 03-89-41-42-33. • info@wistub-brenner.fr • Tlj, service jusqu'à 16h le midi et 22h le soir. Formules et menus 30,90-35,90 €.* En pleine Petite Venise, avec sa salle rustique ou sa jolie terrasse qui s'avance en proue aux beaux jours, c'est l'un des meilleurs restos traditionnels de Colmar ! On y dévore les grands classiques qui font la réputation de l'Alsace : tête de veau, tripes, ou encore choucroute, tous cuisinés avec soin à partir d'ingrédients locaux de saison et bien présentés. Prix justes et accueil sympa.

Wistub de la Petite Venise (*plan C2*, **43**) : *4, rue de la Poissonnerie. ☎ 03-89-41-72-59. Tlj, sauf mer, jeu midi et dim midi. Plats env 14-25 €.* Entre les vieilles photos, le parquet qui en a vu d'autres, et l'antique cuisinière, le cadre joue à fond la carte rustique et rétro. Même chose pour la cuisine savoureuse : bœuf gros sel, jambonneau braisé et tourte à la viande font dans le généreux et le réconfortant. Une vraie adresse de tradition... tenue par une équipe jeune et dynamique qui dépote dans la bonne humeur. Super !

L'Épicurien (*plan C2*, **40**) : *11, rue de Wickram. ☎ 03-89-41-14-50. • groell.mann@orange.fr • Tlj sauf dim-lun. Congés : 2 sem en juil et 22 déc-7 janv. Résa conseillée. Formule et menu déj en sem 18-35 € ; le soir, plats 26-35 €. Café offert sur présentation de ce guide.* Restaurant ou bar à vins ? Dans cette super adresse qui n'a pas volé son nom, on ne se pose pas de questions : on profite le midi d'une formule épatante – à prix doux – et le soir de superbes viandes maturées, d'un magret séché maison, d'un gravlax de truite, ou de gambas sauvages au gingembre, le tout à base d'ingrédients de 1er ordre et servi dans un cadre rustique et chaleureux. Et comme nous sommes chez de vrais épicuriens, la carte des vins n'est pas en reste : plus de 350 références ! Un des restos préférés des locaux, c'est logique.

Brasserie historique de la Maison des Têtes (*plan B1*, **37**) : *19, rue des Têtes. ☎ 03-89-24-43-43. • contact@maisondestetes.com • Ouv mar-sam midi et soir ; fermé dim-lun. Congés : de mi-janv à mi-fév. Menu et formule du jour 21-25 € ; carte env 50-60 €. Au déj, ne pas réserver à une heure trop tardive, au risque que le menu du jour soit écoulé...* Dépaysement assuré en poussant la porte de cette brasserie haut de gamme : aux boiseries, poêle en fonte, service en uniforme et parquet qui craque, se sont ajoutés des éléments plus contemporains. Dans l'assiette, des plats de terroir parfaitement maîtrisés, voire revisités. C'est la 2de adresse du célèbre restaurateur Éric Girardin, autant dire qu'il y a du niveau... Une façon d'approcher les étoiles. Terrasse dans la cour intérieure.

Aux Trois Poissons (*plan C2*, **35**) : *15, quai de la Poissonnerie. ☎ 03-89-41-25-21. • auxtroispoissons@calixo.net • Tlj sauf dim-lun. Menus 30 € (déj en sem), puis 44-64 €.* Au cœur de la Petite Venise, face à un paisible petit canal, cette jolie maison alsacienne toute jaune renferme une belle salle chaleureuse, élégante, sur une jolie note contemporaine. Cuisine de grande qualité, précise et rigoureuse, principalement tournée vers le poisson (mer et rivière), mais qui ne boude pas pour autant les viandes. Quelques tables en terrasse, idéal pour un dîner en amoureux. Bon accueil.

L'Auberge (*plan A3*, **19**) : *7, pl. de la Gare. ☎ 03-89-23-17-57. • reservation@grand-hotel-bristol.com • Au rdc du Best Western Grand Hôtel Bristol. Lun-sam, midi et soir. Menu du jour 15 € ; plats 14-25,50 €.* Vieille brasserie qui n'a pas eu à se forcer pour jouer au « Monument historique » : boiseries vernies, vieux poêle... Cuisine de tradition, soigneusement réalisée. Plats savoureux, desserts maison classiques, bonne sélection de vins d'Alsace en pichet. Rapport qualité-prix très honorable. Une adresse plébiscitée par les gens du cru.

La Cocotte de Grand-Mère (*plan B1*, **38**) : *14, pl. de l'École. ☎ 03-89-23-32-49. • bistrorant@lacocottedegrandmere.com • Tlj sauf w-e et j. fériés. Résa conseillée ou venir tôt.*

Formule déj 18,90 € ; le soir plats 22-25 €. Un succès fou ! Petit resto qui donne dans la cuisine des familles, autour de bons produits, de belles cuissons, de bons vins. Prix doux le midi, carte réduite le soir.

Aux Amis de la Lauch *(hors plan par C3, **39**) : 80, chemin de la Lauchwerb. ☎ 03-89-41-88-32. Tlj sauf lun-mar. Congés : début sept et 25 déc-1er janv. Formule déj 14 € ; carte env 40 €. Apéritif maison offert sur présentation de ce guide.* Dans le quartier des Maraîchers, déjà un peu campagnard, ce resto revêt un petit air de guinguette en été, quand on profite de sa grande terrasse donnant sur une petite rivière. Mais la salle rustique n'est pas désagréable non plus s'il fait moche. Au menu, cuisine alsacienne soignée, doublée d'une belle carte des vins. Accueil familial sympa.

De chic à plus chic

Auberge du Neuland *(hors plan par C3, **31**) : 2, chemin du Neuland. ☎ 03-89-23-49-37. • philippe.gervasi@wanadoo.fr • À l'est de Colmar. Fermé dim-lun. Congés : vac de la Toussaint et 3 sem Noël-début janv. Formule déj (en sem seulement) 18 € et menu 26 € ; le soir, menus 40-57 € ; carte env 30 € au déj, 45 € le soir.* À 2 pas de la ville et à l'orée d'une forêt parcourue de sentiers (randonnées possibles), une bonne table servant une cuisine de tradition adaptée aux goûts de l'époque, au plus près du produit. Accueil familial bienveillant.

Bartholdi *(plan B1, **42**) : 2, rue des Boulangers. ☎ 03-89-41-07-74. • infos@restaurant-bartholdi.fr • Tlj sauf dim soir, lun et jeu soir. Menus 30-75 € ; plats 19-38 €.* Les gens du cru fréquentent volontiers cette institution colmarienne : une bonne vieille brasserie qui mitonne de belle façon ses plats traditionnels alsaciens. Le tout servi dans une vaste salle aux murs ornés de casseroles en cuivre, ou sur l'agréable terrasse verdoyante à l'arrière. Service aimable et sans chichis.

LE HAUT-RHIN

Où boire un café ?
Où acheter ou déguster une bonne pâtisserie ?

Pâtisserie Gilg *(plan B2, **52**) : 60, Grand-Rue. ☎ 03-89-23-96-84. • sandra@patisserie-gilg.com • patisserie-gilg.com • Ouv mar-sam 9h-18h45 (18h sam), dim 9h-12h30.* Chez les Gilg, la pâtisserie est une histoire de famille depuis 3 générations. C'est désormais Thierry qui veille au grain, après un parcours prestigieux chez les meilleurs. Dans cette élégante boutique, les créations sucrées sont aussi belles que savoureuses. Chocolats, pâtisseries, entremets glacés... et même quelques options salées. On ne peut malheureusement pas s'y attabler, mais les jolies places ne manquent pas à travers la ville pour savourer l'objet du crime. Du fin et du très bon.

L'Atelier de Yann *(plan C2, **53**) : 11, pl. de la Cathédrale. ☎ 03-89-20-01-00. Mar-sam 8h30-18h30.* Loin de l'image de l'Alsace éternelle, une escale chic et contemporaine qui offre de bien belles et bonnes douceurs. Salon de thé pour un déjeuner sur le pouce ou une escale *tea time* soignée. Vaste choix de pâtisseries, macarons et chocolats. Côté salé, quelques curiosités, comme les *buns* feuilletés et les mauricettes (sandwichs façonnés avec de la pâte à bretzel). L'emplacement se fait sentir dans les prix. Belle terrasse.

Jadis et Gourmande *(plan C2, **32**) : voir plus haut « Où manger ? ».*

Pâtisserie Schmitt *(plan B2, **50**) : 30, av. de la République. ☎ 03-89-41-23-29. • charles.schmitt@patisserie-schmitt.com • Tlj sauf lun 7h-19h (12h30 dim).* L'une des bonnes pâtisseries-salons de thé du centre de Colmar, idéale dès le petit déj, ou pour une pause gourmande en journée, accompagnée d'un café. Le midi, aussi un bon petit plat du jour à dévorer pour pas cher. Chocolats, glaces maison. Terrasse sur un axe passant.

Où boire un verre ? Où sortir ?

Café Rapp (plan B2, **60**) : *1, pl. Rapp. ☎ 03-89-23-35-77. • caferappcolmar@gmail.com • Tlj sauf lun 10h-22h30. Congés : janv. Formule déj 12 € ; carte env 15 €. Café offert en fin de repas sur présentation de ce guide.* Bâtiment planté sur une grande place aux parterres fleuris et jets d'eau rafraîchissants en été. Impec pour prendre un café en journée, mais aussi à l'heure de l'apéro, ou pour un verre en soirée. Déco un peu bohème (mobilier dépareillé...). Également quelques plats consistants, comme des burgers ou des *poke bowls*, et un brunch du dimanche qui sonne comme une belle affaire ! Un lieu plébiscité par les Colmariens, y compris en famille, car les enfants peuvent se défouler sur la place. Et, pour ne rien gâcher, chouette programmation (concerts, soirées impro, soirées moules-frites, retransmissions sportives sur écran géant...). Bref, *the place to be* !

L'Un des Sens (plan B2, **61**) : *18, rue Berthe-Molly. ☎ 03-89-24-04-37. • contact@lun-des-sens.alsace • Ouv mar-ven 17h-22h, sam 11h-22h30. Fermé dim-lun. Café offert sur présentation de ce guide.* Super bar à vins, tenu par une équipe féminine tout sourire et pro, idéal pour découvrir une jolie sélection de vins au verre, d'Alsace et d'ailleurs, le plus souvent en biodynamie ou nature. Et pour mettre un peu de solide dans le liquide, de bonnes assiettes de charcuterie, fromage, foie gras local et même des tapas de légumes... Jolie terrasse tranquille sur la placette.

Les 3 Singes (plan B2, **62**) : *70, Grand-Rue. ☎ 03-89-29-30-08. Tlj 12h-1h30.* Tout en longueur, avec un petit bout de terrasse pour faire baisser la température, un bar à bières qui marche fort. Bonne sélection de mousses d'ici et d'ailleurs, des soirées festives et une ambiance chaleureuse : le cocktail idéal.

Le Grillen (hors plan par C2, **63**) : *19, rue des Jardins. ☎ 03-89-21-61-80. • grillen.colmar.fr • Dès 20h-21h. Entrée payante selon concert.* Cette salle de concerts municipale offre une programmation éclectique : rock, jazz, musiques électroniques... Également des concerts destinés au jeune public, et des séances de cinéma en plein air sur le parvis en été.

Où acheter de bons produits ?

Sézanne (plan C2, **72**) : *30, Grand-Rue. ☎ 03-89-41-55-94. • epicerie-sezanne@wanadoo.fr • Tlj sauf dim-lun 9h-19h. Plats 10-19 €.* Alléchante épicerie fine au rez-de-chaussée, pleine d'odeurs et de saveurs (au rayon frais, mise sous vide possible) ; doublée d'une belle cave à vins au sous-sol. La salive monte ! À l'étage, une salle cosy pour déguster un goûteux petit plat du jour, une assiette de charcuterie ou de fromage, autant qu'une part de tarte sucrée du jour. Produits simples, sains, et vins à découvrir au verre. Une adresse pour les gourmets !

Domaine Martin Jund (plan C1, **11**) : *voir plus haut « Où dormir ? ».*

Domaine Karcher Robert et Fils (plan C1, **70**) : *11, rue de l'Ours. ☎ 03-89-41-14-42. • vins-karcher.com • Tlj 8h-12h, 13h30-19h ; hors saison, fermé l'ap-m dim et j. fériés ; en continu pdt le marché de Noël ; visite commentée par le vigneron (20 mn), avec dégustation.* Une des plus vieilles caves de Colmar, datant de 1602, et curieusement située en plein centre-ville, avec grosses poutres d'origine et cuves plus que centenaires. Et tout le travail se fait ici, depuis des générations ! Riesling caractérisé par sa minéralité. Sorte de ferme au cœur du monde urbain où vous pouvez même séjourner : 3 gîtes impeccables et lumineux dans une vieille maison du XVIIe s entièrement rénovée... Quelques jeux de société.

Fromagerie Saint-Nicolas (plan C1, **71**) : *18, rue Saint-Nicolas. ☎ 03-89-24-90-45. Tlj sauf dim et lun mat, 10h-12h30, 14h-19h.* Cette mignonne petite boutique à l'ancienne

LE HAUT-RHIN

propose le meilleur des fromages fermiers alsaciens : munster, *bargkass*, fromage de la montagne vosgienne... Aussi une belle sélection de fromages hexagonaux. Affinage maison et prix raisonnables. De quoi se préparer un bon sandwich et filer pique-niquer (couteau en plastique pour dépanner), yaourts fermiers, confitures Christine Ferber (chères !). Mise sous vide possible. Jeux de 7 familles sur le thème des fromages pour former de petits gourmets !

À voir. À faire

Pour permettre aux touristes de profiter au maximum de ses richesses, la ville propose un *City Pass* avantageux vendu à l'office de tourisme, au musée Unterlinden et au musée Hansi : ● *citypass.tourisme-colmar.com* ● *Compter 32 € ; 9-17 ans 28 €.* Très pratique, il est valable 7 jours et donne l'accès gratuit (et illimité, le top pour les accros !) dans les musées de la ville, ainsi qu'à une balade en barque et une en petit train. En prime, il offre une réduction à *Choco Story.* La totale !

Le musée Unterlinden *(plan B1)* **:** *pl. Unterlinden.* ☎ *03-89-20-15-50.* ● *musee-unterlinden.com* ● *Tlj sauf mar 9h-18h (20h le 1er jeu du mois). Fermé 1er janv, 1er mai, 1er nov et 25 déc. Entrée : 13 € ; réduc ; gratuit moins de 12 ans ; billet famille.* City Pass *accepté. Audioguide : 3 €. Librairie-boutique.* Immense, d'une richesse formidable, ce musée emblématique installé dans un ancien couvent de dominicaines fondé en 1232, à côté d'une chapelle dédiée à saint Jean sous le Tilleul *(St Johann unter der Linde),* et relié par une galerie souterraine à une extension moderne appelée « Ackerhof », est considéré à juste titre comme le Grand Louvre d'Alsace ! Sa collection de sculptures et de peintures rhénanes couvre la fin du Moyen Âge et la Renaissance. S'y ajoutent des sections d'archéologie, d'arts et de traditions populaires, d'arts décoratifs et d'art moderne, sans compter les expos temporaires. Incontournable.

– De réputation mondiale, le ***retable d'Issenheim*** demeure ***LA pièce maîtresse du musée,*** installé dans le chœur de l'ancienne église du couvent. Il s'agit d'un polyptyque exceptionnel, c'est-à-dire un ensemble de panneaux en bois peint, qui s'ouvraient et se consultaient comme un livre. Mais c'est bien plus que cela : on est là face à une illustration dramatique et poignante du calendrier liturgique. Pas la vision habituelle de Rome, mais la foi d'un écorché vif, les tourments et l'intuition fulgurante d'un vrai mystique. D'ailleurs, les historiens de l'art classent cette œuvre comme le flambeau de l'art germanique. L'écrivain Huysmans, qui passait par là en 1891, l'a mieux comprise que quiconque : « Ce Christ au tétanos n'était pas le Christ des riches, l'Adonis de Galilée, le bellâtre bien portant, le joli garçon aux mèches rousses, à la barbe divisée, aux traits chevalins et pâles que les fidèles adorent... C'était ***le Christ des Pauvres.*** » Œuvre réaliste qui demanda 4 années de travail (1512-1516), et qui prend toute son ampleur dans la belle chapelle où elle est exposée.

Réalisé par Grünewald, artiste redécouvert au début du XXe s par des peintres comme Arnold Böcklin, Max Beckmann et Otto Dix, ce retable se trouvait à l'origine dans l'église de la commanderie des Antonins d'Issenheim (à 20 km de Colmar), où il ornait le maître-autel. Des malades au ventre enflé, aux membres gangrenés, tous atteints du « ***mal***

ON NE VA PAS ERGOTER !

En 1518, un événement surprenant survint à Strasbourg. Une certaine madame Troffea se mit frénétiquement à danser (jusqu'à la mort...) dans la rue du Jeu-des-Enfants, bientôt suivie par des dizaines, puis des centaines de Strasbourgeois. Personne ne comprit l'origine de cette folie contagieuse qui dura presque 1 mois. Plus tard, on accusa l'ergot du seigle, qui est à l'origine du LSD. On comprend mieux.

LE HAUT-RHIN

des ardents», véritable fléau du Moyen Âge provoqué par l'ergot de seigle (parasite de la céréale), venaient très nombreux à Issenheim prier saint Antoine, dont la statue prenait place dans la caisse du retable, représentait, à l'époque, leur seul espoir de guérison. Un breuvage, le saint vinage, leur était aussi offert pour soulager leur souffrance. Ils acceptaient d'autant mieux celle-ci qu'ils voyaient en permanence l'image terrible du Christ mort sur sa croix, puis celle pleine d'espérance du Christ ressuscité, peintes par Grünewald.
Après la Révolution (1793), le retable arrive à Colmar, et entre au musée en 1853, à l'occasion de son ouverture au public. Il échappe miraculeusement aux guerres, est exposé à la pinacothèque de Munich de 1917 à 1919, puis sera caché dans le Périgord pendant l'occupation de l'Alsace par les nazis (1939-1940), et dans les caves du château du Haut-Kœnigsbourg, avant de rejoindre son musée d'origine en juillet 1945. Ouf !
Le ***panneau central*** du retable montre la Crucifixion, encadrée de 2 petits panneaux représentant à gauche saint Sébastien percé de flèches et à droite saint Antoine. Saint Jean-Baptiste (debout en rouge, à droite) montre du doigt le Christ en disant : « Il faut qu'il croisse et que je diminue. » La scène est tristement réaliste : observer les mains et les plaies du Crucifié, la blancheur cadavérique de la Vierge Marie, la couleur du ciel, le sang qui coule de l'Agneau...
À l'origine, le retable s'ouvrait comme un livre, selon le calendrier liturgique, devant les fidèles et les malades pour qu'ils puissent suivre l'histoire. Derrière la Crucifixion, le retour de l'espoir et la victoire de la vie sur la mort sont représentés au travers de l'Annonciation, le Concert des Anges, la Nativité et la Résurrection. Les derniers panneaux présentent des scènes de la vie de saint Antoine. On peut aussi voir le fond du retable sculpté par Nicolas de Haguenau... Enfin, n'oubliez pas de grimper sur la galerie pour profiter d'une vue d'ensemble de cette œuvre magistrale, dont la restauration récente a permis de restituer la magnificence des couleurs originelles.

– ***Le cloître :*** construit au XIIIe s en grès rose des Vosges, de style gothique, c'est certainement le cloître le plus achevé et le plus délicat d'Alsace, avec celui de Guebwiller. L'ancien couvent des Dominicains était alors un haut lieu de la mystique rhénane. Aujourd'hui, ce sont d'autres contemplatifs qui profitent de ce lieu de quiétude. Des fauteuils dispersés sur le gazon permettent de s'offrir une pause insolite entre 2 salles !
La collection d'art ancien du musée s'organise dans plusieurs salles autour du cloître, sur 3 niveaux. C'est très varié, mais le must, ce sont bien sûr les peintures et les sculptures rhénanes de la fin du Moyen Âge et de l'époque du Saint Empire romain germanique. Colmar était alors une ville impériale, un carrefour économique, intellectuel et spirituel, reliant le Bassin méditerranéen aux Flandres, l'Europe du Sud à celle du Nord. Toutes ces œuvres témoignent de cet âge d'or, où le Rhin (le fleuve) n'était pas une frontière mais l'une des plus grandes voies de communication en Europe. L'art religieux fut considérablement stimulé par les ordres monastiques, alors très riches, et principaux commanditaires des œuvres (avec les princes, évidemment !).
Une salle au rez-de-chaussée est consacrée à l'artiste colmarien ***Martin Schongauer,*** dit « le Beau Martin », l'un des plus grands graveurs et peintres rhénans de la fin du XVe s. Son travail précis a d'ailleurs influencé un grand nombre d'artistes, dont, excusez du peu, le grand Dürer !
– Les ***sections d'histoire régionale,*** à l'étage, rassemblent le meilleur des arts et des traditions populaires. Il y a un peu de tout, pour tous les goûts : coiffes, bonnets à bec, mobilier typique, instruments de musique et même l'armoire à simples (à pharmacie, quoi !) de l'hôpital de Colmar. Également des peintures sous verre, le superbe trésor des Trois Épis découvert en 1864 et la reconstitution d'un salon du XVIIIe s (le plafond provient d'un hôtel particulier).
– ***Arts du XIe au XVIe s*** *(en sous-sol) :* très belle *Crucifixion* de Cranach notamment, parmi d'autres peintures et sculptures religieuses... et, curieusement, une insolite reconstitution d'une vaste ***cave vinicole*** du cru avec pressoir, barriques et même les odeurs.

– La ***salle d'archéologie,*** à côté, réserve également de belles surprises, comme la superbe parure en or d'Ensisheim (vers 500 av. J.-C.), le poignard de Riedwihr (VIe s av. J.-C.) et la mosaïque de la villa gallo-romaine de Bergheim.
– ***Une galerie souterraine fait le lien entre l'ancien couvent et le bâtiment moderne « Ackerhof » :*** large et bien aménagée, elle est consacrée principalement aux paysages et aux portraits des grands maîtres du XIXe s et du début du XXe s. On y admire tour à tour les paysages romantiques alsaciens, ceux des impressionnistes comme Monet, mais aussi des œuvres de Rodin et de Renoir, sans oublier Dufy, Soutine, Bonnard, ou encore Fernand Léger.
– Le ***bâtiment moderne « Ackerhof »*** a évidemment été conçu par des pointures, les célèbres architectes Herzog et de Meuron. Notez par exemple la pureté de la courbe de l'escalier : superbe ! Ces espaces accueillent sur 2 niveaux la collection d'art moderne ; des œuvres d'artistes majeurs : Dubuffet, Picasso, Léger, de Staël Otto Dix... La présentation privilégie aussi des œuvres issues des mouvements de l'abstraction après la 2de Guerre mondiale, avec Poliakoff, Soulages, Vieira da Silva, etc. Une autre œuvre majeure : la tapisserie de *Guernica* réalisée par Jacqueline de La Baume-Dürrbach d'après le fameux tableau de Picasso... Encore un peu d'énergie ? Il reste les expositions temporaires qui s'invitent dans l'***ancienne piscine*** des Bains municipaux.

LE HAUT-RHIN

Café Schongauer : *1, pl. Unterlinden. ☎ 03-68-09-23-80. Tlj sauf lun-mar. Plats env 10-16 €.* Salle contemporaine sobre, prolongée par une belle et agréable terrasse dans le vaste patio du musée. Côté fourneaux, des salades, des quiches et quelques bons petits plats du jour, et aussi la possibilité de boire un verre et déguster une pâtisserie au calme après, ou avant la visite, puisqu'il est accessible à tous.

La vieille ville : à découvrir à pied en ayant soin de marcher la tête en l'air pour mieux admirer les innombrables détails architecturaux : maisons à colombages, toitures des églises et des maisons patriciennes, façades opulentes des demeures bourgeoises, nombreux oriels (sortes d'avancées sur le dehors permettant naguère de capter plus de lumière dans les habitations et d'y installer un coin de prière ou de travail), d'étages en encorbellement (l'impôt était calculé en fonction de l'emprise au sol ; malin !) ; sans compter les sculptures de fenêtres et de portes, les anciennes enseignes commerçantes...

LA BONNE ÉTOILE !

Le pentagramme, l'étoile à 5 branches, que l'on retrouve souvent à Colmar, fait penser à l'emblème juif. En fait, si on l'observe à de nombreux coins de rue, c'est tout simplement car elle est l'emblème des brasseurs de bière de la cité !

Plus petite que Strasbourg, ***à taille humaine,*** plus ramassée sur elle-même que Mulhouse, ouverte sur le vignoble tout proche, Colmar semble née pour être aimée des poètes urbains ! D'autant qu'on s'y balade aussi avec ravissement la nuit, grâce à un éclairage réussi. Effectivement, les vendredis et samedis (et pendant « Colmar fête le Printemps », le festival de musique et les fêtes de fin d'année), dès la tombée de la nuit, la vieille ville s'illumine comme un décor de théâtre ou de cinéma. Couleurs et intensités lumineuses changent au fil des heures, qui soulignent discrètement les détails architecturaux des façades, des petits ponts et des toitures.

La maison des Têtes *(plan B1)* ***:*** *19, rue des Têtes.* Des têtes ? Il y en a partout, sous forme de masques grotesques sculptés sur la façade de cette merveilleuse maison Renaissance de 1609, témoin de l'âge d'or des marchands. Elle est si belle avec ses allures de palais plus que de demeure bourgeoise ! Et elle possède l'un des plus beaux oriels d'Alsace. Si on lève encore un peu la tête, on aperçoit au sommet de la façade la statue d'un tonnelier alsacien, œuvre de

Bartholdi. Également quelques belles enseignes dans la rue, dont 3 créées par Hansi ; à vous de les trouver ! Abrite aujourd'hui un restaurant gastronomique réputé, ainsi qu'un hôtel très chic.

Les Dominicains *(plan B1)* **:** *1, pl. des Martyrs-de-la-Résistance. ☎ 03-89-24-48-18. • bibliotheque@colmar.fr • dominicains.colmar.fr • Bibliothèque : ouv lun-sam 14h-18h ; parcours muséal (gratuit) : lun-mar et jeu-ven 13h-18h, mer et sam 10h-18h.* Cet ancien couvent a fait peau neuve après un ambitieux chantier de rénovation de plusieurs années. Outre la valorisation du cadre architectural (dont un cloître du XIIIe s, jumeau de celui d'Unterlinden), le site abrite une bibliothèque, un atelier de reliure et un parcours muséal interactif sur « l'histoire du livre et de l'image ».

La collégiale Saint-Martin *(plan B-C1-2)* **:** *pl. de la Cathédrale. ☎ 03-89-41-27-20. Mar-dim 8h15 (9h dim)-18h, sauf pdt les offices du dim mat. GRATUIT.* Construite en grès jaune de Rouffach dans le style gothique (XIIIe-XIVe s), elle est surtout intéressante pour son aspect extérieur : sa belle toiture d'ardoises, colorée et vernissée ; son clocher, reconstruit dans le style Renaissance, qui culmine à 71 m. Prenez le temps de faire le tour de l'édifice, en vous attachant aux petites sculptures en hauteur : démons aux mœurs étranges, personnages phalliques, et tout ça au vu et au su du bon peuple, on croit rêver ! Mais surtout, on découvre 2 sculptures antisémites. Les enlever, ou pas, est une question récurrente. La façade ouest, celle du portail, n'est pas du tout ouvragée. C'est que la construction d'une église débute par le chœur, alors, quand l'argent vient à manquer...
Intérieur assez sobre et sombre, structure à 3 nefs soutenues par des colonnes massives, stalles en bois dans le chœur, orgue Felsberg et son buffet Silbermann de 1755...

LE DOUBLE EMPLOI DU CORDONNIER

Jusqu'à la 1re Guerre mondiale, un gardien vécut dans un logement aménagé à la base de la flèche de la collégiale Saint-Martin. Il surveillait la ville, de jour comme de nuit, alertant les habitants en cas de danger ou d'incendie. Or ce brave homme, haut perché, était cordonnier de son état. Aussi, pour ne pas abandonner son activité, il utilisait une longue corde pour hisser les chaussures de ses clients !

– Autour de la collégiale Saint-Martin, c'est le ***« triangle d'or » du vieux Colmar.*** Ce quartier compris entre la *Grand-Rue,* la *rue des Têtes* et la *rue des Clés* abrite un nombre exceptionnel de monuments du Moyen Âge et de la Renaissance rhénane ! Les rues sont agréables, fraîches et vivantes.

Choco Story *(plan C2)* **:** *12, pl. de la Cathédrale. ☎ 09-88-99-44-30. • choco-story-colmar.fr • Juil-oct, mar-dim 10h-18h ; fév-juin, mer-dim 10h-18h ; fin nov-31 déc, tlj. Congés : janv. Entrée, avec audioguide : 10 € ; 6-11 ans 7 € ; gratuit moins de 6 ans. Réduc avec le City Pass. Ateliers de confection de chocolats proposés tte l'année sur résa.* Un musée du chocolat à Colmar ? Rien d'insolite ici, car l'Alsace est la 1re région française de production de cette drogue (pour l'instant, autorisée) ! Choco Story rend hommage à cette passion avec la manière : 18 salles thématiques, pleines de surprises, remontant aux origines de l'or brun. De l'époque épique des conquistadors à celle des grands chefs médiatiques, tout est passé en revue de façon ludique et interactive. On navigue à bord d'une caravelle espagnole, on traverse un temple aztèque, on s'attarde dans les salons des courtisanes, on explore une ancienne pharmacie, le tout agrémenté de vitrines et saupoudré d'anecdotes savoureuses. On apprend par exemple que la Pompadour se servait du chocolat comme aphrodisiaque pour satisfaire l'insatiable Louis XV ! Dans un registre plus technique, on devient incollable sur les zones de production, les techniques de récolte et le délicat processus de fabrication du cacao.

À l'étage, avant de s'intéresser aux temps modernes et à la mécanisation, arrêt obligatoire dans un cabaret reconstitué : un son et lumière épatant mettant en scène des créations sublimes en chocolat, façon défilé de mode. Enfin, après un film montrant la fabrication d'un praliné, on termine par une galerie dédiée aux maîtres chocolatiers alsaciens. Et comme cette visite est vraiment gourmande, elle est jalonnée de distributeurs pour se faire le palais. Miam !

L'ancien corps de garde *(plan B2)* **:** un des joyaux de l'architecture de la Renaissance sur le Rhin supérieur. La façade nord donne sur la place de la collégiale Saint-Martin et montre – à l'étage – une étonnante loggia encadrée de colonnes toscanes. Juste à gauche, la *maison Adolph* serait l'une des plus anciennes de la ville (environ 1350), excellent exemple d'architecture civile gothique aux fenêtres en ogive. Et juste à droite, en passant sous les arcades de l'ancien corps de garde – où se tenait autrefois le marché aux noix –, on gagne la rue des Marchands...

La rue des Marchands *(plan B-C2)* **:** commerçante, animée, et en partie piétonne, c'est l'une des rues les plus intéressantes du vieux Colmar pour ses superbes maisons Renaissance (voir plus bas). Ici et là, des portails donnent accès à des cours ou à des passages, comme au ***n° 3,*** où un petit passage couvert conduit à la cour-jardin du Hattstatterfhof, ancien hôtel des seigneurs de Hattstatt (XIVe s). Plus loin, au ***n° 14,*** ne pas manquer cet ancien corps de ferme du XVe s qui rappelle qu'il y avait là un grand domaine agricole...

UNE MAISON RIQUIQUI

À l'entrée de la rue des Marchands, près de la place de l'École, cette minuscule maison rouge abritait un guetteur chargé de contrôler que l'octroi sur les marchandises avait bien été payé.

La maison Pfister *(plan C2)* **:** *à l'angle de la rue des Marchands et de la rue Mercière.* La maison la plus célèbre de Colmar ! Construite en 1537 par le chapelier Ludwig Scherer, originaire de Besançon, qui s'était enrichi dans les mines d'argent du val de Lièpvre. Subtil et harmonieux mélange de pierre et de bois. Outre sa tour d'escalier, ce qui frappe le plus, c'est ce superbe oriel à 2 étages communiquant avec une galerie de bois abondamment fleurie en saison. Des médaillons sculptés représentent les empereurs Maximilien, Charles Quint et Ferdinand Ier. Les murs sont couverts de scènes peintes évoquant les vertus chrétiennes (Amour, Espérance, Foi...), des évangélistes et des scènes de l'Ancien Testament dans les tons gris.

La rue Schongauer *(plan B-C2)* **:** *à la hauteur de la maison Pfister, petite rue qui relie la rue des Marchands à la rue des Augustins.* Ainsi nommée car le célèbre peintre Schongauer (voir la rubrique « Personnages » dans « Hommes, culture, environnement ») y aurait vécu de 1477 à 1490... Juste à droite, au début de la rue, en venant de la maison Pfister, élégante demeure gothique dite *Huselin zum Swann* (« petite maison du cygne »), possédant le plus vieil oriel de Colmar (fin XVe s). À propos, ne pas confondre l'oriel – destiné à apporter plus de lumière – avec l'encorbellement, décrochage d'un étage dû à un proprio qui montrait ainsi qu'il avait le bras long.

Le musée Bartholdi *(plan B2)* **:** *30, rue des Marchands. ☎ 03-89-41-90-60. • musee-bartholdi.fr • Tlj sauf lun 10h-12h, 14h-18h (17h 24 et 31 déc). Fermé en janv-fév, 1er mai, 1er nov et 25 déc. Entrée : 6,70 € ; réduc ; gratuit moins de 11 ans et étudiants. City Pass accepté. Audioguide : 2 €. Visite guidée possible avec l'office de tourisme.* C'est dans cette demeure cossue du vieux Colmar qu'est né le célèbre sculpteur Auguste Bartholdi (1834-1904), à qui l'on doit notamment la *statue de la Liberté* de New York, le *Lion* de Belfort, la *fontaine des Terreaux* à

Lyon, ou encore la *statue de Vercingétorix* à Clermont-Ferrand... Explications intéressantes, même si elles mériteraient d'être imprimées un peu plus gros...
Au ***rez-de-chaussée*** et au ***1er étage,*** nombreuses statuettes, esquisses préparatoires, modèles en plâtre et en terre. Bref, tout l'univers du maître qu'il faut prendre le temps d'explorer, avec son appartement parisien reconstitué... Là, les clins d'œil à la franc-maçonnerie – il appartenait à la loge Alsace-Lorraine – sont multiples, du plafond bleu étoilé au 1er étage, à la scène d'initiation maçonnique *Mystère d'Isis* présentée au 2e étage...
Le ***2e étage*** présente son œuvre américaine. Installé à Paris à partir de 1843, Bartholdi effectua de nombreux voyages aux États-Unis... On découvre ici l'histoire de la naissance de *La Liberté éclairant le monde,* jusqu'à son installation à l'entrée du port de New York. Les traits de cette immense statue seraient, d'après la légende, inspirés du visage de... Mme Bartholdi, sa mère, auxquels auraient été ajoutés les traits de la déesse Isis, avec l'étoile au-dessus, pour que le message soit clair. Et puis baladez-vous dans le vieux Colmar qui compte 9 monuments publics réalisés par Bartholdi entre 1856 et 1902...

L'ancienne douane « Koïfhus » *(plan C2)* **:** *sur la Grand-Rue, au débouché de la rue des Marchands.* Voici sans doute le plus remarquable monument public de la ville. Au Moyen Âge, son rez-de-chaussée abritait des entrepôts pour les commerçants et des bureaux de douane (les douaniers y taxaient les marchandises en transit), tandis qu'au 1er étage se réunissaient les députés de la Décapole (10 villes alsaciennes se sont durablement liguées, au Moyen Âge, pour se soutenir militairement et financièrement). Commerce et politique sous le même toit ! Le corps principal date de 1480, la 2de partie ayant été ajoutée à la fin du XVIe s. Et le Koïfhus a retrouvé la balustrade ajourée (déposée en 1976) qui court tout autour de la toiture en tuiles vernissées.

– Sur la place derrière le Koïfhus, la ***fontaine Schwendi*** (1897), réalisée par Bartholdi, rappelle l'histoire du baron Lazare de Schwendi, commandant de l'armée impériale, qui affronta en Hongrie en 1566 l'armée turque de Soliman le Magnifique. Selon une tradition ancienne contestée, il aurait introduit le cépage du tokay en Alsace après avoir découvert de succulents raisins dans le nord-est de la Hongrie. Un petit cours d'eau passe au pied de la fontaine et apporte un peu de fraîcheur en été.

La place du Marché-aux-Fruits *(plan C2)* **:** *à côté du Koïfhus.* Elle est bordée par l'imposant et non moins élégant palais de justice (XVIIIe s), naguère palais du Conseil souverain d'Alsace (le parlement régional jusqu'à la Révolution). Sur le côté droit de la façade (rue des Augustins), une niche abrite une copie du Manneken-Pis, offerte par la municipalité de Bruxelles, à la Libération, en souvenir des souffrances communes aux 2 villes.
– À l'angle du marché aux fruits et de la Grand-Rue, la belle ***maison Kern,*** à pignons, typique de la Renaissance rhénane...
– Autres belles maisons dans le quartier : la ***maison au Fer-Rouge*** *(52, rue des Marchands),* qui se reconnaît à son étoile à 6 branches, emblème des brasseurs. La ***maison Sandherr*** *(à l'angle de la rue de l'Église et de la Grand-Rue)* avec son bel oriel richement décoré, ou la ***maison des Arcades*** *(11-19, Grand-Rue),* de style Renaissance.

L'église protestante Saint-Matthieu *(plan C2)* **:** *Grand-Rue. ☎ 03-89-41-44-96. Ouv selon disponibilités des bénévoles. GRATUIT.* Ancienne église conventuelle des franciscains, de style gothique (XIVe s), affectée au culte protestant depuis 1575 ; le chœur seul fut rendu au culte catholique de 1715 à 1936... Elle est surtout intéressante pour son orgue Silbermann du XVIIIe s, et tout autour, une série de tableaux représentant des scènes bibliques, de Johann Friedrich. Noter le plafond, peint en noir et blanc et dont on peut observer les détails à l'aide d'un miroir grossissant disponible à l'accueil. Ici repose aussi le cœur du général Rapp, héros de la ville et fidèle de l'Empereur, qui s'illustra dans les campagnes napoléoniennes. On dit qu'il ne se remit pas du décès du grand homme, qu'il suivit de peu dans la tombe. La 1re quinzaine de juillet, les concerts du Festival international de musique de Colmar s'y tiennent.

Le musée du Jouet *(plan C1)* **:** *40, rue Vauban. ☎ 03-89-41-93-10. • museejouet.com • Juil-août, déc et vac scol, tlj 10h-18h ; janv-juin et sept-nov, tlj sauf mar (tlj pdt les vac scol) 10h-17h. Fermé 1er janv, 1er mai, 1er nov et 25 déc. Entrée : 6 € ; 8-15 ans 4,60 € ; gratuit moins de 8 ans.* City Pass accepté. Un lieu magique et insolite ! Cet ancien cinéma – le 1er cinéma érotique de Colmar ! – a été métamorphosé, de la scène aux balcons, en un temple du jouet et du rêve. Sur 3 niveaux de galeries, ce musée animé vous fait entrer dans un monde de souvenirs merveilleux pour les plus vieux, et de découvertes féeriques pour les plus jeunes. On y découvre poupées anciennes, *Meccano,* jeux du cirque, petites voitures, un beau réseau de trains électriques, et même la toute 1re Barbie (1959). Parmi les musts, un petit théâtre d'automates, où les marionnettes reprennent l'intégralité de la fable de La Fontaine *Le Renard et la Cigogne.* Ça dure 8 mn : un vrai spectacle. Intéressantes expos temporaires. 2 espaces de jeux pour petits et grands. Boutique.

Le quartier des Tanneurs *(plan C2)* **:** entre la vieille ville et la Petite Venise, la rue des Tanneurs livre de beaux alignements de maisons à pans de bois des XVIIe-XVIIIe s. Dépourvues de fondations et de caves, elles reposent sur une embase en pierre. Impossible de ne pas remarquer leurs couleurs et leur exceptionnelle hauteur : elles sont coiffées de plusieurs séries de greniers, où autrefois séchaient les peaux, et bordées d'un petit canal qui apportait l'eau pour le travail des peaux.

Le musée Hansi *(plan B1)* **:** *28, rue des Têtes. ☎ 03-89-41-44-20. • hansi.fr • Lun-sam 10h-17h (dernière entrée à 16h15). Entrée : 5 € ; gratuit moins de 5 ans.* City Pass accepté. Jean-Jacques Waltz, dit « Hansi », fut le plus célèbre illustrateur d'Alsace (1873-1951). On y suit la vie de l'artiste, ses influences – ses œuvres de jeunesse méconnues –, et sa quête d'un nouvel art ; à travers une foule d'aquarelles originales, de dessins, d'affiches et de lithos qui mettent souvent Colmar en scène... Au rez-de-chaussée, reconstitution d'une place de village alsacien des années 1920 et d'une boutique.

La rue Berthe-Molly *(plan B2)* **:** rue paisible, un peu hors circuits touristiques, bordée d'hôtels particuliers des XVIIe-XVIIIe s. Au ***nº 12,*** une cour abrite quelques beaux vestiges de la célèbre *brasserie Molly,* typique de l'architecture métallique du XIXe s, une maison du XVIIIe s et une longue loggia en bois de 1598. Juste à côté, au ***nº 10,*** la maison où résida Voltaire lors de son séjour à Colmar (1753-1754). « J'habite une vilaine maison dans une vilaine ville... », écrivit-il, culotté !

Le quartier sud *(plan B3)* **:** *à 2 pas de la Petite Venise ; accès par la rue des Américains.* Superbement ignorée des touristes, agréable zone résidentielle surnommée ici le « quartier des millionnaires ». On y découvre quelques belles demeures du début du XXe s jalonnant ses larges rues souvent bordées de jardins.

La Petite Venise *(plan B-C2-3)* **:** plusieurs petits canaux dérivés de l'Ill irriguent cette partie du centre ancien, lui conférant un charme fou et beaucoup de romantisme, surtout à l'automne et au printemps. Un peu moins en été, car il y a évidemment foule sur les quais ! Les maisons colorées à colombages sont ravissantes, avec leurs balcons débordant de géraniums, et leurs adorables fenêtres médiévales ouvrant discrètement sur les eaux tranquilles... Mais la comparaison avec la Sérénissime s'arrête ici : à Colmar, on ne vit pas au rythme des gondoles ; seulement quelques barques à fond plat utilisées jadis par les maraîchers. C'est plutôt le domaine des winstubs, de la bière et de la choucroute ! N'empêche que la balade en barque est un incontournable, au rythme serein des rames sur la douce et paisible Lauch. En 30 mn, on vous fait la visite historique commentée des belles maisons à colombages.

– ***Tour en barque :*** *10, rue de la Herse. ☎ 03-89-41-01-94. • barques-colmar.fr • Embarquement au pied du pont Saint-Pierre. Mars-oct, tlj 10h-12h, 13h30-18h30 ; déc 11h-18h ; nov-fév sur résa et selon météo. Visite commentée (25 mn, même trajet aller et retour) : 7 € ; gratuit moins de 10 ans.* City Pass *accepté.*

🚶🚶🚶 ***Le pont sur la Lauch*** *(plan B2)* **:** *rue de Turenne.* LA « carte postale de Colmar », avec le canal ombragé baignant une série de merveilleuses maisons colorées à colombages. En haute saison, mieux vaut y déambuler le matin tôt, il y a moins de monde. Un chemin pédestre longe la Lauch, permettant de rejoindre le boulevard Saint-Pierre. Aussi le rejoint-on en prenant à droite la petite et mignonne rue de la Herse (panneaux « Petite Venise »). Agréable îlot de calme et de verdure. Puis traverser le pont Saint-Pierre, et prendre la 1re rue à droite – la rue du Manège – pour rejoindre la place des Six-Montagnes-Noires. Ensuite, retraverser le pont sur la Lauch et suivre le quai de la Poissonnerie.

🚶🚶🚶 ***Le quai de la Poissonnerie*** *(plan C2)* **:** comme son nom l'indique, c'est l'ancien quartier des poissonniers, qui se servaient de ce petit canal comme d'un vivier jusque dans les années 1960... Tout au long du quai, kyrielle de maisons à colombages fort bien restaurées. Du quai, un petit pont gagne le marché couvert.

🚶 ***Le marché couvert*** *(plan C2)* **:** *13, rue des Écoles. Tlj sauf lun, 8h (7h jeu et 10h dim)-18h (19h ven, 17h sam, 14h dim).* Ce bel édifice réalisé en 1865 en brique, pierre de taille et charpentes métalliques accueille poissonnier, boucher, boulanger, traiteur, maraîcher et bien d'autres producteurs (voir plus haut « Où manger ? »). Il était autrefois approvisionné en barque par les producteurs. Aujourd'hui, ce sont une poignée de petites tables et chaises qui ont pris place à fleur d'eau.

🚶 👪 ***Le musée d'Histoire naturelle et d'Ethnographie*** *(plan C2)* **:** *11, rue de Turenne. ☎ 03-89-23-84-15. • museumcolmar.org • Ouv mar-ven 9h-12h, 14h-17h ; sam-dim 10h-12h, 14h-18h ; pdt les vac scol, mar-dim 10h-13h, 14h-18h. Fermé 1er mai, 1er nov et 23 déc-31 janv. Entrée : 5,50 € ; réduc ; gratuit moins de 7 ans.* City Pass *accepté. Le musée propose des ateliers mer et des animations en été et certaines vac scol pour les 6-12 ans, sans oublier des expos, des conférences, des sorties sur le terrain et des ateliers de géologie, biologie, etc., tte l'année pour les adultes (voir agenda en ligne).*

Certains fossiles, certains animaux naturalisés suscitent, au-delà de l'intérêt naturaliste et scientifique, une drôle de curiosité et invitent à une rêverie, mi-loufoque mi-surréaliste ! Le ***1er niveau*** est consacré à la faune régionale (grand tétras, cigogne, lynx, corbeau, hamster...) et exotique souvent menacée (nombreux singes) ou disparue, et possède 2 aquariums dont un d'eau de mer. Le ***2d niveau*** présente de beaux fossiles d'animaux préhistoriques assez étonnants, découverts dans une gravière alsacienne ; une ribambelle de minéraux, roches et cristaux, de vraies merveilles provenant notamment des mines de Sainte-Marie-aux-Mines (voir plus loin le chapitre « Le Val d'Argent »). Aussi une salle d'égyptologie avec 3 momies et leur sarcophage, ainsi que des tissus coptes, une section d'ethnographie avec des objets rares d'Océanie, d'Afrique, de Chine, d'Amérique du Sud... Et avec ses expos temporaires de qualité, ce musée vaut bien son petit détour dans la visite de la vieille ville.

Manifestations

– ***Colmar fête le Printemps :*** *3 sem autour du w-e de Pâques. • printemps-colmar.com •* Marchés traditionnels, artisanat, produits locaux, concerts classiques et jazz, expos, animations musicales, visites guidées sur les traditions de Pâques, le tout dans un décor bucolique.

– ***Soirées folkloriques :*** *ts les mar de mi-mai à mi-sept (sauf pdt le Festival international de musique de Colmar et la fête de la Musique) à 20h30, pl. de l'Ancienne-Douane.* Spectacle en plein air.
– ***Natala :*** *juil.* ● *hiero.fr* ● Festival sympathique qui investit pendant 1 semaine un grand parc bucolique à la sortie de la ville. Il s'adresse à tous les âges, enfants compris : concerts en tout genre, films, petites expos, bars et stands pour se restaurer, espace jeux.
– ***Festival international de musique de Colmar :*** *1re quinzaine de juil.* ● *festival-colmar.com* ● Un des plus importants festivals européens de musique classique. Sous la direction artistique du violoniste et chef d'orchestre d'origine russe Vladimir Spivakov, il rend chaque année hommage à un compositeur ou instrument qui a marqué ou marque encore son époque. Programmation d'artistes renommés et de nouveaux talents dans 3 lieux historiques du centre-ville.
– ***Foire régionale des vins d'Alsace :*** *fin juil-début août, au parc des Expos.* ● *foire-colmar.com* ● Concerts pop-rock, dégustation de vins et foire commerciale.
– ***La magie de Noël :*** *fin nov-fin déc.* En tout, 6 marchés de Noël répartis en ville ! 3 marchés traditionnels avec village de maisonnettes en bois, place des Dominicains, place de l'Ancienne-Douane et place Jeanne-d'Arc ; un marché pour les enfants place des Six-Montagnes-Noires ; un marché dédié à la gastronomie et aux saveurs alsaciennes place de la Cathédrale ; et enfin un marché intérieur avec de l'artisanat dans le « Koïfhus ». Victime de son succès, il est très prisé et attire beaucoup de monde. Aux périodes les plus fastes de l'Avent, mieux vaut venir dans la matinée ou après 18h, en début de semaine de préférence.

NEUF-BRISACH

(68600) 1 930 hab. *Carte Le Sud (Haut-Rhin), B2*

Quelle drôle de ville ! Neuf-Brisach est une sorte d'étoile à 16 pointes entourée d'énormes remparts et de fossés ceinturant un cœur où toutes les rues se coupent à angle droit. Construite par Vauban entre 1698 et 1703, et classée au Patrimoine mondial de l'Unesco, cette place forte s'inscrit dans le fameux « système Vauban », un vaste dispositif visant à protéger les frontières du royaume de Louis XIV, qui venait alors de perdre Breisach, ville aujourd'hui allemande... Seule ville octogonale de France, à 2 pas du Rhin, son centre fut presque entièrement détruit pendant la 2de Guerre mondiale, perdant ainsi une partie de son charme. Heureusement, les impressionnants remparts demeurent intacts !

IMMIGRATION FORCÉE

Après la construction de Neuf-Brisach, personne ne voulut y vivre. Louis XIV ordonna alors qu'on y déporte les habitants d'un village voisin et, par la même occasion, de la main-d'œuvre. Rien n'y fit ! Il fallut se résoudre à envoyer des bourgeois de Paris... moyennant quelques espèces sonnantes et trébuchantes, et beaucoup de militaires.

Adresse et info utiles

Office de tourisme : *palais du Gouverneur, 6, pl. d'Armes.* ☎ *03-89-72-56-66.* ● *tourisme-paysrhinbrisach.com* ● *Ouv tte l'année, lun-sam 9h-13h,*

14h-17h (plus dim mat mai-sept). Nombreuses visites thématiques, dont celle de la ville avec guide en costume d'époque *(mar et ven à 15h, plus sam en mai-sept ; prix : 6 €/pers, gratuit moins de 12 ans).*

– ***Marché :*** *1er et 3e lun du mois, pl. d'Armes.*

Où dormir ? Où manger ?

Guesthouse Le Vauban : *17, rue de Bâle. 07-86-96-91-08. • contact@vauban.alsace • vauban.alsace • Studios 59-86 €/nuit.* Ni hôtel, ni chambres d'hôtes, il s'agit de studios bien pratiques pour qui voudrait un peu d'autonomie. Bien situés à côté de la place d'Armes, ils sont confortables, nickel et aménagés sur une agréable note contemporaine. Certains disposent même d'une terrasse privée. En prime, une laverie et un local à vélos à dispo. En revanche, il n'y a pas d'accueil : convenir d'un rendez-vous avec les proprios, sympathiques et disponibles.

Hôtel Aux Deux Roses : *11, rue de Strasbourg. ☎ 03-89-72-56-03. • info@alsace2roses.com • alsace2roses.com • Resto ouv ts les soirs. Doubles à partir de 55 €. Formules tartes flambées à volonté 16 € ; plats 15-20 €.* En plein centre, un sympathique petit hôtel familial dont la façade bleue dissimule une agréable cour intérieure. Chambres simples et sans surprise, à la fois propres et fonctionnelles. Bon resto sur place, aux spécialités traditionnelles, concoctant aussi tartes flambées et röstis pour ne pas se ruiner (la formule à volonté cartonne). Bon rapport qualité-prix-accueil.

Pâtisserie Birké : *22, pl. d'Armes. ☎ 03-89-72-57-92. Tlj sauf lun 7h-18h.* La bonne boulangerie-pâtisserie du village, qui fait salon de thé avec sa terrasse sur la place d'Armes. Propose aussi quelques options salées pour un déjeuner sur le pouce.

Où dormir ? Où manger dans les environs ?

Hostellerie Groff Aux Deux Clefs : *50, Grand-Rue, 68600 **Biesheim.** ☎ 03-89-30-30-60. • info@deux-clefs.com • deux-clefs.com • Resto tlj sauf dim soir. Doubles 65-105 €. Formule déj en sem 12 € ; menus 22-27 € ; plats env 12-26 €.* C'est une table bistronomique d'excellente réputation. Cuisine soignée, mijotée dans la tradition... mais on peut aussi se laisser tenter par le burger alsacien au munster ! Le tout est servi dans un cadre élégant, ou en extérieur pour profiter de la belle terrasse. Également des chambres tout confort, rénovées dans un style moderne et élégant. Accueil familial sympa. Bref, rien ne manque, jusqu'à la piscine : une adresse de choix au bord du Rhin !

Restaurant Kastenwald : *37, rue Principale, 68600 **Wolfgantzen.** ☎ 03-89-27-39-99. • restaurantkastenwald@gmail.com • Tlj sauf lun-mar. Formule et menu déj en sem 11-14 € ; carte env 30-40 €.* On ne se trompe pas en s'installant dans la salle sobre et élégante, où le bois domine. Ingrédients de qualité, maîtrise des préparations, le chef a du métier et offre à ses hôtes une cuisine de terroir et de saison savoureuse et joliment présentée. Le midi, les habitués affluent pour le menu du marché simplifié, un bon plan avant ou après la visite de Neuf-Brisach. Une valeur sûre.

À voir. À faire

L'église Saint-Louis : du XVIIIe s, reconstituée entre 1954 et 1975.

Le musée Vauban : *7, pl. de la Porte-de-Belfort. ☎ 03-89-72-03-93. Tlj sauf mar 10h-12h, 14h-17h.* Un musée dédié à l'art militaire et défensif du Grand Siècle. Il vaut le coup pour ses plans, manuscrits, dessins, gravures et photos évoquant en détail la construction de Neuf-Brisach et les techniques utilisées. Gros point d'intérêt : le plan-relief de la place forte !

La promenade des Remparts : *dépliant circuit découverte vendu 1 € par l'office de tourisme.* C'est la façon la plus agréable de découvrir cette place forte. Aménagée et facile, cette balade à pied (1h30-2h) de 2,4 km – jalonnée de panneaux d'information – permet d'admirer d'abord l'énorme enceinte de la fin du XVIIe s, constituée de murs hauts de 9 m, épais de 3 m à leur base ! Plusieurs bastions fortifiés ponctuent la ligne des remparts, qui est doublée par un large fossé. La partie la plus intéressante se situe entre la porte de Colmar et la porte de Belfort, toutes 2 construites sur des plans de Mansart vers 1700. Non seulement il fallait défendre la ville contre la Maison impériale d'Autriche, mais ce « monstre » de pierre devait aussi afficher l'élégance de son temps !

Le musée d'Art urbain et de Street art – MAUSA Vauban : *1, pl. de la Porte-de-Belfort. ☎ 03-89-72-56-66. • mausa.fr • Tlj sauf lun 11h (14h mer)-19h. Entrée : 10 € (avec appli de visite à télécharger) ; réduc ; gratuit moins de 10 ans.* Un lieu unique et inclassable. C'est le seul endroit au monde où des artistes de *street art* sont invités à s'exprimer en toute liberté sur les murs d'un édifice classé au Patrimoine mondial de l'Unesco. Aujourd'hui, ce sont 1 500 m² qui sont concernés, mais à terme, les organisateurs espèrent occuper l'intégralité des remparts de la ville ! Comme chaque mois, ou presque, des pointures internationales viennent livrer leur version de leur art, le Mausa est un lieu vivant, un espace d'échanges et de réflexions en perpétuelle évolution. En se baladant dans les longs couloirs et les casemates, on découvre des œuvres chocs, parfois poignantes, ou tout simplement poétiques, mais toujours pleines de sens. Jaune, C215, Denis Meyers, Cranio, Chatnoir, ou encore Jérôme Mesnager et son célèbre *Homme en blanc,* ils sont déjà nombreux à avoir marqué le Mausa de leur empreinte. Certaines sont même monumentales, comme le kaléidoscope de Popay. Impossible de rester indifférent.

➢ **Le chemin de fer touristique du Rhin :** *☎ 03-89-45-29-84 ou 03-89-72-55-97 (w-e). • ried-express-cftr.fr • De mi-mai à fin sept, dim (plus certains sam). Départ vers 15h de la gare de Volgelsheim et retour à 17h45. Billet : 21 € ; 4-14 ans 10,50 €.* Ce circuit de 3h combine de façon insolite une promenade en train, tiré par une locomotive à vapeur du début XXe s, et une croisière en bateau-mouche sur le Rhin.

Fête et manifestations à Neuf-Brisach et dans les environs

– **Bivouac napoléonien :** *début sept, ts les 2 ans (années paires). Infos à l'office de tourisme.*
– **Marchés de Noël :** une belle liste de marchés originaux, moins fréquentés que d'autres, mais tout aussi féeriques.
– **Marché du gui de Noël :** *à* **Biesheim,** *1er w-e de déc.* Spectacle son et lumière en prime.
– **Marché de Noël 1700 :** *2e w-e de déc.* Un Noël d'antan en costumes d'époque, avec les vieux métiers représentés.
– **Marché de Noël des musées et des créateurs :** *à* **Ottmarsheim,** *2e w-e de déc.* Ne pas manquer l'abbatiale restaurée.

DANS LES ENVIRONS DE NEUF-BRISACH

Le Musée gallo-romain : *1, pl. de la Mairie, 68600* **Biesheim.** *☎ 03-89-72-01-58. Dans la même enceinte que le musée de l'Optique, et ouv aux mêmes horaires que celui-ci. Entrée : 2,50 € ; réduc ; gratuit moins de 18 ans.* Museums Pass

Musées *accepté.* Ce musée regroupe le matériel archéologique découvert lors des fouilles d'une agglomération romaine mise au jour au nord de la ville ; l'un des plus importants sites gallo-romains de la plaine d'Alsace ! On admire des objets liés à la présence militaire sur le site (équipements, armes), aux rites funéraires (reconstitution d'une sépulture) ou encore à la vie domestique. Sans oublier la pièce maîtresse du musée : un bijou en agate rouge d'une qualité de gravure exceptionnelle, représentant l'empereur Commode !

L'espace muséographique Victor-Schœlcher, son œuvre : *21, rue de la Libération, 68740* ***Fessenheim.*** *☎ 03-89-62-03-28. Avr-sept, tlj sauf lun 14h-18h ; oct-mars, tlj sauf dim-lun 14h-17h. Entrée : 4 € ; réduc.* Museums Pass Musées *accepté.* Escape game. Un espace consacré à Victor Schœlcher dans une scénographie contemporaine. Schœlcher, ancien sous-secrétaire d'État aux Colonies, fit voter le décret d'abolition définitive de l'esclavage en 1848. Livres, manuscrits, journaux, objets d'époque, porcelaines signées de son père, Marc, originaire de Fessenheim, mais aussi plus de 150 visuels papier ou numériques. Les 2 hommes reposent au Panthéon, à Paris.

➢ À voir aussi, la ***façade du barrage*** de Fessenheim : le *Dieu du Rhin,* œuvre monumentale de Raymond Courègnes, sculpteur français issu de l'École nationale des beaux-arts et grand prix de Rome en 1927… et pousser encore un peu jusqu'à la ***grande écluse*** qui compense une dénivelée de près de 16 m. Impressionnant !

LE HAUT-RHIN

LA ROUTE DES VINS D'ALSACE (SUITE ET FIN)

• Pour la carte de la route des Vins, se reporter à la partie « La route des Vins d'Alsace » dans le Nord (Bas-Rhin) *p. 105.*

DE SAINT-HIPPOLYTE À COLMAR

– ***Bon à savoir :*** l'été, du vendredi au dimanche (y compris les jours fériés), une navette au départ de Colmar propose un forfait à la journée permettant de monter et de descendre à volonté pendant 1 journée dans les principaux villages du vignoble, comme Ribeauvillé, Riquewihr, Kaysersberg Vignoble, ou Eguisheim *(• kutzig.fr • ; compter 15 €).* Pratique pour goûter sans avoir à reprendre le volant !

SAINT-HIPPOLYTE

(68590) 980 hab. *Carte Le Sud (Haut-Rhin), B1*

À 11 km au sud-ouest de Sélestat (Bas-Rhin), Saint-Hippolyte est le 1er village sur la route des Vins d'Alsace, lorsque l'on vient du nord. Aujourd'hui, les limites départementales n'ont plus qu'une importance administrative. Mais autrefois, on ne plaisantait pas avec les frontières, surtout quand elles servaient de butoirs à des puissances rivales comme la France, la Lorraine, la république de Strasbourg et le Saint Empire romain germanique. D'ailleurs, ce village du vignoble, niché sur les contreforts des Vosges, au pied du superbe château du Haut-Kœnigsbourg

(Nord, Bas-Rhin) qui trône face à la plaine d'Alsace, était situé précisément au carrefour de toutes les discordes et ambitions.
Pour se défendre, il s'entoura de remparts, dont on peut admirer aujourd'hui les vestiges bien conservés juste à l'entrée du bourg en venant de Sélestat. Un chemin balisé permet d'en faire le tour extérieur (voir la tour des Cigognes, ronde avec un toit pointu)... Avec ses maisons à colombages, ses géraniums, ses ruelles, sa fontaine et son église, le village est aussi renommé pour son fameux « rouge de Saint-Hippolyte », vin qui est en fait un pinot noir bien troussé.
– Infos et plan à l'office de tourisme du pays de Ribeauvillé et Riquewihr *(☎ 03-89-73-23-23 ; ● ribeauville-riquewihr.com ●).*

Où dormir ? Où manger ?

De prix moyens à chic

Chambres d'hôtes chez Sylvie Fahrer : *24, route du Vin. ☎ 03-89-73-00-40. ● domaine@fahrer-fils.com ● fahrer-sylvie.com ● Congés : janv-fév. Double 75 €.* Les amoureux du vin seront à la fête. Ici, on dort à proximité immédiate des installations et du comptoir de dégustation. Parfait pour la sieste après avoir découvert les bons crus de ce domaine en agriculture biologique, d'autant que les chambres, réunies à l'étage, sont modernes, impeccables et tout confort. Jolie salle de petit déj aux couleurs de l'Alsace pour bien commencer la journée. Accueil très sympa.

Chambres d'hôtes chez François Bléger : *63, route du Vin. ☎ 03-89-73-06-07. ● domaine.bleger@wanadoo.fr ● domainebleger.fr ● Devant la mairie. Congés : de janv à mi-avr. Double 74 €.* Au centre du bourg, cette maison vigneronne du XVIIe s, avec belle cour à colombages, abrite 5 chambres parfaitement entretenues et très confortables, aménagées sur une note pimpante et contemporaine. Également 2 autres chambres hors les murs, dans une annexe récente plantée au milieu des vignes. Accueil sympa du viticulteur, qui produit un excellent « rouge de Saint-Hippolyte », vinifié dans sa vieille cave in situ. Un excellent rapport qualité-prix.

Le Hupsa Pfannala : *59, route du Vin. ☎ 03-89-73-03-65. ● hupsa@orange.fr ● hupsapfannala.com ● Tlj sauf mar, ainsi que lun hors saison. Congés : de mi-janv à début fév. Doubles 85-120 €. Carte env 20-30 €. Apéritif maison offert sur présentation de ce guide.* Ici, la spécialité (de montagne), c'est le *hupsa pfannala* : pommes de terre sautées avec des lardons et des oignons, le tout recouvert de fromage gratiné. Miam ! Également des tartes flambées et quelques classiques alsaciens. Côté dodo, on est séduit par les chambres tout confort, aménagées dans un style élégant, mêlant l'ancien et le moderne.

Hôtel-restaurant À la Vignette : *66, route du Vin. ☎ 03-89-73-00-17. ● contact@alavignette.com ● alavignette.com ● Resto fermé mer et jeu midi (mer-jeu hors saison). Congés : de mi-déc à fin janv. Doubles 76-105 €. ½ pens possible à partir de 3 nuits. Menus 20-30 €.* Idéalement situé sur la route des Vins d'Alsace, au centre du village. Sur le flanc de la mairie, on remarque d'abord sa belle façade à colombages. Chambres impeccables et fonctionnelles, de bon confort, accessibles par ascenseur. Balcon ou terrasse pour les plus chères, avec parfois vue sur le château du Haut-Kœnigsbourg. Côté fourneaux, cuisine traditionnelle généreuse de bonne tenue, proposant classiques alsaciens et gibier en saison, à déguster avec une sélection de vins de producteurs locaux. Accueil gentil et ambiance familiale très sympa.

De chic à plus chic

Hôtel Val Vignes : *23, chemin du Wall. ☎ 03-89-22-34-00. ● contact@valvignes.com ● valvignes.com ● Doubles env 100-250 €.*

Ancré en haut du village – sur les vestiges d'un château du XVIe s –, c'est un pittoresque pensionnat religieux du XIXe s, reconverti en hôtel de luxe. Parties communes classes et cosy, et dans les étages une quarantaine de chambres tout confort, spacieuses et modernes. Vue exceptionnelle sur le village, les environs, ou, sur l'arrière, sur la colline enrobée de vigne. Resto ; sauna et hammam. Excellent accueil, efficace et souriant. Un bon rapport qualité-prix, décuplé hors saison car les tarifs prennent une gifle !

Où acheter de bons produits ?

Le Safran du Vignoble : *34, route du Vin. ☎ 03-89-73-09-86. • lesafrandu vignoble.fr • Tlj (résa indispensable janv-mars).* Ces viticulteurs ont décidé de relancer la culture du safran en Alsace, une tradition qui remonte au Moyen Âge. Ils produisent une épice de belle qualité, que l'on peut acheter à l'état de pistils, ou déclinée dans des produits gourmands : confiture et liqueur...

Domaine François Bléger : *63, route du Vin. ☎ 03-89-73-06-07. • domainebleger.com • Devant la mairie. Tlj. Fermé janv-avr.* À la tête d'une exploitation familiale de 7 ha, ce viticulteur indépendant produit un rouge de Saint-Hippolyte régulièrement récompensé. Également quelques crémants. Visite de la vieille cave.

À voir

Le château du Haut-Kœnigsbourg : *à la limite entre le Nord et le Sud.* Visite incontournable quand on sillonne cette partie de l'Alsace. Le coup d'œil est également immanquable depuis Saint-Hippolyte, surtout le soir avec son bel éclairage. Voir dans le chapitre « Le Sud (Bas-Rhin) ».

BERGHEIM (68750) 2 100 hab. *Carte Le Sud (Haut-Rhin), B1*

Une des petites villes les plus typiques d'Alsace, relativement préservée de l'invasion touristique. Il se murmure qu'elle traîne une mauvaise réputation depuis ces époques lointaines où elle était « ville libre » et où on y jugeait les sorcières... C'est en venant de Saint-Hippolyte qu'on a le meilleur point de vue sur cette charmante petite cité médiévale, encore ceinturée de sa ligne de fortifications. Ici, peu de traces du modernisme sur les façades des vieilles maisons à colombages, joliment entretenues et délicieusement fleuries. À Bergheim, on remonte le temps jusqu'au plein âge d'or de la civilisation rhénane ; ni vraiment la France ni tout à fait l'Allemagne, mais une fusion des 2 !

– Infos et plan à l'office de tourisme du pays de Ribeauvillé et Riquewihr *(☎ 03-89-73-23-23 ; • ribeauville-riquewihr.com •).*

Où dormir ? Où manger ?

Bon marché

La Mosaïque : *28, Grand-Rue. ☎ 03-89-73-77-45. Tlj le midi ; fermé le w-e nov-mars. Congés : 1 sem en fév, 1 sem en avr, 2 sem fin juin-début juil et 1 sem en nov. Menu 19,50 € ; carte env 20 €.* Un bar de pays convivial, idéal pour grignoter ou faire une pause en journée (service en continu) et en bonne compagnie. Cuisine simple et robuste : omelettes, quelques plats régionaux, et la spécialité du chef, le *matafan*, galette entre la crêpe et la tarte flambée qu'on déguste avec de la béchamel et une salade, ou bien sucrée aux fruits. Agréable petite terrasse sur la place.

De prix moyens à plus chic

Auberge des Lavandières : *48, Grand-Rue. ☎ 03-89-73-69-96. • contact@leslavandieres.fr • Tlj sauf lun-mar. Menu déj sauf dim 23 € (hors boisson) ; tartes flambées env 8-11 € ; carte env 25-30 €.* Belle bâtisse à colombages bleu ciel avec sa terrasse bordée par l'ancien lavoir et le ruisseau qui apporte sa touche de fraîcheur en été. Déco sobre, qui met en valeur l'architecture de l'adorable maison. Délicieuse cuisine préparée avec des produits frais de saison. Et les fans de choucroute et tartes flambées ne seront pas non plus déçus ! Un bon rapport qualité-prix.

Résidence Odalys Le Domaine des Rois : *12, fg Saint-Pierre. ☎ 03-89-73-77-03. • bergheim@odalys-vacances.com • odalys-vacances.com • À seulement 250 m du centre historique de Bergheim. Studios et apparts (3-6 pers) 75-270 € (min 2 nuits).* Idéalement située sur la route des Vins, la résidence compte des studios et des appartements (2-3 pièces) fonctionnels, entretenus et bien équipés, avec balcon ou terrasse pour la plupart. Situation calme et reposante. Belle piscine chauffée couverte, sauna et salle de fitness.

La Cour du Bailli : *57, Grand-Rue. ☎ 03-89-73-73-46. • info@cour-bailli.com • cour-bailli.com • Doubles et studios pour 2 env 80-130 € ; également des apparts ; petit déj 12 €. Café offert sur présentation de ce guide.* Au cœur du village, ce bel ensemble de bâtiments anciens s'organise autour de différentes cours pleines de cachet. Chambres et studios dans le même esprit, rustiques, voire un brin désuets, avec poutres et meubles peints. Le plus, c'est l'espace détente pour faire la pause entre 2 balades dans le vignoble. On peut d'ailleurs découvrir les vins de la maison – le domaine Halbeisen – au ***VitisBar*** *(3, route du Vin)*, un bar design sympa pour la dégustation.

LE HAUT-RHIN

Où acheter de bons produits ?

L'Églantine de Bergheim : *10, pl. du Dr-Pierre-Walter. ☎ 03-89-73-77-11. • bergheim-confitures.com • Sur la place de la mairie. Tlj 9h30-13h30, 14h30-19h (sauf lun ap-m).* Une foule de confitures artisanales aux saveurs aussi variées qu'étonnantes, provenant des vergers de la maison. Aussi présent aux marchés de Sélestat *(mar)* et Colmar *(jeu et sam)*.

Distillerie Staehly : *5, rue du Maire-Witzig. ☎ 03-89-73-74-27. • distillerie-staehly.fr • Tte l'année sur rdv.* Distillerie artisanale, l'une des dernières d'Alsace à confectionner ses eaux-de-vie à l'ancienne – au feu de bois – avec un pittoresque alambic en cuivre.

À voir

La porte Haute : la seule des 4 portes de la ville de Bergheim qui soit encore debout (XIVe s). Au pied de la porte, sur la gauche, un bas-relief allégorique appelé « Lack'mi » rappelle que Bergheim offrait le droit d'asile à toute personne pourchassée pour dettes, blessures ou crimes non prémédités. Le personnage représenté sur la sculpture fait un pied de nez à ses poursuivants alors qu'il se réfugie à Bergheim.

Le village et ses maisons anciennes : à découvrir à pied en prenant la **Grand-Rue,** joliment éclairée le soir. Au **n° 44,** cadran solaire de 1711, l'un des plus beaux d'Alsace. Puis, en gagnant la **place du Docteur-Pierre-Walter** (place du marché), admirer la mairie de 1767, sa fontaine et les vieilles demeures fleuries qui l'entourent...

L'église Notre-Dame de l'Assomption : *1, rue de l'Église.* Édifiée dans le style gothique au XIVe s ; son clocher demeure dans son état d'origine. Tout comme son portail, dont le tympan montre une charmante Adoration des Rois mages, bas-relief unique en Alsace ! L'intérieur livre quelques beaux restes des fresques d'origine, des statues en bois polychrome de 1480, et des orgues de 1616...

La Maison des sorcières : *5, rue de l'Église. ☎ 03-89-73-18-64. • haxahus.org • Juil-août, mer-dim 14h-18h ; 2de quinzaine de juin et sept-oct, dim seulement 14h-18h. Fermé le reste de l'année. Entrée : 3 € ; gratuit moins de 14 ans.* Implantée sur l'ossuaire de l'église, la Maison des sorcières présente une expo permanente et évolutive consacrée aux **procès des sorcières** jugées à Bergheim de 1582 à 1683. Une façon originale d'interroger le passé pour mieux comprendre le présent (l'exclusion, ça ne date pas d'hier !). Intéressante section consacrée aux peurs des communautés rurales de l'époque, où l'on saisit bien que toutes les sociétés ont, à un moment de leur histoire, besoin de se trouver des boucs émissaires... Attenant, un petit jardin de simples, des plantes bien connues au Moyen Âge pour leurs vertus culinaires ou médicinales.

LA SAINTE (?) INQUISITION

Cette redoutable machine à tuer n'est pas une invention espagnole. Face à la montée des hérésies qui refusaient de reconnaître l'autorité papale, Grégoire IX choisit les Dominicains, dès 1231, pour tenir ces tribunaux religieux. On utilisait la torture pour obtenir des aveux et condamner les pseudo-sorcières au bûcher. Les victimes étaient plutôt des femmes – les moines étant assez misogynes – et des riches ; on pouvait ainsi récupérer leurs biens...

Les anciennes fortifications : médiévales, et parfaitement conservées. Un sentier permet d'en faire le tour en 1h environ. Petite balade jalonnée par 9 tours aux noms évocateurs (tour des Sorcières, de la Poudrière, aux pans de bois...), et de mignons jardinets installés dans le creux de l'ancien fossé entourant la cité.

THANNENKIRCH

(68590) 40 hab. *Carte Le Sud (Haut-Rhin), B1*

À 7 km à peine de Bergheim, on passe à une altitude proche des 600 m, où les sombres forêts de sapins montent à l'assaut des sommets, tandis que le village se blottit entre 2 versants, au milieu des prés verdoyants. C'est calme, charmant, moins touristique que les villages voisins. On se croirait presque en Suisse ! Ici, l'air purifie le corps et l'esprit. Loin de l'agitation de la plaine, on vient pour s'y ressourcer, et effectuer de belles randonnées dans le massif du Taennchel. Le plus bel accès : par la route venant du château du Haut-Kœnigsbourg.

– Infos et plan à l'office de tourisme du pays de Ribeauvillé et Riquewihr *(☎ 03-89-73-23-23 ; • ribeauville-riquewihr.com •).*

Où dormir ? Où manger ?

De prix moyens à plus chic

🏠 ☂ ***Hôtel Auberge du Melkerhof :*** *10, lieu-dit du Melkerhof. ☎ 03-89-73-13-09. • auberge.melkerhof@gmail.com • auberge-melkerhof.fr • ♿ Doubles 95-110 € ; familiale. Parking.* Blotti à flanc de montagne, au bout d'une petite route en impasse au-dessus du bourg, dans un environnement superbe, cette ancienne ferme de 1832 abrite des chambres en duplex dont 1 de plain-pied, confortables et lambrissées. Grande terrasse pour profiter de la vue. Également de bons conseils pour les visites et les randonnées alentour.

🏠 |●| ☂ ⇚ ***Hôtel Auberge La Meunière :*** *30, rue Sainte-Anne. ☎ 03-89-73-10-47. • info@aubergelameuniere.com • aubergelameuniere.com • ♿ Au centre du village. Resto tlj. Congés : 20 déc-fin mars. Doubles 98-140 €, avec petit déj. ½ pens demandée à certaines périodes. Formule et menu déj en sem 20 € ; menus 24-43 €. Café offert sur présentation de ce guide.* Côté rue, c'est une auberge alsacienne pur jus avec géraniums et petits rideaux aux fenêtres. Côté vallée, la vue est irrésistible, surtout depuis la grande terrasse en bois surplombant la vallée. Chambres très confortables, spacieuses et décorées avec goût sur une note montagnarde. Charmante salle à manger d'une élégante rusticité, intime et chaleureuse avec ses objets chinés rétro, pour une cuisine gastronomique fine et inventive, qui suit le marché et les saisons. Sauna, jacuzzi, billard, ping-pong... Service prévenant. Une très bonne adresse.

🏠 |●| ⇚ ***Hôtel Le Clos des Sources & Spa :*** *2, rue Rodern. ☎ 03-89-73-10-01. • reservation@leclosdessources.com • leclosdessources.com • Au centre du village, en contrebas de la route. Resto tlj sauf mer midi. Congés : 30 janv-25 mars. Doubles env 126-260 €. ½ pens possible. Formule et menu 33 € (28 € pour le végétarien)-57 € ; plats 17-22 € ; carte env 45 €.* Cette grande bâtisse de caractère renferme une trentaine de chambres très confortables et douillettes, rénovées dans un style montagnard design et contemporain très réussi. Certaines avec vue sur la vallée, d'autres sur la montagne, ou les 2 à la fois. Piscine couverte dans un bâtiment vitré annexe et spa. Côté fourneaux, on se régale de la délicieuse cuisine de terroir et de saison, qui fait la part belle aux incontournables alsaciens, un brin revisités. Organise aussi des forfaits à thème : gastronomie, romantisme, œnologie et randonnées pédestres. Accueil pro et écoresponsable (chauffage au bois, suivi du tri et du recyclage des déchets...). Une belle adresse de charme pour se faire plaisir.

À voir. À faire

➢ ***Le massif du Taennchel :*** il culmine à 992 m d'altitude, sur les hauteurs de Thannenkirch. C'est le lieu où fut réintroduit le lynx des Vosges en 1983 (difficile d'en voir). Près de 40 espèces de mammifères et 80 espèces d'oiseaux ont été répertoriées sur le Taennchel et sur tout le territoire. Évidemment, beaucoup de superbes randonnées à faire (voir plus bas). Si vous ressentez d'étranges vibrations en marchant, ne soyez pas surpris car, selon des érudits locaux, ce massif fait partie des « hauts lieux vibratoires de la santé » et serait particulièrement riche en ondes « cosmo-telluriques ». Plus insolite encore : 2 chercheurs, auteurs d'un livre intitulé *Lieux magiques et sacrés d'Alsace et des Vosges,* auraient découvert dans certains rochers du Taennchel une « onde de vie » moyenne de plus 45, ce qui serait, d'après nos 2 fouineurs, un cas unique en France, et même dans le monde... Ne venez pas ici sans vos géodynamètres !

➢ ***Randonnées :*** 60 km de sentiers balisés, rien que dans le massif du Taennchel. « Les Amis du Taennchel », section locale du Club vosgien, y ont fait du beau travail. Pour vos randonnées, munissez-vous des cartes du Club vosgien, très détaillées (cartes IGN 1/25 000).

Les sculptures sur bois : une des particularités de Thannenkirch, une sorte de passion communale lancée par M. Bosshardt, sculpteur et ancien maire du village. En vous promenant, vous remarquerez plusieurs œuvres sur un socle sur le bas-côté des chemins ainsi que des fontaines sculptées. Par ailleurs, un atelier *(5, rue du Taennchel ; ☎ 03-89-73-10-94 ; • bosshardt.fr • ; lun-ven 9h30-12h, 14h-18h ; w-e et j. fériés sur rdv)* réalise, expose et vend de nombreuses pièces, dont certaines assez surprenantes...

Fête

– ***Fête de la Cerise :*** *2e w-e de juil.* Une des plus belles fêtes du Haut-Rhin. À boire et à manger, autour de la cerise. Au programme : marché artisanal, animations folkloriques et musicales, bal montagnard.

RIBEAUVILLÉ

(68150) 4 720 hab. *Carte Le Sud (Haut-Rhin), B1*

• Plan *p. 247*

Ribeauvillé est une vieille ville à taille humaine, habitée par le génie de l'Alsace, qui s'étale au pied du contrefort des Vosges. Elle possède tous les atouts des beaux villages qui longent la route des Vins : jolies maisons anciennes ornées de jardinières fleuries, ruelles pleines de charme, et de bonnes adresses pour se rassasier d'un plat du cru arrosé d'un verre de blanc du pays ! Bref, une étape charmante, mais logiquement très courue en été.

UN PEU D'HISTOIRE

Ribeauvillé prit son essor sous le règne de la dynastie des Ribeaupierre (Rappoltstein, en alémanique), l'une des plus puissantes familles d'Alsace, qui régna sur la ville du XIIIe au XVIIe s. Les Ribeaupierre firent construire 3 châteaux forts, dont les vestiges dominent aujourd'hui encore la cité : le Saint-Ulrich (le plus ancien et le plus important), le Girsberg et le Haut-Ribeaupierre. En 1481, ils devinrent les protecteurs officiels de tous les ménétriers d'Alsace, regroupés dans une confrérie. Ces musiciens se rassemblaient tous les ans autour du 8 septembre, jour de la Nativité de la Vierge. La survivance de cette tradition s'appelle aujourd'hui Pfifferdaj ou fête des Ménétriers.
Au-delà de la célèbre source d'eau *Carola,* très commercialisée dans la région et dont la marque est associée au village, 3 terroirs d'exception classés « grands crus » font la renommée viticole de Ribeauvillé : le *Geisberg* (existe depuis 1308, célèbre pour son vieux riesling), le *Kirchberg* (cité déjà en 1328) et l'*Osterberg* (donnant un riesling très fin d'arôme, ainsi que du gewurztraminer et du pinot gris).

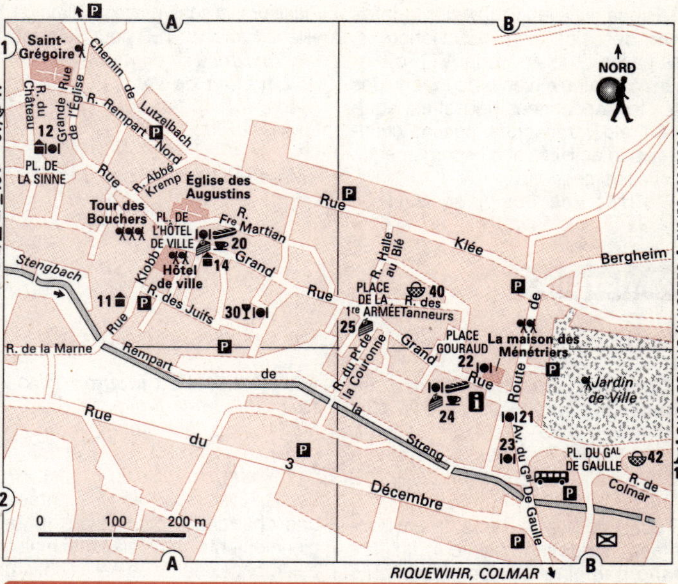

RIBEAUVILLÉ

Adresse utile

- Office de tourisme du pays de Ribeauvillé et Riquewihr (B2)

Où dormir ?

- **10** Camping municipal Pierre de Coubertin (hors plan par B2)
- **11** Gîte alsacien – Chambres d'hôtes famille Dillar (A1)
- **12** Hôtel du Mouton (A1)
- **13** Hôtel Au Cheval Blanc (hors plan par A1)
- **14** Hôtel de la Tour (A1)

Où manger ?

- **12** Hôtel du Mouton (A1)
- **13** Hôtel Au Cheval Blanc (hors plan par A1)
- **20** Pâtisserie Vilmain (A1)
- **21** Au Cheval Noir (B2)
- **22** Wistub Zum « Pfifferhüs » (B2)
- **23** Auberge Au Zahnacker (B2)
- **24** Boulangerie-pâtisserie Vogel (B2)
- **25** Pâtisserie Gilg (B1)

Où boire un verre ? Où sortir ?

- **30** Bar à vins Le Goupil (A1)
- **31** Bar Saint-Ulrich (hors plan par A1)

Où acheter de bons et beaux produits ?

- **40** Distillerie Jean-PaulAmetté (B1)
- **41** Magasin d'usine Beauvillé (hors plan par A1)
- **42** Cave de Ribeauvillé (B2)

Adresses et infos utiles

i ***Office de tourisme du pays de Ribeauvillé et Riquewihr*** *(plan B2)* **:** *1, Grand-Rue.* ☎ *03-89-73-23-23.* • *ribeauville-riquewihr.com* • *Mai-sept et déc : lun-sam 9h30 (10h jeu)-12h, 14h-18h ; dim 9h30-12h30. Avr et oct : tlj sauf dim 10h-12h (9h30-12h30 sam), 14h-17h. Janv-mars et nov : tlj sauf dim 10h-12h, 14h-17h (9h30-12h30 sam) ; horaires susceptibles d'être modifiés, consulter le site internet. Fermé 1er mai et 25 déc.* Plan de la ville avec ses points d'intérêt à découvrir à pied, visites guidées racontées et gourmandes *(juil-août),* dépliant-plan sur chacun des 15 autres villages du « pays de Ribeauvillé et Riquewihr », infos route des Vins (liste des vignerons, des caves...), loisirs verts (VTT, cyclotourisme, infos et vente de topoguides pour les randonnées pédestres, équitation, etc.), transports, agenda culturel, résa d'activités et d'hébergement... Accueil compétent.

Arrêt des bus (plan B2) : *pl. du Général-de-Gaulle.* ● *fluo.eu* ● Plusieurs liaisons/j. avec Colmar et les villages voisins ; TER pour Sélestat.

Taxi José : *06-46-84-40-05.*

Location de vélos : *chez* **Cycles Binder** *(82, Grand-Rue ; ☎ 03-89-73-65-87) et* **Ribo Cycles** *(17, rue de Landau ; ☎ 03-89-73-72-94).*

– **Marchés** (plan A1) : *sam mat et mar soir, pl. de l'Hôtel-de-Ville.*

Où dormir ?

Camping

Camping municipal Pierre de Coubertin (hors plan par B2, **10**) : *23, rue Landau.* ☎ *03-89-73-66-71.* ● *camping@ribeauville.fr* ● *camping-alsace.com* ● *De mi-mars à mi-nov. Compter env 13-15 € pour 2.* À l'écart du centre, dans un environnement verdoyant paisible, un très grand camping aux emplacements gazonnés, ombragés et séparés par des haies. Sanitaires nickel et bon entretien général. Équipements un peu simples en revanche, mais les terrains de sport et les piscines sont à 2 pas.

De bon marché à prix moyens

Gîte alsacien – Chambres d'hôtes famille Dillar (plan A1, **11**) : *19, rue Klobb.* ☎ *03-89-73-31-65.* *06-88-54-37-10.* ● *info@gite.alsace* ● *gite.alsace* ● *Doubles 45-65 € ; apparts (2-4 pers) 315-400 €/sem. Parking municipal gratuit à côté. Bouteille de gewurztraminer bio offerte pour un séjour de 1 sem sur présentation de ce guide.* À 2 pas de la rue principale piétonne, dans une belle demeure classée du XVIe s, en pierre de taille et colombages. Au milieu de cet ensemble pittoresque, un agréable jardinet fleuri dans la courette permet de se poser en terrasse. Plusieurs chambres avec salle de bains, et des appartements bien équipés. Un point de chute impeccable et fonctionnel ; la grande gentillesse et la disponibilité de vos hôtes en prime !

De prix moyens à chic

Hôtel du Mouton (plan A1, **12**) : *5, pl. de la Sinne.* ☎ *03-89-73-60-11.* ● *contact@hoteldumouton.fr* ● *hoteldumouton.fr* ● *Resto fermé mar-mer. Doubles 105-190 €, ttes climatisées. Menus 30-46 €.* Plantée sur une charmante place avec fontaine glougloutante, cette élégante maison à colombages abrite de belles chambres confortables et soignées, qui viennent d'être rénovées. Vue sur la place ou sur l'arrière. Bon resto de marché qui mijote les produits du terroir local. Belle terrasse aux beaux jours ; accueil familial souriant.

Hôtel Au Cheval Blanc (hors plan par A1, **13**) : *122, Grand-Rue.* ☎ *03-89-73-61-38.* ● *cheval-blanc-ribeauville@orange.fr* ● *cheval-blanc-alsace.fr* ● *(resto seulement). Resto fermé mar-mer. Congés : 10 janv-10 mars. Doubles 88-125 €, climatisées pour certaines. Formule déj en sem 19 € ; menus 29-39 €.* Une bonne hôtellerie familiale dans une bâtisse typique, tranquillement positionnée en haut de la ville et donnant sur une jolie place avec fontaine. Une vingtaine de chambres pas très grandes, voire petites pour certaines, mais bien rénovées, calmes, tout confort et soignées. Au resto, spécialités traditionnelles bien mises en valeur, et des suggestions du marché à l'ardoise. Agréable terrasse sur la place. Accueil sympa et pro. Une adresse constante.

Hôtel de la Tour (plan A1, **14**) : *1, rue de la Mairie.* ☎ *03-89-73-72-73.* ● *info@hotel-la-tour.com* ● *hotel-la-tour.com* ● *Congés : de début janv à* *mi-mars. Doubles 91-121 € ; familiales. Parking payant 10 €.* Une ancienne exploitation vinicole transformée en hôtel, avec terrasse et une trentaine de chambres, agréables et tranquilles. Elles sont classiques et un brin datées pour les moins chères (surtout les salles de bains), mais décorées dans un élégant style sobre avec bois pour celles qui ont été rénovées. Sauna, hammam et jacuzzi. Accueil pro. Une bonne adresse en plein centre.

Où manger ?

Sur le pouce

Pâtisserie Vilmain (plan A1, **20**) **:** *58, Grand-Rue. ☎ 03-89-73-64-41. • pierre.vilmain403@orange.fr • Tlj sauf lun 7h30-18h30. Moins de 10 €.* Les délicieux classiques de la pâtisserie alsacienne : kougelhopf, *linzertorte,* tarte aux fruits de saison, et puis la spécialité du cru : le « brie » au kirsch. Miam, miam ! Également des en-cas salés et quelques petits plats du jour très honnêtes. Une adresse idéale à toute heure. Terrasse.

Boulangerie-pâtisserie Vogel (plan B2, **24**) **:** *15, Grand-Rue. ☎ 03-89-73-66-63. • boulangerie.vogel@wanadoo.fr • Mar-sam 7h-18h30. En-cas moins de 10 € ; menu 12 €. Café offert sur présentation de ce guide.* Sur le côté de la boutique, une petite salle sobre en boiseries claires accueille de nombreux habitués pour le menu du midi, ou bien pour une tartine alsacienne avec salade (la version locale du croque). Simple, frais et bon. Parfait aussi pour le goûter autour d'un bon gâteau.

Pâtisserie Gilg (plan B1, **25**) **:** *1, rue des Tanches (pl. de la 1re-Armée). ☎ 03-89-49-74-53. • sandra@patisserie-gilg.com • Ouv mar-sam 8h30-18h45 (18h sam).* C'est la succursale d'une célèbre pâtisserie haut de gamme dont la maison mère est à Munster. Cadre chic et contemporain, en harmonie avec des créations sucrées aussi belles que bonnes, élégamment disposées sous un superbe lustre. Également quelques options salées.

De bon marché à prix moyens

Au Cheval Noir (plan B2, **21**) **:** *2, av. du Général-de-Gaulle. ☎ 03-89-73-37-83. • chevalnoir.ribeauville@orange.fr • Fermé lun-mar. Congés : de mi-fév à fin mars. Formule 13 € ; menus 22-23 € ; carte 25-35 €.* Une brasserie de village conviviale qui s'ouvre sur une grande salle modernisée. Ici, l'essentiel est dans l'assiette : salades, tartes flambées réputées dans tout le secteur (servies si on le souhaite en demi-portion, pratique pour en goûter différentes sortes), sans oublier des plats régionaux plus sérieux et autres viandes goûteuses ; le tout servi généreusement. Une bonne adresse pour tous les budgets. On s'est régalés avec les habitués du coin !

Wistub Zum « Pfifferhüs » (plan B2, **22**) **:** *14, Grand-Rue. ☎ 03-89-73-62-28. Tlj sauf mer-jeu. Menu 26 € ; carte env 30 €.* Dans le beau cadre typique de cette vieille maison à oriel, touristes et gens du coin se partagent les tables pour profiter d'une bonne cuisine – on ne peut plus traditionnelle et copieuse – accompagnée des vins du terroir local. Accueil jovial. Une adresse constante.

Également de quoi ravir les papilles à l'***Hôtel Au Cheval Blanc*** (*hors plan par A1,* **13**) et à l'***Hôtel du Mouton*** (*plan A1,* **12**). Voir plus haut « Où dormir ? ».

De prix moyens à plus chic

Auberge Au Zahnacker (plan B2, **23**) **:** *8, av. du Général-de-Gaulle. ☎ 03-89-73-60-77. • info@restaurant-zahnacker.fr • Fermé mer soir et jeu. Congés : janv-fév. Menu 25 € ; carte 30-45 €.* Dès les beaux jours, on s'installe sur la terrasse de cette auberge typique, sous une odorante glycine, pour déguster un plat du marché ou une des suggestions de l'ardoise,

LE HAUT-RHIN

délicieusement préparés, et accompagnés d'un des meilleurs crus de la cave coopérative. La carte compte aussi des classiques régionaux qui valent l'étape ! Une belle et bonne table traditionnelle.

Où boire un verre ? Où sortir ?

Bar à vins Le Goupil *(plan A1, **30**) : 2, pl. de l'Ancien-Hôpital. ☎ 03-89-78-81-23. • legoupil.terroir@sfr.fr • Tlj sauf lun-mar 17h30-23h. Congés : de mi-déc à début mai. Carte env 25 €. Digestif maison offert sur présentation de ce guide.* Au cœur du village, ce bar à vins malin est une institution, suffisamment en retrait de la Grand-Rue pour qu'on n'ait pas l'impression de jouer les touristes ! Une vingtaine de vins au verre et près de 200 références en bouteilles, impossible de ne pas trouver son bonheur. Et pour mettre un peu de solide dans le liquide, de bonnes tartines gourmandes, tapas et autres planches de charcuterie-fromage. Super ambiance.

Bar Saint-Ulrich *(hors plan par A1, **31**) : 3, pl. de la République. ☎ 03-89-73-74-38. • bar.stulrich@gmail.com • Tlj sauf lun-mar à partir de 16h.* Un bar à bières dans le vignoble ; il fallait oser ! Intéressante sélection de bières, mais aussi des whiskies du monde entier et même distillés... en Alsace ! Une curiosité à découvrir absolument, dans une petite salle festonnée de houblon ou en terrasse.

Où acheter de bons et beaux produits ?

Distillerie Jean-PaulAmetté *(plan B1, **40**) : 9, rue des Tanneurs. ☎ 03-89-73-65-88. • distillerie-mette.com • Lun-ven sauf mer ap-m 10h-12h, 13h30-18h ; sam 14h-18h (horaires variables, voir site internet).* L'adresse mythique de la ville, qui poursuit la tradition du plus fou des liquoristes qu'ait connu le pays. Au choix, plus de 90 eaux-de-vie et 25 liqueurs aux parfums souvent peu communs, à base de fruits, d'herbes ou carrément de légumes : pas étonnant qu'on les retrouve à la carte des plus grands chefs. N'oubliez pas d'aller jeter un coup d'œil aux installations dans la cour.

Cave de Ribeauvillé *(plan B2, **42**) : 2, route de Colmar. ☎ 03-89-73-20-35. • vins-ribeauville.com • Tte l'année sauf 1er janv et 25 déc, tlj 8h-12h, 14h-18h (w-e et j. fériés 9h30-12h30, 14h30-18h30).* L'une des plus vieilles caves viticoles et la plus vieille coopérative de France, avec sa salle-musée. Pas le même millésime, mais les mêmes cépages nobles récoltés, pressés et vinifiés depuis le XIVe s pour élaborer des cuvées d'exception. Louis XIV appréciait le clos du Zahnacker situé au cœur du grand cru *Osterberg.* Pour une dégustation et tout savoir sur les crus des environs à des prix doux.

Magasin d'usine Beauvillé *(hors plan par A1, **41**) : 19-21, route de Sainte-Marie-aux-Mines. ☎ 03-89-73-74-74. • beauville.com • À la sortie de la ville, direction Sainte-Marie-aux-Mines. Tlj sauf dim et j. fériés 9h30-12h15, 14h-17h45 (sam en continu).* Magasin d'usine de la célèbre manufacture d'impression sur étoffes, fondée en 1839. Nappes, tissus d'ameublement, linge de maison, souvent superbes et à prix raisonnables (pour les fins de collections et les tissus avec défauts en particulier).

À voir. À faire

La visite de Ribeauvillé commence à l'est, par un ***parc*** planté de marronniers, d'érables, de tilleuls, et même d'un séquoia : c'est le ***jardin de Ville*** *(plan B1-2).* Les moins courageux pourront découvrir la cité sur tout son long et jusque dans les vignes via son ***petit train*** (voir plus loin). Départ côté jardin de Ville.

LE HAUT-RHIN

La maison des Ménétriers (plan B2) : *14, Grand-Rue.* Présente un superbe oriel décoré d'une Annonciation sculptée (1680). Abrite la *Wistub Zum « Pfifferhüs »* (voir plus haut « Où manger ? »).

L'hôtel de ville (plan A1) : *2, pl. de l'Hôtel-de-Ville. ☎ 03-89-73-20-00.* Seul le hall d'accueil de ce bâtiment, construit de 1773 à 1778, qui affiche une déco somptueuse et qui évoque l'histoire de la puissante famille des Ribeaupierre et les grandes époques de la ville, notamment la tradition de l'impression sur étoffes, spécialité de Ribeauvillé, est accessible.

À voir aussi, dans la Grand-Rue : la ***tour des Bouchers*** *(plan A1),* construite au XIIIe s et rehaussée au XVIe s, qui doit son nom à l'abattoir et aux étals de bouchers qui la jouxtaient : au Moyen Âge, elle séparait également le quartier de la « vieille ville » de celui de la « ville moyenne » du haut de ses 29 m. Et puis au no 12 de la ***rue des Tanneurs*** *(plan B1)* se trouve une de ces anciennes tanneries (on distingue sur le toit de cette maison les ouvertures spécifiques qui permettaient le séchage des peaux) avec un poteau d'angle en bois sculpté de motifs « apotropaïques » : des masques grimaçants censés faire fuir les mauvais esprits...

L'église Saint-Grégoire (plan A1) : *10, Grand-Rue-de-l'Église.* De style gothique, sa construction s'est étalée du XIIIe au XVe s. Elle abrite l'un des plus anciens buffets d'orgue Silbermann d'Alsace (XVIIe s). Dans la chapelle, un retable original réalisé sur du bois de palette par l'artiste contemporain Christoff Baron, à qui l'on doit aussi le mobilier liturgique.

➢ **Le petit train de Ribeauvillé :** *☎ 03-89-73-74-24. • petit-train-ribeauville.fr • Mai-sept, tlj 10h-18h (plus tôt en ½ saison) ; également un circuit nocturne juil-août mar et jeu à 20h ou 21h. Tarif : compter 7 € ; réduc.* Un circuit commenté (50 mn) sillonnant le village, avec incursion dans le vignoble de Hunawihr.

– **La piscine des Trois-Châteaux** (hors plan par B1) : *1, rue Pierre-de-Coubertin. ☎ 03-89-73-27-27. • piscine-3-chateaux.fr • Tlj, horaires variables (voir site internet). Entrée piscine : 5,70 € ; réduc enfants ; avec espace forme 12,50 €.* Une belle et grande piscine, avec pataugeoire pour les tout-petits, toboggan, balnéo, espace forme, où les enfants s'amusent pendant que les parents se font du bien. Idéal par jour de grande chaleur.

– **La piscine Carola** (hors plan par B1) : *48, route de Bergheim. • ribeauville.fr • Juin-août, tlj 10h-19h. Entrée : compter 2,50 € ; réduc.* Piscine de plein air avec aire de pique-nique, jeux et cafétéria.

Fête et manifestation

– ***Pfifferdaj (fête des Ménétriers) :*** *1er w-e de sept. Infos à l'office de tourisme.* Chaque année depuis 1390, le jour de la Nativité de la Vierge (le 8 septembre), la confrérie des ménétriers tenait ses assises à Ribeauvillé sous le haut patronage des seigneurs de Ribeaupierre. Aujourd'hui encore, la tradition est perpétuée tous les ans à travers la fête du Pfifferdaj, qui honore la mémoire des joueurs de fifre et rend hommage à la corporation des ménétriers. Le Pfifferdaj est aujourd'hui la plus ancienne fête d'Alsace. Cette fête a su conserver, tout en les revisitant, les traditions, les costumes, les couleurs et la notoriété que lui donnèrent dès le XIVe s des centaines de musiciens et troubadours : aujourd'hui, ce sont près de 1 100 figurants bénévoles et plus de 20 000 spectateurs qui participent à cette fête populaire. Le dimanche à 15h, un défilé médiéval composé d'une quinzaine de chars et entrecoupé de fanfares est organisé en grande pompe dans une ambiance de folie. Et puis, en fin d'après-midi, on boit le vin qui coule à la fontaine ! Une fête unique à ne pas manquer.
– ***Marché de Noël médiéval :*** *2e et 3e w-e de l'Avent.* Marché médiéval avec costumes et animations. Sans doute l'un des plus beaux d'Alsace, en particulier pour son ambiance festive.

Randonnée pédestre

➢ ⩤ ***Les trois châteaux de Ribeauvillé :*** circuit de 6,5 km mais attention, les vestiges du 3e château sont fermés au public ; environ 3h aller-retour, sans les arrêts. Balisage : rectangle rouge, triangle jaune, croix jaune, Club vosgien oblige ! Plan du circuit ou carte *IGN/Club vosgien* au 1/25 000, 3718 OT *(compter respectivement 1 € et 13,20 € à l'office de tourisme).* Départ du parking du Lutzelbach ou de la place de la République par le passage Jeannelle (haut de la ville). La dénivelée est assez raide durant la 1re moitié du parcours, mais on ne le regrette pas, car, au bout, le panorama est superbe ! Ruines impressionnantes de 3 forteresses en grès rose, vignobles pentus, sapins ombrageux et cigognes sur les toits de tuiles, tout y est : cette rando offre un panorama sur la ville, la plaine du Rhin, jusqu'à la Forêt-Noire en Allemagne.

ILLHAEUSERN

(68970) 680 hab. *Carte Le Sud (Haut-Rhin), B1*

Petite incursion dans le Ried, cette plaine basse et fertile qui sert de trait d'union entre le vignoble au pied du massif vosgien et le Rhin. Ici, peu de choses à voir, mais beaucoup à goûter !
Ancien village de pêcheurs et de bateliers traversé par la rivière Ill, Illhaeusern perpétue une tradition culinaire basée sur la mise en valeur des produits de la pêche : fritures, matelotes et autres beignets d'écrevisses, ayant fait jadis sa renommée, font aujourd'hui encore le bonheur des gastronomes !
– Infos et plan à l'office de tourisme du pays de Ribeauvillé et Riquewihr *(☎ 03-89-73-23-23 ; ● ribeauville-riquewihr.com ●).*

Où manger ?

|●| ⛱ ***À la Truite :*** *17, rue du 25-Janvier. ☎ 03-89-71-83-51. ● info@restaurant-alatruite.com ● ♿ Tlj sauf mar soir et mer, ainsi que lun soir hors saison. Formules déj en sem 13,10-16,30 € ; menus 24,50-42 € ; carte env 35-40 €.* Une auberge de campagne qui perpétue la tradition familiale depuis plus d'un siècle. La classe ! À la carte, sans doute les meilleures matelotes et choucroutes de poisson de la région (réserver à l'avance). Sinon, viandes fumées, truites du vivier, gibier en saison, foie gras et tartes aux fruits maison. Tout cela se déguste avec les habitués dans une salle à manger animée, prolongée en été par une petite terrasse donnant sur la rivière et ses saules pleureurs. Service sympa. Bon rapport qualité-prix.

HUNAWIHR

(68150) 590 hab. *Carte Le Sud (Haut-Rhin), B1*

Classé parmi les « Plus Beaux Villages de France », Hunawihr est un bourg vigneron typique et paisible. Nature et culture, agriculture et habitations sont intimement juxtaposées, offrant une atmosphère et un harmonieux cadre. Au nord du village, sur une petite colline coiffée par des bois, s'étend

un terroir viticole exceptionnel : le *Rosacker,* qui tiendrait son nom de l'églantier (rosier sauvage), naguère abondant dans le vignoble. Laissez-vous tenter par un verre de riesling grand cru *Rosacker,* au parfum poivré et aux arômes pointus qui s'arrondissent en vieillissant.
Et puis son église œcuménique fortifiée du XVe s est le lieu idéal pour une pause, le temps de profiter d'un joli point de vue sur le vignoble et sur le village. En vous promenant dans les ruelles, découvrez à votre rythme les maisons de vignerons, la mairie Renaissance et la fontaine Sainte-Hune...

Où dormir ? Où manger ?

Chambres d'hôtes Sainte Hune : *7, rue du Luehrert. 06-09-85-94-96. • contact@chambre-vignoble.com • chambre-vignoble.com • Doubles 76-88 € ; petits déj 9-14 € selon formule.* Positionnée face aux installations viticoles du domaine, cette maison contemporaine renferme des chambres et des studios absolument nickel, bien conçus et disposant tous d'une terrasse ou d'un grand balcon. Parfait pour déguster en soirée un de leurs bons vins bio, notamment les excellents crémants élaborés à partir de la centaine de parcelles que compte l'exploitation. Tout cela fleure bon l'Alsace... jusqu'au nid de cigogne sur son perchoir ! Excellent accueil, de très bon conseil.

Wistub Suzel : *2, rue de l'Église. ☎ 03-89-73-30-85. • eric.mittnacht@free.fr • suzel-hunawihr.com • Tlj sauf dim 12h-14h, 19h-21h. Congés : fêtes de fin d'année-Pâques. Formule déj 25 € ; menus 20-27 € ; carte env 25-30 €.* Située à 2 pas de l'église, devant une fontaine flanquée d'abreuvoirs à bestiaux, on aime bien cette petite winstub chaleureuse dotée d'une belle terrasse fleurie avec vue sur le clocher. Dans l'assiette, cuisine de saison simple et familiale, bien copieuse et confectionnée avec les bons produits frais du cru. Savoureuses fleischnakas notamment. Une bonne adresse à prix tenus.

Où acheter du bon vin ?

Cave vinicole de Hunawihr : *48, route de Ribeauvillé. ☎ 03-89-73-61-67. • cave-hunawihr.com • Tlj 9h (9h30 le w-e)-12h, 14h-18h. Fermé dim janv-avr. Visite guidée gratuite (3h) des caves, des installations et du vignoble avec un viticulteur, en été jeu à 15h30 (sur résa).* Ce vaste bâtiment ancré à l'entrée du village recèle, dans son sous-sol, un impressionnant réseau de caves où on a vite fait de se perdre ! Le lieu est aussi réputé pour ses grands crus *Rosacker* très abordables, et propose une jolie panoplie de crémants. Une bonne étape gourmande où l'on est accueilli avec beaucoup de gentillesse.

À voir à Hunawihr et dans les environs

L'église fortifiée : *rue de l'Église. Ouv tte l'année, dim pour les offices ; Pâques-Toussaint, tlj. Visites guidées (1h) de juil à mi-sept, mer et ven à 18h.* Située un peu à l'écart du village, sur une jolie butte dominant les toits et le vignoble. Ce « clocher dans les vignes » a été rendu célèbre par les illustrations de Hansi. Voici donc une église où les catholiques et les protestants cohabitent sous le même toit, mais jamais en même temps, selon le principe du *simultaneum* (différents cultes célébrés au même endroit). Avant d'y entrer, observer l'enceinte extérieure à 8 côtés, flanquée de 6 bastions percés de meurtrières. L'intérieur affiche une grande sobriété, le dépouillement protestant semblant l'avoir emporté sur l'ostentation catholique ! Cela dit, on y trouve quand même de belles fresques du XVe s racontant la légende de saint Nicolas. Sur la tribune se trouve le plus ancien « orgue français » d'Alsace (1765) du facteur d'orgues Callinet...

NaturOparC : *route des Vins. ☎ 03-89-73-72-62. • naturoparc.fr • Jours et horaires d'ouverture très variables, consulter le site internet. Fermé nov-mars. Rdv quotidiens avec les soigneurs (env 6-8/j.) ou pour les repas commentés. Compter min 2h de visite. Entrée : 11 € ; 13-18 ans 9,50 € ; 3-12 ans 8 € ; gratuit moins de 3 ans.* Naguère très nombreuses dans la région et popularisées par le célèbre illustrateur Hansi, les cigognes s'étaient faites de plus en plus rares au fil du temps.

L'Alsace a même failli perdre son emblème fétiche, il y a quelques décennies. Victimes d'électrocutions sur les lignes à haute tension, de la sécheresse, des pesticides ou encore de la chasse, 90 % d'entre elles ne revenaient pas de leur migration en Afrique. D'où l'idée de les réintroduire, un objectif que ce parc a atteint magistralement. Pendant l'été, environ 200 cigognes en liberté guident les visiteurs au cœur d'un parcours à la végétation typique des marais. Évidemment, la plupart migrent en hiver, mais il en reste toujours une bonne cinquantaine devenues sédentaires.

D'ailleurs, quelle que soit la saison, il se passe toujours quelque chose dans le parc : construction de nids, accouplement, nourrissage et élevage des jeunes, vol en plein ciel... sans compter toutes les autres surprises que cette jolie balade réserve, comme la rencontre de canards et d'oies, l'observation de ragondins (de son vrai nom *Myocastor*), mais aussi la découverte des poissons d'eau douce locaux et d'un grand nombre d'oiseaux aquatiques (cormorans, canards...). Le grand hamster d'Alsace, petit rongeur à la bouille sympathique, vivant uniquement par ici, ainsi que des ratons-laveurs ; les ânes et les tortues font également partie des pensionnaires du parc. Mais c'est peut-être la loutre qui a le plus la cote. On peut la voir évoluer dans un environnement semi-naturel, ou depuis une terrasse aménagée et un tunnel vitré, car le parc est aussi le 1er centre français de reproduction de la loutre européenne, cette espèce étant toujours menacée de disparition.

S'ajoutent la nurserie, le labyrinthe végétal, le labo pour les enfants, le parcours d'équilibre, la miniferme et, bien sûr, les rendez-vous avec les soigneurs, comme le spectacle d'animaux pêcheurs avec cormorans, manchots, otarie... Pas de quoi s'ennuyer !

LA CIGOGNE *IS BACK* !

L'Alsace est indissociable de son oiseau emblématique, et pourtant, il ne restait que 9 couples au milieu des années 1980. Les 1res réintroductions en milieu naturel ont eu lieu en 1987 : les cigognes ont été en partie sédentarisées afin qu'elles se reproduisent en liberté en Alsace. L'osmose a parfaitement réussi, et désormais plus de 400 couples vivent paisiblement dans la région, en Suisse et en Allemagne.

ATTENTION AUX NIDS !

Chaque année, les cigognes reviennent dans le même nid. À chaque retour de migration, elles ajoutent brindilles et branchages, augmentant ainsi le volume du nid qui peut alors atteindre 1 m d'épaisseur et peser jusqu'à 200 kg !

Le Jardin des Papillons : *route de Ribeauvillé. ☎ 03-89-73-33-33. • jardinsdespapillons.fr • Avr-début nov, tlj 10h-18h (17h à partir d'oct). Entrée : 8 € ; 5-14 ans 5,50 €.* Savez-vous différencier un papillon diurne d'un nocturne ? Ce lieu fascinant, constitué de grandes serres humides à la végétation luxuriante, donne réponse à toutes les questions sur ce vaste sujet qu'est le papillon. Ici, ils sont légion, de toutes les tailles et de toutes les couleurs, et surtout ils virevoltent en liberté. Ça change des cigognes, même si on les aime bien. On suit le parcours qui nous fait découvrir près de 200 espèces venues du monde entier. On apprend leur rôle dans le système écologique, on découvre que le plus grand d'entre eux peut mesurer jusqu'à 20 cm d'envergure et on assiste à des naissances ! À ne pas manquer aussi, 2 barnums abritant un film pour l'un, une expo sur les abeilles pour l'autre.

Le village de Zellenberg : *à 3 km au sud-est, entre Hunawihr et Riquewihr.* On le remarque immédiatement, car ce beau village est perché comme une vigie au sommet d'une colline. Ses flancs sont recouverts de vignes qui grimpent jusqu'aux maisons. L'endroit paraît idéal pour vivre sereinement. On laisse sa voiture au bas du village, pour monter à pied dans la partie haute, et gagner le lieu-dit (indiqué) du grand cru *Schlossberg,* puis continuer le petit chemin jalonné de quelques panneaux explicatifs jusqu'à l'emplacement de l'ancienne chapelle Saint-Michel. De là, superbe vue plongeante sur Riquewihr, les collines du vignoble et les contreforts des Vosges. On voit bien les maisons de vignerons serrées les unes contre les autres le long de 2 rues parallèles.

Domaine Jean Becker : *4, route d'Ostheim. ☎ 03-89-47-90-16. • vinsbecker.com • Visite et dégustation sur rdv Pâques-déc.* En bio depuis plus de 20 ans, ce domaine familial n'a pas attendu de surfer sur la mode pour faire bien, propre et bon. Vignes enherbées un rang sur deux, taille en guyot double et guyot poussard, vendanges manuelles, peu de soufre... De quoi garantir des vins nets exprimant les spécificités du terroir. Goûtez donc le grand cru *Froehn,* l'excellent et chaleureux pinot noir, ou, plus étonnant le vin orange, nature et incroyablement aromatique. Accueil vraiment sympa et très pédagogique, assorti selon disponibilités d'un tour dans les installations.

À faire

➢ Une belle ***promenade à pied*** sur le sentier viticole des grands crus permet de relier Hunawihr à Riquewihr. Un petit chemin traverse les champs de vigne à flanc de colline, court dans un sous-bois, puis débouche sur la colline du grand cru *Schœnenbourg* (où le riesling est roi), offrant une des plus belles vues que l'on connaisse sur Riquewihr, blottie dans le creux de son vallon. Le chemin descend ensuite vers la ville. La balade fait environ 2 km (l'aller seul). La meilleure époque pour flâner sur ce chemin, c'est évidemment l'époque des vendanges (début de l'automne). Le sentier viticole des grands crus relie plusieurs communes : Riquewihr, Hunawihr, Zellenberg, Beblenheim, Mittelwihr et Bennwihr. Carte disponible auprès de l'office de tourisme.

RIQUEWIHR

(68340) 1 110 hab. *Carte Le Sud (Haut-Rhin), B1*

• Plan *p. 257*

Archétype du village viticole alsacien et canon architectural régional, lové entre des collines couvertes de vignes, Riquewihr est classé parmi les « Plus Beaux Villages de France ». C'est l'un des lieux de visite incontournables d'Alsace, qui surprend par sa beauté ancienne, entre ses maisons de vignerons à colombages (XVIe-XVIIIe s) et celles d'architecture Renaissance,

nichées au sein des fortifications qui enserrent de nos jours encore le village. Très prisé en été par les visiteurs (ne pas oublier que les périodes des vendanges et de Noël sont aussi archi touristiques), Riquewihr surprend donc par son charme pittoresque, à l'image d'un décor de cinéma d'un autre siècle.
Mais, soyons francs : ce n'est pas parce qu'il y a beaucoup de monde qu'il ne faut pas y venir. Il suffit de choisir sa saison et son heure ! En période de forte affluence, on conseille toujours une visite tôt le matin aux beaux jours, ou plutôt en soirée. Et quant à l'automne, c'est une saison très agréable, surtout au moment des vendanges (balades possibles à pied ou à vélo le long du sentier viticole). Les caves et les cours s'animent, et un parfum enivrant de vin nouveau flotte dans les rues... Et savez-vous que c'est dans une cave de la ville, chez *Dopff au Moulin,* l'une des plus anciennes du pays, qu'on a vu naître le fameux crémant d'Alsace ?

UN PEU D'HISTOIRE

Miraculeusement épargné par les 2 guerres mondiales, Riquewihr porte la marque de l'histoire grâce à son homogénéité architecturale (maisons des XVIe-XVIIIe s) et ses remparts qui l'enserrent dans le creux d'un vallon.
Fortifié en 1291, devenu « ville » en 1324, il fut ensuite cédé au comte Ulrich de Wurtemberg. Riquewihr passa au XIVe s aux mains des princes de Wurtemberg-Montbéliard, qui en restèrent les maîtres tout-puissants jusqu'à la Révolution française (il y eut une petite parenthèse sous la houlette des Habsbourg). ***La ville tirait sa richesse du vignoble.*** La Renaissance (XVIe s) fut un siècle d'or et de prospérité économique et culturelle. Le cœur actuel du village n'a guère changé depuis cette époque faste (les vieilles maisons, les fortifications, les ruelles pavées...).

UN PHILOSOPHE QU'ON LISAIT DE CINQ À CEP...

Voltaire toucha des intérêts sur les vignobles de Riquewihr. Effectivement, pour payer ses dettes, le duc de Wurtemberg, gros propriétaire terrien, remboursa une partie de son emprunt auprès du célèbre philosophe à coups d'hectares de vignes. Mais l'homme de lettres mourut avant d'avoir récupéré sa mise !

Du temps du Saint Empire romain germanique, une communauté juive très influente vivait ici. Elle fut décimée par un pogrom perpétré par le reste des habitants de la ville, très endettés, en 1416 (lire plus loin « À voir. À faire. La rue des Juifs »). Notons par ailleurs que, dans ce joyau de la civilisation rhénane, les catholiques ont toujours été minoritaires, et le sont encore de nos jours, au profit des protestants.

Adresses et info utiles

ℹ ***Office de tourisme du pays de Ribeauvillé et Riquewihr*** *(plan B1) :* *2, rue de la 1re-Armée. ☎ 03-89-73-23-23. • ribeauville-riquewihr.com • Mai-sept et déc : lun-sam 9h30 (10h jeu)-12h, 14h-18h ; dim 10h30-13h30. Avr et oct, tlj sauf dim 10h-12h (9h30-12h30 sam), 14h-17h. Janv-mars et nov, tlj sauf dim 10h-12h, 14h-17h (ap-m seulement sam) ; horaires susceptibles d'être modifiés, consulter le site internet. Fermé 1er mai et 25 déc.* Plan du village avec ses points d'intérêt à découvrir à pied, visites racontées et gourmandes *(juil-août),* dépliant-plan sur chacun des 15 autres villages du « pays de Ribeauvillé et Riquewihr », infos route des Vins (liste des vignerons, des caves...), loisirs

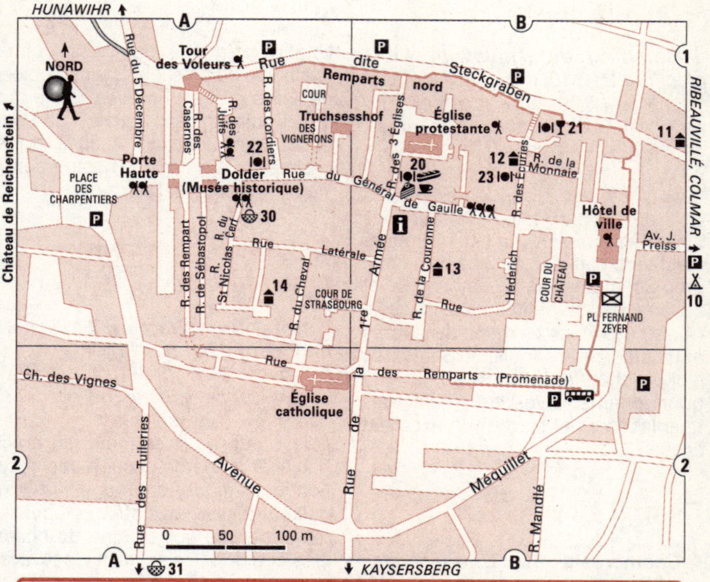

RIQUEWIHR

■ **Adresse utile**

ℹ Office de tourisme du pays de Ribeauvillé et Riquewihr (B1)

Où dormir ?

10 Camping de Riquewihr (hors plan par B1)
11 Hôtel Best Western Le Schoenenbourg (B1)
12 Hôtel À l'Oriel (B1)
13 Hôtel de la Couronne (B1)
14 Chambres d'hôtes L'Adrihof (A1)

Où manger ?
Où boire un verre ?

20 Pâtisserie Chez Chloé (B1)
21 Le Grognard (B1)
22 Au Dolder (A1)
23 La Grappe d'Or (B1)

Où acheter de bons et beaux produits ?

30 Féerie de Noël (A1)
31 Domaine Mittnacht-Klack (hors plan par A2)

verts (VTT, cyclotourisme, randonnée pédestre, équitation, etc.), transports, agenda culturel, résa d'activités et d'hébergement... Accueil attentionné et compétent.

Arrêt des bus *(plan B2)* **:** *pl. Jean-Monnet.* ● *fluo.eu* ●
– ***Marché*** *(plan B1)* **:** *ven mat, pl. de l'Hôtel-de-Ville.*

Où dormir ?

– ***Important* :** Riquewihr étant une ville très prisée, mieux vaut réserver son hôtel bien à l'avance en haute saison. Également de nombreuses possibilités d'hébergement dans les villages alentour (Zellenberg, Beblenheim, Mittelwihr ou Bennwihr ; tous à moins de 4 km). L'office de tourisme dispose aussi d'un central de résas.

Camping

⛺ ***Camping de Riquewihr*** *(hors plan par B1,* ***10****)* **:** *1, route du Vin. ☎ 03-89-47-90-08. • info@campingriquewihr.com • campingriquewihr.com • ♿ À 1 km à l'est de Riquewihr, au bord de la D 1B. Avr-début nov et déc. Compter 22 € pour 2 avec tente et voiture.* À proximité de la route des Vins d'Alsace, dans un bel environnement vert, camping de 3 ha bien tenu. Emplacements plats, ombragés, et séparés par de petites haies basses. Choisir ceux bien en retrait de la route pour plus de tranquillité. Sanitaires nickel (chauffés hors saison). Jeux pour enfants, lave-linge, pain frais tous les jours et surtout un excellent accueil...

De prix moyens à chic

🏠 ***Chambres d'hôtes L'Adrihof*** *(plan A1,* ***14****)* **:** *5, rue du Cheval. 📱 06-03-46-44-73. • christophe.kiefer@wanadoo.fr • riquewihradrihof.monsite-orange.fr • Doubles 82-92 € (2 nuits min). Parking.* Avec sa cour pavée, son puits, sa galerie en bois et sa tour d'angle renfermant l'escalier, cette maison du XVIe s a un charme fou. C'est d'ailleurs un chapitre d'histoire à elle seule. Demandez au sympathique propriétaire, il vous racontera... Quant aux chambres, elles sont historiques aussi, c'est-à-dire rustiques et pleines de cachet, mais un peu datées pour les salles de bains. Gros plus : la salle à manger à dispo et, tout en haut, une terrasse panoramique pour contempler les toits et la campagne environnante.

🏠 **Hôtel de la Couronne** (plan B1, **13**) **:** *5, rue de la Couronne. ☎ 03-89-49-03-03. • couronne@hoteldelacouronne.com • hoteldelacouronne.com • Doubles env 72-105 €. Parking payant.* Une quarantaine de jolies petites chambres aux meubles peints, dotées de salles de bains modernes ; le tout réparti entre un beau bâtiment du XVIe s et ses 2 dépendances. Accueil familial chaleureux, à l'image du bar très convivial au rez-de-chaussée.

De chic à beaucoup plus chic

🏠 ***Hôtel Best Western Le Schoenenbourg*** *(plan B1,* ***11****)* **:** *2 A, rue de la Piscine. ☎ 03-89-49-01-11. • info@schoenenbourg.fr • hotel-schoenenbourg.fr • ♿ Doubles 90-365 €. Parking.* Juste hors les murs, ce grand bâtiment moderne occupe une situation stratégique, dans une rue tranquille adossée au coteau viticole. Il renferme une soixantaine de chambres confortables et lumineuses, avec balcons pour les plus chères. Déco rustique ou contemporaine ; c'est selon vos goûts ! Sur place : piscines extérieure et intérieure, sauna, hammam, sanarium, salle de fitness et un parking (vital à Riquewihr !). Accueil souriant et pro.

🏠 ***Hôtel À l'Oriel*** *(plan B1,* ***12****)* **:** *3, rue des Écuries-Seigneuriales. ☎ 03-89-49-03-13. • info@hotel-oriel.com • hotel-oriel.com • Doubles 99-149 € ; familiales. Parking fermé payant.* Au cœur du village, dans une ruelle aux maisons pittoresques, une vingtaine de chambres toutes différentes, plus ou moins grandes, mais toutes pleines de charme. Poutres, colombages, jolis meubles : c'est coquet, c'est rustique, mais le confort est bien moderne. En prime, une agréable terrasse dans une petite cour intérieure. Accueil sympa.

Où manger dans les environs ?

🍴 ***Auberge Le Bouc Bleu*** **:** *2, rue du 5-Décembre, 68980* ***Beblenheim****. ☎ 03-89-47-88-21. • contact@aubergeleboucbleu.com • À 2 km au sud-est de Riquewihr. Fermé mer-jeu et ven midi. Formule et menu déj en sem 21 € ; soir et w-e 39-57 €.* N'imaginez pas une auberge traditionnelle : *Le Bouc Bleu* fait dans le classieux, tenu par une jeune équipe dynamique et bourrée de talent. Dans une petite salle cosy et conviviale, ils dorlotent leurs hôtes en proposant une cuisine de marché et de saison soignée et gourmande, à base d'ingrédients locaux et bio. Côté vins, c'est tout aussi sérieux : que du bon. On adore.

Où manger ? Où boire un verre ?

Sur le pouce

Pâtisserie Chez Chloé *(plan B1, **20**) : 24, rue du Général-de-Gaulle. ☎ 03-89-47-19-46. Tlj sauf lun 7h30-12h, 14h30-17h30. Congés : fin janv-début fév et fin juin-début juil. Moins de 10 €.* Goûtez donc leur succulent « brie » au kirsch, spécialité du cru, ainsi qu'aux classiques pâtisseries alsaciennes : kougelhopf, *linzertorte*, tarte aux fruits de saison... Également des quiches, parts de pizza et sandwichs. Cette pâtisserie doublée d'un salon de thé est l'adresse idéale à toute heure.

De bon marché à chic

Le Grognard *(plan B1, **21**) : 12, rue des Écuries-Seigneuriales (2e entrée par les remparts, rue Steckgraben). ☎ 03-89-22-35-75. • victorialegrognard@gmail.com • Tlj sauf dim-lun 18h-23h. Carte env 30 €. Café offert sur présentation de ce guide.* Dans le vieux mur d'enceinte, une jolie salle avec son bar central et ses pierres apparentes ; rendez-vous des habitués du coin, familles et groupes de copains. À la carte, de bons burgers, salades, tartes flambées et autres viandes (tartares au couteau...) à dévorer jusque tard. Idéal aussi pour boire un rhum arrangé, car le lieu concentre l'animation nocturne locale. Accueil charmant.

Au Dolder *(plan A1, **22**) : 52, rue du Général-de-Gaulle. ☎ 03-89-47-92-56. • info@dolder.fr • Tlj sauf mer-jeu. Congés : janv. Menus 25,50-39,50 € ; carte 35-40 €.* Dans la rue principale, cette belle maison du XVIe s abrite une salle chaleureuse et cosy, bien dans la tradition avec son vieux poêle. Dans l'assiette, cuisine régionale gourmande, qui sublime les bons produits saisonniers du terroir. Belle terrasse au soleil. Un rapport qualité-prix impeccable.

La Grappe d'Or *(plan B1, **23**) : 1, rue des Écuries-Seigneuriales. ☎ 03-89-47-89-52. • rest.grappe.or@wanadoo.fr • Tlj sauf mer et le midi jeu-ven. Menus 26,50-41 €.* Nappes à carreaux, vieux outils de vigneron suspendus aux murs ; le tout sous de vénérables poutres. Bref, un cadre pittoresque, au service d'une cuisine de chef qui puise son inspiration dans le terroir alsacien, mais pas seulement, avec quelques associations de saveurs aussi originales qu'inattendues. On recommande !

Où acheter de bons et beaux produits ?

Féerie de Noël *(plan A1, **30**) : 1, rue du Cerf. ☎ 03-89-47-94-02. • feeriedenoel.fr • Tlj 10h-12h30, 13h45-18h30 (en continu jusqu'à 18h45 l'été et jusqu'à 19h en déc). Congés : de janv à mi-fév et 25-26 déc.* Un féerique magasin d'objets et de déco de Noël avec lumières, guirlandes, sapins, bibelots en bois, textiles, santons, etc. Une affluence folle en période du marché de Noël. On aime !

Domaine Mittnacht-Klack *(hors plan par A2, **31**) : 8, rue des Tuileries. ☎ 03-89-47-92-54. • mittnacht.fr • Proche du centre. Tlj sauf dim 8h30-11h45, 13h45-17h45 (sam 14h-17h et le mat sur résa). Congés : 1er janv et 25-26 déc.* Dans le bastion des Dopff et Hugel, nous apprécions la qualité aromatique des vins de la maison Mittnacht-Klack, heureux propriétaires de grands crus *Sporen, Schoenenbourg* et *Rosacker.* Rieslings exceptionnels, gewurztraminers distingués et pinots gris typés. Élégance et finesse dans toute la gamme.

À voir. À faire

L'hôtel de ville *(plan B1)* **:** construit en 1808, il enjambe la porte est de la ville intra-muros.

La rue du Général-de-Gaulle *(plan A-B1)* **:** c'est la rue principale, bordée de maisons anciennes remarquablement conservées. Au ***n° 13,*** grande maison avec un oriel à 2 étages. À l'angle de la rue des Écuries-Seigneuriales, au ***n° 14*** se dresse l'une des plus hautes maisons à colombages d'Alsace, une merveille ! Toute proche, au ***n° 16,*** la *maison au Nid de cigognes* date de 1535. Elle abrite une belle cour dotée d'une galerie à colonnes sculptées, d'un puits de 1603 et d'un pressoir de 1817. Au ***n° 42,*** auberge *À l'Étoile* (6 branches) datant de 1686, appelée aussi « maison du Gourmet ». L'enseigne métallique peinte représente un gourmet viticulteur *(Preiss-Zimmer)* ; œuvre de l'illustrateur Hansi. Au ***n° 44,*** une cour avec une superbe tourelle de 1613, véritable synthèse de l'art décoratif de la Renaissance. Et puis en face, au ***n° 45,*** superbes poteaux corniers montrant 2 cloutiers avec les outils de leur métier...

Le Dolder *(plan A1)* **:** *57, rue du Général-de-Gaulle. ☎ 03-89-58-44-08. • musee-riquewihr.fr • Avr-oct et pdt marché de Noël, w-e et j. fériés (tlj début juil-août) 10h30-13h, 14h-18h. Entrée : 3 € ; gratuit moins de 15 ans. Billet jumelé avec la tour des Voleurs : 7 €. Propose aussi un plan dépliant pour découvrir les fortifications médiévales de la ville (1h).* *Dolder,* en alémanique ancien, signifie « sommet, cime ». C'est donc le point culminant de la cité intra-muros, marqué par cette tour de guet haute de 25 m, coiffée d'un clocheton. Élevé en 1291, le Dolder abrite un petit *Musée historique* évoquant la vie de Riquewihr du XIIIe au XVIIe s, à travers une belle collection d'armes, d'objets du quotidien, d'outils du veilleur de nuit, de matériel de pompiers... Du 4e étage, on a une superbe vue sur la ville. Expos temporaires.

La porte Haute *(plan A1)* **:** *après le Dolder.* Datant de 1500, elle marque l'entrée ouest de la ville. Remarquer le système qui permettait de manœuvrer le pont-levis, et sa herse en bois, l'une des plus vieilles d'Europe. Assez impressionnant, avec vue sur l'ensemble des remparts.

La rue des Juifs *(plan A1)* **:** *à droite du Dolder, en descendant vers la tour des Voleurs.* Elle se termine en cul-de-sac dans une cour qui fut le quartier juif de Riquewihr jusqu'au pogrom de 1416. Après avoir emprunté tout ce qu'ils pouvaient aux financiers juifs de la ville, les « braves gens » de la ville décidèrent unilatéralement d'annuler leurs propres dettes... en supprimant purement et simplement leurs créanciers ! La populace haineuse investit ainsi le ghetto et 28 personnes furent massacrées.

La tour des Voleurs et la maison de Vigneron *(plan A1)* **:** *rue des Juifs. ☎ 03-89-58-44-08. • musee-riquewihr.fr • Avr-oct, tlj 10h30-13h, 14h-18h. Entrée : 5 € ; gratuit moins de 15 ans. Billet jumelé avec le Dolder : 7 €. Propose aussi un plan dépliant pour découvrir les fortifications médiévales de la ville (1h).* Insérée dans les fortifications de Riquewihr, la ***tour des Voleurs*** est un ouvrage défensif érigé en 1291 et remarquablement conservé. Haute de 18 m, elle abrite une authentique salle de torture avec ses oubliettes, ainsi qu'une salle de garde. Voir également la ***maison de Vigneron*** attenante, d'époque Renaissance, avec sa cuisine, sa chambre à coucher, sa cave à vins agrémentée de vieux outils viticoles. Expos temporaires.

L'église protestante *(plan B1)* **:** du XIXe s (1846). Très dépouillée et sobrement décorée. Très beaux orgues Stiehr et Mockers, dont les buffets sont classés Monuments historiques.

Une petite ***balade à pied*** dans la *rue Saint-Nicolas (plan A1),* la *rue du Cheval (plan A1),* la *rue des Remparts (plan A-B2),* la *rue de la Couronne (plan B1)* et enfin la *rue des Écuries-Seigneuriales (plan B1)* ; autant de coins pittoresques livrant des maisons anciennes d'une rare beauté. Se laisser aussi happer par les ruelles latérales à l'écart de la foule.

➢ ***Le petit train de Riquewihr :*** *☎ 03-89-73-74-24. • petit-train-riquewihr.fr • Tlj de mi-avr à oct, 10h-18h (avr et oct 11h-17h ; mars et nov 11h-16h). Tarif : 7 € ; réduc.* Au départ de la place de l'Hôtel-de-Ville *(plan B1),* un circuit commenté (35 mn) sillonnant la ville, avec incursion dans le vignoble.

DANS LES ENVIRONS DE RIQUEWIHR

LE SENTIER VITICOLE DES GRANDS CRUS

• Carte Les perles du vignoble *p. 263*

➢ Carte disponible à l'office de tourisme du pays de Ribeauvillé et Riquewihr. Ce ***merveilleux sentier de 17 km*** permet de traverser le vignoble autour de Riquewihr en 1 journée (prévoir seulement 1-2h pour chacune des 6 boucles communales de 2 à 4,5 km). ***On peut aussi le suivre à vélo*** (prévoir environ 2h). Bien rester sur le sentier balisé par un anneau rouge, les boucles communales (plus courtes, donc) étant balisées par un anneau jaune. Une très belle balade !
Très pratique, car il y a ***plusieurs points d'entrée*** : à Riquewihr, où le sentier commence rue de la Piscine, près de l'*Hôtel Best Western Le Schoenenbourg (plan B1, **11**)* ; à Zellenberg (rue du Schlossberg), à Mittelwihr (chemin du Mandelberg, derrière l'hôtel *Le Mandelberg*), à Hunawihr (rue de la Fontaine, à gauche face au lavoir), à Beblenheim (rue Saint-Martin, à droite de la mairie), enfin à Bennwihr (au croisement de la rue du Raisin et de la rue du Général-de-Gaulle).
C'est l'un des plus beaux sentiers viticoles d'Europe, qui permet de découvrir les grands crus des « perles du vignoble » comme le *Schoenenbourg* à Riquewihr, le *Froehn* à Zellenberg, le *Rosacker* à Hunawihr, le *Mandelberg* à Mittelwihr, le *Marckrain* à Bennwihr, ou le *Sonnenglanz* à Beblenheim.
Tout au long du sentier, des ***panneaux thématiques*** présentent les différents cépages, les grands crus, le travail des vignerons. *Point rando* pour faire une halte au 15, rue de Bouxhof à Mittelwihr (salle hors sac, plaques de cuisson, cafetière, douche et w-c, table à langer). En été, les vignerons proposent des visites guidées gratuites du sentier, suivies d'une descente en cave et d'une dégustation de leurs vins *(lun-sam à 17h ; infos à l'office de tourisme du pays de Ribeauvillé et Riquewihr).*

Bennwihr : ce village fut entièrement anéanti lors des combats de la poche de Colmar de décembre 1944. Seul le monument de la Fidélité – dédié aux morts de la guerre 1914-1918 – émergeait des monceaux de ruines et de gravats ; cruelle ironie de l'histoire ! Labouré par les grenades et les obus, le vignoble de Bennwihr resta improductif pendant plusieurs années. Reconstruit entre 1949 et 1960, Bennwihr s'est doté notamment d'une église moderne aux vitraux remarquables et d'une cave coopérative, donnant aujourd'hui de délicieux gewurztraminers (grand cru *Marckrain*).

Cave Bestheim : *3, rue du Général-de-Gaulle. ☎ 03-89-49-09-29. • bestheim.com • Avr-déc, tlj 9h-12h, 14h-18h30 (14h30-18h dim) ; janv-mars, ouv lun-sam 9h-12h, 14h 18h, fermé dim.* Cette cave coopérative a fait un tabac en 2006 avec son crémant Grand Prestige ; il a « osé » devancer un Dom Pérignon 1996 en dégustation à l'aveugle ! C'est un monument de crémant d'Alsace (100 % pinot blanc) tout en finesse de bulles et délicatesse d'arômes. Et bien d'autres belles bouteilles à découvrir outre le crémant brut.

Mittelwihr : autre petite commune du « triangle d'or » du vignoble, ravagée à 90 % lors de la 2de Guerre mondiale, hormis la base du clocher de l'église. En raison de la douceur de son climat, le secteur est surnommé « le Midi de l'Alsace » : des amandiers fleurissent chaque année au printemps entre les rangs de vigne ! Au cœur du vignoble (prendre la rue du Bouxhof), le domaine du Bouxhof, ancienne abbaye cistercienne, d'où l'on découvre un joli point de vue sur la plaine d'Alsace.

La Parenthèse authentique : *au domaine Specht. Résas auprès de l'office de tourisme de Ribeauvillé. Départ chaque ven à 9h en hte saison.* Belle initiative que celle de ce viticulteur qui propose une balade originale en 2 temps. On s'intéresse bien sûr à l'univers de la vigne et à tout ce qui touche au processus de vinification, mais ce qui sort de l'ordinaire, c'est que la visite se prolonge dans une tonnellerie, la dernière du secteur. Un savoir-faire délicat qui joue un rôle prépondérant pour le développement des arômes des futurs vins. Évidemment, tout cela se termine par une dégustation.

Domaine Edgard Schaller et Fils : *1, rue du Château. ☎ 03-89-47-90-28. Tlj 9h-12h, 14h-18h30. • edgard-schaller.net • Fermé 3 j. à Noël.* Parmi la vingtaine de viticulteurs indépendants du village, sur le domaine familial de 10 ha, Charles propose des vins secs là où les autres privilégient des vins plus doux. Surprenant et grandiose riesling grand cru *Mandelberg* et pinot noir aux notes de fruits rouges ! Envoûtantes cuvées particulières et une belle panoplie de crémants d'Alsace. Prix raisonnables et accueil charmant.

Domaine Ziegler – Mauler et Fils : *2, rue des Merles. ☎ 03-89-47-90-37. • vins-ziegler-mauler.fr • Tlj sauf dim ap-m sur résa.* Dans le village, on apprécie aussi les vins de ce petit domaine familial. Un excellent rapport qualité-prix avec un pinot blanc concentré et frais, des cuvées vieilles vignes (coup de cœur pour l'étonnant riesling !) et des grands crus *Schlossberg* ou *Mandelberg.*

Beblenheim : *à 2 km à l'est de Riquewihr.* Curieusement peu connu des touristes. Blotti au pied du coteau du *Sonnenglanz,* grand cru réputé, le bourg conserve quelques vieilles maisons à colombages des XVIe et XVIIe s. Les cendres de Jean Macé (1815-1894) reposent au village. Né à Paris, ce journaliste républicain et prof d'école instaura et développa les 1res bibliothèques municipales en France, puis créa la Ligue de l'enseignement.

KIENTZHEIM

(68240) 750 hab. *Carte Le Sud (Haut-Rhin), B1*

À ne pas confondre avec Kintzheim (sans « e ») dans le Nord. À 1 km à l'est de Kaysersberg, au pied du beau vignoble ensoleillé du Furstentum (un terroir exceptionnel, comme celui du grand cru *Schlossberg,* le 1er à avoir bénéficié en 1975 d'une telle appellation en Alsace !), ce ravissant village faisant partie de la commune de Kaysersberg Vignoble nous a beaucoup plu, pour son musée, ses charmantes rues pavées et fleuries bordées de maisons anciennes et ses bonnes adresses... À l'entrée du village en venant de Kaysersberg, un char d'assaut baptisé « Renard » de la 5e division blindée, demeure l'ultime témoin de la libération de la ville le 17 décembre 1944.
Une bonne étape donc, à un saut de puce de Kaysersberg, pour s'offrir une balade à pied oxygénante dans les vignes (sur le chemin des cyclotouristes) et rejoindre Riquewihr, à 3 km. Également, en été sont organisées des visites nocturnes de la ville aux lanternes.

– Infos à l'office de tourisme de la vallée de Kaysersberg *(☎ 03-89-78-22-78 ; • kaysersberg.com •).*

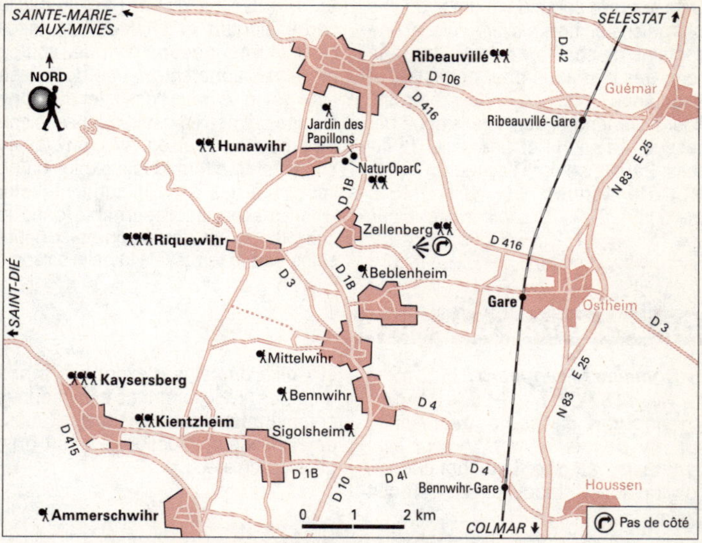

LES PERLES DU VIGNOBLE

Où dormir ? Où manger ?

De prix moyens à plus chic

Gîtes et chambres d'hôtes famille Butterlin : *7, Grand-Rue. ☎ 03-89-47-18-59. 06-28-37-20-93. • info@gites-kientzheim.com • gites-kientzheim.com • Tte l'année. Doubles et studios env 70 € ; appart (2-4 pers) 100 € (mais min 4 nuits pour ce dernier) ; petit déj 10 € (sur résa).* Au cœur du village, cette jolie maison du XVIe s renferme des studios et des chambres confortables, bien équipés, et arrangés avec beaucoup de goût dans un style traditionnel cosy. Meubles de famille, vieux parquets, poutres, tissus à carreaux, ou encore un lit-clos et un poêle à l'ancienne. Une vraie adresse de charme.

Hostellerie Schwendi : *2, pl. Schwendi. ☎ 03-89-47-30-50. • hotel@schwendi.fr • schwendi.fr • Resto tlj sauf mar midi, mer-jeu midi. Congés : de début janv à mi-mars. Doubles 105-125 € selon confort ; petit déj 14 €. ½ pens possible. Menus 30-60 € ; carte env 45 €. Digestif maison offert sur présentation de ce guide.* La bonne hôtellerie traditionnelle, tenue de longue date par une accueillante famille de viticulteurs. Une petite trentaine de chambres confortables et plus ou moins grandes, à la déco d'un rustique coquet et cossu. Le tout réparti dans 3 belles maisons anciennes autour de l'adorable place du village et sa fontaine. Côté fourneaux, savoureuse cuisine régionale de saison, du gratin de poisson à l'incontournable choucroute, servie dans une superbe cave à la fois rustique et cosy. Une valeur sûre.

Hôtel L'Abbaye d'Alspach : *2, rue Foch. ☎ 03-89-47-16-00. • hotel@abbayealspach.com • abbayealspach.com • Congés : de début janv à mi-mars. Doubles 115-141 € ; petit déj 13 €. Apéritif maison offert sur présentation de ce guide.* Cet ancien couvent de clarisses du XIe s est devenu un hôtel de charme plein de cachet. Cour intérieure pavée et fleurie autour du puits, tourelle communiquant avec une jolie galerie en bois à claire-voie, et une trentaine de chambres douillettes, à la déco très classique pour certaines, et alsacienne chic pour nos préférées. Pour se détendre, des salons et un bar cossus, un sauna et une salle de fitness. Parfait, comme l'accueil.

Côté Vigne : *30, Grand-Rue. ☎ 03-89-22-14-13. • info@cote-vigne.fr • Tlj sauf lun, sam midi et dim soir. Formules déj en sem 12-20 € ; menus 35-46 €.* On est d'abord séduit par le cadre élégant et chaleureux, associant vieilles poutres, brique, voûtes et pierres apparentes. Pas de fausse note non plus dans l'assiette, avec une cuisine raffinée et inspirée, qui sublime les produits de saison. Avec un bon vin bio, c'est une formidable explosion de saveurs à des prix qui sonnent juste. Une adresse incontournable dans le coin, tenue par une équipe aux petits soins. Petite terrasse à la belle saison.

Où acheter du bon vin ?

Domaine Kirrenbourg : *15 C, route du Vin. ☎ 03-89-47-11-39. • domainekirrenbourg.fr • Visite et dégustation sur rdv de préférence, tlj sauf sam janv-mars, et dim.* Un domaine où l'on travaille en biodynamie. Il produit et vinifie des vins d'exception à prix modérés, régulièrement sélectionnés comme références alsaciennes : muscat, riesling Schlossberg, pinot gris, gewurztraminer...

LE HAUT-RHIN

À voir

Le Lalli : c'est le roi des tireurs de langue d'Alsace ! Il vous accueille de cette façon, sur la porte Basse (au sud, en venant de Sigolsheim). Une vraie ruse de guerre : pour défier l'éventuel agresseur, les défenseurs de Kientzheim pouvaient actionner cette langue de fer à l'aide d'un mécanisme. Grâce à ses remparts, Kientzheim n'a jamais été pris d'assaut...

L'église paroissiale : *pl. du Chanoine-E.-Papirer.* Elle date du XVe s, sauf le clocher qui est du XIe s et abrite toujours les superbes pierres tombales de Lazare et Guillaume de Schwendi. En 1563, Lazare de Schwendi racheta la seigneurie de Kientzheim, avant d'aller combattre les troupes ottomanes en Hongrie, comme général de l'armée impériale (du Saint Empire romain germanique). Là-bas, il goûta à un délicieux petit vin produit dans le vignoble de Tokaj, bourgade située au nord-est de Budapest. Séduit, il eut l'idée d'en rapporter quelques ceps en Alsace, donnant naissance au tokay, l'un des meilleurs cépages de la région. Mais si le personnage a bien existé, l'histoire du tokay d'Alsace n'est qu'une légende : c'est un cépage bourguignon !
– ***La danse macabre :*** sur le mur nord de l'église paroissiale, à l'angle d'une venelle. « Ensevelir les morts, visiter les prisonniers, accueillir les hôtes... », ce sont quelques-unes des recommandations inscrites sur cette fresque étrange et naïve (peinte en 1977 dans la grande tradition des danses macabres). On y voit 2 squelettes couronnés menant une danse macabre, et une femme blonde, nue, couverte d'un voile, l'air accablé. « Jeunes ou vieux, beaux ou laids, maîtres ou valets, vous entrerez tous dans cette danse... toi aussi belle créature. »

La chapelle Saint-Régule-et-Saint-Félix : *pl. Buchinger.* À ne pas confondre avec l'église paroissiale, plus importante. Ouverte normalement dans la journée (si ce n'est pas le cas, demander la clé au 2, rue de la Chapelle). Vaut la visite, surtout pour son extraordinaire collection d'ex-voto, accrochés aux murs et protégés par des plaques de verre.

Le musée du Vignoble et des Vins d'Alsace : *château de la confrérie Saint-Étienne ; 1 B, Grand-Rue. ☎ 03-89-78-21-36. • musee-du-vignoble-alsace.fr •*

♿ (rdc). De juin à mi-oct, tlj 10h-12h, 15h-18h ; mai, w-e et j. fériés aux mêmes horaires ; le reste de l'année, pour les groupes sur résa (📱 06-79-49-80-63). Entrée : 5 € ; gratuit moins de 10 ans. Le château Schwendi, avec sa tour carrée, son beau portail surmonté d'une échauguette et sa cour intérieure, est la propriété de la confrérie Saint-Étienne, l'une des plus renommées d'Alsace. C'est aussi l'une des plus anciennes de France, dont l'origine remonte au XIVe s. Elle possède la plus importante œnothèque de vins blancs d'Alsace au monde (65 000 bouteilles, de 1834 à nos jours, qui vieillissent loin des regards). Une partie des locaux abrite également un musée. Sur 3 niveaux, il présente de façon pédagogique l'histoire de la viticulture et des techniques de production. Données intéressantes sur la surface du vignoble et la part des différents cépages, avant de découvrir une salle remplie de gros matériel : voiture à cheval pour le transport des barriques, ainsi que 2 pressoirs à vis monumentaux, dont l'un date de 1640, et l'autre de 1716 qui servit jusqu'en 1955 !
Au 1er étage, collections d'outils (ceux du vigneron et ceux du tonnelier) et vidéo sur le cycle des travaux dans les vignes. Au 2e étage, apparition de la mécanisation avec les 1res pompes et les 1res bouchonneuses. Boutique proposant les vins adoubés par la confrérie et habillés avec leur propre étiquette (après une dégustation à l'aveugle).

À faire

➢ Pour les amateurs de vignes se promenant à pied, ***2 sentiers viticoles,*** le Furstentum et le Schlossberg, existent au départ du village (depuis le parking, non loin de l'hôtel de ville), d'environ 2h et 5 km. Panneaux tout au long de la promenade expliquant le terroir, les cépages et l'histoire des vignes. Accès à 2 belvédères pour de beaux points de vue. Possibilité de promenades accompagnées dans le vignoble en été, visite de cave et dégustation, mais également des balades ludiques destinées aux familles (infos à l'office de tourisme de Kaysersberg).

➢ 🚴 Près de la fontaine, au centre du village, une très agréable aire de pique-nique ombragée avec bancs, tables et quelques jeux pour enfants. Le ***chemin des cyclotouristes*** démarre à cet endroit pour rejoindre Riquewihr, puis Hunawihr et Ribeauvillé par le vignoble, avec de très belles ouvertures sur Zellenberg, la plaine et les sommets. Pittoresque, calme et hors des routes battues !

DANS LES ENVIRONS DE KIENTZHEIM

Sigolsheim *(68240) : à 1 km à l'est de Kientzheim.* Ravagé par les bombardements lors des combats de la poche de Colmar (1944-1945), ce village du vignoble a pu sauver son église, célèbre notamment pour ses merveilleux décors extérieurs. Un joyau de l'art roman avec un beau portail du XIIe s et d'élégants chapiteaux sculptés.
– Au-dessus du village, la *colline du Blutberg* (« montagne du sang ») est couronnée par une nécropole militaire d'où l'on a une vue superbe sur le vignoble dont les fameuses parcelles permettant d'élaborer le grand cru *Mambourg.* Là reposent 1 684 soldats français et américains de la 1re armée française, commandée par le général de Lattre. Un site émouvant rappelant les terribles combats de l'hiver 1944-1945...

Au Bon Coin : *12, rue de la 1re-Armée. ☎ 03-89-78-22-33. • auboncoin-sigo@orange.fr • Fermé dim soir-lun et jeu soir. Formule déj en sem 13 € ; menu 28 € ; carte env 35 €. Apéritif maison offert sur présentation de ce guide.* Une salle de bistrot à l'ancienne avec comptoir en bois, vieux parquet et poêle à bois en céramique ; agrémentée de quelques touches de déco moderne colorée. À la carte, très courte, de bons petits plats du marché très bien ficelés, dans la pure tradition pour certains, classiques ou plus voyageurs pour d'autres. Le tout copieux et bien présenté, pour un bon rapport qualité-prix-accueil. Belle terrasse sur la place de l'église romane.

KAYSERSBERG

(68240) 4 500 hab. *Carte Le Sud (Haut-Rhin), B1*

• Plan *p. 267*

C'est ici, dans cet adorable bourg fleuri et encadré par des monts couverts de vignes, qu'est né le docteur Albert Schweitzer, Prix Nobel de la paix en 1952... À Kaysersberg, tout ou presque porte la marque de l'histoire de la civilisation rhénane qui a tant imprégné les lieux et les gens d'Alsace. Kaysersberg faisait d'ailleurs partie des 10 villes appartenant à la Décapole (lire l'intro de Colmar « Un peu d'histoire »). Il est aisé de découvrir cette très jolie ville médiévale à pied, en prenant son temps, de préférence au printemps ou en automne, au moment des vendanges où les couleurs sont les plus impressionnantes. Kaysersberg compte aussi l'un des marchés de Noël les plus emblématiques et authentiques de la région, qui attire des foules !

Adresses et infos utiles

i ***Office de tourisme de la vallée de Kaysersberg*** *(plan B1)* **:** *39, rue du Général-de-Gaulle (dans l'hôtel de ville).* ☎ *03-89-78-22-78.* • *kaysersberg.com* • *lac-blanc.com* • *liesel.alsace* • *Juil-août, tlj 9h-12h30, 14h-18h (slt 9h30-12h30 dim) ; sept-fin juin, tlj sauf dim 9h30-12h, 14h-17h (10h-20h les jours de marché de Noël, dans un chalet pl. de l'Hôtel-de-Ville). Fermé 1er janv, 1er mai, 1er et 11 nov, et 25 déc.* Plan de la vieille ville avec ses points d'intérêt à découvrir à pied, infos sur les autres villages de la vallée de Kaysersberg (Kientzheim, Orbey, Lapoutroie, Le Bonhomme, la station du lac Blanc...), sur la route des Vins (organise des dégustations thématiques : voir « À faire »), les loisirs verts (VTT, cyclotourisme, randonnée pédestre, ski, raquettes, luge 4 saisons, escalade, etc.), agenda culturel... Accueil compétent et charmant.

Arrêt des bus *(plan B2)* **:** *sur la RD 10.2, en lisière est du vieux bourg.* • *fluo.eu* • Plusieurs liaisons/j. sauf dim et j. fériés avec Colmar, Katzenthal, Ammerschwihr, Sigosheim, Kientzheim, Freland, Orbey, Lapoutroie et Le Bonhomme. Également un busnavette de Noël (Colmar, Riquewihr et Ribeauvillé ; ven-dim les 4 w-e de l'Avent).

– ***Marché*** *(plan A1)* **:** *lun mat, pl. Gouraud.* Également un ***marché paysan*** *(plan B2)* : *pl. de l'Hôtel-de-Ville, ven ap-m, avr-nov.*

Où dormir ?

Camping

Camping municipal de Kaysersberg *(hors plan par A1,* ***10****)* **:** *rue des Acacias.* ☎ *03-89-47-14-47.* • *camping@vkaysersberg-vignoble.fr* • *camping-kaysersberg.com* • *À 1 km au nord du vieux bourg. Avr-sept.*

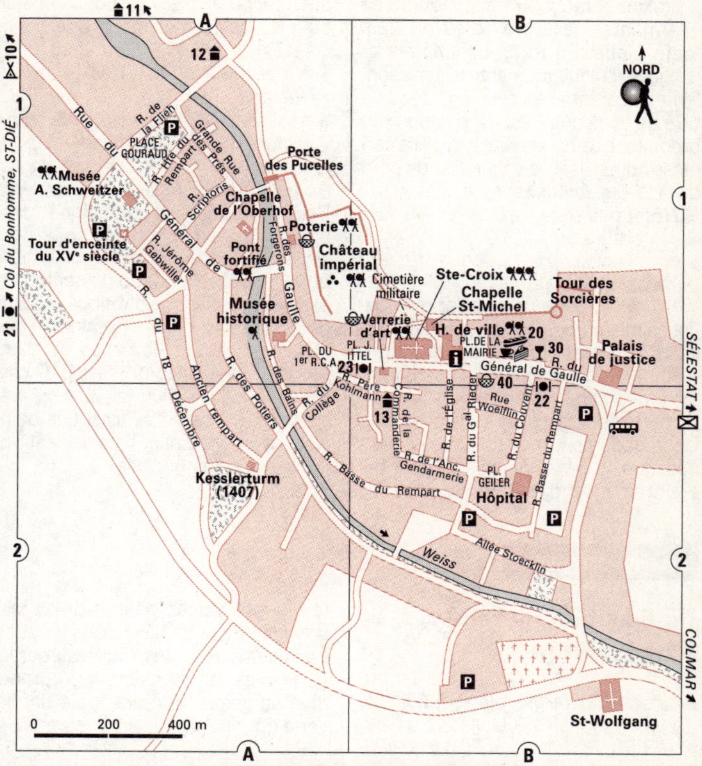

KAYSERSBERG

■ **Adresse utile**

- Office de tourisme de la vallée de Kaysersberg (B1)

Où dormir ?

- 10 Camping municipal de Kaysersberg (hors plan par A1)
- 11 Chambres d'hôtes de la Weiss (hors plan par A1)
- 12 Hôtel des Remparts (A1)
- 13 Hôtel Kle (B2)

Où manger ?

- 20 L'Enfariné (B1)
- 21 Alchemille (hors plan par A1)
- 22 Flamme & Co (B1-2)
- 23 La Vieille Forge (B1)

Où boire un verre ?

- 30 Brasserie Bisaiguë (B1)

Où acheter du bon vin ?

- 40 Cave Bestheim (B1-2)

Compter env 15 € pour 2 avec tente et voiture. Lové dans un méandre verdoyant de la rivière Weiss, un charmant camping aux emplacements gazonnés, ombragés et séparés par des haies. Sanitaires nickel, comme le reste du site d'ailleurs. Jeux pour enfants, sinon, tennis et piscine sont à proximité.

De prix moyens à chic

Chambres d'hôtes de la Weiss *(hors plan par A1, **11**) : 64 A, rue de la Flieh. 06-33-13-51-78. • fmercier 68@yahoo.fr • leschambresdelaweiss.com • Doubles et roulotte 65-85 €.* Dans une impasse tranquille à proximité du centre historique, une charmante maison d'hôtes en bois toute bleue. En tout, 4 chambres et une jolie roulotte attenante à la maison. Simple, confortable, avec une déco de bois de bon goût. Petit déj composé de produits locaux, servi sur la belle terrasse noyée dans la végétation du bord de la Weiss. Accueil sympa.

Hôtel des Remparts *(plan A1,* ***12****) : 4, rue de la Flieh. ☎ 03-89-47-12-12. • hotel@lesremparts.com • lesremparts.com • ♿ Doubles 77-100 €. Parking gratuit.* Dans un quartier résidentiel calme, en bordure de la vieille ville, ces 2 bâtiments modernes de part et d'autre de la rue abritent une quarantaine de chambres spacieuses et tout confort, dont la plupart avec balcon. Déco sagement moderne. Également des studios dans une annexe pour qui voudrait plus d'autonomie. Accueil attentionné et plein de bons conseils pour les balades alentour. Une bonne adresse.

Hôtel Kle *(plan B2,* ***13****) : 10, rue du Père-Kohlmann. ☎ 03-67-30-05-22. • info@hotelkle.com • hotelkle.com • ♿ Doubles 90-130 €. Parking privé gratuit à proximité (mais peu de places).* Ce petit hôtel cumule les bons points. Déjà, la situation est stratégique : dans une maison vigneronne au cœur de la vieille ville, mais dans une ruelle tranquille. Ensuite, le niveau de confort est excellent. Entièrement rénové, il abrite des chambres contemporaines nickel et lumineuses (avec salles de bains ouvertes, ou balnéo pour les plus chères), et dispose d'un joli caveau bien cosy pour le petit déj, ainsi que d'une salle de sport. Enfin, l'accueil est aux petits soins. Impeccable.

Où manger ?

De très bon marché à bon marché

L'Enfariné *(plan B1,* ***20****) : 29, rue du Général-de-Gaulle. ☎ 03-89-47-63-58. Tlj sauf lun 6h30-19h (7h30-13h dim). Moins de 10 €.* Boulangerie-pâtisserie au cadre moderne, très courue notamment pour ses pains au levain originaux et de grande qualité, à base de farines bio. Juste quelques tables et chaises design pour déguster quiches et sandwichs concoctés avec les produits frais du terroir local, sans oublier les tartes aux fruits de saison et autres viennoiseries. On s'est régalés sans se ruiner ! Bien aussi au petit déj.

Flamme & Co *(plan B1-2,* ***22****) : 4, rue du Général-de-Gaulle. ☎ 03-89-47-16-16. • info@flammeandco.fr • ♿ Tlj sauf jeu 12h-14h, 19h-22h. Menu dégustation 27,90 € ; tartes flambées 9-19 €.* Cadre surprenant, contemporain et branché, avec grand comptoir ovale et four à bois apparent. Ici, la traditionnelle tarte flambée est revisitée en travaillant les bons ingrédients puisés dans le terroir. Le menu dégustation, qui en compte 6 (en format réduit), permet de se faire une idée de la créativité des recettes. Également de belles viandes pour les carnivores, et dégustation de grands crus au verre. Bref, une vraie découverte gourmande !

Prix moyens

La Vieille Forge *(plan B1,* ***23****) : 1, rue des Écoles. ☎ 03-89-47-17-51. • contact@restaurantlavieilleforge.fr • Tlj sauf lun-mar. Formule et menu déj en sem 26 € ; menus 33-69 € ; carte env 45-50 €.* Derrière une façade pittoresque, la salle étonne : contemporaine, chaleureuse, elle est dotée d'un bar galbé tout rouge qui ressemble à... une caravane ! Côté fourneaux, cuisine de saison très raffinée, à la fois enracinée dans le terroir et débordante de créativité, de surprises et de goûts. Service charmant. On aime beaucoup !

Très chic

Alchemille *(hors plan par A1,* ***21****) : 53, route de Lapoutroie. ☎ 03-89-27-66-41. • contact@lalchemille.fr • Tlj* *sauf dim-lun. Formule déj 70 € ; menus 90-110 €.* Jérôme Jaegle est un chef-cueilleur, un passionné dont la cuisine inspirée et subtile se construit en fonction des récoltes dans ses différents jardins-potagers, mais aussi de ses escapades en forêt. Ses menus ont par conséquent du sens et racontent une histoire, évidemment centrée sur la nature. Plantes, fleurs, légumes, les végétaux sont au centre de ses créations, chaque jour différentes, en harmonie avec des viandes et des poissons triés sur le volet. La carte des vins n'est pas en reste, pointue et bio. Quant au cadre sobre et chaleureux, il met tout le monde à l'aise, comme l'accueil. Une magnifique expérience.

Où boire un verre ?

Brasserie Bisaiguë *(plan B1, **30**) : 23, rue du Général-de-Gaulle. 06-17-31-03-48. L'été, tlj sauf lun 16h-20h (22h ven-sam) ; hors saison, jeu-dim 16h-20h.* C'est la brasserie artisanale de la ville, installée dans un joli petit local un brin rétro, où les habitués descendent d'excellentes mousses en bonne compagnie. L'été, il y a une terrasse et, si on le demande gentiment, on peut même jeter un coup d'œil à l'atelier de brassage. Super ambiance, super accueil, super saveurs : tout pour plaire.

Où acheter du bon vin ?

Cave Bestheim *(plan B1-2, **40**) : 20, rue du Général-de-Gaulle. ☎ 03-89-47-18-43. • bestheim.com • Mer-dim (plus mar juil-août, tlj en déc) 10h30-13h, 14h-18h30. Fermé dim fév-Pâques et janv.* C'est la boutique de la cave coopérative Bestheim, bien connue pour la finesse de ses nectars, dont les installations se trouvent à Bennwihr (lire plus haut « Dans les environs de Riquewihr »).

À voir. À faire

Le musée Albert-Schweitzer *(plan A1) : 126, rue du Général-de-Gaulle. ☎ 03-89-47-36-55.* ***Réouverture après travaux prévue en juin 2022 ; se renseigner.*** Albert Schweitzer (1875-1965) est né à Kaysersberg, dans cette demeure familiale où son père, le pasteur et instituteur Louis Schweitzer, dirigeait également l'école protestante du village. Successivement philosophe, pasteur, puis médecin à 30 ans, il lâcha une brillante carrière de professeur (3 doctorats à son actif : théologie, philosophie et médecine) et d'organiste pour l'Afrique, où il monta l'hôpital de Lambaréné, au Gabon. Il se moquait éperdument des frontières, parlait aussi bien le français que l'allemand, se définissant comme « citoyen du monde » et « homme de Gunsbach », village près de Munster, où l'on peut visiter la maison de la famille Schweitzer (voir plus loin « La vallée de la Fecht »). Il est en somme le 1er « médecin sans frontières » de notre époque, un précurseur. Son ami Albert Einstein a déclaré un jour : « Dans ce triste monde qui est le nôtre, voici un grand homme. » Le docteur Schweitzer repose aujourd'hui au Gabon, où il passa plus de 50 années, et, pour l'anecdote familiale, il était un grand-cousin de Jean-Paul Sartre, qu'il promenait quand il était petit.

Le pont fortifié *(plan A1)* **:** construit en 1514 sur 2 arches avec des blocs de grès rose des Vosges, il enjambe la Weiss, rivière qui sépare la ville en 2 quartiers bien distincts. De là, superbe vue sur la rivière, bordée de verdure et de vieilles maisons à colombages. Tout à côté du pont, au 88, rue du Général-de-Gaulle, superbe maison Renaissance construite en 1594 pour un certain Apollinaire Offinger.

Les ruines du château (plan A-B1) : *rue du Château. Compter env 15 mn à pied pour y grimper. Pour ce faire, passer sous le porche au fond de la pl. de l'Hôtel-de-Ville (plan B1) ; tourner à droite et suivre le fléchage dans les vignes.* Là-haut, beaux vestiges d'une forteresse de garnison de la fin du XIIe s. Son donjon circulaire est l'un des plus anciens d'Alsace. Intéressant surtout pour la vue sur le village et son vignoble depuis le sommet de la butte. En sortant du donjon, contourner celui-ci par la gauche et continuer le chemin qui redescend vers la *porte des Pucelles (plan A1),* pour finalement retrouver la *rue des Forgerons (plan A1)* mentionnée dans la balade décrite plus loin.

Les superbes maisons à pans de bois : on en voit partout dans le vieux bourg ; notamment rue du Général-de-Gaulle, aux nos 45, 62 et 66 : 3 maisons imposantes à pignons jumelés (de 1521). D'autres des XVIIe-XVIIIe s à découvrir autour du *square Albert-Schweitzer (plan A1 ; derrière le musée).* D'autres encore, rue des Forgerons et rue des Bains.

Le Musée historique (plan A1) : *64, rue du Général-de-Gaulle. ☎ 03-89-78-11-11 (mairie). Juil-août, tlj sauf mar 10h-12h, 14h-18h ; le reste de l'année, se renseigner. GRATUIT.* Au 1er étage d'une maison de riches bourgeois datant de 1521, des œuvres d'art religieux du XIVe au XVIIIe s, et notamment une Vierge ouvrante de 1380.

L'église Sainte-Croix (plan B1) : *41, rue du Général-de-Gaulle.* Sur une charmante placette cernée de maisons à colombages et dominant une fontaine, c'est certainement l'un des endroits les plus sexy de la vieille ville. Construite en grès rose des Vosges entre les XIIe et XVe s, cette église montre un beau portail roman sculpté de 1230, où l'artiste s'est représenté modestement dans le coin gauche. Intérieur à 3 nefs avec un énorme christ en bois (4,10 m) sur la poutre de gloire et, côté chœur, un retable en triptyque évoquant avec moult personnages dorés les derniers moments de la vie de Jésus (XVIe s). Derrière l'église, la ***chapelle Saint-Michel*** (XVe s) avec ses fresques peintes sur les croisées d'ogives, ossuaire sous la chapelle ; et l'émouvant ***cimetière mémorial de la Première Armée.*** Minuscule, fleuri, il se compose de plusieurs tombes blanches alignées : chrétiennes, musulmanes et une juive...

L'hôtel de ville (plan B1) : *39, rue du Général-de-Gaulle.* Bel édifice de la Renaissance rhénane (1604-1605), doté d'une courette carrée avec des colonnes soutenant une belle galerie suspendue en bois. Au rez-de-chaussée, la galerie *L'Arsenal* accueille d'intéressantes expos d'art contemporain, et aussi l'expo de Noël.

La verrerie d'art de Kaysersberg (plan B1) : *30, rue du Général-de-Gaulle. ☎ 03-89-47-14-97. • verrerie-kaysersberg.fr • Ouv en principe tlj sauf dim 10h-12h30, 14h-17h (horaires étendus pdt les fêtes). GRATUIT.* Les XVIIe et XVIIIe s marquent l'âge d'or de la verrerie en Alsace, et plus particulièrement à Kaysersberg. Suite à une pénurie de bois dans les alentours, la dernière fabrique mit la clé sous la porte en 1745 ! Aujourd'hui, retour aux traditions avec les mêmes gestes ancestraux, les mêmes outils et toujours cette grosse chaleur : 1 200 °C ! Depuis la cour, on observe les équipes en pleine action, avant de faire un tour dans le magasin.

La poterie de Kaysersberg (plan A1) : *3, rue des Forgerons. ☎ 03-89-72-87-40. • poteriekaysersberg.fr • Tlj 10h-12h, 14h-18h. Fermé de mi-janv à mi-fév.* Dans une vénérable maison à la façade rouge. Philippe Thomann, un enfant du pays, expose ici de magnifiques poteries culinaires inspirées de l'artisanat local traditionnel.

Petite balade : partir de la *place du Ier-RCA (plan A1),* prendre la *rue du Collège (plan A1-2),* traverser la Weiss, tourner à droite, suivre la *rue des Potiers (plan A1-2)* tout droit (coin calme et mignon) jusqu'au *pont fortifié (plan A1),* retraverser la Weiss et tourner à gauche dans la *rue des Forgerons (plan A1)* jusqu'à un petit pont duquel on a une vue pittoresque charmante sur l'arrière des maisons au pied de la rivière verdoyante ; revenir par la *rue de l'Oberhof (plan A1)* et la *rue des Potiers (plan A1-2)*.

La Parenthèse vigneronne : *infos et résas à l'office de tourisme ou sur ● parenthese-vigneronne.com ●* La *Parenthèse vigneronne,* c'est d'abord une rencontre avec les vignerons du secteur. Mais attention, ici on privilégie le sur-mesure, le thématique et même l'insolite ! En fonction des goûts et des passions des vignerons, on s'intéresse aux vins bien sûr, mais en ajoutant une dimension originale : ici une dégustation sublimant l'accord vin-chocolat, là une visite mettant à contribution les 5 sens... ou carrément une séance de qi gong au milieu des vignes. Et pour profiter de l'expérience jusqu'au bout, les visites peuvent être couplées à des repas œnogastronomiques dans les meilleures tables des environs. Vraiment top !

Fête et marchés

– ***Marché de Pâques :*** *2e w-e avt Pâques. À l'hôtel de ville (cour et salle de l'Arsenal).* Expo vente d'œufs décorés dans un cadre fleuri pour l'occasion.
– ***Fête montagnarde :*** *1er dim d'août.* Une fête très conviviale organisée par le Club vosgien. Petite restauration, piste de quilles et animations musicales... On fait la fête tant qu'il fait jour !
– ***Marché de Noël :*** *les 4 w-e de l'Avent, 10h-20h. Autour de l'hôtel de ville et derrière l'église. Il existe un bus-navette pour se rendre aux marchés de Noël du coin (Colmar, Kaysersberg, Riquewihr, Ribeauvillé, ainsi qu'une correspondance vers Eguisheim et Turckheim depuis Colmar) ; billet valable pour la journée.* Kaysersberg compte l'un des plus authentiques marchés de Noël d'Alsace, mais aussi l'un des plus fréquentés (sauf le 1er week-end, en général) !

AMMERSCHWIHR

(68770) 1 790 hab. *Carte Le Sud (Haut-Rhin), B1*

À flanc de colline, entre Kaysersberg et Colmar, la ville a été en grande partie détruite pendant la 2de Guerre mondiale, mais sa partie haute mérite le détour, pour sa porte ancienne et le joli petit jardin de vignes qui recense et explique les cépages alsaciens. Ammerschwihr possède de nombreux viticulteurs aux caves souvent très anciennes. Et, unique en Alsace, la commune compte un golf 18 trous « de montagne », du côté de Trois-Épis *(☎ 03-89-47-17-30 ; ● golf-ammerschwihr.com ●).*
– Plan et infos à l'office de tourisme de la vallée de Kaysersberg *(☎ 03-89-78-22-78 ; ● kaysersberg.com ●).*

Où dormir ? Où manger ?

De bon marché à chic

Chambres d'hôtes Maison Thomas : *41, Grand-Rue. ☎ 03-89-78-23-90. ● info@maisonthomas.fr ● maisonthomas.fr ● Doubles 55-64 € ; familiales.* Située dans la seule partie de la ville épargnée pendant la dernière guerre, cette vieille maison organisée autour d'une cour abrite 5 chambres proprettes. Déco datée et un rien kitsch, mais c'est une bonne adresse compte tenu de l'accueil gentil et des tarifs doux.

Gîtes Odile & André Thomann-Desmarest : *2, rue des Ponts-en-Pierre.*

LE HAUT-RHIN

☎ 03-89-47-32-83. • andre.thomann@laposte.net • courfranche.com • Gîtes (4-6 pers) 455-560 €/sem (min 5 nuits). 3 pots de confiture maison offerts sur présentation de ce guide. Au cœur du village, voici un bel ensemble à colombages, avec un balcon donnant sur la cour intérieure ; une « cour franche » qui – au Moyen Âge – donnait refuge et sécurité aux personnes poursuivies... À dispo, 2 gîtes au calme, bien équipés et nickel, répartis dans 2 maisons anciennes. Pressoir du XVIIIe s, salons de jardin privatifs, abri à vélos et cour fermée.

Wistewala : 4, rue du Wetzelhof. ☎ 03-89-78-27-97. • wistewala@hotmail.fr • Tlj sauf mer (fermé lun soir, mar soir et mer hors saison). Carte env 25-35 €. Agréable resto où l'on mitonne une bonne cuisine familiale, fraîche et copieuse. À la carte : classiques alsaciens et quelques suggestions de saison, auxquels s'ajoutent le soir des tartes flambées. Petite terrasse.

KATZENTHAL

(68230) 530 hab. *Carte Le Sud (Haut-Rhin), B1-2*

Si l'on sort de la « vallée des chats » *(Katzen)*, c'est par la même route que pour y entrer, car Katzenthal est sans issue. La quiétude des rues et ruelles, avec quelques habitations typiques, fait de ce village viticole installé au pied des ruines du château du Wineck un lieu de séjour aussi idéal que central pour toute la région. 3 grands crus et un microclimat veillent sur sa réputation... et sur les dégustations !

– Infos à l'office de tourisme de la vallée de Kaysersberg (☎ 03-89-78-22-78 ; • kaysersberg.com •).

Où dormir ? Où manger à Katzenthal et dans les environs ?

Hôtel À l'Agneau : 16, Grand-Rue. ☎ 03-89-80-90-25. • contact@agneau-katzenthal.com • agneau-katzenthal.com • ♿ Resto fermé lun soir-mer. Doubles 73-89 € ; familiales. Formules déj en sem 14-24 € ; menus 39-58 € ; carte env 30-55 €. Bon accueil – sincère et authentique – dans cette charmante auberge de campagne proposant une dizaine de chambres spacieuses, rénovées dans un style classique. Mais c'est surtout le resto qui fait la réputation de la maison. Le sympathique chef, qui a appris à très bonne école, élabore une savoureuse cuisine de terroir qui revisite avec talent les recettes traditionnelles, au gré des saisons. On s'attable soit dans la winstub, rustique et chaleureuse, soit dans l'autre salle à manger, plus sérieuse. Une vraie belle adresse à la qualité et aux prix stables. On recommande !

Chambres d'hôtes et gîtes famille Hérold : 84, rue du Vignoble. ☎ 03-89-27-32-42. • remy.herold@orange.fr • herold-gites.fr • Doubles env 95-125 € ; gîtes 2-4 pers 450-1 250 €/sem. Au centre du village, des chambres et des appartements (2-4 personnes) sobres, fonctionnels et d'un confort suffisant. Mais ce qui justifie la halte, c'est le jardin avec jacuzzi et piscine. Accueil gentil. Une bonne adresse en famille.

La Taverne Alsacienne : 99, rue de la République, 68040 **Ingersheim.** ☎ 03-89-27-08-41. • tavernealsacienne68@orange.fr • À 3 km au sud-est de Katzenthal. Fermé dim soir-lun et jeu. Congés : 1 sem en mai, fin juil-début août et 15 j. pour les fêtes de fin d'année. Résa conseillée. Menu déj en sem 20 €, puis formule et menus 31-42 €. Depuis 1964, cette belle affaire familiale est l'un des temples de la gastronomie alsacienne ! Ici le chef fait des merveilles, maîtrisant ses produits et exprimant tout son talent avec le poisson, qu'il aime travailler, sans oublier pour autant les viandes. Superbe carte des vins. À déguster dans un cadre lumineux, clair et sobre. Une adresse incontournable.

Où acheter de bons vins à Katzenthal et dans les environs ?

Vignoble Klur : *105, rue des Trois-Épis, à Katzenthal. ☎ 03-89-80-94-29. 📱 06-85-20-92-99. • klur.net • Visite sur résa avr-oct : 10 €.* Ce tout petit domaine familial de 1,5 ha possède au centre du village l'une des rares caves rondes d'Alsace, moderne et couverte d'un toit végétal. Un bel outil pour des vins nature de grande qualité, d'élégants nectars purs et droits. Accueil très sympa du père, ou de la fille, une vigneronne-bijoutière (pas banal !) qui tient désormais le flambeau. Terrasse fleurie assez bohème pour déguster notamment un rare vin orange, ou un riesling élevé en amphore.

Cave Jean Geiler : *45, rue de la République, 68040* ***Ingersheim,*** *à 3 km au sud-est de Katzenthal. ☎ 03-89-27-90-27. • geiler.fr • ♿ Tlj 9h (10h dim et j. fériés)-12h, 14h-18h30 (18h janv-avr).* Un vaste espace bien conçu. On y trouve même un petit musée exposant tous les outils de la vigne et de la cave, dont certains sont toujours utilisés aujourd'hui. Du foudre de 35 400 l, soit l'équivalent de 47 200 bouteilles, au « loyala » (ce petit tonneau portatif pour ouvrier viticole), il y a un peu de tout. Instructif et éducatif pour goûter ensuite autrement les vins de la cave à l'accueil : découvrir le frais chasselas, le puissant et équilibré gewurzt Sainte-Marguerite ou les subtils rieslings et pinots gris...

NIEDERMORSCHWIHR

(68230) 540 hab. *Carte Le Sud (Haut-Rhin), A1-2*

Alsacien jusqu'au bout des ongles, ce village viticole fait partie de nos coups de cœur ! Pour sa belle situation, agrippé à flanc de coteau et bordé par les vignes ; mais aussi pour ses maisons de vignerons colorées avec porches, oriels et escaliers en colimaçon, ses fontaines en pierre, ses puits fleuris en grès rose, ses jardins cachés derrière les murs... Bref, Niedermorschwihr brille par son authenticité.

– Infos au bureau d'information touristique de Turckheim *(☎ 03-89-27-38-44 ; • turckheim.com •).*

Où dormir ? Où manger ?

Hôtel de l'Ange : *125, rue des Trois-Épis. ☎ 03-89-27-05-73. • ange@hotelange.fr • hotelange.fr • Resto tlj sauf jeu et ven midi. Congés : janv-mars. Doubles env 65-85 € ; familiales. Plats env 16-26 €.* Au cœur du village, cet ancien corps de ferme à la façade coquette et fleurie encadre 2 courettes pittoresques. Chambres dans le même esprit, chaleureuses, évidemment de taille variable compte tenu de l'âge de la bâtisse. Certaines sont aménagées avec des meubles anciens, d'autres arborent une déco plus moderne, mais toutes sont bien propres et confortables (plus calmes sur l'arrière que côté rue). Bon resto traditionnel sur place. Accueil serviable et pro.

Où acheter de bons produits ?

Au Relais des Trois-Épis - Confitures Ferber : *18, rue des Trois-Épis.* ☎ *03-89-27-05-69.* • *christine ferber.com* • *Mar-ven 7h-12h30, 14h-18h (sam en continu) ; dim 8h-12h30.* Une adresse mythique ! Depuis son tout petit village, Christine Ferber exporte vers le monde entier ses confitures artisanales cuites avec amour dans de petites bassines en cuivre. Elle est aussi le « fournisseur officiel » des meilleures pâtisseries de France. Quand vous aurez goûté à sa confiture de mara des bois, rehaussée d'une touche de rhubarbe acide, à celle de quetsche, ou à celle de mangue-coriandre-citron vert, vous comprendrez pourquoi ! Fait aussi traiteur et épicerie fine pour se constituer un bon pique-nique. Et confectionne de délicieuses pâtisseries, viennoiseries, glaces, sans oublier les chocolats maison. Miam, miam !

Domaine de l'Oriel : *133, rue des Trois-Épis.* ☎ *03-89-27-40-55.* 📱 *06-15-38-91-09.* • *oriel.weinzorn@sfr.fr* • *domainedeloriel.fr* • *Lun-sam 9h-12h, 14h-18h.* Une adresse qui retient les palais avertis sans attaquer les budgets ! Issu d'une famille de vignerons dont il représente la 13e génération, Claude Weinzorn travaille ses parcelles de manière raisonnée, pratique la vendange manuelle et sort de ses fûts de savoureux grands crus *Sommerberg* et *Brand* (vieilles vignes), un délicieux pinot noir bien épicé, et toute la gamme des vins d'Alsace (riesling, pinot gris...). Propose aussi 2 appartements à louer.

À voir. À faire

L'église Saint-Gall : *rue de l'Église.* Érigée aux XIIe-XIIIe s en hommage à un saint irlandais, l'église fut dotée au XVIe s de cet étrange et élégant clocher vrillé, unique en Alsace. À l'intérieur, des orgues Silbermann (1726) provenant du couvent des Dominicains de Colmar.

➢ ***Randonnées :*** plusieurs petites balades faciles dans le vignoble. Du village jusqu'au calvaire Sommerberg (40 mn), au Galtz (2h), à Ammerschwihr (1h10), Katzenthal (par le Sommerberg, 1h). Panneaux fléchés, juste à gauche, près d'un petit parking bordé d'arbres, à la sortie du village en allant vers Ingersheim.

➢ La ***route des Trois-Épis*** (qui monte) et celle ***de Turckheim*** (qui descend) sont à faire dans le sens de la descente dans les 2 cas ! En venant des Trois-Épis, on passe du monde montagnard (les sapins des Vosges) au monde alsacien et à la vigne. Ici plus qu'ailleurs, cette différence saute aux yeux. En descendant vers Turckheim à travers les vignes, on a une vue plongeante sur cette cité ancienne merveilleusement conservée.

TURCKHEIM (68230) 3 800 hab. *Carte Le Sud (Haut-Rhin), B2*

• Plan *p. 277*

Blottie au pied d'un prestigieux vignoble ensoleillé, le *Brand,* au débouché de la vallée de la Fecht, c'est par la route de Niedermorschwihr, sinuant entre les vignes, qu'il faut découvrir cet amour de petite cité, ceinturée de remparts et hérissée de toitures anciennes.

La ville devint prospère dès 1354, année de son adhésion à la Décapole (voir à Colmar « Un peu d'histoire »). Elle eut alors le droit d'organiser des marchés

et d'ériger ses remparts – toujours en place –, percés de 3 portes d'entrée. Grâce à la production et au commerce du vin, la cité s'enrichit aux XVe-XVIe s. Des siècles d'or qui ont laissé leur magnifique empreinte sur la ville, en lui donnant son visage définitif ; resté miraculeusement indemne malgré les turpitudes de l'Histoire.

Adresses et infos utiles

Bureau d'information touristique *(plan B1)* ***:*** *au corps de garde, rue Wickram. ☎ 03-89-27-38-44. Janv-mars, tlj sauf dim 9h-13h, 14h-17h ; avr-déc, 9h-13h, 14h-18h, plus 10h-12h dim et j. fériés juil-août, Ven saint et dim de Pâques.* Liste des hébergements, infos sur la route des Vins, agenda culturel... Donne 2 plans dépliants pour explorer à pied le vieux bourg (« circuit historique »), et les alentours (« sentiers du Dragon, des Toits, et du Vallon Sainte-Anne »). Visite guidée gratuite du village une fois par semaine en juillet-août ; promenades et randonnées pédestres accompagnées. Accueil compétent et charmant.

Arrêt des bus (plan B1) **:** *pl. de la République. • fluo.eu •* Plusieurs liaisons/j. sauf dim avec Colmar, Ingersheim, Trois-Épis, Labaroche.

– ***Marché*** *(plan B1)* ***:*** *ven mat, pl. de la République.*

LE HAUT-RHIN

Où dormir ? Où manger ?

De bon marché à prix moyens

Chambres d'hôtes Mme Féga *(plan A1,* ***10****)* ***:*** *14, rue des Tuileries. ☎ 03-89-27-18-84. • marierosefega@gmail.com • En dehors du centre historique, à env 200 m à l'ouest de la porte de Munster. Résa conseillée. Doubles env 70-74 €.* On entre par un jardin en terrasses à flanc de coteau, puis une volée d'escaliers conduit à cette maison de caractère du XIXe s dont la déco intérieure des espaces communs est, à l'inverse, très contemporaine et classe. Étonnant. En tout, 4 chambres confortables toutes différentes. Dissimulée derrière une porte d'armoire ancienne, la spacieuse « romantique » – notre préférée – s'ouvre sur le jardin parsemé d'œuvres d'art moderne. Sous les toits, les « rustiques » sont plus petites et meublées à l'ancienne. Celle qui profite d'une grande terrasse a également la salle de bains sur le palier (mais privative). Depuis la salle du petit déj ou la charmante terrasse, jolie vue sur la vallée avec la rivière. Bon rapport qualité-prix-accueil.

Chambres d'hôtes famille Freydrich *(plan B1,* ***11****)* ***:*** *40, rue des Vignerons. ☎ 03-89-27-31-81. • michel.freydrich@orange.fr • Double 74 €.* Au cœur de la vieille ville, dans une maison de vigneron avec sa cour fleurie, agrémentée de nains de jardin. Un balcon dessert 4 chambres simples et désuètes, chacune avec sa couleur, dans cette maison-musée qui ravira les chineurs : vrais passionnés, les Freydrich possèdent des collections incroyables ! Le petit déj se prend au salon ou sur la terrasse fleurie. Le calme et la gentillesse de l'accueil contribuent à faire passer un agréable séjour.

Pâtisserie Carl (plan B1, **16**) **:** *13, Grand-Rue. ☎ 03-89-22-41-42. Tlj sauf mer-jeu 8h30-12h30, 14h30-18h30. Formules env 7-13,50 €.* Un bon plan pour déjeuner sur le pouce en terrasse, ou dans une salle pimpante. Au choix, des paninis, des sandwichs, des quiches ou des salades. Avec un dessert savoureux (avec option sans gluten et sans lactose possible), c'est impeccable.

Caveau du Vigneron *(plan B1,* ***12****)* ***:*** *5, Grand-Rue. ☎ 03-89-80-99-59. • caveau-du-vigneron@hotmail.fr • caveau-du-vigneron-turckheim.fr • Mar-sam 11h45-13h30, 18h30-20h30 ; fermé dim-lun. Carte env 30 €. Café offert sur présentation de ce guide.* Une salle rustique sous de vénérables vieilles poutres, avec pierres apparentes et jolis radiateurs en fonte ; le tout flanqué d'une petite et agréable terrasse sur la rue piétonne. Dans l'assiette, on se régale d'une cuisine du cru simple, généreuse et soignée, ainsi que de bonne tartes flambées. Service souriant. Une bonne adresse pour toutes les bourses.

De prix moyens à plus chic

Auberge du Brand (*plan B1,* **13**) **:** *8, Grand-Rue. ☎ 03-89-27-06-10. • aubergedubrand@gmail.com • aubergedubrand.fr • ♿ (resto). Ouv mer-sam. Doubles env 75-100 €. Menus 24-55 € ; carte 35-40 €.* Cette belle maison à colombages renferme quelques chambres confortables, dans un style rétro charmant. Mais ce qui fait la réputation du *Brand,* c'est sa table. Le jeune chef y fait des merveilles. Il propose une cuisine élégante et soignée aux accents alsaciens, métissés de saveurs et de parfums du monde. Carte courte, élaborée selon le marché. Accueil charmant de madame.

Hôtel Les Portes de la Vallée (*plan B2,* **14**) **:** *29, rue Romaine. ☎ 03-89-27-95-50. • mail@hotelturckheim.com • hotelturckheim.com • ♿ Doubles 95-120 €.* À 10 mn à pied du vieux bourg, dans un quartier résidentiel paisible, un petit hôtel familial d'une quinzaine de grandes chambres confortables, classiques et généralement décorées sur une note moderne discrète. Piscine semi-couverte chauffée, terrasse. Accueil aux petits soins, attentif et souriant.

Hôtel des Deux Clefs (*plan B1,* **15**) **:** *3, rue du Conseil. ☎ 03-89-27-06-01. • reservation@2clefs.com • 2clefs.com • ♿ Face à l'hôtel de ville. Doubles 79-159 €. Parking payant.* On aime beaucoup l'atmosphère romantique de cette maison à colombages cossue du XVIe s. Chambres tout confort au luxe sage, arborant une déco fleurie et élégante. Salons cosy, meubles anciens, couloirs mystérieux et une lumière qui rappelle les toiles de Rembrandt : les plus grands ont été séduits, du général de Gaulle à James Stewart... Une belle adresse au charme patiné.

Achats

Cave de Turckheim (*plan A1,* **20**) **:** *16, rue des Tuileries. ☎ 03-89-30-23-60. • cave-turckheim.com • Tlj, en principe 9h (10h dim)-12h, 14h (15h dim)-18h (19h l'été).* Cave coopérative déclinant une gamme complète de crémants, grands crus, vendanges tardives, etc., souvent primés dans les concours agricoles, et à des prix raisonnables.

Magasin de l'usine Staub (*plan A1,* **21**) **:** *rue de l'Huilerie. ☎ 03-89-27-11-55. • zwilling.com • Tlj sauf dim et j. fériés 10h-12h30, 14h-18h30.* Magasin *outlet* proposant cocottes en fonte, woks, théières, etc., de la marque Staub, et encore d'autres articles de cuisine haut de gamme du groupe allemand Zwilling, auquel Staub appartient. Bref, du beau et de la qualité !

À voir

La porte de France (*plan B1*) **:** *au sud de la ville.* Jadis munie d'un pont-levis, cette porte pittoresque – la plus importante de la ville –, avec colombages dans sa partie supérieure, est coiffée d'un nid de cigogne où, chaque année, ces oiseaux migrateurs sont censés nicher...

La place Turenne (*plan B1*) **:** la 1re place pavée en entrant par la porte de France. Bordée de maisons anciennes et complétée par une gentille fontaine.

Le corps de garde (*plan B1*) **:** *rue Wickram.* Autrefois appelé « le poêle des Corporations » parce que les divers corps de métiers s'y retrouvaient autour d'un poêle, il abrite désormais le bureau d'information touristique.

LE HAUT-RHIN

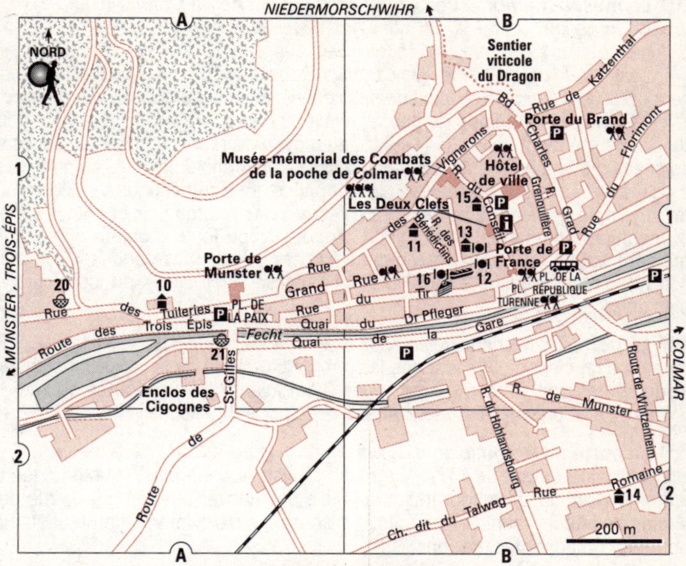

TURCKHEIM

Adresse utile

- Bureau d'information touristique (B1)

Où dormir ? Où manger ?

- **10** Chambres d'hôtes Mme Féga (A1)
- **11** Chambres d'hôtes famille Freydrich (B1)
- **12** Caveau du Vigneron (B1)
- **13** Auberge du Brand (B1)
- **14** Hôtel Les Portes de la Vallée (B2)
- **15** Hôtel des Deux Clefs (B1)
- **16** Pâtisserie Carl (B1)

Achats

- **20** Cave de Turckheim (A1)
- **21** Magasin de l'usine Staub (A1)

L'hôtel de ville *(plan B1)* **:** *6, rue du Conseil.* Peut-être l'une des plus belles mairies de France. Construite en 1598, en pleine Renaissance rhénane donc, cette haute demeure se singularise par son pignon crénelé (à redents). C'était, et c'est toujours, le siège du « gouvernement » de Turckheim, qui comptait alors parmi les 10 villes libres membres de la Décapole.

Les Deux Clefs *(plan B1)* **:** *3, rue du Conseil. Juste à côté de la mairie.* La plus belle maison de la ville abrite un hôtel de charme pour qui aime prendre ses aises. Naguère appelée auberge *À l'Aigle,* elle date de 1540 et fut transformée en 1620. Une merveille !

L'église Sainte-Anne *(plan B1)* **:** *rue du Conseil.* Située derrière la place de l'Hôtel-de-Ville, cette église des XIe-XIIIe s fut remodelée au XIXe s, mais affiche toujours son fier clocher roman d'origine, au toit recouvert de tuiles vernissées. Au sommet de celui-ci, il y avait autrefois une pomme. Mais – trop humble symbole – elle fut remplacée par un tonnelet (271 l !), doré à l'or de ducat, et une girouette en forme d'étoile (emblème stylisé des tonneliers). Intérieur sans grand intérêt.

Le musée-mémorial des Combats de la poche de Colmar *(plan B1)* **:** *25, rue du Conseil. ☎ 03-89-80-86-66. • musee.turckheim-alsace.com • Avr-11 nov, tlj 14h-18h, dim 10h-12h, 14h-18h (plus sam 10h-12h, 14h-18h juin-sept). Entrée : 5 € ; réduc. Audioguide inclus.* Un canon américain de 105 mm signale l'entrée de ce musée choyé par une équipe de passionnés. Installé dans un beau caveau du XVIIIe s (abri civil en temps de guerre), il évoque les 2 longs mois d'enfer autour de Colmar pendant l'hiver 1944-1945, au moyen de reconstitutions efficaces et soignées mettant en scène des mannequins en uniforme des forces en présence. Il y a même le bureau et le matériel de campagne, tous authentiques, du libérateur de la ville, le général de Vernejoul. Également des photos noir et blanc, armes et munitions, documents d'archives, vidéos et une foule d'objets personnels qui sont autant de prétextes à des anecdotes... Parmi les curiosités, un pain noir momifié et le pistolet de Pinoteau (le réalisateur) ! Une expo instructive et bien conçue.

La porte de Munster *(plan A1)* **:** *à l'extrémité ouest de la Grand-Rue.* Surmontée d'un clocheton, elle ferme les remparts du côté de la vallée de Munster. Naguère, les condamnés à mort y passaient avant d'être exécutés au lieu-dit « Wann », tout près de là. Curieusement, cette porte fut habitée jusqu'en 1952.

La porte du Brand *(plan B1)* **:** *à l'extrémité nord-est de l'enceinte de la ville.* Un petit bijou datant de 1377. N'a plus ni herse ni pont-levis, mais le fossé et la gorgone grimaçante sont toujours là. Ne pas hésiter à emprunter la rue des Vignerons (sur le « sentier des Toits » ; plan au bureau d'information touristique) bordée de charmantes maisons.

La Grand-Rue *(plan A-B1)* **:** y flâner paisiblement, en n'hésitant pas à revenir sur ses pas, histoire de mieux scruter les détails. Nombreuses et remarquables maisons Renaissance : à l'angle de la place Turenne, la ***maison Schiehle*** avec son pilier en bois soutenant un bel oriel de 1567 ; au no 3, la ***cour Baur.*** Juste en face, dans la rue des Bénédictins, au no 1, la ***maison Huen*** (1568) porte l'écusson du maréchal-ferrant sur la clé de voûte de son portail... Retour au 21, Grand-Rue, pour voir la façade de la ***boucherie*** et ses élégantes fresques végétales sous la poutre maîtresse. Et encore : au no 71, la ***maison Singler-Schwendelin*** (XVIIe s), de style Renaissance, avec ses beaux colombages en bois ciselé, frappés d'un écusson portant un bretzel, la marque des boulangers.

À faire

La ronde du veilleur de nuit : une tradition vieille de 500 ans ! Actuellement, 2 descendants du dernier veilleur de nuit de profession (1873) assurent encore cette charge (en alternance avec 2 autres veilleurs) – aujourd'hui un honneur – de parcourir la ville à la nuit tombée. Coiffé d'un tricorne noir, une cape sur les épaules, le veilleur emporte toujours une corne, une hallebarde et une lanterne. Ainsi habillé à l'ancienne, il déambule, seul (mais toujours accompagné par le public) et à pied, dans la petite cité, veillant à la sécurité des lieux et des gens. Sa tournée, gratuite et émaillée d'anecdotes, dure 1h *(ts les soirs à 22h, 1er mai-31 oct ; à 21h, 1er-23 déc, plus 26-30 déc, ainsi qu'à minuit le 31 déc).* Départ du corps de garde (bureau d'information touristique). À ne pas manquer ! Et si vous revenez passer le réveillon à Turckheim, la ronde du 31 décembre à minuit vous plongera dans une ambiance festive et enchanteresse.

Le sentier viticole du Dragon : randonnée pédestre de 3,5 km, à travers le vignoble de Turckheim. Le trajet est jalonné de tables d'orientation et de QR codes que vous pouvez flasher sur un smartphone afin d'obtenir plus de renseignements sur le vignoble et ses différents terroirs. Le *Brand* est, en effet, classé comme grand cru d'Alsace. En route, superbes échappées sur le moutonnement des collines, la mer infinie des vignes, les contreforts des Vosges, la plaine au débouché de la vallée de la Fecht. Départ du sentier et plan détaillé du circuit au bureau d'information touristique.

Fêtes de Noël

Tous les ans du 1er au 24 décembre, sur la place de la Mairie, un ***calendrier de l'Avent géant*** est dressé avec ouverture du volet à 17h précises. Animations, contes et légendes pendant cette période. Le ***marché de Noël des Lutins,*** un village magique de maisonnettes en bois y est aussi installé.

DANS LES ENVIRONS DE TURCKHEIM

TROIS-ÉPIS (68410)

À 8,5 km au nord-ouest de Turckheim. Ce village haut perché (658 m) dominant le vignoble demeure une station climatique où les Alsaciens de la plaine viennent prendre le frais en été. Entre les 2 guerres mondiales, les hôtels virent défiler du beau monde, notamment la reine Wilhelmine de Hollande...
Le nom provient d'une vieille légende selon laquelle la Vierge serait apparue en 1491 à un maréchal natif d'Orbey. Celle-ci portait un bloc de glace dans une main et 3 épis dans l'autre ; ces derniers symbolisant le Bien (la fertilité de la terre). Cette apparition suscite aujourd'hui encore la venue de pèlerins...
– Infos à l'office de tourisme de la vallée de Kaysersberg *(☎ 03-89-78-22-78 ; • kaysersberg.com •).*

Chambres d'hôtes Villa Rosa : *4, rue Thierry-Schoeré. ☎ 03-89-49-81-19. • contact@villarosa.fr • villarosa.fr • Env 400 m avt le village, sur la droite dans un virage en arrivant de Turckheim. Doubles 89-102 € ; familiales. Repas sur résa sauf mar-mer : tables d'hôtes 28 € (hors boisson) ; carte env 20 €. Séance de sauna en avr-mai et sept offerte sur présentation de ce guide.* Jolie maison traditionnelle donnant sur un délicieux jardin fleuri, refuge idéal pour les oiseaux (il est d'ailleurs affilié à la LPO, Ligue de protection des oiseaux). Piscine pour se détendre, belle terrasse, et dans les étages, des chambres mignonnes et confortables. Bon accueil.

WINTZENHEIM (68920)

Au débouché de la vallée de la Fecht, tout près de Colmar, ce gros village possède un terroir viticole réputé, le *Hengst* (mot alsacien qui signifie « étalon »), qui donne d'excellents vins classés « Alsace grand cru ». Ils atteignent avec le temps une certaine maturité ; jusqu'à 10 à 20 ans de vieillissement possible, chose assez rare dans les vins d'Alsace... Passant par Wintzenheim, la fameuse ***route touristique des Cinq Châteaux*** relie Eguisheim. On y découvre – au beau milieu de la nature – les ruines de plusieurs forteresses du Moyen Âge, sans compter la visite du château du Hohlandsbourg (voir plus loin « Dans les environs d'Eguisheim »). Et à proximité, de nombreuses balades à faire à pied ou à vélo...
– Infos au bureau d'information touristique de Turckheim *(☎ 03-89-27-38-44 ; • turckheim.com •)* et à celui d'Eguisheim *(☎ 03-89-78-53-15 ; • tourisme-eguisheim-rouffach.com •).*

Domaine Josmeyer : *76, rue Clemenceau. ☎ 03-89-27-91-90. • josmeyer.com • Lun-ven 9h-12h, 14h-18h ; sam 9h-12h. Fermé dim et j. fériés.* De divins nectars bio et des cuvées élégantes, en harmonie avec un accueil charmant et attentionné. Une des grandes références d'Alsace, avec des sélections à prix doux et des grands crus plus prestigieux aux tarifs adaptés.

WETTOLSHEIM (68920)

À environ 5 km au sud-ouest de Colmar, ce paisible village demeure au centre de l'un des plus importants terroirs viticoles – en volume produit – sur la route des Vins d'Alsace. Ainsi Wettolsheim est-il célèbre pour ses grands crus *Steingrubler*, capables de donner des vins de garde, riches en arômes, avec un corps solide et une charpente bien virile... Et côté curiosité : au centre du village, une reconstitution grandeur nature de la grotte de Lourdes !
– Infos à l'office de tourisme d'Eguisheim *(☎ 03-89-23-40-33 ; • tourisme-eguisheim-rouffach.fr •).*

LE HAUT-RHIN

Hôtel Au Soleil : *20, rue Sainte-Gertrude. ☎ 03-89-80-62-66. • hotel-au-soleil-wettolsheim@orange.fr • hotel-restaurant-au-soleil.com • Resto fermé mer. Doubles 80-95 € ; petit déj 13 €. Formule déj en sem 12,50 € ; menus 25-50 € ; plats 12-37 € ; carte env 38-50 €. Parking.* Cette maison traditionnelle, flanquée d'une annexe moderne, abrite de belles chambres très confortables, parfaitement entretenues et décorées avec une touche contemporaine, sobre et claire. Certaines donnent sur les arpents de vigne. Côté fourneaux, cuisine de terroir d'un excellent rapport qualité-prix. Sauna et jacuzzi classieux, salle de fitness, piscine, rien ne manque pour un séjour cocooning. Accueil familial gentil et serviable. Un très bon plan.

La Palette : *9, rue de Herzog. ☎ 03-89-80-79-14. • lapalette@lapalette.fr • Fermé dim soir, lun et mar midi. Formule et menu déj sauf dim 24-29 € ; menus 45-82 € ; carte env 55 €.* Un coup de pinceau sur le piano, et la palette des mets virevolte dans l'assiette ! Cette succulente cuisine créative, respectueuse de la philosophie *slow food* et puisant son inspiration entre l'Alsace et les autres régions du monde, vaut à Henri Gagneux d'être reconnu comme l'une des valeurs sûres du pays. Menus thématiques atypiques, comme le végétal, mettant à l'honneur céréales et légumes de saison. Étonnant.

Domaine Albert Mann : *13, rue du Château. ☎ 03-89-80-62-00. • albertmann.com • Tlj sauf dim et j. fériés 9h-12h, 14h-18h.* Si notre coup de cœur va aux prestigieux pinots noirs Grand H et Grand P, le choix varie entre vins de tradition et vins de terroir délicatement vinifiés par les frères Barthelmé. Une adresse bio immanquable.

DE COLMAR À GUEBWILLER

Moins touristique que le tronçon Colmar-Sélestat, cette partie de la route des Vins d'Alsace recèle aussi de beaux paysages, d'agréables villages et d'excellents vins. Ainsi a-t-on découvert quelques grands crus comme le hatschbourg à Hattstatt et Voegtlinshoffen, le goldert à Gueberschwihr, le steinert à Pfaffenheim, encore le vorbourg à Rouffach, le zinnkoepflé à Westhalten et Soultzmatt. Enfin, en approchant de Guebwiller, ne pas oublier le grand cru pfingstberg à Orschwihr, le spiegel à Bergholtz et le kessler à Guebwiller. Bonne route ! Et restez sobre !

EGUISHEIM (68420) 1 740 hab. *Carte Le Sud (Haut-Rhin), B2*

Ancienne cité papale (le pape Léon IX y est né au XVIe s) classée « Plus Beau Village de France », c'est effectivement l'une des plus ravissantes bourgades de la route des Vins d'Alsace ! Revers de la médaille : un monde fou à certaines périodes de l'année. Mais si vous venez assez tôt dans la matinée, ou en fin de journée après le départ des autocars, Eguisheim saura vous dévoiler les charmes cachés de ses ruelles pavées, bordées de maisons colorées à colombages, directement sorties d'une aquarelle de Hansi. Cette coquette bourgade ronde – autrefois cernée de remparts – livre aujourd'hui des galeries et des ateliers d'art, de nombreuses caves viticoles, et aussi plusieurs hôtels et restos qui se défendent plutôt bien. Enfin, vers Noël, son charmant petit marché – quotidien – lui confère une atmosphère de fête bien conviviale, pour un moment de pur bonheur, loin de la foule des grands marchés régionaux.

➢ ***Comment y aller ?*** Avec le ***bus n° 440*** de la compagnie *LK-Sodag (● l-k.fr ●)* roulant tlj sauf dim et j. fériés sur la ligne ***Colmar-Guebwiller,*** via ***Rouffach, Gueberschwihr...*** ou avec le ***bus n° 208 Colmar-Herrlisheim*** via ***Obermorschwihr, Husseren.***

Adresse utile

ℹ ***Office de tourisme :*** *22 A, Grand-Rue. ☎ 03-89-23-40-33. ● tourisme-eguisheim-rouffach.com ● Janv-mars : lun-ven 9h30-12h, 13h-17h ; sam 9h30-12h. Avr-déc : lun-sam 9h30-12h30, 13h30-18h (17h sam). Plus dim 10h-13h mai-fin oct, et 10h30-12h30, 13h30-16h30 marché de Noël.* Dépliant-plan *Entrez dans la ronde* avec parcours découverte, guide des curiosités culturelles (châteaux, églises, musées...) et des loisirs verts (vélo, randonnée, pêche...) dans le terroir, liste des vignerons, visite guidée (1h30) gratuite du village les mercredis à 18h et vendredis à 10h30 de juin à septembre, agenda culturel... Accueil sympa et compétent.

Où dormir ? Où manger ?

De prix moyens à chic

Hôtel Colmar Vignes : *2, rue des 3-Châteaux. ☎ 03-89-41-16-99. ● reception@hotel-colmar-vignes.fr ● hotel-colmar-vignes.fr ● Réception tlj 8h-11h, 15h-22h (19h dim-lun). Doubles env 50-100 €. Parking.* Ce petit hôtel stratégiquement situé hors les murs, mais en juste en face de l'entrée de la vieille ville, a 2 avantages : un parking (indispensable en haute saison dans le coin) et un bar à vins chaleureux, où plus d'une centaine de références permettent de s'offrir un apéro entre 2 parties de billard, dans une ambiance conviviale et relax. Côté chambres, c'est sobre et moderne (un peu daté pour les salles de bains). Accueil jeune et dynamique très sympa et arrangeant.

Auberge des Trois Châteaux : *26, Grand-Rue. ☎ 03-89-23-11-22. ● contact@auberge-3-chateaux.com ● auberge-3-chateaux.fr ● Resto tlj sauf mar soir et mer. Doubles 75-103 €. Menus 23-28 € ; carte env 32-37 €.* En plein cœur du village, un petit hôtel d'une dizaine de chambres fonctionnelles, coquettes et confortables. Côté fourneaux, cuisine bien traditionnelle et réconfortante, avec en tête d'affiche du pied de porc, du sandre ou de la tête de veau, dans un cadre alsacien bien typique. Accueil gentil et généreux.

Auberge du Rempart : *3, rue du Rempart-Sud. ☎ 03-89-41-16-87. • contact@auberge-du-rempart.com • auberge-du-rempart.com • Resto tlj sauf lun, plus jeu soir-ven midi. Attention, la réception ferme à 15h jeu et dim hors saison. Doubles 80-100 €. Menus 27-29 € ; carte env 25 €.* Dans l'une des plus jolies rues du village, bel ensemble de vieilles maisons renfermant des chambres classiques et agréables. Une avec balcon et géraniums, d'autres dans les combles avec poutres. Cuisine locale, de la tarte flambée au feu de bois à la choucroute... Le tout servi dans une salle rustique ou en terrasse autour de la belle fontaine.

Hostellerie du Château : *2, rue du Château. ☎ 03-89-23-72-00. • info@hostellerieduchateau.com • eguisheim-hostellerie-du-chateau.fr • Congés : début janv-fin fév. Résa conseillée. Doubles 70-115 €.* On ne peut faire plus central ! Petite entrée conduisant à un hall moderne, coloré et soigné, à l'image de la dizaine de chambres. Le propriétaire ayant une passion pour le bricolage, elles sont parfaitement entretenues et joliment décorées de briquettes pour certaines, de bois de récup pour d'autres, mais toujours aménagées avec une touche contemporaine. Grandes toiles avant-gardistes aux murs. Accueil chaleureux du couple aux commandes de ce cocon douillet.

Auberge Alsacienne : *12, Grand-Rue. ☎ 03-89-41-50-20. • contact@auberge-alsacienne.net • auberge-alsacienne.net • Congés : de mi-déc à début fév. Doubles env 85-120 €. Parking.* La bâtisse est du XVIe s, organisée autour d'une belle cour intérieure (faisant office de parking), mais suite à un lifting radical, ses parties communes et ses chambres arborent désormais un style contemporain. Ensemble cosy, à la fois sobre et de bon goût. Un bon point de chute.

L'Atelier de Béné : *6 J, rue du Rempart-Sud. ☎ 03-68-61-38-04. • sarllatelierexa@gmail.com • Tlj sauf mer-jeu 12h-16h30 (21h ven). Env 15-20 €. Café offert sur présentation de ce guide.* Service au féminin très sympa pour cette petite adresse discrète, où l'on se pose avec plaisir dans une salle conviviale pour avaler sans chichis une tarte flambée, ou un plat de terroir simple et bon (du genre tourte, gratins, *spätzle* maison...).

Le Pavillon Gourmand : *101, rue du Rempart-Sud. ☎ 03-89-24-36-88. • contact@pavillon-gourmand.fr • Fermé mar-mer. Congés : de mi-janv à mi-fév. Formule déj (sauf dim et j. fériés) 20 € ; menus 28-50 €.* Dans une jolie rue fleurie, une adresse familiale réputée de longue date pour l'excellence de sa cuisine. Cadre contemporain élégant, en harmonie avec des spécialités de terroir très soignées, parfois revisitées avec inventivité. Beau choix de vins du village. Terrasse à l'arrière. Et juste à côté, boutique traiteur et de produits du terroir, que l'on choisit pour se faire confectionner un délicieux sandwich. On aime !

Où boire un verre ou un café ? Où déguster une pâtisserie ?

Boulangerie-pâtisserie Marx : *39, Grand-Rue. ☎ 03-89-41-32-56. • patisserie.marx@gmail.com • Tlj sauf lun 6h45-18h30.* L'adresse bien pratique dès le petit déj, ou pour une pause sucrée-salée en journée. Simple et correct. Accueil un peu inégal en fonction de l'affluence.

À voir

Le château des comtes d'Eguisheim : *au centre du village. Se visite seulement lors de certains événements (se renseigner à l'office de tourisme).* Au cœur du village, il surplombe une placette adorable avec une belle fontaine au centre.

Une partie de son enceinte remonte au VIIIe s, mais l'intérieur a été reconstruit dans un style néoroman assez lourd. Intéressant mais pas extraordinaire.

La chapelle de Saint-Léon-IX : attenante au château. Très décriée pour ses couleurs vives, c'est pourtant le seul monument un peu insolite de la ville ! Difficile d'imaginer qu'un pape ait pu naître à Eguisheim ! Pourtant, Bruno d'Eguisheim naquit bel et bien ici, en 1002. Et cette chapelle lui est dédiée. Évêque de Toul à 24 ans, il fut élu pape en 1049 sous le nom de Léon IX. Surnommé le « pape voyageur », il convoqua le concile du Latran et fit un certain nombre de réformes. L'extérieur comme l'intérieur – couvert de fresques – donnent dans le style orientalisant, aux allures d'église arménienne !

À faire

Visite des caves : les producteurs du village et la coopérative ont pignon sur rue, il est donc assez facile de déguster du vin et de visiter des caves (sur rdv). Liste à l'office de tourisme.

Le sentier viticole des grands crus d'Eguisheim : de mi-juin à mi-septembre, visite guidée gratuite du vignoble chaque samedi à 15h30, plus le mardi en août, en compagnie d'un viticulteur qui vous explique l'histoire des 2 grands crus du village. Fin de la balade autour d'une dégustation... Vous ne pouvez pas le manquer, les panneaux commencent *rue du Bassin,* à côté du camping. Les cépages et le travail de la vigne sont remarquablement expliqués sur ce court itinéraire de 3,5 km (1h30-2h de marche).

LE HAUT-RHIN

Fêtes et manifestations

- ***Semaine des vins – Nuit des grands crus :*** courant juil. Dégustation des crus locaux pendant 3 jours et clôture par la fameuse Nuit des grands crus : une fête sur la place du Château.
- ***Fête des Vignerons :*** dernier w-e d'août. Grande fête viticole, la plus ancienne d'Alsace ! Nombreuses animations, caves ouvertes, musique, artisanat...
- ***Fête du Champignon :*** dernier w-e d'oct. Le champignon sous toutes ses formes !
- ***Marché de Noël :*** fin nov-fin déc, tlj.

DANS LES ENVIRONS D'EGUISHEIM

HUSSEREN-LES-CHÂTEAUX (68420)

À 3 km au sud d'Eguisheim, par une adorable petite route. Voici le vignoble le plus élevé (390 m) de la route des Vins d'Alsace. Plusieurs viticulteurs sur la commune, dont la maison *Kuentz* (14, route du Vin ; ☎ 03-89-49-30-24) et sa belle enseigne qui clame « Vive la République » à coups de verres de crémant !

LA ROUTE TOURISTIQUE DES CINQ CHÂTEAUX

On découvre de prime abord les 3 donjons dominant les ruines respectives de ***3 châteaux,*** construits les uns à côté des autres aux XIe-XIIe s sur la colline du Schlossberg, par 591 m d'altitude, dominant le vignoble et la plaine du Rhin. Vue panoramique superbe !

Le château du Hohlandsbourg : *route des Cinq-Châteaux. ☎ 03-89-30-10-20. • chateau-hohlandsbourg.com • Env 4 km après les 3 châteaux précédents. Ouv de début avr à mi-nov : juil-août, tlj 10h-19h ; le reste du temps, horaires variables (voir site internet). Entrée : 7-9,50 € selon qu'il y a une animation ou non ; 4,50-7,50 € 6-17 ans ; gratuit moins de 6 ans ; billets famille (2 adultes + 2 enfants) 20-30 € ; visite guidée (1h) comprise.* Museums Pass Musées *et* Pass Alsace *acceptés. Animations thématiques sur la journée en continu réalisées par des troupes d'acteurs costumés, tlj sauf sam en juil-août ; hors saison, se renseigner. Plan dépliant explicatif.*
Construit en 1279 sur une colline stratégique, il fut l'un des plus vastes châteaux forts d'Alsace. On visite d'abord – sur le point haut du site – les ruines de la forteresse d'origine, avec un détour par le chemin de ronde sur l'impressionnant mur d'enceinte, ajouté aux XIVe-XVe s. Sur place, petit musée présentant quelques objets archéologiques évoquant la vie quotidienne dans le château : fragments d'armes, de céramiques, ustensiles de cuisine... Également des expos temporaires. Mais ce vaste lieu, qui fut adapté à la défense par artillerie au XVIe s, prend vraiment vie grâce aux animations qui s'égrènent tout au long des journées d'été ; ne pas les rater, donc !

Enfin, en redescendant vers la vallée de Munster, voici encore les ruines du ***château du Pflixbourg*** (XIIIe s) perchées sur la montagne, à 425 m d'altitude.

Par la route de Gueberschwihr, on traverse ***Obermorschwihr*** où était sise l'abbaye de Marbach (et non de Murbach, qui se trouve près de Guebwiller !), qui fut au XIIe s l'un des plus importants centres religieux et artistiques de ce côté du Rhin, et dont l'église abbatiale demeurait l'un des plus grands édifices d'Alsace. Incendies, pillages et la Révolution plongèrent le site dans l'oubli et la communauté s'est dissoute en 1793. Le temps eut raison des bâtiments, dont il ne reste plus que le narthex, qui a été restauré. Joli petit village doté de quelques belles maisons fleuries, agencées autour de la fontaine et d'un clocher à colombages, fierté des 360 habitants.

VIN DE GLACES

Une production rare, connue surtout au Québec. On récolte les raisins sur pied qui ont gelé au début de l'hiver. L'évaporation concentre le sucre et donne un excellent vin liquoreux mais cher (un plant = un verre !). En vente chez Laurent Bannwarth *: 9, rue du Vin, à Obermorschwihr !*

GUEBERSCHWIHR

(68420) 830 hab. *Carte Le Sud (Haut-Rhin), B2*

Peu touristique, à flanc de coteau, dominant la plaine et surplombé par la masse sombre de la forêt vosgienne, Gueberschwihr, « l'aristocrate du vignoble », possède le plus riche clocher roman de la région (XIIe s). Coiffé d'un toit en bâtière, il mesure 36 m de haut avec 3 étages de fenêtres géminées. Au pied, la grande place, ombragée de tilleuls et bordée de maisons anciennes, vit au rythme lent de l'Alsace éternelle.
Les rues étroites, joliment pavées, renferment plusieurs secrets : ceux d'un riche passé, avec de nombreux porches fortifiés, quelques clés de voûte sculptées, de vieilles enseignes toutes aussi séduisantes les unes que les autres, et ceux d'un vignoble fructueux. En s'y baladant nonchalamment, on découvre une multitude de caves à vins où l'on déguste de bons gewurztraminers vendanges tardives ou quelques tokays pinot gris fort sympathiques.

➢ ***Comment y aller ?*** Avec le **bus n° 440** de la compagnie *LK-Sodag (● l-k.fr ●)* roulant tlj sauf dim et j. fériés sur la ligne ***Colmar-Guebwiller,*** via ***Eguisheim, Rouffach...***

Où dormir ? Où manger ?

Hôtel Le Relais du Vignoble : *33, rue des Forgerons. ☎ 03-89-49-22-22. ● relaisduvignoble@wanadoo.fr ● relaisduvignoble.com ● À la sortie du village. Congés : de mi-janv à mi-mars. Doubles 96-135 €.* Dominant le vignoble de toutes parts, cette grosse bâtisse fleurie livre une trentaine de chambres spacieuses et classiques, disposant pour certaines d'un balcon panoramique (salles de bains datées, en revanche). Accueil familial sympa et pro.

La Taverne Médiévale : *11, rue Haute. ☎ 03-89-49-20-79. ♿ En plein centre du village. Tlj sauf mar-mer. Carte 30-35 €.* Passé la cour et sa terrasse estivale, c'est un intérieur rustique pour une adresse de caractère ; de caractère comme la cuisine, traditionnelle et bien mise en valeur dans des portions généreuses.

Où acheter du vin ?

Domaine Ernest Burn : *8, rue Basse. ☎ 03-89-49-20-68. ● domaine-burn.fr ● Lun-sam 8h30-12h, 13h30-18h30 ; dim 15h-18h. Visite du vignoble et des installations sur rdv.* La dégustation s'impose : l'accueil est charmant, le cadre est plein de caractère (poutre sculptée, barriques qui font rêver...) et les vins sont épatants. Le clos Saint-Imer grand cru Goldert vous fait entrer dans la cour des plus grands vins d'Alsace, autour de 20 € la bouteille ! Le rapport qualité-prix-plaisir est évident. Même constat pour les autres vins du domaine dont le délicieux pinot blanc, tous à prix raisonnés, comme la pratique culturale, en profond respect avec la nature, prôné et véritablement appliqué par la famille Burn.

À voir

Les maisons Renaissance : avec leurs belles façades à colombages, leurs enseignes soignées, leurs caves et leurs cours intérieures. Dans la rue Haute, voir les ***n°s 18, 20, 22 et 26.*** Dans la rue Basse, voir au ***n° 8*** une magnifique maison avec oriel, dotée d'une enseigne remarquablement travaillée *(Au Dauphin)* ; l'original se trouve à Colmar, au musée Unterlinden. Noter, dans la cour, une tour en grès jaune de 1623 avec un escalier hélicoïdal.

ROUFFACH

(68250) 4 500 hab. *Carte Le Sud (Haut-Rhin), B2*

Encore une merveille quasi intacte, peu fréquentée par les touristes, où l'on remonte le temps. À l'origine, les rois mérovingiens d'Austrasie s'y étaient installés, et c'est ici que l'on situe, au VIIe s, la guérison miraculeuse de Sigebert, fils du roi Dagobert II...

Rouffach, qui dépendait spirituellement de l'évêché de Bâle, porte la marque de la Renaissance rhénane. C'est à travers son authenticité qu'elle puise son caractère et son style inimitables. À l'inverse des villages alentour, elle possède peu de maisons à colombages mais une architecture

LE HAUT-RHIN

d'ensemble de style Renaissance, assez rare dans le coin, tout comme le tour des remparts qui vaut de s'y promener.
Rouffach est par ailleurs la ville natale du maréchal d'Empire Lefebvre, qui fut d'abord perruquier, avant de s'engager dans l'armée et devenir gouverneur militaire de Paris ! Soutenant Bonaparte le 18 Brumaire, il remporta la bataille de Dantzig. Lefebvre était aussi connu pour avoir épousé la blanchisseuse Catherine Hübscher, la non moins célèbre Madame Sans-Gêne, qui inspira le personnage de théâtre...
Et n'oubliez pas de lever les yeux, car les cigognes sont nombreuses.
➢ ***Comment y aller ?*** Avec le ***bus n° 440*** de la compagnie *LK-Sodag (• l-k.fr •)* roulant tlj sauf dim et j. fériés sur la ligne ***Colmar-Guebwiller,*** via ***Eguisheim, Gueberschwihr...*** Également une ***gare SNCF*** à l'extérieur du village, desservie par les TER de la ligne ***Colmar-Mulhouse*** *(• sncf-connect • ter.sncf.com/grand-est •).*

Adresse et infos utiles

🛈 ***Office de tourisme :*** *12 A, pl. de la République. ☎ 03-89-78-53-15. • tourisme-eguisheim-rouffach.com • Près de l'église. Juil-août, tlj sauf dim ap-m 9h (10h30 dim)-12h30, 14h-17h30 (16h30 sam) ; sept-juin, tlj sauf lun mat, sam ap-m et dim 9h30-12h, 14h-17h.* Plan du village avec ses points d'intérêt, guide des curiosités culturelles et des loisirs verts ... En été, visites guidées (45 mn-1h30) thématiques du village, et sur les sentiers viticoles du canton.
– ***Marché bio :*** *mer 16h-19h.*
– ***Marché :*** *sam mat.*

Où manger ?

|●| ***À la Grappe :*** *16, pl. de la République. ☎ 03-89-49-71-02. • contact@alagrappe.fr • ♿ Tlj sauf jeu et dim. Formule déj en sem 10,50 € ; carte env 35 €.* Juste en face de l'église Notre-Dame, derrière sa façade noire, une bien jolie adresse où le bois, la pierre et les coloris des tissus se marient harmonieusement. Ici, toute la famille met la main à la pâte pour le plus grand plaisir de nos papilles. Cuisine traditionnelle et classique, des moules-frites au burger, en passant par le jarret au munster, ainsi qu'un éventail de tartes flambées. Pour tous les goûts et toutes les bourses.

Où dormir ? Où manger dans les environs ?

Camping

⛺ ***Camping Osenbach :*** *rue du Stade, 68570* ***Osenbach.*** *☎ 03-89-47-05-22. • contact@camping-osenbach.com • camping-sport-nature.com • À 8 km à l'ouest de Rouffach par la D 18 bis. De mai à mi-oct. Compter 18 € pour 2 avec tente, électricité et voiture.* À la lisière de la forêt, une vaste clairière bien tranquille pour planter sa tente. Sanitaires propres. Également des huttes en bois, et quelques *lodges* et cabanes de trappeurs pleins de charme. Jeux pour enfants. Jardin pédagogique avec une bibliothèque au centre. Accueil sympa et attentif. Bref, une belle adresse côté nature, simple et efficace.

De prix moyens à plus chic

🏠 |●| ***Auberge du Cheval Blanc, restaurant Koehler :*** *20, rue de Rouffach, 68250* ***Westhalten.*** *☎ 03-89-47-01-16. • chevalblanc@restaurantkoehler.com • restaurant-koehler.com • ♿ À 4 km à l'ouest de Rouffach par la D 18 bis. Doubles 120-150 € ; petit déj 15 €. Resto fermé lun-mar. Menus déj en sem et dim soir 29-37 €, puis menus 47-73 €.* Chez les

Koehler, on vient d'abord pour la table. Élégante, inspirée par les saisons, elle se décline au gré d'assiettes sophistiquées aussi belles que savoureuses. Rapport qualité-prix épatant au déjeuner et le dimanche soir. La carte des vins est au diapason, avec une originalité : presque toutes les références sont disponibles en « demi-bouteille » grâce à un astucieux système de pompe à air. Génial ! Le tout servi dans une salle contemporaine, lumineuse et très classe, par une équipe pro et souriante. Et si on est fatigué, la maison dispose d'une dépendance tranquille, au fond de la cour, avec une dizaine de grandes chambres classiques et bien confortables. Une vraie étape gourmande.

Auberge du Vieux Pressoir : *lieu-dit Bollenberg, 68250* ***Westhalten.*** *☎ 03-89-49-60-04. • info@bollenberg.com • À 4 km à l'ouest de Rouffach par la D 18 bis. Tlj sauf mar-mer. Menus 26,50-43,50 €.* Tenue par une famille de vignerons, belle et imposante auberge cernée par le vignoble et attenante à leur cave. Terrasse très plaisante dans un jardin décoré de matériel viticole, ou salle rustique tout aussi agréable, toutes 2 impeccables pour déguster sans hâte une bonne cuisine de terroir qui fait la part belle au foie gras maison et au gibier en saison. Une valeur sûre.

Où acheter du bon vin ?

Le Domaine de l'École : *lycée agricole et viticole, 8, rue aux Remparts. ☎ 03-89-78-73-48. • domainedelecole.com • Lun-ven 9h30-12h, 14h-17h ; juin-août jusqu'à 18h.* Pas banal que de déguster et d'acheter son vin dans une école ; en l'occurrence le lycée agricole de Rouffach ! Les élèves, dans le cadre de leur formation, participent à toutes les étapes du process sur les 14,5 ha du domaine. Résultat : du crémant d'alsace brut, un bon côte-de-rouffach AOP ou un grand cru vorbourg AOP, et puis les cépages alsaciens classiques.

À voir

La place de la République : épicentre de Rouffach. Une petite merveille de l'architecture civile de la Renaissance rhénane. À droite de l'église Notre-Dame se tient l'ancienne ***halle au blé,*** du XVIe s. À l'étage, intéressant musée historique *(juil-août, tlj sauf lun-mar 14h-18h ; GRATUIT),* où sont exposés une étonnante foule d'objets évoquant le passé de Rouffach, de la préhistoire au XIXe s... Derrière ce monument, au fond de l'impasse qui jouxte un resto, se dresse la tour des Sorcières (base du XIIIe s), dernier vestige du système défensif de la ville, et qui servit aussi de prison.

L'ancien hôtel de ville : beau monument construit au XVe s. Par la cour, on accède à la ***promenade des Remparts*** *(accessible)* longeant les anciens fossés... Près du lycée agricole – bâtiment de caractère du XIXe s –, on trouve un parc à cigognes !

L'église Notre-Dame de l'Assomption : *pl. de la République. Tlj 8h-19h (17h en hiver).* L'un des plus beaux monuments de transition entre les styles roman et gothique (XIIIe-XIVe s). En grès jaune de Rouffach, mélangé à du grès rose de Saverne (tours de façade). Coup d'œil sur le chevet gothique, la superbe rosace à l'ouest. À l'intérieur, chœur polygonal du XIIIe s, puis, au-dessus de la porte de l'ancienne sacristie, un ensemble connu sous le nom de « Sourire de Rouffach », sans oublier le retable du XIXe s retraçant la guérison du fils de Dagobert II.

Les vieux quartiers autour de la mairie : nombreuses maisons anciennes dans la *rue de la Poterne, rue du Maréchal-Lefebvre,* comme celles de la *rue des Trois-Dames,* et *place du Maréchal-Foch.*

Fêtes et manifestations à Rouffach et dans les environs

– ***Fête de la Sorcière :*** *1er sam après le 14 juil, pl. de la République. Infos à l'office de tourisme.* Fête médiévale avec troubadours, cracheurs de feu, défilé, petit marché... Sentier de l'Étrange dans les vieux quartiers.
– ***Fête de l'Âne :*** *mi-juil, à **Westhalten.*** Expos d'artisanat, promenade à dos d'âne, défilés avec ânes, chars, etc.
– ***Festival « Musicalta » :*** *de mi-juil à mi-août.* Festival de musique classique de renommée internationale.
– ***Rouffach en fête :*** *1er ou 2e w-e d'août.* Brocante, feu d'artifice...
– ***Marché de Noël artisanal :*** *2e w-e de déc, pl. de la République. Infos à l'office de tourisme.* Le marché rassemble chaque année une trentaine d'exposants. Nombreuses spécialités artisanales et animations musicales.

DANS LES ENVIRONS DE ROUFFACH

À ***Westhalten*** *(68250), à 4 km à l'ouest de Rouffach.* Départ d'un *sentier viticole* signalé par une anémone pulsatille sur les panneaux. Ne cueillez pas cette petite fleur duveteuse et violette, elle est protégée ; tout comme la faune et la flore de ces 2 collines au climat méditerranéen, classées en réserve naturelle.

Soultzmatt *(68570) : à 5 km à l'ouest de Rouffach par la D 18 bis.* Surnommé « le petit Paris » au XIXe s, ce village est aussi réputé dans toute l'Alsace pour son fameux ***Paradis des Sources*** *(9, av. Nessel ; ☎ 03-89-22-44-44 ; ● leparadis dessources.com ●)*, un cabaret inattendu qui distille plumes et paillettes dans le vignoble !
– ***Espace des Sources :*** *5, av. Nessel. ☎ 03-89-86-06-41. ● espacedessources. wordpress.com ● Visite guidée (1h, sur résa) de l'unité d'embouteillage tte l'année mer à 14h (plus jeu juil-août). GRATUIT.* L'espace des Sources s'intéresse à l'eau, liquide vital ; son origine, son lien avec le climat, la diversité de son goût... Et dans la foulée, découverte possible de l'unité d'embouteillage des Sources de Soultzmatt, située juste à côté.
➢ Un *parcours viticole* de 3 km débutant devant la mairie de Soultzmatt. Les panneaux vous font connaître la plus haute vigne d'Alsace : le zinnkoepflé.

Pfaffenheim *(68250) : à 3 km au nord de Rouffach par la D 18 bis.* Un village plein de cachet avec son église Saint-Martin dont l'abside date du XIIIe s.
➢ ***Le sentier viticole de Pfaffenheim :*** ce sentier viticole a lancé la mode. C'est le 1er à avoir été tracé dans le vignoble avec des panneaux explicatifs. Depuis, une vingtaine de communes du vignoble alsacien a compris l'intérêt pédagogique et gustatif de ces balades, de 1-2h maximum. Attention, les chemins demeurent très passants en haute saison (accès interdit pendant les vendanges), les pentes raides et ensoleillées, et le caveau final traîtreusement frais ! Départ place de la Mairie de Pfaffenheim.

DANS LA MONTAGNE VOSGIENNE

Pour changer un peu de la route des Vins et de ses balades au pied des vignes, cette région d'Alsace – au cœur des montagnes vosgiennes – est une belle alternative pour rejoindre le sud du... Sud (Haut-Rhin) en prenant notamment la formidable route des Crêtes ! Des paysages de montagnes pittoresques et des spécialités culinaires différentes à découvrir...

LE VAL D'ARGENT

Le Val d'Argent est situé au pied d'un des plus beaux massifs vosgiens – le Taennchel –, riche en vallons, crêtes sauvages et forêts profondes. Après la découverte de filons d'argent dans son sous-sol, la région connut une véritable « ruée vers l'argent ». L'exploitation minière atteignit son apogée au XVIe s : 3 000 mineurs, 400 mines, une douzaine de fonderies qui traitaient aussi les minerais de plomb, de cuivre et de zinc, extraits sur place. Mais l'épuisement des filons, la concurrence des mines américaines et la guerre de Trente Ans provoquèrent le déclin de cette fructueuse activité.
Puis, l'industrie textile prit le relais en 1740, avec l'installation de la 1re fabrique de tissu « indienne ». En 1830, on comptait une trentaine d'usines confectionnant des ginghams, ces tissus de coton fin cousins du vichy. Devenu un centre lainier après 1870, le val voit se développer une centaine d'usines qui occupaient jusqu'à 25 000 personnes, avant que l'activité ne décline dès 1930, avec l'apparition des fibres artificielles... Les crises successives ont décimé ces 2 filières, mais le Val d'Argent se refuse à n'être plus qu'une voie de passage entre l'Alsace et les Vosges et joue désormais la carte – gagnante – du tourisme vert.

SAINTE-MARIE-AUX-MINES *(68160 ; 5 290 hab.)*

Lovée au creux du Val d'Argent, Sainte-Marie-aux-Mines demeure la ville emblématique du développement minier puis textile du Val d'Argent, et compte parmi les petites cités de caractère du massif vosgien. Paisible, elle porte les traces architecturales d'un passé industriel prospère – autour de ses vieilles maisons et de plusieurs mines désaffectées à explorer – et s'impose comme la 1re commune forestière du Sud (Haut-Rhin).

Adresses et info utiles

Office de tourisme du Val d'Argent : *pl. du Prensureux. ☎ 03-89-58-80-50. • valdargent-tourisme.fr • Lun-sam 9h-12h, 14h-18h (17h oct-mars), plus dim et j. fériés 10h-13h juin-sept.* Plan de la ville, magazine du Val d'Argent et guide de l'hébergement, infos loisirs verts (randonnées à pied, à VTT, à cheval...) et sentiers de la Grande Guerre, vente de topoguides VTT et de cartes IGN, liste des fermes et des artisans, agenda culturel, boutique de minéraux... Propose un livret (1,60 €) de visites à thème (les mines, patrimoine historique, religieux...) dans la ville et ses environs. Accueil sympa et pro.

Arrêt des bus-TER : *devant le 114, rue de-Lattre-de-Tassigny (mairie). ☎ 36-35 (0,40 €/mn). • sncf.com •* Nombreux bus tlj sauf dim sur la ligne ***Sélestat/Saint-Dié-des-Vosges.***

ASEPAM : *L'Aventure des Mines, 5, rue Kroeber-Imlin. Infos et résas : ☎ 03-89-58-62-11. • asepam.org •* C'est le siège de l'association en charge des visites des anciennes mines de Saint-Louis-Eisenthür, Saint-Barthélemy et Gabe Gottes. À l'accueil, une petite expo permanente gratuite présente des collections de minéraux, ainsi que des objets archéologiques découverts lors des fouilles d'une cité minière du XVIe s.

– ***Marché :*** *sam mat, pl. des Tisserands.*

Où dormir ? Où manger en ville et dans les environs ?

De bon marché à prix moyens

Hôtel-wistub Aux Mines d'Argent : *8, rue du Dr-Weisgerber. ☎ 03-89-58-55-75. • wistubwillmann@orange.fr • Dans le centre de Sainte-Marie, à 5 mn de l'office de tourisme. Double 68 € ; familiale. Menu déj 12 € ; plats env 14-18 € ; carte env 25 €.* Jolie maison du XVIe s aux chambres pittoresques, avec poutres apparentes, petits vitraux aux fenêtres, et tissus alsaciens rougeoyants. Simple et sans prétention. Même chose côté cuisine, du traditionnel honorable, entre *baeckeoffe,* poisson, et gibier en saison ; à dévorer dans une salle traditionnelle ou en terrasse. Une adresse authentique et efficace où l'on est bien reçu.

Auberge La Calèche : *2 A, lieu-dit Bourgonde. ☎ 03-89-58-73-92. • sebastien.didierjean@gmail.com • À env 2 km en direction du col de Ribeauvillé. Tlj sauf lun-mar. Formule déj en sem 15 € ; plats 10-28 €.* Ce qui plaît dans cette auberge rustique isolée, c'est d'abord le cadre. En terrasse, on profite d'une vue superbe sur les montagnes et les forêts. Impeccable pour une pause tranquille et sans chichis, autour d'une bonne cuisine régionale maison, servie avec gentillesse. Le menu du midi est impeccable pour l'étape.

Ferme-auberge Chalet Pierre : *10, côte Échery. ☎ 03-89-58-55-26. À 7 km du centre de Sainte-Marie par la D 459 direction col de Sainte-Marie-aux-Mines, puis côte d'Échery. De mi-mars à mi-nov, jeu-dim, midi et soir, sur résa. Menus env 18-23 €.* Perchée à 700 m d'altitude, sur un coteau enrobé de forêts et de pâturages, cette ferme élève porcs et bovins pour leur viande. Dans l'assiette : charcuterie maison et cuisine familiale traditionnelle, simple et goûteuse. On se régale, et la vue plongeante sur la vallée verte est superbe ! Propose également quelques chambres fonctionnelles.

Plus chic

L'Atelier de Guillaume : *1, lieu-dit Sur-les-Prés. ☎ 03-89-22-37-08. • atelierdeguillaume@orange.fr • Ouv le midi en sem. Formule déj 22 € ; carte 45 €. Café offert sur présentation de ce guide.* Guillaume aime son métier. Cela se ressent dans la passion qu'il met à réaliser chaque jour une cuisine de marché généreuse et soignée, à base d'ingrédients locaux triés sur le volet. Du bon, du beau, servi dans un cadre de bistrot rétro-contemporain.

– Voir aussi plus loin les adresses sur la route du col des Bagenelles et du Bonhomme.

À voir. À faire

➢ De l'époque des mines, Sainte-Marie a hérité de quelques maisons Renaissance ; de celle du textile, des villas bourgeoises et des équipements urbains surprenants dans ce genre de petite ville. Pour la visite à pied, mieux vaut se procurer à l'office de tourisme la brochure ***Circuit historique,*** qui va plus loin dans les détails. Il propose également d'autres brochures (églises, chapelles et calvaires du Val d'Argent, sentier botanique et minier, circuit minier, etc.), très bien conçues.

Le centre historique : quelques vieilles maisons de mineurs bien conservées, dont certaines du XVIe s. Dans la ***rue Reber,*** une porte Renaissance au no 38, la résidence du juge des mines au no 19. ***Place Keufer,*** jeter un coup d'œil à l'ancien *hôtel de ville* (aujourd'hui une pharmacie) et, ***place de la Fleur,*** à une ancienne maison d'officier des mines avec tourelle. ***Rue du***

Docteur-Weisgerber, voir au n° 38 la maison de 1596 qui abrite l'*Hôtel-wistub Aux Mines d'Argent,* dont les plafonds et les encadrements de portes et fenêtres sont d'origine.
La ville compte également plusieurs ***églises*** et un ***temple réformé,*** l'un des rares édifices protestants ayant survécu aux démolitions ordonnées lors de la révocation de l'édit de Nantes en 1685... Sainte-Marie-aux-Mines fut d'ailleurs un véritable patchwork religieux au XVIIe s : le mouvement amish est né ici !
Enfin, ne pas rater le ***théâtre municipal*** *(rue Osmont),* dont la taille et la déco intérieure témoignent de la prospérité de la ville au début du XXe s, tout comme la ***villa Landmann*** *(angle des rues de-Lattre-de-Tassigny et Narbey),* ancienne propriété d'un industriel du textile...
Et pourquoi ne pas aller « faire un plouf » à la ***piscine municipale*** *(4, rue Osmont ; ☎ 03-89-58-33-80),* 1re piscine chauffée d'Alsace, construite en 1903 et conservée *in style* ? Une vraie curiosité ! Elle servit d'ailleurs de prototype pour celle de Strasbourg.

Le CIAP : *5, rue Kroeber-Imlin. ☎ 03-89-73-84-17. • patrimoine.valdargent.com • L'été, ouv lun-jeu 14h-18h ; hors saison, se renseigner. GRATUIT.* Le *CIAP* (ou Centre d'interprétation de l'architecture du patrimoine en v.f. !), occupe le 1er étage d'une ancienne usine textile. L'exposition est divisée en plusieurs petits îlots thématiques, bien pensés et interactifs. Entre la grande carte en relief, les vidéos, les témoignages audio et les panneaux à soulever, on peut passer un bon moment à explorer les paysages et retracer l'histoire de la vallée. Bien sûr, on évoque tour à tour les mines, l'industrie, ou l'architecture spécifique de l'habitat, mais on aborde aussi des sujets méconnus, comme le mouvement religieux amish, qui s'est développé ici avant de migrer aux États-Unis, et à qui l'on doit la technique du patchwork. On comprend mieux pourquoi la vallée organise chaque année un rassemblement international autour de cet artisanat !

La mine d'argent Saint-Louis-Eisenthür : *dans les environs de Sainte-Marie. Infos et résas auprès de l'ASEPAM (voir « Adresses et info utiles »). Tte l'année. Visite guidée (3h, dont 1h sous terre !) : 12 € ; réduc ; ciré, bottes et casque avec éclairage fournis. Prévoir aussi de bonnes chaussures (bonne marche d'approche), un pantalon qui ne craint rien et un pull bien chaud (il fait 8-10 °C sous terre).* Vieille mine d'argent du XVIe s, inscrite aux Monuments historiques depuis 1994, l'une des plus importantes qu'ait connues la ville ; accessible au terme d'une marche en forêt le long du sentier minier du Neuenberg (45 mn et quelques passages assez raides), au cours de laquelle on croise des vestiges miniers de surface... Bref, un parfum d'aventure !

L'ancienne mine d'argent Saint-Barthélemy : *rue Saint-Louis. Infos et résas auprès de l'ASEPAM (voir « Adresses et info utiles »). En plein centre-ville. Tte l'année. Visite guidée (45 mn) accessible à ts : 8 € ; réduc ; équipement fourni mais prévoir des vêtements chauds.* Exploration d'une partie de la galerie de cette ancienne mine d'argent datant de 1522. Le parcours, aménagé, permet de mieux comprendre le labeur des mineurs : depuis les charpentiers qui étayaient les galeries jusqu'aux trieurs, concasseurs et autres « tireurs d'eau ».

L'ancienne mine Gabe Gottes : *dans les environs de Sainte-Marie. Infos et résas auprès de l'ASEPAM (voir « Adresses et info utiles »). Ouv juil-août seulement. Visite guidée (1h30) : 9 € ; réduc ; équipement fourni (prévoir des vêtements chauds).* Exploitée dès le XVIe s pour ses filons d'argent, puis d'arsenic dès les années 1930, cette mine demeure la dernière à avoir fermé ses portes, en 1940. Exploration d'une galerie de 200 m de long.

➢ ***Visites découverte du patrimoine et visites contées :*** le service « Pays d'art et d'histoire » organise toute l'année des visites découverte du patrimoine, à dates fixes ou sur résa. En été et aux Journées européennes du patrimoine, des visites guidées théâtralisées sont également proposées gratuitement.

➢ ***Randonnées pédestres :*** divers circuits de découverte du patrimoine sont proposés à l'office de tourisme au format numérique.

Circuits VTT : 320 km, soit 18 circuits balisés détaillés dans un topoguide en vente à l'office de tourisme.

Manifestations

– ***Mode & Tissus :*** *4 j. mi-mars et 4 j. mi-oct. Infos : ☎ 03-89-73-53-52. • modetissus.fr* • Festival des artisans du textile et des créateurs de mode. Encore une occasion pour la vallée de Sainte-Marie de renouer avec son histoire ! La plus grande vente de tissus au mètre du Grand Est de la France. Si vous avez des talents d'aiguille, on y trouve des tissus haut de gamme à prix usine. Défilés de mode plusieurs fois par jour.
– ***Minéral et Gem :*** *4 j. fin juin. Infos : ☎ 03-89-73-53-52. • sainte-marie-mineral.com* • Avec près de 1 000 exposants venant de plus de 60 pays, c'est toujours la plus importante manifestation du genre au monde avec celle de Tucson, en Arizona, et celle de Munich, en Allemagne ; et cela depuis plus de 50 ans. Les 2 premiers jours (jeudi et vendredi) sont réservés aux professionnels, tandis que les suivants sont ouverts au grand public (ateliers, expos, rencontres). Pour celui qui aime les roches rares, les minéraux, sans oublier les bijoux, c'est un rendez-vous incontournable !
– ***Carrefour européen du patchwork :*** *mi-sept, pdt 4 j., dans tte la vallée (navettes gratuites d'un site à l'autre). Infos : ☎ 03-89-73-53-52. • patchwork-europe.eu* • Encore une manifestation liée au passé de Sainte-Marie. C'est, avec la présence de toutes les « quilteuses » européennes du patchwork (environ 100 exposants), le plus grand marché européen entièrement consacré à ce qu'il faut appeler... un art ! Expos, cours, conférences, vente, défilés de mode, etc.

LA VALLÉE DE SAINTE-MARIE

Géographiquement, la vallée de Sainte-Marie-aux-Mines a toujours été une voie de passage entre la plaine d'Alsace et les Vosges. Mais ce fut également une frontière linguistique, marquée par la Lièpvrette, cette petite rivière qui traverse la ville. La rive droite était autrefois germanophone et protestante, tandis que la rive gauche s'affichait francophone et catholique.

Où dormir ? Où manger ?

Camping

Camping du Haut-Kœnigsbourg : *route de la Vancelle, à* ***Lièpvre.*** *☎ 03-89-58-43-20. • contact@camping-hautkoenigsbourg.com • camping-hautkoenigsbourg.com • À 9 km au nord-est de Sainte-Marie par la N 59. Avr-oct. Forfait pour 2 env 11,50 € ; chalets (min 2 nuits).* Du nom du célèbre château situé à quelques kilomètres de là, un plaisant camping très bien entretenu et calme, planté dans la verdure, à la limite d'un quartier résidentiel tranquille. Emplacements engazonnés, bien séparés et ombragés, sanitaires nickel, ping-pong et baby-foot. Idéal pour sillonner les environs. Accueil souriant et efficace.

Prix moyens

Auberge du Sobach : *40, lieu-dit Sobache, à* ***Sainte-Croix-aux-Mines.*** *☎ 03-89-58-83-01. • will@auberge-sobache.com • auberge-sobache.info •*

À 3 km à l'est de Sainte-Marie par la N 59 ; puis à 1,5 km du centre de Sainte-Croix, en pleine campagne (panneaux). Resto tlj sauf mar-mer. Double 62 € (min 2 nuits en principe). Carte 30-35 €. En pleine nature, au bout d'un chemin pentu qui file entre forêt et prairies, 5 chambres à l'ancienne, dont certaines avec jolie vue sur le val d'Argent. Simple, mais suffisant pour l'étape et idéal pour se reposer. Le resto est aussi impeccable entre 2 visites des mines ou de la scierie. La palette fumée au munster et les tartes flambées laissent d'excellents souvenirs aux papilles ! À dévorer dans une salle décorée de bois et fleurie ou en terrasse aux beaux jours, avec vue panoramique superbe sur la campagne. Accueil très sympa.

À voir

*** ***La scierie-musée Vincent :*** *2 B, rue Maurice-Burrus, à* ***Sainte-Croix-aux-Mines.*** *☎ 03-89-58-78-18. • scieriemuseevincent.com • ♿ Visite guidée tlj, tte l'année (sur résa préalable). Entrée : 7 € ; réduc ; gratuit moins de 6 ans.* Cette ancienne scierie restée en l'état depuis sa fermeture perpétue le souvenir d'une activité naguère florissante dans le coin. La visite est absolument passionnante ! On succombe à la beauté de ces incroyables installations (inscrites aux Monuments nationaux), pour se laisser porter par la passion du proprio des lieux, digne héritier de cette entreprise dans la même famille depuis 1860. Il est intarissable, et vous ne verrez pas le temps passer ! C'est la 3e génération de machines (17 sont classées) et toutes sont encore en parfait état de marche, dont une énorme machine à vapeur de 1893 à l'étage inférieur – c'est la plus vieille d'Alsace dans sa catégorie. Voir également un impressionnant arbre de transmission de 35 m, entraînant pas moins de 30 poulies. Visite touchante et instructive, émaillée d'anecdotes savoureuses qui sentent le vécu. Pour mieux comprendre ce qu'était le travail de scieur de long.

AUBURE *(68150 ; 360 hab.)*

* Perché à 800 m d'altitude, c'est le village le plus haut d'Alsace. Au XIVe s, il s'appelait Alt Wihr (« haut village »). Détruit au XVIIe s, Aubure n'a pas un intérêt architectural primordial. Mais la nature alentour invite à la balade été comme hiver.
– Infos et plan à l'office de tourisme du pays de Ribeauvillé et Riquewihr *(☎ 03-89-73-23-23 ; • ribeauville-riquewihr.com •).*

À faire

➢ ***Une belle randonnée :*** compter environ 5h (4h30 plus 45 mn pour le Bilstein). Ambiance forêt romantique de sapins et d'épicéas. Il s'agit d'une randonnée de moyenne montagne, sans difficulté particulière, à faire de préférence au printemps ou à l'automne. Ne pas partir sans la carte *IGN/Club vosgien,* très bien faite et indispensable.
Bon, d'abord il faut monter au col de Fréland (1 km). Y laisser sa voiture. Là, prendre le sentier marqué d'un rectangle blanc barré de rouge qui mène au lieu-dit Ursprung (petit hameau), puis suivre une petite route de montagne (balisée par un disque jaune) goudronnée sur 1 km. On arrive au restaurant *Saint-Alexis (☎ 03-89-73-90-38),* ancienne maison forestière attenante à une chapelle où vous pourrez avaler un repas reconstituant. Si l'on sonne la cloche, dit-on, on se marie à coup sûr dans l'année... Du Fréland au *Saint-Alexis* : compter 2h de marche.
Repartir sur le chemin forestier (balisé d'une croix bleue), le suivre jusqu'au carrefour du « Sapin-Français », marqué d'une petite cocarde ! Là, on a le choix entre un retour direct via le Kœnigstuhl (940 m) ou un petit détour par les ruines du Bilstein

(Moyen Âge), d'où l'on aime la vue superbe sur le massif du Taennchel. Retrouvant le GR 5 par la roche du Tétras, on rejoint Aubure (balise : rectangle rouge) par un chemin forestier. D'Aubure au col de Fréland, emprunter une petite route bitumée (à peine 1 km). L'une de nos randonnées pédestres préférées dans le nord du... Sud (Haut-Rhin).

LA ROUTE DES COLS DES BAGENELLES ET DU BONHOMME

Où dormir ? Où manger ?

Prix moyens

Auberge de la Canardière : *29, la Petite-Lièpvre,* ***Sainte-Marie-aux-Mines.*** *☎ 03-89-58-76-13. • contact@auberge-de-la-canardiere.fr • auberge-de-la-canardiere.fr • (resto seulement). À 7 km au sud-ouest de Sainte-Marie, au bord de la route. Resto fermé jeu (ouv seulement ven-dim hors saison). Double 50 €. Menus 11,50-22 € ; carte env 15-20 €.* Une petite auberge rustique isolée sur la route de montagne, entourée de bois et de prairies. En tout, 5 chambres simples, pratiques et propres. Côté fourneaux, excellente cuisine traditionnelle – copieuse et servie à prix doux – mijotant évidemment du canard, en foie gras, magret fumé, confit... On peut aussi se contenter d'une bonne omelette paysanne. Une bonne adresse.

Auberge Les Bagenelles : *15, la Petite-Lièpvre,* ***Sainte-Marie-aux-Mines.*** *☎ 03-89-58-70-77. • info@bagenelles.com • bagenelles.com • À 5 km au sud-ouest de Sainte-Marie. Resto tlj sauf lun-mar (tlj mai-sept). Doubles 124-140 €. Menus à partir de 25 € ; carte env 20 € ; buffet dim midi à partir de 24 €.* En retrait de la route, ce grand bâtiment respectant l'architecture traditionnelle comprend des parties communes élégantes et une douzaine de chambres plutôt petites, mais très joliment aménagées dans un esprit déco, et parfaitement tenues. Sur place, l'une des bonnes tables du Val d'Argent. Spécialités alsaciennes, viandes savoureuses, cuisses de grenouilles à la provençale et fondue savoyarde *(nov-mars)*, à déguster sur une agréable terrasse aux beaux jours. Une bonne affaire à tous points de vue.

Ferme-auberge Graine Johé : *35, Graine Johé, col des Bagenelles, au* ***Bonhomme.*** *☎ 03-89-47-51-55. • emiddj68@gmail.com • Accès derrière le parking du col. Tlj sauf mar 12h-18h. Congés : de mi-nov à mi-déc. Plats 6-12 €.* Ces éleveurs de vaches à lait proposent munster, tomme de montagne, yaourts et flans... Autant de délicieux produits qu'on retrouve à leur carte, qui fait la part belle aux recettes fromagères gratinées, mais aussi aux tourtes vosgiennes ou à une omelette paysanne toute simple. À dévorer dans une salle décorée de bois sans prétention, mais qui profite d'une vue panoramique géniale. Accueil gentil et souriant.

Achats

Savonnerie artisanale Argasol : *41, rue Untergrombach, lieu-dit Échery, à* ***Sainte-Marie-aux-Mines.*** *☎ 03-89-58-83-43. • argasol.fr • À 3 km au sud-ouest de Sainte-Marie. Lun-ven 8h-17h.* À la fin du XIXe s, ce bâtiment abritait des métiers à tisser, avant de devenir une église en 1930, puis une savonnerie bio en 2014. L'atelier et ses piles de savons artisanaux (plus de 20 sortes) occupent désormais la nef, où les vitraux, la tribune et même le chemin de croix sont toujours en place : ça vaut le coup d'œil. Accueil gentil, avec explications du procédé de fabrication en prime.

À voir. À faire

Le musée de l'École : *48, rue Untergrombach, lieu-dit Échery, à* ***Sainte-Marie-aux-Mines.*** *06-47-39-69-23. • shvl.fr • À 3 km au sud-ouest de Sainte-Marie. Visite seulement sur rdv. Entrée : 2 € ; réduc.* Au 1er étage d'une ancienne école, ce petit musée créé à l'initiative d'un ancien instituteur plonge les visiteurs dans l'histoire de l'enseignement en Alsace, très spécifique en raison des changements (multiples) de frontières. Une salle renferme de nombreux documents d'archives, une autre reconstitue une classe primaire des années 1930, avec pupitres, tableaux noirs, vieilles cartes aux murs et le poêle à bois en bonne place...

Saint-Pierre-sur-l'Hâte : *à 4,5 km au sud-ouest de Sainte-Marie (fléché depuis Échery).* Clé de l'église disponible à l'office de tourisme. Un adorable hameau juché sur un promontoire, qui semble surveiller le bucolique vallon du Rauenthal. Mignonne église du XVIe s placée sous le régime du *simultaneum* depuis 1685 : la nef pour les protestants, le chœur aux catholiques. On n'y célèbre en fait plus guère d'offices religieux, mais les concerts de musique classique aux chandelles ont une grande renommée.

Le parc minier Tellure : *lieu-dit Tellure, la Petite-Lièpvre, à* ***Sainte-Marie-aux-Mines.*** *☎ 03-89-49-98-30. • tellure.fr • De fin mars à mi-nov, tlj sauf lun 10h-18h (tlj jusqu'à 19h juil-août). Entrée : 12,50 € ; enfant 9,50 € ; gratuit moins de 5 ans ; audioguide compris. Visites spéléo (1h30-6h) 25-55 € ; via ferrata 32-70 €. Escape game.* C'est la grosse attraction du Val d'Argent. Exploitée pendant près de 400 ans, la mine d'argent Tellure déploie son immense réseau de galeries dans les entrailles du massif des Vosges. C'est même le plus important de la région ! Mais avant de plonger sous terre, les visiteurs découvrent en guise d'introduction un ***espace muséographique*** original. Il s'agit d'un parcours scénarisé sur les traces d'un orfèvre italien venu s'installer ici au XVIe s. Ses aventures sont autant de prétextes pour aborder toutes les facettes de l'univers de la mine, présentées au gré de petites scènes reconstituées, de kiosques thématiques, de films (dont un à 360°) et d'un spectacle de théâtre. Très ludique ! Puis on passe aux choses sérieuses. Casque vissé sur la tête, on suit le guide dans un ***dédale de boyaux*** dont la dimension et les techniques de taille indiquent leur ancienneté. Plus c'est étroit, plus c'est vieux !
Enfin, le site sert de cadre à différentes activités : ***escape game,*** pour partir à la recherche d'un trésor *(min 10 ans),* ***spéléo*** *(min 8 ans),* en initiation ou pour les confirmés, et même une incroyable ***via ferrata.*** C'est d'ailleurs la seule au monde du genre ! Frissons garantis pour ceux qui tenteront le coup de la tyrolienne quasiment dans le noir, à peine éclairés par une malheureuse lampe frontale. Restauration et boutique.

La station de ski des Bagenelles *(900-1 125 m)* **:** ***col des Bagenelles.*** *Infos à l'office de tourisme du Val d'Argent : ☎ 03-89-58-80-50. Station ouv uniquement le w-e en saison (9h-17h).* Petite station familiale proposant de belles boucles de ski de fond et de ski nordique. Et puis quelques téléskis et pistes de ski alpin. Possibilité de sortie à raquettes avec *Montagne Passion Itinérance (☎ 03-89-58-56-40).*

LE VAL D'ORBEY ET LE PAYS WELCHE

Ce n'est plus la douceur latine du vignoble, et pas encore l'austérité venteuse de la route des Crêtes : le val d'Orbey est une microrégion à part, formée par une succession de moyennes montagnes. Des paysages de chaumes,

de pâturages, de forêts, à l'habitat particulièrement dispersé, forment ce « canton vert » où l'on n'a jamais parlé le dialecte alsacien. Bienvenue donc au Pays welche qui, pour son parler d'origine romane (et non germanique), se sent plus proche du monde des montagnes vosgiennes de « l'intérieur » que de l'Alsace, à laquelle il appartient quand même. D'ailleurs, les noms des villages et des lieux-dits le prouvent assez clairement : Fréland, Labaroche, Lapoutroie, Le Bonhomme, Orbey ; autant de noms aux résonances bien françaises. Le tout ramassé dans un territoire grand comme un mouchoir de poche.

Pendant longtemps, ce canton enclavé dans les monts fut considéré comme étranger, au moins de culture ; d'ailleurs « pays welche » ne signifie-t-il pas « pays des étrangers de l'Ouest » ? Désormais inclus dans la « vallée de Kaysersberg », il offre un beau terrain de découverte aux amateurs de randonnée à pied, VTT ou ski de fond.

– Infos à l'office de tourisme de la vallée de Kaysersberg ; bureaux à Orbey et Kaysersberg, ainsi qu'au point d'accueil au lac Blanc pendant les saisons estivale et hivernale *(☎ 03-89-78-22-78 ; • kaysersberg.com •).*

UNE HISTOIRE WELCHE

Un pays « welche » qui rime avec « belche » ou « belge » selon l'accent. Le parallèle entre le dialecte local et le wallon est indéniable. La sémantique le prouve, et les Wallons en visite dans la région peuvent comprendre les anciens qui le pratiquent encore. Pas étonnant, ils proviennent tous de la même tribu ancestrale dont certains membres se sont arrêtés en chemin, avant d'arriver en Belgique francophone (Wallonie).

LE BONHOMME (68650 ; 810 hab.)

À 6 km à l'est du col du Bonhomme. C'est le 1er gros village montagnard que l'on rencontre en redescendant vers la plaine d'Alsace. Plein de petits ruisseaux dévalent des monts environnants avant de former la Béhine, qui traverse Le Bonhomme avec le grondement sourd d'un torrent. En été, l'endroit est un bon point de départ pour les randonnées pédestres. Et en hiver, les skieurs de fond s'en donnent à cœur joie. Le village a été presque totalement détruit pendant la guerre de 1914-1918, puis reconstruit, d'où cet air un peu austère de prime abord.

Où dormir ? Où manger ?

Hôtel de la Poste : *76, rue du 3e-Spahi-Algérien. ☎ 03-89-47-51-10. • contact@hotel-la-poste.com • hotel-la-poste.com • ♿ Au centre du bourg, sur la route du col du Bonhomme. Resto tlj sauf mar midi. Doubles 72-160 € ; petit déj 10 €. Formule et menu déj en sem 11,50-15 € ; menus 26-55 €. Parking.* Une bonne auberge de village aux chambres fonctionnelles et soignées, plutôt agréables et parfois mansardées. Celles qui donnent à l'arrière profitent de la vue sur le jardin et la rivière ; les plus économiques – moins calmes – sont côté route. Mais si vous êtes en fonds, optez pour la catégorie *Nature* : ces belles et vastes chambres modernes disposent toutes d'une terrasse et sont regroupées dans un bâtiment contemporain au fond du parc. Très tranquille et relaxant. Pour compléter la détente, piscine chauffée couverte, jacuzzi et sauna en rondin des Vosges. Côté resto, cuisine régionale bien maîtrisée, à base de bons produits locaux de saison et servie en terrasse dès que le soleil est de la partie. Accueil aimable.

Vecchia Roma : *à l'hôtel* La Tête des Faux, *102, rue du 3e-Spahi-Algérien. ☎ 03-89-47-51-11. Tlj sauf mer, sam midi et dim soir. Menus*

18-25 € ; carte env 25-30 €. Comme une brèche dans la gastronomie locale, ce VRAI resto italien propose de savoureuses spécialités de la Grande Botte, avec quelques plats plus typiquement romains, terroir d'origine du patron. On peut aussi se contenter d'une pizza, ou rester dans la tradition locale en piochant parmi les choucroutes et autres jambonneaux. Propose aussi des chambres. Accueil très sympa.

LAPOUTROIE *(68650 ; 1 920 hab.)*

À 5 km en contrebas du bourg du Bonhomme. Encore un village typiquement montagnard avec ses hameaux satellites.

Où dormir ? Où manger ?

De prix moyens à beaucoup plus chic

Hôtel Les Alisiers : *5, lieu-dit Faudé. ☎ 03-89-47-52-82. • hotel@alisiers.com • alisiers.com • À 3 km du village (panneau). Établissement fermé lun-mar oct-mars. Sinon, resto seulement fermé mar soir. Congés : 1 sem en janv, 2 sem fin fév-début mars, 1 sem en août et 1 sem en oct. Doubles env 70-180 € ; petit déj 16 €. Menu unique 42 € (45 € dim).* Nichée en pleine nature à 700 m d'altitude, cette ancienne ferme s'est métamorphosée en hôtel de charme. C'est désormais la nouvelle génération qui tient la barre. Chambres tout confort, décorées avec talent dans un style montagnard-chic très réussi. Vue panoramique sur la vallée et les crêtes des Vosges pour certaines. Chaleureux salon où la cheminée crépite en hiver. Au resto, succulente cuisine qui marie tradition et créativité, exclusivement mitonnée avec les légumes bio de leur potager et des produits frais de la région. Accueil charmant et pro. On adore !

Hôtel du Faudé : *28, rue du Général-Dufieux. ☎ 03-89-47-50-35. • info@faude.com • faude.com • Doubles 98-118 € ; petit déj 13 € ; ½ pens possible. Formule déj en sem 12 € ; menus 22-35 €. Apéritif maison offert sur présentation de ce guide.* Au cœur du village, cet hôtel de tradition à l'ambiance familiale propose des chambres confortables aux couleurs pastel, dispatchées dans le bâtiment principal et une annexe à l'arrière, bien en retrait de la rue. L'ensemble est vieillissant, mais les chambres qui ont été rénovées sont agréables. Piscine couverte pas toute jeune non plus, hammam, sauna, salle de remise en forme, solarium... Et côté fourneaux, une bonne cuisine de terroir un brin revisitée. Le gros plus, c'est l'accueil aux petits soins.

À voir. Achats

La fromagerie Haxaire : *333 A, la Croix-d'Orbey. ☎ 03-89-47-50-50. Tlj sauf dim et j. fériés 9h30-12h, 14h-18h.* La famille Haxaire a la passion des munsters et favorise la diversité en ne mélangeant pas le lait des producteurs qui travaillent avec elle ; résultat, un assortiment de fromages différents. Elle ne dédaigne pas non plus le volet pédagogique car on découvre les différentes étapes de la production à travers des vitres puis avec un petit film.

Le musée des Eaux-de-Vie et la Brasserie du Pays Welche : *85, rue du Général-Dufieux. ☎ 03-89-47-50-26. • musee-eaux-de-vie.com • Tte l'année sauf 25 déc, tlj 9h-12h, 14h-18h. GRATUIT (visite libre).* Établi dans les écuries d'un ancien relais de poste du XVIIIe s, ce petit musée abrite une collection unique de 300 liqueurs datant de 1950, 8 000 mignonnettes et une foule d'objets liés à la fabrication à l'ancienne des eaux-de-vie : alambics, pressoirs, moules à bouteilles, bouchonneuses. Amusante série de carafes publicitaires de bistrot et de becs verseurs. On peut aussi déguster (et acheter) les nombreuses productions artisanales de la maison, dont la fameuse absinthe, remise récemment au goût du jour, des bières (la microbrasserie, juste en face, se visite sur résa) et même un whisky ! Accueil plein d'humour.

La distillerie G. Miclo : *311, lieu-dit Gayire. ☎ 03-89-47-50-16. • distillerie-miclo.com • Sur la N 415, direction col du Bonhomme, sur la droite. Magasin tlj 9h-12h, 14h-18h. Visites guidées gratuites avr-oct, lun-ven à 16h30 (résa obligatoire en août).* Visite d'une distillerie artisanale accompagnée d'un guide pour tout savoir sur les techniques de fabrication, des origines à aujourd'hui. Découverte de la salle des alambics, des chais de vieillissement, du petit jardin didactique où poussent un échantillonnage de fruits, baies et autres plantes distillées sur place ; avant de visionner un film et de passer par la traditionnelle dégustation-vente.

ORBEY (68370 ; 3 650 hab.)

Le plus gros village du canton. Le cœur du val d'Orbey, également appelé : haute vallée de la Weiss. Orbey se niche dans une vaste cuvette verdoyante entourée de montagnes. Les pâturages occupent les 2/3 des versants tandis que les forêts, mélange de feuillus et de conifères, se chargent du reste...

Adresses et infos utiles

Office de tourisme de la vallée de Kaysersberg : *48, rue Charles-de-Gaulle (mairie). ☎ 03-89-78-22-78. • kaysersberg.com • lac-blanc.com • liesel.alsace • Juil-août, lun-sam 9h-12h, 14h-18h ; sept-juin, lun-sam 10h-12h, 15h-17h (seulement lun, mer et ven pdt vac scol).* Une foule d'infos sur les villages de la vallée (Kientzheim, Kaysersberg, Lapoutroie, Le Bonhomme, la station du lac Blanc...), la route des Vins (organise des dégustations thématiques : « La parenthèse vigneronne » • *parenthese-vigneronne.com* •), les loisirs verts (VTT, cyclotourisme, randonnée pédestre, ski, raquettes, escalade, etc.), agenda culturel...

Arrêt des bus : *devant le 46, rue Charles-de-Gaulle (mairie). • fluo.eu •* Plusieurs liaisons/j. sauf dim avec Lapoutroie, Le Bonhomme, Fréland, Kaysersberg, Kientzheim, Katzenthal, Ingersheim et Colmar.

– **Marché :** *mer mat, pl. du Marché.*
– **Marché des saveurs d'en haut :** *juil-août, mer soir.*

Où dormir ? Où manger à Orbey et dans les environs ?

Camping

Camping Lefébure : *rue Lefébure, à Orbey. ☎ 03-89-71-37-42. 06-83-98-15-52. • jeanmichel miclo@gmail.com • camping-orbey.com • Dans le bas d'Orbey, prendre la ruelle sinueuse et pentue en face de l'Intermarché (env 15 mn à pied). Camping mai-fin sept ; chalets tte l'année. Compter 11,60 € pour 2 avec tente et voiture ; chalets. 70 empl.* Agréable camping municipal en bordure de forêt, aux emplacements herbeux bien ombragés. Sanitaires nickel. Également de beaux chalets bien équipés. Machine à laver, vente de produits du terroir et de pain frais (tous les jours en été). Jeux pour enfants, pétanque, ping-pong, tennis... Sans oublier les randonnées vers les lacs Blanc et Noir. Accueil disponible et compétent.

De bon marché à chic

Chambres d'hôtes et gîtes Le Hambout : *103, Le Hambout, à **Orbey-Tannach.** ☎ 03-89-71-27-24. • contact@le-hambout.com • le-hambout.com • Fermé janv-Pâques. Doubles 60-85 € selon durée séjour ; apparts (2-5 pers) 340-370 €/sem.* Adossée à la montagne face à la vallée d'Orbey, cette fermette du XVIIIe s renferme dans l'ancien grenier 2 chambres d'hôtes agréables. Déco montagnarde discrète et salles de bains modernes. Juste au-dessous, pièce commune avec coin cuisine et séjour. Également 2 appartements confortables. Le tout dans un cadre tranquille et superbe ! Bon accueil.

Hôtel Aux Bruyères : *35, rue Charles-de-Gaulle, à Orbey. ☎ 03-89-71-20-36. • info@auxbruyeres.com • auxbruyeres.com • Resto fermé le midi mer-jeu, plus le midi lun-mar hors saison. Fermé de début janv à mi-fév, en mars et fin oct-fin nov. Doubles 60-99 € ; familiales. Menus 14-32 € ; carte env 30 €. Parking.* Dans la rue principale d'Orbey, cet hôtel familial tranquille est entre les mains de la nouvelle génération. Chambres bien entretenues, fonctionnelles et de bon confort, et même un sauna. Les plus chères donnent sur le paisible jardin à l'arrière ; les autres ont un petit balcon sur rue. En cuisine, Laurent Beaulieu assure une bonne cuisine traditionnelle de saison, saine et copieuse, servie par madame dans la salle à manger au cadre classique, ou sur la terrasse fleurie à l'arrière. Gros plus, le chef étant aussi un passionné d'histoire, il a installé des vitrines pleines de trouvailles dans les couloirs, et est considéré comme un spécialiste dans la région. Demandez absolument conseil avant de partir en balade ! Une bonne adresse en tous points.

De prix moyens à plus chic

Chambres d'hôtes Les Écrins : *13, rue Charles-de-Gaulle, à Orbey. 07-82-30-84-19. • sebastien@chambres-les-ecrins.fr • chambres-les-ecrins.fr • Doubles 105-135 €. Parking.* Cette belle maison de maître de la fin du XIXe s s'est offert un sacré lifting sous la houlette de Patrick et de Sébastien : parties communes cosy et chambres thématiques soignées, toutes aménagées avec beaucoup d'imagination dans un esprit tendance et déco (l'industrielle conviendra aux amoureux avec sa salle de bains ouverte !). Avec son poêle à bois réconfortant, son jacuzzi sur la terrasse et les petits déj gourmands, c'est un vrai cocon où l'on se sent accueilli comme des amis.

Hôtel La Rochette : *500, lieu-dit La Rochette, à **Labaroche.** ☎ 03-89-49-80-40. • info@larochette-hotel.fr • larochette-hotel.fr • Resto tlj sauf lun-mar. Congés : 3 sem en mars et 2 sem en nov. Doubles 95-180 €. Formule déj en sem 19 € ; menus 35-46 €.* Charmant hôtel de campagne engagé dans une démarche écoresponsable, et aménagé avec beaucoup de goût sur une jolie note contemporaine et cosy. Chambres tout confort, les plus chics occupant une dépendance donnant directement sur le spa. Et côté fourneaux, savoureuse cuisine de terroir, dont le foie gras maison et la matelote à l'alsacienne demeurent les vedettes de la carte. À déguster en terrasse aux beaux jours. Accueil pro et sympa. Une belle adresse dont la réputation dépasse largement les limites du village.

Domaine de Basil : *72, la Housserouse, à **Orbey-Tannach.** ☎ 03-89-71-28-15. • domainedebasil@orange.fr • domainedebasil.com • Doubles et suites (4-6 pers) 60-170 € selon taille. Plats 13,50-25 €.* Isolée à flanc de montagne au bout d'une impasse, dans un bel environnement verdoyant, cette bâtisse moderne et ses dépendances abritent une dizaine de chambres et suites mignonnes, spacieuses et tout confort. Certaines avec balcon ou terrasse privée pour profiter de la vue sur le vaste jardin en dénivelée, ses sculptures contemporaines, son plan d'eau et les animaux du domaine. Bon resto sur place proposant des spécialités de terroir traditionnelles, ou à base de gibier. Bon accueil.

À voir. À faire dans les environs

Le musée du Pays welche : *2, rue de la Rochette, à* ***Fréland.*** *Visites guidées (2h) avr-oct, sur résa seulement auprès de l'office de tourisme. Entrée : 6 € ; réduc.* Installé dans une ancienne maison du XVIIe s, ce musée renferme des trésors d'arts et de traditions populaires. La visite doit aussi beaucoup aux guides, des bénévoles passionnants et intarissables sur les us et coutumes welches. Les reconstitutions de la cuisine, de la salle à manger et des chambres permettent d'évoquer le quotidien (mobilier, coiffes...), tandis que d'autres sections s'intéressent aux cultes, à l'épisode des amish et à l'histoire spécifique de la région. Puis une étonnante galerie surplombant la salle de la grange dîmière voisine conduit à l'espace dédié aux métiers, au four à pain et aux alambics. Autant de prétextes pour apprendre de savoureuses anecdotes.

Le Restaurant du Musée : *2, rue de la Rochette. ☎ 03-89-47-24-18. • restaurant.musee@gmail.com • Tlj sauf dim soir, lun et mer soir. Menu déj en sem 22 € ; autres menus 32-46 € ; carte env 50 €.* La salle est superbe, une ancienne grange dîmière où la déco mêle harmonieusement quelques objets rétro aux toiles contemporaines. Mais c'est surtout la cuisine qui vaut le détour, revisitant la tradition avec brio et délicatesse. C'est précis, savoureux et de saison (pas mal de gibier notamment). Service efficace et très sympa.

Juste en face, le resto de l'***Hôtel du Kalblin*** *(48, Grand-Rue ; ☎ 03-89-71-91-44 ; tlj sauf lun-mar ; plats 7-15 €)* est une autre étape possible à prix raisonnables. Très bon accueil.

Les 3 musées « Barlier » : *90, Grand-Rue, à* ***Fréland.*** *☎ 03-89-71-91-28. S'adresser au garage Renault. Visite guidée (2-3h) sur rdv seulement. Entrée : 5 € ; réduc.* M. Barlier est un vrai collectionneur et un passionné de mécanique. Il a regroupé en un même lieu 3 musées : La Vieille Forge (unique en France) qui reconstitue un atelier de forgeron du XIXe s avec ses outils et son impressionnante roue hydraulique qu'on met en marche à chaque visite ; le musée des Automates, dont la réjouissante collection est aussi variée que ludique (plus de 350 jouets animés : carrousels, automates...) ; et La Traversée du siècle, sorte de musée fourre-tout comprenant une ribambelle de vieux objets du quotidien, allant du fusil à la machine à coudre, en passant par un prototype de voiture conçue par M. Barlier *himself* (homologuée, elle a même été primée !)... Chaque objet a son histoire, et nous rappelle que le passé n'est finalement pas si loin !

L'espace des Métiers du bois et du Patrimoine : *395 A, la Place, à* ***Labaroche.*** *☎ 03-89-78-94-18. • musee-bois-labaroche.com • Au centre du bourg. Visite guidée sur résa (1h30-2h) : avr-oct, tlj 9h-12h, 14h-18h. Visite guidée pour les enfants, juil-août, mar et jeu à 10h. Entrée : 8 € ; forfait famille : 18 € ; réduc ; gratuit moins de 6 ans.* Un immense musée associatif consacré aux métiers du bois. Au total, ce sont 2 000 m² sur 3 niveaux qui leur sont dédiés ! Machines à vapeur, outils de toutes sortes et même des jouets évoquent la scierie, l'atelier d'affûtage, la boissellerie, la menuiserie, sans oublier les sections du sabotier, du bûcheron, du charron, ou encore du tonnelier... Les machines en état de marche sont actionnées par des guides passionnés, intarissables d'anecdotes. Super boutique proposant de beaux objets artisanaux en bois.

Le lac Blanc et le lac Noir : *voir plus loin « La route des Crêtes ».*

La station du lac Blanc *(850-1 200 m d'altitude)* **:** avec ses 9 remontées mécaniques desservant 14 pistes, cette station est bien équipée pour le ski alpin, mais aussi pour la pratique du ski *freestyle,* ski nordique, handiski, ski de fond (l'un des plus beaux domaines du Sud), traîneau à chiens, raquettes, luge sur rail 4 saisons (Tricky Track)... Sur place, bureau d'accueil de l'*office de tourisme de la Vallée de Kaysersberg* *(☎ 03-89-78-22-78 ; • lac-blanc.com • ; déc-mars, tlj 9h-12h, 13h-17h ; sinon, le w-e mai-oct et vac scol de printemps, 9h30-12h,*

13h-17h ; juil-août, tlj 9h-12h, 13h-17h), écoles de ski et *snow,* hébergements... La station du lac Blanc est également idéale l'été en famille ou entre amis : belles randonnées pédestres, et des activités sympa comme le *Lac Blanc Parc d'aventures,* le *Sentier Pieds-Nus du Lac Blanc,* ou des parcours familiaux avec énigmes pour découvrir la nature...

Le Lac Blanc Parc d'aventures : *à la station du* ***lac Blanc.*** *☎ 03-89-71-28-72. • lacblancparcdaventures.com • Juil-août (vac scol), tlj 10h-17h ; mai-juin et sept, mer et sam-dim 13h-16h. Résa conseillée. Entrée : adulte 19-23 € ; 15-19 € 11-15 ans ; 14 € 7-10 ans ; 11 € 3-6 ans.* Dans un écrin de verdure, au cœur de la forêt vosgienne. Tous les parcours ne sont pas accessibles à tous (cela dépend de la taille et de l'âge). Un parc d'aventures pour prendre de la hauteur et se faire quelques bonnes sensations sur différents parcours, entre ponts, tyroliennes...

Le Sentier Pieds-Nus du Lac Blanc : *à la station du* ***lac Blanc.*** *☎ 03-89-71-28-72. • sentier-pieds-nus-lac-blanc.com • Juil-août (vac scol), tlj 10h-17h ; mai-juin et sept, mer et sam-dim 13h-16h30. Entrée : 7 € ; 5,50 € 3-16 ans ; forfait famille 20 €.* Très originale, une marche pieds nus de 1,2 km pour éveiller vos sens et retrouver une liberté disparue de la vie moderne, en symbiose avec la nature ; le tout émaillé d'ateliers ludiques, pédagogiques et sensitifs.

Le col du Wettstein *(882 m)* ***:*** à cet endroit, on croise le « sentier de grande randonnée des fermes-auberges à skis de fond », autrement dit l'itinéraire Wettstein – col de la Schlucht. Mais la particularité de ce col, c'est, avant tout, son *cimetière national de la guerre 1914-1918,* avec sa haute croix grise portant le mot « Pax » et « Aux morts du Linge ». Aussi appelé « le cimetière des Chasseurs » en raison des nombreux chasseurs alpins tombés dans ce secteur à l'été 1915.

Le site et le musée-mémorial du Linge : *au collet* ***du Linge.*** *☎ 03-89-77-29-97. • linge1915.com • Sur la D 11.6, entre Orbey et Munster. Pâques-11 nov, tlj 9h-12h, 14h-17h30. Entrée : 5 € ; gratuit moins de 16 ans accompagnés.* Le Linge fait partie des champs de bataille les plus meurtriers de la 1re Guerre mondiale. Les Allemands avaient organisé leur défense sur cette ligne de crête afin d'empêcher l'avancée vers Colmar des troupes françaises. Du 20 juillet au 15 octobre 1915, les chasseurs alpins, âgés souvent de 19-20 ans, lancèrent assaut après assaut contre ce bastion inexpugnable. Le 4 août 1915, 600 obus allemands tombaient chaque heure sur les lignes françaises ! Des obus à gaz et des lance-flammes furent aussi utilisés. Environ 10 000 chasseurs français (les 2/3 de l'effectif) furent défaits, contre 7 000 soldats allemands !

La visite de ce site emblématique est incontournable. Ce gros mamelon rocheux aux pentes escarpées, couvert d'une lande rase et de quelques arbres, est truffé d'abris, de bunkers, de postes de tir et est entièrement quadrillé par un ***dense réseau de tranchées...*** Le tout admirablement bien conservé ! Les Allemands ayant l'habitude de construire pour la durée, l'intégralité du dispositif de défense a été parfaitement maçonné et bétonné.

Après avoir opté pour l'un des ***3 parcours possibles*** (de 30 mn à 1h45 ; prévoir de bonnes chaussures), on se balade donc dans des boyaux en chicanes, dont la dimension n'excède pas une largeur d'épaules. Même les barbelés d'époque n'ont pas été enlevés. Certains panneaux indiquent encore « Danger explosifs » ou « Zone dangereuse » ! Toutes ces croix blanches marquent les emplacements

MORT AUX VACHES !

Cette insulte date de la 1re Guerre mondiale. L'armée allemande avait inscrit sur les guérites qui gardaient leur frontière, le terme « Wache » (« gardien » ; to watch *en anglais a la même origine). Par extension, cette injure s'adresse aujourd'hui à la police et à toute personne portant un uniforme.*

LE HAUT-RHIN

où ont été retrouvés les cadavres de chasseurs français ; les croix noires étant pour les Allemands. Des centaines de corps de soldats des 2 bords y reposent encore ! D'ailleurs, il faut le voir pour le croire, mais à certaines périodes les tranchées allemandes n'étaient éloignées des françaises que d'à peine 1 m. Ces dernières, étayées par du bois, disparaissent peu à peu mais se devinent encore. Ce lieu émouvant prend aux tripes, d'autant que la pointe du mamelon forme un éperon rocheux d'où l'on a une vue superbe. On a du mal à imaginer une pareille boucherie dans un cadre aussi beau...

Le ***musée*** est un complément de visite indispensable. Moderne, efficace, il présente de façon chronologique des uniformes, du matériel, des objets personnels et même des reconstitutions de scènes très soignées, comme une infirmerie ou une tranchée. Le tout assorti d'un film de 20 mn. À voir pour ne pas oublier.

COURRIER EN RETARD

En 2020, des promeneurs ont retrouvé par hasard dans un champ d'Ingersheim un message militaire en allemand... rédigé 110 ans plus tôt ! Protégé par une capsule en aluminium, ce document resté miraculeusement intact évoque des mouvements de troupes à une époque où l'Alsace est encore prussienne. On ne sait pas en revanche ce qu'est devenu le pigeon voyageur...

LA ROUTE DES CRÊTES

Comme son nom l'indique, elle suit la ligne des crêtes du massif vosgien, du nord au sud, assise sur les départements des Vosges et du Sud (Haut-Rhin), du col des Bagenelles (au sud-ouest de Sainte-Marie-aux-Mines) jusqu'à Cernay, près de Mulhouse. On est en plein parc naturel régional des Ballons des Vosges. Au total, près de 80 km de paysages époustouflants, d'échappées lointaines sur les forêts de sapins, les dômes arrondis, les pâturages et les lacs secrets. L'hiver, cette belle route, fermée pour cause de neige, se transforme en piste pour les skieurs (de fond). En été, ce sont les randonneurs sac au dos qui ont la part belle. De nombreux sentiers balisés par le Club vosgien permettent de découvrir cette barrière naturelle entre l'Alsace et la Lorraine.

Heureusement, les canons se sont tus depuis belle lurette, mais plusieurs bornes militaires et le cimetière du champ de bataille du Vieil-Armand rappellent aux visiteurs le fracas des guerres passées. D'ailleurs, la route des Crêtes n'existerait pas s'il n'y avait pas eu de 1re Guerre mondiale. Cette voie fut, en effet, créée de toutes pièces, parallèlement à la ligne des Crêtes (donc sur le versant ouest par rapport à l'ennemi, à l'est), afin de faciliter les mouvements de troupes (et de munitions) de l'armée française. Aujourd'hui, les troupeaux ont remplacé les poilus dans les prés ! Et sur la route, dès les 1ers beaux jours du printemps et en été, motos, voitures et autocars se suivent à travers ces beaux paysages, de Munster à Guebwiller et de Soultz à Saint-Amarin en passant par Thann. Le printemps ou l'automne

LES CHIENS DE GUERRE

L'hiver 1914 fut si rigoureux que l'on fit venir 440 chiens d'Alaska pour apporter ravitaillement et munitions aux troupes françaises, sur le front des Vosges. La moitié des animaux moururent au combat, et les autres furent adoptés par des militaires et eux aussi décorés de la croix de guerre !

restent les saisons idéales pour parcourir, à pied, le sentier des Crêtes (GR 5), à partir duquel plusieurs balades familiales sont désormais possibles. Ces espaces remarquables sont fragiles : respectez la nature et restez sur les sentiers balisés, vous profiterez pleinement de toute la beauté des paysages du massif !

Adresses et infos utiles

Offices de tourisme : *voir, pour plus de détails, les parties concernant les villes suivantes : Munster, ☎ 03-89-77-31-80 ; Kaysersberg, ☎ 03-89-78-22-78 ; Saint-Amarin, ☎ 03-89-82-13-90 ; Guebwiller, ☎ 03-89-76-10-63 ; Soultz, ☎ 03-89-76-83-60 ; Thann, ☎ 03-89-37-96-20.*

Parc naturel régional des Ballons des Vosges : *• parc-ballons-vosges.fr • Voir en fin d'ouvrage, le chapitre « Hommes, culture, environnement », rubrique « Randonnées ».*

– ***Balades paysagères de la route des Crêtes :*** des balades sont proposées gratuitement dans le parc et sont accessibles aux marcheurs de tous niveaux.

– ***Navette des Crêtes :*** *☎ 03-89-77-90-34 (Maison du parc à Munster). • parc-ballons-vosges.fr/navettedescretes • Fonctionne en principe tlj de mi-juil à mi-août. Différents forfaits à la journée.* On part se promener à pied sur les crêtes en juillet-août sans aucun souci puisque, au retour, on prend la navette ! Les vallées de Kaysersberg et de Munster se sont associées pour son financement (voir sites respectifs). Demander le petit plan, très bien fait ; on y voit tout de suite les sites, les panoramas, les fermes-auberges et les arrêts de bus. Formule économique et pratique quand on fait de la randonnée en famille.

Association des fermes-auberges du Haut-Rhin *(Maison du tourisme de Haute-Alsace) : 1, rue Camille-Schlumberger, à* ***Colmar.*** *☎ 03-89-20-10-68. • fermeaubergealsace.fr •* Nous voici au pays des fermes-auberges, où un arrêt s'impose.

Spécial fermes-auberges et autres haltes montagnardes

Entre le col de la Schlucht et le Grand Ballon, on compte une concentration record de fermes-auberges pour une si petite distance. Cela s'explique par la tradition de transhumance dans le massif vosgien. Mais sous l'effet du tourisme, certaines d'entre elles ont tendance à s'agrandir, à s'équiper, se métamorphosant petit à petit en réfectoires sans charme pour autocars de passage.

Évidemment, l'accueil et la qualité des plats s'en ressentent. Voici notre petite sélection, classées dans le sens de la Schlucht-Grand Ballon. On y accède soit par la route des Crêtes, soit par les vallées, à vous de voir en fonction de votre itinéraire. En tout cas, réservation obligatoire. Voir aussi les fermes-auberges situées dans les environs de Munster, aux alentours du Petit Ballon. Pour les adresses au sud de Munster, voir bien sûr les chapitres consacrés aux dernières vallées vosgiennes du Sud (Haut-Rhin).

Le repas marcaire

C'est la spécialité locale (voir, plus loin, « La vallée de Munster » pour les origines du mot « marcaire »). La quinzaine de fermes-auberges de la région de Munster le servent de façon quasi exclusive à leurs hôtes. Avantages : le repas marcaire est copieux, peu onéreux et authentiquement bon. Il s'agit d'un repas montagnard consistant, composé habituellement d'une tourte à la viande, d'un plat principal à base de porc fumé (le collet ou l'épaule) servi avec des pommes de terre « Roigabrageldi », suivi d'un fromage de Munster ou d'une tarte aux fruits (souvent myrtilles en été). Parfois on vous propose le *siesskäs* : c'est du fromage blanc de Munster, du jour, non affiné, arrosé de crème, de kirsch et de sucre. Un régal !

Près des cols de la Schlucht et du Hohneck, côté Sud (Haut-Rhin)

Auberge des Trois-Fours : *lieu-dit Les Trois-Fours, col de la Schlucht, à* ***Stosswihr.*** *☎ 03-89-77-31-14. • troisfours@gmail.com • auberge-des-trois-fours.com • À env 2 km au sud du col de la Schlucht par la route des Crêtes. Ouv mai-nov et pdt les vac scol. Resto tlj sauf dim soir-lun. Double env 58 €/pers en ½ pens. Menus 19-22 €.* Perdue au milieu des pâturages, cette auberge rustique offre quelques chambres très simples et propres, avec lavabo ; douche et w-c en commun sur le palier. Belle vue sur les montagnes du massif vosgien depuis la salle de resto, comme de la terrasse. Ici, menu marcaire de rigueur ! On peut aussi se contenter d'un bon casse-croûte. Adresse pratique pour un bon repas pittoresque, et pour les randonneurs qui désirent avoir plus d'intimité et de confort qu'en dortoir.

Auberge du Schupferen : *lieu-dit Schupferen, à* ***Stosswihr.*** *☎ 03-89-77-31-23. À env 17 km à l'ouest de Munster, par la route du col de la Schlucht, direction Le Tanet ; 4 km après avoir quitté la D 417, sur la gauche (piste en terre carrossable sur 3 km). Ouv en principe mer, sam et dim midi. Résa conseillée. Repas env 20 €.* Le sympathique Christophe Kuhlmann cuisine ici depuis déjà 30 ans de bons petits plats comme le *fleischschnecke* ou prépare des salades avec les produits du jardin. Pichet d'edelzwicker maison. De ce pâturage d'altitude (1 100 m), on domine la forêt et les vallées. Quel panorama !

Ferme-auberge Soultzersmatt : *lieu-dit Soultzersmatt, à* ***Soultzeren.*** *☎ 03-89-77-25-75. ♿ (resto). À 4 km de Soultzeren, non loin du lac Vert. Ouv de Pâques à mi-nov. Resto fermé jeu, plus mer hors saison. Résa conseillée. ½ pens obligatoire : 55 €/pers pour un séjour de moins de 3 nuits. CB refusées. Café offert sur présentation de ce guide.* Vue superbe sur la vallée depuis la terrasse de cette petite fermette à l'architecture moderne. Quelques chambres seulement, principalement destinées aux randonneurs, qui se partagent les sanitaires (mais tout est bien propre et confortable). Cuisine à base de produits de la ferme axée sur la viande et les produits laitiers : munster coiffé, omelettes, cochonnailles... Du consistant pour se requinquer après l'effort.

Auberge Kastelberg : *route des Crêtes, à* ***Metzeral*** *(mais près du Hohneck). ☎ 03-89-77-62-25. • kastelberg.fr • ♿ À env 5,5 km au sud du col de la Schlucht ; prendre à gauche un chemin de terre sur 3 km. Ouv fin avr-fin oct, tlj sauf lun. Formules déj 11-14 € ; menus 22-23,50 €. CB refusées. Café offert sur présentation de ce guide.* Quel merveilleux paysage ! Et quel fromage maison ! Nous sommes bien au cœur des Vosges, à 1 200 m d'altitude, dans une maison où on ne plaisante pas avec le bien-manger ! Il faut dire que la tradition y est perpétuée de père en fils depuis 1800. C'est déjà la 7e génération qui prépare de copieux et excellents repas, servis dans le cadre typique de l'ancienne fromagerie, où se trouve le four à bois dans lequel sont cuites les pommes de terre. Dans la brume près du vieux poêle ou sous le ciel bleu, un endroit où l'on se sent heureux, tout simplement.

Ferme-auberge du Kohlschlag : *route du Col-Amic, à* ***Willer-sur-Thur.*** *☎ 03-89-82-31-28. ♿ Sur la route des Crêtes, en venant de Thann, exactement en contrebas du col Amic (825 m), au bout d'un chemin carrossable à flanc de versant (panneau). Congés : fin nov-fin fév. Tlj sauf mer soir-jeu. Résa vivement conseillée. Menus 21-24,50 €. CB refusées. Apéritif maison offert sur présentation de ce guide.* Vue superbe, surtout à l'automne, depuis cette petite exploitation isolée. Ambiance chaleureuse dans la salle, simple et rustique. Plats à base de bons produits fermiers (viandes et produits laitiers de la ferme) accompagnés de pommes de terre cuites au feu de bois. On peut aussi se contenter d'un casse-croûte bien calorique, ou d'une portion de lard. Vente de munster, fromage de chèvre, beurre et *barkäs*. En outre, l'accueil jeune et convivial donne un petit plus à cette adresse, idéale pour les randonneurs.

Côté Vosges, en allant vers Gérardmer (88)

Auberge Le Pied du Hohneck : *route des Crêtes, à* ***La Bresse.*** *☎ 03-29-63-11-50. • auberge@pied-du-hohneck.fr • pied-du-hohneck.fr • À env 3 km du col de la Schlucht. Fermé mar-mer. Nuitée 65 €/pers en ½ pens en chambres ou dortoirs (3-6 lits) et 57 € pour les enfants. Menu 22 € ; flams env 9-11 € ; plats env 14-20 €.* L'endroit, stratégique notamment en hiver pour les skieurs, est à 1 262 m d'altitude ! Beaucoup de monde dans la salle chaleureuse, autour du grand poêle Tulikivi, ou sur la terrasse en été, pour dévorer une cuisine alsacienne et vosgienne de bonne qualité. Plats de terroir bien costauds (tartiflette au munster, tourtes...) mais aussi des tartes flambées, servis par une équipe jeune et dynamique. Les chambres fonctionnelles sont simples et correctes, façon auberge de jeunesse montagnarde avec douches et w-c en commun (prévoir les serviettes).

Ferme-auberge Breitzhousen : *5, route des Crêtes, à* ***La Bresse.*** *☎ 03-29-63-22-92. ♿ À env 5 km du col de la Schlucht, côté Vosges. Ouv selon météo tlj sauf jeu. Congés : de mi-nov à fin déc. Résa conseillée. Repas env 25 €.* Une vraie ferme de transhumance, au bord de la route, où les vaches arrivent fin mai à l'occasion d'une fête de la Transhumance vraiment belle à voir. Bon repas marcaire, copieux à souhait, évidemment à base de produits de l'exploitation. Terrasse.

Auberge La Chaume de Firstmiss : *7, route des Crêtes, à* ***La Bresse.*** *☎ 03-29-63-26-13. • auberge-firstmiss.com • Entre le Hohneck et Le Markstein. De mai à mi-oct, fermé ven. Repas marcaire 24 €.* Sans doute le meilleur repas marcaire du côté vosgien, à déguster dans un cadre évidemment rustique ! Petits appétits, s'abstenir : tourte, fumé moelleux à souhait et solide *tofaille*. Munster exceptionnel, fabriqué sur place, et tartes aux fruits gargantuesques ! Accueil authentique et chaleureux.

À voir. À faire

Notre itinéraire commence au nord, au ***col du Bonhomme*** (949 m), point de passage obligé entre l'Alsace et les Vosges, et se termine au ***Grand Ballon.*** On vous conseille vivement de le segmenter, pour pouvoir profiter des adresses et curiosités des vallées de Kaysersberg, de Munster, de Guebwiller et de Thann, côté Sud (Haut-Rhin). Selon nous, la partie la plus belle de la route des Crêtes se situe entre le col de la Schlucht et le Grand Ballon.

Le col du Calvaire *(1 145 m)* **:** un sentier de randonnée mène en 1h au sommet de la Tête des Faux (1 220 m). Il s'agit du GR 5, balisé en blanc et rouge (il existe un topoguide spécial pour ce sentier qui traverse les Vosges du nord au sud).

Le lac Blanc : *à 1 km à peine du col du Calvaire, en descendant vers Orbey.* Au fond d'une gorge rocheuse aux parois abruptes, ce petit miroir d'eau douce tire son nom des nombreux grains de quartz arrachés par le ruissellement des eaux d'érosion. Très profond (72 m). C'est du château Hans que l'on a la meilleure vue sur ce lac. Belle balade à pied par un sentier en boucle (voir plus loin le descriptif résumé de l'itinéraire). Pour la station de ski et les activités d'été, voir précédemment à Orbey « À voir. À faire dans les environs ».

Le lac Noir : plus petit, moins profond que le lac Blanc, situé 100 m plus bas. On y accède en suivant la même route descendant vers Orbey (panneaux).

Le col de la Schlucht *(1 139 m)* **:** le plus haut col des Vosges. Que l'on y accède de Gérardmer ou de Munster, ou en suivant tout simplement la route des Crêtes, les paysages sont d'une grande beauté, déroulant en alternance : forêts de sapins, versants herbeux, parois rocheuses et sommets arrondis à perte de vue. Une petite station de ski fonctionne en hiver. Un télésiège monte du col jusqu'au sommet du Montabey. En été, amusante possibilité d'y faire de la ***luge*** *(infos : ☎ 03-29-63-11-38)* ! La D 417 qui franchit le col a été réalisée entre 1842 et 1869. 1 an avant la 1re Guerre mondiale, elle servit de terrain de manœuvres aux troupes de l'armée impériale allemande menée par Guillaume II *himself* !

Le jardin d'altitude du Haut-Chitelet *(1 228 m)* **:** *à 1,5 km au sud du col de la Schlucht. ☎ 03-29-63-31-46. Juin, tlj 10h-12h, 14h-18h ; juil-août, tlj 10h-18h ; sept, tlj 10h-12h, 13h30-17h. Fermé oct-mai. Entrée : 5,30 € ; réduc ; gratuit moins de 12 ans.* Il permet de découvrir la flore montagnarde, à commencer par celle des Vosges, soit près de 2 500 plantes différentes – des myrtilles aux airelles – prospérant sur les crêtes.

***Les hautes chaumes* :** c'est le nom qu'on donne à ces versants de montagne, déboisés pour permettre aux troupeaux de vaches d'errer librement dans les pâturages d'altitude. De temps en temps, on y trouve quelques tourbières. La vue y est dégagée et les vents soufflent parfois fort. Ce secteur des hautes chaumes commence en gros à 900 m d'altitude, au niveau du lac Blanc, et déroule ainsi son paysage quasi chauve (mais beau !) jusqu'au Grand Ballon.

Le col du Hohneck *(1 366 m)* **:** *à env 4 km au sud de la Schlucht.* Une route vertigineuse conduit à ce fameux sommet, point culminant du département des Vosges. Les derniers mètres se font évidemment à pied. Il y règne un vent à décorner les bœufs, souvent glacial, mais la récompense est largement à la hauteur... D'un côté les Hautes-Vosges, du pays du Donon au ballon d'Alsace, de l'autre les plaines alsaciennes, encore plus loin l'Allemagne et sa Forêt-Noire. Ah, que ce bas monde peut être beau, vu d'ici ! Si le ciel est bien dégagé, vous aurez également la surprise d'apercevoir les Alpes ! La table d'orientation vous indique tout cela, et bien d'autres directions encore.

Le col du Rothenbachkopf *(1 205 m)* **:** *à 10 km au sud de la Schlucht.* Ce fut naguère un passage important entre La Bresse et la vallée de Munster. Une petite route, la D 34 A, se détache sur la droite, descendant ainsi vers La Bresse (Vosges) et Wildenstein (vallée de la Thur). On l'appelle encore la route des Américains, car elle fut construite en 1917 (année de l'entrée en guerre des États-Unis) pour faciliter l'approvisionnement du front en matériel et en armes.

Le col du Herrenberg *(1 186 m)* **:** la route des Crêtes traverse un paysage de hautes chaumes, cachant quelques fermes-auberges isolées. Échappées lointaines sur les montagnes encadrant la vallée de la Thur.

***Le col du Hahnenbrunnen* :** à la même altitude que le col du Herrenberg. Superbe vue sur le massif du Hohneck. Les sources de la Fecht ne sont pas très loin d'ici.

Le Markstein* :** posée sur un plateau d'altitude (1 260 m), la station de ski du Markstein n'a rien de grandiose comparée aux grandes stations de sports d'hiver des Alpes. Tant mieux, tout son charme vient de sa modestie ! Étape incontournable pour les randonneurs à pied ou à skis, on y trouve évidemment de quoi se restaurer. En été, amusante possibilité d'y faire de la ***luge sur rail *(infos : ☎ 03-89-39-96-39)* !
Pour les amateurs expérimentés de ski de fond, une merveilleuse balade hivernale, sous forme de boucle de 1 journée, à faire au départ du Schnepfenried (voir plus loin « Randonnées à pied et à skis de fond »), autre petite station avec sa dizaine de pistes de ski alpin *(infos : ● leschnepf.com ●).*

Le Grand Ballon *(1 424 m)* **:** voici le point culminant du massif des Vosges. Il faut évidemment prendre le temps de monter au sommet (20 mn aller-retour), au départ de la route des Crêtes. Inutile de vous dire que la vue de là-haut est vraiment unique. Sur place, un ***point d'accueil du parc naturel régional des Ballons des Vosges*** *(☎ 03-89-62-77-36 ; • parc-ballons-vosges.fr • ; juin-sept, mar-dim 10h30-13h, 13h30-17h30)* fournit infos et docs sur ce site d'exception, ses milieux et activités...

Les ruines du château du Freundstein : *sur la gauche de la route, peu après le col Amic.* Ancien nid d'aigle médiéval.

Le champ de bataille et l'historial du Hartmannswillerkopf (le Vieil-Armand) : *au* ***col du Silberloch*** *(908 m).* Près de Soultz, tout à la fin de ce circuit des Crêtes, un nouveau témoignage des dégâts occasionnés par la Grande Guerre. En arrivant, on découvre d'abord le mémorial, une vaste crypte ornée des sculptures d'Antoine Bourdelle abritant les restes de 12 000 soldats inconnus. Derrière, un cimetière descend vers la zone des combats. Le circuit, en sous-bois, conduit les visiteurs vers les positions occupées par les soldats. Les Français surnommaient cet endroit « le mangeur d'hommes », les Allemands l'ont baptisé « la montagne de la mort ». Tout est dit. Tranchées, bunkers et postes de tirs reconstitués évoquent avec force la rage des assauts. Tout cela face à une belle vue sur la région. Étrange atmosphère.
– L'historial : *☎ 09-71-00-88-77. D'avr à mi-nov, lun-sam 10h-17h (18h en juil-août), dim 10h-18h. Entrée : 6 € ; gratuit moins de 10 ans.* Réalisée par une équipe d'historiens franco-allemands, l'exposition permanente est composée d'un ensemble de vidéos, de photos et de témoignages qui retracent le contexte historique du lieu et donnent un aperçu de l'atmosphère du champ de bataille ainsi que de la vie des soldats. Bilingue dans tous ses aspects, elle relate non seulement la dualité des points de vue, mais aussi la volonté d'amitié entre l'Allemagne et la France. Le lieu accueille aussi des expositions temporaires.

Randonnées à pied et à skis de fond

Le circuit des Lacs : une superbe randonnée pédestre formant une boucle réalisable en 5h (assez difficile). Son intérêt : la vue sur ces lacs d'altitude. Le départ se fait au lac Blanc – col du Calvaire (voir plus haut et à Orbey) où on laisse son véhicule. Se munir de la carte *IGN/Club vosgien, Top 25* au 1/25 000, 3718 OT. Monter d'abord par un sentier alpin jusqu'au *château Hans,* d'où l'on a une superbe vue sur le lac Blanc. Puis rejoindre la grande crête en suivant le sentier GR 5. Le sentier suit l'ancienne frontière entre l'Alsace (annexée à l'Allemagne) et la France. En continuant sur les hautes chaumes, on atteint le parking du lac Vert (en croisant une route). On quitte le GR 5. Descendre jusqu'au lac par un chemin forestier.
L'après-midi : suivre le sentier balisé d'un disque jaune jusqu'au lac du Forlet (1 065 m), appelé aussi le lac des Truites (45 mn de marche). Puis emprunter le sentier marqué d'un disque rouge pour monter au Haufenwannkopf (1 122 m). Continuer tout droit, rejoindre le lac Noir par un autre sentier balisé d'un rectangle blanc barré de rouge. Du lac des Truites au lac Noir, compter 1h15 de marche. On termine cette randonnée par le sentier Cornelius (balisé par un rectangle jaune). En 1h, on rejoint le lac Blanc.

Le site de ski de fond des Trois-Fours : *☎ 03-89-77-31-80 (office de tourisme de la vallée de Munster).* À environ 2,5 km du col de la Schlucht et 1 240 m d'altitude, un des sites les plus enneigés des Vosges, véritable paradis des amateurs de ski de fond. Très facile d'accès en voiture et très pratique pour les débutants ; environ 13 km de pistes damées quotidiennement. Les boucles (de 3 à 10 km), agréablement vallonnées, traversent tantôt des forêts, tantôt les pâturages des hautes chaumes ou longent des lacs. En prime, des échappées formidables sur les Alpes suisses et la Forêt-Noire. Un conseil : éviter de sortir par temps de brouillard ou de vent, ça peut être dangereux ; chaque année, des skieurs imprudents se perdent ! Un de nos endroits préférés en Alsace pour le ski de fond. Avec la balade qui suit, bien sûr...

Randonnée à skis de fond : pour skieurs de fond expérimentés sachant tenir leurs skis en chasse-neige. L'intérêt de cette rando réside dans la beauté de ses paysages. On est ici dans un « domaine nordique sauvage ». L'itinéraire est tracé le week-end, ainsi que pendant les vacances scolaires ; néanmoins, il vaut mieux partir à 2. Il s'agit d'une boucle de 1 journée, du Schnepfenried au Markstein, et retour au point de départ. Compter 2h de ski entre le point de départ et Le Markstein. Pour le retour, attention à ne pas partir trop tard, car la nuit tombe tôt en hiver. L'idéal est de quitter Le Markstein avant 14h30.

LA VALLÉE DE MUNSTER

Imaginez un grand Y composé de 2 adorables petites vallées – verdoyantes, tranquilles et boisées – descendant depuis les cols jusqu'à Munster pour ne former qu'une seule grande vallée, un peu moins intime mais belle quand même, jusqu'au vignoble et Colmar. Bien sûr, on peut la découvrir en voiture, mais c'est par étape et à pied, ou à skis (de fond) en hiver, qu'on conseille de la parcourir si on veut tomber amoureux de la vallée de Munster. Arriver au crépuscule dans une ferme-auberge après une journée de marche dans les bois de sapins et dans les pâturages d'altitude, voilà sans doute l'un des plus beaux moments qu'un randonneur puisse connaître. Surtout si cette bonne ferme de transhumance fabrique son munster et sert le repas fameux marcaire...

LE FROMAGE DE MUNSTER

La Lorraine dispute toujours à l'Alsace la paternité du munster, et sa fabrication dépend de la dualité religieuse de ces régions : catholique ou protestante. Cet étonnant fromage (un des rares produits AOC d'Alsace) dit « à pâte molle et à croûte lavée » remplissait déjà les gamelles des moines de l'abbaye de Munster au IXe s. Mais c'est à partir du XVIe s qu'il se répandit vraiment et entra dans le quotidien des familles de la vallée, puis au-delà dans toute l'Alsace.

Le munster est toujours fabriqué de façon artisanale par des marcaires. Les marcaires (mot venant de l'allemand *Melker*, signifiant « trayeur de vaches ») passent l'été dans leurs fermes des hautes chaumes (pâturages d'altitude, déboisés par les moines au Moyen Âge, pour permettre aux troupeaux de paître

ON NE VA PAS EN FAIRE TOUT UN FROMAGE !

Le munster de fabrication catholique est confectionné 2 fois par jour, avec un lait crémeux provenant des 2 traites quotidiennes. C'est le cas dans le val d'Orbey et autour de Lapoutroie. Alors qu'en vallée de Munster, de majorité protestante, on mélange le lait de la veille au soir, partiellement écrémé avant de le mêler au lait du matin, donnant un fromage moins coulant. L'appellation d'origine contrôlée qui régit le munster entérine les 2 traditions, mais sans plus de précisions. On se demande quelle est la recette des éleveurs athées !

tranquillement). Loin du bruit et de l'agitation du monde, ils y fabriquent ce savoureux fromage exclusivement au lait cru de vache. Le munster est généralement consommé une fois atteint un certain degré d'affinage ; et selon les goûts, il peut être servi affiné « à cœur » ou bien partiellement.
Un conseil : n'enlevez pas la croûte si odorante, ce serait une erreur ! Il faut seulement la gratter légèrement avec un couteau, comme le font les vrais gourmets.
En fait, le meilleur moment, pour le munster, est la période d'estive où les vaches pâturent dans les chaumes, après la transhumance, sur les hauteurs du massif des Vosges... L'AOC munster s'étend sur tout le massif, comprend donc plusieurs départements et n'est pas exclusive à la vallée ou à la seule ville de Munster... Pour en déguster, rien de bien compliqué : il existe un grand nombre de producteurs qui vendent leurs fromages en direct (liste à l'office de tourisme de la vallée de Munster). Et vous aurez tout le temps de vous faire une opinion au cours de vos balades sur les marchés, ou lors d'escales dans les fermes-auberges qui les fabriquent, ou encore dans un resto qui en propose forcément. Alors, si, vous tombez sous le charme d'un munster au cours d'un repas, renseignez-vous sur sa provenance pour aller sur place dans la foulée.

MUNSTER (68140 ; 4 600 hab.)

• Plan *p. 311*

Au confluent des vallées de la Petite Fecht et de la Grande Fecht, entourée d'un écrin de montagnes, Munster, malheureusement détruite à 85 % par les bombardements de la 1re Guerre mondiale, a tout de même sauvé quelques traces de son prestigieux passé. Les fastes de l'époque où cette cité faisait partie des 10 villes de la Décapole (des villes alsaciennes libres sous le Saint Empire romain germanique) sont loin mais, pour nous, les loisirs côté nature représentent le vrai point fort de cette région située en plein cœur du *parc naturel régional des Ballons des Vosges* : randonnées pédestres, à cheval, à dos d'âne, ou à VTT, rando trail, escalade, luge d'été, pêche, etc., et ski de fond ou alpin et raquettes, en hiver.

Adresses et infos utiles

Office de tourisme de la vallée de Munster *(plan B1)* **:** *1, rue du Couvent. ☎ 03-89-77-31-80. • vallee-munster.eu • Juil-août, tlj sauf dim ap-m 9h-12h30 (13h dim), 13h30-18h30 (18h sam). Avr-juin et sept-oct, lun-ven 9h30-12h30, 14h-18h ; sam 10h-12h, 14h-16h. Nov-mars, lun-sam 10h-12h, 14h-17h (16h sam).* Plan de la ville, liste des hébergements en ville et dans la vallée (central de réservations), itinéraire de promenade historique, infos route du fromage *(• routedufromage-munster.com •)*, loisirs côté nature en hiver et en été (vente de cartes IGN...), agenda culturel, etc. Propose des activités gratuites en juillet-août : tir à l'arc, randos cyclo ou pédestre, cueillette de plantes, visites guidées... Et lors des vacances scolaires (toutes zones confondues), pot d'accueil le lundi soir à 18h. Accueil dynamique et souriant.
– ***Important :*** procurez-vous la ***Munstercard*** auprès de votre hébergeur (adhérent à l'office de tourisme). C'est un *pass* gratuit permettant de bénéficier d'offres promotionnelles toute l'année sur la vallée de Munster.

Gare SNCF *(plan A1)* **:** *pl. de la Gare. ☎ 36-35 (appel gratuit). • sncf.fr •* Plusieurs TER/j. sur la ligne ***Colmar-Munster-Metzeral.***

Arrêts des bus : *pl. du Marché (plan B1) et pl. de la Gare (plan A1). • fluo.eu •* Plusieurs liaisons/j. sauf dim avec Colmar, Turckheim, Wihr-au-Val, Gunsbach, Stosswihr, Soulzeren, col de la Schlucht, Gérardmer, Remiremont et Épinal. Également quelques bus/j. sauf dim pour Luttenbach, Breitenbach, Muhlbach, Metzeral, Sondernach et Mittlach.

– **Marché** (plan B1) **:** *mar et sam mat, pl. du Marché.*

Où dormir ? Où manger ?

De bon marché à prix moyens

Chambres d'hôtes Le Tulipier (plan A1, **10**) **:** *46, Grand-Rue. ☎ 03-89-77-32-16. • letulipier.ch@orange.fr • letulipiermunster.com • Doubles 65-73 € ; familiale. Parking.* En plein centre, cette belle adresse écoresponsable occupe une charmante maison bourgeoise du XIXᵉ s. Elle dispose de 3 jolies chambres confortables et chaleureuses, aménagées en partie sous les combles avec quelques meubles de famille anciens. Quant au jardin, il est idéal pour prendre le frais en s'intéressant à la permaculture. Accueil sympa et plein de bons conseils pour explorer la région. On aime !

Pâtisserie Willy (plan B1, **11**) **:** *22 A, rue de la République. ☎ 03-89-77-29-66. Tlj sauf dim-lun 6h30-18h. Moins de 10 €.* Pâtisserie-salon de thé bien pratique pour poser une fesse sur l'une des quelques chaises en terrasse et dévorer sandwichs, parts de quiche ou de pizza, et quelques bons gâteaux. Le souriant Will est connu dans le coin pour ses étonnants macarons au munster (à découvrir !) et ses bretzels. Une bonne adresse pour ne pas se ruiner.

L'Olivier (plan A1, **14**) **:** *2, rue Saint-Grégoire. ☎ 03-89-77-34-08. • restaurantolivier@gmail.com • Tlj sauf lun soir-mer. Formule et menu déj sauf dim 21 € ; menu le soir 32 € ; carte env 52 €. Café offert sur présentation de ce guide.* Un sans-faute pour cette petite adresse tenue par un jeune couple dynamique. Le cadre moderne est très cosy et agréable, l'accueil de madame est aux petits oignons, et la cuisine de monsieur est d'un rapport qualité-prix épatant. Ayant fait ses classes dans de belles maisons, il ne manque ni d'idées, ni de talent, pour revisiter la tradition en élaborant des menus de saison équilibrés, modernes et généreux. Super !

La Table des Malker (plan B1, **15**) **:** *4, Grand-Rue. ☎ 03-89-77-06-17. • table@malker.fr • Tlj 11h30-22h (17h30 dim-mar). Formule déj 10 € ; menu 29 € ; carte env 26 €.* Ambiance conviviale dans cette adresse au cadre rétro, où une équipe jeune et sympa propose à toute heure des plats traditionnels simples et bons, comme la tourte, ou même un burger alsacien. Très pratique et bien agréable, surtout en terrasse. Concerts à l'occasion.

Brit Hotel Grand Hôtel (plan A1, **12**) **:** *1, rue de la Gare. ☎ 03-89-77-30-37. • munster@brithotel.fr • munster.brithotel.fr • Doubles et studios env 60-80 €.* Les plus citadins apprécieront la localisation du *Grand Hôtel,* en ville mais environné d'un grand parc dans lequel sont répartis piscine, terrains de pétanque, ping-pong, baby-foot et badminton. Côté chambres et studios (dans la maison principale ou l'annexe), c'est sans charme, daté et fonctionnel, mais compte tenu des prix et des équipements le rapport qualité-prix est convenable.

De chic à plus chic

Hôtel Verte Vallée (hors plan par B1, **13**) **:** *10, rue A.-Hartmann. ☎ 03-89-77-15-15. • contact@vertevallee.fr • vertevallee.com • À 5 mn à pied de la pl. du Marché. Congés : 10 janv-2 fév. Doubles 90-175 €. Formule et menu déj sauf dim 17-23 €, puis menu 29 € ; le soir et dim, menus 32-63 € ; carte env 50-60 €.* Niché dans un parc arboré paisible, cet hôtel moderne livre de belles chambres confortables, dont la déco de bon goût oscille entre le contemporain et

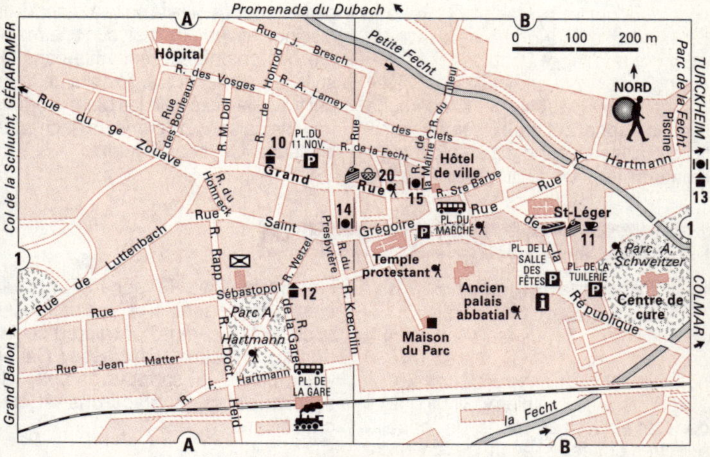

MUNSTER

■ **Adresse utile**

ℹ Office de tourisme de la vallée de Munster (B1)

Où dormir ? Où manger ?

10 Chambres d'hôtes Le Tulipier (A1)
11 Pâtisserie Willy (B1)
12 Brit Hotel Grand Hôtel (A1)
13 Hôtel Verte Vallée (hors plan par B1)
14 L'Olivier (A1)
15 La Table des Malker (B1)

Où acheter une gourmandise ?

20 Pâtisserie Gilg (B1)

le rustique de montagne. Côté fourneaux, délicieuse cuisine raffinée en prise directe avec le terroir, servie dans une élégante salle contemporaine. Piscine et spa. Bon rapport qualité-prix-accueil.

Où dormir ? Où manger dans les environs ?

Vers le col de la Schlucht et le collet du Linge

Voir plus haut nos bonnes adresses sur la route des Crêtes et, un peu plus loin, les autres adresses dans la vallée de la Fecht.

Chambres d'hôtes Le Londenbach : *14, chemin du Londenbach, à* ***Soultzeren.*** *☎ 03-89-77-00-59. • luc.goertz@wanadoo.fr • chambres-hotes-londenbach.fr • Doubles 68-78 €. Table d'hôtes 28 € (boissons comprises).* Arrivé dans ce chalet de montagne, la vue géniale justifie la petite grimpette par une jolie route qui tournicote ! De plus, les charmants proprios – d'anciens restaurateurs – prennent plaisir à mitonner pour leurs hôtes des repas avec les bons produits bio du jardin. Les 5 chambres sont toutes différentes et douillettes, dans un style rustique et décorées de bois. Autour du chalet, dans le parc, batifolent les animaux de la ferme (chèvres, poules...). Une belle adresse.

Hôtel Panorama : *3, route du Linge, à* ***Hohrod-Hohrodberg.*** *☎ 03-89-77-36-53. • info@hotel-panorama-alsace.com • hotel-panorama-alsace.com • À env 9 km au* *nord de Munster par la D 417 direction Stosswihr ; puis à droite vers Hohrod et le col du Linge. Doubles 65-110 € ; petit déj 15 €. Menus 19 € (le midi sauf dim et j. fériés), puis 29-49 €.* Accroché à la montagne, cet établissement familial de taille moyenne est un nid d'aigle bien douillet. Vue sublime sur la vallée de Munster depuis la salle à manger, la piscine couverte et, bien sûr, une majorité des chambres (rénovées dans un style élégant et cosy). Excellente table qui travaille avec soin les bons produits frais de saison. En prime, un jacuzzi et un sauna. On recommande !

Où acheter une gourmandise ?

Pâtisserie Gilg *(plan B1,* ***20****) : 11, Grand-Rue. ☎ 03-89-77-37-56. • sandra@patisserie-gilg.com • patisserie-gilg.com • Mar-sam 7h30 (7h sam)-18h30 (18h sam), dim 7h30-12h30 ; fermé lun.* Thierry Gilg a grandi dans les effluves de crème, de chocolat et autres douceurs, avant de reprendre l'affaire familiale (3e génération). Ses créations élégantes et sophistiquées occupent le comptoir ovale au centre d'une boutique très classe. Ça en jette, mais c'est surtout très bon, tels ses redoutables macarons et ses chocolats.

LE HAUT-RHIN

À voir

La place du Marché *(plan B1) :* noyau historique de la ville, car c'est ici que fut fondée l'abbaye en l'an 660. À côté, à quelques dizaines de mètres, l'hôtel de ville avec son intéressante façade Renaissance (1550) frappée de l'emblème des Habsbourg : l'aigle à 2 têtes. Car autrefois, la ville appartenait au Saint Empire romain germanique avant de faire partie de la Décapole...

L'ancien palais abbatial *(plan B1) : accès par la pl. du Marché.* Il n'en subsiste en fait qu'une aile. En traversant ce bâtiment, on accède aux ruines de l'ancien cloître : quelques arcades de la fin du XVIIe s.

Le temple protestant *(plan B1) : pl. du Marché.* Planté derrière la fontaine au Lion (1576), il fut construit dans le style néoroman en grès rose des Vosges (XIXe s). En face, un peu en retrait de la place, l'***église catholique Saint-Léger*** dotée, à l'intérieur, d'une belle horloge astronomique (2008).

La Grand-Rue *(plan A-B1) :* la principale artère commerçante de la ville avec notamment ses boutiques proposant des produits du terroir... comme le munster par exemple !

Plusieurs parcs en ville : le ***parc Albert-Schweitzer*** *(plan B1)* renferme de belles essences d'arbres et des sphinx sculptés du XIXe s. Le long de la rue Sébastopol, le ***parc André-Hartmann*** *(plan A1)* est une oasis de verdure au cœur de la ville. Il porte le nom d'un industriel mécène du début du XIXe s, qui fut aussi l'un des 1ers maires de la ville.

Fêtes et manifestations à Munster et dans les environs

– ***Printemps des cigognes :*** *autour de Pâques.* Chasses aux œufs, expo, et nombreuses animations.
– ***Festival de jazz :*** *sem de l'Ascension. • jazzmunster.eu •* Sur 5 jours, une succession de concerts de jazz dans la salle des fêtes.
– ***Braderie de la Pentecôte :*** *lun de Pentecôte.*

– ***Fête au village et marché paysan :*** *à* ***Griesbach-au-Val,*** *juil.* C'est tout un village, à travers ses bénévoles et ses associations, qui se met en branle pour organiser cette fête populaire.
– ***Les Mariés du Frankental :*** *2e w-e d'août, à* ***Stosswihr.*** *Résa obligatoire pour le repas : • rondedesfetes.fr •* Rendez-vous avec l'authenticité et les traditions marcaires, bien souvent en compagnie de vrais mariés !
– ***Fête de la Transhumance et de la Tourte :*** *1er w-e de sept. Également une autre belle* ***fête de la Transhumance*** *2e w-e d'oct à* ***Muhlbach.*** Musique, chants, expo, dégustation de soupe au munster, soirée montagnarde avec repas. À ne pas rater !
– ***Automne gourmand et vallée des contes :*** *oct.* Fête de la gastronomie et contes.
– ***Noël dans la vallée :*** *fin nov-début janv.* Plus d'une centaine d'animations !
– ***Marché de Noël :*** *w-e de l'Avent, fin nov-24 déc.* Marché de Noël traditionnel proposant toutes sortes de produits locaux. Animations, concerts.
– ***Marché de l'an neuf :*** *26 déc-31 janv, sur la pl. du Marché.* Créateurs, artisans, producteurs locaux.

LE HAUT-RHIN

LA VALLÉE DE LA FECHT

Du nom de la rivière qui y coule, elle s'étend sur 49 km entre les sommets du Petit Ballon d'une part, le Gaschney et le Hohneck de l'autre. Le fond de vallée nous livre un panorama naturel exceptionnel, notamment vers la Wormsa ou le Petit Ballon.
Dans chaque coin de France, nous avons nos coups de cœur, nos préférences : ici, ce sont la vallée de la Wormsa et la route de Sondernach à Wasserbourg via le Petit Ballon (1 272 m).

Comment y aller ?

➢ Plusieurs ***trains*** TER/j. sur la ligne ***Colmar-Munster-Metzeral*** *(infos : ☎ 36-35, appel gratuit ; • sncf.com •).* Et au départ de Munster, également quelques ***bus*** quotidiens tlj sauf dim pour Luttenbach, Breitenbach, Muhlbach, Metzeral, Sondernach et Mittlach.

Où dormir ? Où manger ?

Campings

Camping La Route Verte : *13, rue de la Gare, à* ***Wihr-au-Val.*** *☎ 03-89-71-10-10. 06-47-42-49-62. • info@camping-routeverte.com • camping-routeverte.com • À 7 km à l'est de Munster ; dans le centre de Wihr, à 700 m de la D 417, de la gare et de l'arrêt des bus. Ouv de mi-mai à mi-sept. Compter 12 € pour 2 avec tente et voiture en hte saison.* Coquet petit camping au calme, fleuri et bien ombragé. Commerces à 50 m. Pêche à proximité. Nombreuses randonnées alentour. Liaisons régulières de bus et TER pour Colmar et Munster.

Camping municipal du Langenwasen : *au lieu-dit Langenwasen, à* ***Mittlach.*** *☎ 03-89-77-63-77 ou 61-53 (mairie). • camping@mittlach.fr • camping-alsace.info • À 12 km au sud-ouest de Munster et à 3 km de Mittlach par la D 10 (panneau). De mi-avr à mi-oct. Compter env 11 € le forfait pour 2. Hébergement locatif (studios). 100 empl.* Tout au fond de la vallée, à 630 m d'altitude et en pleine forêt, ce beau camping profite d'un superbe environnement en pleine nature, au bord d'un cours d'eau. Emplacements gazonnés et en terrasses, en partie ombragés. Ping-pong, pétanque, jeux pour enfants, salle de lecture, et plusieurs sentiers de randonnée à proximité.

Fermes-auberges

Ferme-auberge du Christlesgut : *182, lieu-dit Christlesgut, à* ***Breitenbach.*** *☎ 03-89-77-51-11. • contact@christlesgut.com • christlesgut.com • (resto seulement). À env 7 km au sud de Munster ; dans le centre de Breitenbach, tourner à gauche (panneau vert). Ouv de mi-avr à fin oct, tlj sauf mar midi et mer midi (fermé le midi lun-mer à partir de fin sept). Résa conseillée. Double 74 €, avec petit déj (min 2 nuits) ; gîtes 2-8 pers 65-120 €/nuit (min 3 nuits) ; dégressif. Table d'hôtes pour les résidents 18 € sur résa. Menu repas marcaire env 22 € ; carte env 12-22 €. Café offert sur présentation de ce guide.* En tout, 5 chambres et 3 gîtes, tous fonctionnels, confortables et bien nickel ! Côté resto, jolie salle montagnarde de bon goût, avec nappes à carreaux et vieilles poutres. On s'y régale des bonnes viandes et des fromages de la ferme, cuisinés selon des recettes traditionnelles pleines de saveurs. Terrasse aux beaux jours avec vue sur le sommet du Kastelberg. Accueil familial adorable et authentique.

Ferme-auberge du Strohberg : *120, Strohberg, à* ***Wasserbourg.*** *☎ 03-89-77-56-00. • ferme-auberge-strohberg.com • À env 10 km au sud de Munster. Mai-oct, tlj sauf lun-mar. Fermé hors saison. Résa conseillée. Menu env 22 €.* Accrochée au versant est du Petit Ballon et dominée par de curieux escarpements rocheux truffés de grottes, cette authentique marcairie du XVIIe s élève veaux, vaches, bœufs et cochons, pour confectionner charcuterie, fromages et viandes. Savoureuse cuisine mijotée, dont vous nous direz des nouvelles ! Quelques bancs dehors en été.

Ferme-auberge Wassmatt : *134, la Wassmatt, à* ***Wasserbourg.*** *☎ 03-89-77-25-55. • auberge.wassmatt@nordnet.fr • À env 11 km au sud de Munster. De mi-mai à mi-oct, tlj sauf lun ; d'avr à mi-mai et de mi-oct à fin nov, ouv seulement dim. Fermé l'hiver. Repas marcaire 21 €. CB refusées. Café offert sur présentation de ce guide.* Nichée sur un flanc de montagne, face à un paysage divin, une ferme authentique produisant fromages, charcutaille et viandes de porc et de bœuf. Une collection de belles grosses clarines orne les murs, alors que les plafonds sont très bas. Quelques bougies pour éclairer de façon rustico-romantique les visages émerveillés des convives. Généreux repas marcaire dans la tradition. Service aux petits soins et accueil d'une grande gentillesse. Également un gîte simple et propre, pour qui voudrait profiter des nuits calmes et des cloches des troupeaux le matin. Que du bon !

De prix moyens à plus chic

La Nouvelle Auberge : *9, route Nationale, 68230* ***Wihr-au-Val.*** *☎ 03-89-71-07-70. • contact@nauberge.com • À env 6 km à l'est de Munster et 14 km à l'ouest de Colmar. Bistrot le midi lun et mer-sam ; resto mer-sam midi et soir, plus dim midi. Au bistrot, formule déj 15 € ; au resto, menus 45-85 €, carte env 80 €.* Avoir la tête dans les étoiles n'a pas donné la grosse tête à Bernard Leray, chef talentueux de ce resto vraiment surprenant. Difficile d'imaginer au déjeuner un menu bistrot dans une telle adresse et pourtant... c'est tout simplement épatant ! Les menus gastronomiques servis à l'étage dans une salle élégante sont d'un rapport qualité-prix tout aussi séduisant, compte tenu de la qualité des produits et du joli tour de main du chef... Terrasse pour les beaux jours. Une belle adresse.

À voir

La Maison du fromage : *23, rue de Munster, à* ***Gunsbach.*** *☎ 03-89-77-90-00. Tlj sauf lun 9h30-17h30 ; hors saison, tlj sauf lun-mar 10h-16h. Entrée : 7 € ; réduc.* Film, vitrines, panneaux et commentaires des guides pour bien comprendre le processus de fabrication du fromage et découvrir les traditions marcaires (liées aux métiers autour du lait).

La maison-musée Albert-Schweitzer : *8, rue de Munster, à* ***Gunsbach.*** *☎ 03-89-77-31-42. • schweitzer.org • À env 2 km à l'est de Munster par la D 10, direction Colmar. Mar-sam 10h-12h, 14h-17h (plus dim juin-sept). Fermé 24 déc-24 janv et j. fériés. Entrée : 7 € ; réduc ; gratuit moins de 5 ans. Possibilité de dormir dans l'ancien presbytère, là où Schweitzer a grandi : doubles 75-85 €, petit déj inclus (06-48-61-75-00).* Maison recouverte de vigne vierge, qu'Albert Schweitzer fit construire en 1928, avec l'argent de son prix Goethe, décerné pour son œuvre littéraire. Né à Kaysersberg le 14 janvier 1875, il passa toute son enfance à Gunsbach. Théologien, philosophe, organiste, il commença des études de médecine à 30 ans. Par conviction humaniste autant que morale, il décida de tout plaquer en 1913 et d'aller soigner les « plus pauvres d'entre les pauvres » en Afrique équatoriale.

Après avoir fondé, avec son épouse Hélène, l'hôpital de brousse de Lambaréné (Gabon), il fut emprisonné lors de la 1re Guerre mondiale comme citoyen allemand. Libéré en 1918, il retourna à Lambaréné en 1924, mais revint régulièrement à Gunsbach. Finançant la plupart de ses projets en organisant des concerts de musique d'orgue ou en écrivant des livres dont il redistribuait les recettes, ce génie protéiforme et universel, à la fois artiste, humaniste et homme d'action, prit position contre l'arme nucléaire, ce qui favorisa son obtention du prix Nobel de la paix en 1952. Ami d'Albert Einstein, du musicien Pablo Casals qui passa à Gunsbach, il était également un grand-cousin du philosophe Jean-Paul Sartre.

À l'intérieur de la maison, on visite son bureau (où rien n'a changé depuis son dernier séjour en 1959). Son célèbre chapeau colonial, ses nombreux diplômes, ses objets familiers, son nœud papillon ont été pieusement conservés dans cette maison. Sorte de « mère Teresa » au masculin, ce personnage, particulièrement célèbre chez nos amis germaniques et scandinaves, mériterait plus de reconnaissance chez nous.

On trouve également quelques-uns de ses objets personnels à Kaysersberg, au musée Albert-Schweitzer (voir plus haut).

Également un sentier, voir plus loin rubrique « À faire ».

Soultzbach-les-Bains *(68230)* **:** si l'époque des cures est aujourd'hui bien révolue, voici le seul village de la vallée à avoir conservé, peu ou prou, son aspect médiéval. Baladez-vous (sans la foule de la route des Vins) dans la (petite !) Grand-Rue : vieilles maisons à colombages, mignonne chapelle Sainte-Catherine du XVIe s et fontaine au Lion insolite.

Muhlbach-sur-Munster *(68380)* **:** le village, reconstruit après la 1re Guerre mondiale, abrite un ***musée de la Schlitte et des Métiers du bois*** *(11, rue de la Gare ; ☎ 03-89-77-61-08 ; juil-août, tlj 10h-12h, 14h30-18h ; entrée : 3,50 €, réduc).* Il présente l'histoire des métiers de la forêt à l'époque des bûcherons et du schlittage, cette technique de transport de grumes de bois sur traîneaux. Il s'agit plus exactement d'une grosse luge chargée et descendue de la montagne à la seule force des hommes. Gringalets, s'abstenir ! Reconstitution et maquettes, gravures, photos anciennes. Quelques outils de cuveliers, tourneurs, bûcherons, sabotiers... Voir aussi la ***brasserie du Marcaire*** *(8, rue de la Gare ; ☎ 03-89-30-10-12),* une petite fabrique de bières artisanales, brassées à l'eau des montagnes. Et passez donc à l'***atelier de Jean-Claude Mann*** *(2, rue de la Gare ; ☎ 03-89-77-64-50),* artisan sellier qui fabrique (et vend) des colliers à cloche pour les vaches. Le village vaut enfin le coup d'œil à Noël ou à Pâques, car c'est un des plus créatifs de la vallée en matière de déco. Ne pas rater non plus la fête de la Transhumance en octobre...

La vallée de la Wormsa : adorable vallée, longue de 10 km et glissée au pied des massifs du Kastelberg, elle vous emmène aux lacs du Fischboedlé (véritable perle de beauté naturelle) et du Schiessrothried. On y accède à partir du village de ***Metzeral,*** à 6,5 km de Munster : près de sa belle mairie, prendre à droite en direction de ***Mittlach,*** bourgade fondée en 1741 par des bûcherons tyroliens. D'ailleurs, ce coin des Vosges a un on-ne-sait-quoi de propre et coquet, à la façon autrichienne !

Côté randos, on peut s'attaquer au sentier GR 5 qui relie Mittlach au col du Herrenberg (1 186 m) et Metzeral au lac du Fischboedlé. 2 superbes randonnées à faire au printemps et à la fin de l'été.

Le musée de l'Ambulance alpine : *9, rue Raymond-Poincaré (sous la mairie-école), à* ***Mittlach.*** *☎ 03-89-77-61-53 (mairie). 06-52-29-34-12. Vendredi saint-début nov, sam-dim et j. fériés 14h-18h, plus mer 14 juil-15 août 14h-18h. Entrée : 2 €.* Mittlach est le seul village de la vallée à rentrer dans le giron français dès 1915, pour devenir une base arrière tricolore à quelques encablures du front, fixé entre Metzeral et Muhlbach. Cet hôpital de campagne est alors créé pour soigner dans l'urgence les blessés civils et militaires, et servir la propagande du Service de santé des armées... Aujourd'hui restauré, le lieu accueille un centre d'interprétation sur la guerre et son impact sur l'humain.

L'église-mémorial de l'Emm : *à* ***Metzeral-Sondernach.*** Entre ces 2 bourgs se trouve une imposante église en grès des Vosges, juchée sur une colline qui surplombe le village de Metzeral. Construite en 1925, elle est consacrée aux victimes de la 1re Guerre mondiale tombées à la bataille de Metzeral en juin 1915. L'église a été reconstruite sur les ruines de la chapelle d'avant-guerre.

À faire

Le sentier Albert-Schweitzer : *il débute à la maison-musée ou près de l'ancien presbytère (3, rue Albert-Schweitzer) à* ***Gunsbach.*** *● schweitzer.org ●* Sentier balisé (pas toujours très praticable), avec des panneaux explicatifs retraçant la vie du grand homme. On y découvre une statue du docteur réfléchissant et dominant la vallée (étape n° 12 de la promenade). Elle a été réalisée par Fritz Behn, disciple de Rodin, dans la pierre rouge des Vosges (1969). Ce site tenait à cœur à Albert Schweitzer, qui disait : « C'est là qu'est née ma philosophie culturelle, c'est là que j'ai compris Jésus en son temps. C'est là que je me sentais totalement chez moi ! »

➢ ***Randonnées :*** 460 km de sentiers balisés. Des randonnées avec guide sont organisées chaque été. Le Club vosgien ainsi que « Les Amis de la nature » éditent un calendrier de leurs randonnées, des cartes au 1/25 000 et des guides du randonneur sont en vente notamment à l'office de tourisme. Également plusieurs circuits de ***rando trail*** *(● stationdetrail.com ●)* pour les adeptes. Infos auprès de l'office de tourisme.

Balades à vélo : 300 km de circuits ***VTT*** balisés pour l'ensemble de la vallée. Également des montées chronométrées à ***vélo de course...*** Infos, et circuits auprès de l'office de tourisme.

Ski

Ne pas s'attendre à de gigantesques stations comme dans les Alpes. Ici, tout est resté à taille humaine. Infos pour tous les sites : *● stations-munster.fr ●*

Le Gaschney *(980-1 290 m)* **:** la station la plus sportive, avec un téléski-école, 3 téléskis et 7 pistes. Également des parcours balisés de ski de rando.

Le Schnepfenried *(1010-1 258 m)* **:** *☎ 03-89-21-09-84. ● leschnepf.com ●* Petite station familiale de 20 pistes de ski alpin, avec *snowpark, boardercross,* raquettes, champs de luge. Ski nocturne, ski de fond...

Le Tanet *(990-1 292 m)* **:** *☎ 03-89-30-31-01. ● letanet.fr ●* Un bel écrin de verdure où l'on pratique essentiellement le ski alpin en hiver, avec 7 pistes. Ferme aux rennes *(● lafermeauxrennes.com ●)* sur place, ouvert été comme hiver. Le site jouxte le lac Vert et celui du Forlet. Un site vraiment sympa, bien balisé et dans un cadre agréable.

LA VALLÉE DE GUEBWILLER

Serpentant entre le Petit et le Grand Ballon, point culminant du massif à 1 424 m, cette vallée – la plus étroite et la moins longue d'Alsace – est beaucoup moins alpestre que celle de Munster. Le débouché de la vallée, vers Guebwiller, appartient d'ailleurs au vignoble – l'un des plus prestigieux d'Alsace – avec ses 4 terroirs classés en grands crus !

GUEBWILLER *(68500)*

On le sent tout de suite en arrivant : la richesse de Guebwiller (11 100 habitants) est ancienne. Spirituelle et commerciale d'abord, grâce à l'abbaye princière de Murbach, toute proche, qui fit de cette cité, à l'entrée de la vallée de la Lauch, sa capitale administrative du XIIIe s jusqu'à la Révolution. Au XIXe s, c'est l'industrie textile qui assura la prospérité de la ville et de sa région. Cette prospérité passée a laissé de belles églises dans le centre-ville, sans compter les nombreuses façades de maisons de la Renaissance rhénane ou, plus près de nous, quelques villas des capitaines d'industrie de la grande époque... Guebwiller vit naître Théodore Deck (1823-1891), célèbre céramiste, connu pour son fameux « bleu de Deck ». Autre natif du cru : Alfred Kastler (1902-1984), le spécialiste de « l'inversion des électrons dans l'atome », qui fut l'un des 3 Prix Nobel alsaciens (de physique en 1966) ! Et n'oublions pas la richesse du vignoble local ! Car, Guebwiller se trouve bel et bien sur la route des Vins d'Alsace, et compte – ce qui est unique en Alsace – 4 terroirs classés en grands crus.

LE HAUT-RHIN

Adresse et infos utiles

Office de tourisme de la région de Guebwiller : *3, rue du 4-Février, au château de la Neuenbourg. ☎ 03-89-76-10-63. • tourisme-guebwiller.fr • Mai-sept : lun-sam 9h-12h30, 13h30-18h (en continu jusqu'à 18h30 juil-août) ; dim et j. fériés 10h-13h (plus 15h-17h juil-août). Oct-avr : lun-ven 9h30-12h30, 13h30-17h30 ; sam 10h-12h30, 13h30-17h.* Plan de la ville, agenda culturel, visites guidées gratuites de la cité en été, location de VTT, participation (payante) aux vendanges, liste des hébergements... Délivre le *Hopplà'Pass* *(19 €, duo 34 €)* donnant droit à des entrées gratuites (ou des réductions) sur les accès aux sites culturels et chez divers prestataires de la région. Petite boutique avec de nombreux produits locaux. Accueil dynamique et compétent.

Gare SNCF : la plus proche se trouve à ***Bollwiller*** (7,5 km), sur la ligne ***Strasbourg-Mulhouse.***

Infos bus : le ***bus n° 440*** de la compagnie *LK-Sodag* *(• l-k.fr •)* roule sur la ligne ***Colmar-Guebwiller,*** via ***Eguisheim, Gueberschwihr, Rouffach...*** Également le ***bus n° 454*** de la société *Transdev Grand Est* *(• fluo.eu •)* entre ***Mulhouse*** et ***Linthal,*** via ***Bollwiller*** (gare SNCF), ***Soultz, Lautenbach...***

– Marché : *mar et ven mat.*

Où dormir ?

De chic à beaucoup plus chic

Domaine du Lac : *244, rue de la République. ☎ 03-89-76-15-00. • contact@domainedulac-alsace.com • domainedulac-alsace.com • Resto fermé sam midi. Doubles 90-200 €. Formule et menu déj en sem 15,20-19,90 € ; à la carte sinon.* Ce domaine compte en réalité

2 hôtels et un resto, tous plantés au bord d'un étang. Un ensemble aux intérieurs assez design, aux couleurs vives. Agréables parties communes avec cheminée, larges baies vitrées ouvrant sur la terrasse, l'étang et le jardin. Chambres dans le même esprit, confortables et lumineuses, plus contemporaines pour les meilleures. Resto sur place. Accueil jeune, dynamique et attentionné.

Domaine de Beaupré : *2, rue des Larrons. ☎ 03-89-74-28-57. • direction@domainedebeaupre.com • domainedebeaupre.com • Doubles 90-169 €.* Flanquée d'un grand et beau parc de 3 ha, cette élégante villa du XIXe s ne manque pas de surprendre. Ses propriétaires, d'anciens galeristes, l'ont aménagée avec de superbes meubles, des toiles contemporaines, des œuvres d'art et d'innombrables bibelots rétro. Un charme fou que l'on retrouve dans les vastes chambres, très confortables ; certaines profitant d'une large terrasse donnant sur la nature. En prime, un délicieux jardin d'hiver pour le petit déj, un bar à vins et un salon hyper cosy où l'on organise des concerts de jazz à l'occasion. Super !

Où manger ?

C'est tout nouveau ! Des travaux d'aménagement et de rénovation ont transformé l'ancienne gare de Guebwiller, datant de 1870, en haut-lieu de la gastronomie italienne : cave à vins, restaurant, épicerie fine, bar, salon de thé... Du 100 % italien bien sûr.

Sur le pouce

Boulangerie-pâtisserie Perrin : *128, rue de la République. ☎ 03-89-76-90-01. Tlj 5h15-19h15 (18h sam, 13h dim et j. fériés). Moins de 10 €.* La bonne boulangerie de Guebwiller, bien connue pour ses énormes et copieux sandwichs ; sans oublier ses viennoiseries, kougelhopf... Efficace et pas cher, mais seulement à emporter.

La Louve : *33, rue de la République. ☎ 03-89-83-74-86. • lalouveguebwiller@gmail.com • Mar-ven 9h-13h30, sam 9h-13h. Env 10 €.* Cette jolie petite boutique toute pimpante fait à la fois épicerie fine et salon de thé. Ici, on est à cheval sur la qualité des ingrédients ! La carte en témoigne, renouvelée chaque jour selon le marché, avec toujours une option végétarienne. Qu'il s'agisse d'une quiche, d'une salade, ou d'une part de lasagnes, tout est bon et frais. Idéal pour un déjeuner sur le pouce... et sans coups de crocs au portefeuille !

De bon marché à prix moyens

La Taverne du Vigneron : *7, pl. Saint-Léger. ☎ 03-89-76-81-89. Tlj 12h-22h. Fermé mar soir-mer. Formule déj en sem 13,50 € ; menu 27 €.* Cette maison ancienne, décorée « à l'alsacienne » avec un esprit winstub rustique, donne le ton de la cuisine : du traditionnel pur jus ; truites du vivier en prime. Également des tartes flambées et une conviviale fondue vigneronne. Le tout fort bon et servi en format XL. Mieux vaut avoir jeûné avant si on veut s'attaquer au menu complet ! Service et ambiance sympa. Une adresse plébiscitée par les habitants du coin.

Auberge du Vallon : *10, chemin du Vallon. ☎ 03-89-74-89-86. • boriskeller68@orange.fr • Tlj sauf lun-mar. Formule déj en sem env 14 € ; menu env 26 €.* À l'extérieur de la ville, cette adresse atypique profite du cadre superbe de son parc paysager, avec plan d'eau... et palmiers ! Parfait pour un repas en terrasse autour d'une bonne spécialité régionale ou d'une tarte flambée. Sinon, direction la véranda ou les salles chaleureuses. Accueil gentil.

Le Méridien : *140, rue de la République. ☎ 03-89-26-18-95. • lemeridien68500@outlook.fr • Tlj sauf lun. Formule et menu déj en sem 16-20 € ; carte env 30-35 €.* Dès l'entrée, la vue plongeante sur la cave en sous-sol donne le ton. Ici, on soigne autant le contenant que le contenu ! Déco élégante et chaleureuse dans les 2 salles, et dans l'assiette, une cuisine de saison gourmande, moderne, aux accents sudistes et méditerranéens et très joliment mise en scène. Tout pour plaire, jusqu'à l'accueil aux petits soins de l'équipe jeune et dynamique.

Où boire un café ? Où déguster une pâtisserie ?

Pâtisserie Husser : *135, rue de la République. ☎ 03-89-76-94-69. • contact@dany-husser.fr • Mar-sam 8h-18h30 (18h sam), dim 8h-12h30.* Cette pâtisserie familiale fondée en 1927 concocte de beaux gâteaux fins et savoureux, et de petits chocolats. Également des quiches et autres à dévorer le midi pour quelques euros, côté salon de thé.

À voir

Le musée Théodore-Deck et des Pays du Florival : *1, rue du 4-Février. ☎ 03-89-74-22-89. Ouv mer-dim 14h-18h. Fermé 1er janv, 1er mai et 25 déc. Entrée : 5 € ; réduc. Museums Pass Musées accepté.* Très bien conçu, ce musée a su concilier patrimoine culturel et modernité. Admirable collection de céramiques, œuvre de Théodore Deck (1823-1891), un enfant du pays qui a laissé son nom à une couleur : le « bleu Deck ». Avec plusieurs centaines de pièces exposées, c'est la plus importante collection au monde ! Remarquer aussi les décors muraux réalisés pour les somptueuses villas des capitaines d'industrie de la vallée. Dans un tout autre registre, le musée présente également une des plus belles collections de minéraux d'Alsace. Expositions temporaires de céramiques contemporaines. Une belle visite.

L'église Notre-Dame : *pl. Jeanne-d'Arc.* C'est l'édifice religieux le plus important du XVIIIe s en Alsace. On la remarque immédiatement en arrivant, avec sa silhouette massive plutôt austère, et ses pierres en grès rose des Vosges. Construite entre 1763 et 1785 sous l'impulsion du très riche prince et abbé de Murbach (voir plus loin), elle offre une façade néoclassique. À l'intérieur, dans l'abside : monumental haut-relief représentant l'Assomption de la Vierge.

Le pôle culturel touristique du château de Neuenberg : *3, rue du 4-février. ☎ 03-89-62-12-32. Juin-sept, mer-dim 10h-18h30 (plus mar en juil-août) ; mars-mai et oct-déc, mer-dim 10h-12h30, 13h30-17h30. Fermé Noël-fév. GRATUIT.* Dans un ancien château à la riche histoire, un centre d'interprétation de l'architecture et du patrimoine présentant l'histoire de la région à l'aide de modélisations 3D et autres maquettes.

Le Centre culturel de rencontre Les Dominicains de Haute-Alsace : *34, rue des Dominicains. ☎ 03-89-62-21-81 ou 82. • les-dominicains.com • Visite de l'ancien couvent : juil-août, tlj sauf lun 14h-18h. Riche programme tte l'année.* Les moines intellectuels dominicains s'y sont installés en 1294. Ils consacraient alors leur temps à répandre la bonne parole en peignant des fresques sur les murs de leurs églises. Le couvent des Dominicains de Haute-Alsace a réussi à traverser les siècles en gardant son architecture originelle.

La partie la plus intéressante demeure l'église, avec sa tour-clocher, sa jolie porte côté sud et ses 3 000 m² de peintures murales des XIVe, XVIe et XVIIIe s. Elle possède aussi l'un des rares jubés de la région. La nef à l'acoustique exceptionnelle est dédiée à la musique depuis le XIXe s. Mais le CCR Les Dominicains de Haute-Alsace se projette aussi dans l'avenir : grâce à la technique du vidéo mapping, le lieu est métamorphosé. Il y en a pour tous les goûts et tous les âges : des troubadours du Moyen Âge au meilleur de la musique actuelle en passant par la musique baroque, le jazz, les cinés-concerts... mais cela ne s'arrête pas là. Loin du convenu, le CCR Les Dominicains se met en quatre pour développer de véritables concepts : allongé, assis, debout ou lové dans un transat, vous êtes transporté le temps d'une soirée dans un vrai voyage sensoriel !

L'hôtel de ville : *73, rue de la République.* Date de 1514. C'était à l'origine la demeure d'un riche marchand de draps. Noter ses arcades du rez-de-chaussée, ses fenêtres Renaissance, sa tourelle, et son décor gothique flamboyant !

L'église Saint-Léger : *pl. Saint-Léger.* Elle fut construite entre 1182 et 1230, en pleine époque romane finissant sur le gothique. En grès rose des Vosges, la façade demeure la partie la plus intéressante : triple porche surmonté de 2 clochers encadrant des arcatures et un pignon à résille. Intérieur plutôt sobre, où l'on remarque – dans la nef de droite, suspendues à une voûte – de curieuses et anciennes échelles abandonnées en 1445 par les Armagnacs quand ils avaient dans l'idée de conquérir la région. Voulant piller la ville, ils la fuirent finalement après avoir assisté à l'apparition « miraculeuse » sur les remparts d'une Guebwilléroise, Brigitte Schick, qu'ils prirent pour la Vierge. Ça tient à peu de chose parfois !

Fêtes et manifestations

– ***Les Dominicains de Haute-Alsace :*** *34, rue des Dominicains. ☎ 03-89-62-21-81 ou 82. • les-dominicains.com •* Concerts de musique classique et opéras tout au long de l'année dans la nef du couvent des Dominicains. Également un peu de jazz et de musique électronique. Programmation éclectique de grande qualité ; Rostropovitch, Barbara Hendricks, Jordi Savall, entre autres, sont passés par ici !
– ***Foire aux vins :*** *jeu de l'Ascension, pl. de l'Hôtel-de-Ville.* Les vignerons du coin proposent des dégustations gratuites. Chaque année un vignoble extérieur est à l'honneur.
– ***Animations d'été :*** afterwork *ven soir en juil-août ; programme plus détaillé à l'office de tourisme.* Concerts, animations folkloriques, vente de produits du terroir alsacien.
– ***Noël bleu :*** *28 nov-3 janv.* Spectacles vivants, marchés de Noël, manège, patinoire écologique...

ORSCHWIHR (68500)

➢ ***Le sentier viticole d'Orschwihr :*** *à 5 km au nord de Guebwiller par la D 5.* Agréable balade à travers le vignoble. Il suffit de suivre les panneaux. Départ au niveau du marronnier du Bollenberg, au bas de la Grand-Rue de ce paisible village vigneron. On découvre, au long des 5 km, une flore de plus de 150 variétés de plantes, une chapelle aux Sorcières, de beaux points de vue et des vignes à perte de vue. En été, quelques visites guidées (gratuites) suivies d'une dégustation sont assurées par un viticulteur (infos à l'office de tourisme de Guebwiller).

Où acheter du bon vin ?

Domaine Valentin Zusslin : *57, Grand-Rue. ☎ 03-89-76-82-84. • zusslin.com • Dégustation – uniquement sur rdv – lun-ven 8h30-11h30, 13h30-18h ; fermé w-e.* Zusslin, c'est l'un des grands noms du vignoble alsacien. Marie et son frère Jean-Paul sont désormais la 13e génération à porter haut les couleurs de ce domaine de 16 ha, en biodynamie, voire carrément nature pour plusieurs cuvées, depuis près de 30 ans. Résultat : des vins racés et élégants, expression intrinsèque de leurs cépages et de leurs terroirs, mis en vente à maturité. Les rieslings pfingstberg sont exceptionnels, les pinots noirs aussi, notamment l'étonnante cuvée Ophrys, un vin gourmand et tonique, sur le fruit. Le crémant terroir clos Liebenberg se révèle également au top d'une maison toujours en quête de l'excellence. Accueil familial ouvert et souriant, qu'il s'agisse d'Arlette, la maman, ou des enfants.

MURBACH *(68530)*

L'abbaye de Murbach : *rue de Guebwiller, à 5,5 km à l'ouest de Guebwiller par la D 430.* Les 2 clochers d'une église en grès rose se dressent dans le creux d'un pittoresque vallon verdoyant, au cœur de la forêt vosgienne : voici la fameuse église romane de l'abbaye de Murbach, l'une des plus puissantes de la vallée du Rhin au Moyen Âge.

Peu de temps après sa fondation en 728 par le comte Eberhard (le frère du duc d'Alsace), Murbach avait tellement de succès auprès des grands que Charlemagne en personne se fit appeler *Pastor Murbacensis* ! Puis, c'est au XIIe s que l'abbaye atteignit son apogée spirituelle et économique.

Il faut voir le chevet, la partie la plus remarquable de l'église, avec ses belles arcades et ses rangées de fenêtres à colonnettes. À l'aide de jumelles, on découvre des sculptures représentant un chien jouant de l'épinette et des lièvres jouant de la harpe ou balançant l'encensoir. À l'intérieur, à gauche du chœur, un sarcophage de 7 moines de Murbach tués au Mordfeld par les Hongrois en 926. Et sur le côté droit, on admire également le gisant d'Eberhard, le fondateur laïc de l'abbaye...

SOYONS MYSTIQUES MAIS RESTONS CONCRETS !

À l'abbaye, prières et affaires marchaient ensemble ! Imaginez des abbés, tous nobles, portant le titre de prince du Saint Empire romain germanique, possédant un patrimoine inouï : des châteaux forts, des biens dans plus de 200 villes (de Worms à Lucerne), un atelier monétaire, des mines. Murbach contrôlait même les cols vosgiens. Bref, c'était à la fois un monastère, un club très fermé pour les fils de bonne famille et une entreprise commerciale prospère.

➢ Pour avoir une jolie vue sur l'église à travers la forêt, monter à pied jusqu'à la ***chapelle Notre-Dame-de-Lorette*** (XVIIe s). Compter 10 mn à pied ; facile et vraiment splendide !

LAUTENBACH *(68610)*

À 5 km à l'ouest de Guebwiller par la D 430, arrêt indispensable pour admirer le merveilleux porche à 3 arcades de l'ancienne collégiale Saint-Michel-et-Saint-Gangolf *(tlj 8h-19h ; 8h-17h oct-mars).* Ce dernier saint, peu connu, est à la fois le patron des artisans du cuir et des maris trompés... Cette belle église est tout ce qui reste d'une puissante abbaye bénédictine du Moyen Âge. Lautenbach (1 570 habitants) est aussi le village natal de Jean Egen (1920-1995), romancier alsacien, auteur d'un des meilleurs récits sur l'Alsace : *Les Tilleuls de Lautenbach.*

Où dormir ?

Chambres d'hôtes Luxhof : *44, rue Principale. ☎ 03-89-76-39-21. 06-60-16-45-35. • luxhof.blogspot.com • Doubles 45-49 € ; tarifs*

LE HAUT-RHIN

dégressifs. Ancienne maison canoniale du XVIIIe s, avec 3 chambres agréables et confortables, dont 2 avec coin cuisine. Petit déj servi dans le jardin où coule un bras de la Lauch, ou au jardin d'hiver, ce qui ne manque pas de charme. Sauna sur résa, impeccable avec la balade. Mais le vrai plus, c'est l'accueil chaleureux ; le proprio, Bruno, est guide conférencier et connaît parfaitement sa région. C'est même une mine d'infos ! Une adresse appréciée de tous.

À voir

Le vivarium du Moulin : *6, rue du Moulin, 68610* **Lautenbach-Zell.** *☎ 03-89-74-02-48. • vivariumdumoulin.org • Juil-août, tlj 10h-18h ; sept-juin, tlj sauf lun (sauf pdt vac scol zone B) 14h-18h ; j. fériés 14h-18h. Fermé 3 sem en déc. Entrée : 8 € ; 5-16 ans 4 €.* Museums Pass Musées *accepté. Animations en été. Visite guidée payante sur résa. Jeu de piste gratuit pour les enfants.*
Dans le jardin, une grande sculpture de mante religieuse signale le site. Le reste est tout aussi insolite car les vivariums sont installés au cœur d'un ancien moulin, coincés entre la meule, le blutoir (tamis) et tous les mécanismes toujours en place. Étonnant ! Une maquette interactive permet d'ailleurs de suivre la transformation des grains de blé jusqu'au sac de farine... Mais le sujet principal reste bien sûr les insectes et les araignées, dont on a reconstitué les milieux de vie ! Idéal donc pour découvrir toutes ces sympathiques bestioles ratées lors de vos voyages lointains : mygale tigrée du Mexique, mille-pattes géant africain ou ces grandes bringues de phasmes...
Ce musée – un coup de cœur – est une halte géniale avec des enfants. Ils n'en reviennent pas (et vous non plus !) de passer la tête à travers dômes et hublots pour observer à l'intérieur d'une fourmilière ou d'une ruche, la vie intime de ces petites bébêtes. On termine dans le jardin où plusieurs petits espaces naturels reconstitués permettent de dénicher d'autres insectes.

SOULTZ *(68360)*

À seulement 3 km à l'est de Guebwiller, Soultz (7 150 habitants) se trouve dans la plaine – au pied du Grand Ballon et sur la route des Vins – mais les contreforts des Vosges commencent dès les 1ers jardins des faubourgs. À l'instar de Rouffach, la Renaissance rhénane a marqué cette ville ; ses plus belles demeures bourgeoises datant des années 1570-1620. C'est aussi à cette époque que Soultz prit son double visage : d'un côté la ville commerçante et, de l'autre, la cité aristocratique et administrative. Bref, une vraie petite cité de caractère, aux belles demeures dépourvues de colombages, certes, mais d'un charme évident avec ses lavoirs, portes cochères, oriels, tourelles, doubles remparts, et où les cigognes ont élu domicile.
À noter que Georges-Charles de Heeckeren d'Anthès, enfant de Soultz, fut celui qui, en 1837, en Russie, tua le poète Pouchkine en duel, pour les beaux yeux de la femme de celui-ci, Nathalie ! Mais il épousa finalement Catherine, sœur de Nathalie. Dans un autre registre, l'éminent couple de vulcanologues, Katia et Maurice Krafft, décédés en 1991 au Japon, étaient également originaires de Soultz...
Et si vous avez envie de respirer l'air des cimes, rien ne vous empêche de rejoindre la route des Crêtes (voir plus haut) et d'aller visiter, au col du Silberloch (908 m), le ***champ de bataille,*** le ***mémorial*** et l'***historial du Hartmannswillerkopf*** (« Vieil-Armand » ; voir plus loin : « La vallée de la Thur »). Puis, arrêtez-vous dans le village d'***Hartmannswiller*** pour découvrir un des 2 seuls cimetières fortifiés d'Alsace et le seul avec les tours...

Adresse et info utiles

Office de tourisme de la région de Guebwiller : *au château de la Neuenbourg, 3, rue du 4-Février, Guebwiller (voir plus haut).*

– **Marché de Noël :** *1er et 2e w-e de déc.* Village de Noël et animations.

Où manger ?

Le Bellevue : *28, route de Wuenheim. ☎ 03-89-76-55-21. • marienoelle.paal@wanadoo.fr • Tlj sauf dim-lun. Congés : 15 j. en mars et en août. Menu déj en sem 15,50 € ; puis formules et menus 27-39 €.* Cuisine de marché fraîche et inspirée, élaborée avec rigueur par Éric Paal, un chef talentueux qui était aux fourneaux du palais de l'Élysée avant de regagner son Alsace natale. De belles saveurs, un service soigné et souriant assuré par madame ; mon tout dans une longue salle sobre et vitrée, flanquée d'une très agréable terrasse verdoyante. Une très bonne maison.

À voir

L'église Saint-Maurice : *pl. de l'Église.* De style gothique, en grès rose et jaune, construite dès le milieu du XIIIe s avec des airs de la collégiale de Colmar. Beau cadran solaire et ancienne tour de garde. À l'intérieur, peintures murales, belle chaire Renaissance, et un orgue Jean-André Silbermann de 1750. Des fresques du tout début XIVe s donnent une bonne idée de la polychromie des églises d'autrefois.

Le château-musée du Bucheneck : *rue du Kageneck. ☎ 03-89-76-02-22. • ville-soultz.fr • Mai-oct, tlj sauf mar 14h-17h. Entrée : 5 € ; 6-16 ans 1,50 € ; gratuit moins de 6 ans ; billet famille (2 adultes + 2 enfants) 8 €. Billet combiné avec la Nef des Jouets : 7,50 € ; 12 € en famille.* Dans le joli petit château médiéval où résidait le seigneur de la ville, le bailli de l'évêque de Strasbourg jusqu'à la Révolution, est installé un étonnant musée qui cache bien son jeu. Très varié, il présente au gré de ses différents étages de nombreuses sections thématiques dignes d'intérêt. Entre les vestiges archéologiques, l'ordre de Malte, une galerie de portraits (les familles nobles locales Waldner de Freundstein et Heeckeren d'Anthès, dont un des membres tua à Saint-Pétersbourg le poète russe Pouchkine en duel...), des vêtements traditionnels, de l'artisanat, des objets de culte (chrétiens et juifs), des documents signés par Napoléon (un natif de Soultz fut baron d'Empire), et aussi une salle consacrée à l'illustrateur Robert Beltz (1900-1981) et à ses livres gravés sur bois, chacun y trouve son compte. Et Maria vous commente tout ça avec passion ! Intéressantes expos temporaires. Un musée plein de petits trésors.

La Nef des Jouets : *12, rue Jean-Jaurès. ☎ 03-89-74-30-92. • nefdesjouets@soultz68.fr • ville-soultz.fr • De mi-mars à déc, tlj sauf mar 14h-17h. Fermé 1er janv, 1er mai, 24-25 et 31 déc. Entrée : 5 € ; 6-16 ans 1,50 € ; autres réducs ; gratuit moins de 6 ans ; billet famille (2 adultes + 2 enfants) 8 €. Billet combiné avec le château-musée du Bucheneck : 7,50 € ; 12 € en famille.* Museums Pass Musées *accepté.* Installé dans le bâtiment superbement restauré de l'ancienne commanderie des chevaliers de l'ordre de Malte, un musée bien conçu consacré aux jouets, évidemment très ludique. Il présente une ribambelle de pièces rares : poupées, ours en peluche, jouets en tôle, figurines en bois, maquettes, soldats de plomb, véhicules en tout genre (trains, bateaux, avions...). Mais aussi des livres pour enfants, des marionnettes, des jeux de société et des Lego ; bref, tout l'univers merveilleux des gamins de naguère et d'aujourd'hui.

2 espaces de jeux à disposition des petits, une salle vidéo et une salle de spectacle. Et puis de nombreuses animations (se renseigner sur le site web) : spectacles de marionnettes, contes, salons et bourses aux jouets, programme spécial été... Quant aux expos temporaires, elles sont installées dans l'ancienne chapelle de la commanderie.

LE VALLON DU RIMBACH

Mignonne petite vallée blottie au pied du Grand Ballon et du « Vieil-Armand » (voir plus loin « La vallée de la Thur »). Plus que pour ses paysages encore préservés, le coin est surtout connu pour son célèbre lieu de pèlerinage : la *basilique de Thierenbach,* construite en 1723 dans le style baroque autrichien. Nombreux sentiers de randonnée pédestre dans les environs *(infos : ● rando-grandballon.fr ●).*

Où dormir ? Où manger dans le vallon ?

L'AO, hôtel-restaurant L'Aigle d'Or : *9, rue principale, 68500* ***Rimbach.*** *☎ 03-89-76-89-90. ● contact@hotelaigledor.com ● hotelaigledor.com ● Resto tlj sauf lun hors j. fériés. Doubles 58-68 €. Menus 22-48 €.* C'est désormais la 4e génération qui œuvre dans ce petit hôtel familial de montagne. Les chambres sont propres et classiques, mais la cuisine a du peps. Thibaut fait des merveilles, sélectionnant le meilleur pour élaborer une cuisine de terroir innovante et respectueuse des saisons. Les goûts, la classe, tout y est ! Quant au service, il est assuré par Muriel dans une salle chaleureuse, où quelques notes contemporaines se glissent dans une déco traditionnelle. Pour les vins, laissez-vous guider, elle connaît son affaire.

À voir dans le vallon

La basilique de Thierenbach : *lieu-dit Thierenbach, 68500* ***Jungholz.*** *☎ 03-89-76-95-66. Tlj 9h-18h (19h en été).* Chaque année, plus de 130 000 visiteurs viennent se recueillir auprès de la Pieta, une sculpture du XVe s. Un prieuré clunisien y a été fondé au XIIe s, peut-être à la suite de la guérison miraculeuse d'un noble de Soultz. Si la basilique est sans grand intérêt vue de l'extérieur, elle renferme une intéressante collection d'ex-voto, expression d'une foi – et d'un talent pictural – populaire. Si le plus ancien date de 1680, chacun raconte une petite histoire touchante de son temps : protection lors d'incendie, d'une guerre, d'une chute de cheval, ou encore d'un accident de train, de voiture... Aussi quelques remarquables tableaux d'artistes.

Au village de ***Jungholtz,*** émouvant *cimetière israélite,* l'un des plus anciens d'Alsace, autorisé par les évêques de Strasbourg au XIIe s, et qui porte encore les tristes traces des profanations nazies. Ce cimetière fut construit dans le fossé d'un ancien château aujourd'hui disparu, dont le proprio, en difficulté financière, avait « loué » ce terrain à la communauté juive.

LA VALLÉE DE LA THUR

La vallée industrielle type des Vosges du Sud. On y exploitait naguère des mines d'argent, de cuivre, de plomb et au XVIIIe s on comptait déjà plus de hauts-fourneaux que d'églises ou de châteaux prestigieux. Puis ce furent

les industries textile et chimique qui prirent le relais, créant de nombreux emplois dans la vallée. Si bien que cette ancienne route de l'Alsace à la Gaule – par les cols de Bussang, Oderen et Bramont – attira de plus en plus d'investisseurs mulhousiens. Même si le fond de la vallée voit se succéder sans interruption ou presque bourgs et petites usines aux typiques toits en sheds, les flancs boisés et les crêtes montagneuses des alentours immédiats constituent autant d'échappées en pleine nature, propices à de très belles randonnées. C'est aussi un accès intéressant pour aller retrouver la route des Crêtes, toujours plus haut...

THANN (68800)

• Plan *p. 327*

Gardant l'entrée de la vallée de la Thur, qui abritait naguère de nombreuses usines textiles, Thann, qui tire son nom de *Tannenbaum* (« sapin » en allemand), serre ses maisons Renaissance autour de sa collégiale, fleuron de l'art gothique rhénan. Proche de la fameuse route des Crêtes, la ville se situe aussi à l'extrémité sud de la route des Vins d'Alsace, un vignoble extrêmement pentu à tendance volcanique, réputé pour son grand cru *Rangen.*

Adresses et infos utiles

Office de tourisme de Thann-Cernay *(plan A1)* **:** *7, rue de la 1re-Armée.* ☎ *03-89-37-96-20.* *• hautes-vosges-alsace.fr • Juil-août, tlj 9h-12h30, 14h-18h (17h dim) ; mai-juin et sept, tlj sauf jeu mat et dim 9h-12h, 14h-18h ; janv-avr et oct-nov, tlj sauf jeu mat et dim 10h-12h, 14h-17h ; déc lun-sam 10h-12h, 14h-18h (plus 15h-17h dim de l'Avent).* Plan dépliant de la ville avec parcours de découverte, guide complet de la vallée et de ses environs avec ses loisirs verts (rando, vélo...) et ses points d'intérêt, liste des hébergements ; propose des animations gratuites en été (balades, visites guidées, concerts, découverte du patrimoine...), vente de cartes et de topoguides, agenda culturel... Accueil pro et sympa.

Gare SNCF *(plan B2)* **:** *63, rue du Général-de-Gaulle.* ☎ *36-35 (appel gratuit). • sncf-connect • ter.sncf.com/grand-est •* Les TER roulant sur la ligne ***Mulhouse-Thann-Kruth*** desservent aussi ***Willer-sur-Thur, Saint-Amarin, Husseren-Wesserling...*** Également la ***ligne 3 de tram-train*** entre ***Mulhouse*** et ***Thann.***

Arrêt des bus *(plan B2)* **:** *pl. de la République.* Les ***bus nos 520 et 553*** de la compagnie *LK-Chopin (• l-k.fr •)* roulent sur la ligne ***Thann-Mulhouse,*** via ***Cernay.*** Également le ***bus no 543*** sur la liaison ***Cernay-Guebwiller,*** et le ***no 519*** desservant les villages de la vallée de la Thur entre ***Thann*** et ***Wildenstein,*** via ***Willer-sur-Thur, Saint-Amarin, Husseren-Wesserling, Kruth...*** Et puis le ***bus no 605*** de la société *Glantzmann* dessert les villages de la vallée de la Doller, sur la ligne ***Thann-Masevaux-Sewen.*** Enfin, le ***bus no 851*** de la société *Transdev Grand Est (• fluo.eu •)* assure la liaison ***Cernay-Altkirch*** *(Sundgau).*

Porte sud de la route des Vins d'Alsace *(plan B1)* **:** *point d'accueil situé dans la tour des Sorcières. Horaires aléatoires : se renseigner à l'office de tourisme.* Infos sur la route des Vins, le vignoble, les différents crus, les caves à visiter, etc. Petite expo sur les vignobles et terroirs alsaciens.

– ***Marché*** *(plan B1)* **:** *sam mat, pl. du Bungert.* Également un ***marché des producteurs*** *(1er et 3e mer du mois, 15h-18h, pl. Joffre ; plan B2).*

Où dormir ? Où manger ?

Prix moyens

Hôtel Aux Sapins *(plan B2, **10**) : 3, rue Jeanne-d'Arc. ☎ 09-70-35-14-50. • hotelrestaurantauxsapins.com • Resto tlj sauf dim-lun. Doubles 70-75 €. Menu 13,80 € (déj en sem) ; plats 14-21 €. Parking.* À 10 mn à pied du vieux bourg, dans un quartier résidentiel paisible, ce bâtiment moderne renferme des chambres fonctionnelles et simples, avec quelques touches de couleurs. La cuisine est un vrai petit régal : foie gras maison, tartes flambées, burgers, viandes goûteuses, et aussi quelques classiques alsaciens et des soirées à thème (du genre moules-frites). À déguster dans la grande salle ou sur la terrasse ombragée. Bon rapport qualité-prix sur toute la ligne.

Hôtel Au Floridor *(hors plan par A3, **11**) : 54, rue du Floridor. ☎ 03-89-37-09-52. • hotel-floridor@wanadoo.fr • hotel-floridor-thann.com • Resto tlj sauf dim. Doubles 65-95 €. Menu 12 € (déj en sem) ; carte env 25-35 €. Parking.* Dernière maison de la ville avant d'arriver dans les bois (chemin de randonnée à côté), cette grosse bâtisse moderne garnie de fleurs renferme une quinzaine de chambres nickel, petites pour certaines, mais bien conçues et rénovées dans un style contemporain sobre et agréable. Un bon rapport qualité-prix. Fait aussi resto. Service très sympa.

LE HAUT-RHIN

À voir. À faire

La collégiale Saint-Thiébaut *(plan A-B1-2) : pl. Joffre. Tlj 8h30-18h30 (17h30 fin oct-fin mars). Accès au clocher sur résa à l'office de tourisme, en été ; interdit moins de 11 ans.* La plus belle église gothique d'Alsace après celle de Strasbourg ! En arrivant, on remarque immédiatement son élégante flèche octogonale et ses toitures admirablement colorées sur des motifs à losange... Construite par morceaux de la fin du XIIIe au XVIe s, cette collégiale – joyau de la vallée de la Thur – était dédiée à Thiébaut Ubaldo, qui fut évêque de Gubbio en Italie. Sur le portail principal (côté ouest), le grand tympan relate la vie de la Vierge, l'expulsion de saint Joachim et de sainte Anne du Temple jusqu'au Couronnement. Sous le grand tympan, le petit tympan de la porte de gauche rappelle la Crucifixion, alors que celui de droite montre une Nativité avec le cortège des Rois mages. Il n'est pas inutile d'avoir des jumelles sur soi, ainsi que le dessin du grand portail *(env 2 € à l'office de tourisme)* pour mieux en détailler les quelque 500 sculptures ! À l'intérieur, il faut surtout admirer les statues des 12 apôtres du chœur influencées par l'art du Brabant, surplombant les stalles en bois, sans oublier les vitraux de l'abside du XVe s... En été, on peut monter en haut du clocher, une grimpette de 273 marches pour accéder à la dentelle de pierre des 8 pans de la flèche... Impressionnant !

La vieille ville *(plan B1-2)* **:** voir la ***place Joffre*** avec l'octroi et le corps de garde, l'***hôtel de ville,*** dont les plans furent dessinés par le général Kléber en 1787, la ***tour des Sorcières*** (porte sud de la route des Vins d'Alsace), coiffée d'une toiture à bulbe du XVe s, la ***halle aux blés,*** au bord de la Thur, qui abrite le musée des Amis de Thann, et la ***fontaine Saint-Thiébaut,*** près de l'office de tourisme.

La rue de la Première-Armée *(plan A-B1-2)* **:** ancienne Grand-Rue de la ville, hélas bombardée pendant les 2 guerres mondiales. On y voit quelques maisons Renaissance, typiques de Thann, aux ***nos 7, 19, 68, 102 et 106.*** Remarquer la hauteur de ces demeures, leurs arcades au rez-de-chaussée, et leurs beaux oriels.

Les ruines du château de l'Engelbourg *(plan A1)* **:** le site surplombant la ville – dans son écrin de verdure – au nord de la Thur s'appelle aussi l'*Œil de la Sorcière.* On comprend pourquoi une fois sur place : lors de sa démolition

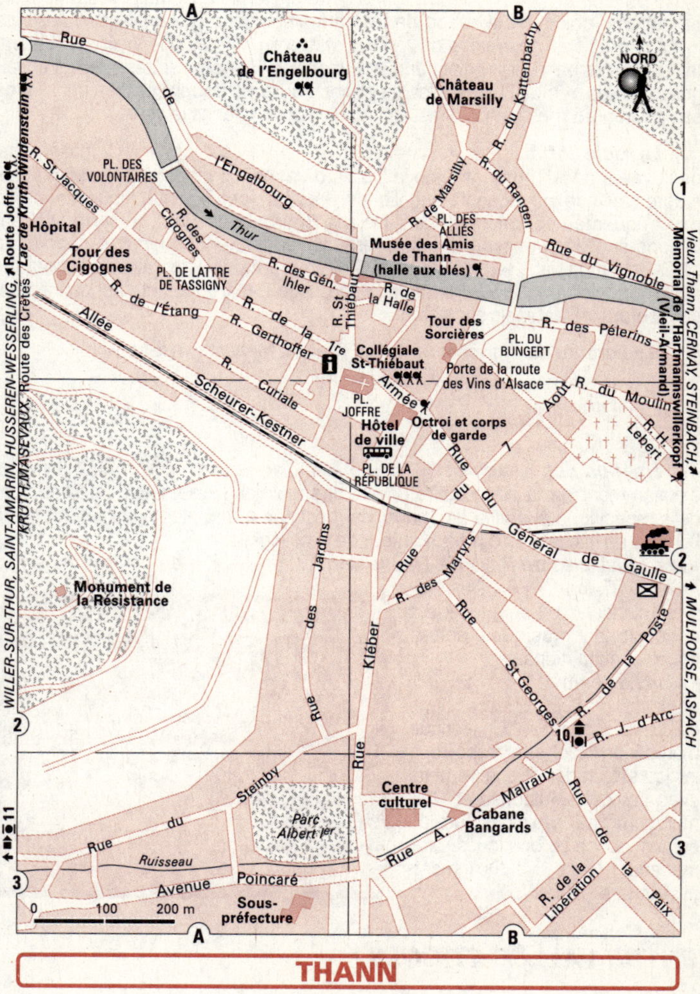

LE HAUT-RHIN

Adresse utile	Où dormir ? Où manger ?
Office de tourisme de Thann-Cernay (A1)	**10** Hôtel Aux Sapins (B2) **11** Hôtel Au Floridor (hors plan par A3)

en 1673, une tour tomba sur le côté, laissant comme un immense donut de pierre rebaptisé ainsi. On y accède par un sentier en 1h aller-retour (indiqué sur le plan distribué à l'office de tourisme). Superbe vue sur Thann, la vallée, la plaine et, au loin, les monts de la Forêt-Noire (Allemagne).

Le musée des Amis de Thann *(plan B1)* ***:*** *24, rue Saint-Thiébaut. ☎ 03-89-37-14-54. ● les-amis-de-thann.com ● Juil-août, tlj sauf lun ; juin-sept, ven-dim*

14h-18h. Entrée : 2,50 € ; réduc. Dans cette ancienne halle aux blés, une belle collection d'objets de la région de toutes les époques, présentée sur plusieurs niveaux. Poêle en céramique du XVIIIe s, statue du XIIIe s d'une Vierge à l'Enfant, tapisseries et panneaux peints anciens, mobilier, vaisselle, armes, vieilles enseignes... un aperçu de l'histoire locale et des traditions populaires de Thann et de ses environs. Expos temporaires. Un musée agréable dans le genre.

La route Joffre : *relie Thann à Masevaux (D 1484), sur 15 km.* On passe ainsi de la vallée de la Thur à celle de la Doller, d'un monde industrieux et actif à une nature sauvage aux accents bucoliques. Très jolie petite route, sinueuse, assez peu fréquentée en arrière-saison. Depuis Bourbach-le-Haut, superbe vue sur le flanc sud des Vosges. Au fait, pourquoi « Joffre » ? Eh bien, car pendant la 1re Guerre mondiale, le célèbre Maréchal emprunta cet itinéraire de montagne ouvert spécialement pour permettre le passage des troupes et l'acheminement des renforts et matériels sur le front.

La véloroute du Vignoble : elle relie Thann à Marlenheim (Bas-Rhin).

LE HAUT-RHIN

Manifestations

– ***Crémation des 3 sapins :*** *30 juin au soir, jusque tard dans la nuit.* 3 sapins s'enflamment sur la place Joffre devant une foule en liesse. Cette fête traditionnelle, spécifique à la ville de Thann, est destinée à rappeler la vieille légende à l'origine de la cité. Feu d'artifice autour de la collégiale.

– ***Les musicales du Pays de Thann-Cernay :*** *juil-sept, dans les communes du Pays de Thann-Cernay.* Des soirées musicales où se succèdent concerts de musiques éclectiques et animations.

– ***Marché de Noël :*** *fin nov-24 déc, pl. Joffre, pl. Saint-Thiébaut et pl. de-Lattre-de-Tassigny.* Un féerique marché de Noël se dresse tous les jours. L'un des plus importants avec ceux de Mulhouse et Colmar. Lumières, sapins, lecture de contes, concerts, boutiques, promenade... Neige éventuellement, et peut-être le Père Noël ?

UNE LUMINEUSE HISTOIRE

Le serviteur de saint Thiébaut (mort à Gubbio, en Ombrie, en 1160) avait planté son bâton de voyage contre un sapin, avant de s'endormir. Or, ce bâton contenait les reliques de Thiébaut (un morceau de peau de l'auriculaire droit). À son réveil, le bâton avait pris racine, et on vit alors 3 lumières au-dessus de l'arbre, un signe divin ! On construisit ainsi une chapelle sur ce site.

ENTRE VALLÉE ET COLS

Pour ceux qui auraient la nostalgie de la ***route des Crêtes,*** sachez qu'on peut la rejoindre facilement au départ de Thann en prenant, à Willer-sur-Thur, la D 13 qui passe par Goldbach. Magnifiques paysages boisés au départ, puis de plus en plus dénudés vers les cimes arrondies des Vosges. Nombreux itinéraires de randonnée dans la zone.

Où dormir ? Où manger dans la vallée et en direction des cols ?

Chambres d'hôtes Les Arts Verts : *67, Grand-Rue, 68820* ***Kruth.*** *☎ 03-89-82-21-18. • contact@chambre-les-arts-verts.com • chambre-les-arts-verts.com • À 16 km au nord de Thann par la N 66, puis à* *droite la D 13B. Double 82 €. Table d'hôtes sur résa 33 €.* On est d'abord séduit par l'accueil. Corinne et Didier reçoivent avant tout pour le plaisir, et cela se ressent dans le soin apporté à la table d'hôtes (à base de légumes du potager), dans les bonnes confitures maison au petit déj, et dans la qualité des chambres. Impeccables, confortables, celles-ci sont décorées avec personnalité, notamment grâce aux belles œuvres réalisées par Didier. On peut d'ailleurs visiter son atelier. Super !

Ferme-auberge Gustiberg : *Brennwald, 68121* ***Urbès.*** *☎ 03-89-82-75-25. • gustiberg.urbes@nordnet.fr • gustiberg.fr • À 20 km à l'ouest de Thann par la N 66. Ouv de début avr à mi-nov tlj sauf lun. Résa conseillée. Double 110 € en ½ pens. Menus déj sauf dim 16 €, puis 23 €. Plats 8-15 €.* Encore un bout du monde ! Adresse idéale pour promeneurs amoureux, randonneurs épris de calme et de beauté naturelle, pour rats des villes métamorphosés en rats des champs (et des bois !). En tout, perchées à près de 1 000 m d'altitude, 8 chambres pratiques, propres et lumineuses, avec mobilier en sapin, certaines avec salles de bains communes. Et puis, on se régale d'un repas marcaire cuisiné avec les bons produits de la ferme, à moins de craquer pour une simple omelette paysanne. Accueil très sympa de Christelle et Stéphane.

Auberge du Mehrbächel : *72, Mehrbächel, 68550* ***Saint-Amarin.*** *☎ 03-89-82-60-68. • contact@mehrbachel.fr • auberge-mehrbachel.com • À 10 km au nord de Thann par la N 66, puis à droite la D 1388. Resto tlj sauf dim soir-mar midi. Doubles 72-99 €. Menus 16,50 € (déj en sem), puis 38 € ; carte env 40 €.* Établissement – bien connu des locaux – accroché à flanc de montagne, au fond d'une impasse perdue entre bois et pâturages. Une petite vingtaine de chambres agréables, à la déco élégante et contemporaine-sobre : ton taupe et bois brut ; certaines situées dans l'annexe, avec vue superbe. Cuisine où les viandes sont à l'honneur, savoureuses et bien mijotées ; sans oublier quelques bons plats alsaciens pur jus. Le tout accompagné des produits de la ferme d'à côté (fromage, beurre...). Petite terrasse paisible et ambiance conviviale garantie par un excellent accueil familial. Sentier de randonnée à côté, puis sauna et hammam pour se remettre de l'effort. On recommande !

Auberge Les Quatre Saisons : *3, route du Frenz, 68820* ***Kruth.*** *☎ 03-89-82-28-61. • hotel4saisons@wanadoo.fr • hotel4saisons.com • À 16 km au nord de Thann par la N 66, puis à droite la D 13B. Resto fermé lun midi-jeu midi (sauf pour les résidents). Congés : 15 j. en janv, 1 sem en juil et 2 sem en nov. Résa très conseillée. Doubles 100-130 € ; petit déj 12 €. Formule déj en sem 12,50 € ; menu 33 € ; carte env 35 €.* Perdu dans les hauteurs, ce gros chalet cosy décoré de jolis bibelots respire le bonheur de vivre ! Derrière ses fourneaux, Christelle Lang-Metzinger, une chef autodidacte qui travaille des classiques alsaciens revisités. Une cuisine de saison originale et surprenante, parfaitement accompagnée par une carte des vins sérieuse (et plus de 50 whiskies pour finir en beauté !). Également une petite dizaine de chambres bien équipées et décorées avec goût... à moins de préférer l'option plus aventureuse de la *Chaumière des Lutins*, une cabane bien sympa mais sans eau ni électricité. Bref, rien ne manque, jusqu'au sauna finlandais. Accueil familial gentil.

Ferme-auberge du Kohlschlag : *route du Col-Amic, 68760* ***Willer-sur-Thur.*** *☎ 03-89-82-31-28. À 10 km au nord de Thann par la N 66, puis à droite la D 1386 (voir plus haut la section « La route des Crêtes »).*

LE HAUT-RHIN

À voir. À faire autour de la vallée

Le parc de Wesserling – Écomusée textile : *68470* ***Husseren-Wesserling.*** *☎ 03-89-38-28-08. • parc-wesserling.fr • Accès train : gare Husseren-Wesserling à 200 m du parc. À 12 km au nord de Thann par la N 66. Musée,* *grande chaufferie et jardins ouv avr-début juin, lun-sam 13h-18h, dim et j. fériés 10h-18h. De début juin à mi-oct, tlj 10h-18h (nocturnes jusqu'à 23h30 jeu-dim en août). Jardins et grande chaufferie fermés le reste de l'année, mais le musée reste ouv nov-déc tlj 14h-17h30, sauf j. fériés. Entrée : 7-10,50 € selon saison ; 4-17 ans 4-6 € ; gratuit moins de 4 ans ; pass famille (2 adultes + enfants moins de 18 ans) 20-29 €. Museums Pass Musées et Pass Alsace acceptés. Boutiques d'artisanat, restos, café, chocolaterie, aire de pique-nique... et bien sûr de nombreuses animations (voir le programme).*

MONUMENT SANS MORT

À Husseren-Wesserling, aucun nom n'est gravé sur le monument aux morts. Impossible en effet d'apposer l'inscription « Morts pour la France ». Certains sont tombés sous l'uniforme français, d'autres en combattants allemands, souvent sous la contrainte. Pour l'instant, l'affaire n'est toujours pas réglée.

Manufacture royale depuis 1783 qui jouissait d'une solide réputation dans le monde du textile, c'est à Husseren-Wesserling qu'a été installée la 1re filature mécanique d'Alsace en 1802, qui allait initier le devenir industriel de toute la vallée de la Thur. Lorsque la reine Victoria a réaménagé son boudoir, elle a choisi des tissus de Wesserling...

Musée aménagé dans l'ancienne manufacture d'impression, au cœur d'un vaste et étonnant complexe de bâtiments qui semble ne pas avoir bougé depuis le XIXe s : un château, des entrepôts et des ateliers, mais aussi un magnifique parc paysager de 17 ha avec sa ferme, son jardin potager, ses jardins à la française, à l'anglaise, un parcours pieds nus, etc. Curiosité : la Grande Chaufferie, rare témoin du gigantisme industriel du XXe s... En été a lieu le Festival international des jardins métissés, qui met à l'honneur des jardins éphémères et surprenants, mêlant l'histoire du textile et la création paysagère.

Ainsi, c'est toute l'histoire du textile ou presque qui est ici évoquée, de façon sérieuse et ludique tout à la fois, des petites mains à la révolution industrielle. Un espace permet d'assister à diverses démonstrations autour d'ateliers de tissage, gravure ou teinture : pour tout savoir sur l'utilisation des métiers à tisser, les étapes de la gravure ou les techniques d'impression des tissus.

Au mois de décembre, le parc de Wesserling se prête à des balades féeriques dans un parc en habits de fête, éclairé à la lumière de centaines de bougies. Le musée organise également de grandes expos temporaires.

À la fin de la visite, n'oubliez pas non plus de monter sur le toit pour une vue panoramique sur l'ensemble du site.

Le musée Serret : *7, rue Clemenceau, 68550* ***Saint-Amarin.*** *☎ 03-89-38-24-66. À 8 km au nord de Thann par la N 66. Mars-déc, tlj sauf mar 14h-18h. Entrée : 3,20 € ; réduc.* Installé dans l'ancien tribunal administratif qui abrita un hôpital militaire pendant la Grande Guerre, ce vaste musée présente ses nombreuses collections dans une vingtaine de salles sur 3 niveaux. On y découvre notamment les différents produits des industries de la vallée de la Thur : toiles imprimées de Wesserling, verreries de Wildenstein, etc. Également des objets religieux du XVe au XIXe s, une section d'arts et de traditions populaires (vieux métiers, matériel agricole...), des reconstitutions d'ateliers et de boutiques, et bien sûr plusieurs salles dédiées à la guerre. Belle collection d'armes, d'objets et de photos d'archives. Et puis une salle capitulaire, une section sceaux et monnaies, et quelques peintures.

Le parc à cigognes : *rue Guibert (avt le camping), à* ***Cernay-Saint-André.*** *À 4 km à l'est de Thann par la D 35. Accès libre.* Une soixantaine de cigognes sédentarisées habitent ce parc, l'un des 1ers à avoir été ouvert, en 1978, pour la réintroduction de cet oiseau (on peut même assister aux repas chaque mercredi à 11h30 – tous les jours l'hiver).

Les anciennes mines de Steinbach-Silberthal : *à* ***Steinbach.*** *☎ 03-89-75-50-35 (office de tourisme). À 4 km à l'est de Thann par la D 35. Visite tte l'année* **sur résa obligatoire.** *Entrée : sous forme de don.* Une visite guidée sur un sentier balisé vous mène au cœur des mines Saint-Nicolas, Donnerloch et Erzenbach, à la découverte de 1 000 ans d'exploitation du plomb argentifère. Le tout dans le site pittoresque du vallon de l'Erzenbach. Penser à bien se couvrir.

Le lac de Kruth-Wildenstein : *à 18 km au nord de Thann par la N 66, puis à droite la D 138.* Au fond de la vallée de la Thur, derniers paysages d'Alsace avant le col de Bramont et les Vosges. Ce lac artificiel forme la plus grande nappe d'eau des Vosges – 2 km de long sur 400 m de large – dans un superbe site, dominé par les ruines du *château de Wildenstein,* juché sur un éperon rocheux. Un sentier balisé avec un triangle rouge permet de monter au sommet.

Le champ de bataille et l'historial du Hartmannswillerkopf (le Vieil-Armand) : *au* ***col du Silberloch*** *; à 15 km au nord de Thann par la D 431. Voir le chapitre « La route des Crêtes ».* Perchée à 908 m d'altitude, la crête de l'Hartmannswillerkopf vit se dérouler la bataille la plus emblématique du front des Vosges, lors de la guerre 1914-1918. Pas moins de 30 000 soldats français et allemands y tombèrent.

LA VALLÉE DE LA DOLLER

Au sud de la vallée de la Thur, aux confins de l'Alsace et de la Franche-Comté, cette petite vallée peu connue mérite pourtant qu'on l'explore. Elle recèle un environnement naturel exceptionnel, propice à de nombreuses randonnées découverte de la montagne vosgienne et de ses lacs. C'est que cette vallée se situe en plein parc naturel régional des Ballons des Vosges !
Plusieurs fermes-auberges jalonnent ce territoire vert et sauvage, couvert de forêts profondes, mélange de feuillus et de résineux. De plus, un réseau d'une dizaine d'abris tout simples – les *Chalets de la Doller* – représentent aussi la bonne option pour le sommeil des randonneurs... Autre aménagement, une piste cyclable qui se déroule sur 25 km en fond de vallée.

MASEVAUX (68290)

Cœur historique de la Doller, Masevaux (3 340 habitants) s'est développée autour d'une prospère abbaye qui, de 778 à 1628, a fait la pluie et le beau temps sur la vallée. Soumise aux vicissitudes de l'Histoire, Masevaux n'aligne pas un patrimoine architectural époustouflant, mais c'est une petite ville fleurie et dynamique où il fait bon faire étape. Et savez-vous comment s'appellent les habitants de Masevaux ? Les Masopolitains !

Adresse et infos utiles

Office de tourisme de la vallée de la Doller : *9, pl. des Alliés. ☎ 03-89-82-41-99. • hautes-vosges-alsace.fr • ♿ Mai-sept, tlj sauf dim 9h-12h, 14h-18h ; oct-avr, lun-ven 9h-12h, 14h-17h, plus sam mat.* Brochure complète sur la vallée, infos itinéraires de rando, liste des hébergements, fermes-auberges, *chalets de la Doller,* restos, etc. Accueil pro et dynamique.

Infos bus : le ***bus nº 652*** de la compagnie *LK-Chopin* (*• l-k.fr •*) roule sur la ligne ***Mulhouse-Masevaux-Sewen,*** via tous les villages de la vallée. Également le ***bus n° 605*** de la société Glantzmann (● *glantzmann.com* ●) sur la ligne ***Thann-Masevaux-Sewen.***

– ***Marché :*** *mer et sam mat, pl. des Alliés.* Sur la même place, aussi un marché de producteurs locaux *(avr-sept, 3e jeu du mois 17h-20h).*

Où camper ? Où manger ?

Camping de Masevaux : *14, rue du Stade.* ☎ *03-89-39-83-94.* *06-33-49-44-88.* ● *info@masevaux-camping.com* ● *masevaux-camping.com* ● *À 5 mn à pied du centre-ville, à côté du stade. Avr-fin oct. Compter env 16,50 € pour 2 ; chalets et mobile homes. 125 empl. Réduc de 5 % sur présentation de ce guide.* Au bord de la Doller, une longue pelouse plantée d'arbres, bien tenue et paisible. Sanitaires nickel. Également des chalets et des mobile homes bien équipés, mais le plus fun, ce sont les tentes équipées ou carrément les tonneaux, un genre de roulotte sans les roues. Snack-bar, location de vélos, jeux pour enfants, pétanque, et de nombreux circuits de rando et de vélo à proximité. Piscine municipale juste à côté. Accueil sympa et pro.

L'Invitation : *7, porte Saint-Martin.* ☎ *03-89-82-42-30.* ● *restaurantlinvitation@gmail.com* ● *Mar-dim le midi, plus sam soir. Menus 18 € (déj en sem), puis 34-44 €.* Belle cuisine de marché, goûteuse, généreuse, voire créative, en prise directe avec le terroir et ses bons produits frais. Présentation soignée, autant que la salle, et flanquée d'une petite terrasse aux beaux jours. Bon rapport qualité-prix-gourmandise ! Accueil charmant.

Fête et manifestations

– ***Spectacles de la Grange Burklé :*** *24, rue du Chêne. Avr-oct, ven-sam à 20h. Billetterie en ligne ou à l'office de tourisme.* ● *grange-burckle-masevaux.fr* ● Dans un hangar reconverti en salle de spectacle à la programmation musicale et théâtrale intéressante et originale. Un succès fou !

– ***Les Jeux de la Passion :*** *les 5 dim avt Pâques.* ● *passion-masevaux.fr* ● La passion du Christ jouée en allemand pendant 5h par des acteurs bénévoles et amateurs ! Et ça existe depuis les années 1930 ! Unique en Alsace, qu'ils disent !

– ***Festival international d'orgues :*** *en été et jusqu'à mi-sept, dans l'église Saint-Martin.* ● *festivalorguemasevaux.com* ●

– ***Marchés paysans :*** *3e jeu du mois avr-sept et mi-déc.* Vente de produits locaux et barbecue en été.

ENTRE VALLÉE ET COLS

La vallée de la Doller commence vraiment à Burnhaupt-le-Haut, et elle se termine après Sewen, beau village dominé par la haute silhouette du célèbre ***ballon d'Alsace*** (1 247 m). Cette montagne, située à la croisée du Sud (Haut-Rhin), des Vosges, et du Territoire de Belfort, est accessible par la D 466, une belle route de montagne qui monte en sinuant à travers la forêt, puis débouche sur les pâturages d'altitude.

Où camper ? Où manger ?

Ferme-auberge de l'Entzenbach : *chemin de l'Entzenbach, 68290 Niederbruck.* ☎ *03-89-82-45-49.* ● *cecilebajard@orange.fr* ● *À 5 km à l'ouest de Masevaux par la D 466. Tlj sauf mer. Congés : janv. Possibilité*

LE HAUT-RHIN

de camper (6 € pour 2). À l'auberge, formule déj 15 €. CB refusées. Après 1,5 km de piste caillouteuse, on découvre cette exploitation pleine d'authenticité et de personnalité. Les sympathiques proprios possèdent quelques vaches, des chèvres, des cochons et des moutons. Leur grande passion, c'est d'expliquer aux visiteurs la vie d'une ferme montagnarde. Côté cuisine, on se régale de petits plats de terroir bien copieux, élaborés avec les produits bio de l'exploitation, qui sont aussi en vente : miel, légumes, lard, viandes et fromages. Plus rustique, y a pas ! Et pour les adeptes de la vie au grand air, possibilité de planter sa guitoune dans un pré, sans chichis.

À voir. À faire autour de la vallée

Le train de la Doller : *au départ des gares de **Cernay-Saint-André** et de **Sentheim.** 06-04-46-48-60. • train-doller.org • Juin-sept : dim et j. fériés, départ de Cernay à 10h30 et 15h, de Sentheim à 13h30 et 17h30 ; plus mer juil-août, départ de Cernay à 10h et 14h30, de Sentheim à 13h et 16h45. Résa conseillée. Aller simple 8 € ; A/R 11 € ; 7-9 € 4-14 ans ; billet famille (2 adultes et jusqu'à 3 enfants) 26-34 € ; visite guidée du dépôt comprise. Également des forfaits avec la Cité du Train à Mulhouse.* La ligne Sentheim-Cernay a repris du service ! Ses 12 km sont parcourus en 1h par un vieux train à vapeur, tirant des wagons datant de 1892 ainsi qu'une voiture-bar. Ces voitures étaient en service jadis sur la ligne Montpellier/Palavas-les-Flots... Aussi un autorail Renault de 1952... Certains mercredis d'été, cette gentille balade peut se coupler avec la visite du ballon d'Alsace. Également des trains à thème : *Doller western, train Halloween, train de Noël,* etc.

Maison de la terre de Haute Alsace : *pl. de l'Église, 68780 **Sentheim.** 06-47-29-16-20. • geologie-terre-alsace.fr • À 5 km à l'est de Masevaux par la D 466. Musée ouv tte l'année **sur résa.** Entrée : 3 € ; gratuit moins de 12 ans. Visite guidée (3h) du sentier géologique de Sentheim, juil-sept dim à 14h ; plus 1er dim du mois mars-juin et oct à 14h. Billet : 10 € (sentier + musée) ; réduc moins de 12 ans.* Cette petite maison rose accueille tous les curieux de la pierre, moins pour son expo (quelques vitrines de minéraux et de fossiles) que pour ses excellentes visites guidées. Au choix, la découverte d'une ancienne mine d'argent ou de fer (dans des galeries parfois étroites, casque enfoncé sur la tête), ou bien une sortie sur le sentier géologique de « Wolfloch » (grotte aux loups), aux spécificités rares dans l'est de la France. On parcourt ainsi 350 millions d'années d'histoire de la Terre, que l'on peut comprendre grâce aux différentes roches. Promenades passionnantes pour tous les âges.

➢ **Le sentier des Bunkers :** *à **Burnhaupt-le-Bas,** 15 km au sud-est de Masevaux par la D 466.* Lorsque promenade (3h) rime avec histoire ! Départ place de l'église de Burnhaupt-le-Bas (circuit balisé du cercle rouge). Un parcours en terrain plat de 8,6 km, jalonné de bunkers allemands de la ligne de front 1914-1918, d'espaces naturels et de panneaux explicatifs. Dépliants disponibles à l'office de tourisme.

SEWEN (68290) ET LA ROUTE DU BALLON D'ALSACE

Nous voici loin de tout... et quel plaisir ! Au fond de la vallée de la Doller, dans la partie la plus belle et la plus sauvage. Le ballon d'Alsace n'est plus qu'à 10 km par une superbe route en lacet ! Sewen livre des maisons anciennes typiques des Vosges du Sud. Et la nature alentour, les flancs boisés des montagnes et le lac bordé d'étranges tourbières offrent de beaux panoramas aux randonneurs... On peut même croiser des castors sauvages près du lac de Sewen !

Où dormir ? Où manger ?

Hôtel des Vosges : *38, Grand-Rue. ☎ 03-89-82-00-43. • info@hoteldesvosges.com • hoteldesvosges.com • Dans le village. Resto fermé mer et dim soir ; seulement sur résa le midi. Doubles 90-130 €. Carte env 50 €.* Au bord de la route très tranquille qui monte vers le ballon d'Alsace, ce petit hôtel familial dispose de très belles chambres entièrement relookées dans un style moderne. Bon confort général (il y a même un espace bien-être et un ascenseur !). Beau jardin verdoyant bordé par la Doller, avec tables et chaises pour la pause bucolique. L'étape idéale pour les cyclistes et les randonneurs. Fait aussi resto. Accueil très gentil.

Ferme-auberge du Baerenbach : *route du Ballon (D 466). ☎ 03-89-82-03-65. • fermeaubergedubaerenbach@orange.fr • De Sewen, prendre la route du ballon d'Alsace, puis chemin à droite, une montée un peu cahoteuse dans la forêt sur 2 km (panneau). De Pâques à mi-déc, ouv le midi sauf mer, plus soir le w-e. Menus 17,50-29 € ; plats 10-14 €.* Ici, pas de triche, les vaches paissent tranquillou tout autour, tandis que les poules se baladent en liberté. Cette petite ferme de montagne familiale produit ses propres fromages, charcuteries, viandes... autant d'ingrédients savoureux que les sympathiques propriétaires transforment en plats rustiques et 100 % typiques, du boudin à la tourte, en passant par les épaisses omelettes ; tarte aux fruits du jour en prime ! À dévorer dans une salle simple, avec son poêle à bois et ses toiles cirées. Accueil jovial et pro.

À voir. À faire

Le lac de Sewen : il commence dès la sortie du village. Petit et mignon, blotti entre 2 versants, c'est le dernier lac vosgien entièrement naturel. D'ailleurs, ses berges plates et marécageuses constituées de tourbières abritent une faune et une flore intéressantes. Paisible, parfait pour se promener le long du circuit qui le longe. Baignade interdite.

➢ **Randonnées pédestres :** entre le *GR 5*, le *GR 20*, les sentiers de petite randonnée, etc., les balades ne manquent pas dans cette région verte, aux belles forêts peuplées à la fois de feuillus et de résineux, et percées de plusieurs étonnants lacs de montagne (lac des Perches, Alfeld, Lachtelweiher, et Neuweiher). Le tout jalonné de fermes-auberges et des fameux *chalets de la Doller* : une dizaine de refuges gratuits accessibles toute l'année. Pour les marcheurs confirmés, la rando des « Trois-Lacs » s'impose : c'est l'incontournable s'il faut n'en faire qu'une ! Fiches randonnées gratuites disponibles à l'office de tourisme de Masevaux.

Les stations de ski : celle du **Ballon d'Alsace** (*• ballondalsace.fr •*) compte 10 pistes de ski alpin, 6 de fond (40 km), et une foule d'activités annexes : école de ski, *snowpark*, luge, randonnées à raquettes, balades avec chiens de traîneau... Nombreux hébergements et restos à dispo. Également la petite ***station du Schlumpf*** (*☎ 03-89-82-01-41 ; • dolleren-ski.fr •*) avec ses 2 téléskis et ses 2 pistes de ski alpin, dont une réputée pour être la plus longue des Vosges ! On y fait aussi de la luge.

➢ **Acropark :** *station de ski du Ballon d'Alsace. 06-84-67-68-58. • acropark.fr • Juil-août et vac scol, tlj 10h-19h ; en dehors de ces périodes, consulter le calendrier d'ouverture sur le site internet. Tarif : 12-24 € selon parcours et saison.* Situé dans la station, cet accrobranche en forêt propose différents parcours pour petits (à partir de 3 ans) et grands. On grimpe, on s'accroche, on glisse... Bref, on se fait des sensations, et cela sans danger ! Également une tyrolienne géante, acrobulle (boule géante gonflable) et *slackline* (funambulisme)...

LE SUD DE L'ALSACE

MULHOUSE (68100) 109 000 hab. *Carte Le Sud (Haut-Rhin), B3*

• Plan *p. 336-337*

L'humanisme, le protestantisme et l'esprit d'entreprise sont au cœur de l'identité de la ville ; on le sent en arrivant. Oubliez donc tous vos préjugés ! Mulhouse est une cité intéressante, voire passionnante pour qui aime suivre les mutations urbaines. Son centre ancien – miraculeusement préservé – aligne de jolies façades de maisons, au style proche de la Suisse voisine. Aussi Mulhouse est-elle la plus *Mitteleuropa* des villes françaises, habitée par une population cosmopolite. Elle livre en plus de nombreux et excellents musées qui font d'elle la « capitale européenne des musées techniques » !

DES MUSÉES À LA GLOIRE DE LA CIVILISATION DU XXE S

Mulhouse est une ville incroyablement riche en sites consacrés au patrimoine industriel, aussi bien local qu'étranger. Pour preuve, le plus célèbre de ses musées : la Cité de l'Automobile (collection Schlumpf), qui présente les plus beaux véhicules à 4 roues de l'histoire, comme ces merveilleuses Bugatti, dada du fondateur de la collection. Il est considéré comme le plus beau du genre au monde ! À voir aussi : la Cité du Train, le musée Électropolis, celui de l'Impression sur étoffes... tous aussi superbes les uns que les autres !

ARRÊTE TON CHAR, BEN HUR !

Savez-vous que c'est un Mulhousien d'origine, William Wyler (1902-1981), qui tourna en 1959 le plus célèbre des péplums, le film Ben Hur *(et sa fantastique course de chars) ? Monument du cinéma d'Hollywood, qui obtint 11 oscars à sa sortie et fut un succès mondial, ainsi qu'un record de recettes. Mulhouse, ville des toiles imprimées, a donc donné cette toile archi primée au 7e art !*

UN PEU D'HISTOIRE

Aussi loin que l'on remonte dans l'histoire de Mulhouse, c'est toujours d'activité industrielle de transformation et d'utilisation de la matière première (et humaine) qu'il s'agit : n'est-ce pas la base même du progrès économique et technique en Europe ? Mulhouse fut tout d'abord la modeste « ville au moulin » ou « ville du meunier » (de *Mühle,* « le moulin », et *Häuser,* « les maisons », en allemand). *Milhüsa* en alsacien !

« La Manchester française » du XIXe s

Placée dès le Moyen Âge sous la tutelle des Hohenstaufen, l'empereur Frédéric Barberousse lui accorde ses 1res franchises (XIIe s). Puis, aspirée dans la mouvance du Saint Empire romain germanique, Mulhouse rejoint la Décapole (fédération politique et commerciale de 10 villes libres – et riches – d'Alsace). Elle est déjà prête, bien avant les autres, à accueillir la Réforme : en 1523, la cité se « convertit »

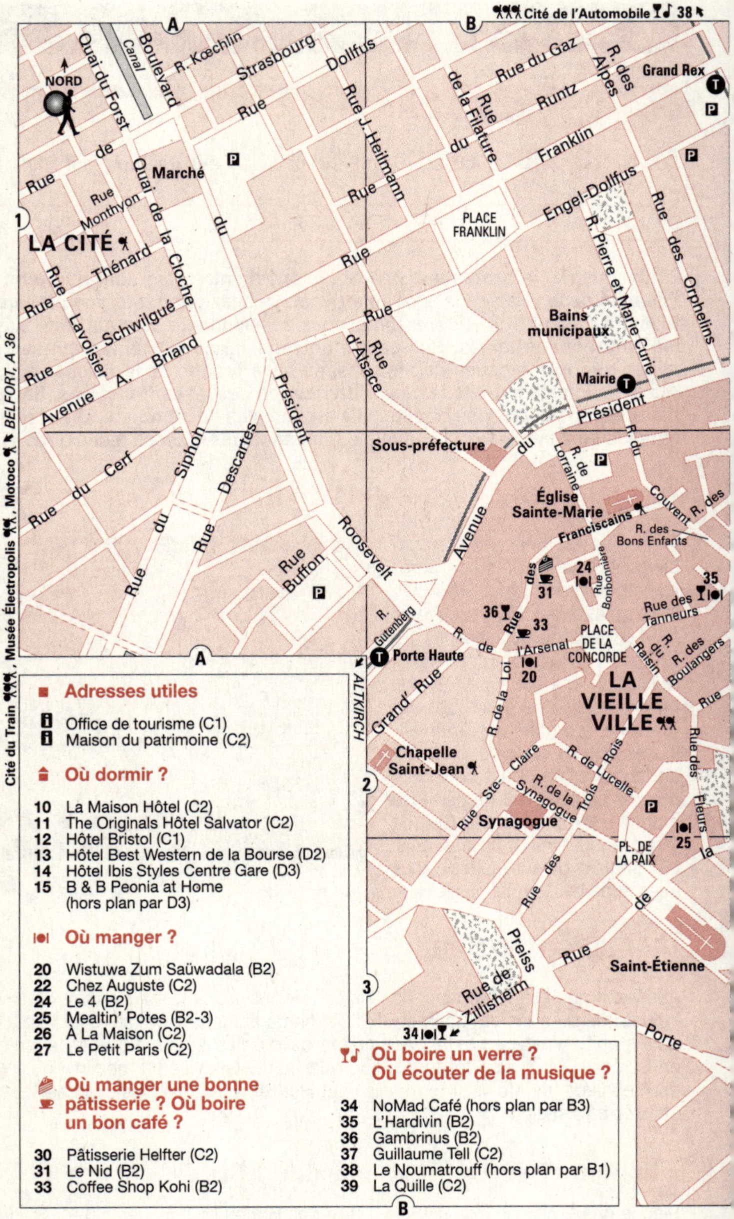

Adresses utiles

- Office de tourisme (C1)
- Maison du patrimoine (C2)

Où dormir ?

10 La Maison Hôtel (C2)
11 The Originals Hôtel Salvator (C2)
12 Hôtel Bristol (C1)
13 Hôtel Best Western de la Bourse (D2)
14 Hôtel Ibis Styles Centre Gare (D3)
15 B & B Peonia at Home (hors plan par D3)

Où manger ?

20 Wistuwa Zum Saüwadala (B2)
22 Chez Auguste (C2)
24 Le 4 (B2)
25 Mealtin' Potes (B2-3)
26 À La Maison (C2)
27 Le Petit Paris (C2)

Où manger une bonne pâtisserie ? Où boire un bon café ?

30 Pâtisserie Helfter (C2)
31 Le Nid (B2)
33 Coffee Shop Kohi (B2)

Où boire un verre ? Où écouter de la musique ?

34 NoMad Café (hors plan par B3)
35 L'Hardivin (B2)
36 Gambrinus (B2)
37 Guillaume Tell (C2)
38 Le Noumatrouff (hors plan par B1)
39 La Quille (C2)

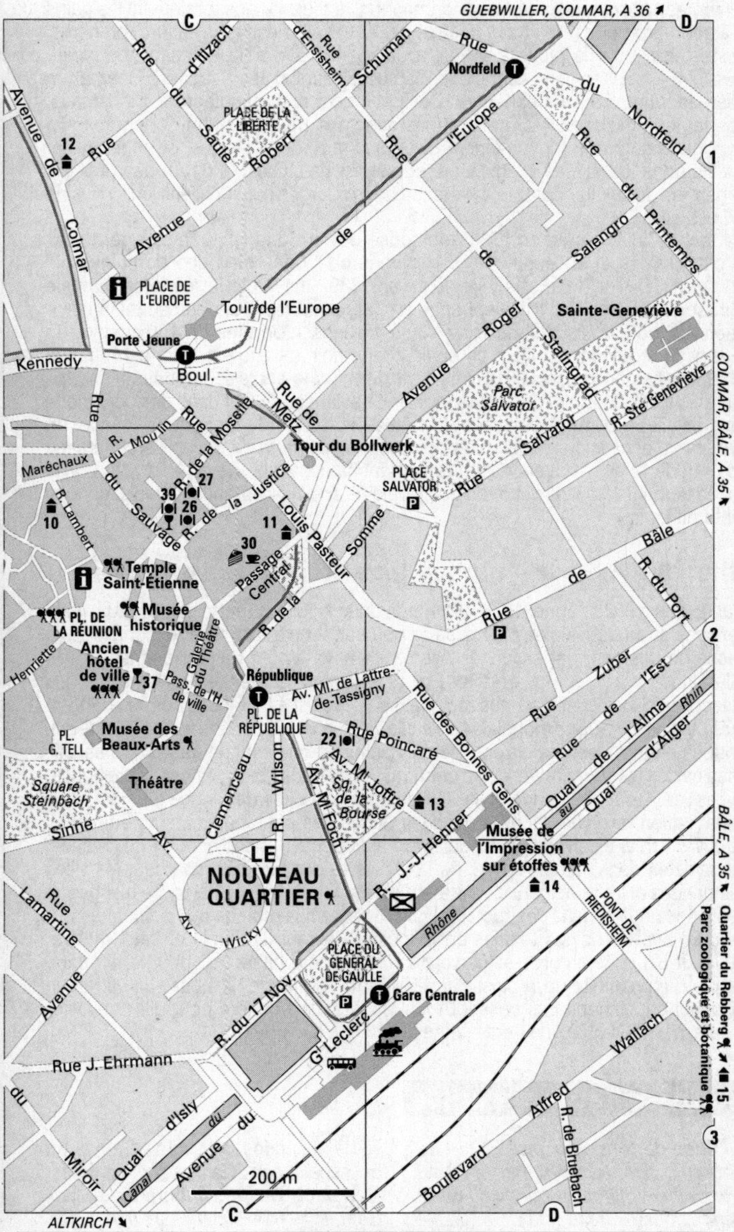
GUEBWILLER, COLMAR, A 36
COLMAR, BÂLE, A 35
BÂLE, A 35
Quartier du Rebberg
Parc zoologique et botanique
15
ALTKIRCH
C
D
1
2
3
Nordfeld
PLACE DE LA LIBERTÉ
PLACE DE L'EUROPE
Tour de l'Europe
Porte Jeune
Sainte-Geneviève
Parc Salvator
Tour du Bollwerk
PLACE SALVATOR
Temple Saint-Étienne
Musée historique
PL. DE LA RÉUNION
Ancien hôtel de ville
République
PL. DE LA RÉPUBLIQUE
Musée des Beaux-Arts
Théâtre
Square Steinbach
Sq. de la Bourse
Musée de l'Impression sur étoffes
LE NOUVEAU QUARTIER
PONT DE RIEDISHEIM
PLACE DU GÉNÉRAL DE GAULLE
Gare Centrale
PL. G. TELL
Avenue de Colmar
Rue d'Illzach
Rue du Saule
Rue d'Ensisheim
Avenue Robert Schuman
Rue de l'Europe
Rue du Nordfeld
Rue du Printemps
Avenue Roger Salengro
Rue de Stalingrad
R. Ste Geneviève
Boul. Kennedy
Rue des Maréchaux
R. du Moulin
R. Lambert
Rue du Sauvage
R. de la Moselle
R. de la Justice
Rue de Metz
Louis Pasteur
Rue Salvator
Somme
Rue de Bâle
R. du Port
Passage Central
R. de la
Henriette
Galerie du Théâtre
Pass. de l'H. de ville
Av. Ml. de Lattre-de-Tassigny
Rue Poincaré
Rue des Bonnes Gens
Rue Zuber
Rue de l'Est
Rue de l'Alma
Quai au Rhin
Quai d'Alger
Av. Ml Joffre
Clemenceau
R. Wilson
Av. Ml Foch
Sinne
Av.
R. J.-J. Henner
Quai au Rhône
Rue Lamartine
Av. Wicky
Avenue
R. du 17 Nov.
G Leclerc
Rue J. Ehrmann
Quai d'Isly
Canal du
Rue du Miroir
Avenue du
Boulevard Alfred Wallach
R. de Bruebach
200 m
12
10
11
13
14
22
26
27
30
37
39

MULHOUSE

au protestantisme, religion ne condamnant ni la réussite économique ni les gains d'argent, prônant au contraire le salut par le travail. Résultat : les entrepreneurs, protestants pour la plupart, y voient un terrain favorable à l'essor industriel. Dès 1746, 4 jeunes gens audacieux, Samuel Koechlin, Jean-Jacques Schmalzer, Jean-Jacques Feer et Jean-Henri Dollfus, créent une manufacture d'indiennes, ces fameux tissus peints ou imprimés avec des motifs extrême-orientaux. On importe le coton du Moyen-Orient puis, plus tard, de Louisiane, et on fait tisser les fils dans les vallées vosgiennes toutes proches. C'est le début des grandes dynasties du textile, comme celle des Schlumberger qui installent leur 1re usine à Guebwiller...

Rattachée à la France en 1798, Mulhouse devient une ville d'avant-garde sur le plan industriel et technique. Elle demeure 1re dans bien des domaines : le 1er chemin de fer de l'Est s'y implante en 1839, la 1re voie ferrée internationale (Strasbourg-Bâle), les 1ers téléphones (1877), avant les grandes capitales européennes. Le ciel de Mulhouse au XIXe s se hérisse de plus de 100 cheminées d'usines recouvrant la ville d'un épais nuage noir. La cité est alors surnommée « la Manchester française » ! S'inspirant du modèle anglais, les industriels protestants font construire pour leurs milliers de salariés – vivant dans des conditions très difficiles – d'immenses cités ouvrières. Bien avant le reste de la France, un système d'accession à la propriété permet aux ouvriers de devenir propriétaires au bout de 14 ans, moyennant un versement mensuel peu élevé. Au XIXe s, la ville est également à l'avant-garde dans le domaine social (assurance maladie, congés maternité, etc.).

Une ville meurtrie par les invasions et les guerres

L'annexion à l'Allemagne (1871-1914) provoque la fuite de certains capitaux, mais l'expansion industrielle de Mulhouse se poursuit. Arrive la 1re Guerre mondiale, qui casse brutalement cet essor, les Allemands s'acharnant particulièrement sur la ville. Dans l'entre-deux-guerres, les Français ne sont pas tendres non plus avec les Alsaciens, bannissant la langue régionale des écoles, à Mulhouse comme partout. Puis c'est la 2de Guerre mondiale : nouvelle invasion – plus courte mais féroce – des troupes hitlériennes. Expulsions, germanisation et persécution des juifs. Des affiches nazies recommandent de se débarrasser du bric-à-brac français... Mulhouse, qui est depuis toujours une des villes les plus tolérantes de France en matière de cohabitation religieuse, tombe dans les griffes des pires purificateurs ethniques du XXe s. Un vrai calvaire physique et moral pour ces « méridionaux » de l'Alsace, humanistes dans l'âme. À partir de 1941, les avions alliés bombardent les villes allemandes et les principaux centres industriels. Évidemment, Mulhouse n'échappe pas à ces raids aériens destructeurs qui provoquent la mort de 500 personnes...

Aujourd'hui, les usines textiles ont périclité. Restent la chimie et l'automobile. *Peugeot SA* reste un gros employeur qui fait encore beaucoup pour le territoire. De plus, la proximité de la Suisse et de l'Allemagne fait de Mulhouse un carrefour. Et beaucoup d'habitants passent tous les jours la frontière pour aller travailler à Bâle, qui n'est qu'à une trentaine de kilomètres au sud-est.

Adresses et infos utiles

Office de tourisme *(plan C1)* **:** *1, av. Robert-Schuman.* ☎ *03-89-35-48-48.* • *tourisme-mulhouse.com* • *jaienvie.de/mulhouse* • *Face à la porte Jeune. Juil-août, lun-sam 9h30-18h30, dim 10h-13h. Janv-fév, lun-sam 10h-13h, 14h-17h. Le reste de l'année, lun-sam 10h-13h, 14h-18h ; dim 10h-13h.* Toutes les infos imaginables, dans un bel espace convivial avec coin enfants.

Maison du patrimoine Édouard-Boeglin – CIAP *(plan C2)* **:** *5, pl. Lambert.* ☎ *03-69-77-76-61.* • *mulhouse.fr/fr/visites-guidees* • *Ouv lun-sam 14h-18h. GRATUIT. Tarifs visites guidées : 3-5 € ; réduc ; gratuit moins de 12 ans.*

Expo très bien faite expliquant le développement industriel de la ville. Nombreuses visites guidées thématiques. Bon choix de livrets-jeux à destination des enfants, pour découvrir le patrimoine de la ville de façon thématique. Programme des visites téléchargeable sur le site.

✈ **Aéroport de Bâle-Mulhouse (EuroAirport) :** *à Saint-Louis.* ☎ *03-89-90-31-11.* ● *euroairport.com* ● *À 30 km au sud-est de Mulhouse par l'A 35, à côté de la frontière suisse.* Plusieurs vols quotidiens avec Paris-CDG et Paris-Orly avec *Air France,* ainsi que *Bordeaux, Nantes, Nice, Montpellier, Biarritz* et *Toulouse.*

Gare SNCF *(plan C-D3)* **:** *10, av. du Général-Leclerc.* ☎ *36-35 (appel gratuit).* ● *sncf-connect* ● *ter.sncf/grand-est* ● Liaisons TGV quotidiennes avec **Paris-Gare-de-Lyon.** Nombreux TER tlj sur les lignes **Strasbourg-Colmar-Mulhouse-Bâle, Mulhouse-Thann-Kruth,** et **Mulhouse-Altkirch-Belfort.**

Gare routière *(plan C3)* **:** *14, av. du Général-Leclerc, à côté de la gare SNCF.* Le **bus n° 454** de la société *Transdev Grand Est* (● *vialsace.eu* ●) roule entre **Mulhouse** et **Linthal,** via **Guebwiller, Soultz, Lautenbach,** etc. ; d'autres bus desservent les villages du Sundgau, notamment le **n° 830** sur la ligne **Mulhouse-Altkirch-Ferrette,** le **n° 831** sur la liaison **Mulhouse-Ferrette-Lutter-Kiffis,** le **n° 832** sur la ligne **Mulhouse-Ferrette-Levoncourt-Bendorf,** etc. ; sans oublier le **n° 755** reliant **Mulhouse** à **Saint-Louis,** et le **n° 755** desservant **Colmar...** Le **bus n° 652** de la compagnie *LK-Chopin* (● *l-k.fr* ●) roule sur la ligne **Mulhouse-Masevaux-Sewen,** via les villages de la vallée de la Doller ; alors que **Thann** et **Cernay** sont desservies par les **bus n°s 520 et 553...**

Ⓣ **Tramway :** la **ligne 1** relie la gare au nord de la ville, en passant par la Cité de l'Automobile, au nord de la ville ; la **ligne 2** le quartier de l'Université au Nouveau Bassin, à l'est de la ville ; et la **ligne 3** la gare SNCF à Lutterbach à l'ouest. Ces 3 lignes se croisent au niveau de la tour de l'Europe (porte Jeune). Le « tram-train » circule sur le réseau urbain au départ de la gare SNCF puis poursuit son trajet jusqu'à Thann (vallée de la Thur), en empruntant le réseau ferré classique en alternance avec les TER. Infos : ● *solea.info* ●

Taxis : *avec les compagnies* ***Radio Taxis Mulhouse,*** ☎ *03-89-45-80-00 ;* ***Allo Taxi Mulhouse,*** ☎ *03-89-60-06-00.*

– **Marché** *(plan A1)* **:** *au canal couvert, dans le quartier de la Cité. Bus n^{os} C6, C7, 16 ou 10 mn de marche depuis l'arrêt « Porte haute » du tram. Mar, jeu, sam et veilles de fêtes.* Avec 350 commerçants, c'est le plus grand marché de l'est de la France. Pour rencontrer l'âme du Mulhouse d'aujourd'hui autant que pour acheter de bons produits. On y vient même depuis l'Allemagne et la Suisse !

Où dormir ?

Prix moyens

The Originals Hôtel Salvator *(plan C2,* ***11****)* **:** *29, passage Central.* ☎ *03-89-45-28-32.* ● *info@hotelsalvator.fr* ● *hotelsalvator.fr* ● ♿ *Congés : 15 j. déc-janv. Doubles 58-81 € ; familiales. Parking 8 €.* Ce grand bâtiment moderne renferme une cinquantaine de chambres – plus ou moins spacieuses – aménagées simplement et sobrement dans un style fonctionnel. L'originalité, c'est qu'elles sont desservies par un étonnant ascenseur vitré avec vue sur la ville. Petite salle de sport surplombant les toits. Gros plus : l'accueil vraiment sympa d'Agnès et de son équipe et la proximité d'un parking privé.

De prix moyens à beaucoup plus chic

La Maison Hôtel *(plan C2,* ***10****)* **:** *15, rue Lambert.* ☎ *03-89-66-44-77.* ● *reception@lamaison-mulhouse.com* ● *hotel-mulhouse.com* ● ♿ *Doubles 70-190 €. Parking public payant (accès direct).* L'idée, c'est de se sentir comme à la maison. Avec

LE HAUT-RHIN

les bouquins, les jolis bibelots et les meubles coquets, c'est plutôt réussi, d'autant que l'accueil est charmant. Côté confort, rien à redire : chambres impeccables, terrasse et véranda à l'étage, et même un accès au sauna pour se relaxer. Un bon point de chute au cœur du centre historique piéton.

Hôtel Bristol *(plan C1,* ***12****) : 18, av. de Colmar. ☎ 03-89-42-12-31. • info@hotelbristol.com • hotelbristol.com • ♿ Doubles 70-140 € ; familiales. Parking payant. Réduc de 10 % sur le prix de la chambre sur présentation de ce guide (hors mois de déc).* À 2 pas du vieux Mulhouse, la valeur sûre du centre-ville, avec ses 115 chambres tout confort, spacieuses, d'allure classique ou contemporaine. Mon tout dispatché dans le bâtiment principal et 2 ailes modernes sur l'arrière, plus calmes. Excellent service. Un très bon rapport qualité-prix.

Hôtel Best Western de la Bourse *(plan D2,* ***13****) : 14, rue de la Bourse. ☎ 03-89-56-18-44. • bourse.hotel@gmail.com • bourse-hotel.com • ♿ Doubles 80-240 €.* Ce vieux bâtiment classé avec déco de façade et trompe-l'œil renferme une quarantaine de chambres spacieuses, confortables, et régulièrement rénovées sur une agréable note contemporaine. Bon rapport qualité-prix-accueil.

Hôtel Ibis Styles Centre Gare *(plan D3,* ***14****) : 44, av. du Général-Leclerc. ☎ 03-89-50-00-08. • ha069@accor.com • all.accor.com • ♿ Doubles 105-135 €.* Tout près de la gare et du centre historique, le dernier-né des hôtels mulhousiens s'est installé dans un bâtiment moderne à l'architecture ambitieuse. Chambres design, colorées et nickel. Accueil sympa et pro.

B & B Peonia at Home *(hors plan par D3,* ***15****) : 48, bd Léon-Gambetta. ☎ 03-89-54-09-59. • d.onghia@wanadoo.fr • peonia.fr • Doubles 120-135 €.* Dans un quartier résidentiel vert à 10 mn à pied du centre historique, cette vieille et pittoresque demeure de maître livre 5 belles chambres de charme, tout confort et douillettes. Parties communes aux boiseries d'origine, parsemées de quelques meubles design. Accueil charmant.

Où manger ?

Bon marché

À La Maison *(plan C2,* ***26****) : 9, rue de la Justice. Pas de tél. Tlj au déj sauf dim. Plat du jour 9,90 €. Café offert sur présentation de ce guide.* Un « fast-good » nous proposant une restauration à emporter, mais de qualité ! « Lentement préparé, rapidement servi » ; le ton est donné. Une escale tout indiquée pour ceux qui voudraient profiter des nombreux musées de la ville. À l'ardoise, 3 options : le potage du moment, le croque au pastrami (ou à la sardine), tous 2 fidèles au poste, ou le plat du jour, qui penche côté terre ou mer selon le marché et l'inspiration (boulettes de poisson polenta à la tomate et légumes, brochette de dinde au curry). On conclut en beauté par le dessert, lui aussi du jour. Produits bio et locaux dans la mesure du possible et bon usage des épices. Efficace, goûteux et copieux. Accueil très agréable.

Prix moyens

Wistuwa Zum Saüwadala *(plan B2,* ***20****) : 13, rue de l'Arsenal. ☎ 03-89-45-18-19. • sauwadala@gmail.com • Fermé dim soir et lun (hors marché de Noël). Formule déj en sem 13,50 €, puis menus 30-50 €. Apéritif maison ou café offert sur présentation de ce guide.* Déco « à l'ancienne » et bonnes odeurs de cuisine dans cette winstub typique, qui fait honneur au cochon, sa mascotte. La carte est sensiblement la même depuis des lustres. Autant dire que la brigade maîtrise les classiques alsaciens : *fleischschnaka,* choucroute en croûte (sur résa), *baeckeoffe,* jarret de porc braisé à la sauce au munster... Aussi une palanquée de poissons frais et de viandes grillées. Sans oublier les desserts, aussi typiques que généreux en goût, et parfois arrosés de marc local. Accueil familial sympa.

Chez Auguste *(plan C2,* ***22****) : 11, rue Poincaré. ☎ 03-89-46-62-71.*

• restaurantchezauguste@wanadoo.fr • Tlj sauf dim-lun et j. fériés. Résa impérative ! Menu 27 €. Petite salle à l'ancienne avec parquet et vieilles pubs sur murs blancs. Côté fourneaux, cuisine de marché – originale et pleine de saveurs – mitonnée par une équipe dynamique et chaleureuse. Excellent rapport qualité-prix. On recommande !

Chic

Mealtin' Potes (plan B2-3, **25**) : 6, rue des Halles. ☎ 03-89-44-63-34. Fermé dim-lun. Résa conseillée. Formules déj en sem 20-22 €. Les fins palais à la recherche d'une escale dans l'air du temps aiment pousser la porte du *Mealtin' Potes*. Le choix est vite fait, entre les 2 plats du marché proposés, mais on ne s'en plaindra pas. Délicieux. Service pro et sympathique. Et une belle terrasse intérieure.

Le 4 (plan B2, **24**) : 5, rue Bonbonnière. ☎ 03-89-44-94-11. Tlj sauf dim et lun. Résa impérative ! Formule déj (en sem seulement) 21-25 € ; carte 50-55 €. Cadre moderne sobre dans les tons gris à la mode. Juste quelques plats à l'ardoise – inventifs et bien menés – inspirés par la cuisine du monde et le marché. Les Mulhousiens en sont fans, et nous aussi !

Le Petit Paris (plan C2, **27**) : 12, rue de la Moselle. ☎ 03-89-61-17-85. Fermé dim-lun. Résa conseillée. Formules déj en sem 20-24 € ; menu 39 € ; carte env 45-50 €. Il se définit comme un bistrot chic. Déco classe, c'est sûr, dans un style sobre et lumineux, avec des chapeaux en guise de luminaire pour la touche déco. Quant à la cuisine, elle est soignée, de saison, dans un registre classique élégant. Une bonne table assurément. Accueil pro.

LE HAUT-RHIN

Où manger une bonne pâtisserie ? Où boire un bon café ?

Le Nid (plan B2, **31**) : 20, rue des Franciscains. ☎ 03-89-44-17-96. • lenid.mulhouse@gmail.com • Tlj 8h-18h30. Fermé dim sauf 1/mois. Brunch sam (20 €) et 1 dim/mois (25 €). Paisible et baigné de lumière, *Le Nid* ouvre dès le petit déj. Accueil souriant de Charlotte et Sophie, les 2 amies qui ont concrétisé ce chouette projet. Tiens, ici une balançoire... et là un olivier qui s'est invité à travers une table ! Rigolo. Dans l'assiette, pancakes aux fruits, cookies... et pour se rassasier léger au déjeuner, salade ou *bowl*, tarte ou tartine. Peu de choix mais ultra-frais, simple et bon. Belle terrasse.

Pâtisserie Helfter (plan C2, **30**) : 27, passage Central. ☎ 03-89-56-00-88. • patisserie@helfter.fr • Tlj sauf lun 7h30-18h30 (17h dim et j. fériés). La bonne petite pâtisserie-salon de thé du centre de Mulhouse ; impec pour une pause gourmande, histoire de recharger un peu les batteries entre 2 musées ! La spécialité ? La feuilletine (chocolat, praliné, et croustillant praliné...). Possibilité d'y faire aussi une petite pause salée. Accueil réservé.

Coffee Shop Kohi (plan B2, **33**) : 4, rue des Franciscains. 06-15-38-05-03. Ouv mar-sam 9h30-18h, dim 11h-18h. Fermé lun. Clément, passionné par le café, s'est formé au métier de barista dans le but d'ouvrir *Kohi*. Une escale de poche cosy, entre coussins et quelques jeux de société et casse-tête, sur fond de musique zen. On se laisse guider pour le choix du nectar, à escorter, pourquoi pas, d'une tartelette choco-banane, ou d'un millionnaire...

Bars à vins

L'Hardivin (plan B2, **35**) : 25, rue des Tanneurs. 06-32-34-32-02. Tlj sauf dim-lun 18h-1h. On aime ce petit bar à vins pour son atmosphère vintage : mobilier dépareillé, vieux objets hétéroclites, plaques publicitaires ; jusque dans la courette-jardin à l'arrière, bien fraîche les soirs d'été. Grand choix de vins au verre, qu'on accompagne volontiers de planches de charcuterie-fromage, et autres frichtis. Clientèle d'habitués de tous âges.

La Quille *(plan C2, **39**) : 10, rue de la Moselle. ☎ 03-89-44-41-30. • laquille-mulhouse.com • Tlj sauf dim 18h-minuit (1h30 ven-sam).* Dans le décor chaleureux de cette cave à vins, c'est un tour de France viticole de près de 500 références qui vous est proposé. Pour ceux qui désirent accompagner leur vin d'un en-cas, des planches de charcuterie ou de fromage.

Où boire un verre ? Où écouter de la musique ?

Gambrinus *(plan B2, **36**) : 5, rue des Franciscains. ☎ 03-89-36-96-75. • legambrinus.com • Tlj sauf dim-lun 17h-1h.* Une escale qui fait souvent le plein ! Un long comptoir cerné d'une ambiance industrielle tirant sur la B.D., avec salle de jeux au fond. Dans les godets : bières, cocktails, vins blancs, vins rouges... Aussi des tartes flambées, des plats du jour ou quelques salades, histoire de mettre un peu de solide dans le liquide ! Bonne ambiance jeune et moins jeune, toujours bon enfant. La rue est quasiment piétonne, rendant la terrasse d'autant plus agréable.

Également le **Guillaume Tell** *(plan C2, **37** ; 1, rue Guillaume-Tell)*, pris d'assaut aux beaux jours pour sa belle terrasse sur la place de la Réunion, face au temple Saint-Étienne.

NoMad Café *(hors plan par B3, **34**) : 28 B, rue François-Spoerry. ☎ 03-89-43-63-40. • nomad@nomadcafe.fr • nomadcafe.fr • Ouv tlj sauf lun 11h-14h, 17h-minuit (sam, le soir uniquement), plus brunch le dim dès 10h.* C'est l'adresse qui cartonne à Mulhouse. Mais ici on quitte la vieille ville, le *NoMad* ayant dressé le camp dans un vaste espace industriel. De beaux volumes donc, et une déco au top mêlant objets rétro et contemporains, coins salons et grandes tablées. Super ambiance le soir, quand les fêtards débarquent en force pour siroter un verre en picorant une planche de charcut, des tapas, ou un plat plus consistant genre burger. Gros succès aussi pour le brunch, surtout lorsque la grande terrasse est ouverte. Vraiment sympa.

Le Noumatrouff *(hors plan par B1, **38**) : rue Alain-Bashung. ☎ 03-89-32-94-10. • info@noumatrouff.fr • noumatrouff.fr • Dans le quartier de la Cité de l'Automobile. Ouv seulement les soirs de concert, 20h-4h max. Résa conseillée.* Salle de concerts à la programmation éclectique : du rock à la musique électronique, en passant par la salsa, le raggamuffin, la world, etc. Également des studios de répétition. L'adresse incontournable de la jeunesse rebelle et créative, ou tout simplement des amateurs de musique !

LE HAUT-RHIN

À voir

*– **Infos musées :** ☎ 0800-94-03-60 (prix d'un appel local). • musees-mulhouse.fr •*
– ***Important :*** valable 3 jours, le ***Mulhouse City Pass*** permet – pour 18 € (14 € pour les 4-17 ans) – de bénéficier d'une visite guidée et d'une entrée à un site touristique gratuites (musée ou zoo), ainsi que d'un apéritif offert dans les restos participant à l'opération, et la possibilité d'emprunter l'ensemble des lignes de tramways et de bus urbains. Également des réductions dans les sites touristiques, cinémas, à la boutique de l'office de tourisme...

Au centre nord et au nord du centre
(hors plan par A-B1)

La Cité de l'Automobile – Musée national – collection Schlumpf *(hors plan par B1) : 17, rue de la Mertzau. ☎ 03-89-33-23-23. • citedelautomobile.com • Du centre-ville ou de la gare, 5-10 mn en tram. Ⓣ Cité-de-l'Auto (ligne 1). Tlj 10h (13h, 6 janv-7 fév, sauf le w-e)-17h (18h, 3 avr-1er nov). Fermé*

25 déc. Entrée : 14 € (16 € avec le spectacle « En piste ! » w-e et j. fériés avr-sept) ; 10 € 7-18 ans ; gratuit moins de 7 ans ; forfaits famille 42 € (2 adultes + 2 enfants, 48 € avec spectacle). Museums Pass Musées accepté. Parking payant. Livret-jeux enfants gratuit. Boutique, resto et cafétéria. Événements et expos organisés tt au long de l'année. Une sorte de petit train démarre plusieurs fois/j. à heures fixes, avec quelques commentaires de la part du conducteur. ***Possibilité de baptêmes pilote en voiture de collection ou à bord de bolides comme une Ferrari ou une Lamborghini, sur l'autodrome du musée*** *(📱 06-62-83-14-12 ; • myclassicautomobile.com • ; tlj mars-nov, 11h30-16h30 ; 40-115 € pour 7 tours de circuit selon voiture).*

LE PLUS GRAND MUSÉE AUTOMOBILE DU MONDE ! Tout commence dans les années 1920 par l'installation à Mulhouse de Hans et Fritz Schlumpf, 2 frères suisses. En 1935, ils fondent un empire industriel textile et font fortune. Dès 1957, Fritz achète des modèles rares de voitures anciennes, après avoir participé à de nombreuses courses régionales au volant de sa Bugatti 35B. Il rachète aussi une ancienne filature de laine du XIXe s – là même où se trouve le musée aujourd'hui – dont il transforme les entrepôts pour accueillir sa collection grandissante. Sa passion l'entraînant toujours plus loin, il finit par s'entourer d'une importante équipe de mécaniciens pour restaurer et entretenir ***437 véhicules de 97 marques différentes, avec une préférence pour les Bugatti.*** Une collection incroyable qu'il montre seulement à quelques privilégiés dans un vaste espace de 17 000 m^2 éclairé par 800 lampadaires, copies de ceux du pont Alexandre-III à Paris !

En 1976, la crise du textile provoque la chute de l'empire industriel Schlumpf. C'est alors qu'une nuit de mars 1977, un petit groupe de syndicalistes pénètre dans l'enceinte du musée et y découvre ce véritable « trésor » : c'est le début de « l'affaire Schlumpf » ! L'endroit prend alors le nom de « musée des Travailleurs » jusqu'en 1978, date à laquelle la prestigieuse collection est classée Monument historique. Et pour ne pas voir ce patrimoine inestimable se disperser dans la nature, une association regroupant plusieurs collectivités publiques territoriales et partenaires privés devient acquéreur de la « collection Schlumpf » en 1981. Puis le musée national de l'Automobile ouvre enfin ses portes en 1982, pour ensuite se moderniser, s'agrandir, prendre son nom actuel, et se doter d'un autodrome, lieu du spectacle « En piste ! ». Les véhicules sont présentés dans 3 principaux espaces, après une salle d'introduction très bien faite dédiée aux frères Schlumpf et à l'épopée de ce musée pas comme les autres.

– ***L'espace « Aventure »,*** dans l'immense salle principale, regroupe d'abord les « ***Ancêtres*** » : l'Antoinette et autres Panhard, Peugeot, De Dion et Benz, couvrant une période allant de 1878 à 1918. C'est à cette époque que l'architecture des véhicules Panhard définit l'essentiel de ce que sera l'automobile moderne pendant des décennies : un moteur, un embrayage, une boîte de vitesse et une transmission aux roues arrière. Ensuite, les « ***Classiques*** » amorcent une 2de phase (1918-1938) symbolisée par la fusion de Mercedes et Benz, préambule à l'ère des « super-voitures » caractérisées par des dimensions et des puissances formidables, à l'instar de la 770 K de 1938, le monstre roulant de l'empereur Guillaume II, des autorités nazies du IIIe Reich et de l'empereur japonais Hiro Hito... De même, l'introduction en série de la traction par Citroën en 1934 demeure la grande innovation technique de cette époque, utilisée aujourd'hui par l'essentiel des constructeurs. Enfin, l'ouverture des usines de Sochaux signe une étape capitale pour Peugeot... Dès 1945, c'est le temps des « ***Modernes*** », marquées par l'apparition des voitures légères et populaires. Les constructeurs abandonnent les projets de véhicules onéreux pour produire des véhicules consommant moins de carburant.

– ***L'espace « Course » :*** superbe, avec des voitures garées en file (et par ordre chronologique) comme pour le départ d'un Grand Prix. Sur les murs, les reproductions des gradins renforcent l'impression de tension avant la course. Étonnante Bugatti type 32 de 1923. On dirait un char d'assaut, mais elle atteignait quand même la vitesse de 189 km/h ! Voir la biplace Gordini type 26S de 1953, qui remporta les Vingt-quatre Heures du Mans cette année-là et séduisit

Françoise Sagan ! Et encore d'autres bolides : de la Williams Renault F1 de Damon Hill à la Ferrari LM... LM pour Le Mans !

– ***L'espace « Chefs-d'œuvre » :*** pour finir la visite en beauté, voilà enfin les fleurons de la collection, dont la ***célébrissime Bugatti Royale*** *type 41 coupé Napoléon* de 1930 ! C'était la voiture personnelle d'Ettore Bugatti, fondateur de la dynastie, dont l'usine familiale se trouvait à Molsheim, près de Strasbourg. Dessinée par Jean Bugatti, fils d'Ettore – alors à peine âgé de 20 ans – qui concevait les voitures comme des œuvres d'art. Des Isotta-Franschini, Hispano-Suiza, Maybach... mais aussi quelques Rolls Royce, dont une Silver Ghost de 1924. Les voitures de la marque ont pris le nom de « Spectre d'Argent » le jour où le 13e châssis sorti des ateliers anglais a été habillé d'une carrosserie gris métal. Car, à l'origine, Rolls Royce vendait ses modèles sans carrosserie ! À charge pour le client d'en trouver une : celle-là a été fabriquée par Barker, fournisseur officiel des carrosses de la maison royale d'Angleterre, s'il vous plaît !

LA FUREUR DE VIVRE

Un monstre sacré, cette Bugatti Royale ! 300 CV, 8 cylindres, 12 763 cm³, elle consomme 50 l aux 100 km et peut rouler jusqu'à 200 km/h. Comme beaucoup de voitures de ce musée, elle est en parfait état de marche. Mais quand elle sort, il faut débourser 1 525 € par jour rien que pour l'assurance !

Ces différents espaces sont ponctués de petits films d'archives.

– Le musée compte encore plusieurs petites sections consacrées à la ***Bugatti Veyron,*** aux ***voitures d'enfants,*** aux ***figurines de bouchons de radiateurs,*** sans oublier la ***restauration automobile,*** la ***halle des moteurs*** (certains peuvent être mis en marche) ou l'***évolution de la robotisation*** dans les chaînes de montage... Bref, très spectaculaire et instructif, même pour ceux qui n'ont pas d'intérêt particulier pour les voitures.

LE HAUT-RHIN

La Cité du Train – Patrimoine SNCF *(hors plan par A1-2)* **:** *2, rue Alfred-de-Glehn. ☎ 03-89-42-83-33. • citedutrain.com • Du centre-ville ou de la gare, T Musées (ligne 3). Tlj 10h-17h (18h avr-oct). Fermé 25 déc. Entrée : 13 € ; tarif réduit 11 € ; gratuit moins de 4 ans ; forfait famille 39 € (2 adultes max). Billet combiné avec le musée Électropolis et le train Thur Doller Alsace.* Museums Pass Musées *accepté. Parking gratuit. Applications de visite mobile gratuites (SAM, Sud Alsace Museums). Nombreux événements et animations tt au long de l'année (visites, concerts, théâtre et même des* murder parties*).*

LE PLUS GRAND MUSÉE FERROVIAIRE D'EUROPE ! Cette incroyable collection abrite une grande partie de la mémoire industrielle des chemins de fer français, présentée ici sur 100 000 m² à travers une centaine de locomotives, wagons, voitures de luxe et autorails en tout genre.

– D'abord, le ***Parcours Spectacle*** met en scène locomotives et wagons dans des ***ambiances spectaculaires,*** dignes d'un plateau de cinéma ! On peut même pénétrer dans certains d'entre eux, ou descendre dans une fosse pour regarder sous leurs jupons d'acier. De l'autorail de montagne tout équipé au déraillement façon *La Bataille du rail,* en passant par le ***wagon impérial de Napoléon III*** et le ***mythique Orient-Express,*** dont on voit les compartiments habités de mannequins parlant en costume d'époque ! Le tout émaillé de vidéos pour mieux donner vie à cette saga du train.

– Ensuite, les ***Quais de l'Histoire*** retracent l'évolution de la technologie ferroviaire en France et du confort proposé aux voyageurs, de la plus ancienne locomotive à vapeur Buddicom de 1844 au TGV Euroduplex de 2013. Dans ce vaste hall extraordinaire, on apprend que ***la dernière locomotive à vapeur a été construite en 1949.*** Puis, de voie en quai, on découvre une formidable collection de locomotives, autorails, voitures voyageurs et wagons marchandises ; chacun évoquant les modes de vie à l'époque de sa mise en circulation, et ainsi le souci permanent d'y répondre et d'optimiser ce mode transport (vitesse, déplacements de la vie quotidienne, tourisme...).

– Puis, le ***Panorama Ferroviaire,*** espace en plein air de 15 000 m² – au bord de la ligne Mulhouse-Strasbourg – accueille des expos temporaires de matériel, et propose des animations ferroviaires ludiques, à grand renfort de poste d'aiguillage, signaux, gare... Et ne ratez pas le ***Mini-Express d'Alsace,*** un train miniature à bord duquel on s'installe en famille pour un voyage au milieu des grands trains (d'avril à octobre), ainsi que les baptêmes du rail en draisine !

Le musée Électropolis *(hors plan par A1-2) : 55, rue du Pâturage. ☎ 03-89-32-48-50. • musee-electropolis.fr • Du centre-ville ou de la gare, (T) ou tram-train Musées (ligne 3). À côté de la Cité du Train. Tlj sauf lun 10h-18h. Fermé en janv, et nombreux j. fériés. Entrée : 9 € ; réduc ; gratuit moins de 4 ans ; forfaits famille 2 adultes + 2 enfant 22 €. Billet combiné avec la Cité du Train : 17 € ; 12 € 7-17 ans. Museums Pass Musées accepté. Parking gratuit.* Ce musée présente l'aventure de l'électricité depuis l'Antiquité jusqu'à nos jours à travers toutes sortes d'objets, parfois bien insolites ! Un nouvel espace dédié au XXIe s complète le parcours. Sa pièce maîtresse et centrale demeure cette énorme machine à vapeur *Sulzer-BBC,* qui produisait l'électricité de la filature *DMC* dans la 1re moitié du XXe s. Un monstre d'acier de 170 t, dont la roue-dynamo mesure 6 m de diamètre ; le tout en mouvement ! Diverses animations au cours de la journée : spectacle multimédia, transformation de sa propre énergie en lumière, et démonstration d'électricité statique, à se dresser les cheveux sur la tête ! Sans oublier le jardin des énergies de 2 ha pour se promener... Ludique et pédagogique, c'est la bonne formule pour expliquer l'électricité à ses enfants !

Motoco *(hors plan par A1-2) : bâtiment 75, 13, rue de Pfastatt. 06-33-09-96-60. • motoco.fr • Facebook. (T) C7, arrêt « Seine Mulhouse ».* Motoco est un lieu de production artistique qui abrite les ateliers d'environ 140 artistes et artisans d'art, venus de tous horizons. Une ruche qui bourdonne, installée dans un bâtiment désaffecté du vaste site industriel DMC (vous savez, les fils de coton colorés) – l'entreprise ayant aujourd'hui recentré ses activités sur une surface de 5 ha. Bien sûr, on ne peut pas débarquer à l'improviste pour découvrir Motoco, mais il se trouve que la vie culturelle proposée y est riche : spectacles, concerts, conférence, portes ouvertes en mai, marché de Noël, festivals, bals masqués... Boutique de créations sur place et corner à l'office de tourisme.

La vieille ville *(plan B-C2)*

La place de la Réunion *(plan C2) :* cœur du quartier piéton et centre de la vieille ville, cette place – de style rhénan – demeure le point de départ de la découverte à pied du vieux Mulhouse. On y trouve l'ancien hôtel de ville et le temple Saint-Étienne, ainsi que de nombreuses vieilles demeures pittoresques. Quant à la pharmacie aux Lys, il s'agit de la plus vieille de France ! (Le commerce est une pharmacie depuis 1649 ; qui dit mieux ?) C'est là aussi que se tient le marché de Noël, de nombreuses manifestations tout au long de l'année, et une bonne part de l'animation du quartier.

L'ancien hôtel de ville *(plan C2) : pl. de la Réunion.* « Un palais magnifique et tout doré », c'est ainsi que le décrivit

LA PIERRE DES MAUVAISES LANGUES

Sur l'un des pignons de l'hôtel de ville, côté café Guillaume Tell, *on aperçoit une pierre d'une bonne dizaine de kilos en forme de masque tirant la langue. Les femmes médisantes devaient déambuler sur un âne en portant cette pierre accrochée à leur cou, histoire de leur faire passer l'envie de répandre mensonges et calomnies. En revanche, les hommes coupables ne devaient payer, eux, qu'une petite amende... Elle aurait été utilisée jusqu'à la fin du XVIIIe s (l'originale se trouve au Musée historique).*

Montaigne ! Grande demeure typique de la Renaissance rhénane, reconstruite en 1552 et couverte de fresques en trompe l'œil – dans les tons roses – dont les origines remontent à 1698 ; comme si c'était un décor de théâtre. L'intérieur de l'ancien hôtel de ville abrite le Musée historique...

Le Musée historique *(plan C2)* **:** *pl. de la Réunion.* ☎ *03-89-33-78-17.* • *musees-mulhouse.fr* • *Dans l'ancien hôtel de ville. Tlj sauf mar et j. fériés 13h-18h30 (juil-août 10h-12h, 13h-18h30). GRATUIT.* Ce bâtiment de l'ancienne mairie évoque l'histoire de Mulhouse du XIVe s à 1830, ainsi que l'art populaire du Sundgau. Belles boiseries du XVIe s en trompe l'œil dans la salle du Grand Conseil, et puis armes, vaisselle, meubles, outils, monnaies, art religieux, jouets, poêles en céramique, etc., sans compter les reconstitutions d'intérieurs de maisons et du cabinet de travail de l'historien Mathieu Mieg... Une salle est consacrée à Alfred Dreyfus. Et sous la charpente du grenier, belle petite collection d'objets archéologiques du Néolithique au Moyen Âge : armes, céramiques, bijoux, squelettes, outils...

Le temple Saint-Étienne *(plan C2)* **:** *pl. de la Réunion.* ☎ *03-89-46-58-25.* • *sermulhouse.blogspot.com* • *Ouv jeu-dim 13h-19h, et 1er dim du mois et j. fériés. Fermé de janv à mi-mars. Concerts classiques et musiques du monde : sam à 17h et certains dim. GRATUIT.* Construit entre 1859 et 1868, il ressemble extérieurement à une cathédrale catholique de style néogothique. À l'intérieur, superbes vitraux du XIVe s hérités de l'ancienne église. Organise régulièrement concerts, expos... *Visite guidée avec la Maison du patrimoine.*

Le musée des Beaux-Arts *(plan C2)* **:** *4, pl. Guillaume-Tell.* ☎ *03-89-33-78-11.* • *musees-mulhouse.fr* • ♿ *Tlj sauf mar et j. fériés 13h-18h30 (juil-août 10h-12h, 13h-18h30). GRATUIT.* Installé dans la villa Steinbach – belle demeure fin XVIIIe s –, ce musée présente une collection de peintures s'étalant du XVe au XXe s. Ne pas manquer *Flore et Zéphyr* de Bouguereau, aux dimensions énormes, la jolie *Scène de patinage* de Brueghel (XVIe s), des toiles de Courbet et de Boudin, ainsi qu'une foule d'œuvres de Jean-Jacques Henner (XIXe s), peintre originaire du Sundgau (région au sud de Mulhouse). Au 2e étage, expos temporaires d'art contemporain.

Les vieilles rues piétonnes *(plan B-C2)* **:** la *rue Henriette*, qui tire son nom du 1er enfant né à Mulhouse après le ralliement de la ville à la France, la *rue des Boulangers*, la *rue du Raisin*, la *rue du Moulin*, le *passage des Augustins*. Allez découvrir, non loin de la *place de la Réunion* et du théâtre, le passage couvert de la *galerie du Théâtre (plan C2)*, lumineux et avec ses petits magasins. Mais la rue la plus caractéristique par son cachet demeure la *rue des Franciscains*.

RUE ADOLF-HITLER

Avec l'annexion de l'Alsace et de la Moselle en 1940, les Allemands prirent un malin plaisir à rebaptiser les grandes rues par le nom de la star du IIIe Reich. À Mulhouse, une légende urbaine assure qu'ils choisirent une rue au nom cocasse : la rue du Sauvage !

La rue des Franciscains *(plan B2)* **:** on peut y voir plusieurs belles maisons anciennes comme, au ***n° 44,*** la *maison Loewenfels,* élégante demeure d'un banquier du XVIIIe s (1764). Encore d'autres bâtiments de la même époque : la *cour de Lorraine* au ***n° 21,*** la *manufacture Schloessle* au ***n° 28,*** puis la *cour des Chaînes,* ancienne manufacture et siège de l'université populaire. Juste en face de celle-ci, 2 pignons d'immeubles sont couverts d'une fresque en trompe l'œil qui fait honneur à quelques personnalités originaires de la ville... À vous de les reconnaître ! Et amusez-vous à chercher l'erreur ! (Les 3 fondateurs de la 1re manufacture de toiles peintes présentent un cachemire... matière qui n'a été introduite que plus d'un siècle plus tard.)

La chapelle Saint-Jean *(plan B2)* **:** *Grand-Rue (angle rue Saint-Jean). Visite guidée avec la Maison du patrimoine.* Un des plus anciens bâtiments de Mulhouse, édifié au XIIIe s par l'ordre de Saint-Jean, et remanié par la suite. Isolée dans ce coin de ville, elle a l'air paisible et aspire au repos. Malheureusement fermée, on se contente de l'observer de l'extérieur avec son grand marronnier. À une autre époque, elle était entourée de vignes et de vergers, pas si difficile que ça à imaginer. Aujourd'hui, reste un petit cimetière avec quelques stèles anciennes. Parfois des concerts.

Le Nouveau Quartier *(circuit du XIXe s ; plan C-D2-3)*

C'est le Mulhouse de la ***révolution industrielle,*** côté grands patrons. Le centre-ville, avec toutes ses manufactures, devenait étriqué et peu respirable. Les industriels décidèrent alors de construire dès 1826 au-delà des remparts. Cœur du Nouveau Quartier, le jardin triangulaire du square de la Bourse, en l'honneur des francs-maçons à l'origine de ce projet, avec ses arcades, ses colonnades et son parc tranquille. Sur 2 de ses côtés, l'avenue du Maréchal-Foch offre une jolie perspective avec ses immeubles style Empire et leurs galeries à arcades : réplique réduite de la rue de Rivoli, à Paris, non ?! Autour de ce centre où se traitaient les affaires (immanquable immeuble de la *Société industrielle de Mulhouse*), quelques belles demeures de capitaines d'industrie, comme la *villa Mantz* *(14, av. Clemenceau),* ou encore la *villa Vaucher-Lacroix* *(10 bis, porte du Miroir)...*

Le musée de l'Impression sur étoffes *(plan D2-3)* **:** *14, rue Jean-Jacques-Henner. ☎ 03-89-46-83-00. • musee-impression.com • Tlj sauf lun 13h-18h. Fermé 1er janv, 1er mai et 25 déc. Entrée : 11 € ; réduc ; gratuit moins de 6 ans.* Museums Pass Musées *accepté. Marché de Noël installé dans le musée de mi-nov à fin déc. Expo temporaire annuelle. Boutique et* Café des Indiennes.

INTOUCHABLES, LES INDIENNES !

Ces étoffes en coton imprimé, venant d'Inde, faisaient fureur au XVIIe s. Ce succès anéantit le lin de Bretagne et mit à mal les soyeux lyonnais. Louvois dut même ainsi en interdire le commerce pour soutenir les tissus français. Mais Mulhouse, ville indépendante rattachée à la Suisse, put continuer sa fabrication.

Ce musée retrace toute l'histoire du coton imprimé en Alsace et dans le monde. Ayant échappé à un édit d'interdiction (1686) qui frappait en France la fabrication des ***indiennes,*** Mulhouse devint, dès le milieu du XVIIIe s, un centre textile réputé, surfant ainsi sur l'engouement pour les cotonnades colorées suscité par Compagnies des Indes anglaise et hollandaise.
Unique en son genre, ce musée abrite une collection exceptionnelle de 6 millions d'échantillons et de dessins provenant du monde entier. Outre les indiennes fabriquées à Mulhouse, on y découvre de formidables pièces souvent obtenues à partir de techniques rudimentaires : batiks africains et indonésiens, kimonos japonais, tissus cambodgiens, afghans... Des toiles de Jouy, des cachemires, des toiles de Nantes, des tissus anglais et des mouchoirs illustrés font également partie de cette incroyable caverne d'Ali Baba du textile imprimé, dont on suit aussi les techniques de fabrication (planches de bois, machines cylindriques...). Et si la lumière est feutrée, c'est pour protéger les étoffes exposées ! Également des archives destinées aux chercheurs, stylistes et entreprises, leur permettant de trouver des idées de motifs. Des stages d'impression sont aussi proposés sur réservation. En sortant d'ici, vous aurez même, comme nous, découvert de nouvelles couleurs : ramoneur, puce, carmélite ou cheveux d'Apollon...

Le Rebberg (hors plan par D3)

Le Rebberg demeure une zone résidentielle qui s'est développée à partir de la 2de moitié du XIXe s pour les industriels mulhousiens. La balade est conseillée aux amateurs d'architecture car, comme dans les villes balnéaires de la façade atlantique, le Rebberg aligne le long de ses rues pentues et verdoyantes tous les styles ou presque : du « palais » néo-Renaissance à la villa futuriste digne de celle de *Mon oncle* en passant par le style mauresque ou néorégionaliste. Quartier un brin huppé. *Visite guidée avec la Maison du patrimoine.*

Le parc zoologique et botanique de Mulhouse-Alsace *(hors plan par D3) : 51, rue du Jardin-Zoologique. ☎ 03-69-77-65-65. • zoo-mulhouse.com • Accès bus nos 30 ou 64, arrêt « Zoo ». Tlj : mai-août 9h-19h, avr et sept 9h-18h, mars et oct-nov 9h-17h, déc-fév 10h-16h. Dernière admission 30 mn avt. Entrée : 10 € 1er nov-20 mars ; 16 € 21 mars-31 oct (4-16 ans 10 €) ; gratuit moins de 4 ans. Visites guidées possibles. Animations régulières (voir agenda en ligne). Aire de pique-nique et snack, resto-self, jeux pour enfants.* Créé en 1868, ce superbe écrin de verdure de 25 ha présente plus de 1 200 animaux appartenant à 170 espèces. La priorité est donnée aux espèces menacées et aux collaborations internationales pour leur sauvegarde dans leur milieu naturel. Certains animaux exceptionnels, très rarement présentés en zoos, comme les pandas roux, le tigre de Sibérie, l'ours polaire, le zèbre de Grévy, le maki aux yeux turquoise, etc. Également de nombreux oiseaux rares issus de toutes les régions tropicales : ibis chauve, perruche à tête dorée, spatule rose, etc. Tous ces animaux – dont on compte plus de 300 naissances par an – évoluent dans un cadre paysager remarquable par sa variété ; 9 jardins thématiques avec plus de 3 500 espèces et variétés de végétaux, arbres séculaires, et selon les saisons tulipes, iris, plantes sauvages d'Alsace, hortensias, dahlias, pivoines, etc.

La Cité et la Cité Manifeste (plan A1)

Voilà enfin le Mulhouse ouvrier et populaire. La ***Cité,*** située au nord du centre-ville, c'est celle construite à l'initiative de l'industriel Jean Dollfus (voir « Un peu d'histoire ») de 1854 à 1900. Entre le canal de l'Ill et la rue de Strasbourg, il faut se glisser dans les étroits passages – aux noms chantants : Bleu, Vert, des Rosiers ou des Alouettes – qui découpent géométriquement ce quartier au charme insolite. Un bon millier de maisonnettes accolées 2 à 2, à l'origine toutes identiques mais qui, au fil des années, ont chacune trouvé leur personnalité. Allez-y un jour de marché, la halle est à 2 pas. Et inspirée de la Cité voisine, la ***Cité Manifeste*** en demeure son pendant contemporain, construit en 2005 par de grands cabinets d'architectes dont celui de Jean Nouvel, et réinterprétée pour répondre aux besoins d'aujourd'hui. Cette partie de la ville trop méconnue mérite vraiment qu'on s'y attarde un peu. *Visites guidées proposées par la Maison du patrimoine.*

Les anciennes friches industrielles (hors plan par B3)

Entre campus et centre-ville, un exemple particulièrement réussi de reconversion de cette ancienne zone industrielle. L'imposante fonderie de la ***SACM*** qui produisit, de 1920 aux années 1960, des millions de tonnes de fonte a été sauvée. Son immense rue intérieure, festival de spectaculaires arches en béton culminant à 14 m sous plafond, abrite désormais 2 000 étudiants, 4 amphithéâtres, des salles de classe, la bibliothèque, les archives municipales, une maison de quartier, sans oublier *La Kunsthalle* *(16, rue de la Fonderie ; ☎ 03-69-77-66-47 ;*

LE HAUT-RHIN

● *kunsthallemulhouse.com* ●), centre d'art contemporain dédié à la création émergeante. Les rajouts modernes sont discrets et s'intègrent fort bien à l'ensemble, comme la « boîte de verre » transparente édifiée sur le parvis et servant d'accueil et de sas...

À faire

– ***Les bains municipaux*** *(plan B1) : 7, rue Pierre-et-Marie-Curie. ☎ 03-89-32-69-00. ● mulhouse-alsace.fr/sports-loisirs/piscines-et-plan-deau/piscine-pierre-et-marie-curie-mulhouse ● Ouv mar-sam. Fermé en été. Créneaux « hommes », « femmes » ou « mixte ».* Dans ce beau et massif bâtiment inspiré de l'école d'architecture de Berlin (1925), on découvre une charmante piscine et ses bains thermaux, conservés dans leur état d'origine. Déco exceptionnelle tout en cuivre, mosaïques et vitraux, de style rococo. La partie « bains romains » propose sauna, hammam, 3 bassins à températures différentes, zones de repos... Bref, un endroit pour se couper du monde et se faire du bien ! Petite anecdote : jusqu'en 1963 les bains romains proposaient des baignoires pour... chiens !

– ***Visite sur résa du centre de production PSA Peugeot Citroën :*** *de mars à mi-juil (sauf en période de confidentialité) sur résa obligatoire quelques jours à l'avance pour autorisation : 📱 06-25-49-64-11. Non accessible aux moins de 16 ans. Visite : 16 €.* L'un des plus grands centres de production français, et le plus important site industriel d'Alsace. Créé en 1962, il s'étend sur 320 ha dont 95 ha couverts. On y assiste à la naissance d'une voiture, au plus près des chaînes de montage.

Fête et manifestations

– ***Carnaval international :*** *fin fév ou début mars, pdt plusieurs jours.* Très populaire dans la région. Soirée « Les Poulettes » (!) réservée aux dames, « Nuit des fols », après-midi cavalcade, avec des troupes venues de toute l'Europe ; le tout sur fond de guggamusik...
– ***Printemps du Tango :*** *début juin.* Festival argentin haut en couleur avec des concerts, des conférences, des expos et des master class mais surtout de la musique !
– ***Mulhouse 00 :*** *juin, pdt 5 j., les années impaires seulement.* Cette expo biennale d'art contemporain met à l'honneur les œuvres de jeunes artistes des écoles supérieures d'art françaises, allemandes, italiennes et suisses.
– ***Scènes de rue :*** *4 j. en juil.* Spectacles vivants renversants présentés par une trentaine de compagnies de toute l'Europe.
– ***Festival Météo :*** *fin août.* Un festival plutôt de jazz et de musiques expérimentales, où la part belle est laissée aux improvisateurs et autres expérimentateurs.
– ***Fête de l'Oignon doré :*** *mi-sept.* Eh non, ce n'est pas à pleurer !
– ***Folie Flore :*** *une dizaine de jours début oct.* Différentes présentations de shows floraux, jardins...
– ***Marché de Noël :*** *pl. de la Réunion.* Dans la pure tradition alsacienne. L'un des plus importants de la région. On y trouve tout : tissus (chaque année une étoffe exclusive est imprimée), objets en bois, décorations, pain d'épice, chalets en bois, vin chaud...

DANS LES ENVIRONS DE MULHOUSE

★★★ 🚸 ***L'écomusée d'Alsace :*** *chemin du Grosswald, 68190* ***Ungersheim.*** *☎ 03-89-74-44-74. ● ecomusee.alsace ● ♿ À env 15 km au nord de Mulhouse. Accès voiture : A 35, sortie « Ensisheim » ; par l'A 36, sortie « Guebwiller », puis direction Pulversheim (panneaux). Avr-début janv, tlj sauf lun (tlj juin-août) 10h-18h*

(10h30-18h30 en déc). Fermé en nov. Nocturnes (10h-minuit) certains jours en août (se renseigner). Entrée : 15 € ; 4-17 ans 10 € ; billet famille 46 € (2 adultes + 2 enfants). Museums Pass Musées *accepté. Prévoir d'y passer ½ journée. Nombreux événements tte l'année. Expos temporaires. Parking gratuit.*

LE PLUS GRAND MUSÉE VIVANT À CIEL OUVERT DE FRANCE ! Situé au cœur du bassin potassique, il rassemble plusieurs dizaines de ***bâtiments traditionnels alsaciens.*** Démontés pièce par pièce à travers l'Alsace – où ils étaient menacés de démolition –, on les a remontés ici pour former une étonnante collection en plein air. Outre les belles maisons à colombages, on découvre – plan du site en main – des fermes, des ateliers d'artisans, une chapelle, une école, une scierie... Le tout évoquant la vie quotidienne d'un village alsacien au début des années 1930. Doté d'un panneau explicatif ou d'une borne audio, chaque bâtiment est aménagé avec des meubles et des objets donnés au musée par les Alsaciens. Et les alentours ne sont que jardins et champs, propices à la découverte des animaux de ferme...

Cette visite est aussi l'occasion d'explorer la culture et les savoir-faire ancestraux de toute cette région : ateliers participatifs, rencontres avec les artisans dans leurs ateliers (potier, charron, forgeron...), dégustations et découverte de la cuisine paysanne à base de produits de saison, présentation de la vie rurale et du patrimoine architectural (promenade en barque, en charrette à cheval ou en tracteur), retour sur l'histoire alsacienne avec l'institutrice du village...

L'écomusée se projette aussi dans l'avenir en créant un nouveau quartier dédié à l'habitat de demain avec une ambition écoresponsable et esthétique, en communion avec les traditions alsaciennes.

LE HAUT-RHIN

Hôtel-restaurant Les Loges – Restaurant La Taverne : *chemin du Grosswald, 68190* ***Ungersheim.*** *☎ 03-69-58-50-25. • lesloges@parcdupetitprince.com • hotellesloges.fr • Fermé janv-mars et en nov. Chambres 82-131 € ; petits déj 5,50-11 €/pers. Menus 19,50-26,50 € ; plats 10,60-21,50 €.* Si l'écomusée vous a passionné, arrêtez-vous pour déguster un bon petit plat du terroir copieux à ***La Taverne,*** ou prolongez votre séjour au temps jadis dans l'une de ces maisons alsaciennes à colombages, installées en bordure du site, dans un environnement naturel agréable. Chambres en duplex, fonctionnelles mais confortables, dont certaines avec cuisine et nid de cigogne sur le toit. Bref, une pause originale et sympa !

Le musée de la Régence : *pl. de l'Église, 68190* ***Ensisheim.*** *☎ 03-89-26-49-54. À env 10 km au nord de Mulhouse. Accès voiture par l'A 35, sortie « Ensisheim ». Oct-avr, ouv lun, jeu-ven, et les 1er et 3e sam du mois 14h-17h30, plus mer 10h-12h. Mai-sept, ouv lun et mer-ven 10h-12h, 14h-17h30, plus le w-e 14h-17h30. Entrée : 2 € ; réduc ; gratuit moins de 18 ans.* Dans ce beau palais qui appartenait naguère à la famille des Habsbourg, on découvre une collection d'objets assez hétéroclite. La section archéologie expose des céramiques vieilles de 7 000 ans, alors qu'une autre partie du musée rappelle l'histoire et les liens qu'entretenaient Ensisheim et la famille des Habsbourg entre les XIIIe et XVIIe s. Ceux-ci en ont fait la capitale de leurs possessions rhénanes, battant sa propre monnaie. Autre « objet » curieux, une météorite tombée en ville en 1492 ; la plus ancienne jamais observée, recueillie et conservée dans le monde ! Autre petit espace expliquant le rôle et l'importance de la potasse dans la région, et la vie du mineur au quotidien (documents, objets, outils...).

Le musée du Papier peint : *28, rue Zuber, 68171* ***Rixheim.*** *☎ 03-89-64-24-56. • museepapierpeint.org • À 5 km à l'est de Mulhouse par la D 66. Tlj (sauf mar) 10h-12h, 14h-18h. Fermé 1er janv, 1er mai, Vendredi saint et 25 déc. Entrée : 9 € ; réduc ; gratuit moins de 4 ans. Billet combiné avec le musée de l'Impression sur étoffes : 14 € ; réduc.* Museums Pass Musées *accepté. Visite guidée payante sur résa. Démonstration d'impression juin-sept, mar, jeu et sam à 15h30.*

Une visite étonnante, après laquelle vous verrez le papier peint de votre grand-mère autrement ! Installé dans l'ancienne commanderie de Rixheim, qui abrite dans l'aile

opposée la manufacture Zuber, l'une des plus prestigieuses du genre depuis 1797. Ce magnifique musée est entièrement voué au papier peint, ses motifs, son histoire, ses techniques et ses machines. Mais encore faut-il savoir ce qu'on entend par papier peint ; rien à voir avec celui vendu dans les magasins de bricolage ! C'est au XVIIIe s que naît l'engouement pour ce genre de déco, car moins cher et plus rapide à obtenir et à poser que les tissus qui, jusqu'ici, ornaient les murs des palais et autres maisons bourgeoises. Les 1ers papiers peints se présentent alors sous la forme de carrés de 40 cm x 40 cm, puis de rouleaux, et laissent transparaître les goûts et les idées de ceux – riches ou modestes – qui les vivent au quotidien...
La salle du ***rez-de-chaussée*** présente le matériel technique de la manufacture tel qu'on le trouvait de 1797 à 1930 : impression « à la planche », puis de spectaculaires machines en forme de roue de l'ère industrielle, qui s'animent sous vos yeux. Le ***1er étage*** est consacré aux expos temporaires, en prise directe sur la collection du musée. Puis, au ***2e étage,*** on découvre avec étonnement les « panoramiques » (1807-1855), ces tableaux colorés pittoresques, placardés sur des murs entiers, évoquant l'Amérique (on trouve le même à la Maison Blanche de Washington !), l'Asie, l'Afrique... Bref, cette visite nous amène à comprendre qu'il s'agit d'un art décoratif majeur, dont les papiers peints de qualité d'aujourd'hui sont les héritiers.

Le parc du Petit Prince : *68190* ***Ungersheim.*** *☎ 03-89-62-43-00. • parcdupetitprince.com • À 18 km au nord de Mulhouse par la D 430 ; navette depuis la gare TGV de Mulhouse (infos : • solea.info •). Juil-août, tlj 10h-18h ; fin mars-juin et sept-nov, jours d'ouverture variables 10h-18h (se renseigner). Fermé janv-fév. Entrée : 21 € ; 17 € de 1 m à 11 ans ; gratuit moins de 1 m ; forfait famille (4 pers dont 2 adultes max) 69 €. Billet couplé avec l'écomusée d'Alsace : 22-29 €.* Ce parc – l'un des derniers-nés de l'Hexagone – propose une trentaine d'attractions et animations poétiques autour de l'univers du héros de Saint-Exupéry, déclinées d'abord sur le thème du vol, avec ses ***2 ballons captifs*** qui vous emportent – sauf mauvaises conditions météo – à 150 m d'altitude ! Sinon, embarquez à bord de l'un des ***2 hydravions*** d'Atlantique sud, ou survolez le désert en grand huit. Également le virevoltant ***manège des chaises volantes,*** le parc des trampolines et l'***aérobar du buveur*** pour prendre un verre à 35 m de haut, les pieds dans le vide ! Rencontres à 4 pattes au ***pré des moutons,*** et à la ***renardière,*** où une dresseuse présente ses 2 renards ! Et puis ce drôle de renard interactif qui dialogue avec les enfants dans l'attraction « ***Apprivoise-moi*** ». Sans oublier le ***grand cinéma,*** qui projette en 3D le film du *Petit Prince,* et un petit théâtre où sont lus des contes pour les plus petits... Le tout cerné par un ***petit train*** qui fait le tour du parc, et d'où l'on peut nourrir les animaux. Bref, un parc pour changer de planète !

La Grange à Bécanes – musée rhénan de la Moto : *8, rue du Général-de-Gaulle, 68490* ***Bantzenheim.*** *☎ 03-89-26-23-36. • lagrangeabecanes.com • À 17 km au nord-est de Mulhouse. Du 1er w-e d'avr au dernier w-e d'oct, mar-sam 14h-17h ; dim 10h-12h30, 14h-17h. Entrée : 4,50 € ; réduc ; gratuit moins de 9 ans.* Collection de motos anciennes d'un passionné, Raymond Lemoine, est accessible au public grâce au soutien de plusieurs communes. Près d'une centaine de modèles, essentiellement de la marque Ravat, vieille marque française aujourd'hui disparue, et que l'on peut même enfourcher pour certains. Intéressant petit film documentaire (10 mn).

LE SUNDGAU

Carte Le Sud (Haut-Rhin), A-B3-4

Le Sundgau signifie « comté du Sud » en dialecte germanique. Sillonnée par 2 rivières – l'Ill et la Largue –, cette région est un enchantement ! Blottis dans le creux des vallons et baignés par de gentils ruisseaux, voici de

beaux villages hauts en couleur – préservés du flux touristique – avec, quasi partout, des maisons à colombages coiffées de robustes et amples toitures... On appelle aussi la partie sud-est du Sundgau « le Jura alsacien », et pour cause ! On aborde ici ce massif avec des paysages alternant monts doucement ondulés, et gorges boisées et encaissées. Comme de petites taches sur la carte, les étangs ponctuent cette nature de plus en plus sauvage à mesure qu'on approche de la vallée de la Lucelle. On est ici en « Autriche antérieure », comme aimaient à dire les puissants Habsbourg qui avaient jeté leur dévolu sur cette enclave alsacienne, installant leur petite capitale à Ferrette... Accolé à la Suisse et si près de l'Allemagne, bien différent du reste de l'Alsace, le Sundgau est un métissage subtil entre la nature soignée des cantons helvètes et une campagne jardinée à l'autrichienne. L'esprit d'Europe centrale a laissé sa marque dans l'architecture des maisons, mais aussi dans la mémoire et dans les us et coutumes. Un soupçon de *Mitteleuropa* donc, auquel il faut ajouter un zeste d'Amérique puritaine. Presque oublié du reste de la France, ce bout du monde vert est une terre de paysans pieux, laborieux et chaleureux, ayant survécu à toutes les invasions et aux turpitudes des guerres. Les Huns y auraient, selon une légende ancienne, enterré quelque part leur trésor de guerre... Aujourd'hui, le Sundgau s'impose comme une destination de 1er ordre pour le tourisme vert et familial. On se dépayse en l'explorant à pied, à VTT, à cheval, à vélo ; et les amateurs de bonnes parties de pêche à la ligne sont comblés !

CARPE DIEM

Pour être sûrs de manger du poisson lors du carême, les moines cisterciens de l'abbaye de Lucelle (frontière suisse) creusèrent, au Moyen Âge, étangs et bassins qu'ils peuplèrent de truites, de brochets, et surtout de carpes. Mine de rien, ils assurèrent ainsi la prospérité du Sundgau. On peut être mystique et avoir le sens pratique !

AU PAYS DE LA CARPE FRITE

Ce Sundgau vit aussi sous le signe d'une pacifique créature : la carpe, reine du pays ! Elle figure au menu des restos du cru qui la servent frite... avec des frites ; pourquoi ne pas y goûter ? Et chaque année, pour fêter le printemps – 10 jours avant Pâques et durant 10 jours – se déroulent ***les Carpailles,*** un événement gastronomique qui décline la carpe dans tous ses états, autres que frite ; mon tout bien sûr arrosé de vins alsaciens ! *Infos : les routes de la Carpe frite, ● carpe-frite.fr ●*

Adresses et infos utiles

Office de tourisme du Sundgau Sud Alsace : *à **Altkirch** et à **Ferrette** (voir plus loin).*

Infos SNCF : *☎ 36-35 (appel gratuit). ● sncf-connect ● ter.sncf.com/grand-est ●* Nombreux TER tlj sur la ligne ***Mulhouse-Altkirch-Belfort.***

Infos bus : les bus de la compagnie *Transdev Grand Est (● transdev-grandest.fr ● fluo.eu ●)* desservent les villages du Sundgau, notamment le ***n° 830*** sur la ligne ***Mulhouse-Altkirch-Ferrette,*** le ***n° 851*** sur la liaison ***Altkirch-Cernay*** (vallée de la Thur), le ***n° 829*** entre ***Altkirch*** et ***Saint-Louis*** (réserve naturelle de la Petite Camargue alsacienne), le ***n° 831*** sur la ligne ***Mulhouse-Ferrette-Lutter-Kiffis,*** le ***n° 832*** desservant ***Mulhouse-Ferrette-Levoncourt-Bendorf*** (tôt le mat pour ces 3 dernières)...

ALTKIRCH (68130)

À la porte du Sundgau, Altkirch (5 740 habitants) en est la capitale. Joliment perchée sur son promontoire, dominant une vallée de l'Ill, c'est une agréable petite ville qui se découvre facilement à pied. Accrochées à flanc de colline, les maisons les plus anciennes, hautes et étroites, témoignent d'un passé assez prospère. Dans les années 1930, un industriel mécène réunissait dans sa villa de jeunes artistes et poètes comme Nathan Katz, Dadelsen et Guillevic... Depuis le Moyen Âge, l'un des moments forts à Altkirch demeure la *foire Sainte-Catherine* (le jeudi d'avant le 25 novembre), où les visiteurs affluent de tout le sud de l'Alsace !

Adresse et info utiles

Office de tourisme du Sundgau Sud Alsace : *13, rue du Château, en face de l'église. ☎ 03-89-40-02-90. • sundgau-sud-alsace.fr • Mar-ven 10h-12h30, 14h-17h30, plus lun ap-m et sam mat juil-sept ; déc, tlj sauf lun 10h-12h30, 14h-17h30 (15h-18h sam-dim).* Plan du village et une foule d'infos sur le Sundgau. Propose des visites commentées d'Altkirch et du prieuré Saint-Morand.

– ***Marché :*** *jeu mat, dans le centre.* Produits du terroir, bio, textile, artisanat... Également un marché paysan *(sam mat, pl. de la Halle-au-Blé).*

Où dormir ? Où manger ?

La Gourmandise : *36, rue Charles-de-Gaulle. ☎ 03-89-40-98-86. • la.gourmandise68@sfr.fr • Ouv en principe tlj 7h-16h.* En plein centre, cette pâtisserie-salon de thé est plébiscitée par les locaux à toute heure : du petit déj avec son intéressante formule, au plat du jour simple et efficace le midi, en passant par la pause gourmande de l'après-midi. Service souriant. On aime !

Auberge Sundgovienne : *1, route de Belfort, 68130* ***Carspach-Altkirch.*** *☎ 03-89-40-97-18. • mail@auberge-sundgovienne.fr • auberge-sundgovienne.fr • À 3 km d'Altkirch par la D 419, vers Dannemarie. Resto fermé dim soir-mar midi. Congés : fin déc-fin janv et 2 sem fin juil. Doubles 94-135 € ; familiales ; petit déj 14,50 €. Formule déj 18,50 € ; menus 28,50-66 € ; carte env 49 €. CB refusées. Réduc de 10 % sur le prix de la chambre sur présentation de ce guide.* Séparé de la route par un joli jardin paysager, cet hôtel familial cossu et élégant compte une petite trentaine de chambres tout confort et de style moderne, dont certaines avec balcon. Préférer celles situées à l'arrière, ouvertes sur le jardin et la forêt. Parties communes contemporaines et décorées de bois, façon chalet de montagne design. Très réussi dans son genre. Côté fourneaux, c'est LA bonne table du coin. Cuisine inspirée et sans cesse renouvelée selon le marché et les saisons. Accueil dynamique et souriant. Bon rapport qualité-prix.

Où camper ? Où manger dans les environs ?

Camping Les Lupins : *1, rue de la Gare, 68580* ***Seppois-le-Bas.*** *☎ 03-89-88-00-25. • contact@camping-les-lupins.fr • campings-les-lupins.fr • À 15 km au sud d'Altkirch par la D 432, puis à droite la D 463. De mi-avr à fin oct. Forfait 18 € pour 2 avec tente, électricité et voiture ; chalets et mobile homes.* Camping installé sur un long terrain de 4 ha, plat, gazonné, arboré, et jalonné de quelques haies délimitant les emplacements. Sanitaires propres. Salle TV, piscine, pataugeoire, jeux pour enfants... Également quelques chalets et mobile homes à 2-3 chambres. Accueil gentil.

Restaurant de la Gare Munzenberger : *16, rue Principale, 68118* ***Hirtzbach.*** *☎ 03-89-40-93-27. • restaurant.gare@club-internet.fr • À 5 km au sud d'Altkirch par la D 432, puis à droite la D 17. Fermé lun et jeu soir (plus mar soir et mer soir en basse saison). Carte env 33 €. Café offert sur présentation de ce guide.* Au cœur d'un paisible village, une bonne auberge de campagne qui fait dans le traditionnel et le copieux ! Royaume de la carpe frite et de la choucroute de poisson, entre autres savoureuses spécialités régionales toujours au menu. Également un beau choix de viandes bien mijotées. Agréable terrasse fraîche en été. On aime !

Le Petit Grain de Sel : *40, rue du Général-de-Gaulle, 68560* ***Hirsingue.*** *☎ 03-89-07-15-48. • amandine.mislin@orange.fr • À 7 km au sud d'Altkirch par la D 432. Tlj sauf lun soir, jeu soir et dim. Menu déj en sem 16,50 € ; carte env 30-35 €.* Ce resto discret se repère à sa petite terrasse. L'intérieur, sobre, moderne et pimpant, met en confiance. Et l'on fait bien de s'attabler, car la cuisine ne déçoit pas, classique, de saison et bien réalisée, comme les savoureux tartares. Accueil jeune et sympa.

À voir

La halle au blé : *pl. Xavier-Jourdain.* Ancien marché couvert, aujourd'hui reconverti en salle de spectacle, proposant une programmation variée : théâtre, concerts, expos, etc. *(infos : ☎ 03-89-08-36-03 ; • halleauble-altkirch.fr •).* C'est aussi le point de départ idéal pour visiter la ville à pied, en commençant par la rue Charles-de-Gaulle...

La place de la République : au centre, une fontaine érigée en 1853. L'hôtel de ville est une belle demeure du XVIIIe s. À sa droite, l'ancienne demeure du bailli de la seigneurie abrite le Musée sundgauvien.

Le Musée sundgauvien : *1, rue de l'Hôtel-de-Ville. ☎ 03-89-40-01-94. Juil-août et pdt les expos temporaires, tlj sauf lun 14h30-17h30 ; avr-juin et sept, dim 14h30-17h30 ; le reste de l'année sur résa. Entrée : 3 € ; gratuit moins de 18 ans.* À découvrir, car vraiment bien fait et pas ennuyeux ! Il présente l'histoire, les arts et traditions populaires du Sundgau à travers une foule d'objets et de mises en scène : meubles Renaissance, moules à kougelhopf, coiffes traditionnelles, tableaux d'images pieuses, etc. Une salle de séjour sundgauvienne *(stuwa)* a été reconstituée avec ses 2 poêles anciens en céramique *(kunscht)* et son buffet à 2 portes avec une niche au milieu *(olmer).* On peut y voir également des carreaux de céramique de la fabrique de poêles Hanser, des tableaux d'artistes locaux dont le plus célèbre, Jean-Jacques Henner, s'intéressait particulièrement à la beauté des femmes...

Le prieuré Saint-Morand : *rue de Saint-Morand. Visite guidée possible avec l'office de tourisme.* Curieux prieuré des XVIIIe-XIXe s, mais dont les origines remontent au XIIe s. À l'intérieur de l'église néoromane se trouve le reliquaire de saint Morand, patron du Sundgau.

L'église Notre-Dame : *rue du Château.* De style néoroman (XIXe s), elle occupe, au sommet de l'éperon d'Altkirch, l'emplacement de l'ancien château. À l'intérieur, une œuvre du peintre Jean-Jacques Henner...

Le CRAC Alsace *(Centre rhénan d'art contemporain)* **:** *18, rue du Château. ☎ 03-89-08-82-59. • cracalsace.com • Juste derrière et en contrebas de l'église. Ouv selon expos, mar-dim 14h-18h. GRATUIT.* L'art contemporain a investi cet ancien lycée, réhabilité en lieu d'expos d'envergure internationale. Librairie, café, centre de documentation, boutique et ateliers pour enfants pendant les vacances scolaires. 2 étages dédiés à l'art dans tous ses états. Accueil charmant.

À voir dans les environs

Le Mémorial de Haute-Alsace : *43, rue de Bâle, 68210* **Dannemarie.** *☎ 03-89-25-00-13. • memorial-haute-alsace.fr • À 10 km à l'ouest d'Altkirch. Ouv tte l'année, mer-dim 10h-17h30 ; fermé lun-mar. Fermé 1er mai, 1er nov et 23 déc-8 janv. Entrée : 7 € ; réduc ; gratuit moins de 8 ans.* Ce très beau musée s'intéresse aux ***épisodes marquants de la Grande Guerre dans le Sundgau,*** mais aussi à l'***histoire très douloureuse des Alsaciens,*** coincés et tiraillés entre 2 nations aux appétits féroces. Un sujet aussi passionnant mérite un site hors normes : c'est le cas avec cette ancienne filature en brique, dont les vastes volumes ont permis d'aménager un parcours moderne et efficace. Les sections chronologiques, enrichies par des mannequins en uniforme et du matériel militaire, s'intéressent d'abord à la situation de l'Alsace à partir du traité de Westphalie en 1648, avec le rattachement d'une partie du territoire au royaume de France. Après l'ajout de Strasbourg en 1681, les frontières sont fixées par le traité de Ratisbonne en 1684... pour être mieux disputées par la suite ! À partir de 1871, l'Alsace est allemande, et les jeunes partent guerroyer au loin pour le compte du Kaiser, comme en Chine ou en Afrique. Difficile de s'y retrouver ! Arrive la mobilisation de 1914, symbolisée par un couloir où des films de troupes en marche sont projetés sur les murs, les Allemands d'un côté, les Français de l'autre. Drôle d'impression. Saviez-vous d'ailleurs que c'est dans le coin que sont tombés les tout 1ers soldats de la guerre, quelques heures avant le début officiel des hostilités ? Une section leur rend hommage. Puis on évoque la ***guerre de mouvement*** dans le Sundgau et les combats jusqu'à la bataille de Mulhouse. Parmi les documents incontournables, ne pas rater les cahiers de souvenirs de Dominique Richert, un gars de Saint-Ulrich... incorporé chez les Allemands.
Mais le clou du spectacle, c'est la ***reconstitution grandeur nature des tranchées,*** avec soldats, matériel et même des scènes du front. On enchaîne avec ***les Américains dans le Sundgau,*** une section dédiée à l'***aviation*** (et surtout à l'as Pégoud, abattu en 1915) et enfin à l'***après-guerre.*** Des lendemains qui ne chantent pas toujours, entre les innombrables victimes et la chasse aux suspects jugés douteux, attisée par une propagande implacable. Un musée riche, émouvant et qui donne à réfléchir sur les injustices vécues par les Alsaciens.

Manifestation

– ***La Forêt enchantée :*** *déc et jusqu'à l'Épiphanie.* Reconstitution de contes et légendes à ciel ouvert grâce à une mise en scène vivante, faisant intervenir de nombreux personnages représentant sorcières, ondines, dragons, géants... À cette occasion, l'office de tourisme organise des visites contées. Aussi un village de Noël, une patinoire et des spectacles de rue, et la grotte aux Lucioles.

ENTRE ALTKIRCH ET FERRETTE

LA VALLÉE DE L'ILL

Entre Hirtzbach et Oltingue, c'est une superbe vallée verte à parcourir sur la fameuse « route fleurie », ponctuée de beaux villages traditionnels aux maisons pittoresques. À seulement 8 km au sud d'Altkirch, ***Hirtzbach*** – le village le plus fleuri du Sundgau – a un on-ne-sait-quoi de hollandais avec ses maisons alignées le long du cours d'eau. Sur la gauche en entrant dans le village, le manoir XVIIIe s de la famille de Reinach (seul le parc se visite).
Quelque 8 km plus au sud, ***Grentzingen*** demeure l'un de nos villages préférés dans le Sundgau sur le plan architectural. Imaginez un village-rue unique en son

genre, où les maisons à colombages alignent leurs façades colorées sur près de 1 km ! Les plus remarquables se trouvent autour de l'église – rue de Ruederbach et rue de Willer – montrant la variété de charpentes, de poutres, de portes et de toitures. Non loin de là, près de l'école, un sentier mène à l'Ill, qui coule sauvage et préservée ; bordée d'aulnes, de saules et de frênes.

LA VALLÉE DE LA LARGUE

Parcourue par une piste cyclable, cette vallée se déroule entre Dannemarie et Seppois, dans une enfilade de villages parmi les plus beaux du Sundgau ! Un festival de maisons traditionnelles à colombages, souvent princièrement fleuries, toujours fraîchement peintes de couleurs vives, parfois acidulées. Chaque courbe de la route apporte son lot de surprises, comme à ***Friesen,*** qui conserve une cinquantaine de bâtiments à pans de bois construits de 1497 à 1878 : fermes traditionnelles, maisons à encorbellement, forges... Le village est aussi connu pour sa pisciculture.

La Maison de la nature du Sundgau : *13, rue Sainte-Barbe, 68210* ***Altenach.*** *☎ 03-89-08-07-50. • maison-nature-sundgau.org • À 13 km à l'ouest d'Altkirch par la D 419. Juin-août, lun-ven 9h30-17h30, dim 14h-18h (fermé sam) ; le reste de l'année, fermé le w-e.* Exemple d'intégration architecturale paysagère, de modernisme et d'énergies renouvelables, la Maison de la nature s'adresse à tous les publics pour tout savoir sur la nature et le patrimoine rural sundgauviens. Approche pratique, ludique, pédagogique à travers expos (temporaires de mai à septembre), ateliers, sorties (oiseaux, champignons...), week-ends, etc. Miellerie pour apiculteurs amateurs. Le samedi en septembre-octobre, fabrication de jus de pomme. Et tout autour de la Maison, on parcourt à pied 2 circuits didactiques – Grillon et Coccinelle – passant par le jardin bio, le poulailler, les ruches... Propose aussi un livret de balades à pied ou à vélo dans la vallée de la Largue, et des infos touristiques sur le Sundgau en été.

La piste cyclable de la Largue : de Pfetterhouse à Dannemarie, cette piste emprunte sur la quasi-totalité de son parcours le tracé d'une ancienne voie ferrée, à travers des sous-bois verdoyants et de paisibles paysages agricoles. Une belle balade à ne pas rater, qui dessert la Maison de la nature et les villages de la vallée. À Dannemarie, on peut rejoindre l'*Eurovélo 6* qui, de Belfort à Mulhouse, musarde le long du canal du Rhône au Rhin...

FERRETTE *(68480)*

Nous voici en Jura alsacien... ou en Alsace jurassienne ! C'est encore l'Alsace, mais c'est presque la Suisse... et pourtant c'est encore la famille de... Monaco qui détient le titre et les armes de Ferrette, hasard de l'histoire ! Fondée au XIIe s et préservée des assauts du modernisme, cette longue et charmante bourgade (730 habitants) s'étire dans une sorte de gorge encaissée où les maisons en pierre s'accrochent aux flancs de la vallée. Et juchées sur un éperon rocheux, les ruines du château dominent cette région verte. Car Ferrette se trouve au cœur d'un formidable paradis naturel – un merveilleux bout du monde de la carte de France – à explorer à pied, à vélo ou à VTT. Sans compter quelques bonnes tables cuisinant la spécialité du pays : la carpe frite !

Adresse et info utiles

Office de tourisme : *1 A, rue de la 1re-Armée. ☎ 03-89-08-23-88. • sundgau-sud-alsace.fr • Lun, mar, jeu et ven 9h-12h, 14h-17h30 (16h ven) ; plus sam-dim 10h-13h de mi-juil à mi-oct.* Documentation complète sur le Sundgau, l'Alsace et la Suisse, brochure-guide du village avec description de ses maisons, son château, et des visites à faire dans les environs ; vend les cartes du Sundgau éditées par le Club vosgien et l'IGN, carte des pistes cyclables et topoguides ; visites guidées du village mercredi soir en été (sur résa) ; agenda culturel... Expo-vente d'artisanat local. Accueil charmant et pro.

– ***Marché paysan :*** *sam mat, tte l'année.* Très petit marché sur la place, ou dans la halle au blé les jours de mauvais temps.

Où dormir ? Où manger ?

Hôtel Collin : *4, rue du Château. ☎ 03-89-40-40-72. • rest-collin@kbleu.net • hotelcollin.fr • ♿ (resto seulement). Au centre du village. Resto fermé mar soir et mer. Congés : vac scol zone B. Double 64 € ; petit déj-buffet 10 €. Formule déj en sem 14 € ; carte env 25 €. Café offert sur présentation de ce guide.* Cet hôtel-resto de village est une valeur sûre dans sa catégorie. Il dispose d'une petite dizaine de chambres bien équipées et régulièrement rénovées, mais surtout, c'est LA bonne table de Ferrette, où l'on déguste une cuisine régionale soignée : tarte flambée, filet de sandre sur lit de choucroute, truite saumonée du Sundgau, nougat de chèvre frais et l'incontournable friture de carpe. Sans oublier quelques viandes goûteuses. Accueil pro sympa.

Chambres d'hôtes La Maison des 5 Temps et gîtes La Maison des Fontaines : *5, rue Saint-Bernard et 6, pl. des Comtes. ☎ 03-89-40-38-31. 📱 06-31-90-93-20. • info@maison5temps.com • maison5temps.com • Doubles 80-110 € ; gîtes (2-6 pers) 180-310 €/nuit (min 2 nuits en saison).* Dans le haut du village, d'abord une pittoresque maison du XVIIIe s à la façade recouverte de plantes grimpantes. Au rez-de-chaussée, 2 chambres chaleureuses, cosy et meublées d'ancien. Et juste en face, dans une grande maison du début XXe s à arcades, 2 appartements tout confort et arrangés avec goût : meubles anciens et touches modernes de-ci de-là. Vue sur la forêt ou le château. Accueil charmant.

Fritschy – La Palette des Pains : *4, pl. Mazarin. ☎ 03-89-40-39-34. • fritschy@wanadoo.fr • Dans le centre. Tlj sauf lun ap-m et sam ap-m, 6h (6h30 sam et 7h dim)-18h. Moins de 10 €.* De bons gâteaux, des sandwichs, des quiches et des croques à dévorer avec un petit café sur la terrasse, au centre du bourg. Une bonne adresse pour ne pas se ruiner.

Au Cheval Blanc : *3, rue Léon-Lehmann. ☎ 03-89-40-41-30. • chevalblanc@kbleu.net • ♿ Dans le centre. Fermé lun-mar. Congés : de mi-juin à mi-juil. Menus 30-33 € ; carte env 20-30 €. Café offert sur présentation de ce guide.* Maison colorée coiffée d'une belle enseigne avec son petit cheval. Côté fourneaux, on mijote les classiques alsaciens : choucroute, tête de veau, jarret, tartes flambées... Sans oublier la carpe frite, bien réussie. Une adresse agréable et sans prétention, bien appréciée des locaux.

Où boire un verre ?

Brasserie Radwulf : *chemin du Galgenweg, 68480* ***Vieux-Ferrette.*** *📱 06-51-29-23-79. • info@radwulf.fr • radwulf.fr • Ouv ven-sam 18h-minuit. Bière ou soft offert sur présentation de ce guide.* Radwulf, c'est le « conseil de loup » en v.f. Un nom qui en jette, mais en guise de meute, cette super microbrasserie rassemble plutôt tous les joyeux lurons du secteur ! Super ambiance, surtout les soirs de concert lorsque ce vaste hangar revu et corrigé façon *brewpub* déploie sa terrasse. Et les bières alors ? Elles sont divines. Créées en fonction des saisons et de l'inspiration à base d'ingrédients au maximum bio et locaux, elles sont bien sûr non filtrées et sans additifs. De la matière, beaucoup de goût, des saveurs : on se régale. Même les étiquettes valent le coup ! Accueil top.

À voir. À faire

L'église Saint-Bernard de Menthon : très beau clocher en bâtière, chœur gothique du XIIIe s ; le tout intégré dans une nef néogothique du début XXe s.

La rue du Château : c'est la rue phare du village, montant de la mairie au château. Nombreuses et belles maisons – dont quelques-unes seulement avec colombages – adossées aux rochers de la colline. Et une foule de détails à observer : puits, portes, petits jardins ou façades...

L'hôtel de ville : l'une des plus belles demeures de Ferrette, située en haut de la rue du Château. Construite en 1572 dans le style Renaissance rhénane, elle est surmontée d'un petit beffroi. Sur la façade, les armoiries du comté de Ferrette représentent 2 poissons dos à dos tandis que, sur l'une des fenêtres, celles des Habsbourg (anciens proprios du Sundgau) montrent un aigle à 2 têtes, symbole de domination impériale...

Les ruines du château : au sommet d'un éperon rocheux surplombant le village, on y accède à pied par un chemin au pavage Renaissance. Mentionné pour la 1re fois en 1105, ce nid d'aigle fut détruit au XVIIe s, lors de la guerre de Trente Ans. On y voit les restes d'un corps de garde taillé dans le roc, un puits, un donjon du XIIe s, et la façade de l'ancienne demeure seigneuriale. Superbe vue sur la vallée.

La grotte des Nains : *accès en 30 mn à pied ; sortir de Ferrette vers Sondersdorf et, après les dernières maisons, chemin forestier à gauche (panneaux).* Cette grotte n'est qu'une anfractuosité dans la roche, mais la gorge aux Loups, où elle se situe, mérite une petite excursion pédestre. Aussi les amoureux de la forêt prendront-ils à l'office de tourisme la description de l'itinéraire en boucle combinant la visite des ruines du château, un bel itinéraire d'approche ménageant quelques points de vue sur la région et le parcours via la gorge. Compter 2h30 de balade tranquille pour 5 petits kilomètres. Également à l'office de tourisme, un dépliant narrant la légende douce-amère des nains de la grotte.

À voir. À faire dans les environs

Le musée du Sapeur-Pompier d'Alsace : *12-14, rue de Luppach, 68480* ***Vieux-Ferrette.*** *☎ 03-89-68-68-18. • musee-sapeur-pompier.fr • À 1,5 km au nord-ouest de Ferrette par la D 473. Avr-oct, tlj sauf lun 10h-18h ; nov-mars sur rdv. Entrée : 8 € ; 11-16 ans 4 € ; gratuit moins de 11 ans.* Ce musée, ***l'un des plus importants du genre en France,*** abrite quelque 260 véhicules de pompiers, exposés par roulement tous les 2 ans ! Pompes à bras en bois du XVIIIe s, pompes à vapeur tirées par des chevaux du XIXe s, 1ers véhicules rouges d'intervention des années 1910, et puis un alignement impressionnant de camions de pompiers faisant le lien avec aujourd'hui. Également une collection de casques, lances d'incendie, vêtements de feu, masques respiratoires et même la reconstitution du standard téléphonique de la caserne de Mulhouse... Une visite formidable, à ne rater sous aucun prétexte !

Le musée des Amoureux et du Patrimoine sundgauvien : *rue de Ferrette, 68480* ***Werentzhouse.*** *☎ 03-89-40-50-47. À 5 km au nord-est de Ferrette par la D 473. Avr-oct, le 1er dim du mois 14h-17h (ts les dim en juil-août) ; sinon, visite sur rdv. GRATUIT.* Cette minuscule maison rose, nichée au centre du village, abrite ce qui demeure sûrement le plus petit musée de France. Créé par des passionnés de la région, c'est une ode à l'amour tel qu'on le rêvait, et le chantait, autrefois (certains y croient toujours, leurs témoignages sont ici) : une foule de cartes postales (les plus anciennes datent de la fin du XIXe s), des céramiques et quelques centaines d'objets en forme de cœur. Inévitablement un peu kitsch mais étonnant, sinon attendrissant. Également une belle et importante collection de 22 000 photos anciennes du Sundgau.

➢ ***Randonnées pédestres :*** au départ de Ferrette, on trouve de nombreuses balades balisées par le Club vosgien. Durée variable : 20 mn-5h. On peut faire le tour du Rossberg (20-30 mn), ou pousser jusqu'à Lucelle et la frontière suisse par le Kastelberg et la ferme des Ébourbettes (4h30). Plus on approche de la frontière et plus les paysages deviennent encaissés et sauvages. Avant de partir, se procurer les topoguides à l'office de tourisme, ainsi que la carte *IGN/Club vosgien* du Sundgau.

BALADE ENTRE FERRETTE ET LA SUISSE

Joli petit coin au bout du monde, encaissé et plus sauvage que le reste du Sundgau. Avec des collines couvertes de forêts où les prés et les champs occupent les lisières, tandis que les villages se blottissent dans le creux des vallées.
Partir de Ferrette, gagner Mœrnach puis Liebsdorf par la D 473. Les paysages ressemblent de plus en plus à la Suisse, soigneusement arrangés, coquettement sereins. Par les villages de Courtavon, Levoncourt, Oberlarg et Winkel, où se trouve la source de l'Ill, rejoindre Lucelle, à la frontière suisse.

Où dormir ? Où manger dans le coin ?

Camping des Hêtres : *rue du Cimetière, 68480* ***Bendorf.*** *☎ 03-89-40-34-72. • camping.deshetres@orange.fr • À 5 km à l'ouest de Ferrette par la D 432, puis à droite la D 41. Mai-oct. Compter 15 € pour 2 avec tente et voiture.* Isolé en pleine campagne au bout d'une petite route à une voie, à l'orée d'une forêt, un beau terrain avec jolie vue sur le Jura alsacien. Tranquillité garantie. Emplacements ombragés et séparés par des haies ; sanitaires bien propres. Ping-pong, pétanque, jeux pour enfants... Une adresse simple et agréable pour se mettre au vert.

Le Petit Kohlberg : *lieu-dit du Petit-Kohlberg, 68480* ***Lucelle.*** *☎ 03-89-40-85-30. • info@petitkohlberg.com • petitkohlberg.com • À 12 km au sud de Ferrette par la D 432. Resto tlj sauf lun-mar. Congés : fêtes de fin d'année. Doubles 77-109 € ; familiale ; petit déj 13 €. Formule déj en sem 19,50 € ; menus 27,50-37,50 € ; carte env 30 €. Café offert au resto sur présentation de ce guide.* Hôtel coquet au cœur d'un paradis vert du bout du monde, face à la Suisse. Chambres confortables et soignées dans un bâtiment moderne, avec balcons et terrasses. Côté cuisine, de délicieuses spécialités alsaciennes et du Sundgau (carpe frite, cuisses de grenouilles...). On s'est régalés ! Salle de resto lumineuse dans un bâtiment voisin, aux allures de chalet et qui surplombe le parc. Accueil familial charmant.

Hôtel Aux Deux Clefs : *218, rue Hennin-Blenner, 68480* ***Mœrnach.*** *☎ 03-89-40-80-56. • auxdeuxclefs@wanadoo.fr • À 5 km à l'ouest de Ferrette par la D 432, puis à gauche la D 473. Resto tlj sauf mer-jeu. Doubles 70-85 €. Formule déj en sem 13,50 € ; menu du jour 14 € ; menus 39,50-59,50 €. Burgers à emporter env 10-15 € (avec frites).* Derrière une façade à colombages pittoresque, flanquée d'une annexe, voici d'agréables chambres rustiques tout confort et douillettes, d'un évident rapport qualité-prix. Aux fourneaux, le chef réalise une cuisine fine et élégante, avec des produits de saison et du jardin. On se régale dans la belle salle à manger chaleureuse et cosy. Mais pour les pressés, il y a... le *food truck* ! Cette option permet de manger sur le pouce un bon burger à emporter. Pas banal dans le coin !

Auberge et Hostellerie Paysanne : *rue de Wolschwiller, 68480* ***Lutter.*** *☎ 03-89-40-71-67. • aubergepaysanne2@wanadoo.fr • auberge-hostellerie-paysanne.com • À 8 km au sud-est de Ferrette par la D 23. Resto fermé lun, mar et dim* *soir. Congés : de début à mi-juil et de mi-déc à mi-janv. Doubles 70-98 € ; petit déj 12 €. Formules du jour en sem 12,50-14 € ; menus 29-52 € ; carte env 40 €.* Bonne auberge tranquille de campagne avec ses fleurs aux fenêtres. Pour dormir, on a le choix entre les chambres à l'étage, rénovées dans un style classique ou plus contemporain, mais toutes dotées de salles de bains modernes ; ou l'*Hostellerie Paysanne,* une authentique et ravissante ferme sundgauvienne du XVIIe s à colombages, à 200 m de là, avec des chambres tout aussi confortables. Au resto, cuisine traditionnelle saine, savoureuse et ensoleillée, servie dans la belle salle façon winstub. Accueil familial enthousiaste.

Hôtel Le Morimont : *lieu-dit Le Morimont, 68480* ***Oberlarg.*** *☎ 03-89-40-88-92. • info@lemorimont.com • lemorimont.com • À 14 km au sud-ouest de Ferrette par la D 432, puis à droite la D 41. Congés : déc-avr. Repas sur résa. Doubles env 80-130 € ; familiale ; petit déj 12 €. Formule 15 €. Apéritif maison offert sur présentation de ce guide.* Isolée dans un vallon sauvage du Sundgau jurassien, cette ferme ravissante du XVIIIe s profite d'un cadre exceptionnel. À 2 pas, les ruines du château dont elle dépendait ajoutent encore au charme des lieux. Superbe ! Ici, le respect de l'environnement n'est pas un mot à la mode : les peintures, la restauration des planchers et des murs, tout est au maximum écologique, jusqu'aux produits utilisés dans la cuisine, sélectionnés dans les fermes alentour. Chambres douillettes (sans TV pour se reposer, c'est la philosophie de la maison), et côté miam-miam, un buffet de salades et de produits de saison : légumes, céréales, charcuterie, etc. ; tartes flambées et pâtisseries maison en prime !

À voir dans les environs

Oltingue (68480) : *à 7 km à l'est de Ferrette par la D 473, puis à droite la D 23.* Dans ce village entouré de champs et de collines douces, on est sorti de la partie « montagnarde » du Sundgau. Sur place, on visite le ***Musée paysan,*** installé dans une maison du XVIe s *(☎ 03-89-40-79-24 ; de mi-juin à sept, mar, jeu, et w-e 15h-18h ; de mars à mi-juin et oct-nov, dim seulement 14h-17h ; le reste du temps, sur rdv ; entrée : 2,50 €, réduc).* Dans la mignonne église *Saint-Martin-des-Champs,* à l'écart du village comme son nom l'indique, les dalles de la nef sont ouvertes sur des tombes ancestrales découvertes lors de récentes fouilles. Jeter aussi un œil à l'église du village, qui abrite des orgues Callinet, avec ses tours du XIVe s.

La réserve naturelle de la Petite Camargue alsacienne : *68300* ***Saint-Louis.*** *• petitecamarguealsacienne.com • À 25 km à l'est de Ferrette.* Le long du Rhin, c'est une réserve naturelle de 904 ha qui s'étend en périphérie de Saint-Louis, entre forêts humides, prairies sèches riches en orchidées et roselières. Un vrai paradis pour la faune et la flore, et tout particulièrement les oiseaux, mais ne comptez pas y voir des chevaux comme en Camargue ! Sentiers de découverte avec observatoire accessibles toute l'année. Parking à la ***Maison éclusière*** *(rue du Canal ; ☎ 03-89-89-78-59 ; ouv de mars à mi-oct, mer-dim et j. fériés 13h-17h30),* plantée au bord du canal de Huningue. Au cœur de cette Petite Camargue se trouve la croquignolette ***Maison de la réserve,*** qui accueille des expos temporaires ; jouxtant le bâtiment de la ***Pisciculture*** *(1, rue de la Pisciculture ; ☎ 03-89-89-78-59 ; juil-août, mer-sam 13h30-17h30, dim 10h-12h, 13h30-17h30 ; le reste de l'année, sam 13h30-17h30, dim et j. fériés 10h-12h30, 13h30-16h30),* installée dans l'ancienne pisciculture impériale de 1853. Expo sur l'histoire du fleuve et les différentes spécificités de ce poisson...

Office de tourisme de Saint-Louis : *81, rue Vauban, 68128* ***Village-Neuf.*** *☎ 03-89-70-04-49. • saintlouis-tourisme.fr • Tlj sauf w-e et j. fériés 10h-12h, 14h-17h.*

LE HAUT-RHIN

HOMMES, CULTURE, ENVIRONNEMENT

L'ALSACE DANS LE MONDE

Quand on est en Alsace, on y reste ; sauf si on veut l'exporter ! Il suffit de voir le succès des brasseries parisiennes comme *Bofinger*... Cantonnés dans leur plaine-couloir, les Alsaciens, très tôt, ont suivi le Rhin pour vendre leurs vins à Cologne et à Mayence. Le frisson de l'aventure les enrôlera même dans les armées de la Révolution. Le Dr Schweitzer a donné sa vie à l'Afrique noire. Le général Kléber est mort en Égypte. Schœlcher étudia le sort des esclaves aux Antilles. Binger explora la boucle du Niger. Par ailleurs, la misère avait fait émigrer les Alsaciens vers 1730. Résultat : dans le monde, il existe 43 Strasbourg ! Au Danemark, en Pologne, en Roumanie, en Australie... 15 sont américains. Dans le Strasburg de l'Illinois, on trouve des cow-boys. Dans celui du Missouri, des trappeurs. Au Texas, on trouve des « little Alsace » et un Querriville. Les Américains ont nationalisé les *pretzels*, ces fameux bretzels salés alsaciens (à prononcer avec l'accent !). Mais la plus grande vague d'émigration suivit la défaite de 1870 et l'annexion allemande : entre 50 000 et 100 000 Alsaciens quittèrent la région, souvent des catholiques... Beaucoup émigrèrent dans les colonies, mais la plupart s'installèrent en métropole. Aujourd'hui, même les cigognes ne migrent plus. Les Alsaciens vous diront qu'elles se perdaient en revenant, car, lorsqu'elles survolaient l'Alsace, elles n'entendaient plus parler alsacien...

BOISSONS : VINS ET ALCOOLS

Même dominante (blanc), mêmes cépages, l'Alsace, membre du Saint Empire romain germanique, y inscrivait tout naturellement son vignoble. Pourtant, l'ensoleillement des coteaux vosgiens, la diversité des sols (calcaires, argiles, sables, granits...) et la relative sécheresse du climat l'ont distinguée tôt. Ses vins prospéraient sous les Mérovingiens. Au Moyen Âge, les riches abbayes et les évêques bien dotés les poussèrent si bien qu'ils partirent abreuver, via Mayence et Cologne (2 concurrentes en viticulture pourtant !), les 4 coins de la Germanie ! Vers 1400, Colmar voyait transiter chaque année près de 50 000 hl. Semi-indépendants, réglementés par les corporations, les villages viticoles brillaient d'une prospérité dont chacun, aujourd'hui encore, peut constater les traces.

Et puis, ce fut la guerre... les guerres. Du XVIIe au début du XIXe s, le vignoble retourna à la préhistoire, celle des vins allemands de grande consommation et de piètre qualité. La renaissance débuta vers 1900. Elle prit corps après 1918, avec une réduction drastique des surfaces encépagées. Enfin, l'après-guerre hissa la réputation des vins d'Alsace aux sommets que nous connaissons. Sous une forme unique en France.

Les 7 péchés « capiteux »

• Se reporter à la carte « La route des Vins » *p. 105*

Le long de la route des Vins d'Alsace, ça gouleye, ça fait couler le bonheur... et ça vallonne ! 1 million d'hectolitres de vin est élaboré, en moyenne, chaque année et fait vivre une population nombreuse qui n'hésite pas à ouvrir les portes de ses caves.

En Alsace, les bulles « locales » sont de toutes les fêtes. Le ***crémant d'Alsace,*** en blanc de blanc, blanc de noir ou rosé est le roi des grands événements et des petits bonheurs. 1 bouteille de vin d'Alsace produite sur 3 est un crémant. La quasi-totalité des producteurs alsaciens en proposent à la vente.
N'ignorant pas les savants dosages de cépages, l'Alsace les expérimente sous les noms d'***edelzwicker, gentil,*** ou encore de marques commerciales. Mais dans leur grande majorité, les vins d'Alsace sont des vins monocépages.
Il y a 7 cépages principaux, qui donnent généralement leur nom aux vins et figurent sur les étiquettes.
Quarté noble gagnant : le ***riesling*** (sec, fin, élégant : le chouchou des Alsaciens et des œnologues qui l'aiment sur les fruits de mer et la choucroute), le ***muscat*** (fruité, croquant, parfait sur les asperges), le ***pinot gris*** (rond, charnu, complexe) et le ***gewurztraminer*** (exotique et corsé, parfait sur le munster ou la cuisine aigre-douce). Mais les 3 autres cépages ont aussi leur charme : le ***pinot blanc*** (souple, fruité, accompagne les charcuteries) s'arroge 21 % du vignoble (c'est qu'il entre dans la composition de nombreux crémant d'Alsace), le ***sylvaner,*** admis sur l'AOC Alsace grand cru Zotzenberg, a retrouvé ses lettres de noblesse. Un cépage fait étrangement figure d'outsider, car rarement retenu dans la nomenclature (pour maintenir le chiffre symbolique de 7 ?), le ***klevener de Heiligenstein*** (ou savagnin rose), un cépage sec et aromatique, produit uniquement dans ce village depuis le XVIe s. Enfin, du côté du rouge, le ***pinot noir*** se révèle délicieux, croquant et friand, vinifié en rouge ou en rosé.
Le vignoble alsacien est constitué d'une mosaïque de sols unique au monde. Les plus exceptionnels d'entre eux ont été reconnus en ***AOC Alsace grand cru.*** Il n'y en a pas moins de 51, du nord au sud de la route des Vins. Ces grands terroirs classifiés n'accueillent, sauf exception, que 4 cépages – riesling, pinot gris, muscat et gewurztraminer –, récoltés manuellement à raison de 55 hl/ha. Mais c'est avant tout la « patte » du producteur qui fait la différence...
Les ***vins moelleux*** sont une autre spécialité alsacienne. Une réglementation très stricte protège les « vendanges tardives » provenant de raisins surmûris, presque confits sur pied. Retarder les vendanges est risqué : trop de pluie, une petite gelée, et tout pourrit. Mais quand ça marche, c'est exceptionnel : un fruit très concentré, très sucré, plein d'arômes. Inoubliable impression de croquer le raisin : on ne regrette pas les grands sauternes, même – et surtout – sur le foie gras. Les « sélections de grains nobles », sont les vins d'Alsace les plus rares, une expérience gustative unique, à vivre au moins une fois dans sa vie ! Les plus ascètes aspirant au nirvana attendront patiemment 20 ans pour les boire.

Rouges, blancs... vert !

L'Alsace est l'une des régions viticoles les plus bio de France, voire du monde, et ce depuis la 1re heure ! Ici, plus de 20 % des surfaces sont en bio ou en conversion (la moyenne nationale avoisinant les 12 %) et le mouvement s'amplifie. C'est d'ailleurs ici, il y a plus de 50 ans (en 1969), que la biodynamie s'est appliquée à la viticulture pour la 1re fois, basée sur les principes et l'enseignement de l'anthroposophe allemand Rudolf Steiner, formalisés dès 1924 (l'anthroposophie est un courant électrique mêlant bouddhisme, hindouisme et christianisme). Parmi ses principales règles figurent le respect de la terre et du calendrier astral, mais aussi le traitement des vignes avec des préparations maison, notamment à base d'huiles essentielles.

Bières

Avec 12 millions d'hectolitres, la province est la 1re productrice nationale, et l'usine *Kronenbourg* d'Obernai est la plus grande d'Europe (7 millions d'hectolitres).
La bière a été introduite dans la région par les tribus celtes. À partir du IXe s, les moines des abbayes de Wissembourg ou Pfaffenhoffen affinent les procédés

de fabrication et épicent la bière grâce au houblon. La 1re brasserie indépendante est fondée à Strasbourg en 1260. C'est en 1664 (on croyait le savoir !) que Jérôme Hatt fonde la brasserie d'où naîtra *Kronenbourg.* La Révolution, en démantelant les corporations, permet l'essor des brasseurs alsaciens. Au XIXe s sont fondées de véritables dynasties brassicoles, issues de familles protestantes (pas très catholique, ce breuvage d'origine celte). Il ne reste plus aujourd'hui qu'une poignée de brasseries industrielles, dont 2 seulement n'appartiennent pas à un grand groupe étranger... *Heineken* possède *Fischer* ; *Kronenbourg* est passée dans le giron d'un grand groupe agroalimentaire. Certaines vous ouvrent leurs portes pour tout savoir sur les 16 étapes, de la malterie à la brasserie, qui permettent de concevoir une bonne mousse. Et pour info, la bière, c'est 4 ingrédients de départ : eau, orge, houblon et levure. De plus petites brasseries accueillent aussi les visiteurs (voir le document *Route de la bière d'Alsace*).

LA *1664*, C'EST UN KAS !

Le fameux brasseur Kronenbourg s'étant installé sur les hauteurs de Strasbourg, dans le quartier de Cronenbourg, il a changé sa 1re lettre par un « K » pour faire « plus allemand », les Germaniques étant connus pour la qualité de leurs bières. Cette bière apparut d'ailleurs non pas en 1664 mais en 1952, à l'occasion du couronnement de la reine Élisabeth II d'Angleterre.

Les bières que l'on buvait en Alsace furent longtemps des blondes légères de type *pils,* moins houblonnées que les allemandes. Aujourd'hui, l'éventail s'ouvre : *ale,* rousses, bière de mars ou de Noël et toute une gamme de bières aromatisées (à la tequila, au rhum...).
Mais de nouvelles petites marques (ici comme un peu partout en France) apparaissent. De vraies bières de tradition, artisanales, non pasteurisées, non filtrées, souvent bio, sont brassées dans une poignée de microbrasseries en Alsace. Et, tel un vin, la bière se déguste de la même manière, à la vue, à l'odorat et au goût !

Alcools

Outre l'incontournable ***marc de gewurztraminer,*** une eau-de-vie élaborée comme son nom l'indique avec les résidus de vinification de Gewurz (protégée par une AOC depuis 2009), pour arroser leurs sorbets et réchauffer leurs hivers, les Alsaciens distillent les Vosges. En commençant par les coteaux : les meilleures cerises à kirsch se balancent au-dessus de Strasbourg et de Ribeauvillé. Récentes, mais craquantes : les eaux-de-vie de mirabelle, mûre, fraise, coing, poire williams (rouge !), cassis, reine-claude, quetsche, myrtille, pêche, abricot, et surtout prunelle ou framboise... parfois sauvage. Celles de Villé sont fameuses. À l'ombre de quelques maisons géantes, les petits bouilleurs de cru – ce peut être le facteur ou l'instituteur – continuent de distiller les vergers privés. Chères et rares : les eaux-de-vie de sorbier, d'alisier, d'acacia, de gratte-cul, de cumin, de baies de houx, de bourgeon de sapin noir, et même de truffe ! Ces dernières années, le val d'Orbey a assisté à la renaissance de la sulfureuse absinthe, et il existe même whisky et gin produits en Alsace... Où s'arrêteront-ils, ces Alsaciens ? Quand ils en auront « marc » !

CUISINE

Au pays des cigognes, on a le bec fin ! L'Alsacien ne connaît rien de plus sympa que de ripailler en compagnie. Comme dit le proverbe local : « Manger et boire réunit le corps et l'âme. » Les cartes des restaurants dévoilent un univers à part entière : poussin de La Wantzenau, coq au riesling, tourte au munster, carpe à la bière... Au quotidien, les 2 mamelles sont les winstubs et la table familiale. Les 1res sont des bistrots à vins : il en existe encore de célèbres mais beaucoup ont disparu. La 2de reste inépuisable...

Si quelques plats « pauvres » ont eux aussi disparu (pour revenir à la mode un jour prochain en tant que plat tendance !), si la ménagère ne court plus le lundi chez le boulanger pour glisser dans son four le *baeckeoffe* – cocktail de 3 viandes marinées au vin blanc et mijotées plusieurs heures avec des légumes – qu'elle retirait en revenant du lavoir, la table familiale reste solidement nourricière, chaleureuse – en raison du climat –, bref, authentique. Elle s'appuie sur les potages – aux *noques* (quenelles), aux grenouilles, aux quenelles de moelle *(markknepfle)...* –, les charcuteries accompagnées de pommes de terre, les *spätzle* (nouilles rustiques façonnées avec de la farine, de la crème et des œufs, pochées et servies poêlées au beurre) et les *dampfnudeln* (sortes de beignets cuits à la vapeur d'eau), tarte ou gâteau à l'oignon. Sans oublier, le week-end, la *flammekueche* (tarte flambée), fine pâte garnie de crème fraîche, de lardons et d'oignons. De surcroît, le calendrier renforce l'appétit. Comme pour les gâteaux, chaque fête a son plat : oie rôtie pour la Saint-Martin, soupe aux cerises à Noël... Et s'il fallait encore vous convaincre qu'on mange bien en Alsace, sachez que les 2 départements alsaciens comptent à eux seuls 33 restaurants étoilés !

POURQUOI 3 VIANDES DANS LE *BAECKEOFFE* ?

Par souci de tolérance religieuse. Le cochon était consommé par les protestants, le bœuf par les catholiques, tandis que l'agneau était consommé par les juifs.

Bretzel

Nom féminin ou masculin, les 2 sont utilisés. Les historiens rattachent à un culte solaire ce biscuit croquant à base de pâte pochée à l'eau et parsemé de gros sel. Mais il a plus à voir avec la bière. Selon la légende, les 3 « vides » que la tresse crée dans le bretzel seraient là pour qu'on puisse voir le soleil briller à travers 3 fois...

Charcuterie

En Alsace, il y a 200 façons de manger du cochon froid. Les charcutiers sont des artistes. Mais pas les industriels... Pitié pour la saucisse de Strasbourg, la vraie – le *knack* –, déshonorée par les ersatz à hot dog. À la campagne, on sait aussi se régaler d'une bonne tartine de saucisse de foie *(leberwurst)*. Quant aux saucissons ! À la bière *(bierwurst)* ou pistachés, noirs *(schwarzwurst)* ou au sang *(blutwurst)*, au jambon *(schinkenwurst)* ou encore géants, avec de grands morceaux de langue *(zungenwurst)* pris dans une farce noire : devant cette armée, Rabelais lui-même demanderait grâce ! Ajoutez-y la ribambelle des galantines, des charcuteries fumées (palette, *schieffele*, bacon, gendarme, filet de porc...), sans oublier la ronde des hures, où trône le fameux *presskopf* (« tête pressée »), vedette des winstubs, dégusté en vinaigrette, comme la tête de veau.

ON CRAQUE POUR LE *KNACK*

Cette saucisse fumée à base de porc symbolise toute la noblesse de la charcuterie alsacienne. Le mot vient du bruit que fait la saucisse quand elle éclate sous la dent. Et comme papa, elle n'existe que par paire.

Choucroute

La choucroute est du chou coupé en julienne et lactofermenté dans une saumure. L'origine du mot est à rapporter à l'alsacien *sürkrüt* (*Sauerkraut* en allemand), littéralement « chou acide ». Par extension, le terme désigne aussi le plat

de choucroute cuite avec son accompagnement.
Les 1res références à la cuisson du chou ainsi préparé datent du XVe s, et des textes du XVIe s en attestent la présence à la table des monastères. Au XVIIIe s, il se généralise en Alsace et dans une partie de la Lorraine. Ce n'est qu'au XIXe s que la choucroute désigne le plat de chou cuit avec son accompagnement.

LA CHOUCROUTE DONNE DES GAZ

À Krautergersheim, au nord d'Obernai, une station d'eaux usées carbure à la choucroute. La fermentation des matières organiques dégage du méthane. Les machines d'épuration fonctionnent grâce à cette énergie. Malin, non ?

Les Alsaciens la défendent âprement, et l'authentique choucroute est d'ailleurs protégée par une Indication d'origine protégée (IGP). Prédigérée par la fermentation, elle serait... le velours de l'estomac ! Jusque vers 1900, chaque Alsacien eut à cœur de confectionner sa choucroute (tout comme il salait lui-même les haricots, les navets, la viande...). La recette ? La fermentation au sel, sans eau ni additif autre que des aromates. En 2 à 6 semaines, les feuilles hachées, enfermées dans un baril de grès, prenaient forme dans la cave.
Aujourd'hui, l'Alsace se place toujours en tête des producteurs français : 30 000 t de choucroute, soit 70 % de la production nationale, qui commence d'ailleurs à s'exporter. Les puristes s'indignent : certaines choucrouteries locales utilisent du chou hollandais au lieu du royal « quintal d'Alsace ». Mais ils ne redisent rien à la choucroute au poisson ou au confit, alors que la tradition prescrit les *knacks,* jambonneau, lard fumé, filet de porc *kassler,* jarret de veau ou quenelles de foie *(leberknepfle)...* Les Alsaciens ont tout exploré pour l'accommoder : crue avec du chou rouge et des crudités, ou même en quiche. Qu'elle soit mouillée ou non au riesling, une chose est sûre : la choucroute idéale est croquante, finement hachée et acide. Et meilleure en septembre...
En tout cas, pour être certain de goûter à l'authentique, achetez une choucroute IGP, un label enfin obtenu en 2018.

Foie gras

Ce sont les communautés juives d'Europe de l'Est qui ont fait découvrir le foie gras à Strasbourg. Au XVIIIe s, c'est de cette spécialité connue et reconnue que va s'inspirer le cuistot (lorrain) du gouverneur de Strasbourg, Jean-Pierre Clause. Son « pâté de foie gras en croûte » ayant mené Louis XVI au comble de la délectation, le maître queux put ouvrir boutique à Strasbourg. Une ville qui compte, avec la boutique *Artzner* fondée en 1803, la plus ancienne maison de foie gras française encore en activité. Si vous souhaitez acheter un de ces foies, sachez que les meilleurs pèsent 400 g pour les canards et 900 g pour les oies, et que les plus gros foies ne sont pas toujours les meilleurs (ils rejettent trop de graisse). Généralement rose et onctueux, il peut tirer vers le jaune lorsque l'animal est nourri au maïs, comme c'est souvent le cas dans la région. Plus raffiné, dit-on, pour l'oie, plus rustique mais très savoureux pour le canard. En réalité, c'est le prix plus que le goût qui fait la différence !

L'ORIGINE DU FOIE GRAS

Au temps des pharaons, les routes de migration des oies sauvages passaient au-dessus de l'Égypte. Or, certaines mouraient en route. Les juifs, qui étaient en Égypte à cette époque, découvrirent que ces volatiles avaient des foies « gras » pour résister au trajet. Ils s'en régalèrent, puis commencèrent à gaver les oies pour retrouver ces foies si fameux. Ensuite, ils emportèrent avec eux leur recette dans les pays de l'Est, où ils vivaient, puis en Alsace, avant d'atterrir dans le Périgord.

Fromage

Un seul, mais qui les vaut tous ! « Puissamment dialectique, il marie délices et pestilence. Odeur allemande, saveur française », écrit un Alsacien. Odeur de sainteté, dirons-nous : le munster est né à Munster. Ce fromage à croûte rouge, affiné au moins 2 semaines (et jusqu'à plusieurs mois), titrant 50 % de gras, a été galvaudé par l'industrie. Préférez-le « fermier », produit sur les hautes chaumes des Vosges. De préférence l'été ou en automne, quand les vaches font bombance avec la flore des prairies montagnardes. N'oubliez pas alors de déboucher un gewurztraminer. Le saupoudrage au cumin ? On adore, mais c'est hérétique... quoique connu pour ses vertus digestives non négligeables, surtout le soir !
Les Alsaciens l'aiment frais du matin, non affiné : en *siesskäs* (arrosé de kirsch, de sucre et surmonté de crème fouettée), ou en *bibelaskäs* : du fromage blanc que l'on déguste dans une winstub avec du munster et des pommes de terre chaudes (repas d'hiver des familles pauvres). Certains pâtissiers du cru confectionnent aussi les macarons au munster, au goût étonnant !

Melfor

En Alsace, le vinaigre est... alsacien, et n'est pas à base de vin mais d'alcool, de miel et de plantes infusées. Ce *melfor* accompagne crudités et salades et s'exporte désormais dans toute la France.

Pain

« Donnez-nous notre pain de ce jour. » Sauf qu'en Alsace, chaque jour – ou presque – a son pain : au pavot, au cumin, aux noix, au seigle, au lard, au sésame, aux raisins, aux olives... On est déjà en Europe centrale.

Pâtes

L'Alsace a fait siennes les pâtes importées d'Italie au XVIe s avec les *spätzle* : nouilles rustiques façonnées avec de la farine, de la crème et des œufs, pochées et servies poêlées au beurre.

Pâtisseries

Chaque fête y va de sa douceur : *osterfladen* (flan aux œufs) à Pâques, le *berawecka* tout l'hiver (petit pain aux poires lardé de fruits secs). Il faut respirer, avant Noël, les parfums d'anis et d'épices qui imprègnent chaque maison d'Alsace pour la fabrication des *christstolle* (pain aux fruits en forme de baigneur) ou des pains d'épice à l'effigie de saint Nicolas. Un vrai classique strasbourgeois – même si on le rencontre ailleurs en Alsace –, ce pain d'épice (ou *lebküchle*) apparu au XVe s. Sans oublier les fameux *bredele,* ces petits gâteaux à base d'épices et d'agrumes aux formes originales, que l'on accrochait autrefois aux branches du sapin de Noël en guise de décoration et de cadeaux pour les enfants. Aujourd'hui les *bredele* se dégustent de l'Avent à l'Épiphanie dans tous les foyers alsaciens.
Autre grand classique, le *kougelhopf* (littéralement « la boule levée »). La légende raconte qu'un potier de Ribeauvillé du nom de Kügel aurait offert l'hospitalité aux 3 Rois mages de retour de Bethléem et que ceux-ci, pour l'en remercier, lui confectionnèrent un gâteau spécial dans un moule non moins spécial : le kougelhopf ! Marie-Antoinette a, en tout cas, patronné la diffusion de cette brioche (sans doute d'origine autrichienne) à la levure de bière, garnie de fruits secs, orgueil des mères de famille alsaciennes. On en trouve des versions contemporaines salées (avec lardons et noix).
Les intérieurs alsaciens sont une mine de tartes (myrtilles, rhubarbe, prunes...), beignets (fleurs de sureau, acacia...), petits pains *(waeckele)* farcis de

1 000 friandises, soufflés, crêpes, macarons à l'anis... L'Autriche a aussi suscité le strudel, le *krapfen* et le délicieux *bettelmann* (« mendiant »), un petit pain perdu aux fruits. Le pays de Bade a donné la fameuse *forêt-noire*.

Poisson

Même sans le saumon du Rhin, raréfié par la pollution, les rivières vosgiennes regorgent de truites – accommodées au bleu, aux amandes ou farcies –, et sont réputées pour leur brochet, mijoté au pinot rouge ou au riesling. Quant à la carpe frite, elle est très populaire dans la région du Sundgau. Pour finir, dans le Ried, ne pas manquer la matelote, une succulente bouillabaisse de poissons de rivière. Pour le mercredi, il y a encore le sandre qui rejoint parfaitement la choucroute de poisson.

ÉCONOMIE

Avec 1 898 530 habitants, le territoire d'Alsace est fort bien situé et relié à la mer du Nord par le Rhin ; 75 % du pouvoir d'achat des 510 millions d'Européens se concentrent dans un rayon de 800 km autour de Strasbourg. Ainsi, les 2 plus grands marchés d'Europe, l'Allemagne et la France, s'articulent-ils autour de cette région où le bilinguisme est encouragé. D'ailleurs, pour renforcer l'attractivité alsacienne et promouvoir l'économie locale, l'Agence de développement d'Alsace (ADIRA) a créé des labels : « Savourez l'Alsace – Produit du terroir » et, plus récemment, « Fabriqué en Alsace ».
L'Alsace, c'est le tronçon méridional du grand couloir rhénan. En amont, Fribourg et Bâle. En aval, Karlsruhe, Mannheim, Mayence. Puis Cologne, Düsseldorf, la Ruhr, Rotterdam : la colonne vertébrale industrielle de l'Europe du Nord. Son économie est aujourd'hui largement tournée vers l'international, la région Grand Est occupe la 2e place des régions françaises sur le podium des exportations.

Agriculture et industrie

La vigne ne représente que 4,7 % de toutes les cultures, mais elle est un moteur économique pour les campagnes. On voit aussi un peu partout des champs de choux et, dans une moindre mesure, de houblon. Mais l'Alsace, c'est d'abord l'industrie : 22 % des actifs de la région travaillent dans ce secteur. Tout a commencé dans les Vosges : le bois alimentait les verreries et les forges, l'eau des rivières permettait le fonctionnement des filatures. Puis l'activité a gagné la plaine. Bien avant *Peugeot* (*PSA Peugeot Citroën* et ses sous-traitants sont aujourd'hui les 1ers employeurs industriels de la région), le textile a enrichi Mulhouse. Colmar propulse sa réussite sur des roulements américains *(Timken)*, et des pelleteuses allemandes *(Liebherr)*. Du côté de Strasbourg, c'est l'importance du secteur des biotechnologies et des technologies médicales qui est en plein développement, notamment dans le cadre du pôle de compétitivité BioValley ainsi que le tertiaire supérieur (institutions européennes, représentations diplomatiques, banques, assurances...). Quant à la pétrochimie, on la trouve sur le Rhin. Malgré l'inévitable glissement vers le tertiaire, l'industrie a encore de beaux jours devant elle. Les investisseurs étrangers ont un faible pour l'Alsace, région carrefour où règnent, à des tarifs – plus toujours – moindres qu'outre-Rhin, un consensus social analogue et le même amour du travail bien fait. Les Allemands sont les 1ers servis : *Daimler-Benz* au nord, *Siemens* à Haguenau... Les Américains ensuite, ainsi que les Suisses et les Japonais.
Enfin, le secteur touristique représente une part bien significative de l'économie locale.

ENVIRONNEMENT

Quand on sillonne les rives du Rhin, pratiquement aucun pêcheur en vue, nul baigneur depuis belle lurette, et cela à cause de la pollution du fleuve. Rejets industriels et urbains, accidents et pollutions diffuses font désormais partie de la vie du *Vater Rhein*.

L'Alsace a d'ailleurs l'image d'une région touchée plus tôt et plus profondément par la vague écologiste que la France de l'intérieur. S'il faut relativiser cette image, il est vrai que les bons résultats électoraux des écologistes alsaciens datent de la fin des années 1970. Antoine Waechter et Solange Fernex ont alors accédé à une notoriété nationale...

Alsace-Nature – association de défense de l'environnement – est constituée dans les années 1960, dans la tradition des sociétés savantes naturalistes. Les grandes luttes fondatrices se déroulent dans la 1re moitié des années 1970 : contre l'implantation de centrales nucléaires sur le Rhin à Fessenheim (Alsace) et Wyhl (Bade-Wurtemberg), et contre une usine à plomb à Marckolsheim, à un moment où la société alsacienne entre en crise. Fessenheim, doyenne des centrales françaises, qui avait finalement vu le jour malgré les vigoureuses protestations, a cessé définitivement sa production mi-2020. Tout un symbole ! Quant au démantèlement de la centrale elle-même, ce n'est pas pour demain, elle devrait s'étaler sur plus de 15 ans. La question de l'avenir des mines de potasse (et d'autres minéraux chimiques comme le baryum, le soufre, ou encore le phosphate) d'Alsace agite par ailleurs la région depuis plusieurs années déjà, mais elle n'a toujours pas été tranchée...

L'écologie participe d'une mise en mouvement de la société beaucoup plus ample, notamment au niveau culturel. Elle conserve des traits spécifiquement alsaciens : la place des pasteurs et des prêtres, le rôle actif des Clubs vosgiens et des chasseurs, la densité associative, l'identification à un espace rhénan transfrontalier, etc. Mais, en confrontation avec les notables alsaciens, elle doit chercher des débouchés politiques dans des partis ou auprès de personnalités locales autonomes.

Sur le plan politique, écologistes et PS se développent au même moment, et en forte concurrence (ce qui est en partie à l'origine des aspects « antigauche » des Verts alsaciens), comme forces politiques régionales, au tournant des années 1980, suivis quelques années plus tard par l'extrême droite. En l'absence du Parti communiste, ce sont les écologistes qui occupent l'espace protestataire et identitaire pour obtenir des scores électoraux en conséquence.

À l'image de leur région, les écologistes alsaciens ont une spécificité propre, ni française ni allemande. Ils se sont développés en parallèle avec les *Grünen* (« Verts ») allemands, et en coopération lors des principales luttes. Ils ont en tout cas le vent en poupe : en 2020, c'est Jeanne Barseghian qui remporte la mairie de Strasbourg. Une grande première pour les écologistes, et un choc pour les partis traditionnels coiffés au poteau.

GÉOGRAPHIE

« Mon père le Rhin, ma mère la plaine, mon frère le vignoble, ma sœur les Vosges... » Si c'était un refrain à chanter, il résumerait de façon schématique, mais assez juste, la géographie de l'Alsace, cette région admirablement placée au cœur de l'économie européenne. Selon les points de vue, elle est tantôt au nord, tantôt au sud de l'Europe. Tout est relatif. La preuve, pour un Français, l'Alsace se trouve à l'est de l'Hexagone, zone rude et fraîche habitée par des cousins germains – des Germains justement – qui ne peuvent vivre que parmi leurs compatriotes français. Alors que pour un Allemand, l'Alsace, c'est déjà le Sud ensoleillé, la voie difficile mais certaine vers la Méditerranée, le chemin vers la chaleur, le pays des vignobles généreux et dorés.

Tout a commencé, il y a bien longtemps, par un effondrement. Le fossé rhénan ouvert, le Rhin put s'y déverser, puis couler tranquillement vers la mer du Nord, et non plus vers la mer du Sud. Une plaine vit le jour, beaucoup plus large côté France que côté Allemagne : on l'appelle le Grand Ried. Dans cette platitude fertile et facile à l'homme, les grandes villes – Strasbourg, Mulhouse, Colmar – ont grandi non loin du Rhin, la plus formidable route liquide d'Europe.
Après la plaine, en fait une étroite bande de terre d'une vingtaine de kilomètres environ, voici le 2e étage fait de collines couvertes à l'infini de champs de vigne, traversé du nord au sud par la longue et fascinante route des Vins d'Alsace. C'est là, dans cet étage intermédiaire et béni des dieux, que les Alsaciens ont gravé leur identité, transformant sans cesse la nature en viticulture. Montons encore, plus à l'ouest : voici les vignes qui disparaissent brutalement, cédant la place à de sombres forêts de sapins et d'épicéas et, plus haut encore, à des ballons chauves et dégarnis, les fameux ballons des Vosges. L'Alsace s'arrête là-haut, et passe le relais à la Lorraine, un autre monde...
Étrange géographie, curieuse nature où presque rien n'est resté à l'état sauvage, où tout a été travaillé, transformé par la main de l'homme. Le Rhin ? L'axe industriel et commercial de l'Europe, le plus domestiqué des fleuves. La plaine d'Alsace ? Ce ne sont que fermes prospères, champs immenses de maïs et de tabac. Le vignoble ? Le moins naturel des paysages, la plus humaine des géographies. Les Vosges enfin ? Oui, il y a de grandes forêts intactes qui ne doivent leur sauvegarde qu'à la vigilance des Alsaciens, au Club vosgien notamment. Même les hautes chaumes – pâturages d'altitude pour les troupeaux – ne sont pas naturelles car, sans l'ardeur des moines défricheurs du Moyen Âge, ce serait encore de nos jours une jungle épaisse et noire de résineux.

Les microrégions

– ***L'Outre-Forêt :*** quel nom magnifique ! Voici l'outre-mer des bois, labourée par le protestantisme, très marquée encore par les traditions. L'Outre-Forêt se situe au nord-est de l'Alsace, dans un coin de la carte entre Haguenau, Wissembourg et le Rhin.
– ***L'Alsace bossue :*** bossue à cause des nombreuses bosses du relief de cette petite région située à l'orée ouest du parc naturel des Vosges du Nord, entre Sarre-Union et Saverne.
– ***Le Kochersberg :*** au nord-ouest de Strasbourg, c'est « le grenier à blé de l'Alsace ». Champs de céréales, de tabac et de houblon dessinent un paysage original en damier, ponctué de vieux clochers-donjons.
– ***Le Grand Ried :*** la plaine baignée par le Rhin, entre Strasbourg et Colmar. Des marécages en voie de disparition, mais farouchement défendus par les écologistes, s'étalent encore le long du Rhin et de l'Ill.
– ***Le Sundgau :*** à l'extrême sud de l'Alsace, entre Mulhouse et la Suisse. L'Alsace tranquille des collines sans vignes et sans touristes. Une sorte de petite Autriche très helvète, propice au tourisme vert par excellence.
– ***Le Pays welche :*** autour du val d'Orbey, dans la région de Lapoutroie, au cœur des Vosges moyennes. Le seul canton d'Alsace où l'on ne parla jamais le dialecte alsacien, mais exclusivement le français et un autre dialecte, proche du wallon pratiqué en Belgique.
– ***Le Florival :*** autour de Guebwiller. Toute la richesse viticole de la vallée tient dans ce nom si fleuri. L'abbaye de Murbach a poussé dans ce merveilleux terreau.
– ***Les vallées vosgiennes :*** autant de vallées, autant de mondes différents. La vallée de la Bruche, couverte de conifères et célèbre par l'action du pasteur Oberlin, reste la plus ancienne voie de communication entre l'Alsace et la Lorraine, le monde rhénan et le monde français. Plus au sud, la vallée de Munster est le pays du célèbre fromage et des innombrables fermes de transhumance transformées en auberges. À l'ouest de Mulhouse, la vallée de la Doller permet d'accéder au ballon d'Alsace, à ne pas confondre avec le Grand Ballon, accessible par la route des

Crêtes au départ de Thann (vallée de la Thur). Autres belles vallées méconnues, le Val d'Argent, autour de Sainte-Marie-aux-Mines, et le val de Villé.

– ***Les lacs vosgiens :*** ce sont les yeux bleus ou bleu-gris du massif vosgien. Il y en a 4 célèbres, petits paradis de la randonnée : le lac Blanc, le lac Noir, le lac des Truites et le lac Vert.

– ***Le massif du Hohneck :*** l'un des plus beaux sommets des Vosges, et qui offre une vue sublime.

– ***Le Grand Ballon :*** point culminant des Vosges, à 1 424 m.

HABITAT

Les villes et les villages d'Alsace se situent résolument ailleurs. Les châteaux forts à créneaux biseautés ? Une gravure des Burgraves. Les villes ? Un décor des *Maîtres chanteurs de Nuremberg,* un opéra de Wagner. Les maisons aux tons de pain d'épice ? Elles n'attendent plus que Hansel et Gretel ! Sans oublier la folie des géraniums – il existe des concours très disputés – qui vous transporte au Tyrol ! Les maisons de plaine, aux toits interminables cuirassés de tuiles en « queue de castor », charpentent leurs torchis par d'étranges assemblages de poutres. Tout un monde, ces colombages : on y voit des danseurs se contorsionner, des arbres de vie...

L'Alsacien a décliné son souci du *heimlich* (le chez-soi douillet) suivant les terres et les climats. La plaine vit sous le régime du *Hof* (l'exploitation germanique comprenant l'habitation, le verger, les granges, le jardin, les animaux et les gens...), ample ferme en torchis maintenue par des colombages, qui arc-boute son vaste porche sur la rue dans un double mouvement d'ostentation et de repli (la porte est presque toujours hermétique). Insoupçonnable du dehors, une vaste cour intérieure joue les places publiques domestiques, avec ses hangars, granges, étables – et quelques pièces spécifiques comme le fumoir à viande, la distillerie, la cave à vins ou la cave à pommes de terre... Au rez-de-chaussée, la *stub* concentre l'activité sociale. Cette salle commune est chauffée par un grand poêle en céramique ou en fonte (certains, les *kunscht,* ont même des gradins où l'on peut dormir !). Elle est décorée de lambris ou de peintures murales, agrémentée de nombreux meubles (souvent intégrés aux boiseries), comme l'horloge à cadran fleuri de la Forêt-Noire. Cloîtrés dans leurs remparts, les villages viticoles, eux, sont des villes en miniature qui cultivent la prospérité depuis le XVIe s. Les blasons à grappe et serpette affichent fièrement la corporation du propriétaire auteur des plus beaux bâtiments de la ville, comme la grande boucherie de Molsheim ou la halle aux grains d'Obernai. Les loggias, fenêtres à meneaux, portes sculptées dans le grès rose de Bouxwiller ou de Petersbach, l'enduit ocre ou blanc proclament qu'on est chez un notable – ou sa famille.

ASTUCE FISCALE

Bon nombre de maisons médiévales sont à encorbellement ; c'est-à-dire que les étages s'avancent en porte-à-faux sur la rue ; la surface des étages est ainsi supérieure à celle du rez-de-chaussée. En effet, au Moyen Âge en Alsace, l'impôt était calculé en fonction de la surface d'emprise au sol du bâtiment.

HISTOIRE : QUELQUES DATES

– ***90000 à 40000 av. J.-C. :*** les Alsaciens chassent le rhinocéros !

– ***1500 av. J.-C. :*** allez, les Gaulois ! Médiomatriques au nord, Séquanes au sud. Quand ils ne forgent pas les bijoux avec l'or du Rhin, ils se chamaillent : au futur mont Sainte-Odile, 10 km de mur en moellons protégeaient leurs sanctuaires.

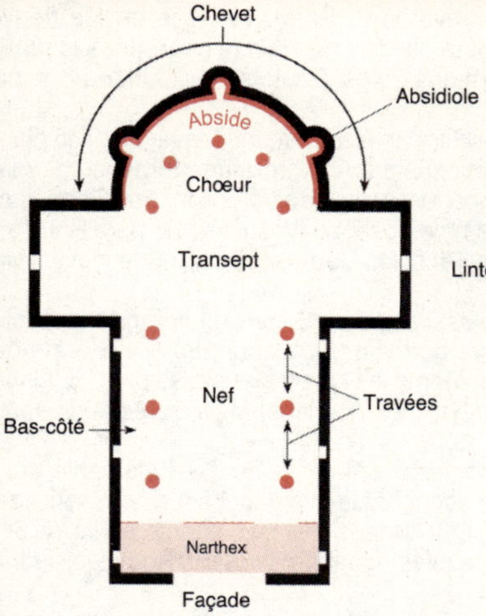

PLAN D'UNE ÉGLISE ROMANE

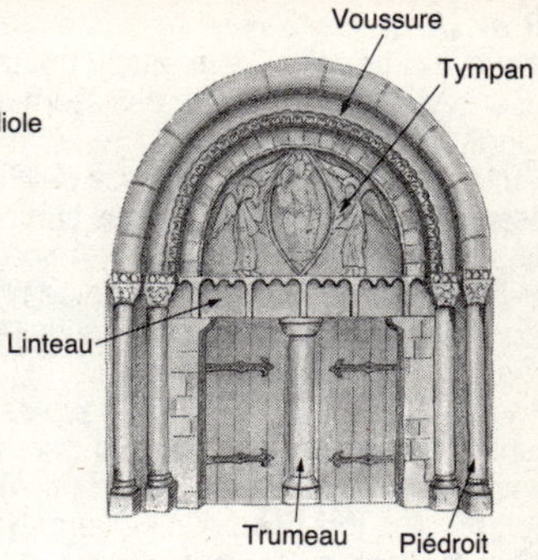

PORTAIL D'ÉGLISE ROMANE

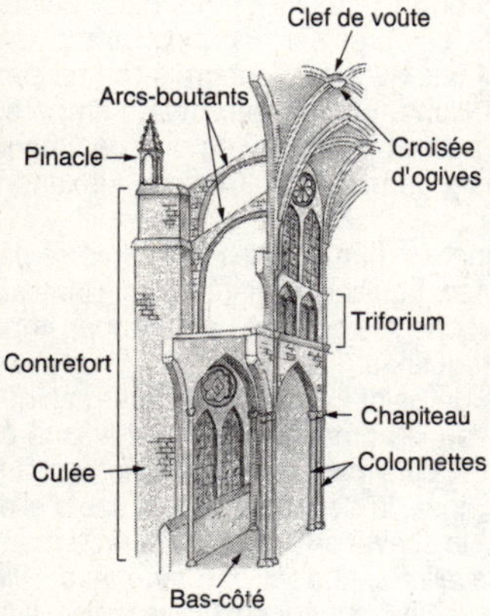

COUPE TRANSVERSALE D'UNE ÉGLISE GOTHIQUE

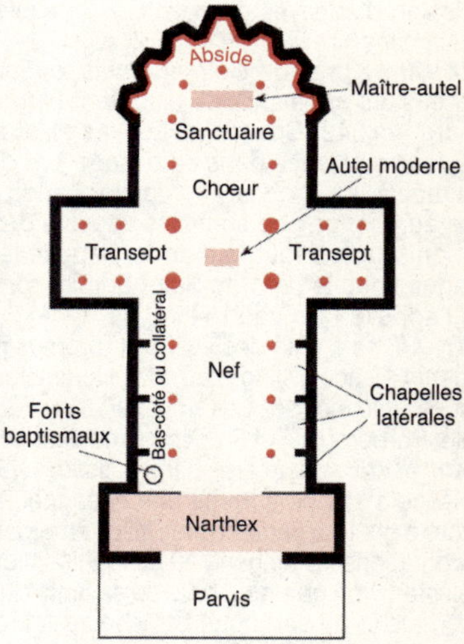

PLAN D'UNE ÉGLISE GOTHIQUE

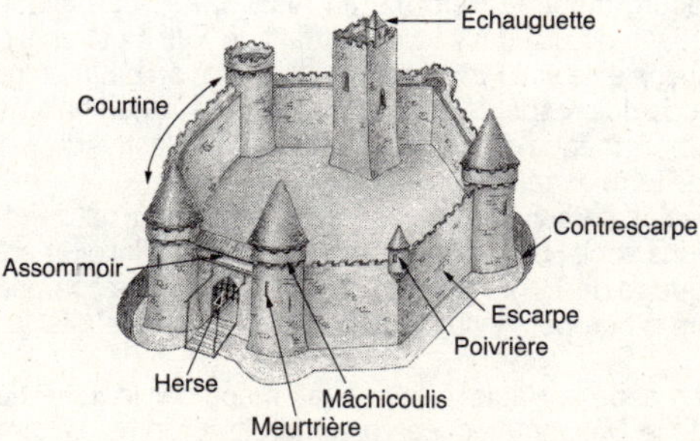

CHÂTEAU FORT

– ***58 av. J.-C. :*** le Suève Arioviste traverse le Rhin avec une armée-fleuve. Panique : on appelle César, qui le boute au-delà du Rhin (a priori dans la région de Cernay). Ils sont forts, ces Romains ! Nos Gaulois ne soutiendront pas Vercingétorix.

– ***Ier-IIe s :*** protégée par la province de Germanie supérieure (Mayence...), la plaine d'Alsace se romanise. Les légions stationnent à Argentoratum (Strasbourg), mais Brumath est la plus grosse ville. Prémonitoire : ses habitants sont des Germains.

– ***IIIe-IVe s :*** dieux celtes à la mode comme Vosegus (Vosges) et le père Rhin, ami du commerce. Mais, sur l'autre rive du Rhin, les Germains salivent devant les vins d'Alsace. Invasions intermittentes.

– ***Ve s :*** en 407, un tourbillon de peuples (Vandales, Suèves...) emporte la Gaule ; Argentoratum préfère prendre un nom germain : *Strateburgum* (« ville forte des routes »). En 451, c'est le cyclone hun. Même la vigne ne repousse plus... L'Alsace échoit au plus fort des peuples germains : les Alamans. Mais les cousins francs arrivent et favorisent le christianisme.

– ***VIe-VIIIe s :*** de la choucroute mérovingienne émerge le duché d'Alamanie, sur la rive droite du Rhin, le duché d'Alsace occupant la rive gauche. Le nom « Alsace » *(Alsatius)* fait son apparition pour la 1re fois dans des documents écrits en 610. Éclosion d'abbayes (Murbach...). 3 peuples cohabitent : Gallo-Romains, Francs et Alamans.

– ***IXe-Xe s :*** près de Colmar, Louis le Pieux, fils de Charlemagne, est déposé par ses 3 bambins. Ils se disputent l'empire comme des chiffonniers. À Strasbourg, en 842, Charles et Louis s'allient contre Lothaire : mais c'est celui-ci qui fourre l'Alsace dans sa besace lors des célèbres *serments de Strasbourg*. Au moins, ici, il n'y a pas de Normands. Mais avec les Hongrois, on ne perd pas au change : ce sont des cousins des Huns. En 962, tel Attila, l'empereur Othon tabasse tout le monde, impose la paix et restaure l'empire de Charlemagne sous le nom de Saint Empire romain germanique. Comme Alexandre, on l'appelle « le Grand » !

– ***XIe-XIIe s :*** à côté des évêques, promus princes d'Empire, les puissants se partagent l'Alsace. Du nord au sud : Hohenstaufen, Eguisheim, Habsbourg. Châteaux pour tout le monde ! Les Hohenstaufen décrochent le gros lot : la Couronne impériale. Barberousse et Frédéric II résident à Haguenau.

– ***XIIIe-XVe s :*** à son aise dans le tissu lâche du Saint Empire romain germanique, l'Alsace s'affirme comme une cocagne. Avec le commerce (le vin d'Alsace est siroté dans tout l'empire), les villes émergent. Leurs murailles les émancipent. Les corporations les dirigent. 10 s'organisent en ligue, la Décapole. Dans l'une d'elles, Sélestat, « on comptait plus de savants que le cheval de Troie n'avait enfermé de guerriers ». De son côté, Strasbourg fait cavalier seul pour être reconnue « ville libre d'Empire » en 1262. Vers 1240, elle s'offre une cathédrale. On se cultive avec Albert le Grand (maître de Thomas d'Aquin) et Gottfried de Strasbourg (auteur d'un *Tristan et Isolde*). On y imprime dès 1458.

– ***XVIe s :*** Strasbourg mène la Réforme en Alsace. Les catholiques se rallient aux Habsbourg. Il y a du rififi dans l'air. Pourtant, le XVIe s est un siècle d'or. Ses mamelles : les grains et le vin. Par ailleurs, on sculpte, on bâtit, on peint ; l'Alsace connaît une période de prospérité et de vraie créativité. L'humanisme – symbolisé par la fabuleuse bibliothèque de Beatus Rhenanus (à Sélestat, dans le Bas-Rhin) – fait rayonner cette terre de tolérance.

– ***XVIIe s :*** les siècles se suivent mais ne se ressemblent pas. Problèmes économiques, tensions sociales et religieuses et guerre de Religion en version allemande, puis la guerre de Trente Ans qui ruine l'Alsace mais épargne Strasbourg. Tous les troupiers d'Europe s'y succèdent. Pestes, famines... Et la France entre dans la danse.

– ***1648 :*** l'Autriche cède la Haute-Alsace à la France par le traité de Westphalie. Sous conditions : la Décapole conserve ses droits propres, réformés et catholiques sont traités à égalité. Bien plus tard, en 1865, la révocation de l'édit de Nantes ne sera donc pas applicable à la région, ce qui explique qu'aujourd'hui encore l'Alsace compte quelque 20 % de protestants français.

– ***Fin XVIIe s :*** la révocation de l'édit de Nantes ne touche pas l'Alsace, protégée par les traités. Mais Louis XIV, en 1679, a mis fin à la Décapole et il chouchoute les catholiques. Le *simultaneum* oblige villes et villages protestants comptant 7 foyers catholiques à leur réserver le chœur de l'église. C'est resté... Pour repeupler la région, on fait venir des hommes de partout, particulièrement de la Suisse, de l'Autriche et du pays de Bade. L'Alsace revient alors à la France sous un régime particulier, comme une « province à l'instar de l'étranger ».

– ***XVIIIe s :*** fortifiée par Vauban (Neuf-Brisach...), l'Alsace résiste aux guerres. Elle est administrée à part. Avec Lambert, elle contribue au Siècle des lumières. Sous la férule de ses notables, Strasbourg reste pratiquement indépendante. Elle reçoit Goethe, Cagliostro, le jeune Bonaparte... Retour de la paix et de la prospérité tout au long du siècle.

– ***Révolution :*** la tour de la cathédrale de Strasbourg porte un bonnet phrygien. Francisation sur fond de guillotine : « Les citoyennes de Strasbourg sont invitées à quitter les modes allemandes, puisque leurs cœurs sont français. »

– ***Empire :*** les conquêtes de Napoléon et de ses généraux placent la province au cœur de l'Europe. Elle s'en souviendra... À côté de ça, le monde de l'industrie émerge, tout comme celui des transports. On creuse des canaux, on modernise les routes, on voit l'apparition du 1er chemin de fer (1828). Tout au long du XIXe s, le développement industriel marquera d'une pierre blanche la région.

– ***1870-1914 :*** mal défendue, l'Alsace succombe aux Prussiens, qui l'annexent. Entre 50 000 et 100 000 Alsaciens – surtout catholiques – s'exilent pour rester français. Mais la bonne Administration allemande affaiblit les francophiles. En 1911, l'Alsace devient un *Land* de l'Empire. Les Alsaciens se replient sur leurs traditions.

– ***1918-1939 :*** les Français sont accueillis avec enthousiasme. En 1919, elle repasse sous la souveraineté française (avec la Lorraine). Mais en 50 ans de germanisation, l'Alsace a pris conscience d'elle-même. Et l'État français veut centraliser. Malaise.

RENDEZ-NOUS L'ALSACE-LORRAINE !

Pas exact : après la défaite de 1870, les Allemands ne prirent en fait que les zones de langue germanique, c'est-à-dire l'Alsace et, en Lorraine, seulement la Moselle. Donc au total, 3 départements sur 6. C'était déjà trop, car les populations s'y considéraient, avant tout, comme françaises !

– ***1939-1945 :*** la guerre est déclarée et ce sont près de 430 000 personnes qui quittent la région pour être évacuées vers le sud-ouest. Hitler annexe l'Alsace et la Moselle et les nazifie. Camp de concentration au Struthof. Incorporation de force de 130 000 jeunes (les « malgré-nous ») dans l'armée.

– ***Novembre 1944 :*** Leclerc entre à Strasbourg et de Lattre de Tassigny libère Mulhouse.

UNE DÉLATION D'ÉTAT

En 1944, quand le nouveau gouvernement prend le pouvoir, on oblige les Alsaciens à remplir un questionnaire expliquant leurs activités sous l'Occupation. La délation fit alors de terribles ravages, pire qu'ailleurs.

– ***1945 :*** la « poche de Colmar » est nettoyée.

– ***1949 :*** Strasbourg, siège du Conseil de l'Europe.

– ***Après-guerre :*** avec Pflimlin, domination du MRP chrétien. Puis c'est la vague gaulliste...

– ***1976 :*** Fessenheim a sa centrale nucléaire. Début de l'irrésistible ascension écolo.

– ***1979 :*** Strasbourg accueille le 1er Parlement européen élu au suffrage universel direct.
– ***1989 :*** élection de Catherine Trautmann (PS) à la mairie de Strasbourg. 1re femme, en France, à la tête d'une ville de plus de 100 000 habitants.
– ***2007 :*** le TGV Est européen entre en gare de Strasbourg.
– ***2015 :*** Strasbourg célèbre le millénaire des fondations de sa célèbre cathédrale.
– ***2016 :*** dans le cadre de la réforme territoriale, l'Alsace fusionne avec les régions Champagne-Ardenne et Lorraine, une nouvelle région qui répond désormais au nom de *Grand Est*.
– ***2021 :*** l'Alsace a retrouvé une existence administrative sous le nom « collectivité européenne d'Alsace ». Une reconnaissance souhaitée pour conserver son identité au sein de la récente – et vaste – région Grand Est. Cette collectivité relève juridiquement de la catégorie des départements, et dispose de compétences supplémentaires.

L'IDENTITÉ ALSACIENNE

Le choix de Strasbourg comme siège du Conseil de l'Europe fut une réponse très attendue aux Alsaciens troublés dans leur identité. L'Europe a su restaurer la vraie vocation de ce carrefour rhénan, que le dernier siècle avait confiné dans un rôle de garde-frontière. C'est sûr, l'identité alsacienne s'est un peu résorbée dans le creuset français. Mais cette identité demeure la signature d'un pays qui, sans bouger d'un pouce, n'a cessé d'être ballotté par l'histoire. La région a quand même connu 3 guerres en l'espace de 75 ans, et autant de changements de nationalité. L'Alsace a une histoire singulière par rapport au reste des régions de France métropolitaine. Pour cette plaine calme et rayonnante, l'angoisse et la menace sont toujours venues de l'est et de l'ouest, de ces 2 œillères de la prospérité alsacienne que sont les Vosges et la Forêt-Noire.
Quant à l'Allemand, il retrouve ici, dans une décontraction quasi méridionale, les villages-bijoux, les vieux pignons et les cathédrales que les bombes américaines et le béton de l'après-guerre ont effacés chez lui (même si les cathédrales d'Ulm, de Cologne et de Fribourg ont miraculeusement échappé à la destruction)... L'Alsacien le reçoit jovialement dans la langue de Goethe, mais peste s'il établit sa résidence secondaire dans les Vosges. Ce qui n'empêche pas cependant le Strasbourgeois de faire ses emplettes à Kehl, la ville badoise d'en face – au même titre que le Badois remplit son cabas à Strasbourg.
Les relations transfrontalières ne se limitent pas aux emplettes : des écoles franco-allemandes ont été ouvertes, les échanges universitaires se multiplient, la chaîne Arte, bilingue, concrétise le rapprochement des 2 pays, et bien d'autres initiatives naissent dans les domaines culturel, économique et artistique.
Pour l'écrivain Jean Egen, ses compatriotes sont des « Germains qui ne peuvent vivre que parmi les Français ». Loin d'être le sanctuaire d'une ethnie, l'Alsace n'a cessé de brasser les immigrants – colons romains, alamans, francs, suisses, autrichiens, rhénans, français de l'intérieur, et plus récemment turcs et yougoslaves... – pour en faire des Alsaciens pur jus, soudés à leur patrie par un amour quasi viscéral. Dans les Vosges, l'Alsacien s'est contenté d'inventer l'écologie : il arpente ses forêts en randonneur volontariste, un peu comme outre-Rhin. Car il ne lui convient guère d'exploiter la nature sauvage. Abandonnant les hautes terres aux Lorrains, il n'en a gardé que les portions utiles à la vigne. C'est donc dans les coteaux – et dans la plaine – qu'on le voit déployer utilement son génie, bichonnant des lopins sans répit, décorant ses maisons avec amour et patience, mitonnant inlassablement ses plats de ménage... L'Alsacien ne prétend pas rivaliser en exubérance avec les autres Français. Son registre est plus protestant : le travail amoureusement fait, la cohésion sociale, l'honnêteté... L'histoire lui a donné raison : l'Alsace est aujourd'hui la région au plus faible taux de chômage (même si le travail transfrontalier y est pour quelque chose) et au meilleur niveau de vie.

Dans cette Alsace du Sud qui jouxte la Suisse, l'essor de la grande industrie protestante remonte très loin, et ses dynasties – les de Dietrich, les Schlumberger, etc. – continuent de briller dans le capitalisme hexagonal.

L'autre secret de l'Alsace, c'est sa convivialité. Facteur de conformisme, le sentiment de la communauté est aussi source de vie. La table est l'un de ses domaines de prédilection. En Alsace, les amis se réunissent toujours dans des winstubs ou *wistub* selon les endroits (caves à vins) qui jouent un peu le rôle de clubs. Voyez encore les innombrables chorales, associations, troupes de théâtre, ainsi que la vivacité de la vie religieuse et des fêtes traditionnelles : loin du mysticisme ou de la nostalgie, elles offrent à la communauté une occasion de resserrer ses liens.

LANGUES RÉGIONALES

En Alsace, l'alsacien est toujours assez populaire. Attention, si l'alsacien est un dialecte germanique, le cœur des Alsaciens est français. Dans l'histoire, la population l'a d'ailleurs payé cher. Aujourd'hui, le dialecte alsacien est différent selon qu'on le parle dans le Nord (Bas-Rhin) ou dans le Sud (Haut-Rhin) ; par exemple, la « fête foraine » se dit *Messti* à Strasbourg et *Kilbe* à Mulhouse. Vous l'aurez compris, l'alsacien n'est nullement une langue morte, mais au contraire bien vivante ! Venant après l'arabe dialectal, le créole et le berbère, il compterait encore près de 548 000 locuteurs, sur une population de près de 1,9 million d'habitants. Ce dialecte ayant permis la diffusion de la littérature – par le biais des *minnesänger* (troubadours) au Moyen Âge – a la carrure d'une langue. Issues des parlers francs et alamans, les variantes dialectales alsaciennes cousinent avec les dialectes parlés en Palatinat, Hesse, Bade-Wurtemberg, et le suisse alémanique. Si Louis XIV s'en accommoda, les jacobins – centralisme oblige – l'ont combattu. Napoléon s'en fichait : « Qu'importe s'ils parlent l'allemand, disait-il de ses généraux, pourvu qu'ils sabrent à la française. » Les Alsaciens se réjouirent-ils, après 1870, des retrouvailles avec l'allemand ? Non, ils se démarquèrent en revigorant le dialecte. La nazification tentera la table rase, proscrivant notamment les prénoms français.

LE TEST DU « BARABLI »

Pendant la 1re Guerre mondiale, les soldats alsaciens portaient le même uniforme que les Allemands. À l'armistice, beaucoup de prisonniers germaniques tentaient de se faire passer pour alsaciens, les conditions d'emprisonnement n'étant pas les mêmes, en particulier pour la nourriture. Comment faire la différence puisque l'allemand et l'alsacien sont des langues si proches ? Un mot était totalement dissemblable : en leur montrant un parapluie, l'Alsacien disait : « 'sìsch a Barabli » *tandis que l'Allemand prononçait* « Regenschirm ». *La distinction était alors faite !*

En 1945, retour de bâton : le dialecte sent trop son « Fritz ». Comme pour se faire « pardonner », certains Alsaciens le délaissent. La TV et les journaux aplanissent. C'est donc un miracle qu'on le parle encore. La langue alsacienne a vigoureusement résisté aux pressions du pouvoir central. Non seulement les personnes de plus de 30 ans, mais aussi beaucoup d'enfants se révèlent dialectophones. L'alsacien reste la langue maternelle d'un grand nombre d'Alsaciens, d'où le fait qu'il soit si couramment

LE DIKTAT NAZI

Dès 1940, le français est interdit sous peine d'amende. Les enfants sont envoyés dans les maisons pour récupérer les livres français qui sont ensuite brûlés. On détruit les monuments aux morts. Même les bérets, symboles bien gaulois, seront proscrits !

parlé. Même si la langue usuelle est davantage le français, l'alsacien demeure très présent à la fois dans la sphère privée et dans la sphère publique, de façon encore plus marquée à la campagne.
Que l'Alsace ait été allemande ou française, le dialecte a toujours été la principale langue des Alsaciens et a toujours véhiculé une affectivité. Et demain ? Après tout, les langues mortes ne manquent pas en Alsace : le manouche, le judéo-alsacien... Le welche, cet idiome roman parlé dans plusieurs régions vosgiennes d'Alsace, est, lui, en voie de disparition. On le disait aussi ancien que le français. Pour l'alsacien, les vents ne sont actuellement pas favorables, puisqu'en 2021, le Conseil constitutionnel a censuré une partie de la proposition de loi portant sur la défense des langues régionales, entre autres l'article relatif à la pérennité de l'enseignement « immersif » (exclusivement en alsacien) possible dans certaines écoles. Suite au prochain épisode...

HOPLA !

Si vous deviez n'apprendre qu'un mot alsacien, ce serait celui-là ! Comment se dit bref, enfin, vite, oups, désolé de vous avoir bousculé... eh bien, hopla bien sûr ! Un mot couteau suisse, et une aubaine pour les Français de l'intérieur (Français non alsaciens)...

Petit lexique alsacien

Salü !	Salut !
Bùschùr !	Bonjour ! (en général)
Guete Morje !	Bonjour ! (le matin)
Guete'n Owe !	Bonsoir !
O revoir ! (Orùaar !)	Au revoir !
Bis glich !	À tout de suite !
Bis noochharde !	À tout à l'heure !
Bis später !	À plus tard !
Bis nachscht Mol !	À la prochaine !
Scheener Middàà !	Bon après-midi !
Scheener Dàà !	Bonne journée !
Scheener Owe !	Bonne soirée !
Guet Nàcht !	Bonne nuit !
E Gueter !	Bon appétit !
Merci vielmols !	Merci beaucoup !
Ich heiss...	Je m'appelle...
Ich wohn in...	J'habite à...
Ich kùmm vùn...	Je viens de...
Ich hàb Dùrscht	J'ai soif
Ich hàb Hùnger	J'ai faim
Ich wott garn, wànn's beliebt...	J'aimerais, s'il vous plaît...
... e Sèidel Bìer	... un demi de bière
... e Glàs Win	... un verre de vin
... e Orànschesàft	... un jus d'orange
... e Àpfelsàft	... un jus de pomme
... e Kàffee	... un café
... e Tee	... un thé
... Wàsser	... de l'eau
... e Sürkrüt	... une choucroute
... e Flàmmekueche	... une tarte flambée
... e Versteckelter	... une salade strasbourgeoise
... Kueche	... du gâteau
Ich wott garn bezàhle, wànn's beliebt	J'aimerais payer, s'il vous plaît

Wieviel koscht's ?	Combien ça coûte ?
Wie kùmm ìch zuem Mìnschter ?	Comment puis-je me rendre à la cathédrale ?
d' Stàdt	la ville
de Europaràt	le Conseil de l'Europe
d' Bàhn	la gare
de Flùghàfe	l'aéroport
d' Àpothek	la pharmacie
d' Kìrich	l'église
d' Winstross	la route des Vins
de Chrìstkìndelsmärik	le marché de Noël
d' Reis	le voyage
de Fliejer	l'avion
de Zùg	le train
de Büs	le bus
de Tràm	le tram
's Auto	la voiture
's Velo	le vélo

Des lois propres

De son histoire chahutée, l'Alsace a conservé pas mal de particularismes, dont un *système de droit local* qui semble cohabiter plutôt harmonieusement avec celui en vigueur dans le reste du pays. Une véritable spécificité, d'autant que ces droits sont tout à fait « vivants » aujourd'hui. Pour la plupart, il s'agit de lois sociales instaurées par le régime prussien, souvent plus avantageuses que celles qui régissent les « Français de l'intérieur ». Ainsi, l'aide aux plus démunis est à la charge des communes, le régime local de Sécu prend bien mieux en charge les assurés, et un système de faillite civile pour les résidents criblés de dettes a été instauré. Sans compter que les Alsaciens ont 2 jours fériés en plus dans l'année !

POURQUOI, EN ALSACE, LES TRAINS ROULENT-ILS À DROITE ?

En France, les trains circulent à gauche depuis 1837. L'Allemagne a décidé de les faire rouler à droite, en 1855. L'Alsace devient allemande après la défaite de 1870, et depuis, les trains circulent à droite comme sur le réseau germanique. Une tradition qui perdure !

Les particularismes existent aussi au niveau du système judiciaire : les tribunaux d'instance ont des compétences plus étendues, et les tribunaux de commerce n'existent pas en tant que tels. Enfin, le Concordat de 1801 régit toujours les questions religieuses, et notamment le fait que les ministres des cultes des différentes religions reçoivent un traitement de l'État. Le Concordat a été abrogé en 1905 par la loi de séparation de l'Église et de l'État, alors que l'Alsace faisait partie du Reich, et on ne parvint pas à imposer cette abrogation quand la région revint dans le giron français.

ÉQUITÉ ET PHILANTHROPIE

Lorsque l'Alsace fut restituée à la France, elle bénéficiait déjà de l'assurance contre les accidents du travail et la maladie, instaurée par Bismarck en 1881. Le droit à la retraite fut également établi. Le gouvernement dut généraliser ces avantages à l'ensemble des Français en 1930.

On aurait pu évoquer bien d'autres spécificités, mais on vous laisse le plaisir de les découvrir au fil de votre virée alsacienne et sur le site de l'Office pour la langue et la culture d'Alsace : ● *olcalsace.org* ●

LIVRES DE ROUTE

C'est par un serment que la littérature inaugure sa longue relation avec l'Alsace : au IXe s, 2 petits-fils de Charlemagne, Charles et Louis, se jurent alliance contre le 3e, Lothaire. Plus tard, les *minnesänger* chantent leurs dols d'amour à la cour impériale de Haguenau. C'est même un Alsacien, Gottfried de Strasbourg, qui écrit une des paraboles de l'amour ultime : *Tristan et Isolde.*

Au Moyen Âge, Strasbourg est le rendez-vous des penseurs : Maître Eckhart, Albert le Grand, Jean Tauler ; bref, la crème des théologiens et des mystiques de leur temps. Au XVIe s, les penseurs sont toujours là, mais beaucoup – Sturm, Martin Bucer, Geiler de Kaysersberg, Jean Fischart – sont passés à la Réforme. Une chanson alsacienne de cette époque ne dit-elle pas que « les pensées sont libres » ? Même si, au XVIIIe s, une relative liberté règne en Alsace et attire Voltaire, c'est en face, à Kehl, que Beaumarchais publie ses œuvres interdites en France. La faculté de Strasbourg a de l'éclat. Anciens élèves : Metternich, Bonaparte et Goethe lui-même. En fait, pas de romantique qui n'ait fourré ses guêtres en Alsace, qu'il soit français (Hugo – lire *Le Rhin* –, Musset, Lamartine, Vigny, Mérimée, Dumas, Nerval, Delacroix, Gautier, Balzac, Michelet, Taine, Stendhal) ou germanique (Arnim, Brentano). Devenue allemande, la ville inspire plus tard Nietzsche et l'étudiant Georg Büchner, futur auteur de *Woyzeck.*

À nouveau française, elle est chantée par Claudel et décrite par Hemingway, Mac Orlan, Elias Canetti et Marek Halter.

Quelques idées de lecture :

– ***Le Voyage de Marcel Grob,*** de Phillippe Collin et illustré par Sébastien Goethals (éd. Futuropolis, 2018). Sous forme de bande dessinée, le récit basé sur l'histoire vraie d'un jeune « malgré-nous », ces jeunes Alsaciens ou Mosellans enrôlés de force dans la SS pendant la 2de Guerre mondiale.

– ***À l'ombre des vainqueurs,*** de Marie-Laure de Cazotte (éd. Albin-Michel, 2014), roman. La tragédie des « malgré-nous » à travers le regard d'un enfant, Joseph, puis de l'adolescent qu'il est au retour de son père, disparu pendant 6 ans.

– ***Les Frères amish,*** de Marie Kullmann (éd. Presses de la Cité, 2013). Dans son roman, Marie Kullmann revient sur un épisode peu connu qui fit pourtant parler de lui jusqu'à Versailles, car Louis XIV rédigea en 1712 un édit d'expulsion des anabaptistes alsaciens (ils se baptisent, mais à l'âge adulte).

– ***Conte-moi l'Alsace,*** de Martial Debriffe et Pierre Adam (éd. De Borée, 2013). Les auteurs de ce livre de contes se sont plongés dans les archives en quête d'anecdotes et de détails méconnus sur les faits les plus marquants de la région. Ils réunissent ainsi l'Histoire et les légendes populaires pour faire revivre les grands personnages alsaciens, tels que Hans Trapp ou les sorcières du Sundgau...

– ***Le Rhin, lettres à un ami,*** de Victor Hugo (éd. François Bourin, 2011). Récit aussi réel que rêvé – sous forme de lettres – d'un voyage sur ses rives. « Les fleuves, comme d'immenses clairons, chantent à l'océan la beauté de la terre, la culture des champs, la splendeur des villes et la gloire des hommes. »

– ***Cette histoire qui a fait l'Alsace : le temps des Staufen,*** de Marie-Thérèse Fischer et Francis Keller (éd. du Signe, 2011). Cette série de bandes dessinées en 12 volumes fait revivre l'histoire régionale, depuis l'époque préhistorique jusqu'à aujourd'hui.

– ***Sherlock Holmes et le mystère du Haut-Kœnigsbourg,*** de Jacques Fortier (éd. Le Verger, 2009). En 1909, l'Allemagne a gagné la guerre, l'Alsace est annexée au IIe Reich, et Guillaume II est soudainement très intéressé par la région et notamment par les ruines du Haut-Kœnigsbourg... Pourquoi donc ? Sherlock Holmes sort de sa retraite pour enquêter sur cette affaire.

Du même auteur, dans la même veine, comme une « suite » : ***Quinze jours en rouge.***

– ***Les Alsaciens ou les deux Mathilde,*** de Henri de Turenne et François Ducher (éd. Pocket, 1997). Presque un siècle d'histoire, de la défaite de 1870 au procès des « malgré-nous ». Histoire d'un territoire ballotté par des parents déchirés, vu à travers les habitants du village d'Alsheim et de 2 Mathilde qui se sont battues pour la liberté.

– ***Un panier de houblon,*** de Claude Vigée (éd. J.-C. Lattès, 1995), 2 tomes. La vie quotidienne d'une famille juive de houblonniers dans l'entre-deux-guerres. Un retour sensible et drôle de l'auteur sur son enfance.

LES « MALGRÉ-NOUS »

Peu de gens connaissent la tragique histoire des « malgré-nous », ces 127 500 Alsaciens et Mosellans incorporés de force dans l'armée allemande durant la 2de Guerre mondiale. Leur malheur ? Être originaires de régions annexées de fait au grand Reich de Hitler en juin 1940 et dans lequel le service militaire allemand a été rendu obligatoire 2 ans plus tard. On a du mal à imaginer le calvaire vécu par ces jeunes gens partis faire une guerre dont ils ne voulaient pas, sous un uniforme qu'ils détestaient plus que tout et dont la couleur vert-de-gris était pour eux celle du désespoir. Ils marchaient au pas de l'oie et étaient forcés de prêter serment de fidélité à Hitler, mais, en silence, ils chantaient *La Marseillaise.* Ces hommes, dont certains étaient des gamins à peine sortis de l'adolescence, ont risqué leur vie pour une cause qu'ils auraient voulu aider à vaincre. Ils ont laissé derrière eux femmes et enfants, pour combattre la plupart du temps sur le front de l'Est, aux côtés de soldats qui les considéraient souvent comme de sales Français et face à des « ennemis » – alliés de la France libre – qui les prenaient pour ce qu'ils étaient : des membres de la Wehrmacht !

Le prix payé par cette génération sacrifiée a été effroyable : 30 400 jeunes ont servi de chair à canon et sont morts ou portés disparus, la plupart sur le front russe ; 20 000 autres ont été portés disparus et 30 000 ont été blessés, dont 10 000 très grièvement. Ceux qui ont eu un peu plus de chance... ont survécu à la captivité dans les camps soviétiques, notamment celui de Tambow, où ils retrouvèrent d'autres Français rassemblés là. Sur ces 40 000 prisonniers en URSS, certains ne sont revenus qu'en 1955.

Leur cauchemar a débuté en 1942, lorsque le service militaire allemand obligatoire a été illégalement instauré dans les 3 départements de la Moselle, du Bas-Rhin et du Haut-Rhin. Les 1ers Français qui ont essayé d'échapper à cette incorporation de force ont vite compris que la partie était perdue d'avance. Leurs familles ont été déportées en Allemagne et leurs biens confisqués. Fuir signifiait donc mettre tous les siens en danger. 10 000 s'évadèrent quand même. Ceux qui ont été repris furent fusillés pour l'exemple ou envoyés dans le camp de redressement de Schirmeck – pour les casser à coups de privations et de tortures –, avant d'être finalement incorporés de force dans des unités disciplinaires. Certains ont été versés d'office dans la Waffen SS, la branche militaire de la SS, notamment la moitié de la classe 26 en Alsace, soit 2 000 individus environ. Mais leur calvaire ne s'est pas arrêté à l'issue de la guerre. Le retour en France a aussi été vécu comme une épreuve par les « malgré-nous ». Ils se sont alors heurtés à l'incompréhension, à la suspicion et aux accusations. Après des années de silence, des rescapés ont commencé à lever le voile sur ces épisodes douloureux, pour exorciser leurs souvenirs et faire comprendre qu'ils avaient combattu du mauvais côté, contraints et forcés. Sans compter que les quelques « malgré-nous » qui critiquèrent au retour les épouvantables conditions d'existence dans les camps soviétiques furent violemment attaqués par le Parti communiste français, à l'époque très stalinien et prosoviétique.

À cette tragédie s'ajoute celle des « malgré-elles », ces 1 500 femmes, âgées de 17 à 22 ans, qui ont été contraintes de travailler pour le Reich en remplaçant les hommes, d'abord dans les usines ou dans les champs, puis comme auxiliaires de la Wehrmacht.

NOËL, UNE FÊTE BIEN ANCRÉE !

– ***Une fête qui sent le sapin :*** déjà, à l'époque des fêtes païennes, l'usage d'un arbre à feuilles persistantes, symbole de la vie et de la renaissance, était fréquent. Avant de faire le tour du monde, le sapin de Noël naquit un jour en Alsace. Eh oui ! Il y eut même, auparavant, les « jeux de paradis », genre de mystères (scènes bibliques) joués devant les églises à l'occasion des grandes fêtes liturgiques, et notamment la veille de Noël. Le sapin avec des pommes accrochées aux branches figurait le pommier, l'arbre de la Création. Quand les mystères cessèrent, le sapin ainsi décoré fut adopté dans les salles de réunion des corporations, se métamorphosant du coup en arbre de Noël. Aux pommes vinrent s'ajouter des hosties, symboles de la naissance du Christ, puis des friandises, des fleurs de papier, etc. Les comptes de la ville de Sélestat (qui faisait alors partie du Saint Empire romain germanique), en 1521, mentionnent pour la 1re fois la tradition de couper des sapins pour la fête de Noël. Mais ce n'est qu'au XIXe s que la tradition dans sa forme actuelle a vraiment franchi les frontières du monde germanique. ***En France, beaucoup d'Alsaciens émigrèrent en France après l'annexion prussienne de 1870.*** Progressivement, l'arbre de Noël entra dans la tradition familiale et s'affirma comme une fête pour les enfants. Des gâteaux *(bredele)* remplacèrent les hosties. Au XVIIIe s apparurent les bougies, puis au XIXe s les boules (d'abord rouges, pour rappeler le fruit défendu). Elles remplacèrent une année les pommes, car la récolte avait été mauvaise. Le sapin de Noël s'exporta bien. D'abord en Allemagne et en Scandinavie, puis en France. De nombreux Alsaciens, fuyant l'annexion, le popularisèrent grandement dans l'Hexagone. Puis il gagna l'Angleterre, le Nouveau Monde...

– ***Les rituels de Noël :*** dès fin novembre apparaît la couronne de l'Avent, fabriquée avec des branches de sapin, de houx, de laurier, entremêlées de rubans. Dessus, 4 bougies (symbolisant notamment la victoire de la lumière sur l'obscurité), dont une qu'on allumera chaque dimanche. Chaque matin du 1er au 24 décembre, les enfants ouvrent une petite fenêtre de leur calendrier de l'Avent. Une petite image apparaît, parfois un petit chocolat. Fin novembre, on invoquait souvent saint André, censé trouver un mari aux jeunes filles. À partir du 6 décembre, saint Nicolas – saint patron des enfants – rend visite aux enfants pour leur demander s'ils ont été sages. Le 26 décembre, la Saint-Étienne est un jour férié en Alsace. C'est ce jour-là que servantes et valets de ferme finissaient leur contrat annuel.

Les 12 jours entre Noël et l'Épiphanie – ou « Petite Année » – symbolisent les 12 mois de l'année à venir et assurent la transition entre l'ancienne et la nouvelle. Autrefois, les corporations désignaient leur roi lors de grandes festivités. Celui qui avait la chance de tomber sur la fève obtenait également le privilège de payer... les agapes ! Beaucoup préféraient l'avaler.

FONDRA, FONDRA PAS ?

Avant de se rendre à l'office de Noël, les paysans avaient pour coutume de juxtaposer 12 pelures d'oignons sur une planche représentant les 12 mois de l'année, sur lesquelles ils déposaient du gros sel. Là où le sel fondait, le mois était annoncé pluvieux.

Mais c'est le ***marché de Noël*** qui symbolise le mieux la tradition en Alsace. Il existe depuis 500 ans et on en trouve plus d'une cinquantaine aujourd'hui. C'est une orgie de lumière, d'animation, de couleurs scintillantes, d'effluves chauds et odorants. Une fête magique avant le grand jour. On vient y faire emplette de son sapin, de guirlandes, friandises, pains d'épice, gâteaux de Noël, crèches et santons, jouets en bois, dans une joie et une bonne humeur communicatives. Dans les boulangeries, on trouve les *mennele* (petits bonhommes en brioche), les *bredele* (gâteaux secs à l'anis ou au beurre) et, dans certains villages (comme Kaysersberg et Munster), le *berawecka* (petit pain aux fruits secs).

– ***Le personnage du Christkindel :*** la mythologie de Noël en Alsace compte, outre le bon saint Nicolas (patron des écoliers, entre autres) et le méchant Hans

Trapp (Père Fouettard), un 3e personnage : le *Christkindel* ou l'Enfant Jésus. Son origine est à chercher dans la Réforme protestante qui, à la fin du XVIe s, « boycotta » (!) la fête de Saint-Nicolas dont les cortèges déguisés étaient jugés trop païens et trop liés au culte « papiste » des saints. C'est ainsi que le bon Nicolas fut remplacé par le Christkindel. La tradition voulait que, le soir de Noël, les enfants attendent la venue du Christkindel qui, pour fêter son arrivée sur terre, leur distribuait des cadeaux.
Difficile pour un nouveau-né, direz-vous, d'aller distribuer lui-même des cadeaux : c'est donc sous la forme d'une gracieuse jeune fille vêtue d'une robe blanche (référence à la fameuse sainte Lucie des pays scandinaves) que le Christkindel se chargeait de cette mission. Il passait de maison en maison, s'annonçant par le son cristallin des clochettes, tenant dans une main une corbeille avec des friandises et dans l'autre une verge (une anecdote pas facile à raconter, en ces temps où certains voient le vice partout !). Il était accompagné du Père Fouettard qui punissait les enfants désobéissants (eh oui, on en rajoute, mais c'est vrai !). Cette tradition disparut progressivement et avec elle le personnage du Christkindel.

PERSONNAGES

Artistes (musique, cinéma, arts plastiques...)

– ***Abd Al Malik*** *(né en 1975)* **:** de son vrai nom Régis Fayette-Mikano, le musicien rappeur-slameur-compositeur-écrivain et réalisateur et désormais metteur en scène (ouf !) d'origine congolaise a grandi dans une cité strasbourgeoise. L'artiste se fait remarquer avec son album *Gibraltar,* puis dans le film qu'il a réalisé en 2014, *Qu'Allah bénisse la France,* adapté de son livre du même nom ; plus récemment c'est en tant que metteur en scène (*Les Justes* de Camus) qu'il fait parler de lui.
– ***Hans Arp*** *(1886-1966)* **:** homme de toutes les modes – abstrait, dada puis surréaliste –, ce Strasbourgeois ironique et jubilatoire ne fut pas seulement l'un des plus grands sculpteurs du XXe s – avec des incursions dans la broderie, les papiers collés et les reliefs en bois peint – mais aussi un poète qui trouva dans les Vosges l'inspiration de ses derniers instants.
– ***Alain Bashung*** *(1947-2009)* **:** il a grandi chez sa grand-mère d'adoption, exclusivement alsaçophone près de Strasbourg. Révélé au public en 1980 par *Gaby, oh Gaby,* l'artiste sera de nombreuses fois primé aux Victoires de la musique.
– ***Gustave Doré*** *(1832-1883)* **:** le romantisme gothique de l'Alsace hante les planches à dessin de ce Strasbourgeois, vraie force de la nature qui, au XIXe s, devint célèbre en illustrant Rabelais, Balzac, Dante, Cervantès et La Fontaine.
– ***Erckmann-Chatrian*** **:** sous ce nom de plume très populaire du XIXe s se cachent Émile Erckmann (1822-1899), étudiant, et Alexandre Chatrian (1826-1890), maître d'études. À 2, ils ont notamment écrit *L'Ami Fritz* (1864) et l'*Histoire d'un conscrit.*
– ***Edwige Feuillère*** *(1907-1998)* **:** sa famille avait quitté Mulhouse après 1870. La plastique d'Edwige fit un malheur à l'écran, dans *L'Aigle à deux têtes, Le Blé en herbe...* Ses préférences allaient pourtant à la scène. Ça se comprend, quand on joue avec Jouvet, Pierre Brasseur, Éric von Stroheim...
– ***Pierre Fresnay*** *(1897-1975)* **:** né Pierre Laudenbach. Ceux qui ont oublié le héros d'*Il est minuit, docteur Schweitzer,* ou le capitaine de *La Grande Illusion* (tourné au château du Haut-Kœnigsbourg, et avec Jean Gabin !) se souviennent de lui dans la trilogie de Pagnol... Raimu enragea de voir un « Halzacien » choisi pour le rôle de Marius. Mais après 15 jours à Marseille, Fresnay maîtrisait l'« asseng ».
– ***Goethe*** *(1749-1832)* **:** Goethe, ce n'est pas seulement Weimar. À 21 ans, il fait le potache à Strasbourg. Il flashe surtout sur la cathédrale, où il voit l'exemple le plus achevé du « génie allemand » ! Et pas seulement, il s'intéresse aussi beaucoup aux femmes.
– ***Hansi*** *(1873-1951)* **:** des touristes allemands bardés de piolets, des Prussiens à lunettes voleurs de pendules, *Mon village* ou *L'Histoire d'Alsace racontée aux enfants,* les albums de Hansi sont des revolvers braqués sur l'occupant.

Avant 1914, ils répandent en France le cliché d'une Alsace orpheline. De quoi conduire les Français au casse-pipe... Fils du bibliothécaire de la ville de Colmar, Hansi – alias l'aquarelliste Jean-Jacques Waltz – reçut la palme du martyre sous la forme d'1 an de prison, décrétée par la Haute Cour de Leipzig. Bon point pour sa légende : il s'évada. Ce militantisme trouva sa récompense : Hansi devint conservateur du prestigieux musée d'Unterlinden, à Colmar. À Riquewihr, un petit musée lui est consacré, et un autre aussi à Colmar.

– ***Pierre Hermé*** *(né en 1961)* **:** pâtissier-entrepreneur de renom, Hermé naît à Colmar dans une famille de boulangers depuis 4 générations. Il entre en apprentissage auprès de Gaston Lenôtre, devient chef pâtissier de Fauchon, puis de Ladurée, avant de créer sa propre pâtisserie, qui a aujourd'hui fait plein de petits à travers le monde. Quant à ses fameux macarons, mieux vaut en manger qu'en parler !

– ***Marx Brothers* :** ils vécurent dans l'Upper East Side à New York mais leur père naquit à Mertzwiller près de Hagueneau.

– ***Thierry Mugler*** *(1948-2022)* **:** styliste et grand couturier né à Strasbourg, le jeune Mugler intègre l'Opéra national du Rhin ; cet univers lui fera découvrir costumes et décors monumentaux. Également passionné par le dessin, il entre aux Arts déco de Strasbourg pour y suivre des études d'architecte d'intérieur. Directeur artistique de sa marque jusqu'en 2002, Mugler s'est ensuite consacré au design d'intérieur et à l'architecture.

– ***Roger Siffer*** *(né en 1948)* **:** très représentatif du mouvement culturel alsacien des années 1970. Chanteur, il anime aujourd'hui un restaurant-théâtre à Strasbourg *(La Chouc'routerie)* et part en tournée chaque année en été. Il symbolise toujours une sensibilité de gauche et écolo.

– ***Martin Schongauer*** *(env 1445-1491)* **:** fils d'un orfèvre allemand venu s'établir à Colmar, Schongauer se fait d'abord connaître comme graveur – principalement sur cuivre – ; des gravures qui ont inspiré le jeune Dürer, qui les collectionna. Et c'est de son vivant qu'il fut aussi reconnu pour ses exceptionnels talents de peintre. Son chef-d'œuvre, *La Vierge au buisson de roses,* est exposé aux Dominicains de Colmar. Le musée Unterlinden abrite quant à lui une centaine de ses gravures.

– ***Tomi Ungerer*** *(1931-2019)* **:** « J'ai été élevé dans le monde antigermanique de Hansi, et je me suis rendu compte que c'était un salaud qui enseignait la haine aux enfants. » De son compatriote et précurseur, le dessinateur colmarien Tomi Ungerer n'a hérité que la « ligne claire ». Pour le reste, il a enrôlé son immense talent tendre ou subversif, dans tous les combats de son temps. La France a mis du temps pour découvrir tous les albums du Daumier d'Alsace, expatrié en Irlande depuis plus de 40 ans. Il fut aussi écrivain, graveur, sculpteur, collectionneur de jouets anciens... Il fait partie des rares artistes à avoir connu un musée consacré à son œuvre de son vivant. En 2018, il reçut des mains du chef de l'État la médaille de commandeur de la Légion d'honneur.

– ***Antoine Westermann*** *(né en 1946)* **:** né à Wissembourg, il est l'exemple même du grand chef français témoin de l'évolution de son temps. Après avoir décroché en 1994 les 3 étoiles du *Michelin,* il a laissé à son fils Éric la direction du fameux *Buerehiesel* à Strasbourg, pour ouvrir de nouveaux restaurants à Paris, mais aussi un peu partout dans le monde.

– ***Marie Tussaud*** *(1761-1850)* **:** son nom de jeune fille, Grosholtz, révèle des origines alsaciennes ; la fameuse créatrice des musées de cire Madame Tussaud était en effet strasbourgeoise.

Inventeurs et fondateurs

– ***Jacob Amman*** *(1644-1730)* **:** le fondateur du mouvement amish, une minorité religieuse puritaine, austère et pacifique, issue d'une scission au sein du courant anabaptiste ; lequel était déjà une scission du protestantisme officiel ! Né en Suisse, dans une famille d'anabaptistes de l'Oberland bernois, Jacob Amman émigra en 1693 en Alsace, devint fermier (et tailleur) à Sainte-Marie-aux-Mines.

– ***Frédéric-Auguste Bartholdi*** *(1834-1904)* **:** le Colmarien Bartholdi reste l'Alsacien le plus célèbre aux États-Unis, car il est le créateur – avec l'ingénieur Gustave Eiffel – de la statue de la Liberté, plantée à l'entrée du port de New York depuis son inauguration en 1886. Toujours aux États-Unis, à Boston cette fois-ci, la statue d'anges trompettistes orne une église baptiste. Il réalisa également le *Lion de Belfort,* la fontaine des Terreaux à Lyon et la statue de Vercingétorix à Clermont-Ferrand. Après l'annexion de l'Alsace au Reich allemand en 1871, il s'exila aux États-Unis (1876) où il assembla cette immense statue construite à Paris, *La Liberté éclairant le monde.* La maison natale de l'artiste à Colmar abrite aujourd'hui le musée Bartholdi.

– ***Marc Bloch*** *(1886-1944)* **:** historien, fondateur, avec Lucien Febvre, de la revue et de l'école des Annales (la « Nouvelle Histoire »). Exécuté par les nazis. Il y a quelques années, son nom a été donné à l'université des sciences humaines de Strasbourg (USHS).

– ***Ettore Bugatti*** *(1881-1947)* **:** réparateur de vélos et de machines à coudre à Milan, il a plus d'un tour de génie dans son sac, et motorise un tricycle avant de créer sa 1re automobile. Débauché par l'Alsacien de Dietrich pour gérer sa production automobile, il arrive à Niederbronn, avant de s'installer à son compte à Molsheim. Il s'orientera vers les voitures de sport, et remportera les Vingt-quatre Heures du Mans une 1re fois en 1920. Mort sans descendant (son fils l'a précédé dans la mort), la dynastie Bugatti s'éteindra là.

– ***Gutenberg*** *(1400-1468)* **:** Johannes Gensfleisch zum Guten Berg fut marqué par la poisse. Né à Mayence, il doit s'exiler. Strasbourg, la cité rivale, le reçoit. Et avec lui, l'imprimerie : 25 caractères en plomb et une presse. Mais ces « fantaisies » le mettent sur la paille. Saisi, il retourne à Mayence et commence à publier là-bas. Ses créanciers allemands ne sont pas plus tendres. Ils saisissent sa presse et publient, à leur compte, la fameuse bible dite à 42 lignes. En 1480, 12 ans après la mort de Gutenberg, Strasbourg est devenue la capitale de l'imprimerie.

– ***Alfred Kastler*** *(1902-1984)* **:** ce natif de Guebwiller réussit, en 1950, l'inversion des électrons dans l'atome. La technique du laser en découle. Kastler fut, avec Albert Schweitzer et Jean-Marie Lehn, l'un des 3 Alsaciens distingués par le prix Nobel.

– ***Jean-Frédéric Oberlin*** *(1740-1826)* **:** le bon pasteur de la vallée de la Bruche n'était pas un contemplatif. Pour aider ses paroissiens, cet ecclésiastique, bien dans le goût de son XVIIIe s, perfectionna leur savoir-faire aux chapitres culture et industrie textile, instaura les 1res écoles maternelles, favorisa la création de routes, propagea la langue française... L'inspirateur des industriels philanthropes de Mulhouse (voir à Waldersbach).

– ***Rouget de Lisle*** *(1760-1836)* **:** en 1792, le maire de Strasbourg met au défi un des jeunes officiers qui fréquentent son salon de produire un chant révolutionnaire pour l'armée du Rhin. Rouget de Lisle passe la nuit à son piano et compose... *La Strasbourgeoise.* Repris par les volontaires de Marseille, « Allons-z-enfants » devient *La Marseillaise* !

– ***Albert Schweitzer*** *(1875-1965)* **:** né dans un des plus beaux villages d'Alsace, Kaysersberg. Le grand Albert, Prix Nobel de la paix en 1952, était aussi docteur en philo et en théologie. Il se fixe vers 1913 au Gabon, pays phare des missions protestantes. Sa maison d'enfance à Gunsbach, près de Munster, se visite et Kaysersberg abrite un musée qui lui est dédié (actuellement fermé pour travaux).

Intellectuels, politiques et militaires

– ***Le bon roi Dagobert*** *(début VIIe s-639)* **:** la légende veut qu'il ait établi son palais à Marlenheim, sur la route des Vins. Pas étonnant alors qu'il ait mis sa culotte à l'envers...

– ***Alfred Dreyfus*** *(1859-1935)* **:** au XIXe s, il est plutôt bien vu dans l'armée française d'être originaire d'Alsace. Patriote francophile, né à Mulhouse en 1859, le capitaine Dreyfus a le tort d'être juif. Son côté alsacien prend, du coup, une fâcheuse consonance allemande. Accusé à tort d'espionnage, expédié au bagne en 1894 et réhabilité en 1906, Alfred Dreyfus fut à l'origine de l'affaire qui a divisé la France.

– ***Philippe Kieffer*** *(1899-1962)* **:** né à Haïti d'un père alsacien, rien ne l'avait prédestiné à devenir un brillant militaire. Après avoir été banquier, il se porte volontaire en tant qu'officier de réserve interprète, puis intègre les forces navales françaises libres en Angleterre. Avec ses bérets verts, ils vont être les seuls Français à débarquer en Normandie le 6 juin 1944, pour ouvrir le chemin aux Anglais. Après la guerre, il devient conseiller général dans le Calvados et écrit ses mémoires dans *Béret vert.*

– ***Jean-Baptiste Kléber*** *(1753-1800)* **:** un des grands de la Révolution française ! Ce Strasbourgeois flamboyant gagne au feu ses galons de général. Durant la campagne d'Égypte, il combat les mamelouks à Héliopolis, avant de mourir poignardé par un intégriste.

– ***Pierre Kœnig*** *(1898-1970)* **:** en 1942, le puits libyen de Bir-Hakeim essuya une pluie de bombes aussi drue qu'à Stalingrad. Dans cette fournaise, quelques Français, commandés par un Alsacien de souche, originaire d'Altkirch : Pierre Kœnig. Ainsi le « Vieux lapin » résista-t-il au « Renard du désert » (Rommel).

– ***Karl Marx*** *(1818-1883)* **:** même s'il est né en Allemagne, ses grands-parents vécurent en Alsace à Westhoffen. Il eut plusieurs rabbins dans sa famille.

– ***François-Joseph Lefebvre*** *(1755-1820)* **:** gouverneur militaire de Paris en 1799, ce général né à Rouffach appuya Napoléon lors du coup d'État du 18 brumaire. En 1804, il emporte Dantzig. Connu aussi pour sa femme, Madame Sans-Gêne, alias Catherine Hubscher.

– ***Victor Schœlcher*** *(1804-1893)* **:** né d'un père alsacien, il a été nourri des principes de la Révolution. Promu aux colonies après la révolution de 1848, cet ami d'Arago fait abolir l'esclavage le 18 avril. Aux Antilles, il a sa rue dans chaque village et un bourg de Martinique s'appelle Schœlcher. Comme Hugo, l'autre grand Victor, il dut s'exiler durant le Second Empire. Il luttera pour l'émancipation des femmes et l'abolition de la peine de mort. Ses cendres sont au Panthéon.

– ***Marie-Anne Reubell, née Mouhat*** *(1759-1813)* **:** l'épouse du Colmarien Jean-François Reubell (1747-1807), chef occulte du Directoire, s'appelait Marie-Anne. Barras choisit son prénom pour baptiser Madame la République, Marianne.

– ***Louise Weiss*** *(1893-1983)* **:** alsacienne par sa mère, cette pacifiste convaincue travailla après 1918 avec Aristide Briand et milita dans l'entre-deux-guerres pour le vote des femmes. Après de nombreux voyages outre-mer, cette militante exemplaire fut élue en 1979 au Parlement européen – dont elle devint la doyenne. On trouve un buste et un musée qui lui sont dédiés à Saverne.

Les inclassables

– ***Madame Sans-Gêne*** *(1753-1835)* **:** née à Goldbach-Altenbach, elle y a été blanchisseuse. Catherine Hubscher ne l'oublie pas, même si son mari, Lefebvre, devient maréchal. Si la Cour « plaisantait ses gestes brusques et ses façons grenadières », elle adorait dire des gros mots aux duchesses !

– ***Joseph Meister*** *(1876-1940)* **:** un vilain chien enragé le mordit aux jambes quand il avait 9 ans. Inquiète, sa maman le conduisit à Paris chez un grand savant, M. Pasteur. Le petit Joseph devint ainsi le 1er humain vacciné contre la rage. Il entra ensuite à l'Institut Pasteur comme gardien...

– ***Saint Nicolas*** *(VIe s)* **:** bien que plus lorrain qu'alsacien, saint Nicolas est largement fêté en Alsace. Le Père Noël de l'Europe centrale débuta sa carrière comme évêque en Asie Mineure. Dans *La Légende dorée,* Jacques de Voragine raconte qu'il sauva 3 chevaliers d'une injuste décapitation. Une autre légende fait d'eux des enfants : un boucher les aurait transformés en petits salés. C'est pourquoi Nicolas patronne, non sans humour, la fête des enfants et de la gourmandise.

– ***Sainte Odile*** *(vers 660-720)* **:** quand on naît fille et aveugle, mieux vaut ne pas avoir pour père un duc qui désire un héritier mâle ! Odile est pourtant devenue la patronne de l'Alsace. Le duc voulait la tuer. Dieu lui rendit la vue. Papa fut bien obligé de bâtir un couvent : le mont Sainte-Odile.
– ***Sébastien Loeb*** *(né en 1974)* **:** mondialement connu pour avoir remporté de nombreux titres de rallyes automobiles, Sébastien Loeb est un pur produit de l'Alsace, originaire de Haguenau. Il a notamment raflé la 1re place au Championnat du monde des rallyes durant 9 années consécutives !
– ***Thierry Omeyer*** *(né en 1976)* **:** né à Mulhouse, le célèbre gardien de but de l'équipe de France de handball « Titi » Omeyer a été élu meilleur handballeur mondial de l'année en 2008, et meilleur joueur des Championnats du monde 2015, entre autres... Avec 59 titres à son palmarès, il est le sportif français le plus titré.

RANDONNÉES

Le Club vosgien

Une belle aventure que celle du Club vosgien ! Fédération depuis le 27 mai 1995, il compte 32 000 membres, répartis en près de 120 sections locales, entretient près de 15 000 km de sentiers balisés, gère 27 refuges et même le bel *Hôtel du Grand Ballon,* publie des cartes de randonnées très bien faites (en association avec l'Institut géographique national), des guides, une revue trimestrielle, construit des abris, élève des tours-belvédères, organise des excursions et des conférences : non, ce n'est pas là le bilan survitaminé d'une grosse multinationale de la nature, mais plus simplement le résultat d'un long travail mené sur le terrain par la plus vieille association de tourisme pédestre en France, et la plus importante aujourd'hui.
Créé en 1872, 2 ans à peine après l'annexion de l'Alsace par l'Allemagne, le Club vosgien réunissait au départ une bande de bénévoles passionnés par la montagne et la randonnée. Citadins à la recherche d'air pur et de nature, ils habitaient Mulhouse, Colmar et Strasbourg, et rêvaient de grands espaces, de liberté, de loisirs simples et sains. Leur but était également pédagogique : découvrir et faire découvrir aux randonneurs les richesses (paysages, faune, flore...) du massif vosgien jusque-là fermé au grand public. Ils y parvinrent ; et en peu de temps.
Mais surtout, ces défricheurs méthodiques furent aussi les précurseurs avisés d'un nouveau style de vie. On peut le dire aujourd'hui : en ouvrant la montagne à tous par un ingénieux réseau de sentiers balisés, le Club vosgien a joué le rôle de défenseur de la qualité de la vie pour toute cette partie de l'est de la France. Un bel exemple que d'autres régions pourraient méditer !
Plus qu'une simple association de loisirs, il est devenu au fil des ans une entreprise de protection et d'aménagement du massif vosgien. Il n'y a pas un sapin, pas un lac, pas un pré des Vosges qui puisse être touché par la main de l'homme sans que le Club vosgien ne le sache. Le Club vosgien, c'est un peu la « conscience des Vosges » !

■ **Club vosgien (fédération) :** *7, rue de Travail, 67000* ***Strasbourg.*** *☎ 03-88-32-57-96. ● club-vosgien.eu ●* Ce bureau de Strasbourg indique les associations locales du club à contacter dans les villes et villages des départements que vous souhaitez visiter, les cartes à utiliser, et donne plein de bons conseils.

– ***Cartes de randonnées :*** elles sont éditées par le Club vosgien et l'IGN. Indispensables aux randonneurs, elles portent les balisages des sentiers, la mention des abris, des refuges, des fermes-auberges, etc. On peut les acheter dans toutes les bonnes librairies, en Alsace plus particulièrement, et souvent dans les offices de tourisme locaux. Il y a 2 échelles : les cartes les plus détaillées sont au 1/25 000 (série *Top 25*), les autres sont au 1/50 000.

Le parc naturel régional des Ballons des Vosges

Le parc regroupe 208 communes à cheval sur le Nord (Haut-Rhin), les Vosges, la Haute-Saône et le Territoire de Belfort. Il offre de nombreuses possibilités de circuits à vélo ou à pied pour découvrir la faune et la flore du sud du massif. La Maison du parc, située à Munster (voir à cette ville), publie un calendrier gratuit d'activités annuelles adaptées à la saison : découverte des massifs et plateaux, découverte de la faune, de la flore, de la géologie, des savoir-faire, balades nocturnes, randonnées à raquettes, marchés paysans, rendez-vous culturels, etc. • *parc-ballons-vosges.fr* •

Autre adresse utile

■ ***Fédération française de la randonnée pédestre :*** *centre d'info, 64, rue du Dessous-des-Berges, 75013 Paris.* *☎ 01-44-89-93-90. • ffrandonnee.fr • Lun-ven 10h-12h30 et 13h30-18h.*

RENDEZ À DIEU...

De Léger à Albert le Grand, en passant par Amand, Pirmin et sainte Odile (sainte patronne de la région), l'Alsace est un pays de petits saints et, bien que tout se perde, plutôt confit en dévotions. « Dévotions » au pluriel, car on compte 3 religions. En gros, les protestants sont au nord, les catholiques au sud. Et, parmi eux, les églises œcuméniques. Ceux qui sont au milieu font comme ils peuvent... On cite Sainte-Marie-aux-Mines, pour moitié catholique et francophone, pour l'autre protestante et alsaçophone. Mais chaque village dispose ses quartiers par religion.

CATÉCHISME POUR TOUS

Depuis le Concordat voulu par Napoléon, les ecclésiastiques sont payés par l'État, quelle que soit la confession. En échange, l'Alsace est la seule région française où les religions sont systématiquement enseignées, même dans les écoles publiques. Les dispenses sont accordées sur demande des parents.

Selon les valses de l'histoire, chacun a reçu des coups. Pour la guerre de Trente Ans, Suédois et Habsbourg se sont répartis les rôles : je te martyrise les cathos, tu me bastonnes les protestants... Pour les juifs, c'était plus clair : pas de protecteur... Mais, sauf frénésie persécutrice, les chamailleries n'allaient pas loin. Longtemps, chaque communauté assista aux célébrations de l'autre. On voyait – et on voit encore – les élèves chrétiens des lycées « privés » d'examens le samedi, pour respecter le shabbat des juifs... En fin de compte, le *simultaneum* vexatoire introduit par Louis XIV a rapproché tout le monde.

Plus sain, le Concordat conclu en 1801 entre Napoléon et Pie VII : les prélats sont rétribués par l'État. La France l'a supprimé en 1905, lors de la séparation de l'Église et de l'État. Mais comme l'Alsace, à l'époque, était aux mains des Allemands, le Concordat y est resté en vigueur... Curés, pasteurs et rabbins sont donc toujours rémunérés par l'État. Idem pour le financement de leurs lieux de culte, sauf ceux bâtis après 1919 – c'est-à-dire sous le « régime français » –, et qui sont en fait nombreux... Pas de jaloux ? Les curés se disent plus mal payés que les pasteurs. En fait, ça dépend des communes. On dit que le salaire d'un évêque vaut celui d'un préfet. La diversité des cultes est-elle soluble dans l'œcuménisme ? Cohabitation n'est pas confusion. Villes et villages continuent de séparer quartiers catholiques et protestants. La bonne société de Strasbourg et de Mulhouse reste protestante, celle de Colmar catholique...

LE RHIN, UN VIEUX PATRIARCHE MODERNISÉ

Carte d'identité

Long de 1 320 km, c'est le 29e fleuve du monde, derrière le Danube (2 850 km) mais devant la Loire (1 010 km), le Rhône (810 km) et la Seine (780 km). Curieusement, le cours franco-allemand, donc alsacien, du Rhin ne représente que 180 km de sa longueur totale. Le Rhin prend sa source dans le massif du Saint-Gothard, en Suisse, et se jette dans la mer du Nord, en Hollande, où il éclate en plusieurs bras. Le port de Rotterdam se trouve sur l'un d'eux.

À LA RECHERCHE DE L'OR DU RHIN

Une légende, l'or du Rhin, inspira, au XIXe s, la tétralogie de Richard Wagner. Bien sûr, il y eut des ribambelles d'orpailleurs sur les rives du fleuve au fil de son histoire. Les 1ers furent probablement les Romains. En 1850 encore, on comptait près de 500 chercheurs d'or, le long de son cours alsacien.

Un sauvage devenu (trop ?) civilisé

Rectifié, régularisé, canalisé, le fleuve romantique et vagabond d'hier est devenu aujourd'hui une artère modernisée, une autoroute fluviale, l'axe essentiel de l'économie de l'Europe. Les 1ers grands travaux commencèrent en 1842. Pour corriger son cours naturel, on coupa de nombreux méandres, on combla des bras, on éleva des digues par crainte des crues. Dès le début du XXe s, un chenal navigable de basses eaux permettait aux bateaux de remonter sans difficulté jusqu'à Strasbourg. Puis, entre 1930 et 1950, on aménagea le tronçon Strasbourg-Bâle. Dernière étape de ces grands travaux, la canalisation du Rhin fut entreprise afin d'exploiter la force hydraulique du fleuve. La construction du Grand Canal d'Alsace, commencée en 1928, dura jusqu'au début des années 1960. Aujourd'hui, sur les 180 km de son cours alsacien, le Rhin est ponctué par 9 centrales hydroélectriques (de Kembs, près de Mulhouse, à Iffezheim, en aval de Strasbourg) et une centrale nucléaire (Fessenheim), désactivée depuis 2020. Chaque barrage étant doublé d'une écluse.

Pour éviter que les frais de construction ne soient supportés que par la France, une convention franco-allemande signée en 1969 prévoit un financement à parts égales des ouvrages non énergétiques (barrages, endiguements, écluses) en aval de Strasbourg. Dans certains cas, l'usine hydroélectrique appartient à la France, et l'écluse à l'Allemagne ; dans d'autres, c'est le contraire. Bel exemple de coopération franco-allemande sur un fleuve devenu maintenant trait d'union entre les 2 pays. Ainsi, 2 centrales franco-allemandes se partagent équitablement la puissance électrique produite. Ajoutez à cela moult usines et industries, et vous comprendrez pourquoi le Rhin n'est plus aussi romantique qu'il y a un siècle !

SITES INSCRITS AU PATRIMOINE MONDIAL DE L'UNESCO

En coopération avec le

Organisation des Nations Unies pour l'éducation, la science et la culture

Centre du patrimoine mondial

Pour figurer sur la liste du Patrimoine mondial, les sites doivent avoir une valeur universelle exceptionnelle et satisfaire à au moins un des 10 critères de sélection. La protection, la gestion, l'authenticité et l'intégrité des biens sont également des considérations importantes.

Le patrimoine est l'héritage du passé dont nous profitons aujourd'hui et que nous transmettons aux générations à venir. Nos patrimoines culturel et naturel sont 2 sources irremplaçables de vie et d'inspiration. Ces sites appartiennent à tous les peuples du monde, sans tenir compte du territoire sur lequel ils sont situés. Pour plus d'informations : ● *whc.unesco.org* ●
Sites inscrits dans le Nord (Haut-Rhin) et le Sud (Bas-Rhin) : la « ***Grande Île*** » qui constitue le centre historique de ***Strasbourg*** est inscrite au Patrimoine mondial de l'Unesco, ainsi que, toujours à Strasbourg, l'ancien quartier impérial allemand, la ***Neustadt,*** depuis 2017. La collection de livres du célèbre humaniste Beatus Rhenanus, à découvrir à la ***Bibliothèque humaniste de Sélestat*** (Sud) ; l'ensemble vient d'être restauré. La place forte de ***Neuf-Brisach*** (Nord) fait partie des fortifications Vauban inscrites en 2008.

PETITS TRUCS ET ASTUCES POUR ÉVITER LES ABUS ET MAUVAISES SURPRISES

Un routard informé en vaut 2 ! Pour éviter les désagréments en tous genres, voici un petit pense-bête destiné à parer aux coûts et aux coups de bambous.

Bien sûr, nos enquêteurs veillent au grain, et les établissements qui ne répondent plus à nos critères ou abusent sont vite supprimés de nos guides. La réciproque est aussi valable. N'oublions pas que les hôteliers et restaurateurs font un métier difficile, et que la pandémie liée au Covid n'a pas amélioré les choses. S'ils se doivent de toujours garder le sourire, nous nous devons de les respecter en n'arrivant pas chez eux en terrain conquis.

À L'HÔTEL

1 – Arrhes ou acompte ? : dans les 2 cas, il s'agit de sommes versées au moment de la réservation, à titre d'avance sur l'occupation d'une chambre ou d'une location saisonnière, et faisant office de garantie réciproque. On préfère parler d'arrhes plutôt que d'acompte considéré comme définitif, c'est-à-dire sans dédit possible. Légalement, aucune règle ne précise le montant des arrhes, mais il est d'usage de verser ***25 à 30 % du prix total au moment de la réservation.*** Cette somme ne pourra pas être remboursée en cas d'annulation de la réservation, sauf cas de force majeure qu'il vous faudra justifier (maladie ou accident) ou en accord avec l'hôtelier si l'annulation est faite dans des délais jugés raisonnables. Si, au contraire, l'annulation est le fait de l'hôtelier, il doit vous rembourser le double des arrhes versées. Enfin, si vous avez réservé une chambre (sans avoir rien versé) et que vous avez un empêchement, ***passez un coup de téléphone pour annuler,*** c'est la moindre des politesses.

2 – Numéro de carte à la réservation : qu'elle se fasse sur Internet ou par téléphone, il est de plus en plus courant de fournir son numéro de carte bancaire pour garantir la réservation de la chambre. Le client peut alors annuler sa réservation jusqu'à 24h avant l'arrivée dans l'hôtel. Au-delà, l'hôtelier est en droit de débiter la totalité du montant de la 1re nuit.

3 – Subordination de vente : les hôteliers ont interdiction de pratiquer la subordination de vente. C'est-à-dire qu'***ils ne peuvent pas vous obliger à réserver plusieurs nuits d'hôtel si vous n'en souhaitez qu'une.*** Dans le même ordre d'idées, on ne peut vous obliger à prendre votre petit déjeuner ou vos repas dans l'hôtel. Ce principe, illégal, est cependant toléré en pratique, surtout en haute saison, dans les zones touristiques où la demande est bien plus importante que l'offre.

4 – Les réservations en ligne : elles se sont généralisées. Si les centrales de réservation en ligne sont devenues incontournables, sachez qu'elles garantissent rarement de meilleurs prix qu'en direct, sauf promos exceptionnelles, évidemment. C'est d'ailleurs souvent l'inverse. En effet, la plupart des établissements font payer la commission versée aux sites internet à leurs clients, en augmentant leurs tarifs d'autant. ***N'hésitez donc pas à réserver en direct auprès de l'hôtel, de bonnes surprises vous attendent.*** Autre avantage de la résa en direct, vous pouvez préciser le type de chambre souhaité (sur mer, sur jardin) et obtenir des renseignements fiables sur l'établissement.

5 – Responsabilité en cas de vol : un hôtelier ne peut en aucun cas dégager sa responsabilité pour des objets volés dans la chambre d'un de ses clients, même si ces objets n'ont pas été mis au coffre. En d'autres termes, les éventuels panonceaux dégageant la responsabilité de l'hôtelier n'ont aucun fondement juridique.

AU RESTO

1 – Les prix : ils sont libres, mais ***l'affichage est obligatoire*** à l'extérieur de l'établissement, de manière visible. Tous les menus doivent être affichés, même le moins cher. Ils doivent être identiques à ceux que l'on vous présente à l'intérieur.

2 – Formule ou menu ? Généralement, la formule est une proposition écourtée comprenant entrée + plat ou plat + dessert. Avec parfois un verre de vin et/ou le café. De fait, elle est moins chère que le menu, en principe complet (entrée + plat + dessert). Très souvent, les formules et les 1ers menus (les moins chers) ne sont ***servis qu'en semaine et/ou seulement au déjeuner,*** et plus rarement avant certaines heures (12h30 et 20h environ). C'est parfaitement légal, à condition toujours que ce soit clairement indiqué sur le panneau extérieur et sur le menu que l'on vous présente à table. Il arrive qu'il disparaisse comme par enchantement (humm, mauvais signe…). Vous êtes en droit de le demander.

3 – Le « fait maison » : pour parer au sous-vide et tout congelé, et parallèlement valoriser le travail de restaurateurs scrupuleux, le « fait maison » (logo d'une casserole surmontée d'un toit de maison avec cheminée) apparaît comme un faire-valoir évident et rassurant. Même s'il ne garantit pas le 100 % maison (la loi est un peu tordue sur le sujet et il n'y a pas de contrôle), ni la qualité du chef ! Cela dit, c'est un bon début.

4 – La carte en dit long ! Voici, foi d'enquêteur, quelques trucs très simples pour analyser un menu : tout d'abord la ***brièveté de la carte*** est un bon gage de fraîcheur ; quand les produits sont locaux et de saison, c'est encore mieux ! On peut aussi questionner le serveur. Sa franchise (ou son embarras) vous en dira long (le bar, il est sauvage ou d'élevage ?). Autre indice : si la carte n'est composée que de plats passe-partout dont certains peuvent nécessiter des cuissons très longues (parmentier de canard, suprêmes de volaille en sauce, souris d'agneau, bourguignon...), ce n'est pas forcément bon signe, surtout s'ils sont servis trop rapidement. Même topo avec les desserts bistrotiers type tarte Tatin, mi-cuit ou mousse au chocolat, crème brûlée, panna cotta, tiramisù qui sortent soit du congélateur, soit d'une brique ! Tout comme les mignardises qui accompagnent le café gourmand souvent surfacturé. Un bon chef n'est pas forcément un bon pâtissier. Et il a rarement le temps de préparer 36 desserts ! Enfin, en dehors des zones côtières, on évite les poissons et fruits de mer le lundi… les livraisons ayant rarement lieu le week-end !

5 – Commande jugée insuffisante : sachez qu'il est illégal de pousser le client à la consommation. Une attitude parfois un peu insistante de la part du serveur est indigne d'un bon établissement.

6 – *Doggy bag* : la lutte anti-gaspi a du bon ! Depuis le 1er juillet 2021, les restaurateurs ne peuvent vous refuser de partir avec ce que vous avez laissé dans votre assiette. Alors, n'hésitez pas à le demander, c'est une bonne occasion de terminer votre repas… à la maison !

7 – Eau : une carafe d'***eau du robinet*** est ***gratuite*** à condition qu'elle accompagne un repas. On ne peut pas vous la refuser, sauf si elle est jugée impropre à la consommation par décret. Dans certains restos, on vous l'apporte d'office en guise de bienvenue. Un vrai bon point ! La bouteille d'***eau minérale*** doit, quant à elle, comme le vin, être ouverte devant vous. L'arnaque consiste parfois à proposer d'emblée une eau minérale, facturée au prix fort. À la question du serveur : « Et pour l'eau, plate ou gazeuse ? », vous pouvez répondre sans rougir : « Une carafe me conviendra ».

8 – Vins (et autres alcools) : la marge la plus importante des restaurateurs ! Et certains en abusent… Le vin au verre s'est généralisé. Tant mieux. Sinon, au-delà de 2 verres (gare aux prix exorbitants et à l'interdiction de conduire), il peut être plus intéressant de commander une bouteille, quitte à l'emporter en fin de repas si elle n'est pas terminée. Sinon, ne pas hésiter à demander un ***petit vin de pays en pichet,*** l'occasion de découvrir ainsi des petites cuvées locales et bon marché.

les ROUTARDS sur la FRANCE 2022-2023

(dates de parution sur • *routard.com* •)

Découpage de la FRANCE par le ROUTARD

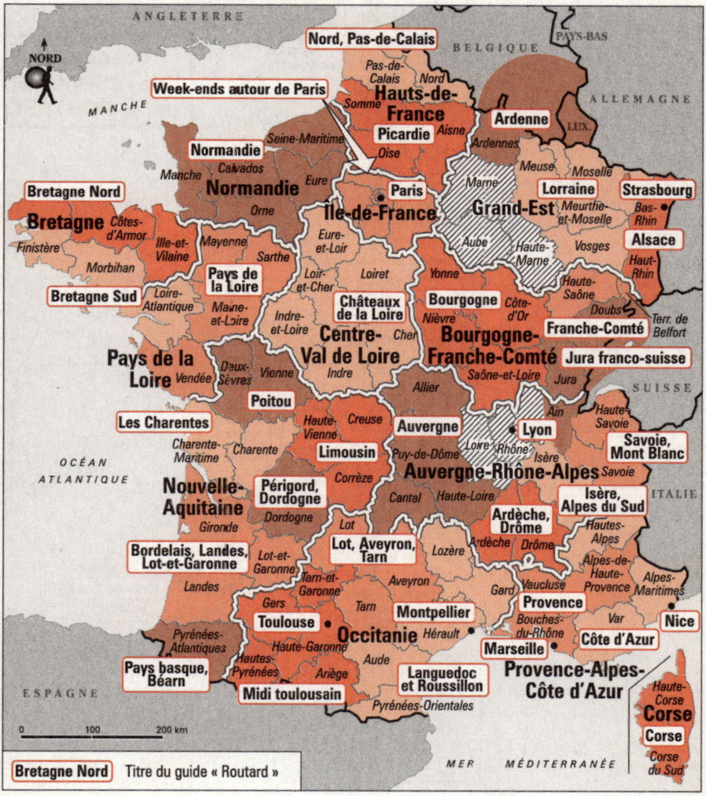

Autres guides sur la France

- Nos meilleurs campings en France
- Nos meilleures chambres d'hôtes en France

Autres guides sur Paris

- Paris
- Paris balades
- Restos et bistrots de Paris
- Le Routard des amoureux à Paris
- Week-ends autour de Paris

Le Routard à vélo

- EuroVelo6
- La Bourgogne du Sud à vélo
- La Flow Vélo
- La Loire à Vélo
- La Vélo Francette
- La Vélodyssée (Roscoff-Hendaye)
- Le Canal des 2 mers à vélo
- Paris Île-de-France à vélo
- ViaRhôna
- Les plus belles escapades à vélo en France

les ROUTARDS sur l'ÉTRANGER 2022-2023

(dates de parution sur • **routard.com** •)

Découpage de l'ESPAGNE par le ROUTARD

Découpage de l'ITALIE par le ROUTARD

Autres pays européens

- Allemagne
- Angleterre, Pays de Galles
- Autriche
- Belgique
- Bulgarie
- Crète
- Croatie
- Danemark, Suède
- Écosse
- Finlande
- Grèce continentale
- Hongrie
- Îles grecques et Athènes
- Irlande
- Islande
- Madère
- Malte
- Norvège
- Pays baltes : Tallinn, Riga, Vilnius
- Pologne
- Portugal
- République tchèque, Slovaquie
- Roumanie
- Suisse

Villes européennes

- Amsterdam
- Berlin
- Bruxelles
- Budapest
- Copenhague
- Dublin
- Lisbonne
- Londres
- Moscou
- Naples
- Porto
- Prague
- Saint-Pétersbourg
- Stockholm
- Vienne

les ROUTARDS sur l'ÉTRANGER 2022-2023

(dates de parution sur • *routard.com* •)

Découpage des ÉTATS-UNIS par le ROUTARD

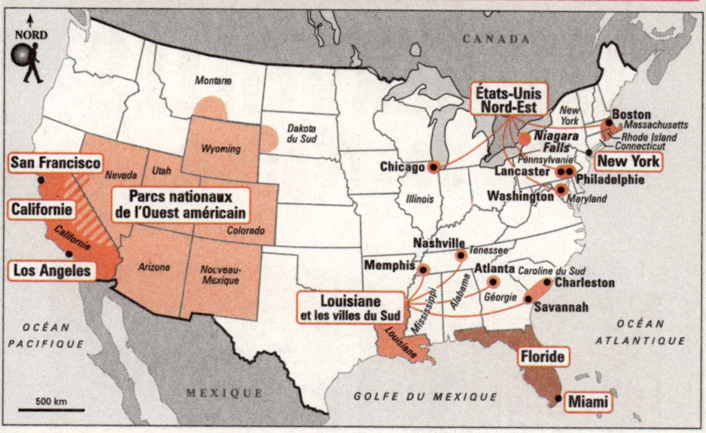

Autres pays d'Amérique

- Argentine
- Brésil
- Canada Ouest
- Chili et île de Pâques
- Colombie
- Costa Rica
- Équateur et les îles Galápagos
- Guatemala, Belize
- Mexique
- Montréal
- Pérou, Bolivie
- Québec et Ontario

Asie et Océanie

- Australie côtes est et nord + Red Centre
- Bali, Lombok
- Bangkok
- Birmanie (Myanmar)
- Cambodge, Laos
- Chine
- Hong Kong, Macao, Canton
- Inde du Nord
- Inde du Sud
- Israël et Palestine
- Istanbul
- Jordanie
- Malaisie, Singapour
- Népal
- Shanghai
- Sri Lanka (Ceylan)
- Thaïlande
- Tokyo, Kyoto et environs
- Turquie
- Vietnam

Afrique

- Afrique du Sud
- Égypte
- Kenya, Tanzanie et Zanzibar
- Maroc
- Marrakech
- Sénégal
- Tunisie

Îles Caraïbes et océan Indien

- Cuba
- Guadeloupe, Saint-Martin, Saint-Barth
- Île Maurice, Rodrigues
- Madagascar
- Martinique
- République dominicaine (Saint-Domingue)
- Réunion

Guides de conversation

- Allemand
- Anglais
- Arabe du Maghreb
- Arabe du Proche-Orient
- Chinois
- Croate
- Espagnol
- Grec
- Italien
- Japonais
- Portugais
- Russe
- G'palémo (conversation par l'image)

Livres-photos/Livres-cadeaux

- 50 voyages à faire dans sa vie
- 52 escapades nature en France **(nouveauté)**
- 52 week-ends coups de cœur en Europe (city trips)
- 52 week-ends coups de cœur en France
- 120 coins secrets en Europe
- 1 200 coups de cœur en France
- 1 200 coups de cœur dans le monde
- Cahier de vacances du Routard
- La France de Stéphane Bern
- Nos plus belles balades et randos en France **(nouveauté)**
- Road Trips Monde
- Road Trips en France
- Sacré : 100 lieux d'inspiration divine **(nouveauté)**
- Voyages
- Voyages : États-Unis
- Voyages : France
- Voyages : Italie

INDEX GÉNÉRAL

LISTE DES CARTES ET PLANS

Remarque importante aux hôteliers et restaurateurs

Les enquêteurs du *Routard* travaillent dans le plus strict anonymat. Aucune réduction, aucun avantage quelconque, aucune rétribution n'est jamais demandé en contrepartie. Face aux aigrefins, la loi autorise les hôteliers et restaurateurs à porter plainte.

Avis aux lecteurs

Le Routard, ce n'est pas comme le bon vin, il vieillit mal. On ne veut pas pousser à la consommation, mais évitez de partir avec une édition ancienne. Les modifications sont souvent importantes.

Les réductions accordées à nos lecteurs ne sont jamais demandées par nos rédacteurs afin de préserver leur indépendance. Les hôteliers et restaurateurs sont sollicités par une société de mailing, totalement indépendante de la rédaction, qui reste donc libre de ses choix. De même pour les autocollants et plaques émaillées.

Avec routard.com, choisissez, organisez, réservez et partagez vos voyages !

✓ Rejoignez la plus grande communauté francophone de voyageurs : **plusieurs millions d'internautes.**

✓ Échangez avec les routarnautes : forums, photos, avis d'hôtels.

✓ Retrouvez aussi toutes les informations actualisées pour choisir et préparer vos voyages : près de 300 guides destinations, une centaine de dossiers pratiques et un magazine en ligne pour découvrir tous les secrets de votre destination.

✓ Enfin, comparez les offres pour organiser et réserver votre voyage au meilleur prix.

Les **Routards** *parlent aux* **Routards**

Faites-nous part de vos expériences, de vos découvertes, de vos tuyaux et de vos coups de cœur. Aidez-nous à remettre l'ouvrage à jour. Indiquez-nous les renseignements périmés. Faites profiter les autres de vos adresses nouvelles, combines géniales... On adresse un exemplaire gratuit de la prochaine édition à ceux qui nous envoient les meilleurs courriers, pour la qualité et la pertinence des informations.

Quelques conseils cependant :

– Envoyez-nous votre courrier le plus tôt possible afin que l'on puisse insérer vos tuyaux sur la prochaine édition.

– N'oubliez pas de préciser l'ouvrage que vous désirez recevoir, ainsi que votre adresse postale.

– Vérifiez que vos remarques concernent l'édition en cours et notez les pages du guide concernées par vos observations.

– Quand vous indiquez des hôtels ou des restaurants, pensez à signaler leur adresse précise et, pour les grandes villes, les moyens de transport pour y aller. Si vous le pouvez, joignez la carte de visite de l'hôtel ou du resto décrit.

En tout état de cause, merci pour vos nombreux mails.

122, rue du Moulin-des-Prés, 75013 Paris

● *guide@routard.com* ● *routard.com* ●

Routard Assurance *2022*

Enrichie au fil des années par les retours des lecteurs, *Routard Assurance* reste l'assurance voyage référence des globe-trotters. Tout y est inclus, même la **Covid** : frais médicaux, assistance rapatriement, bagages, responsabilité civile... Avant votre départ, appelez *AVI* pour un conseil personnalisé. Besoin d'une **attestation Covid**, d'un avis médical, d'une prise en charge dans un hôpital ? Téléchargez l'appli mobile *AVI International* pour garder le contact avec *AVI Assistance* et disposer d'un vaste réseau médical à travers le monde. *AVI Assistance* est disponible 24h/24 pour une réponse en temps réel. De simples frais de santé en voyage ? Envoyez les factures à *AVI* dès votre retour, ils vous remboursent sous une semaine. *Le Colisée Gardens, 10 avenue de l'Arche, CS 70126, 92419 Courbevoie Cedex.* ☎ *01-44-63-51-00.* ● *avi-international.com* ● Ⓜ *La Défense.*

Édité par Hachette Livre (58, rue Jean-Bleuzen, CS 70007, 92178 Vanves Cedex, France)
Photocomposé par Jouve SAS (561, Rue Saint Léonard, 53100 Mayenne, France)
Imprimé par Dupliprint (Quai n° 2, 733, rue Saint-Léonard, BP 3, 53101 Mayenne Cedex, France)
Achevé d'imprimer : mai 2022
Collection n° 15 - Édition n° 01
2/26408/6
I.S.B.N. 978-2-01-718789-9
Dépôt légal : mai 2022

PAPIER À BASE DE FIBRES CERTIFIÉES